Collection

DOCET OMNIA

DANTE ET L'AVERROÏSME

DANS LA MÊME COLLECTION

DOMINIQUE CHARPIN
La Vie méconnue des temples mésopotamiens

WOLF FEUERHAHN (sous dir.)
La Politique des chaires au Collège de France

DARIO MANTOVANI
Les Juristes écrivains de la Rome antique.
Les œuvres des juristes comme littérature

DOMINIQUE CHARPIN
« Tu es de mon sang »
Les alliances dans le Proche-Orient ancien

DANTE ET L'AVERROÏSME

Sous la direction d'Alain de Libera,
Jean-Baptiste Brenet et Irène Rosier-Catach

PARIS
COLLÈGE DE FRANCE
LES BELLES LETTRES

2019

www.college-de-france.fr
www.lesbelleslettres.com
Retrouvez le Collège de France et Les Belles Lettres sur Facebook et Twitter.

La traduction des contributions italiennes a été rendue possible grâce au soutien financier de la chaire d'Histoire de la philosophie médiévale du Collège de France.

ISBN : 978-2-251-44967-8

AVANT-PROPOS

Alain de Libera
(Collège de France)

Dante et l'averroïsme, sinon Averroès lui-même, sont en un certain sens chez eux au Collège de France, l'ancien Collège royal, installé un temps au côté des Collèges de Cambrai et de Tréguier. C'est une statue de l'auteur de la *Commedia*, due à Jean-Paul Aubé, artiste de Longwy, spécialisé dans la sculpture de bustes et de statues commémoratives, qui, érigée en 1882, accueille ou observe le visiteur qui longe l'actuel square Michel-Foucault de la place Marcelin-Berthelot. S'il poursuit un instant sa marche, c'est rue Dante qu'arrivera le curieux. Puis, après avoir traversé la rue Galande, ce sera la rue du Fouarre – à la partie sud de laquelle le XIXe siècle a voulu définitivement associer le nom de l'Alighieri. La présence de Dante au cœur du Quartier latin a une raison précise, qui relie étroitement « sa » rue au Collège comme aux deux rues qu'elle prolonge ou croise : les quelques vers consacrés dans la *Commedia* à l'averroïste latin Siger de Brabant, évoqué en 1852 par Ernest Renan – natif de Tréguier –, dans son livre fondateur : *Averroès et l'averroïsme*. Ce parrainage renanien justifiera, pour le 850e anniversaire de la naissance d'Averroès, l'organisation au Collège d'un colloque tenu du 20 au 23 septembre 1976, sous la forme clairement assumée d'une *commémoration nationale*. C'est des *Actes* de ce colloque, publiés en 1978 aux Belles Lettres sous le titre *Multiple Averroès*[1], que, quarante ans plus tard, le présent volume prend en quelque sorte la suite en ouvrant comme tel *l'ensemble* du dossier : celui d'Averroès, mais aussi celui de l'averroïsme, de Dante et de leur commune inscription narrative dans le Paris des années 1300.

Beaucoup de choses ont changé en quelques décennies dans tous les domaines concernés, autrement dit, au-delà de la philosophie et de son histoire, dans les études dantesques, comme dans celles de la littérature, du droit ou de la médecine du Moyen Âge. Le livre qu'on va lire, issu d'un colloque organisé par A. de Libera, I. Rosier-Catach (CNRS/EPHE), Pasquale Porro (Université de Paris-Sorbonne) et Jean-Baptiste Brenet (Université de Paris I, Panthéon – Sorbonne) dans le cadre de la chaire d'histoire de la philosophie médiévale du Collège de France les 12 et 13 mai 2015 sous le titre *Dante et l'averroïsme*, constamment retravaillé, affiné et complété depuis, porte témoignage, dans le détail, de ces avancées, progrès ou percées sur tous les fronts ouverts par la recherche récente. Cela n'aura pas été sans révisions, parfois radicales, des modèles, schèmes ou paradigmes historiques, historiographiques, littéraires, doctrinaux mis en œuvre par les italianistes et les philosophes, dans leur travail propre et leurs nécessaires, quoique trop rares, confrontations. On en trouvera ici les résultats, dans ce qui se veut le bilan de plus d'un demi-siècle d'enquêtes et d'interprétations de la figure et de la production de Dante *poète philosophe*.

Mais revenons à notre promeneur et à cette partie de la rue du Fouarre ou « rue au Feurre », rebaptisée, dit-on, en hommage à Dante parce qu'il désigne le *vico de li strami* comme *le lieu où enseignait Siger de Brabant*. Étrange motif – pourquoi n'avoir pas choisi « rue Siger » ? Pour une raison simple : parce que la vraie question portée par cette dénomination est

1. Cf. J. Jolivet (éd.), *Multiple Averroès. Actes du colloque international organisé à l'occasion du 850e anniversaire de la naissance d'Averroès, Paris, 20-23 septembre 1976*, Paris, Les Belles Lettres, 1978.

celle de l'appropriation parisienne de Dante – autrement dit, celle de la réalité, de la signification et de la portée du séjour de Dante à Paris. Siger, l'obscur, est, par son *obscurité historiographique* même, le plus sûr témoin que Dante *a dû venir à Paris* pour y voir, *historiquement, briller sa lumière*. Le fait est que les premiers historiens de Siger, ses découvreurs, se sont intéressés à lui et par voie de conséquence à l'averroïsme, non par intérêt direct pour l'un ou pour l'autre, mais à cause de Dante et de la date supposée de son séjour à Paris. C'est le souci qui, à l'évidence, anime le premier à avoir traité de Siger en philologue et en historien : Joseph-Victor Le Clerc (1789-1865), dans une conférence programmée pour la Séance publique annuelle de l'Académie des Inscriptions et Belles-Lettres du 1er août 1845, mais publiée seulement en 1847 dans le tome XXI de l'*Histoire littéraire de la France*, sous le titre : « Siger de Brabant, professeur aux écoles de la rue du Fouarre ».

> Nous voudrions, à l'aide des textes inédits ou publiés que nous rapprochons ici, pouvoir donner des lumières nouvelles, et sur le moment où Dante vint à Paris, et même sur la certitude de ce voyage[2].

En donnant accès à une description succincte mais instructive de deux des œuvres authentiques du philosophe belge, les *Quaestiones de anima intellectiva* et les *Impossibilia*, Le Clerc apporte un témoignage nouveau et capital à l'historiographie de Dante, mettant, comme l'écrit alors Antoine Leroux de Lincy, un terme aux « tortures des commentateurs » de la *Comédie*[3] : il identifie le personnage dont l'Alighieri « fait prononcer l'éloge, au sein de la béatitude céleste, par saint Thomas lui-même » : le fameux « Siger ». Ce n'est pas sans mérite. Il faudra attendre 1972 pour avoir une édition critique du *De anima intellectiva* de Siger, publiée par le regretté Bernados Carlos Bazán

2. V. Le Clerc, « Siger de Brabant, professeur aux écoles de la rue du Fouarre », *Histoire littéraire de la France*, tome XXI, *Suite du treizième siècle, depuis l'année 1296*, Paris, 1847, p. 96-127, ici p. 107.

3. Cf. A. Leroux de Lincy, « rec. de Le Clerc », *Bibliothèque de l'École des chartes*, t. X, Paris, 1849, p. 316-318.

(1939-2018), avec deux autres œuvres capitales pour l'histoire de l'averroïsme et celle des condamnations parisiennes de 1270 et 1277 : les *Quaestiones in tertium De anima* et le *De aeternitate mundi*[4], et ce n'est qu'en 1974 que le même Bazán procurera l'édition des *Impossibilia*, édités une première fois partiellement en 1892 par Barthélemy Hauréau (1812-1896)[5], puis intégralement en 1898 par Clemens Baeumker (1853-1924)[6], et, surtout, un an plus tard, en 1899, par Pierre Mandonnet (1856-1936) dans son œuvre maîtresse sur Siger et l'averroïsme latin[7]. L'*Incipit* des *Impossibles* donne une idée précise des activités d'un « logicien » de la rue du Fouarre vers la fin du XIIIe siècle : « Les savants de l'école de Paris étant convoqués, un *sophista* proposa de prouver plusieurs *impossibles* et d'argumenter en leur faveur » (*Convocatis sapientibus studii Parisiensis proposuit sophista quidam impossibilia multa probare et defendere*), à savoir :

> (1) Dieu n'existe pas ; (2) Toutes les choses qui nous apparaissent ne sont que des simulacres et comme des rêves, si bien que nous ne pouvons être certains de l'existence d'aucune réalité ; (3) la guerre de Troie a lieu à l'instant présent ; (4) un grave (corps lourd) se trouvant en hauteur ne tomberait pas, même s'il n'en était pas empêché ; (5) parmi les actes humains, il n'existe pas d'acte mauvais, qui doive être interdit en raison de sa malice ou pour lequel on doive être puni ; (6) il arrive que quelque chose soit et ne soit pas en même temps et que des attributs contradictoires s'impliquent mutuellement ou soient prédiqués d'un même sujet[8].

---

4. Cf. Siger de Brabant, *Quaestiones in tertium De anima ; De anima intellectiva ; De aeternitate mundi*. Éd. B. C. Bazán, Louvain, Publications universitaires / Paris – Béatrice Nauwelaerts (Philosophes médiévaux, 13), 1972.

5. B. Hauréau, *Notices et extraits de quelques manuscrits latins de la Bibliothèque nationale*, t. V, Paris, 1892. Hauréau a publié intégralement le second sophisme (p. 89-92) et le cinquième (p. 92-98).

6. Cl. Baeumker, *Die "Impossibilia" des Siger von Brabant, eine philosophische Streitschrift aus dem XIII. Jahrhundert, zum ersten Male vollständig herausgegeben und besprochen*, Münster, Aschendorff (Beiträge zur Geschichte der Philosophie des Mittelalters, 2/6), 1898.

7. P. Mandonnet, *Siger de Brabant et l'averroïsme latin au XIIIe siècle : étude critique et documents inédits*, Fribourg, Librairie de l'Université (Collectanea friburgensia : commentationes Academicae Universitatis Friburgensis Helvetiorum, 8), 1899, 2 t., 2e éd., 1908-1911.

8. Pour ces six « Impossibles », cf. Siger de Brabant. *Impossibilia*, in *Écrits de logique, de morale et de physique*. Éd. B. C. Bazán, Louvain, Publications universitaires – Paris, Béatrice

Hauréau suivi par Baeumker voyait dans les *Impossibilia* la réfutation par un maître inconnu de quelques-unes des erreurs les plus graves professées par Siger de Brabant ! Mandonnet a fait justice, en termes cruels, de cette aberration, et ramené la chose à sa réalité : celle d'un jeu logique que l'on rattacherait aujourd'hui à la pratique désormais bien connue des *sophismata*[9].

Mais qui est, au juste, le « Siger » identifié par Le Clerc ? Et pourquoi Dante confie-t-il à Thomas d'Aquin son éloge ? Nul ne peut répondre au milieu du XIXe siècle. Comme l'écrit Le Clerc : « On ne sait quel est cet homme qui a mérité que son nom fût placé à côté de ceux de Bède le Vénérable, de Pierre Lombard, de Richard de Saint-Victor, et consacré par l'autorité presque divine d'un panégyriste » tel que Thomas d'Aquin[10] ! Dans les années 1800, on ne le dit pas même « de Brabant ». C'est Le Clerc qui, « des nombreux personnages désignés indifféremment par les noms de Sigier, Siger, Syger, Suger, Sugger, Seger ou Zegher », « ose » le premier, selon ses propres termes, « croire que celui que Dante a immortalisé n'est autre que Siger de Brabant, *Sigerus* ou *Segerus de Brabantia* ». C'est capital ! Mais la roche tarpéienne est près du Capitole. À peine identifié, le malheureux Siger de Brabant se voit malheureusement confondu avec un autre, belge comme lui, et philosophe, mais de Courtrai. « Nous osons même, en nous arrêtant à une idée que nous n'avions d'abord avancée qu'avec défiance, le regarder comme le même docteur de Sorbonne que Siger de Courtrai », poursuit, en effet, Le Clerc.

Cet homonyme n'a, comme on le sait aujourd'hui, rien à voir avec le héros de Dante : Zeger van Kortrijk (*Sigerius*

Nauwelaerts (Philosophes médiévaux, 14), 1974, p. 67-97. Cf. F. Van Steenberghen, *Maître Siger de Brabant*, p. 93. Van Steenberghen voit à tort dans l'introduction une « fiction littéraire », et se trompe sur le sens du mot « *sophista* » où il persiste à voir un « "sophiste" authentique » au lieu d'un logicien.

9. Cf. A. de Libera, « Faire de nécessité loi. Théories de la modalité dans le *sophisma 'Omnis homo de necessitate est animal'* du *codex parisinus* 16135, f° 11rb-12rb », *AHDLMA,* 76 (2009), p. 179-233, avec la bibliographie afférente. Cf., en outre, S. Ebbesen, F. Goubier, *A Catalogue of 13th-Century Sophismata*, 2 vol., Paris, Vrin (Sic et Non), 2010.

10. V. Le Clerc, « Siger de Brabant », *loc. cit.*, p. 97.

de Cortraco) est un grammairien et un logicien « modiste » mort en 1341, dont les œuvres ont été éditées en 1913 par Gaston Wallerand – notamment la *Summa modorum significandi*, que Le Clerc, qui n'y voit qu'un « commentaire assez confus d'une partie du traité aristotélique *Peri hermeneias* », évoque sans comprendre à quoi il a affaire[11]. À petites causes grands effets : on retrouvera le « modisme » dans l'historiographie moderne de Dante tant pour ce qui concerne sa philosophie du langage que pour les preuves de son séjour parisien. « Averroïsme », « modisme » : on le voit, au fil du temps, le portrait-robot du Siger de Dante se surimpose au personnage théorique de Dante lui-même. L'un et l'autre s'entretiennent mutuellement. Nous y reviendrons. Pour l'heure, il suffit de noter que pour Siger comme pour Dante, comme pour Averroès, comme pour Paris, tout se joue dans les publications françaises des années 1840-1870.

C'est en 1847, l'année de l'article pionnier de Le Clerc sur Siger, que paraît l'article « Ibn-Roschd » du *Dictionnaire des sciences philosophiques* publié chez Louis Hachette « par une société de professeurs et de savants », sous la direction d'Adolphe Franck. C'est l'œuvre de Salomon Munk (1803-1867), qui le reprendra, sous une forme plus développée, dans ses *Mélanges de philosophie juive et arabe*, en 1859[12]. La même année, selon le témoignage de Renan, Marcus Joseph Müller publie à Munich, sous les auspices de l'Académie des sciences de Bavière, le premier texte d'Averroès en arabe – en l'occurrence : « les trois Traités sur l'accord de la religion et de la philosophie, contenus dans le ms. 629 de l'Escurial », autrement dit le *Faṣl al-maqāl* (*Discours décisif*), dont la traduction allemande paraît en 1875[13].

11. *Idem, loc. cit.*, p. 116-117.

12. Cf. S. Munk, *Mélanges de philosophie juive et arabe*, Paris, A. Franck, Libraire, 1859, p. 418-471.

13. Cf. M. J. Müller, *Philosophie und Theologie von Averroes*, Munich (Königl. Bayer. Akademie der Wissenschaften, *Monumenta Saecularia*), 1859 (arabe) et 1875 (allemand). Pour la traduction française, nous nous permettons de renvoyer à Averroès, *Livre du discours*

En 1847, on ne dispose d'aucune édition de Siger de Brabant. Le Clerc, qui regarde les manuscrits et les documents les plus divers, n'en est pas moins capable de poser sans aller au contenu les premiers éléments du « décor » :

> Les années précises entre lesquelles commencent et finissent les leçons de Siger de Brabant échappent à nos recherches ; mais le lieu où Dante put y assister ne laisse aucun doute ; c'est la rue du Feurre ou du Fouarre, *Straminum vicus, vicus Stramineus, vico degli Strami*[14].

En cause, les vers 136-138 du chant X du *Paradis* où Thomas d'Aquin, le présentant à Dante, évoque

> *... la luce etterna di Sigieri,*
> *Che leggendo nel vico de li strami*
> *Sillogizzo invidiosi veri*
>
> ... l'éternelle clarté du docte Sigier
> Qui, lisant en la rue aux Feurres en sa vie,
> Syllogisoit discours dont on lui porte envie

selon « l'ancienne version française de Balthazar Grangier (1596), qui est ici très fidèle », écrit Le Clerc[15]. Voilà la formule dont dépendent toute l'histoire et l'historiographie de l'averroïsme de Dante. Trois vers, trois ruisseaux pour un océan d'articles, de livres et de thèses. Cela mérite derechef réflexion, car le courant de l'historiographie est puissant et a tôt fait d'emporter le lecteur loin des rives du « fait » historique.

---

décisif, traduction inédite, notes et dossier par M. Geoffroy, Paris, GF-Flammarion, 1996 (« Introduction », par A. de Libera, p. 5- 83).

14. V. Le Clerc, « Siger de Brabant », *loc. cit.*, p. 108.

15. Il serait intéressant de comparer toutes les traductions de *Paradis*, X, 136-138, des plus anciennes aux plus récentes de Scialom et Vegliante, en passant notamment par Rivarol, Artaud de Montor, Fiorentino, Brizeux, Arous, Lamennais, Louis de Ratisbonne, Littré, Durand-Fardel, Margerie, Hauvette, Masseron et Pézard. La traduction désormais classique de Jacqueline Risset (*Paradis*, Paris, Flammarion, 1985) parle de : « la lumière éternelle de Sigier // qui, enseignant dans la rue du Fouarre//, syllogisa des vérités qui lui firent tort ». La traduction littérale de Berthier, outil indispensable, choisit : « la lumière éternelle de Siger, // qui, lisant dans la rue de Fouarre, // syllogisa des vérités qui créèrent l'envie ». Cf. *Dante Alighieri. La Divine Comédie*, trad. littérale avec notes par Joachim-Joseph Berthier, o. p., réédition de la version de 1924 sous la direction de R. Imbach, Paris, Desclée De Brouwer, 2018, p. 768.

En 1862, Le Clerc et Renan, qui dix ans plus tôt a publié *Averroès et l'averroïsme*[16], signent ensemble le tome XXIV de *L'Histoire littéraire de la France au XIVᵉ siècle*, Le Clerc y rédigeant le *Discours sur l'état des Lettres*, Renan celui sur *L'État des beaux-arts*[17]. Renan a une réelle admiration pour Le Clerc. Il lui consacre un bel hommage dans un long texte imprimé en 1878 dans les *Mélanges d'histoire et de voyages* – occasion pour lui de compléter le portrait du Siger de Le Clerc en héros du républicanisme et de la laïcité, figure tutélaire de la « pénible naissance de la société laïque » et de la « lente émancipation du mondain, longtemps étouffé sous le poids d'un culte impérieux[18] ». Le double éloge du héros médiéval et du savant philologue noue à partir du Siger de Dante un faisceau de thèmes que viendra synthétiser, quelques décennies plus tard, l'inscription du Dante (chantre) de Siger au registre de l'*averroïsme politique*, assurant le bouclage des thèmes constitutifs du « mythe » sigérien. Ce mythe, c'est Renan qui le lance en termes emphatiques, quand il évoque, parmi « ces rudes lutteurs qui soutinrent sous saint Louis les droits de la pensée naissante », « ce Siger, que Dante place dans le paradis à côté d'Albert de Cologne et de Thomas d'Aquin » – Siger qui, écrit-il, « avait été tellement trahi par la renommée, que le passage de *la Divine Comédie* qui le concerne semblait une énigme[19] ». Mais enfin Le Clerc vint :

16. Cf. E. Renan, *Averroès et l'averroïsme*, Paris, Michel Lévy, 1862. L'édition de travail est la troisième édition, publiée en 1866, qui reproduit celle de 1862, revue et augmentée. Sur ce texte, cf. A. de Libera, « Renan et l'averroïsme », *in* H. Laurens (éd.), *Ernest Renan : la science, la religion, la République.* Colloque de rentrée 2012, Collège de France, Paris, Odile Jacob, 2013, p. 225-246. Pour une remise à plat complète du dossier de l'« averroïsme latin », on se reportera aux travaux de J.-B. Brenet, notamment : *Transferts du sujet. La noétique d'Averroès selon Jean de Jandun*, Paris, Vrin (Sic et Non), 2003 ; *Les possibilités de jonction. Averroès-Thomas Wylton*, Berlin-Boston, Walter de Gruyter, 2013 ; *Averroès l'inquiétant*, Paris, Les Belles lettres, 2015 et *Je fantasme. Averroès et l'espace potentiel*, Lagrasse, Verdier, 2017.

17. V. Le Clerc, *Discours sur l'état des Lettres en France au XIVᵉ siècle*, in *Histoire littéraire de la France*, t. XXIV, Paris, 1862, p. 1-602 ; E. Renan, *Discours sur l'état des beaux-arts en France au XIVᵉ siècle*, *ibid.*, p. 603-757.

18. Cf. E. Renan, « Joseph-Victor Le Clerc », in *Mélanges d'histoire et de voyages*, Paris, Calmann-Lévy, 1878, p. 453-508, ici p. 482.

19. Cf. E. Renan, « Joseph-Victor Le Clerc », *loc. cit.*, p. 481.

> Avec une prodigieuse érudition, aidée d'un jugement pénétrant, M. Le Clerc retrouva les titres de cette gloire oubliée, reconstruisit la biographie de Siger, montra son rôle dans les écoles de la rue du Fouarre, retrouva ses écrits, reconnut l'esprit de son enseignement. Ce Siger, qui, selon Dante, « syllogisa discours dont on lui porte envie », fut un vrai libéral, presque un républicain ; il fit un cours de politique qui laissa chez plusieurs de ses auditeurs une profonde impression ; il fut le maître de Pierre Dubois, le conseiller intime et le publiciste de Philippe le Bel. Son principe était que « de bonnes lois valent mieux que de bons gouvernants ». L'idée qui manque le plus au Moyen Âge avant Philippe le Bel, l'idée de « la chose publique » ou de l'État, Siger la développa avec une netteté qui surprend[20].

Le Siger politique de Le Clerc, auréolé du prestige de son « élève » Pierre Dubois, l'auteur du *De recuperatione Terrae Sanctae*[21], fait partie du « grand récit » national des Lumières, autrement dit du Grand Récit national français, enté sur le séjour parisien de Dante. Le Clerc s'extasie sur l'audace intellectuelle de ce « fief de Garlande, dont la rue du Fouarre était une dépendance », et qui « concentrait alors dans ses étroites limites les études parisiennes, qui, dit-il, ne tardèrent pas à s'étendre sur toute la montagne nommée aujourd'hui le pays latin », ce pays, ce « Quartier », véritable marqueur toponymique de l'identité française. Pétrarque lui-même le confirme à sa manière dans l'*Invectiva contra eum qui maledixit Italie* en s'en prenant à cette « arche du Petit-Pont » et à cette « rue du Fouarre, où tout ce qui se débite contre l'Italie est sûr d'obtenir les applaudissements des étudiants et des grisettes » (*... mulierculis puerisque plaudentibus et quicquid contra Italiam dictum fuerit consona voce laudantibus*) – passage cité par E. J. B. Rathery dans son mémoire sur l'*Influence de la littérature italienne sur les lettres fançaises* primé en 1852

20. E. Renan, « Joseph-Victor Le Clerc », *ibid.*, p. 481-482.

21. L'ouvrage est accessible sur Gallica dans l'édition de 1891. Cf. *De recuperatione Terre sancte, traité de politique générale par Pierre Dubois, avocat des causes ecclésiastiques au bailliage de Coutances sous Philippe le Bel*, publié d'après le manuscrit du Vatican par Ch.-V. Langlois, Paris, Picard (Collection de textes pour servir à l'étude et à l'enseignement de l'histoire, 9), 1891.

par l'Académie française[22]. Contre Pétrarque, Le Clerc enrôle sans hésiter Dante dans la geste parisienne de la pensée libre :

> Ainsi, pendant quatre cents ans, [*i.e.* jusqu'au XVIIe siècle] dans ce coin humide et sombre de l'ancien Paris, l'intelligence, déjà presque libre, s'était exercée au combat, à la victoire ; et c'est un nom que ces luttes périlleuses y rendirent populaire vers 1300, le nom d'un homme quelque temps proscrit, qui retentit aujourd'hui jusqu'à nous, parce qu'un autre proscrit l'a prononcé[23].

Et d'insister :

> Rien ne nous paraît plus dans le caractère de Dante, que la protestation poétique qu'il oppose aux persécutions dirigées contre le docteur de la rue du Fouarre, que cet appel au tribunal céleste en faveur d'un homme accusé et peut-être condamné sur la terre. Cet homme, qu'il avait connu sans doute, comme la plupart de ceux qu'il venge ou qu'il punit, avait été cité à comparaître devant un juge dominicain : c'est un autre Dominicain, le plus grand de tous, Thomas lui-même, qui, non content de l'absoudre, le fait asseoir auprès de lui dans l'assemblée des saints[24].

On est ici clairement *entre* l'histoire et le mythe. On y demeure avec Antoine-Frédéric (dit Antoine) Ozanam (1813-1853), traducteur du *Purgatoire*, auquel Carlo Ossola a consacré une partie d'un séminaire donné en 2002 au Collège de France[25]. L'année 1845 voit Ozanam, assistant de Claude

22. E. J. B. Rathery, *Influence de l'Italie sur les lettres françaises, depuis le XIIIe siècle jusqu'au règne de Louis XIV*. Mémoire auquel l'Académie française a décerné une récompense dans sa séance du 19 août 1852, chap. 1er, « La France et l'Italie avant le seizième siècle », Paris, Firmin Didot, 1853, p. 35-36.

23. V. Le Clerc, « Siger de Brabant », *loc. cit.*, p. 109-110.

24. *Idem*, p.105.

25. Voir le résumé du cours de 2002 de la chaire de *Littératures modernes de l'Europe néolatine*, qui évoque admirablement la figure de Dante chez Ozanam, mais aussi de Siger dans le récit des *Proscrits* placé en 1835 en tête de son *Livre mystique* par Honoré de Balzac, où l'on peut lire que « Sigier [est] le plus fameux docteur en Théologie mystique de l'Université de Paris ». Cf. C. Ossola, *Annuaire du Collège de France 2001-2002*, p. 569-601, ici p. 575-576. Les cours de C. Ossola de 2009-2012 (*Lectura Dantis I-III*) sont accessibles sur le site du Collège de France. Pour une analyse historique et philosophique approfondie du texte de Balzac sur Siger, cf. R. Imbach, « *Nulla scientia tradita a nobis negociatur circa accidens.* Notule sur un texte de Balzac », *in* Chr. Erismann & A. Schniewind (éd.), *Compléments de substance. Études sur les propriétés accidentelles offertes à Alain de Libera*, Paris, Vrin (Problèmes & controverses), 2008, p. 33-42.

Fauriel (1782-1844), premier professeur de littératures étrangères à la Sorbonne, dans la chaire créée pour lui en 1830 par Guizot, publier *Dante et la philosophie catholique au XIIIe siècle*. Le livre fut republié dès 1847 à Louvain[26], quelques années après que son auteur eut fait paraître sous le même titre sa thèse de 1838[27]. Ozanam, qui a succédé à Fauriel en 1844, traite lui aussi de Siger et de l'averroïsme pour régler la question du ou des séjours parisiens de Dante. Pour lui, « le poète visita l'école de Paris dans l'intervalle de 1294 à 1299 », et non au temps de son exil – qui voit s'affirmer chez lui une sorte de francophobie.

> Si l'on considère le ressentiment implacable que Dante professe contre la France depuis le jour de son exil, et qui éclate dans tout le poème, on aura peine à croire qu'à cette époque même il ait visité un peuple détesté, qu'il ait voulu voir la capitale de ces princes Capétiens devenus ses persécuteurs, et les oppresseurs de sa patrie. Comment ce grand observateur, à qui rien n'échappe, aurait-il hanté l'Université de Paris en 1308 sans la trouver pleine de la gloire de Duns Scott (*sic*) qui mourut cette même année, et que rien ne rappelle ni dans la *Divine Comédie*, ni dans le *Convito*[28] ? Je n'y trouve aucune trace de cette révolution philosophique, de cette revanche bruyante de l'école franciscaine contre le triomphe de saint Thomas d'Aquin et des Frères Prêcheurs. Au contraire, je vois, au Xe chant du *Paradis*, saint Thomas en possession d'un empire incontesté : il est parmi les saints comme Aristote chez les philosophes, le maître de ceux qui savent. C'est lui qui règle les rangs, qui résout les ques-

---

26. Cf. A.F. Ozanam, *Dante et la philosophie catholique au XIIIe siècle*, nouvelle édition corrigée et augmentée, suivie de recherches nouvelles sur les sources poétiques de la *Divine comédie*, Louvain, C. J. Fonteyn, 1847.

27. Le texte, atribué à « A.-F. Ozanam, docteur en droit, docteur ès-lettres », paraît à Paris en 1839 chez Debécourt, Libraire-éditeur, rue des Saints-Pères.

28. Dans l'édition de 1847 de *Dante et la philosophie catholique au XIIIe siècle*, Ozanam, p. 252-257, donne la traduction française de brefs passages du *Convivio*, sous le titre « Extraits du *Convito*, II, 13 ; iv, 1, 6 (i) ». Le texte est censé éclairer les « premiers pas de Dante dans ces études philosophiques où il devait pénétrer si profondément ». En note, il écrit : « (i) Nous aurions voulu faire connaître par des extraits plus considérables ce beau livre du *Convito* que Bouterweck compare aux plus excellents traités philosophiques de l'antiquité (*Geschichte der schœnen Wissenchaften*, t. I, p. 61). Du moins avons-nous tenté de conserver la forme naïve et familière du style. » La référence à la *Geschichte der schönen Wissenschaften* s'entend de Friedrich Bouterwek, *Geschichte der Poesie und Beredsamkeit seit dem Ende des dreizehnten Jahrhunderts*, Göttingen, Röwer, 1801.

tions. De ses contemporains je n'aperçois que S. Bonaventure qui l'approche sans l'égaler. [...] De ceux qui lui succédèrent, le poète en nomme un seul : « C'est l'éternelle lumière de Siger, qui enseignant dans la rue du Fouarre, fit servir le syllogisme à des vérités mal reçues. » Des particularités si précises, une si vive admiration pour un homme dont la renommée s'obscurcit bientôt en France et ne passa jamais au delà des Alpes, m'indiquent sans doute le docteur au pied duquel Dante s'est assis[29].

Ce docteur est Thomas. S'appuyant sur les travaux de Le Clerc, Ozanam fait du séjour à Paris, auprès de Siger, un moment essentiel dans la genèse de la *Commedia* – un moment thomasien, pour ne pas dire imprégné de thomisme.

Ces études biographiques mènent à une conclusion considérable. C'est que Dante, au moment de mettre la main à son œuvre immortelle, avait déjà passé par les leçons de l'Université de Paris, par le régime laborieux des écoliers du treizième siècle, assis sur la paille aux pieds des maîtres ; par les écoles de dialectique et les bruyantes disputes de la rue du Fouarre. C'est qu'il portait dans la poésie toutes les habitudes de la science contemporaine, par conséquent la méthode d'interprétation allégorique qu'on appliquait non pas à l'Écriture sainte seulement, mais aux textes de Virgile ou d'Ovide. C'est qu'il était plein des doctrines de saint Thomas, qu'il avait trouvées dans tout l'éclat d'un nouveau règne[30].

On pourrait continuer indéfiniment, filer la longue histoire des contresens, bévues, approximations, surinterprétations, polémiques de tous ordres, qui ont scandé l'histoire de la triple alliance de Dante, d'Averroès et de Siger : la *cultura dantesca* et l'histoire de la littérature universelle sont quasi coextensives. On pourrait aussi étudier, en refermant un peu la focale, mais en allant au détail, les étapes et les figures de la réception de Dante en France, sous l'angle des traductions, des études comparatistes et philosophiques[31]. On trouvera ici

29. A. F. Ozanam, *Dante et la philosophie catholique au XIIIe siècle*, p. 260-261.

30. A. F. Ozanam, *ibid.*, p. 264.

31. Voir sur ce point S. Ferrara et E. Zanin, « "Io vidi la speranza de beati" (V. N., XIX, 8). Dante en France (suivi d'un florilège de traductions) », *Revue des études dantesques*, 2017/1, p. 93-121.

un peu des deux, mais aussi et d'abord une vue d'ensemble, et un bilan.

Le colloque de 2015 sur *Dante et l'averroïsme* s'était donné un objectif précis : opérer, sur la base d'un dialogue ou, au moins, d'échanges ciblés entre italianistes et historiens de la philosophie, une relecture, le cas échéant une critique, voire une déconstruction des « mythes », des « schèmes », des « questionnaires » et des « grilles de lecture » accumulés depuis le *coup d'envoi* de Le Clerc et Ozanam sur l'averroïsme, Dante et la philosophie : l'orchestration collective, pluridisciplinaire et la discussion du thème sobrement énoncé dans un article de Luca Bianchi paru la même année, en 2015 : « L'averroismo di Dante : qualche osservazione critica » (« L'averroïsme de Dante : quelques observations critiques[32] »). Les mythes historiographiques ont une histoire. Ils ont une genèse. Ils ont des auteurs et des protagonistes. La question qui s'imposait aux organisateurs du colloque était simple et redoutable : l'averroïsme de Dante est-il un mythe ? Les divers récits bâtis autour de la triple rencontre opérée en 1847 par Le Clerc, relèvent-ils tous d'une « mythologie » ? Que faut-il en garder ? Que doit-on en rejeter ?

Le problème ainsi posé est d'ordre « épistémique ». Il faut le prendre au niveau d'une épistémè ou, si l'on préfère, de ce qui *fait époque*. Toutes les contributions savantes à l'océan des études dantesques depuis Le Clerc ne font pas époque. Toutes ne méritent pas d'être « déconstruites », quel que soit le sens accordé à ce terme. Toutes n'ont pas un intérêt « archéologique ». Les grands noms ne manquent pas, non plus que les traditions et les filiations : d'Henri Hauvette (1865-1935) – fondateur de l'UIFI (Union intellectuelle franco-italienne), et la *Revue des études italiennes* créée par Henri Bédarida (1887-1957), dont le premier numéro, héritier du *Bulletin* de la Société d'études italiennes (1894-1910) de

32. Cf. L. Bianchi, « L'averroismo di Dante : qualche osservazione critica », *Le tre corone. Rivista internazionale di studi su Dante, Petrarca, Boccaccio*, 2 (2015), p. 71-109.

Charles Dejob (1847-1916), du *Bulletin italien* (1901-1918) et, plus directement, des *Études italiennes* (1919-1935), paraît en janvier-février 1936 – à Augustin Renaudet (1880-1958) et André Pézard, respectivement titulaires d'une chaire d'Histoire de la civilisation italienne (1946-1950) et d'une chaire de Littérature et civilisation italiennes (1951-1965) au Collège de France. Pour le titulaire de la chaire d'Histoire de la philosophie médiévale, recréée au Collège de France soixante ans après le départ d'Étienne Gilson au Canada, la référence à l'auteur de *Dante et la philosophie,* publié en 1939, pouvait sembler incontournable. Elle l'est en effet. Mais, s'agissant de Dante et de l'averroïsme, ce n'est pas autour de Gilson (1884-1978) que le présent volume gravite ; c'est autour d'une figure italienne, commune aux italianistes, aux dantologues, aux philosophes et historiens de la philosophie médiévale.

Si l'averroïsme de Dante est un *mythe*, sa critique, sa « déconstruction » passe par celle de l'interprétation qui lui a donné la forme qu'il a revêtue aujourd'hui, une forme argumentable, scientifique, à laquelle nombre d'interprètes restent attachés, et qui, en l'occurrence, a aussi nourri, orienté, guidé ma propre réflexion. Déconstruire le « mythe » de l'averroïsme de Dante, c'est se confronter à deux interprétations italiennes de Dante : l'une récente, l'autre ancienne. La première, qui a suscité de vives polémiques en Italie, est l'interprétation de Maria Corti (1915-2002), formulée en 1981 dans *Dante a un nuovo crocevia*[33]. Elle y argue du « modisme » de Dante, grâce à des rapprochements avec Boèce de Dacie et Gentile da Cingoli, puis en 1983 dans *La felicità mentale*, soulignant à la fois son « averroïsme », en s'appuyant sur une interprétation de la chanson *Donna me prega* de Guido Cavalcanti,

33. Cf. M. Corti, *Dante a un nuovo crocevia*, Florence, Sansoni, 1981. Pour Corti, « Dante connaît les textes de Boèce [de Dacie] et de Siger, il connaît aussi probablement celui de l'Anonyme de Giele, utilisé par Guido Cavalcanti, il les a admirés, et il en a ici ou là tiré bénéfice dans les œuvres antérieures à la *Commedia* » (*op. cit.*, p. 83, ma trad.). Corti reprend ces affirmations dans *La felicità mentale. Nuove prospettive per Cavalcanti e Dante*, Turin, Einaudi, 1983, p. 86.

et, de l'autre, l'influence d'Albert le Grand, en examinant les thèses du *Convivio* sur la « félicité mentale ». Toutes ces analyses ont initialement rencontré un accueil favorable, avant de se voir de plus en plus contestées depuis la recension d'Alfonso Maierù en 1983 et son débat de 1984 avec Corti[34], jusqu'à 2014 et la réfutation des thèses sur le « modisme » de Dante par Costantino Marmo, dans « Had the *Modistae* any Influence on Dante ?[35] ».

La seconde interprétation, chronologiquement la première, est celle, époquale, de Bruno Nardi (1884-1968), qui, ces dernières années, a subi en partie les effets du travail de sape et de démantèlement de l'interprétation de Corti, qui, comme tout le monde ou presque en Italie, s'appuyait ou prétendait s'appuyer sur les études nardiennes[36]. C'est en effet avec Nardi et autour de Nardi que tout recommence et s'organise au XXe siècle. C'est lui qui fait époque ; lui qui fournit l'horizon d'interprétation ; lui avec lequel il faut aujourd'hui, une fois encore, s'expliquer critiquement ; lui enfin dont il faut remettre en cause certains schèmes, principes ou clés interprétatives ou, au contraire, pousser plus loin certaines

34. Cf. A. Maierù, « Dante al crocevia ? », *Studi Medievali*, 24 (1983), p. 735-748 et M. Corti-A. Maierù, « Postille a una recensione », *Studi Medievali*, 25 (1984), p. 839-855.

35. C. Marmo, « Had the Modistae any Influence on Dante ? Thirty years after Maria Corti's proposal », *in* M.L. Ardizzone (éd.), *Dante and Heterodoxy : The Temptations of 13th Century Radical Thought* [Conclusion by T. Barolini], Cambridge, Cambridge Scholars Publishing, 2014.

36. Sur l'importance et l'originalité de la figure de Nardi, voir T. Gregory, « Bruno Nardi », *Giornale critico della filosofia italiana*, XVII (1968), p. 469-501 ; E. Garin, « Ricordo di Bruno Nardi (1884-1968) », *Studi Danteschi*, XLV (1969), p. 5-28 ; G. Stabile, « Bruno Nardi storico della filosofia medievale », *in* R. Imbach & A. Maierù (éd.), *Gli studi di filosofia medievale fra Otto e Novecento. Contributo a un bilancio storiografico*, Rome, 1991, p. 379-390 et *Id.*, « Il *De unitate intellectus contra averroistas* di Tommaso, luogo d'incontro tra Nardi e Gentile », introd. à la réimpr. de *Tommaso d'Aquino. Trattato sull'unità dell'intelletto contro gli averroisti*, éd. par B. Nardi, Spolète, 1998, p. VII-XXIX, tous deux repris dans G. Stabile, *Dante e la filosofia della natura. Percezioni, linguaggi, cosmologie*, Florence, 2007, p. 359-370 (cf. spéc. p. 364-365, pour le rapport Dante-Siger de Brabant, et pour l'interprétation politique de la théorie des *duo ultima*), et 371-392. Sur Nardi et Dante, cf. C. Vasoli, « Bruno Nardi dantista », in *Letteratura Italiana – I critici*, III, Milan, 1969, p. 2023-2051 ; « Bruno Nardi e il 'restauro' della filosofia di Dante », *in* M. A. Terzoli, A. Asor Rosa, G. Inglese (éd.), *Letteratura e filologia fra Svizzera e Italia. Studi in onore di G. Gorni*, I, Rome, Edizione di Storia e Letteratura, 2010, p. 57-73.

suggestions ou perspectives. Ce faisant, l'on tient compte des progrès les plus récents de la recherche sur Dante, Averroès, l'averroïsme, mais aussi Albert le Grand[37] et Thomas d'Aquin eux-mêmes, sans oublier les universités de Paris et de Bologne, et, pour reprendre le titre de Renan et Le Clerc, l'« état » de la pensée médiévale aux confins du XIIIe et du XIVe siècle.

À grands traits, au niveau macro-herméneutique, l'interprétation de Nardi se confond avec le rejet de la thèse du thomisme de Dante et de l'interprétation dite « catholique », illustrée par Mandonnet et Busnelli. La polémique avec Busnelli, entamée dès 1923, marque un tournant dont témoigne l'écho rencontré en 1930 par la publication de « Il tomismo di Dante e il p. Busnelli S. J. » dans les *Saggi di filosofia dantesca* de Nardi – véritable bible de la nouvelle interprétation de Dante, reprise en 1967, un an avant la mort du philosophe[38]. La rupture avec Mandonnet est pour nous encore plus chargée de sens « archéologique ». On ne lit plus guère Busnelli, on peut encore travailler sur – ou contre – Mandonnet. Le dominicain belge est au XXe siècle ce que Le Clerc est au XIXe : professeur d'histoire ecclésiastique à l'université de Fribourg de 1891 à 1918, confondateur de la *Revue thomiste*, il est le premier des éditeurs-interprètes de Siger de Brabant, tradition qui culmine à Louvain, dans la suite des temps, avec F. Van Steenberghen (1904-1993)[39] ; il est aussi l'inventeur véritable de l'« averroïsme latin ».

Mandonnet rectifie les erreurs de ses prédécesseurs – l'identification de Siger de Brabant et de Siger de Courtrai

37. Sur ce que les études albertiniennes doivent à Nardi, cf. C. Vasoli, « L'immagine di Alberto Magno in Bruno Nardi », *Freiburger Zeitschrift für Philosophie und Theologie*, 32, Heft 1-2 (1985), p. 45-64.

38. B. Nardi, *Saggi di filosofia dantesca* (2e éd. augmentée), Florence, La Nuova Italia (*Il pensiero filosofico*, 4), 1967. Ce volume est le dernier ouvrage publié du vivant de Nardi.

39. Cf. F. Van Steenberghen, *Les Œuvres et la doctrine de Siger de Brabant, Mémoires de l'Académie royale de Belgique. Classe des lettres et des sciences morales et politiques et classe des beaux-arts*, 2e série, 39/3, 1938 ; *Siger de Brabant d'après ses œuvres inédites*, Louvain, Institut supérieur de philosophie (Les philosophes du Moyen Âge. Textes et études. Première série, 12-13), 1931-1942, 2 t. ; *Maître Siger de Brabant*, Louvain, Publications universitaires – Paris, Vander-Oyez (Philosophes médiévaux, 21), 1977.

faite par Le Clerc ; l'absurde hypothèse d'Hauréau et Baeumker[40] sur la paternité et la structure bi-auctoriale des *Impossibilia* –, et, en outre, revient sur le personnage de Pierre Dubois, évoqué par Renan. Il rappelle son éloge de Siger et souligne que « l'auditeur, à Paris, de Siger de Brabant et de Thomas d'Aquin, élaborant un plan de réforme des études, conçu dans un esprit très éclectique, proposait de réunir en une sorte de manuel scolaire les extraits des *Questions naturelles* de Frère Thomas, de Siger de Brabant et d'autres docteurs[41] ». S'il a beaucoup fait, en son temps, pour marquer l'originalité du profil de Siger, il ne nous aide guère à comprendre, en rapprochant Dante et Dubois, que l'auteur de la *Commedia* ait pu confier à Thomas le soin de faire l'éloge d'un philosophe dont nous faisons aujourd'hui, en noétique et en philosophie de l'esprit, la première et principale cible de l'Aquinate. Il se contente de souligner que « Dante, en plaçant le maître parisien dans la pléiade des grandes intelligences qui illuminent les espaces paradisiaques et dont Thomas d'Aquin fait entendre l'éloge, traduit sous une autre forme, mais avec plus de relief encore, la même pensée d'estime que nous trouvons chez Pierre Dubois ». On aimerait en savoir plus. Le rapprochement est plus efficace sur le terrain politique cher à Renan. Discutant les vues de Gaston Paris (1899-1903) sur les circonstances et les causes de la mort de Siger, affirmant qu'il « est [très] probable, d'après le mot de Dante et ce que Pierre Dubois rapporte de l'enseignement de Siger, qu'il avait attaqué le pouvoir politique du Pape, ce qui était fait pour plaire à l'auteur de la *Commedia*[42] », Mandonnet met un bémol au républicanisme renanien de Siger repris par Gaston Paris, et soutient

40. Cf. P. Mandonnet, *Siger de Brabant et l'averroïsme latin au* XIIIe *siècle*..., p. 127-128, qui revient (n. 4) sur les repentirs de plume de Baeumker.

41. Cf. P. Mandonnet, *ibid.*, p. 128-129, qui renvoie à *De recuperatione Terre sancte*, éd. V. Langlois, Paris, 1891, p. VII, X et 61 : « Item expediret quod Questiones naturales haberent extractas de scriptis tam fratris Thome quam Segeri et aliorum doctorum, ordinatas omnes de una materia. »

42. Cf. G. Paris, *Romania*, X (1881), p. 461, n. 1, cité par Mandonnet.

que « le peu que Dubois nous dit de Siger n'a aucune couleur politique proprement dite ».

> Dubois a entendu Siger à Paris commentant la politique d'Aristote. Le maître a affirmé qu'il est préférable pour un État d'être régi par de bonnes lois que par des magistrats honnêtes, car il n'est pas d'hommes, si honnêtes soient-ils, qui ne puissent être accessibles aux impressions de la colère, de la haine, de l'amitié, de la crainte, de la convoitise. Cette pensée que G. Paris appelle une pensée « toute républicaine[43] » et qu'il reconnaît être non de Siger, mais d'Aristote, était en somme fort raisonnable et n'avait rien de révolutionnaire[44].

Nardi se confronte évidemment aux thèses de Mandonnet sur Siger, mais c'est avec ses thèses sur Dante que, dans la foulée de ses premières critiques de Busnelli, il prend ses distances de façon décisive – en l'occurrence avec le livre de Mandonnet *Dante le théologien*, publié en 1935[45]. Ici, il nous faut revenir un instant à Étienne Gilson.

Nardi et Gilson ont un point commun : le rejet de l'interprétation thomiste de Dante par Mandonnet, et un point de discorde : leur appréciation de l'averroïsme, positive pour Nardi, négative pour Gilson. Concernant le thomisme, la question politique, donc celle de l'averroïsme dit « politique », joue chez Gilson un rôle central. La chose est claire si l'on considère l'enseignement au Collège de France.

Durant les près de vingt années d'enseignement prodigué au Collège, Étienne Gilson a abordé l'œuvre et la pensée de l'Alighieri à quatre reprises. En 1934-1935, dans le « cours du mardi » sur « L'idéal social du Moyen Âge »[46]. En 1937-1938, dans le « cours du lundi » sur « L'idée d'humanité », sous-titré « Recherches sur l'histoire d'un idéal médiéval »[47]. En 1943-1944, dans le cours devenu « cours

43. Cf. G. Paris, *La Poésie du Moyen Âge*, Paris, 1895, p. 170-171.

44. Cf. P. Mandonnet, *Siger de Brabant...*, p. 267.

45. Cf. P. Mandonnet, *Dante, le théologien. Introduction à l'intelligence de la vie, des œuvres et de l'art de Dante Alighieri*, Bruges-Paris, Desclée de Brouwer, 1935.

46. Cf. 1934-1935 : « L'idéal social du Moyen Âge » (le cours du lundi portant sur « La métaphysique de Duns Scot »).

47. Le cours du mardi porte sur « Humanisme et philosophie de Jean de Salisbury à Pétrarque ».

du jeudi » : « Explication littérale et commentaire historique du texte intégral du *Convivio* de Dante »[48]. En 1947-1948, dans le cours, rétabli le lundi, sur « Les métamorphoses de la Cité de Dieu », ainsi résumé dans l'*Annuaire* :

> Les leçons ont porté sur la formation et l'évolution de la notion d'une société universelle telle qu'elle est formulée dans la *Cité de Dieu* de saint Augustin. Purement mystique chez l'évêque d'Hippone, cette notion s'est transformée en théocratie au cours du XIIIe siècle. On a particulièrement étudié les trois doctrines de Roger Bacon (unification de la planète grâce à la Sagesse chrétienne) ; de Dante (division du politique et du religieux sous l'autorité suprême de Dieu) ; de Nicolas de Cues (retour à l'unité religieuse de la terre par l'instauration du syncrétisme décrit dans son *De pace fidei*)[49].

Sans entrer dans le détail, il est important de noter le théorème de base de Gilson : l'existence de ce qu'il appelle *une relation constante entre les conceptions que l'on se fait de la philosophie et celles que l'on se fait de la société au Moyen Âge*. Cette relation est clairement asymétrique, elle réduit un ordre, le politique, à un autre, l'ecclésiologique. Mais, telle quelle, elle comporte au moins deux variantes, illustrées par Pierre Damien (1007-1072) et Roger Bacon (1214-1294). « Les théologiens purs, qui nient la légitimité d'un ordre rationnel distinct, nient également la légitimité d'un ordre social distinct de celui de l'Église. » C'est ce que fait Pierre Damien. « Ceux qui résorbent la philosophie dans la Sagesse théologique ou l'y intègrent, résorbent aussi la société civile dans l'Église. » C'est que fait Roger Bacon. « C'est à cette dernière attitude que se rattache la conception d'une *respublica christiana* »,

48. Le cours du mercredi porte sur « Le problème de l'être et de l'existence, de ses origines grecques au XIVe siècle ». Le cours du jeudi de Gilson sur le *Convivio* poursuit sur ses propres bases l'intérêt d'Ozanam pour cette œuvre. Sur la réception tardive du *Banquet*, cf. Th. Ricklin, « Das missglückte Gastmahl. Philosophiehistorische Hinweise zum späten Publikumerfolg des *Convivio* », *in* S. Caroti, Z. Kaluza, R. Imbach, G. Stabile, L. Sturlese (éd.), *« Ad Ingenii Acuitionem ». Studies in Honour of Alfonso Maierù*, Louvain-la-Neuve, Fédération internationale des instituts d'études médiévales (Textes et études du Moyen-Âge – TEMA 38), 2006, p. 353-376.

49. Le cours du mardi porte, lui, sur « L'existence de Dieu dans la philosophie de Duns Scot ».

cette société universelle, dont Gilson reprendra l'analyse en 1937-1938 : la société de « tous les peuples chrétiens, régie par les papes au nom de la vérité théologique ». C'est elle que – *sous la pression de l'averroïsme* – Dante a ruinée. Le diagnostic est implacable, et vaut sur la longue durée – ce qui sera le « long Moyen Âge » de Jacques Le Goff.

> En rompant l'unité de la Sagesse chrétienne *sous la pression de l'Averroïsme*, Dante a provoqué aussi la *rupture de la Chrétienté*. C'est à partir de lui qu'on a vu la philosophie se détacher de la théologie et les communautés politiques se détacher de l'Église.

Ce « double mouvement de désintégration », le Gilson de 1934-1935 le suit « à travers Jean de Jandun, Occam et Marsile de Padoue, jusqu'à Nicolas de Cues », y reconnaissant « l'une des forces auxquelles l'Europe moderne doit sa naissance ». Et de conclure :

> Les tentatives de Campanella, Leibniz et Auguste Comte, pour restaurer l'unité occidentale sous l'autorité d'une doctrine commune qui jouerait le même rôle qu'avait joué la théologie au Moyen Âge, ont été autant d'échecs. Le problème de cette restauration demeure donc ouvert encore aujourd'hui[50].

Le cours de 1937-1938 – on est à deux pas de la Seconde Guerre mondiale – revient « avec plus de détails », sur « certains points déjà touchés en 1934-1935 », sur « l'idéal médiéval d'une société universelle ». La doctrine politique de Dante y joue un rôle décisif. C'est en l'étudiant que « les résultats les plus neufs ont été obtenus ». « L'analyse détaillée du *Convivio*, de la *Monarchie* et de tous les textes

---

50. Gilson voit en Dante un des ferments de la dissolution de l'idée de la « société chrétienne ». En affirmant le caractère irréductible des *duo ultima*, des deux fins en fonction desquelles le christianisme impose à l'homme de vivre – la félicité civile pour le monde d'ici-bas, la béatitude éternelle pour l'autre monde –, en fixant cette dualité, Dante fait éclater l'idée de société chrétienne. C'est là que, selon Gilson, il se connecte à l'averroïsme. Sur la philosophie – ou la théologie – gilsonienne de l'histoire et ses vues sur le christianisme et la politique, voir la remarquable étude de F. Michel : *Étienne Gilson. Une biographie intellectuelle et politique*, Paris, Vrin, 2018. De Gilson lui-même, on consultera, datant précisément de 1934, *Pour un ordre catholique*, Paris, Desclée De Brouwer, réimpr. avec une préface et présentation de Th.-D. Humbrecht, o. p., Parole et Silence, 2013.

de la *Divine comédie* relatifs à la politique, a en effet permis de retrouver le principe d'unité qui régit la philosophie politique de Dante » – en l'occurrence Aristote, *Métaphysique*, X, 1, 1052b18-20 : « Dans tout genre il y a quelque chose de premier auquel il faut ramener *(reduci)* toutes les choses qui sont dans ce genre, et qui est la mesure (le "mètre") de toutes ces choses. » Et d'annoncer : « Un mémoire étendu sera publié en 1939 pour exposer les résultats principaux de ces recherches. »

Malgré les orages, Gilson tiendra parole : ce sera *Dante et la philosophie*[51], qui prend explicitement le contrepied du *Dante le théologien* de Mandonnet, l'ouvrage « délicieusement paradoxal », où, selon la belle formule de Marie-Thérèse d'Alverny (1903-1991), « non point au milieu du chemin de la vie, mais à son extrême fin, l'imagination d'un grand érudit s'égara » au point de vouloir « transformer l'infortunée Béatrice en symbole de la théologie et de la vocation cléricale », en lui « déniant toute existence personnelle ». Et de commenter :

> Notre bon Dominicain n'avait pas d'indulgence pour les rêveries de l'amour platonique et courtois, et l'idée qu'un esprit aussi vigoureux que Dante pût avoir de telles faiblesses le trouvait incrédule. M. Gilson a plus de condescendance pour les passions humaines, et il accorde aux poètes le droit d'avoir une Muse[52].

Mandonnet se trompait. Il n'était pas le premier. Il se rencontrait, de fait, avec Feuerbach, qui dans son *Pierre Bayle, Une contribution à l'histoire de la philosophie et de l'humanité*, de 1838, écrivait : « L'amour pour Béatrice transfigura

51. Cf. É. Gilson, *Dante et la philosophie,* Paris, Vrin, 1939 (Études de philosophie médiévale, XXVIII), surtout le chapitre III : « La philosophie dans la *Monarchie* », Paris, Vrin, 1972, p. 163-222.

52. M.-Th. d'Alverny, recension d'*Étienne Gilson. Dante et la philosophie*. Paris, Vrin, 1939, in *Bibliothèque de l'école des chartes*, t. CII, 1941, p. 235-237. Sur la « muse » de Dante et, plus radicalement, sur la genèse, la forme, la structure et le sens d'une œuvre poétique comme celle de l'Alighieri, on consultera aujourd'hui en priorité l'admirable somme d'E. Fenzi sur les « chansons » de Dante : *Le Canzoni di Dante*, Bagno a Ripoli (FI), Le Lettere (Quaderni degli studi danteschi, 18), 2017.

Dante en poète », « l'amour élève le fini à l'infini. Dante identifia Béatrice à la théologie[53] ». Dans *Dante et la philosophie*, Gilson défait implacablement le mécanisme à la fois biaisé et simplificateur de l'exégèse mandonnienne. Le diagnostic est simple : s'il est vrai que « Dante a intégré la théologie thomiste à la *Divine Comédie*, on ne peut soutenir qu'il ait intégré la *Divine Comédie* à la théologie thomiste ». Or c'est précisément ce que prétend démontrer le père Mandonnet, quand il écrit que Dante est « un fidèle disciple de Thomas d'Aquin », dont l'œuvre capitale, la *Commedia*, « est d'ordre théologique par ses fins, sa matière et sa forme poétique elle-même ». Gilson démonte les ressorts du thomisme éliminativiste de Mandonnet :

> On comprend qu'un interprète de Dante convaincu de cette idée ait fait spontanément le nécessaire pour éliminer les faits qui l'eussent obligé à en nuancer la formule. On comprend non moins facilement qu'il ait magnifié outre mesure tous les faits qui allaient dans le sens de sa thèse. Ainsi, nous venons de l'entendre dire qu'après Virgile, c'est Béatrice qui devient le guide de Dante, ce qui est vrai, mais nous l'avons vu taire cet autre fait, qu'après Béatrice, c'est saint Bernard qui conduit Dante. Nous allons le voir, pour la même raison, confondre saint Thomas avec la théologie et la théologie thomiste avec la Révélation même. Ceci fait, il n'y aura plus de place dans la *Divine Comédie* pour aucun élément non thomiste d'origine quelconque, ce qu'il s'agit [pour Mandonnet] d'obtenir[54].

Gilson connaît bien la polémique de Nardi avec Busnelli et les débats suscités en 1931 par Van Steenberghen avec la publication, sous le nom de Siger, de *Questions sur le « De anima »* où, à la *questio* 7 du livre III, *Utrum intellectus sit idem numero in omnibus hominibus*, la thèse d'Averroès sur l'intellect est rejetée en ces termes : « *Quamvis via Commentatoris probabilitatem habet, non tamen est vera* ». Dans *Dante et la philosophie*, il prend position en faveur de Nardi, qui récuse l'authenticité

53. Cité par A. Philonenko, *La Jeunesse de Feuerbach*, 1828-1841, Paris, Vrin, 1990, p. 220.
54. Cf. É. Gilson, *Dante et la philosophie*, p. 239.

du texte[55]. Van Steenberghen devra concéder le point, et c'est sous l'appellation d'*Anonyme de Van Steenberghen* et non plus sous celle de Siger que le texte sera republié en 1971, en compagnie de l'*Anonyme de Bazán* et de l'*Anonyme de Giele* – authentique chef-d'œuvre, quant à lui, de l'averroïsme[56].

En revanche, Gilson se sépare de Nardi dans l'appréciation de l'averroïsme. Il y voit un mouvement « obstiné et borné », muré dans un séparatisme philosophique conservateur, voué au ressassement de thèses d'Aristote philosophiquement stériles, car coupées de la source vivifiante de la Révélation. Ce n'est pas le point de vue de Nardi. Mais ce n'est pas ce qui fait l'intérêt principal de son approche. C'est son ouverture philosophique et la place qu'y occupent les recherches sur Siger et l'averroïsme – l'averroïsme de Siger – au sein d'une enquête plus vaste portant sur la philosophie et la théologie au tournant du XIIIe au XIVe siècle : l'*a priori* historique de Dante.

On peut parler d'une *épistémè* nardienne dans la mesure où l'interprétation de Dante *par Nardi*, comme d'une manière générale l'interprétation de Dante *depuis Nardi*, impliquent la considération de disciplines qui ont avec la philosophie des liens plus ou moins étroits et entretiennent avec elle des relations plus ou moins conflictuelles : la linguistique – avec la philosophie du langage –, la médecine – avec la psychologie et l'anthropologie philosophiques –, le droit et la politique – avec la philosophie du droit, l'éthique et la philosophie politique, qui ont connu plusieurs étapes, époques ou figures, et ont donc elles-mêmes une histoire, historicité qui est une partie du problème historique et historiographique posé au lecteur interprète de Dante au XXIe siècle.

La question posée dans le colloque de 2015, reprise et développée en filigrane dans le livre qui aujourd'hui en

55. Cf. É. Gilson, *ibid.*, p. 317-325.

56. Cf. M. Giele, F. Van Steenberghen et B. Bazán, *Trois commentaires anonymes sur le traité de l'âme d'Aristote*, Louvain, Publications universitaires – Paris, Béatrice-Nauwelaerts, 1971.

résulte, revenait en un sens à se demander si, à supposer qu'il y eût un « mythe historiographique » de l'averroïsme de Dante, l'interprétation nardienne en faisait ou non partie : en relevait-elle ? En était-elle un élément constitutif ? Ou plus que cela, un pilier ? Et si oui, était-ce le principal, voire le seul ? On n'attendait pas que les philosophes, historiens, dantologues, italianistes fournissent les mêmes réponses. Mais la question elle-même pouvait sembler dépassée. N'était-on pas au XXIe siècle sorti de l'univers nardien – comme on était sorti de l'univers des Le Clerc, des Ozanam, des Renan ou des Mandonnet ? N'était-il pas temps de tourner la page – toutes les pages ?

Pour répondre, on a choisi une méthode : reprendre les choses à la base, faire l'inventaire des questions, des « lieux » hérités de Nardi, les articuler selon leurs implications ou présuppositions, en définissant quelques nœuds ou faisceaux de problèmes soulevés dans ses publications « faisant époque », et demander aux meilleurs spécialistes de s'en emparer. Deux dossiers s'imposaient, faisant intervenir un « partenaire » italien de premier plan : celui de *Dante et Cavalcanti*, autrement dit celui de *l'averroïsme du « premier ami » de Dante*[57] ; celui de *Dante et Marsile de Padoue*, autrement dit celui de *l'averroïsme politique*, et de l'interprétation de la *Monarchia*[58]. Deux autres concernaient directement des questions *philosophiques* : le dossier de la « félicité mentale » et l'interprétation du *Convivio*, ou *historiques* :

57. Cf. B. Nardi, « L'averroismo del "primo amico" di Dante », in *Studi danteschi*, v. 25, Florence, Sansoni, 1940, p. 44-79, repris dans *Dante e la cultura medievale*, Bari, 1949, p. 93-129. À quoi l'on ajoutera : B. Nardi, « Notarella polemica sull'averroismo di Guido Cavalcanti », *Rassegna di filosofia*, vol. III, fasc. I, 1954, p. 47-71 ; *Id.*, « L'amore e i medici medievali », in *Saggi e note di critica dantesca*, Milan-Naples, Ricciardi, 1966, p. 238-267 et M. Corti, « Una diagnosi dell'amore », in *Scritti su Cavalcanti e Dante*, Turin, 2003, p. 9-41, à revisiter désormais sur la base des travaux d'E. Fenzi, sur *La canzone d'amore di Guido Cavalcanti e i suoi antichi commenti*, Gênes, Il Melangolo, 1999, et des recherches en cours d'A. Robert et de J. Chandelier sur les *Frontières des savoirs en Italie à l'époque des premières universités (XIIIe-XVe siècle)*, École française de Rome (Collection de l'École française de Rome), 2015, complétées par J. Chandelier, A. Robert, P. Koetschet, D. Jacquart, R. Mandressi, *L'Anthropologie des médecins (IXe-XVIIIe)*, *Revue de synthèse*, n° 4, Springer Verlag, 2013.

58. Revisitée par la *Nuova edizione commentata delle opere di Dante*, vol. 4 : *Monarchia*, procurée par P. Chiesa et A. Tabarroni, Salerne (Pubblicazioni del Centro Pio Rajna), 2013.

celui du séjour parisien de Dante[59]. Tous ces dossiers étaient, on l'a dit, ouverts depuis longtemps et ont déjà donné matière à de nombreuses publications, mais on les savait et les voyait à présent de plus en plus étroitement connectés les uns avec les autres. Étant donné cette interconnexion et le sentiment d'infinie complexité qu'elle inspirait, il fallait, pour en entamer la « déconstruction », tenter de saisir le lien qui les unissait, en essayant de déterminer ce qui faisait le socle et la cohérence épistémiques des phénomènes rassemblés sous l'intitulé « Dante et l'averroïsme ». Cette déconstruction impliquant celle de l'averroïsme latin, il convenait donc de revenir sur cette entité comme telle, « en situation », mais aussi le cas échéant en tant que « fiction » historique, en ne perdant pas de vue que, comme on espère l'avoir montré dans les pages précédentes, l'objet « averroïsme latin » s'était très précisément, et depuis le départ, *constitué en liaison avec l'interprétation de Dante*. Enfin, avant de se lancer dans la question de l'averroïsme de Dante, devait être examiné le point de savoir en quel sens ce dernier pouvait être dit « philosophe ». On retrouvait ainsi – qui s'en étonnera ? – l'intitulé de Gilson en 1939 : *Dante et la philosophie*.

Le présent volume repose sur un fait simple : le rapport de Dante à la philosophie *ne peut être le même* que celui qu'entretiennent avec elle un maître ès arts de Paris ou de Bologne, un théologien dominicain ou franciscain, un médecin italien ou un « publiciste » de la cour des rois de France ; il ne peut présenter d'affinité ou de ressemblance qu'avec celui d'un poète d'amour florentin du XIVe siècle – si l'on admet qu'un poète ou qu'au moins certains poètes « philosophent », ce qui, à son tour, mérite discussion.

59. Cf. P. Porro, « Avegna che pochi, per male camminare, compiano la giornata. L'ideale della felicità filosofica e i suoi limiti nel *Convivio* dantesco », *Freiburger Zeitschrift für Philosophie und Theologie*, 59 (2012), p. 389-406, en s'appuyant sur les travaux d'E. Fenzi (avec F. Chiapelli), *Dante Alighieri, Il convivio*, Turin, UTET, 1986, pour le texte et, pour le commentaire, de G. Fioravanti, in *Dante Alighieri, Convivio*, éd. G. Fioravanti et C. Giunta, Milan, Meridiani Mondadori, 2014.

Si Dante « philosophe », s'il a une activité ou une posture et, d'abord, une production « philosophiques », il faut qu'il y ait dans son œuvre une véritable *dimension philosophique*, qu'il s'agisse d'une dimension philosophique d'ensemble ou, au minimum, d'un certain nombre de prises de position sur des thèmes philosophiques partagés à la fin du XIIIe et au début du XIVe siècle, disons : une série d'interventions dans des questions effectivement disputées.

Si, *l'acte de philosopher faisant le philosophe*, Dante est dit lui-même « philosophe », quel type de philosophe est-il – sachant, précisément, qu'il n'est pas philosophe de profession, *magister artium* universitaire ? Sur ce point précis, la réflexion était en 2015 très avancée, les dossiers bien préparés, et les questionnaires prêts à l'emploi.

Le premier champ d'investigation était celui de la « déprofessionalisation de la philosophie » – phénomène transversal, européen, que j'avais moi-même exploré dans les années 1980, en rapprochant, pour la première fois Dante et Maître Eckhart[60]. Plus largement, et l'englobant, il y avait celui de la question absolument centrale de ce qu'on pourrait appeler *la philosophie des laïcs* ou, réciproquement, *la question des laïcs et de la philosophie*. Ce champ était structuré et balisé par le travail effectué en profondeur par Ruedi Imbach depuis ses premières publications sur la *Laienphilosophie*[61], et l'ensemble des recherches accomplies dans le cadre de la traduction allemande complète des *Œuvres philosophiques* de Dante[62], prolongées

60. Cf. A. de Libera, *Penser au Moyen Âge*, Paris, Seuil, 1991, nouvelle édition, Paris, Seuil 2015 [1996].

61. R. Imbach, *Laien in der Philosophie des Mittelalters. Hinweise und Anregungen zu einem vernachlässigten Thema*, Amsterdam, B. R. Grüner (Bochumer Studien zur Philosophie, 14), 1989 ; *Id.*, « L'averroïsme latin du XIIIe siècle », *in* R. Imbach, *Quodlibeta. Articles choisis*, Fribourg, Universitätsverlag, 1996 [¹1991], p. 45-62.

62. Pour ce qui nous concerne ici, on consultera spécialement : *Das Gastmahl (Convivio), Viertes Buch*, trad. Th. Ricklin, introd. et comm. R. Imbach, Hamburg, Felix Meiner Verlag (*Dante Alighieri, Philosophische Werke* 4 / IV), 2004 et *Über die Beredsamkeit in der Volkssprache (De vulgari eloquentia)*, trad. Fr. Cheneval, introd. R. Imbach et I. Rosier-Catach, comm. R. Imbach et T. Suarez-Nani, latin-allemand, Hambourg, Felix Meiner, 2007 (*Dante Alighieri. Philosophische Werke*, 3).

plus récemment par les recherches menées de concert avec Catherine König-Pralong[63], elle-même auteur d'un ensemble de travaux sur la construction de l'objet « averroïsme » dans l'historiographie moderne[64]. Ces recherches prennent un sens tout particulier si l'on confronte le personnage théorique de Dante à ceux de Siger de Brabant et des averroïstes, tels que les reconstruit le livre de R. Imbach et de F.-X. Putallaz, dont le titre vaut programme : *Profession philosophe*[65]. Ce dossier de la philosophie des laïcs est massivement repris dans le présent volume : il ouvre l'horizon de notre propre travail, il en est un présupposé majeur, un centre de perspective. On ne peut s'interroger sur la « philosophie » de Dante sans s'interroger sur la pertinence du qualificatif « philosophe » à son propos, ses significations exactes, philosophiques et sociologiques.

Il n'est pas non plus possible, cela va sans dire, tant est forte et puissante la prégnance du problème séculaire et plurivoque de la relation de *fides* et de *ratio*, de s'interroger sur la « philosophie » de Dante sans questionner le statut de la raison dans sa pensée, la place qu'il lui accorde, et la manière dont il présente l'argumentation rationnelle, ses ressorts, son rôle et ses fonctions. Un texte de R. Imbach paru en 2017, analysant le syntagme « *gratiosum lumen rationis* » – la « gracieuse lumière de la raison » –, éclaire derechef parfaitement le contexte théorique, théologico-philosophique, des recherches et des discussions menées ici sur Dante, la philosophie, l'averroïsme et la poésie. La formule est employée dans le chapitre XVIII du *De vulgari eloquentia*, qui présente l'union des membres qui forment l'Italie comme constituée non comme l'union de membres d'une cour réelle, à la façon de « la cour du roi d'Allemagne », mais *comme constituée par*

63. R. Imbach, C. König-Pralong, *Le Défi laïque. Existe-t-il une philosophie de laïcs au Moyen Âge ?*, Paris, Vrin, 2013.

64. C. König-Pralong, *Médiévisme philosophique et raison moderne. De Pierre Bayle à Ernest Renan*, Paris, Vrin, 2016 ; *Ead.*, « Alterität, fremde Nähe und Hybridisierung. Die Araber in der Philosophiegeschichte um 1800 », *in* R. Elberfeld (éd.), *Philosophiegeschichtsschreibung in globaler Perspektive*, *Deutsches Jahrbuch Philosophie*, 9 (2017), p. 231-252.

65. R. Imbach- F.-X. Putallaz, *Profession : Philosophe. Siger de Brabant*, Paris, Cerf, 1997.

ce que R. Imbach paraphrase comme la « généreuse, l'aimable, la bienfaisante lumière de la raison » – une raison entendue comme rien de moins que « dispensatrice de la grâce[66] ». Remarquable alliance qui souligne d'emblée l'originalité de l'Alighieri et réclame de la part des interprètes et des lecteurs de savoir s'élever au-dessus des oppositions scolaires et des schémas tout faits concernant les écoles, les courants doctrinaux et les auteurs eux-mêmes : tout particulièrement les grandes « références » inlassablement mobilisées depuis Le Clerc jusqu'à nos jours, dont, en position dominante, pour ne pas dire écrasante, comme elle est iconographiquement représentée dans les « Triomphes » du XIVe siècle, la figure de Thomas d'Aquin.

On ne peut s'interroger sur la « philosophie » de Dante sans être confronté à la question de savoir où le situer sur l'échiquier philosophique du Moyen Âge central[67], et l'on ne peut y répondre que dans un cadre précis – une problématique bien définie : celle du désir naturel de savoir. Si l'on part de la question du désir naturel de la connaissance, charte de l'aristotélisme selon Foucault[68], mais aussi thème central des études dantesques récentes, de Paolo Falzone ou de Pasquale Porro, on sera tenté de suivre la thèse de R. Imbach qui, considérant l'interprétation particulière que Dante propose de la finitude de la raison humaine et des conséquences qu'il en tire, non seulement voit dans le *Convivio* « une troisième voie entre le thomisme et l'optimisme philosophique des artiens[69] »,

---

66. R. Imbach, « La gracieuse lumière de la raison. Variations et portée de l'argumentation philosophique chez Dante », *Revue des études dantesques*, 1 (2017), p. 27-48.

67. Ce qui veut dire aussi, et d'abord, sur celui de la philosophie en Italie, exploré récemment dans la publication collective dirigée par C. Casagrande, G. Fioravanti (éd.), *La filosofia in Italia al tempo di Dante*, Bologne, Il mulino (Le vie della civiltà), 2016. Sur l'aristotélisme, cf. S. Gentili, *L'uomo aristotelico alle origini della letteratura italiana*, préface de Peter Dronke, Rome, Carocci, 2005.

68. Voir les *Leçons sur la volonté de savoir*, suivi de *Le Savoir d'Œdipe, Cours au Collège de France (1970-1971)*, éd. Daniel Defert, Gallimard/Seuil, 2011, et mon cours du Collège de France sur « Existence et vérité » de 2018 (cours du 5 février, en ligne sur www.college-de-france.fr/site/alain-de-libera/course-2018-02-05-17h00.htm).

69. R. Imbach, « La gracieuse lumière de la raison... », p. 39.

mais y relève aussi un véritable « primat de la raison pratique », la « philosophie première n'étant pas, dans cette œuvre, la métaphysique, mais la philosophie pratique ». Cette analyse est conforme au diagnostic posé par Gilson dans *Dante et la philosophie* :

> Trop de problèmes dépassent notre raison, et ce sont justement les plus hauts, pour que notre désir naturel de savoir soit couronné par une réussite pleinement béatifiante. Il est vrai que la foi vient à notre aide partout où notre raison fait défaut, mais le privilège de croire n'est pas le bonheur de connaître. [...] la raison peut bien nous donner une félicité spéculative imparfaite en cette vie, mais une félicité spéculative parfaite, non. Il en va tout autrement dans l'ordre de la vie pratique, et l'on comprend sans peine pourquoi. S'il s'agit d'organiser la vie humaine en vue du bonheur terrestre, la raison ne se heurte pas à l'invincible difficulté de connaître ces purs intelligibles que sont l'âme, l'Ange et Dieu ; elle n'a plus à s'occuper que de l'homme, et de l'homme terrestre pris dans les conditions de la vie terrestre. Pleinement compétente cette fois, elle doit donc pouvoir adéquatement résoudre le problème de la félicité terrestre que l'homme peut trouver dans l'ordre de la vie pratique. C'est [...] ce que Dante soutient en effet. Sa thèse revient donc essentiellement à poser la parfaite suffisance de la raison naturelle à conférer à l'homme la félicité terrestre dans l'ordre de l'action. Cet ordre de l'action, c'est celui de la politique, avec celui de la morale qu'il présuppose.

« Je ne vois pas que Dante ait jamais dit autre chose », ajoute Gilson, et « il n'a guère cessé de le répéter depuis le commencement du *Banquet* jusqu'à la *Divine comédie*[70] ».

Mais il y a d'autres points de départ possibles, d'autres entrées dans l'univers de Dante – certains diront même : *autant que d'œuvres* – ce qui, notons-le, n'exclut pas *a priori* toute cohérence d'ensemble, mais implique de les considérer toutes : tâche redoutable. Pour ajouter à la difficulté, il y a de fortes raisons de devoir aussi, pour ne pas dire d'abord, repenser et redéfinir le contenu des philosophies, ou des théologies, ou, plus

---

70. É. Gilson, *Dante et la philosophie*, p. 303-304.

simplement des « courants », des entreprises et des modèles culturels, idéologiques ou littéraires, par rapport auxquels on estime devoir et pouvoir « situer » Dante. Idéalement cela veut dire, pour reprendre la question du désir naturel de connaître, mettre en relation, en phase, le cas échéant en tension les travaux d'un Falzone et d'un Porro sur le *Convivio* en 2011 et 2012, centrés pour l'un sur le « désir de la connaissance et le désir de Dieu[71] », pour l'autre sur « l'idéal de la félicité philosophique et ses limites » dans le *Banquet*[72], l'œuvre supposée la plus philosophique de Dante, avec ceux d'un Brenet sur le rôle de la noétique d'Averroès dans la conception « thomiste » de la vision bienheureuse, bien résumée par le titre d'une contribution de 2011 : « S'unir à l'intellect, voir Dieu. Averroès et la doctrine de la jonction au cœur du thomisme[73] ». Le Thomas des années 2010 n'est plus celui des années 1960, *a fortiori* des années 1930. Mais il en va de même d'Albert le Grand, d'Averroès et des averroïstes latins, de Siger de Brabant à Jean de Jandun : des transferts de penseurs, des migrations de concepts ont eu lieu, qui ont vu, par exemple, un Luca Bianchi remettre radicalement en cause le statut d'« averroïste » de Boèce de Dacie, longtemps – et pour certains toujours – considéré comme l'*alter ego* de Siger dans la malheureuse censure parisienne de 1277[74].

---

71. P. Falzone, *Desiderio della scienza e desiderio di Dio nel Convivio di Dante*, Bologne, Il Mulino, 2010.

72. P. Porro, « Tra il *Convivio* e la *Commedia* : Dante e il *'forte dubitare'* intorno al desiderio naturale di conoscere le sostanze separate », *in* A. Speer, D. Wirmer (éd.), *1308. Eine Topographie historischer Gleichzeitigkeit*, Berlin-New York, Walter de Gruyter (*Miscellanea Mediaevalia*, 35), 2010, p. 629-660. À quoi l'on ajoutera G. Fioravanti, « Desiderio e limite della conoscenza in Dante », *in* L. Bianchi, C. Crisciani (éd.), *Forme e oggetti della conoscenza nel XIV secolo*, Florence, Edizioni del Galluzzo, 2014, p. 7-20.

73. J.-B. Brenet, « S'unir à l'intellect, voir Dieu. Averroès et la doctrine de la jonction au cœur du thomisme », *Arabic Sciences and Philosophy*, 21 (2011), p. 215-247.

74. Cf. L. Bianchi, « *Figmentum.* "Fictions de l'intellect" et science "causée par les choses" chez Boèce de Dacie », *in* I. Atucha, D. Calma, C. König-Pralong, I. Zavattero (éd.), *Mots médiévaux offerts à Ruedi Imbach*, Turnhout, Brepols (Textes et études du Moyen Âge, 57), 2011, p. 319-329 (ici p. 324-329), et, naturellement, L. Bianchi, « L'averroismo di Dante : qualche osservazione critica », *Le tre corone, loc. cit.* ; *Id.*, « Boèce de Dacie et Averroès. Essai d'un bilan », *in* D. Calma, Z. Kaluza (éd.), *Regards sur les traditions philosophiques (XIIe-XVIe siècle)*, Louvain, Leuven University Press, 2018, p. 127-115, sans oublier

L'averroïsme est une sorte d'hydre, dont les têtes poussent ou, coupées, repoussent à mesure que la bibliographie primaire et secondaire s'enrichit. Il y a autant d'averroïsmes que d'averroïstes, et autant d'averroïstes que de grilles de lecture et de choix d'objets découpés par les historiens dans la masse, en croissance quasi exponentielle, des données médiévales, en philosophie comme en théologie. « Aristotélisme hétérodoxe », « averroïsme éthique[75] », « aristotélisme politisé », « laïcisme », « *Laienphilosophie* », « arabisme », « (fa) rabisme », « intellectualisme aristocratique » – toutes ces *appellations*, toutes ces *entrées* dans l'univers de Dante, dont je n'ai évoqué ici qu'une faible partie, ont été essayées dans les années 1980-1990, particulièrement en France et en Italie. Ces catégories ont été, selon les cas, revisitées, critiquées, refondées, reformulées ou... abandonnées depuis une quinzaine d'années au moins. La notion même d'averroïsme latin a été remise sur le chantier[76]. Elles correspondaient à des « intrigues » au sens de Paul Veyne, dont certaines, au fil du temps, sont devenues de vieilles histoires. Elles renvoyaient à des découpages disciplinaires et à des disciplines : psychologie, noétique, métaphysique, politique, philosophie du langage, qui demeurent plus ou moins, mais qui apparaissent maintenant trop étroites ou trop larges pour « vêtir adéquatement » la pensée de Dante. Surtout, elles instrumentalisaient des problématiques à valeur ajoutée, comme celle de la *felicità mentale*, lancée en Italie par

---

l'article classique de F. Fioravanti, « Boezio di Dacia e la storiografia sull'Averroismo », *Studi Medievali*, série III, 7 (1966), p. 283-322.

75. Sur ce thème, effectivement à revisiter, cf. A. de Libera, « Averroïsme éthique et philosophie mystique. De la félicité intellectuelle à la vie bienheureuse », *in* L. Bianchi (éd.), *Filosofia e teologia nel Trecento. Studi in ricordo di Eugenio Randi* (Fédération internationale des Instituts d'études médiévales, Textes et études du Moyen Âge, 1), Louvain-la-Neuve, 1994, p. 33-56.

76. Cf., entre autres, J. Marenbon, « Dante's Averroism », *in* J. Marenbon (éd.), *Poetry and Philosophy in the Middle Ages. A Festschrift for Peter Dronke*, Leyde-Boston-Cologne, Brill, 2001, p. 349-374 ; D. N. Hasse, « *Averroica secta.* Notes on the Formation of Averroist Movements in Fourteenth-Century Bologna and Renaissance Italy », *in* J.-B. Brenet (éd.), *Averroès et les averroïsmes juif et latin*, Turnhout, Brepols, 2007, p. 307-331 ; D. Calma, *Études sur le premier siècle de l'averroïsme latin. Approches et textes inédits*, Turnhout, Brepols, 2011. Une analyse de la bibliographie sur l'averroïsme est fournie ici-même, *infra*, par J.-B. Brenet, dans « L'averroïsme aujourd'hui ».

les écrits de Maria Corti sur Dante, évoqués en commençant[77], qui, au fil d'âpres polémiques, a débordé sur bien des domaines et investi bien des champs hors des études dantesques. Nous pensons à celui de la réception d'Albert le Grand, philosophe et théologien – une des sources alléguées du *Convivio*, comme l'ont montré les travaux du disciple de Nardi, Cesare Vasoli, coéditeur de l'édition de 1988[78] – ; à celui des rapports entre philosophie et théologie[79], entre artistes et théologiens, donc, mais aussi à celui des condamnations universitaires, au premier plan desquelles la grande mesure parisienne de mars 1277, et bien d'autres encore. Certaines de ces intrigues, certains de ces découpages alimentent toujours la réflexion, suscitent ou prolongent des débats sur Dante, sur l'averroïsme, sur Dante et l'averroïsme, sans oublier Averroès, lui-même, Ibn Rushd, et les averroïsmes, mais aussi – et c'est, sans jeu de mots, capital –, sur l'aristotélisme parisien du XIIIe siècle, et son « philosophisme » supposé, ses héros, comme Boèce de Dacie, et ses thèmes titres, comme le « bonheur » – la volupté – de philosopher.

Toutes ces intrigues, tous ces découpages, toutes ces personnifications, cependant, sont aujourd'hui à des degrés divers remis en question.

---

77. Auxquels on ajoutera M. Corti, *Percorsi dell'invenzione. Il linguaggio poetico e Dante*, Turin, Einaudi, 1993, p. 113-145 ; *Ead.*, « Percorsi mentali di Dante nella Commedia », in *Guida alla Commedia*, Milan, Bompiani, 1993, p. 183-200. Les *Percorsi* sont repris avec les autres contributions majeures de Corti dans *Scritti su Cavalcanti e Dante : La felicità mentale, Percorsi dell'invenzione e altri saggi*, Turin, Einaudi, 2003. Pour une critique de Corti, on consultera en outre P. Falzone, « Il *Convivio* di Dante secondo Maria Corti. Appunti e considerazioni », *Giornale di filosofia*, 2007, en ligne (www.filosofiaitaliana.it).

78. Cf. Dante Alighieri, *Convivio*, édité par C. Vasoli et D. De Robertis, in *Dante Alighieri, Opere Minori*, vol. I, parte II, Milan-Naples, Ricciardi, 1988. Sur la place du *Banquet*, cf. C. Vasoli, « Il convivio di Dante e l'enciclopedismo medievale », *in* M. Picone (éd.), *L'enciclopedismo medievale*, Ravenne, Longo, 1994, p. 363-381 ; sur les sources albertiniennes, *Id.*, « Fonti albertiane nel *Convivio* di Dante », *in* M. J. F. M. Hoenen & A. de Libera (éd.), *Albertus Magnus und der Albertismus. Deutsche philosophische Kultur des Mittelalters* (Studien und Texte zur Geistesgeschichte des Mittelalters, XLVIII), Leyde-New York-Cologne, E. J. Brill, 1995, p. 33-49 ; *Id.*, « Dante, Alberto Magno e la scienza dei peripatetici », *in* P. Boyde e V. Russo (éd.), *Dante e la scienza*, Ravenne, Longo, 1995, p. 55-70 ; « Su alcuni riscontri albertini nel *Convivio* », *in Id.*, *Otto saggi per Dante*, Florence, Le Lettere, 1995, p. 103-116.

79. Sur ce point, cf. Th. Ricklin, « Théologie et philosophie du *Convivio* de Dante Alighieri », *in* J.-L. Solère et Z. Kaluza (éd.), *La Servante et la consolatrice : la philosophie dans ses rapports avec la théologie au Moyen Âge*, Paris, Vrin, 2002, p. 129-150.

Ce ne peut être, dira-t-on, sans conséquence sur les études dantesques, sur l'évaluation du personnage théorique de Dante, sur la détermination du sens et de la portée philosophiques de son œuvre, mais on pourrait aussi bien dire l'inverse et soutenir que le renouveau des études dantesques – et renouveau il y a sur Dante lui-même, mais aussi bien sur Cavalcanti – ne peut rester sans conséquence sur notre compréhension de la philosophie médiévale, de son histoire, de son historiographie, mais aussi de ses problèmes, de ses enjeux et de ses catégorisations les plus générales – d'un mot : le monde des « -ismes ». Les deux vont de pair. La réévaluation des « émotions », des sentiments, des affects, des passions dans le champ de l'anthropologie philosophique et de son histoire, l'entrée en jeu de la médecine – à dire vrai, jamais sortie du champ des études dantesques, mais longtemps vouée au développement séparé dans les histoires de la philosophie médiévale –, non moins que la réévaluation du politique ou le renouvellement de la pensée de l'hétérodoxie, tous ces phénomènes auxquels on assiste en histoire du Moyen Âge comme en histoire de la pensée médiévale conduisent à des bouleversements, à des changements d'intrigue, d'axes de narration, correspondant, peut-être, à l'émergence de nouveaux paradigmes historiques.

Plutôt que de se contenter de croiser les textes des spécialistes italiens et français qui ont été et restent les principaux acteurs de ces avancées et de ces débats, on a organisé entre eux le dialogue, en 2015, sur tous les points où l'on pouvait souhaiter voir s'articuler effectivement les recherches que les amis de Dante organisaient virtuellement sur leur écran ou leur table de travail. Il fallait une rencontre réelle. La rencontre, organisée, on l'a dit, par Alain de Libera, Irène Rosier-Catach, Pasquale Porro et Jean-Baptiste Brenet, a eu lieu les 12 et 13 mai 2015, au Collège de France, dans le cadre de la Chaire d'histoire de la philosophie médiévale. Elle a permis d'entendre les contributions françaises et italiennes[80] de Jean-Baptiste Brenet, Irène Rosier-Catach, spécialiste du modisme et directrice de la traduction de *L'Éloquence en vulgaire*[81], Enrico Fenzi (Gênes), coéditeur du *De vulgari eloquentia*, Gianfranco Fioravanti (Università di Pisa), Thomas Ricklin (Ludwig-Maximilians-Universität München[82]), Luca Fiorentini (ATER, Collège de France), Luca Bianchi (Università del Piemonte Orientale, Vercelli), Pasquale Porro, Paolo Falzone (Università di Roma « La Sapienza »), Aurélien Robert (CNRS), Iacopo Costa (CNRS), Andrea Tabarroni (Università di Udine). Il fallait en tirer un livre, une synthèse, pour mesurer le chemin parcouru, et un instrument de travail, pour aller plus loin. C'est ce que l'on a fait entre 2015 et 2018.

Les textes prononcés ont été retravaillés, dans certains cas entièrement remaniés, les communications italiennes ont été traduites, de manière à constituer les chapitres d'un livre, réordonné autour de *trois axes* : le langage et la pensée, les émotions, la politique, permettant à la fois de revenir archéologiquement et généalogiquement sur les premiers fondements, principes et orientations de la tradition interprétative évoqués ici-même depuis l'article pionnier de Le Clerc – le modisme, la psychologie, l'averroïsme politique – et de suivre au plus près, sur ces trois pistes, les bouleversements, les révisions, les refontes, les réécritures en cours, dans les travaux des vingt dernières années : l'ancien et le nouveau, regardés en même temps, l'attention la plus vive donnée aux progrès, aux nouvelles sources, aux nouveaux objets, mais, impliqué par là-même, le coup d'œil rétrospectif sur les chemins parcourus, les fourvoiements,

80. Les enregistrements audio et vidéo, avec traduction orale des conférences italiennes, sont accessibles sur https://www.college-de-france.fr/site/alain-de-libera/symposium-2014-2015.htm.

81. Cf. *Dante Alighieri, De l'Éloquence en vulgaire*, traduction du latin par A. Grondeux, R. Imbach et I. Rosier-Catach, introduction et appareil critique par I. Rosier-Catach, Paris, Fayard, 2011.

82. L'intervention de Th. Ricklin, *Professor für Geistesgeschichte und Philosophie der Renaissance* à la Ludwig-Maximilians-Universität de Munich, tragiquement disparu le 23 septembre 2016, s'intitulait « Dante, Averroès, Siger : une reconsidération iconologique de *Paradiso* X-XIII ». Conformément au souhait que notre regretté collègue et ami avait exprimé à l'époque, elle n'a fait l'objet d'aucun enregistrement ni reproduction.

les erreurs de parcours, et aussi, et souvent, les admirables acquis des générations antérieures.

On ne résumera pas ici les divers chapitres. On se contentera de dire que le livre a une ligne, que les thèses y abondent et que sur les grands enjeux, les avis sont précis et tranchés. On ne parlera plus d'Averroès et de l'averroïsme de manière vague, allusive, idéologique, philosophiquement et historiquement « dépassée » après avoir lu la mise au point de J.-B. Brenet sur « L'averroïsme aujourd'hui ». Il fallait une synthèse. La voilà faite : un outil irremplaçable qui, cela va sans dire, ne concerne pas que les lecteurs de Dante.

Concernant le « modisme » de Dante – sa philosophie du langage – la réponse apportée par I. Rosier-Catach est claire et définitive : Dante n'est pas modiste. Le dossier ouvert par M. Corti est, comme on le dit d'un incident, clos. En fait, c'est aussi et surtout la notion même de « modisme » qui a changé, comme a changé celle d'averroïsme. Comme l'écrit I. Rosier-Catach dans « Dante et le langage » : « Aujourd'hui, comme pour l'averroïsme, on ne parle plus du modisme comme on le faisait dans les années 1970, comme d'un bloc homogène, tant doctrinalement qu'historiquement[83]. »

La crise des « -ismes » est patente ; qu'il s'agisse de l'averroïsme, de l'antiaverroïsme, ou d'une thèse qui m'était chère, l'aristocratisme intellectualiste, aucun n'en sort ici parfaitement indemne. Pasquale Porro, avec « Dante antiaverroïste ? », Enrico Fenzi, avec « *Purg.* XXXIII 85-86 : l'"école" et la "doctrine" », Luca Fiorentini, avec « Portraits d'Averroès et de ses (prétendus) adeptes dans les anciens commentaires sur la *Comédie* », Luca Bianchi, avec « "Acte pur" : Dante, l'averroïsme et les substances séparées », Gianfranco Fioravanti, avec « Dante et l'historiographie de l'averroïsme », le confirment chacun à leur

83. Sur ce point, cf. I. Rosier-Catach, « Modisme, pré-modisme, proto-modisme : pour une définition modulaire », *in* S. Ebbesen & R. Friedman (éd.), *Medieval Analyses in Language and Cognition*, Copenhague, The Royal Danish Academy of Sciences and Letters, 1999, p. 45-81.

manière. L'adhésion de Dante à la thèse albertinienne de la *deificatio*[84] est rejetée par Fenzi ; la notion d'ennoblissement rattachée à la contemplation intellectuelle, l'idée intellectualiste des « nouveaux nobles » et des « quasi-dieux » nourrissant l'exégèse sinon averroïste, au moins « arabiste », de la philosophie de Dante – séquelle de la théorie de la *felicità mentale* de Corti – sont directement ou indirectement battues en brêche par Fenzi, Falzone, Bianchi et Fioravanti[85]. La fonction éducatrice des « hommes nobles » n'est pas celle des maîtres ès arts. L'idéal de ces « êtres d'exception dans la cité des hommes est différent de l'idéal philosophique élitiste des artistes » : ces nobles qui sont « quasiment comme des Dieux » doivent « guider *tous les hommes* vers la félicité ».

Le rôle de la *Monarchia*, sa place ultime, dominante, au sommet de l'édifice philosophique – de quelque nom qu'on l'appelle – dont les premières pierres sont jetées dans le *Convivio*, en ressortent en fin de compte confirmés de manière nouvelle. Où l'on retrouve Nardi[86] pour qui, comme le rappelle Fenzi : « Le Virgile de la *Monarchia* [...] n'attend aucune Béatrice. » Le dernier mot est à la politique – à la liberté et au bien commun, à l'individualité aussi – de l'empereur ou du philosophe, abordés par Iacopo Costa (« Liberté de l'empereur et liberté totale : Dante théoricien de la volonté commune ») et J.-B. Brenet (« Multitude et *bene esse* chez Averroès et Dante. Retours sur la *Monarchie* I, 3 »), bref à la « naturalisation de la politique », évoquée par Andrea

84. Sur cette théorie, cf. A. de Libera, *Métaphysique et noétique. Albert le Grand*, Paris, Vrin (Problèmes et controverses), 2005.

85. Sur Dante et la « noblesse », cf. C. Vasoli, « Dante maestro della nuova 'nobilità' », in *Dante e la cultura del suo tempo : Dante e le culture dei confini : Atti del Convegno internazionale di studi danteschi (Gorizia, ottobre 1997)*, Gorizia, Società Dante Alighieri, 1999, p. 147-62 ; A. A. Robiglio, « Nobiltà e riconoscimento in Dante : in margine a una recente edizione del IV libro del Convivio », *L'Alighieri*, XLVIII / 2 (2007), p. 83-102.

86. Sur l'articulation du *Banquet* et de *La Monarchie*, cf. C. Vasoli, « Filosofia e politica in Dante fra *Convivio* e *Monarchia* », in *Letture classensi*, 9-10 (1982), p. 11-37 ; « Le idee politiche di Dante dal *Convivio* alla *Monarchia* », *Revista de Facultade de Ciencias Sociais e Humanas*, VII 1 (1994), 1, p. 25-41.

Tabarroni, sur la base d'une comparaison, indispensable, entre Dante et Marsile de Padoue.

Reste l'amour. C'est chez Cavalcanti, le « premier ami » de Dante selon la formule célèbre de la *Vita nuova* reprise dans l'article, une nouvelle fois pionnier, de Nardi sur l'averroïsme du poète le plus conceptuel du « stilnovisme », le *dolce stil novo* (« nouveau style doux ») florentin, que l'on retrouve la question de la passion amoureuse et de son statut anthropologique, où s'affrontent – ou au moins, pour nous, se rencontrent – médecins, philosophes et poètes, galénisme, avicennisme, averroïsme[87]. L'amour est-il un accident de l'âme ou une « maladie du cerveau », comme l'*amor hereos*, le « mal d'amour » décrit par Constantin l'Africain dans le *Viaticum peregrinantis*, adapté du *Zād al-musāfir* d'Ibn al-Jazzār ? La question qui commande la décision sur l'averroïsme de Cavalcanti, traitée ici sur cette base par les textes d'Aurélien Robert et de Paolo Falzone sur l'interprétation de la chanson *Donna me prega*, placés au milieu du présent volume, ouvre sur d'autres questions. Parmi elles, celle du fantasme comme lieu et sujet de l'amour, reprise, avec le chef-d'œuvre de Cavalcanti, le 13 mai 2015 dans un dialogue entre Giorgio Agamben et Jean-Baptiste Brenet sur « Averroès et la question du fantasme », ponctuant la deuxième partie de la journée « *Incipit* » organisée au Collège de France (*Penser l'hétérodoxie au Moyen Âge*), coordonnée par Christophe Grellard (EPHE). On les trouvera dans le volume *Intellect d'amour*, paru en 2018[88].

87. On retrouve ici derechef Nardi et Corti, tous deux évoqués par A. Robert : B. Nardi, « Notarella polemica... », p. 47-71 et M. Corti, « Una diagnosi dell'amore », p. 9-41.

88. Cf. G. Agamben, J.-B. Brenet, *Intellect d'amour*, avant-propos d'A. de Libera, Lagrasse, Verdier, 2018.

L'AVERROÏSME AUJOURD'HUI

Jean-Baptiste Brenet
(Université Paris 1 Panthéon-Sorbonne)

Qu'on ne prête pas trop au titre : ce n'est pas un bilan ni un état des lieux général qu'on lira ici, lequel montrerait où se tient la recherche sur tous les pans du dossier que constitue l'« averroïsme » médiéval. On préfère tirer un fil, plutôt conceptuel[1], et dégager chemin faisant certains éléments

1. On ne dira donc rien de l'historiographie et des querelles – souvent vaines – d'étiquette ; sur cela, outre les articles présents dans ce volume, voir entre autres J.-B. Brenet, *Transferts du sujet. La noétique d'Averroès selon Jean de Jandun*, Paris, Vrin, 2003, p. 14-32 ; L. Bianchi, « L'averroismo di Dante : qualche osservazione critica », *Le tre corone. Rivista internazionale di studi su Dante, Petrarca, Boccaccio*, 2 (2015), p. 71-109 ; *Id.*, « Boèce de Dacie et Averroès. Essai d'un bilan », in D. Calma-Z. Kaluza (éd.), *Regards sur les traditions philosophiques (XIIe-XVIe siècle)*, Louvain, Leuven University Press, 2018, p. 127-151 ; C. Koenig-Pralong, *Médiévisme philosophique et raison moderne, de Pierre Bayle à Ernest Renan*, Paris, Vrin, 2016 ; *Ead.*, « Averroïsme latin », *in* H. Touati (dir.), *Encyclopédie de l'humanisme méditerranéen* : http://www.encyclopedie-humanisme.com/?Averroisme-latin-33 ; D. N. Hasse, « *Averroica secta :* Notes on the Formation of Averroist Movements in Fourteenth-Century Bologna and Renaissance Italy », *in* J.-B. Brenet (éd.), *Averroès et les averroïsmes juif et latin*, Turnhout, Brepols, 2007, p. 307-331 ; *Id.*, « Arabic philosophy and Averroism », *in* J. Hankins (éd.), *The Cambridge Companion to Renaissance Philosophy*, Cambridge, Cambridge University Press, 2007, p. 113-36 ; D. Calma, *Études sur le premier siècle de l'averroïsme latin. Approches et textes inédits*, Turnhout, Brepols, 2011 ; C. Martin, Akasoy A. et Giglioni G. (éd.), *Renaissance Averroism and its Aftermath : Arabic Philosophy in Early Modern Europe*, Springer, 2013. Parmi les études classiques, avec celles qui sont citées *infra*, voir B. Nardi, *Sigieri di Brabante nel pensiero del Rinascimento Italiano*, Rome, Edizioni Italiane, 1945 ; Id., *Saggi sull'Aristotelismo padovano del secolo XIV al XVI*, Florence, Sansoni, 1958 ; Z. Kuksewicz, *De Siger de Brabant à Jacques de Plaisance. La théorie de l'intellect chez les averroïstes latins des XIIIe et XIVe siècles*, Wrocław-Varsovie-Cracovie, 1968 (l'immense travail de Z. Kuksewicz, qu'on

potentiellement déterminants, non seulement pour Dante, mais autour et au-delà.

Commençons par définir l'objet, en un sens volontairement restreint et assez traditionnel[2]. Tel que nous l'entendons, l'« averroïsme » correspond dans la scolastique latine aux diverses lectures philosophiquement favorables à la doctrine de l'intellect défendue par Averroès dans son *Grand Commentaire* du traité *De l'âme* d'Aristote. C'est-à-dire, plus techniquement, toute conception soutenant cette triple thèse : (i) la séparation « substantielle » de l'intellect – et principalement celle de l'intellect dit « matériel », qui constitue la puissance et le substrat de la pensée ; (ii) son unicité absolue, malgré la diversité des individus ; (iii) son éternité, enfin, non seulement *a parte post* (dans le futur), mais *a parte ante* (dans le passé).

L'intellect est une substance séparée des corps ; il est, même à l'état « matériel[3] », unique pour toute l'espèce humaine ; il est inengendré et incorruptible[4] : l'averroïsme, d'un point de vue théorique, c'est d'abord cela.

---

ne saurait mentionner intégralement ici, constitue une référence incontournable) ; voir aussi F. Niewöhner-L. Sturlese (éd.), *Averroismus im Mittelalter und in der Renaissance,* Zürich, Spur Verlag, 1994 ; *L'averroismo in italia (Roma, 18-20 aprile 1977)*, Rome, Accademia Nazionale dei Linci, 1979 ; E. P. Mahoney, *Two Aristotelians of the Italian Renaissance. Nicoletto Vernia and Agostino Nifo*, Ashgate, 2000 ; G. Endress-J. A. Aertsen (éd.), with the assistance of K. Braun, *Averroes and the Aristotelian Tradition : Sources, Constitution and Reception of the Philosophy of Ibn Rushd (1126-1198).* Proceedings of the Fourth Symposium Averroicum (Cologne, 1996), Leyde, Brill, 1999 ; C. Baffioni (éd.) *Averroes and the Aristotelian Heritage*, Naples, Guida, 2004. Sur Averroès lui-même, signalons la récente monographie de M. di Giovanni, *Averroè*, Rome, Carocci, 2017.

2. Nous ne tenons pas compte par conséquent de *tout* ce qui dans la scolastique a pu effectivement – en bien ou en mal – être rapporté à l'exégèse propre d'Averroès et qui peut ne pas concerner la noétique (ce qui ouvre sur une conception large de « l'averroïsme »). Comme illustration de ce type d'enquête, par ailleurs nécessaire et féconde, voir S. Piron, « Olivi et les averroïstes », *in* D. Calma-E. Coccia (éd.), *Freiburger Zeitschrift für Philosophie und Theologie*, 53 (2006), p. 251-309.

3. *Même* à l'état « matériel », celui de la faculté de penser en puissance, puisqu'il peut être entendu que les âmes, à la fin, s'accordent dans la vérité en acte.

4. Pour le texte principal connu des Latins, voir Averroès, *Commentarium magnum in Aristotelis De anima libros* (ci-dessous : *GCDA*), éd. F. S. Crawford, Cambridge (Mass.), 1953 ; trad. fr. partielle : Averroès, *L'Intelligence et la pensée. Grand Commentaire du* De anima, livre III *(429a10-435b25)*, trad., introd. et notes par A. de Libera, Paris, GF-Flammarion, 1998.

Or, cela, longtemps, on l'a lu, on l'a appréhendé, à travers la réfutation remarquable que Thomas d'Aquin, sans doute mieux que les autres, en donne au long de sa carrière et qui culmine dans ce chef-d'œuvre de 1270 qu'est le traité *De l'unité de l'intellect (contre les averroïstes)*, matrice de toutes les positions *pro et contra* ultérieures[5]. Longtemps, par conséquent, l'averroïsme aura été l'averroïsme de Thomas d'Aquin, l'averroïsme *selon Thomas*, l'adversaire, l'averroïsme tel que l'Aquinate l'avait formulé, condamné, et en un sens : réduit à néant.

Or, cela, qui nous conduit au moins jusqu'à Étienne Gilson, a imposé une grille de lecture, c'est-à-dire non seulement quelques concepts censés ramasser l'essentiel de l'averroïsme quant à la doctrine, mais aussi une certaine idée de sa « posture » philosophique concernant son rapport à la foi, à la Révélation, au sacré, à la pratique de la science, de l'enseignement, de l'écriture[6], etc. L'averroïsme en sortait condamné dans l'histoire de la scolastique puis dans celle, plus large, de la philosophie européenne. C'est cela aujourd'hui qui paraît bouleversé et doit continuer de l'être.

Prenons des exemples. Un concept, d'abord : celui de la séparation de l'intellect, que l'historiographie néglige souvent pour lui préférer l'idée jugée plus caractéristique, et pourtant mal nommée, de « monopsychisme[7] ». La première

5. Pour le texte, voir Thomas d'Aquin, *L'Unité de l'intellect contre les averroïstes*, suivi des *Textes contre Averroès antérieurs à 1270*. Texte latin, traduction, introduction, bibliographie, chronologie, notes et index par A. de Libera, in *Id., Contre Averroès*, Paris, GF-Flammarion, 1994. Pour un commentaire suivi, voir A. de Libera, *L'Unité de l'intellect. Commentaire du 'De unitate intellectus contra averroistas' de Thomas d'Aquin*, Paris, Vrin, 2004.

6. Sur ce point, il faudrait lier ce qu'on dit de l'averroïsme avec le champ ouvert pour la pensée juive et arabe par l'article classique – et fort discuté, à raison – de Léo Strauss, « La persécution et l'art d'écrire », repris dans *Id., La persécution et l'art d'écrire*, Paris, Gallimard, 2003. Pour la pensée arabe, cf. D. Gutas, « The Study of Arabic Philosophy in the the Twentieth Century. An Essay on the Historiography of Arabic Philosophy » et D. Wirmer, « Arabic Philosophy and the Art of Reading. I. Political Philosophy », *in* J.-B. Brenet-O. Lizzini (éd.), *La Philosophie arabe à l'étude. Sens, limites et défis d'une discipline moderne*, Paris, Vrin, 2019, sous presse.

7. Sur le terme, voir A. de Libera, « Monopsychite, monopsychia », *in* I. Atucha, D. Calma, C. König-Pralong, I. Zavattero (éd.), *Mots médiévaux offerts à Ruedi Imbach*, Porto, FIDEM, 2011, p. 405-412.

objection que répète Thomas d'Aquin (et l'on ne parle pas ici de l'effet réel que cela produira dans l'histoire de la scolastique, mais de son importance dans notre abord *moderne* de l'averroïsme) est que l'intellect d'Averroès, en tant que substance séparée, n'est *aucunement* la forme du corps, si bien que le Cordouan aurait été le corrupteur d'Aristote plutôt que son commentateur. Averroès détruirait les principes même de l'hylémorphisme aristotélicien et ne ferait rien, en vérité, que promouvoir une forme aggravée de dualisme platonicien (aggravée en ceci que Platon, qui certes a tort aux yeux de l'Aquinate, réduit au moins l'homme à l'intellect, alors qu'Averroès n'en ferait qu'un corps animé *indépendamment de l'intellect*, c'est-à-dire une bête à peine supérieure).

Mais cela ne tient pas, et la recherche l'a établi. Car l'une des élaborations théoriques majeures d'Averroès puis de l'averroïsme est précisément, et tout au contraire, d'avoir essayé de penser jusqu'en noétique la notion de forme, c'est-à-dire d'avoir tâché de sauver l'hylémorphisme aristotélicien jusqu'à l'intellect[8].

Peu importe, dans un premier temps, comment on apprécie ce projet et son fruit. L'essentiel est que, là où Aristote nous laisse comme démunis (chacun sait que l'intellect surgit de façon problématique dans son traité *De l'âme*), Averroès s'efforce *en aristotélicien* de concevoir une formalité d'un nouveau genre, aux limites de l'équivocité, une formalité élargie qui puisse valoir pour cet animal métaphysique qu'est l'homme. Averroès ne veut ni d'« Alexandre d'Aphrodise[9] »,

---

8. Les averroïstes ne sont pas seuls dans cette tentative. D'une certaine manière, le geste d'Olivi doit en être rapproché, quand il écrit, par exemple, que « la partie intellective de l'âme n'est pas forme du corps, bien qu'elle puisse être dite *forme de tout l'homme* » ou que l'âme est « unie au corps d'une union *substantielle*, mais non *formelle* » (Fr. Petrus Iohannis Olivi, O. F. M., *Quaestiones In Secundum librum Sententiarum*, éd. B. Jansen, s. j., vol. II, *Quaestiones* 49- 71, Ad Claras Aquas, Quaracchi, Ex Typographia Collegii S. Bonaventurae, 1924, p. 137). Sur cela, voir A. de Libera, *Archéologie du sujet. III. 1. La double révolution. L'acte de penser*, Paris, Vrin, 2014, p. 99-114 (« Olivi précurseur de Descartes ? »).

9. Le rapport de filiation d'Averroès à Alexandre d'Aphrodise est à repenser hors du cadre trompeur de la scolastique (qui en fait – à cause d'Averroès, certes – un « matérialiste »). Sur

ici[10], ni de Platon. *Lui aussi* vise une troisième voie, celle d'Aristote, afin d'établir en quel sens l'intellect, en dépit de son immatérialité et du caractère en soi an-organique de son acte propre, peut être la « forme » du corps constitutive de l'homme, ou plutôt, malgré la relative indépendance ontologique de son corps, la « forme » de l'homme. Et de ce point de vue, la psychologie thomasienne de l'âme humaine n'est rien qu'une tentative concurrente[11].

Cela veut d'abord dire ceci : que pour bien comprendre l'averroïsme, pour l'évaluer, outre l'histoire de sa dénonciation dans la scolastique latine, c'est à lire ou à relire Averroès qu'il faut s'atteler, et d'abord, en arabe, Ibn Rušd, dont Averroès d'une langue à l'autre n'est pas toujours la réplique exacte. Lire Ibn Rušd, lire Averroès (et tout lire, du moins toutes les œuvres composant le corpus accessible aux Latins[12] : non pas

---

Alexandre, voir M. Rashed, *Essentialisme. Alexandre d'Aphrodise entre logique, physique et cosmologie*, Berlin/New York, Walter de Gruyter, 2007 ; *Id., Alexandre d'Aphrodise, Commentaire perdu à la Physique d'Aristote (Livres IV-VIII). Les scholies byzantines*, Berlin-Boston, Walter de Gruyter, 2011.

10. Voir sur ce point J.-B. Brenet, « Alexandre d'Aphrodise ou le matérialiste malgré lui : La question de l'engendrement de l'intellect revue et corrigée par Averroès », *in* P. Bakker (éd.), *Averroes' Natural Philosophy and its Reception in the Latin West*, Leuven, Leuven University Press, 2015, p. 37-67.

11. Pour la confrontation entre Averroès et Thomas d'Aquin, voir, entre autres, D. L. Black, « Consciousness and Self-Knowledge in Aquinas's Critique of Averroes' Psychology », *Journal of the History of Philosophy*, 31 (1993), p. 349-385 ; *Ead.*, « Models of the mind : Metaphysical Presuppositions of the Averroist and Thomistic Accounts of Intellection », *Documenti e Studi sulla tradizione filosofica medievale*, 15 (2004), p. 319-352 ; R. C. Taylor, « Intellect as Intrinsic Formal Cause in the Soul according to Aquinas and Averroes », *in* M. Elkaisy-Friemuth et J. M. Dillon (éd.), *The Afterlife of the Platonic Soul. Reflections on Platonic Psychology in the Monotheistic Religions*, Leyde, Brill, 2009, p. 187-220 ; *Id.*, « Averroes' Epistemology and its Critique by Aquinas », *in* R. E. Houser (éd.), *Medieval Masters : essays in memory of Msgr. E. A. Synan*, Houston, Center for Thomistic Studies, University of St. Thomas, 1999, p. 147-177 ; A. de Libera, *Archéologie du sujet. III. La double révolution*, p. 165-294. Pour un autre type de confrontation, cf. C. Cerami, « Thomas lecteur critique du *Grand Commentaire* d'Averroès à *Phys.* I, 1 », *Arabic Sciences and Philosophy*, 19/2 (2009), p. 189-223.

12. Mais pas uniquement : dans le domaine crucial du droit, par exemple (aucun champ n'étant imperméable), voir le livre récent de Z. Bou Akl (éd.), *Averroès : le philosophe et la loi. Édition, traduction et commentaire de l'"Abrégé du Mustaṣfā"*, Boston-Berlin-Münich, Walter de Gruyter, 2015. Du même auteur, voir « Averroès à propos de la définition de l'acte légal : le miracle comme levier d'adhésion à la loi », *Mélanges de l'Université Saint-Joseph*, 64 (2012), p. 239-260 ; *Id.*, « La philosophie comme pratique : erreur et droit à l'erreur dans la pensée d'Averroès », *Les Études philosophiques*, 162 (2016), p. 269-282 ; *Id.*, « volonté humaine, volonté divine : le choix d'indifférence dans les deux Tahâfut », *in* J.-B. Brenet, O. Lizzini (éd.), *La Philosophie arabe à l'étude.*

seulement les traités de psychologie, mais ses commentaires de la physique[13], de la cosmologie[14], de la métaphysique[15], ses

13. Sur la philosophie « naturelle », voir notamment P. Bakker (éd.), *Averroes' Natural Philosophy and its Reception in the Latin West* ; R. Glasner, *Averroes' Physics. A Turning Point in Medieval Natural Philosophy*, Oxford, Oxford University Press, 2009 (cf. la recension de C. Cerami, « Corps et continuité. Remarques sur la "nouvelle" physique d'Averroès », *Arabic Sciences and Philosophy*, 21/2 (2011), p. 299-318) ; D. Twetten, « Averroes' Prime Mover Argument », *in* J.-B. Brenet (éd.), *Averroès et les averroïsmes juif et latin*, Turnhout, Brepols, 2007, p. 9-75 ; Id., « Aristotelian Cosmology and Causality in Classical Arabic Philosophy and its Greek Background », *in* D. Janos (éd.), *Ideas in Motion in Baghdad and Beyond : Philosophical and Theological Exchanges between Christians and Muslims in the Third/Ninth and Fourth/Tenth Centuries*, Leiden, Brill, 2015, p. 312-433 ; Id., « Whose Prime Mover is More (un) Aristotelian, Broadie's, Berti's or Averroes'? », *in* J.-B. Brenet, O. Lizzini (éd.), *La philosophie arabe à l'étude* ; C. Trifogli, *Oxford Physics in the Thirteenth Century (ca. 1250-1270) : Motion, Infinity, Place and Time*, Leyde, Brill, 2000 ; S. Donati, « Is Celestial Motion a Natural Motion ? Averroes' Position and Its Reception in the Thirteenth- and Early Fourteenth-Century Commentary Tradition of the Physics », *in* P. Bakker (éd.), *Averroes' Natural Philosophy and Its Reception in the Latin West*, p. 89-126 ; C. Cerami, « L'éternel par soi. Averroès contre al-Fārābī sur les enjeux épistémologiques de Phys. VIII 1 », *in* P. Bakker (éd.), *Averroes' Natural Philosophy and its Reception in the Latin West*, p. 1-36 ; V. Cordonier, « Le mélange chez Averroès. Sources textuelles et implications théoriques », *in* A. Hasnawi, G. Federici Vescovini (éd.), *Circulation des savoirs autour de la méditerranée : philosophie et sciences (IXᵉ-XVIIᵉ siècle)*, Florence, Cadmo, 2012, p. 361-376 ; sur l'idée d'une « physique de la pensée » chez Averroès, voir J.-B. Brenet, « Pensée, dénomination extrinsèque et changement chez Averroès. Une lecture d'Aristote, Physique VII, 3 », *Archives d'histoire doctrinale et littéraire du Moyen Âge*, 82 (2015), p. 23-43. Sur la *Physique* d'Aristote dans le monde arabe, par ailleurs, voir P. Lettinck, *Aristotle's Physics and its reception in the Arabic World*, Leyde-New York-Cologne, Brill, 1994.

14. Sur la cosmologie, voir notamment M. di Giovanni, « Averroes on the Species of Celestial Bodies », *Miscellanea Mediaevalia*, 33 (2006), p. 438-64 ; G. Freudenthal, « The Medieval Astrologization of Aristotle's Biology : Averroes on the Role of the Celestial Bodies in the Generation of Animate Beings », *Arabic Sciences and Philosophy*, 12 (2002), p. 111-137 ; *Id.*, « The Medieval Astrologization of the Aristotelian Cosmos : from Alexander of Aphrodisias to Averroes », *Mélanges de l'université Saint-Joseph*, 59 (2006), p. 29-68 ; *Id.*, « The Astrologization of the Aristotelian Cosmos : Celestial Influences on the Sublunary World in Aristotle, Alexander of Aphrodisias, and Averroes », *in* A. C. Bowen, Chr. Wildberg (éd.), *A Companion to Aristotle's Cosmology : Collected Papers on* De Caelo, Leyde, Brill, 2009, p. 239-281 ; *Id.*, « Averroes' Changing Mind on the Role of the Active Intellect in the Generation of Animate Beings », *in* A. Hasnawi (éd.), *La Lumière de l'intellect. La pensée scientifique et philosophique d'Averroès dans son temps*, Louvain, Peeters, 2011, p. 319-328. Deux lectures d'Alexandre d'Aphrodise, ici, s'imposent : *Traité de la providence (Περὶ προνοίας). Version arabe de Abū Bishr Mattā ibn Yūnus*, édition, introduction et traduction de l'arabe par P. Thillet, Lagrasse, Verdier, 2003 ; *Les Principes du tout selon la doctrine d'Aristote*, introduction, texte arabe, traduction et commentaire par Ch. Genequand, Paris, Vrin, 2017. Plus largement, voir H. Davidson, *Alfarabi, Avicenna, and Averroes on Intellect : Their Cosmologies, Theories of the Active Intellect, and Theories of Human Intellect*, Oxford, Oxford University Press, 1992 ; sur al-Fārābī en particulier, qu'Averroès lit de près, voir D. Janos, *Method, Structure, and Development in al-Fārābī's Cosmology*, Leyde, Brill, 2012. Sur les *Météorologiques* d'Aristote dans le monde arabe, voir P. Lettinck, *Aristotle's Meteorology and its reception in the Arab world*, Leyde, Brill, 1999.

15. Sur la métaphysique, voir notamment C. Cerami, *Génération et Substance. Aristote et Averroès entre physique et métaphysique*, Boston-Berlin, Walter de Gruyter, 2015 ; *Ead.*, « Signe physique, signe métaphysique : Averroès contre Avicenne sur le statut épistémologique des sciences de l'être », *in* C. Cerami (éd.), *Nature et Sagesse. Les rapports entre physique et métaphysique dans*

textes de médecine[16], de biologie[17], de logique[18]), c'est en l'occurrence, dans l'examen attentif des textes *réels*, chercher

---

la tradition aristotélicienne. Recueil de textes en hommage à Pierre Pellegrin, Louvain-la-Neuve, Peeters, 2014, p. 429-474 ; *Ead.*, « La substance première d'Averroès entre logique et ontologie », *in* S. Ebbesen, J. Marenbon et P. Thom (éd.), *Aristotle's Categories in the Byzantine, Arabic and Latin Traditions*, Copenhague, 2013, p. 87-138 ; M. di Giovanni, « Substantial Form in Averroes's Long Commentary on the Metaphysics », *in* P. Adamson (éd.), *In the Age of Averroes : Arabic Philosophy in the Sixth/Twelfth Century*, Londres-Turin, The Warburg Institute-Nino Aragno Editore, 2011, p. 175-194 ; *Id.*, « The Commentator : Averroes's Reading of the Metaphysics », *in* F. Amerini-G. Galluzzo (éd.), *A Companion to the Latin Medieval Commentaries on Aristotle*, Leyde, Brill, 2013, p. 59-94 ; L. Bauloye, *La question de l'essence : Averroès et Thomas d'Aquin commentateurs d'Aristote, Métaphysique Z 1*, Louvain-la-Neuve, Peeters, 1997 ; B. Canova, « Il Dio artefice, Ṣāni', e il primo motore di Metafisica nella dottrina teologica d'Averroè », *Medioevo*, 32 (2007), p. 119-138 ; A. Bertolacci, « Avicenna and Averroes on the proof of God's Existence and the Subject-Matter of Metaphysics », *Medioevo*, 32 (2007), p. 61-97 ; J. Jolivet, « Divergences entre les métaphysiques d'Ibn Rushd et d'Aristote », *Arabica*, 29/3 (1982), p. 225-245 ; T. Kukkonen, « Averroes and the Teleological Argument », *Religious Studies*, 38 (2002), p. 405-428 ; *Id.*, « Possible Worlds in the *Tahâfut al-tahâfut* : Averroes on Plenitude and Possibility », *Journal of the History of Philosophy*, 1 (2000), p. 329-347 ; R. C. Taylor, « Averroes' Philosophical Conception of Separate Intellect and God », *in* A. Hasnawi (éd.), *La Lumière de l'intellect*, p. 391-404 ; Th.-A. Druart, « Averroes on God's Knowledge of Being qua Being », *in* P. Lockey (éd.), *Studies in Thomistic Theology*, Houston, Center for Thomistic Studies, 1995, p. 175-205 ; P. Adamson, « Averroes on Divine Causation », *in* P. Adamson-M. di Giovanni (éd.), *Interpreting Averroes : Critical Essays*, Cambridge, à paraître ; J.-B. Brenet, « Relation as Key to God's Knowledge of Particulars in the *Tahāfut al-tahāfut* and the *Damīma* : A Cross-Talk between Averroes, al-Ġazālī and Avicenna », *in* L. Lopez-Farjeat (éd.), *Hommage à R. C. Taylor*, à paraître.

16. Voir J. Chandelier, « Averroes on medicine », *in* P. Adamson, M. Di Giovanni (éd.) *Interpreting Averroes : Critical Essays*, Cambridge University Press 2019, p. 158-176 ; *Id.*, « Médecine et philosophie selon Averroès », *in* Cl. Crignon, D. Lefebvre (éd.), *Philosophie de la médecine*, Paris, CNRS Éditions 2019, p. 169-193 ; *Id.*, « L'œuvre médicale d'Averroès contre Galien », à paraître dans les actes du colloque *Contre Galien. Critiques d'une autorité médicale de l'Antiquité au Premier Âge moderne*, organisé à Reims du 29 septembre au 1er octobre 2016, dir. Roberto Lo Presti et Antoine Pietrobelli. Pour Avicenne, cf. J. Chandelier, *Avicenne et la médecine en Italie. Le* Canon *dans les universités (1200-1350)*, Paris, Honoré Champion, 2017.

17. Comme exemple d'analyse novatrice, voir C. Cerami, « Le plaisir des femmes selon Aristote. Averroès contre Galien sur *Natura nihil facit frustra* », *Philosophie antique*, 16 (2016), p. 63-102 ; *Ead.*, « Mélange, *minima naturalia* et croissance animale dans le *Commentaire moyen* d'Averroès au *De generatione et corruptione*, I, 5 », *in* J. Biard-S. Rommevaux (éd.), *La nature et le vide dans la physique médiévale. Études dédiées à Edward Grant*, Turnhout, Brepols, 2012, p. 137-164.

18. Sur la logique, voir par exemple A. Hasnawi, « L'âge de la démonstration, logique, science et histoire : al-Fārābī, Avicenne, Avempace, Averroès », *in* A. Hasnawi, G. Federici-Vescovini (éd.), *Circulation des savoirs autour de la Méditerranée*, p. 257-281 ; C. Cerami, « Essence, accident et nécessité : La notion de *par soi* chez Averroès », *Les Études philosophiques*, 162 (2016), p. 217-241 ; *Ead.*, « Induction et certitude dans le *Grand Commentaire* d'Averroès aux *Seconds Analytiques* », *in* J. Biard (éd.), *Raison et démonstration. Les commentaires médiévaux sur les* Seconds Analytiques, Turnhout, Brepols, 2015, p. 47-69 ; *Ead.*, « Le commun avant le propre. Le rôle des *Seconds Analytiques* I 4-5 dans l'organisation du corpus de philosophie naturelle d'après Averroès », *in* J.-B. Brenet-O. Lizzini (éd.), *La philosophie arabe à l'étude* ; T. Kukkonen, « 'The Impossible, insofar as it is Possible' : Ibn Rushd and Jean Buridan on Logic and Natural Theology », *in* D. Perler-U. Rudolph (éd.), *Logik und Theologie. Das* Organon *im arabischen und im lateinischen Mittelalter*, Leyde-Boston, Brill, 2005, p. 447-467.

à déterminer comment chez lui l'intellect humain en tant qu'il est humain est bien une forme, mais inédite, combinant des traits propres aux formes naturelles inscrites dans leur matière et certaines caractéristiques des formes séparées, ces Intelligences célestes dont l'être, dit Averroès, n'est pas constitué par leurs sujets mais « dans » lesquels, pour autant, elles existent.

L'intellect humain, à ce carrefour, dans cette bivalence, est une forme qui décroche, certes, de la matière[19], mais qui, quoique surplombante, ne s'envisage que comme sommet d'une série de couches, de formes ou plutôt de formalités inférieures (qui ne sont pas indépendamment en acte, sans quoi l'averroïsme serait un pluralisme grossier). L'intellect, en somme, est *la forme de ces formes*[20], voilà ce qu'Averroès, ici héritier d'Alexandre et d'al-Fārābī, avance et cherche à établir, *y compris* dans le *Grand Commentaire* du traité *De l'âme* lorsqu'il parle de l'intellect matériel en termes de *substance*.

Le mot *substance* est fort, assurément[21], mais il ne se laisse pas rabattre sur un modèle univoque de substance première séparée, et dans le cas précis, il ne doit pas interdire de penser l'intellect comme le point universel chapeautant une série ordonnée de formalités individuelles dont, en dépit de sa

19. Ce lexique du décrochage n'a de sens que si l'on inscrit la réflexion dans le cadre dynamique de l'échelle des formes. Il est évident, sans cela, que l'intellect ne « décroche » pas de la matière, étant donné qu'il n'en procède pas.

20. Sur cela, cf. J.-B. Brenet, *Les possibilités de jonction. Averroès-Thomas Wylton*, Berlin-Boston, Walter de Gruyter, 2013, p. 128 *sq*. Il faut savoir articuler deux formules pour appréhender correctement la noétique d'Averroès : premièrement que l'intellect est « forme de formes » antérieures (au sommet de l'échelle sublunaire) ; et que pour cet intellect, l'intellect agent est « la forme de la forme » qu'est l'intellect matériel (ce qui, sans doute, engage une doctrine de la perfection héritée d'Alexandre d'Aphrodise – sur cette notion de *teleiotês*, voir R. Wisnovsky, *Avicenna's Metaphysics in Context*, Ithaca (N. Y.), 2003 ; M. Rashed, *Alexandre d'Aphrodise, Commentaire perdu à la* Physique *d'Aristote (Livres IV-VIII)* ; J.-B. Brenet, *Je fantasme. Averroès et l'espace potentiel*, Lagrasse, Verdier, p. 47-54 ; C. Cerami, « Changer pour rester le même. Forme, *δύναμις* et *ἕξις* chez Alexandre d'Aphrodise », *in* A. Jaulin, A. Balansard (éd.), *Alexandre d'Aphrodise et la métaphysique aristotélicienne*, Leuven-Paris-Bristol, Peeters, 2017, p. 237-280.

21. Et Averroès n'en use pas sans précision (cf. par exemple Averroès, *La Béatitude de l'âme*, éditions, traductions annotées, études doctrinales et historiques d'un traité d'« Averroès », par M. Geoffroy-C. Steel, Paris, Vrin, 2001, § 20, p. 210 ; de même, cf. *The Epistle on the Possibility of Conjunction with the active Intellect by Ibn Rushd with the Commentary of Moses Narboni*, éd. K. P. Bland, New York, The Jewish Theological Seminary of America, 1982, sect. 16, p. 108).

séparation, il dépend. Ce qui signifie qu'Averroès, contre ce que disent Thomas puis la tradition (qu'il nous revient d'affiner, ou de revoir), ne défend pas une théorie du clivage entre intellectualité et corporalité (ou humanité), mais plutôt une théorie de la stratification, où le dernier niveau, dans sa coupure, s'inscrit dans le prolongement de ce qui précède. Si l'on veut lire Averroès, c'est ce qu'on trouvera, et qui change la façon d'appréhender son discours sur l'homme.

C'est du reste ce que les averroïstes cherchent à leur façon en relançant avec Averroès la notion aristotélicienne de forme. On peut de nouveau retenir trois exemples, le premier contemporain de Thomas d'Aquin, les deux autres contemporains de Dante, au début du XIVe siècle, à Paris.

Commençons par le *Traité sur l'âme intellective* du maître ès arts Siger de Brabant (m. 1277), dont on s'accorde à penser qu'il constitue une réponse au *De l'unité de l'intellect* de Thomas d'Aquin[22]. Siger examine dans le chapitre III le rapport que l'« âme intellective » entretient avec le corps et soutient que l'âme intellective est séparée du corps quant à l'être, *in essendo* (elle ne lui est pas unie « comme la figure à la cire » ; elle ne lui confère pas son *esse*), mais que, malgré tout, sa séparation n'est pas totale, et qu'elle lui est « unie » quant à l'opération, *in operando*.

Que signifie cette union *in operando* de l'intellect et du corps par ailleurs ontologiquement séparés ? Cela veut dire que l'intellect, dont l'être ne dépend pas du corps, a besoin de ce corps pour agir, c'est-à-dire pour intelliger, dans la mesure où, comme le veut Aristote, l'âme intellective ne pense rien sans

---

22. Pour le texte, voir Siger de Brabant, *Quaestiones in tertium De anima, De anima intellectiva, De aeternitate mundi*, éd. B. C. Bazán, Louvain, Publications universitaires – Paris, Béatrice-Nauwelaerts, 1972. Sur Siger, voir notamment B. C. Bazán, *La noétique de Siger de Brabant*, Paris, Vrin, 2016 ; R. Imbach- F.-X. Putallaz, *Profession : Philosophe. Siger de Brabant*, Paris, Cerf, 1997 ; A. Petagine, *Aristotelismo difficile. L'intelletto umano nella prospettiva di Alberto Magno, Tommaso d'Aquino e Sigieri di Brabante*, Milan, Vita e Pensiero, 2004 ; B. Nardi, *Sigieri di Brabante nel pensiero del Rinascimento Italiano* ; Z. Kuksewicz, *De Siger de Brabant à Jacques de Plaisance*, p. 19-95 ; D. Calma, *Études sur le premier siècle de l'averroïsme latin*, p. 77-309. Voir aussi, pour des analyses ciblées, A. de Libera, *Archéologie du sujet. III. La double révolution*, p. 284-294.

images. L'autonomie ontologique n'est pas une indépendance fonctionnelle. L'intellect, en tant que puissance de penser, est d'abord vide et dépend pour s'activer de ce que lui offre l'imagination, car il n'y a ni connaissance innée, ni auto-affection, ni illumination divine. Et cette dépendance va loin. Car non seulement il convient d'abord de sentir et d'imaginer pour penser, mais l'âme ne pense même *qu'en tant qu'elle* imagine. Cette âme, par conséquent, pense toujours *avec* l'image, et non pas seulement *à partir* d'elle[23]. Cela, dit Siger, ne fait pas du corps un « sujet dans lequel » (*subiectum in quo*) l'intelliger aurait lieu, viendrait se produire (ce qui serait verser dans un matérialisme absurde auquel la thèse de Thomas d'Aquin, selon lui, reconduit), mais un « objet[24] » susceptible, après abstraction, de lui donner un contenu.

Cependant, le maître ès arts ne s'en tient pas là. Pour répondre à la critique thomasienne concernant le caractère trop faible de l'union de l'intellect au corps, Siger insiste sur le caractère *naturel* de cette dépendance à l'image. L'intellect, pour penser, ne requiert pas accidentellement les images du corps. Il est dans sa nature d'en dépendre. Au point de vue de son acte, l'intellect est fait (*natus*) pour pâtir du corps comme d'un objet.

Pour le préciser, Siger use d'une formule conceptuelle subtile. L'intellect, dit-il, est par nature, dans l'acte de penser, *operans intrinsecum ad corpus*, c'est-à-dire, littéralement : « un opérant intrinsèque au corps[25] ». La thèse, dont l'origine est complexe et sans doute plurielle[26], est cruciale dans l'histoire de

---

23. Siger de Brabant, *Quaestiones in tertium De anima*, éd. cit., p. 84, 63 *sq*.

24. Sur la distinction corps-sujet, corps-objet et l'idée anti-averroïste de l'homme comme simple objet de l'intellect, voir A. de Libera, *Archéologie du sujet. III. La double révolution*, p. 335-443 ; J.-B. Brenet, « Corps-sujet, corps-objet. Notes sur Averroès et Thomas d'Aquin dans le *De immortalitate animae* de P. Pomponazzi », *in* J. Biard, Th. Gontier (dir.), *Pietro Pomponazzi entre traditions et innovations*, Amsterdam-Philadelphie, Grüner, 2009, p. 11-28 ; *Id.*, « Sujet, objet, pensée personnelle : l'Anonyme de Giele contre Thomas d'Aquin », *Archives d'histoire doctrinale et littéraire du Moyen Âge*, 79 (2012), p. 49-69.

25. Siger de Brabant, *Quaestiones in tertium De anima*, éd. cit., p. 85, 80.

26. Sur la notion d'*operans intrinsecum*, voir J.-B. Brenet, « Siger de Brabant et la notion d'*operans intrinsecum* : un coup de maître ? », *Revue des sciences philosophiques et théologiques*, 97 (2013), p. 3-36. Voir aussi D. Calma, E. Coccia, « Un commentaire inédit de Siger de Brabant sur la *Physique* d'Aristote (ms. Paris, BNF, lat. 16297) », *Archives d'histoire doctrinale*

l'averroïsme. Par là, en effet, Siger ne veut pas dire que l'intellect opère dans le corps, mais, usant d'un paradigme cosmologique, *qu'il est intrinsèque, à titre de partie, au tout qu'il forme avec le corps*. Ce qui signifie que l'homme n'est ni l'intellect, ni le corps, mais le tout dont l'intellect et le corps, quoique séparés *in esse*, constituent chacun deux parties. L'homme est donc bel et bien homme par l'intellect[27], mais il n'est pas requis pour autant, dit Siger, que l'intellect s'unisse au corps comme la figure à la cire.

C'est cela, selon le maître, qui permet – même si Siger ne cite plus explicitement Averroès – de répondre à Thomas d'Aquin. Si l'intellect est un « opérateur intrinsèque » dans son rapport au corps, on peut dire qu'il est, bien qu'il soit ontologiquement séparé, la « forme » et la « perfection » de ce corps, et que son acte, la pensée, s'attribue au composé (l'homme) qu'il forme avec ce corps. Autrement dit, la séparation ontologique de l'intellect et du corps ne condamne pas la rationalité de l'individu si l'on comprend que cet intellect, quoique séparé du corps *in esse*, se rapporte à lui par nature, dans la pensée, et qu'il constitue un opérateur intrinsèque à l'homme.

L'homme pense-t-il ? La réponse de Siger, sans hésitation, est donc positive. Bien que l'intelliger n'ait lieu que dans l'intellect, et non dans le corps, *l'intellect est une partie de l'homme dont l'acte peut s'attribuer au tout*[28]. C'est-à-dire

---

et littéraire du Moyen Âge, 73 (2006), p. 283-349 ; A. de Libera, *Archéologie du sujet. III. La double révolution*, p. 288-292 *et passim*.

27. Siger de Brabant, *De anima intellectiva*, éd. cit., p. 87, 17 *sq*.

28. Notons que ce principe de transfert métonymique est présent dans la théologie islamique du *kalām* et qu'il serait précieux d'en faire l'étude comparée (voir D. Gimaret, *La doctrine d'al-Ash'arī*, Paris, Cerf, 1990, notamment p. 95-97, à propos de ce que l'auteur appelle la « huitième loi » de l'accident chez les Ash'arites : « quel que soit l'accident considéré, c'est à l'atome même qui le porte que s'applique le qualificatif correspondant » ; on lit, p. 93 : « la doctrine ǧubbā'ite [...] est que ce tout organisé qu'est l'homme, devenu "comme une chose unique" par la présence en lui de la vie, constitue en fait une réalité indivise, une variété d'existant, susceptible de recevoir en tant que telle divers qualificatifs qui ne conviennent qu'à elle. C'est ce tout, et non pas chacune de ses parties, qui est vivant, puissant, savant, voulant, parlant, frappant, etc., et cela bien que chacune des entités dont dérivent ces qualificatifs soit, elle, confinée dans tel ou tel de ses atomes. C'est Zayd tout entier qui est savant du fait de telle science inhérente à tel atome de son cœur. C'est lui également, en tant que totalité, qui agit, qui est assujetti à la Loi, qui obéit ou désobéit, qui sera puni ou récompensé, etc. »

qu'il existe entre l'intellect et le corps, en dépit de la séparation ontologique, une union suffisamment forte pour que l'intellect advienne comme une partie de l'homme, et que son acte s'attribue au tout. Siger évite à ses yeux le double écueil du matérialisme et du dualisme strict : l'intellect n'est pas une forme matérielle, non plus qu'une substance ontologiquement séparée qui n'entrerait dans aucune forme de composition naturelle avec le corps. Dans son rapport intellectuel au corps, il est un opérant intrinsèque qui fait advenir, en dépit de la coupure dans l'être, une unité *sui generis* : l'homme, lequel se voit attribuer par transfert métonymique l'opération de cet acteur du dedans qu'est pour lui l'*anima intellectiva*.

L'*operans intrinsecum* apparaît de ce point de vue comme le concept majeur d'une troisième voie, fidèle à Aristote, qui parvient à articuler l'idée nécessaire de la séparation *in esse* à celle de l'intellect comme « partie » de l'âme, comme partie de l'homme, et même, conformément à la définition générale de l'âme donnée dans le traité *De l'âme*, fût-ce en un sens large et presque équivoque, à celle de l'intellect comme « forme » et « perfection ». En effet, comme Siger le note à la fin de son raisonnement, les moteurs ou opérants intrinsèques, « chez les philosophes », sont bien appelés « formes » et « perfections » de ce à quoi ils se rapportent.

Tout l'effort de Siger doit ainsi se comprendre comme une tentative de penser avec Aristote (et, implicitement, Averroès) un rapport de l'intellect au corps qui, malgré leur

---

(cf. sur ce sujet R. Frank, *Beings and Their Attributes. The Teaching of the Basrian School of the Mu'tazila in the Classical Period*, Albany, State University of New York Press, 1978 ; plus largement, dans la tradition latine, voir A. de Libera, « Les actions appartiennent aux sujets. Petite archéologie d'un principe leibnizien », *in* S. Caroti, R. Imbach, Z. Kaluza, G. Stabile, L. Sturlese (éd.), *« Ad Ingenii Acuitionem ». Studies in Honour of Alfonso Maierù*, Louvain-la-Neuve, Brepols, 2006, p. 199-219). Ajoutons que si la notion de « dénomination extrinsèque » a rapport à Averroès et à l'histoire de l'averroïsme (comme A. de Libera l'a montré : *Archéologie du sujet III. La double révolution*, p. 257-294), la comparaison au *kalām* pourrait être là aussi féconde. Qu'on songe à ce qu'écrit Gimaret (*op. cit.*, p. 241) sur la notion d'attribut, de *ṣifa* : « une *ṣifa*, contrairement à ce que soutiennent ordinairement les théologiens sunnites, n'est pas exclusivement *ṣifa* de ce en quoi elle réside. Un qualifié peut être qualifié du fait d'une *ṣifa* résidant ailleurs qu'en lui-même (*al-mawṣūf qad yakūnu mawṣūf*^{an} *bi-ṣifat*^{in} *qā'imat*^{in} *bi-ġayrihi*), à savoir toute parole le concernant ».

séparation ontologique, ne ruine pas l'unité de l'homme et l'existence de sa rationalité. Comment sauver l'hylémorphisme aristotélicien en partant de la séparation de l'intellect (et du corps) ? Comment sauver l'homme, une fois sauvée la pensée ? Telle était la question[29].

Deuxième exemple : Thomas Wylton (m. ca 1327), un théologien anglais qui dans l'une de ses œuvres paraît nettement soutenir la noétique d'Averroès (avant, certes, une *retractatio* finale). Sa position est originale et forte[30] et trahit l'influence du scotisme (ce qui constitue un champ de recherches considérable et encore sous-évalué), la présence de polémiques avec d'autres maîtres de l'époque, qui avance des solutions inédites sur la connaissance du singulier, l'abstraction, le fondement de l'unicité noétique, etc., et mène une confrontation directe avec certaines positions des « catholiques ».

L'intellect humain, dit-il, est bien une substance, une réalité subsistante ; mais, si elle est séparée, c'est dans la mesure *seulement* où elle n'est pas mélangée au corps, et non parce qu'elle pourrait exister, complète, en étant coupée des corps. Cet intellect subsistant, en effet, est une forme, dit Wylton, une *forma informans*, une forme « informante », et non pas uniquement – d'une distinction technique qui s'imposera jusqu'à la Renaissance – « assistante[31] ». Une forme informante, c'est-à-dire, pour lui, une forme ayant une inclination

29. Il n'est pas sûr que ce soit celle d'Averroès – ce qui suffirait à montrer que les « averroïstes » ne sont pas des doubles (inférieurs) du maître. Sur la position d'Averroès, cf. J.-B. Brenet « Descartes l'arabe. Averroès jusque dans la querelle d'Utrecht », *in* J.-B. Brenet, O. Lizzini (éd), *La Philosophie arabe à l'étude*, p. 491-518.

30. Sur ce texte et son auteur, voir J.-B. Brenet, *Les Possibilités de jonction*, *op. cit.* (cf. Thomas Wylton, *On the Intellectual Soul*, éd. L. O. Nielsen et C. Trifogli, trad. G. Trimble, Oxford-New York, Oxford University Press, 2010) ; voir aussi *Id.*, « Jean de Jandun et la *Quaestio de anima intellectiva* de Thomas Wylton », *Freiburger Zeitschrift für Philosophie und Theologie*, 56/2 (2009), p. 309-340, et les pages que Z. Kuksewicz consacre à Thomas dans son *De Siger de Brabant à Jacques de Plaisance*, p. 176-200. Par ailleurs, voir W. Senko, « Les opinions de Thomas Wilton sur la nature de l'âme humaine face à la conception de l'âme d'Averroès », *Rivista di filosofia neo-scolastica*, 56 (1964), p. 581-604.

31. Sur la notion de forme assistante, voir J.-B. Brenet, *Les Possibilités de jonction*, p. 76-104 ; A. de Libera, « Formes assistantes et formes inhérentes. Sur l'union de l'âme et du corps, du Moyen Âge à l'Âge classique », *Archives d'histoire littéraire et doctrinale du Moyen Âge*, 81 (2014), p 197-248 ; du même auteur, voir « Logique et anthropologie : averroïsme et

naturelle vers le corps, une relation de dépendance à lui faisant que des deux résulte un composé véritablement un susceptible d'agir en se distinguant spécifiquement de tout autre chose.

La thèse philosophique de Wylton, sur laquelle il reviendra au nom de la foi, est donc qu'on peut établir que cet intellect possible est bien, chez Averroès *comme chez les catholiques*, « la perfection formelle première de l'homme » qui, de manière *intrinsèque*, le distingue des autres espèces[32]. Ce qui signifie que l'intellect, bien que subsistant (*subsistens*), n'est jamais séparé (*separatus*) de ce que Wylton appelle son « perfectible premier », à savoir selon lui la « nature humaine » présente dans tous les « suppôts » numériquement distincts de l'espèce[33]. En tant que forme informante du corps, par conséquent, l'intellect ne saurait exister si cette nature humaine n'existe pas. Non seulement, par conséquent, l'intellect, qui a essentiellement besoin d'images, ne peut pas *opérer* sans le corps, sans les corps de l'espèce humaine (ce qui veut dire aussi que l'intelliger n'est aucunement l'acte propre de l'intellect, mais un acte *du composé*), mais il ne peut tout bonnement pas *être* sans elle ; il n'est donc pas « quelque chose de déterminé, et parfait quant à l'espèce, *mais un principe de l'espèce* » (*[non] hoc aliquid perfectum in specie, sed principium speciei*)[34], incapable d'exister sans son autre principe. Si l'intellect, ainsi, est dit *abstractus*, cela ne signifie pas qu'il est une forme séparée du corps selon l'être[35], mais seulement qu'il est une forme non mélangée à la matière.

C'est le premier point majeur : l'intellect n'est pas mélangé à la matière des corps, mais il n'existe qu'avec eux, ce qui pour Wylton rend la position d'Averroès plus cohérente et même plus « vraie » que la doctrine des catholiques, dans la mesure où

---

platonisme selon Buridan et Nifo », *in* Ch. Grellard (éd.), *Miroir de l'amitié. Mélanges offerts à J. Biard*, Paris, Vrin, 2017, p. 329-352.

32. Thomas Wylton, *Quaestio de anima intellectiva*, *in* J.-B. Brenet, *Les Possibilités de jonction*, § 84-85, p. 250-253.

33. *Ibid.*, § 120 ; 124.

34. *Ibid.*, § 124.

35. *Ibid.*, § 141.

ces derniers doivent admettre que l'âme humaine, dans l'attente de sa résurrection, survit à la mort de son corps propre, alors qu'elle est censée en être une forme solidaire ontologiquement[36].

Là encore, par conséquent, et dans une théorisation qui combine plusieurs héritages, pointe l'idée que l'hylémorphisme aristotélicien s'achève, et non pas s'annule, chez Averroès (ou du moins qu'il suit chez lui une ligne cohérente, *possible*), et que l'intellect, loin d'être – pour reprendre un terme théologique que Wylton connaît bien – un suppôt, un *suppositum* distinct absolument du corps ou de l'homme, en est proprement la forme, même si c'est dans une configuration unique au sein de l'univers.

Troisième exemple : Jean de Jandun (m. 1328)[37], le maître ès arts français, enseignant à Paris, la figure tutélaire d'une grande partie de l'averroïsme postérieur. Jean est le contemporain de Thomas Wylton (et de Dante) ; il le lit, il le cite[38], mais « averroïste », lui aussi, il défend autrement cette thèse de l'information, en réactivant le concept clé du maître Siger

36. *Ibid.*, § 124. Deux thèses, en revanche, opposent frontalement Averroès et la position de l'Église : celle de l'unicité de l'intellect, qui n'est pas multiplié, selon le Commentateur, par le nombre des corps humains ; et celle de son éternité dans le futur comme dans le passé. Comme on l'a vu, la justification que Wylton donne d'abord de la thèse de l'unicité est remarquable. Elle consiste à dire que l'intellect est un comme son corrélat premier, *à savoir l'espèce des hommes*, ou plutôt, comme on l'a dit : *la nature humaine également présente dans les suppôts humains*. Le fondement de la thèse noétique de l'unicité, autrement dit, est une certaine ontologie réaliste de la nature commune. Et sur cette base, Wylton soutient deux choses : premièrement que, si l'on peut distinguer en chacun une nature humaine commune et une *haecceitas*, on peut et doit distinguer aussi l'intellect unique, d'une part, perfection de la nature humaine, et, d'autre part, l'intellect individué, en tant que forme, à titre second, d'un corps singulier ; et deuxièmement, que le fantasme est la cause de cette individuation, dans la mesure où il coopère nécessairement avec l'intellect dans tout acte d'intellection. L'intellect, autrement dit, n'est pas la *causa totalis* de la pensée, mais requiert l'intervention de ces agents à la fois particuliers et adventices que sont les images portées par les corps individuels, si bien que ni l'unicité ni l'éternité de l'intellect n'interdisent de concevoir le caractère contingent et particulier de tout acte mental (*ibid.*, § 113 ; 114).

37. Sur Jean de Jandun, voir J.-B. Brenet, *Transferts du sujet*. Pour le texte, voir *Ioannis de Ianduno philosophi acutissimi super libros Aristotelis de anima subtilissimae quaestiones*, Venise, 1587 ; réimpr. Francfort-sur-le-Main, Minerva, 1966.

38. Voir W. Senko, « Jean de Jandun et Thomas Wilton, Contribution à l'établissement des sources des *Quaestiones super I-III de anima* de Jean de Jandun », *Bulletin de la Société internationale pour l'étude de la philosophie médiévale*, 5 (1963), p. 139-143 ; J.-B. Brenet, « Jean de Jandun et la *Quaestio de anima intellectiva* de Thomas Wylton ».

de Brabant, adversaire de Thomas d'Aquin à la génération précédente, à savoir celui (qu'il tirait d'une lecture fine de la *physique* et de la *cosmologie* d'Averroès[39]) d'*operans intrinsecum*, d'opérateur intrinsèque approprié au corps.

L'intellect, dit Jean, n'est pas inhérent à la matière ; ce n'est pas une forme inscrite dans le corps et qui, en s'y inscrivant, lui conférerait son être. Cela, non[40]. Mais c'est une forme, malgré tout, sur un autre mode, celui de l'opérateur intrinsèque[41], où l'intellect est destiné par nature à communiquer avec le corps dans la production de l'acte mental et vient constituer avec lui un agrégat sans équivalent dans la nature : l'homme[42].

---

39. Voir J.-B. Brenet, « Siger de Brabant et la notion d'*operans intrinsecum* ».

40. Deux objections, note Jean, sont immédiatement possibles. Ne dit-on pas, en effet, (a) que rien n'agit sinon *en tant qu'il est en acte*, et (b) que seul peut agir un être *véritablement un* ? C'est exact, dit Jean de Jandun, et c'est bien ce que lui-même entend défendre avec sa thèse. Car il n'est pas qu'une façon d'être en acte pour un composé. Cela peut se faire d'une première façon, lorsque l'être actuel de la forme, de la partie formelle, est reçu comme en un sujet dans la matière, l'autre partie de ce composé : un tel composé est un, alors, parce que sa forme est « constituée dans l'être par son sujet ». Mais cela peut se faire d'une autre façon : un composé peut être dit (et être) en acte lorsque l'être actuel se trouve *dans l'une seulement des deux parties*, à savoir dans la forme, sans que cet être soit reçu dans l'autre partie, la matière. En ce cas, le composé est en acte en vertu de l'actualité de sa partie formelle, à la manière dont on dit de l'homme crépu qu'il est crépu, lui tout entier, alors même que sa tête, seule, l'est. La frisure, par conséquent, vaut absolument, pour l'individu tout entier, alors qu'elle n'est en acte que dans la tête. Il en ira de même ici. L'homme, composé de l'intellect et du corps, est un étant en acte *ratione partis*, c'est-à-dire par l'actualité de sa partie intellective (col. 243). Et il en va de même pour l'unité : l'intellect, certes, ne donne pas l'être au corps ; mais il y a entre l'intellect et le corps une unité *selon l'être* malgré tout. Car il est une unité selon l'être, une unité ontologique du composé humain, même si i) l'être de l'intellect n'est pas reçu dans le corps et que, en outre, ii) ce corps dispose de son propre *esse*. La dualité des *esse*, en effet, n'empêche pas l'unité ontologique du composé dans la mesure où l'être de l'intellect n'est pas distinct « par le lieu et le sujet » de l'être du corps, et dans la mesure, aussi, où l'acte de l'intellect dépend proprement et immédiatement de l'acte de ce corps.

41. Pour Jean, il faut donc distinguer *deux notions de « forme »*. En un premier sens (1), la forme du corps désigne « la perfection qui donne l'être au corps et lui est unie selon l'être » (col. 239a) ; c'est le principe qui lui donne « son être substantiel spécifique » (col. 239b). En un second sens (2), qui reprend Siger de Brabant, la forme du corps désigne « un opérant intrinsèque approprié au corps » (col. 239a), c'est-à-dire un opérant « (a) qui n'est pas distinct du corps par le lieu ou par le sujet, (b) dont l'acte propre dépend proprement et exclusivement de ce corps, ou de quelque chose existant dans ce corps, de telle sorte que cet opérant intrinsèque et ce corps, bien qu'ils ne soient pas quelque chose d'un au point de vue de l'être (l'être de l'un étant l'être de l'autre), soient cependant quelque chose d'un dans [l'accomplissement d']une œuvre propre dépendant immédiatement de l'un et l'autre » (col. 239a-b).

42. Cette conception de la séparation noétique ne débouche-t-elle pas sur un dualisme de formes au sein d'un seul et même être ? Outre l'intellect, en effet, « forme » à titre d'opérant intrinsèque, ne faut-il pas admettre une autre forme en l'homme chargée de conférer au corps son être spécifique actuel ? Et cela ne revient-il pas à ruiner le principe de l'unicité

Plusieurs choses capitales apparaissent ici. Premièrement, l'intellect est présenté là aussi comme « forme », comme forme du corps, même si c'est autrement que l'est une forme matérielle immanente ; deuxièmement, cet intellect-forme apparaît bien comme constitutif de l'homme, ce qui signifie que l'intellect, certes, est un moteur du corps (lequel, à part, possède son *esse*, son être), mais qu'il n'est pas, *pour l'homme*, un moteur ; l'intellect, en tant que moteur du corps, *est constitutif de l'être-homme de l'homme* ; il ne donne pas seulement au corps, ou plutôt, au composé intellect/corps, d'agir, il lui donne, dans cette action, par elle, *un être.*

Il est en effet une erreur à ne pas commettre (en croyant définir ainsi l'averroïsme), qui consiste à faire de l'intellect un simple principe d'opération qui se rapporterait à un être humain constitué indépendamment de lui. Il est vrai que l'intellect ne donne pas l'être au *corps*, mais l'on ne doit pas déduire qu'il est ontologiquement séparé *de l'homme*[43]. L'intellect, assurément, ne constitue pas l'être du corps, mais, redisons-le, en tant qu'il opère ou peut opérer avec ce dernier

de la forme substantielle constitutif de l'hylémorphisme aristotélicien ? Jean le conteste et soutient qu'on peut admettre *deux formes propres* dans l'homme : « lorsqu'on dit qu'il faut qu'existe une autre forme, je réponds que cela est vrai selon l'opinion d'Aristote et du Commentateur ; il s'agit en effet de l'âme cogitative qui est la plus noble des formes matérielles, et par elle l'homme est engendrable et corruptible, comme le dit le Commentateur dans le commentaire 33 de ce livre III ; et il n'y a rien de gênant à ce que l'homme ait une double forme propre, l'une donnant à son corps l'être substantiel, [l'autre] étant l'opérateur intrinsèque grâce auquel il est dit pensant de la manière susdite ; et cela surtout parce que l'homme est le plus parfait et le plus noble des êtres qui sont ici-bas » (col. 245). Il est évident, autrement dit, qu'il faut, outre l'intellect, une autre forme qui puisse conférer l'être au corps ; une forme individuelle et inhérente à la matière en vertu de laquelle il revient à l'homme d'être engendrable et corruptible. Pour diverses raisons, qu'on lit dans le *De anima* d'Aristote, l'intellect ne peut assumer cette fonction (il ne peut avoir d'organe, être mélangé, etc.) ; cela est dû à une âme sensitive, et plus exactement à la plus noble d'entre elles : la cogitative, laquelle, pour Jean, constitue dans l'échelle des formes la dernière des formes matérielles et se trouve, par son travail d'abstraction, au service immédiat de l'intellect. Ainsi y a-t-il deux formes, ou plutôt : *deux formes propres de l'homme*, c'est-à-dire deux formes constitutives et caractéristiques de son humanité (à condition de comprendre, évidemment, que c'est l'intellect qui « commande » tout, et qu'il n'y a de cogitative dans l'homme que parce que l'intellect est là, qui constitue supérieurement son être-homme). Sur cela, qui ne vaut pas pour tous les « averroïstes », cf. J.-B. Brenet, « Âme cogitative, âme intellective : Jean de Jandun et la *duplex forma propria* de l'homme », *Vivarium*, 46 (2008), p. 318-341.

43. Cf. les expressions d'Olivi et la note 8, p. 50 *supra*.

dans l'acte d'intellection, il confère bien son être-homme à l'homme[44]. L'intellect ne donne pas l'être au corps, *mais il le donne à l'homme, qu'il compose avec le corps.*

Deux méprises sur l'intellect comme « opérant intrinsèque » sont donc possibles. La première consiste à croire qu'il est intrinsèque en tant qu'il opère au-dedans du corps (alors qu'il est intrinsèque *au tout qu'il forme avec le corps*) ; et la seconde, qu'il donne seulement l'opération, l'agir, alors qu'il forme un être, par agrégation, auquel il donne son agir propre. Aussi doit-on se méfier de la formule présentant l'intellect comme *forma dans operationem, forme donnant l'opération.* L'intellect, en effet, ne donne pas l'opération (de penser) à un être (potentiellement pensant) *déjà constitué par ailleurs* ; l'intellect, en s'agrégeant singulièrement au corps (constitué en lui-même, quoiqu'en s'ordonnant à l'intellect), *constitue* un être potentiellement pensant (c'est l'équivalent, au niveau noétique, de la définition de l'âme comme entéléchie première d'un corps naturel doté de vie en puissance), l'homme, auquel il confère son agir[45]. Cette thèse n'est pas mineure, ne serait-ce que pour la complexification qu'elle implique de la métaphore du pilote et du navire à quoi l'on pourrait résumer trop vite l'anthropologie averroïste[46].

De cette première série d'exemples, on peut tirer plusieurs leçons. Il ressort que les averroïstes défendent Aristote *avec* Averroès, mais non pas qu'ils le répètent, sans écart, sans réactivité, sans nouveaux emprunts, sans trouvaille : ils tiennent compte, au contraire, des critiques thomasiennes, par exemple, puis de Gilles de Rome ou d'autres, leurs contemporains, et

44. Cf. *Ioannis de Ianduno philosophi acutissimi super libros Aristotelis de anima subtilissimae quaestiones*, col. 245 : « [j'affirme] que c'est par l'intellect que l'homme est homme [...], mais que cet être-homme n'est pas reçu dans la matière comme en un sujet » (« *per intellectum homo est homo* [...], *sed illud esse hominem non est esse receptum in materia subiective* »).

45. Si l'on pense au pilote, il faut ainsi poser que le pilote n'est pas celui qui donne au navire, existant par ailleurs, son acte. Le pilote, dans un rapport singulier au navire (dont l'être à part n'est pas, toutefois, indépendant), fait être (par son être à lui) un composé *pilote-navire* auquel il donne d'agir *comme tel.*

46. Cf. Aristote, *De l'âme*, II, 1, 413a 8-9.

l'on saurait aisément montrer qu'ils intègrent diversement les concepts de l'époque[47].

Mais s'ils ne répètent pas Averroès platement, il apparaît aussi qu'ils ne constituent pas des clones, tous identiques les uns aux autres. C'est pourquoi nous indiquions d'emblée de l'« averroïsme » qu'il est non homogène, *divers*. Jean de Jandun, par exemple, n'est pas Siger de Brabant, même quand il le cite ; il n'est pas Thomas Wylton, même quand il le copie sur des pages, et ainsi de suite[48]. Sur la base d'un même rapport textuel favorable à Averroès, peu ou prou, émergent d'un point de vue théorique non pas *un* averroïsme, mais *des* averroïsmes, différentes manières de comprendre et d'intégrer l'exégèse du Commentateur, et cela dès le début, *i. e.* dès la fin du XIIIe siècle, et non pas seulement à la Renaissance[49]. Si l'on examine, par exemple, la question fondamentale des fins dernières, de l'accomplissement total de l'homme, dont les averroïstes soutiennent qu'il est possible ici et maintenant par les seules forces de la raison, tous n'interprètent pas de la même façon ce que dit Averroès quand il parle d'une jonction formelle à l'intellect agent[50].

---

47. Des concepts scotistes, notamment (nous l'indiquions entre autres dans *Tranferts du sujet*, p. 282-283, à propos de la distinction entre la *species* et l'acte d'intelliger). Le rapport entre scotisme et averroïsme devrait être à l'avenir systématiquement étudié.

48. Autre exemple, en effet : le dialogue serré que Jean de Jandun entretient avec Maino de Milan (Magninus ou Maynus de Maineriis, ou Mayneriis, Maynis), qu'il appelle *socius noster* et loue à plusieurs reprises – nous l'étudierons ailleurs avec I. Costa, qui termine l'édition de ses *Quaestiones super librum de anima*, Bologna, Bibl. univ. 1625, f. 144ra à 167vb. Voir toutefois Z. Kuksewicz, « Maino of Milan : a Fourteenth Century Parisian Averroist », *Medioevo* 31 (2006), p. 337-375 ; Ch. Ermatinger, « Maino de Maineri in His Still Unstudied Role as Philosopher in Early 14th Century Paris », *Manuscripta*, 20 (1976), p. 8-9.

49. Cf. à nouveau l'article de D. Hasse, « *Averroica secta :* notes on the formation of averroist movements in fourteenth-century Bologna and Renaissance Italy » ; C. Martin, « Rethinking Renaissance Averroism », *Intellectual History Review*, 17 (1), 2007, p. 3-19.

50. Voir Averroès, *In XII Metaph.*, in *Aristotelis Opera cum Averrois Commentariis*, Venetiis 1562-1574, repr. Francfort-sur-le-Main, 1962, vol. VIII, c. 17, 302K-303D (cf. Averroès, *Tafsīr mā ba'd aṭ-ṭabī'at (« Grand Commentaire » de la* Métaphysique*)*. Texte arabe inédit établi par Maurice Bouyges, *s. j.*, 2de éd., Beyrouth, 1973, vol. III, p. 1487-1490 ; trad. fr. : *Averroès. Grand Commentaire de la* Métaphysique *d'Aristote (Tafsīr mā ba'd aṭ-ṭabī 'at)*, Livre Lam-Lambda traduit de l'arabe et annoté par A. Martin, Paris, Les Belles Lettres, 1984, p. 121-126 ; cf. trad. anglaise : *Ibn Rushd's Metaphysics : A Translation with Introduction of Ibn Rushd's Commentary on Aristotle's Metaphysics, Book Lām*, by Ch. Genequand, Leyde, Brill, 1984, p. 103-105). Sur la jonction formelle à l'intellect agent,

Mais si les averroïstes ne sont pas des doubles les uns des autres, l'averroïsme n'est pas non plus d'un bloc chez un même auteur, comme si la reprise d'Averroès devait être nécessairement totale et sans discussion. On pense à Thomas Wylton, de nouveau, quand il défend contre la foi, *mais aussi contre Averroès*, en une sorte de *troisième vérité*[51], l'idée que l'intellect serait singulier et, à l'encontre de la tradition, que son premier objet serait lui-même le singulier et non pas l'universel. Thèse étonnante, et geste théorique subtil. Même chez un *magister*, par conséquent, l'« averroïsme » n'est pas monolithique et s'ouvre sur des perspectives inattendues.

En résumé, deux grandes erreurs symétriques sont à éviter : celle qui fait des averroïstes, même au sens restreint défini plus haut, de simples copistes du maître, répétant sans chercher à comprendre ; puis celle qui en ferait des épigones stériles, et tous limités de la même façon, même incapables de reproduire leur modèle et, pour finir, n'y entendant rien. Le bestiaire de l'averroïsme n'est pas réduit à cette crèche désolante : le perroquet ou le singe d'un côté, l'âne de l'autre.

Il n'en va pas ainsi, et pour une raison générale : l'averroïsme doit être envisagé dans une dimension réellement philosophique de réappropriation active et différenciée des exégèses d'Averroès pour commenter Aristote. Les averroïstes, pour le dire autrement, sont des « auteurs », au sens littéral du terme : des *auctores*, c'est-à-dire des hommes qui développent, et comme ils l'entendent, un pouvoir inaugural de croissance. Ce pouvoir, c'est celui du système Averroès, dans sa dépendance à Aristote et à l'histoire du péripatétisme gréco-arabe. « La marque d'un grand système est en effet d'ouvrir vers ce qu'il n'exhibe jamais entier, au point d'autoriser divers déploiements des virtualités théoriques qu'il contient[52]. »

---

voir aussi, évidemment, Averroès, *GCDA*, III, c. 36, p. 495-502 (cf. *Id.*, *L'intelligence et la pensée*..., p. 163-169).

51. Voir J.-B. Brenet, *Les Possibilités de jonction*, p. 197. Plus largement, sur la question de la « double vérité », voir L. Bianchi, *Pour une histoire de la « double vérité »*, Paris, Vrin, 2008.

52. Nous l'écrivions en introduction de notre ouvrage *Les Possibilités de jonction*, p. 3.

L'averroïsme est l'histoire de ces déploiements. L'averroïsme est l'histoire, diversifiée, mais cohérente, de certaines des possibilités théoriques de la pensée d'Averroès. Siger de Brabant, Thomas Wylton, Jean de Jandun, Antoine de Parme, puis tous les autres, ont comme intérêt de produire presque autant d'interprétations que le texte d'Averroès, lui-même instable, compte de problèmes. Plusieurs interprétations, mais au sein d'une même famille, c'est-à-dire autour d'un certain nombre d'options théoriques qui suffisent à faire un camp distinct d'un autre.

Il faut insister sur la dimension philosophique, ou conceptuelle, qu'on vient d'évoquer, parce que c'est ce qu'on a le plus reproché à l'averroïsme : son manque. Or, l'exemple principal qu'on a choisi montre l'inverse : l'averroïsme ne se contente pas de prendre position, en répondant oui ou non à la question de savoir si l'intellect est forme du corps ; ce qu'il fait avec Averroès, adossé à une tradition complexe, c'est de s'interroger plus en amont sur ce qu'est une forme. Quelles sont les conditions de l'« in-formation » ? N'y a-t-il d'information que par l'inhérence – et n'y a-t-il, du reste, qu'une manière d'être « en » quelque chose[53] ? –, ou peut-on concevoir une perfection en quelque sorte « séparée » qui demanderait de repenser l'articulation entre l'être, la puissance propre et l'agir ? C'est cela, entre autres, qu'Averroès essaie de concevoir, et tel est aussi ce que les averroïstes travaillent et qui réinscrit leur production dans l'histoire vive de la rationalité. Thomas d'Aquin réduit l'averroïsme à une série de mauvaises réponses. Sans doute faut-il défendre autre chose, et soutenir qu'il pose les bonnes questions.

Prenons l'exemple le plus évident. L'averroïsme, pour Thomas, et dans l'histoire, désigne un « système » impie, mais d'abord absurde, qui détruit la rationalité personnelle ; c'est le système dont la théorie de l'intellect séparé, unique et éternel, ne permet plus de vérifier cette proposition axiomatique, dont

53. On sait bien que non : voir, entre autres, Aristote, *Physique* IV, 3, 210a14 *sq.*

chacun est censé faire l'expérience et qu'il suppose toujours déjà, même pour la contester : *l'individu pense*. Ce que l'on objecte, par conséquent, c'est que l'averroïsme ne peut l'établir : en termes modernes, c'est le système de l'anti-*cogito*.

Cependant la réalité théorique est différente, plus complexe, puisque cet énoncé : *hic homo intelligit*, « cet homme pense », voire *ego cogito*, « je pense[54] », dont on voudrait se contenter de noter s'il est ou non validé, est faussement évident, et qu'il enveloppe, pour sa compréhension, plusieurs thèses considérables qu'il n'est pas insensé d'interroger. C'est précisément ce que fait l'averroïsme[55].

L'averroïsme ne dit aucunement que l'homme ne pense pas. Les averroïstes demandent : qu'appelle-t-on penser ? Qu'est-ce que l'homme ? Quel rapport faut-il établir, entre autres, entre pensée et expérience de la pensée ? De quoi fais-je l'épreuve quand j'assure, le cas échéant, que je m'éprouve pensant ? Ou encore, si l'on se rappelle que les adversaires prétendent que l'homme, dans l'averroïsme, n'agit plus, n'agit pas sa pensée, ou que la pensée qui se fait n'est plus sienne, l'averroïsme demande : quelles sont les conditions d'effectuation et d'attribution, d'imputation de l'agir ? Va-t-il de soi, par exemple, que doive intervenir la notion d'intériorité, d'inhésion, celle de « sujet » ? Où placer, dans le montage de l'action mentale, la volonté, et avec quel effet[56] ? Que fait le fantasme, quelle est sa portée, etc. ?

C'est cet ensemble que l'averroïsme remue, et qui atteste l'existence de carrefours problématiques dont la pensée européenne, qui s'impose avec Thomas et d'autres, avant de

54. Sur la différence entre *intelligere* et *cogitare*, voir J.-B. Brenet, *Je fantasme. Averroès et l'espace potentiel* ; *Id.*, *Averroès l'inquiétant*, Paris, Les Belles lettres, 2015, p. 69-70.

55. Cf. Thomas d'Aquin, *L'Unité de l'intellect*, § 71 et 72 ; trad. A. de Libera, p. 145-147 ; voir les commentaires correspondants dans A. de Libera, *L'Unité de l'intellect. Commentaire du* De unitate intellectus contra averroistas *de Thomas d'Aquin*. Sur l'ensemble de ces questions, voir les développements d'A. de Libera sur la dénomination dans son *Archéologie du sujet*, t. II. *La quête de l'identité*, Paris, Vrin, 2008, et t. III. *La double révolution*.

56. Cf. Alain de Libera, *La Volonté et l'action. Cours du Collège de France 2014-2015*, Paris, Vrin, 2017.

disparaître elle aussi (ou de s'estomper, d'être recouverte, refoulée), n'aura jamais été qu'*une* voie. En étant attentifs, par conséquent, aux nuances qui séparent, au sein d'une même famille, Averroès des averroïstes, en examinant les différences qui singularisent les averroïstes eux-mêmes, voire celles qui travaillent chacune de leurs exégèses, il faut insister, on le redit, sur la dimension philosophique, et philosophiquement féconde, de l'averroïsme.

Et par là, une fois encore (mais pour des raisons *de fond*, reposant sur la lecture des textes et l'étude de leur conceptualité), on doit revoir le jugement sévère – ou tout simplement faux – que Gilson portait sur l'averroïsme. Gilson a de belles pages, mais terribles, contre l'averroïsme, dont il fait un mouvement « obstiné et borné » qui se contente de ressasser les propos d'Averroès, en se murant sur le seul terrain de la raison dans le projet étroit de conserver Aristote. L'averroïsme serait par essence conservateur, « psittaciste », et d'une stérilité philosophique complète. Pourquoi cela ? Parce que l'averroïsme constituerait le dernier avatar d'une philosophie grecque coupée de la révélation chrétienne, et que, pour Gilson, la raison laissée à elle-même, la raison seulement rationnelle, est sans dynamique, sans avenir, sans fruit véritable. C'est l'une des thèses principales du grand médiéviste français, comme on sait, et dont l'averroïsme, entre autres, aura longtemps fait les frais : que sans l'auxiliaire de la révélation, la philosophie, vainement pure, s'éteint ; que seul le révélé chrétien peut féconder la rationalité, l'animer du dedans, la galvaniser, et finalement lui donner de s'achever.

La recherche actuelle doit à peu près tout discuter d'une telle lecture. À trois niveaux au moins. Premièrement, la condamnation de Gilson ne repose pas sur un examen de ce que montrent *réellement* les commentaires averroïstes. Ceux-ci sont pluriels, plus dialectiques qu'on ne l'a dit, et gros des concepts de leur temps, en dialogue plus ou moins explicite avec les autres maîtres, les autres théologiens. La seule idée, par conséquent, d'une *école*, et d'une école *suiviste*, fermée sur elle-même et imperméable à tout, cette idée, ne serait-ce que d'un point de vue factuel, est inexacte.

Deuxièmement, l'idée que seule la raison fécondée par la révélation chrétienne soit fertile n'a rien d'immédiatement acceptable, même s'il est clair que la pensée médiévale latine a pu s'accroître du dynamisme qu'exerçait sur elle la christologie ou la théologie trinitaire, d'une richesse prodigieuse[57]. Cela ne saurait valoir comme principe herméneutique général. Ne pourrait-on le renverser, du reste, pour soutenir que c'est la raison « averroïste » qui aura fécondé parfois la théologie chrétienne ? La recherche s'intéresse en effet aux voisinages et rapprochements possibles entre les conceptualisations averroïstes et celles de la théologie chrétienne. Guillaume d'Ockham, par exemple, ne manque pas de relever que ce que les averroïstes appellent *copulatio*, couplage, liaison, jonction, pour penser le rapport de l'intellect au corps, ou à l'homme, n'est rien que ce que les chrétiens appellent *assumptio* pour expliquer comment Dieu assume la nature humaine, si bien – semble suggérer Ockham – qu'on ne saurait trop vite condamner l'averroïsme sans risquer l'inconséquence de démonter ce qui, dans le christianisme, joue à plein[58].

Ce type d'approche, où l'on dégage une sorte d'isomorphisme conceptuel dans l'averroïsme et dans la théologie, est caractéristique du début du XIVe siècle et se retourne contre

57. Cf. entre autres, R. Cross, *The Metaphysics of the Incarnation : Thomas Aquinas to Duns Scotus*, Oxford, Oxford University Press, 2002 ; R. L. Friedman, *Medieval Trinitarian Thought from Aquinas to Ockham*, Cambridge, Cambridge University Press, 2010 ; M. McCord Adams, *What sort of Human Nature ? Medieval Philosophy and the Systematics of Christology*, Milwaukee, Marquette University Press, 1999.

58. Voir J.-B. Brenet, « Averroès sauvé par Ockham ? Unicité de l'intellect et théologie trinitaire », *in* Ch. Grellard (éd.), *Miroir de l'amitié*, p. 193-212. Pour les textes de Guillaume d'Ockham, voir notamment *Quodlibet* I, q. 11 (*Utrum possit probari evidenter quod non est unus intellectus numero in omnibus*), in *Id.*, *Quodlibeta septem*, éd. J. C. Wey, *Opera theologica*, vol. IX, St. Bonaventure University, St. Bonaventure, New York, 1980, p. 68, 57-58 ; *Quaestiones variae*, éd. G. I. Etzkorn, F. E. Kelley, J. C. Wey, St. Bonaventure, New York, St. Bonaventure University, 1984 (*Opera Theologica*, vol. VIII), q. 6, art. 7 (« Notabile de intellectu possibili secundum Averroem »), p. 237-243. Pour Maître Eckhart, voir *Le Commentaire de l'Évangile selon Jean. Le Prologue (chap. 1, 1-18)*, texte latin, avant-propos, traduction et notes par A. de Libera, É. Wéber O. P., E. Zum Brunn, Paris, Cerf, 1989, p. 280-283. Pour une lecture d'ensemble, cf. K. Flasch, *D'Averroès à Maître Eckhart. Les sources arabes de la « mystique » allemande*, Paris, Vrin, 2008.

un anti-averroïsme trop immédiat du christianisme, voire du thomisme. Car Thomas, que fait-il ? Une chose stupéfiante, dont il finira par effacer les traces : pour concevoir ce cœur de la théologie chrétienne qu'est la vision béatifique de Dieu par essence, c'est Averroès qu'il va chercher, et plus que cela, même : l'Averroès du *Grand Commentaire* au traité *De l'âme*, que par ailleurs il dénonce[59]. Pour le dire grossièrement, il fallait à l'Aquinate réfléchir sur la notion de l'agir, de *l'agir par*... L'homme, compte tenu de son infirmité, aura besoin, pour voir Dieu, d'agir *par Lui*, par Dieu, lequel, ainsi, se fera en quelque sorte le moyen d'un acte dont Il sera aussi la fin. Or Thomas pose que l'âme finie du bienheureux agira par Dieu, en le voyant, *comme chez Averroès* l'homme agit par l'Intellect transcendant quand il le conçoit et s'ouvre à l'espace de l'intelligible pur. C'est la philosophie d'Averroès, ici, qui alimente l'attirail conceptuel de la théologie chrétienne[60].

Le diagnostic, d'ailleurs, pourrait même se compliquer. Troisièmement, en effet, cette rationalité averroïste que Gilson prétend recluse et impuissante, et dont nous venons d'indiquer qu'elle a pourtant œuvré, très paradoxalement, au cœur du christianisme, il ne suffit pas pour bien la comprendre de l'inscrire dans son héritage gréco-arabe, celui de la *falsafa*[61],

---

59. Sur ce point, voir E.-H. Wéber, « Les apports positifs de la noétique d'Ibn Rushd à celle de Thomas d'Aquin », *in* J. Jolivet (éd.), *Multiple Averroès. Actes du colloque international organisé à l'occasion du 850e anniversaire de la naissance d'Averroès, Paris, 20-23 septembre 1976*, Paris, Les Belles Lettres, 1978, p. 211-249 ; J.-B. Brenet, « Vision béatifique et séparation de l'intellect au début du XIVe siècle. Pour Averroès ou contre Thomas d'Aquin ? », *Freiburger Zeitschrift für Philosophie und Theologie*, 53 (2006), p. 310-342 ; *Id.*, « S'unir à l'intellect, voir Dieu. Averroès et la doctrine de la jonction au cœur du thomisme », *Arabic Sciences and Philosophy*, 21 (2011), p. 215-247 ; *Id.*, *Averroès l'inquiétant*, p. 119-124.

60. Voir, à titre d'exemple, J. Jolivet, « Un cas singulier : Averroès et Jean de Ripa », in *Id.*, *La Théologie et les Arabes*, Paris, Cerf, 2002, p. 95-109.

61. Ce qui est, toutefois, fondamental : à cet égard, voir M. Geoffroy, « Alexandre d'Aphrodise et la doctrine de l'intellect d'Averroès. Remarques générales », *in* E. Coda, C. Martini Bonadeo (éd.), *De l'Antiquité tardive au Moyen Âge. Études de logique aristotélicienne et de philosophie grecque, syriaque, arabe et latine offertes à Henri Hugonnard-Roche*, Paris, Vrin, 2014, p. 545-558 ; *Id.*, « Sources et origines de la théorie de l'intellect d'Averroès (I) », *Mélanges de l'Université Saint-Joseph*, 66 (2015-2016), p. 181-302. C'est ce qui rend également indispensable, par exemple, la lecture de D. Wirmer, *Vom Denken der Natur zur Natur des Denkens. Ibn Bāǧǧas Theorie der Potenz als Grundlegung der Psychologie*, Berlin-Munich-Boston 2014. Pour Ibn Bāǧǧa, voir notamment *La Conduite de l'isolé et deux*

mais dans son dialogue aussi avec la théologie islamique du *kalām*[62]. Ce qui veut dire – et s'ouvrent ainsi de nouvelles perspectives d'analyse – que dans le dynamisme de la théologie chrétienne, et dans celui, plus largement, de la pensée scolastique, si Averroès et l'averroïsme y ont joué quelque rôle, il faudrait intégrer ce qui conceptuellement s'est élaboré dans les polémiques avec la théologie de l'Islam. Autrement dit, si l'on peut sans doute retrouver dans Averroès et l'averroïsme une raison intéressant la théologie chrétienne, c'est une raison pleine de sa confrontation au *kalām*.

Donnons un exemple, à nouveau : celui de la causalité. On a souvent vanté l'équilibre de la théorie thomasienne de la causalité, qui défend, fondée sur la puissance de Dieu, une efficace réelle des causes secondes, c'est-à-dire qui reconnaît des « natures », qui prête une consistance au monde et aux choses qui le constituent et sauve, ce faisant, à la fois la physique et son articulation

---

autres épitres, introduction, édition critique du texte arabe, traduction et commentaire par Ch. Genequand, Paris, 2010.

62. Lequel, certes, pourrait avoir lui-même bénéficié de la première théologie chrétienne... Averroès, quoi qu'il en soit, *condamne la Trinité* dans des textes que les Latins lisaient. La récusation de la Trinité est d'ailleurs le premier article condamné en 1277 par Étienne Tempier : « Dieu n'est pas un et trine, puisque la trinité n'est pas compatible avec une simplicité absolue. En effet, là où il y a pluralité réelle, il est nécessaire qu'il y ait addition et composition. On n'a qu'à prendre l'exemple d'un tas de pierre » (*La Condamnation parisienne de 1277*, texte latin, traduction, introduction et commentaire par D. Piché, Paris, Vrin, 1999, p. 80-81 : « Quod deus non est trinus et unus, quoniam trinitas non stat cumm summa simplicitate. Ubi enim est pluralitas realis, ibi necessario est additio et compositio. Exemplum de aceruo lapidum » ; cf. R. Hissette, *Enquête sur les 219 articles condamnées à Paris le 7 mars 1277*, Louvain-Paris, Publications universitaires, Vander-Oyez, 1977, p. 276). Pour Averroès, voir son *Grand Commentaire de la* Métaphysique *d'Aristote*, livre XII, c. 39, trad. A. Martin, p. 240 (pour l'arabe : *Tafsīr mā ba'd aṭ-ṭabī'at*, éd. Bouyges, t. III, p. 1620 ; pour le latin : *In Phys.* XII, c. 39 ; éd. Venise, 1562-1574, vol. 8, f. 322H-I). Voir aussi Averroès, *Livre du dévoilement des méthodes de démonstration des dogmes de la religion (Al-kašf 'an manāhiğ al-adilla fī 'aqā'id al milla)*, in Averroès, *L'Islam et la raison. Anthologie de textes juridiques, théologiques et polémiques*, trad. de M. Geoffroy, Paris, Flammarion, 2000, p. 125-126 (cf. pour l'arabe : éd. M. 'Ā. al-Jābirī, Beyrouth, Markaz dirāsāt al-waḫda al-'arabiyya, 1998, p. 134-135, § 117-120) ; voir aussi, sur ce point, al-Ǧuwaynī, *Le Livre du tawhîd. Kitâb al-irshâd. Traité sur l'Unicité selon le Sunnisme*, trad. intégrale par J.-D. Luciani, revue et corrigée par A. Penot, éd. Alif, 2010, p. 62 (pour l'arabe : *Al-Iršād ilā qawāṭi' al-adilla fī uṣūl al-i'tiqād*, éd. J. D. Luciani, Paris, E. Leroux, 1938). Sur ces questions, voir entre autres H. A. Wolfson, *The Philosophy of the Kalam*, Cambridge (Mass.), Cambridge University Press, 1976 ; D. Thomas, *Christian Doctrines in Islamic Theology*, Leyde-Boston, Brill, 2008 ; S. L. Husseini, *Early Christian-Muslim Debate on the Unity of God. Three Christian Scholars and Their Engagement with Islamic Thought (9th Century c.e.)*, Leyde-Boston, Brill, 2014.

à la métaphysique. Cette doctrine, il ne serait pas difficile de montrer sa dette (pour dire le moins) à l'égard de celle d'Averroès ; et cette doctrine d'Averroès, il ne serait pas difficile de montrer que c'est contre l'atomisme, l'occasionalisme et la causalité seulement verticale défendue par les mutakallimūn, les théologiens de l'Islam, qu'Averroès la bâtit. Ce qui veut dire que, dans l'averroïsme, il y a Averroès ; mais que dans Averroès, il y a Ibn Rušd, et que dans Ibn Rušd opère aussi, à divers titres, la théologie du *kalām*. Cela bouleverse un schéma qui voudrait tout réduire à l'affrontement entre raison « averroïste » d'un côté et révélation et théologie chrétienne de l'autre.

De là vient notre dernier point, qui concerne le problème du statut de l'averroïsme. Sur cette question, aussi, la recherche actuelle évolue, a changé.

Que représente ou constitue l'averroïsme dans l'histoire de la philosophie, dans le cours vivant de la rationalité ? Si l'on récuse le jugement de Gilson, qui n'y voit qu'une impasse, le ressassement inutile et vain d'une raison mourant de n'avoir eu faim que d'elle-même, on dira que l'averroïsme a d'abord été déterminant *par la réaction* qu'il a suscitée ; par le contre-poison, si l'on peut dire, dont il aura rendu l'élaboration nécessaire.

On voit bien, en effet, qu'Averroès et Siger de Brabant ont eu un effet sur Albert le Grand, sur Thomas d'Aquin[63], sur Gilles de Rome, puis sur les autres, en les engageant sur la voie d'une théorisation massive des évidences ou des condamnations immédiates qu'ils leur opposaient. Contre l'averroïsme, de fait, il a fallu produire ou affiner les concepts de ce qu'on pourrait appeler l'espace de précompréhension latine de la pensée ou de l'humanité de l'homme[64].

63. Voir E.-H. Weber, *L'Homme en discussion à l'université de Paris en 1270,* Paris, Vrin, 1970 ; *Id., Dialogue et dissensions entre saint Bonaventure et saint Thomas à Paris (1252-1273),* Paris, Vrin, 1974 ; *Id., La Personne humaine au XIIIe siècle*, Paris, Vrin, 1991.

64. Cf. la conclusion dans J.-B. Brenet, « Sujet, objet, pensée personnelle : l'Anonyme de Giele contre Thomas d'Aquin », notamment p. 68. Pour le texte de l'Anonyme de Giele, voir *Trois commentaires anonymes sur le traité de l'âme d'Aristote*, éd. M. Giele, F. Van Steenberghen, B. Bazán, Louvain, Publications universitaires – Paris, Béatrice-Nauwelaerts, 1971.

Ainsi est-ce contre l'averroïste Jean de Jandun et sa doctrine de l'homme pensant comme agrégat que des Latins comme Pierre d'Auriol ou Grégoire de Rimini ont livré de remarquables mises au point sur l'identité du *je pensant* et du *je souffrant*[65]. Et de façon plus générale, on peut bien considérer que la doctrine moderne du sujet et de la subjectivité a partiellement surgi comme *anti*-averroïsme (et c'est l'un des trajets suivis par Alain de Libera dans son *Archéologie du sujet*), si bien que, de ce point de vue négatif, l'averroïsme, qui serait comme un contre-pôle de la pensée européenne, mérite l'attention.

Mais l'averroïsme n'aura-t-il eu de poids que par le rejet, fût-il constructif, qu'il aura déclenché ? N'aura-t-il servi – par exemple dans le processus conduisant à la thèse moderne du sujet-agent – que de contre-modèle ? Cela relève de ce que la recherche doit discuter, dans l'idée peut-être qu'Averroès et l'averroïsme *bien compris* auront servi, non plus de repoussoir, mais de ferment[66]. Et cela aussi parce que Thomas d'Aquin et le thomisme, ramassés dans la dernière scolastique, ont perdu. Ils ont perdu, *de fait*. Cet aristotélisme-là a perdu, avec et après la Renaissance, de sorte que la philosophie nouvelle qui est apparue (avec Descartes, entre autres) pourrait bien avoir gardé, repris, relancé, quelque chose de ce à quoi le thomisme s'opposait. De fait, et cela aussi A. de Libera l'a montré[67], la querelle d'Utrecht, contre Descartes, mais

65. J.-B. Brenet, « Moi qui pense, moi qui souffre : la question de l'identité du composé humain dans la riposte anti-averroïste de Pierre d'Auriol et Grégoire de Rimini », *in* O. Boulnois (éd.), *Généalogies du sujet. De saint Anselme à Malebranche*, Paris, Vrin, 2007, p. 151-169.

66. Cf. la fin de nos *Possibilités de jonction*, qu'on reprend ici.

67. Voir A. de Libera, « Descartes et la querelle d'Utrecht », *Annuaires de l'EPHE* 118 (2009-2010), p. 233-237 ; *Id.*, *Archéologie du sujet. III. 1. La double révolution* (en particulier p. 99-114, puis p. 114 *sq.*) ; *Id.*, « Vers une archéologie du sujet », *in* Cl. Lafleur (éd.), *Le Sujet « archéologique » et boécien. Hommage institutionnel et amical à Alain de Libera*, Paris-Québec, Vrin – Presses de l'Université Laval, 2016, p. 65-108. Par ailleurs, voir Th. Verbeek, « *Ens per accidens* : le origini della querelle d'Utrecht », *Giornale critico della filosofia italiana* 71 (1992), p. 276-288 (spéc. p. 287, pour une référence à Averroès). Sur la querelle d'Utrecht elle-même, voir René Descartes et Martin Schoock, *La Querelle d'Utrecht*. Textes établis, traduits et annotés par Theo Verbeek, Paris 1988 ; puis, entre autres, Th. Verbeek, « Le contexte historique des *Notae in Programma quoddam* », *in* Th. Verbeek (éd.), *Descartes et Regius. Autour de l'Explication de l'esprit humain*, Amsterdam-Atlanta, 1993, p. 1-33.

dont celui-ci sortira vainqueur, rejoue au XVIIe siècle quelque chose de la querelle anti-averroïste des XIIIe et XIVe siècles. Et en effet, l'idée de l'homme comme être par accident, qu'on prête à Descartes, et qu'il doit récuser, ce sont les averroïstes, les premiers, qui ont eu à la défaire. Peut-être, autrement dit, saura-t-on dégager de l'averroïsme diverses idées fortes dont la modernité oublieuse a partiellement hérité.

Mais qu'on se décale un peu, pour relire, par exemple, *L'Avenir de la science*. Renan n'a qu'un mot sous sa plume pour dire la modernité, celui d'*humanité*. Or, dans l'histoire de cette notion, l'« humanité », l'averroïsme et sa doctrine de l'intellect unique pour l'espèce unique ne comptent sans doute pas pour rien. Et pour qui lit bien, de fait, c'est peut-être cela qui fascine Renan dans l'averroïsme dont il est par ailleurs, comme on sait, le pourfendeur. Renan écrit : « *une humanité vivante et permanente* : tel semble être le sens de la théorie averroïstique de l'unité de l'intellect[68] ». Ce sens, éminemment positif, c'est celui qu'il croit pouvoir lire aussi dans le progrès du monde moderne au XIXe siècle.

Si l'on reprend, du reste, la notion la plus célèbre de l'averroïsme, celle de l'intellect unique, on peut en déceler une puissance théorique très actuelle. L'averroïsme, certes, héritier de la pensée arabe, est une doctrine du partage anthropologique fort entre l'élite et la foule, la masse, le vulgaire ; mais dans le même temps, c'est aussi le système qui, plus qu'aucun autre, peut-être, tâche d'établir *la puissance commune de penser de l'humanité*. L'intellect n'est pas un comme une réalité substantielle « classique », entendons, par exemple, comme Socrate, ou comme notre Soleil. Il est un comme puissance commune. Il est un comme condition globale d'apparition du pensable,

68. E. Renan, *Averroès et l'averroïsme*, Paris, Maisonneuve et Larose, 1997, p. 109. Renan poursuit, dans cette page sublime : « L'immortalité de l'intellect actif n'est ainsi autre chose que la renaissance éternelle de l'humanité et la perpétuité de la civilisation. La raison est constituée comme quelque chose d'absolu, d'indépendant des individus, comme une partie intégrante de l'univers, et l'humanité, qui n'est que l'acte de cette raison, comme un être nécessaire et éternel. »

et qui se distribue comme puissance singulière chaque fois qu'un individu fantasme et fait œuvre d'homme. On rejoint ici les réflexions politiques les plus contemporaines sur ce qu'on appelle la « communauté des égaux », où l'on essaie de concevoir, comme dit Jacques Rancière, « la distribution différenciée des formes d'investissement d'une intelligence qui est la même pour tous[69] ».

Quoi qu'il en soit, il faut à plus large échelle réinscrire Averroès et l'averroïsme dans l'histoire commune de la philosophie ; il faut les pister dans la raison pure de Kant ou, comme Herder le voyait (de façon critique)[70], dans sa conception de l'humanité en marche dans l'histoire ; il faut les traquer chez Spinoza, évidemment, le fils aussi maudit que le père[71] ; dans le savoir absolu chez Hegel ; il faut les recher-

69. J. Rancière, *La Méthode de l'égalité. Entretien avec L. Jeanpierre et D. Zabunyan*, Paris, Bayard, 2012, p. 204 ; cf. *Id.*, *Le maître ignorant. Cinq leçons sur l'émancipation intellectuelle*, Paris, Fayard, 1987, notamment p. 31-34 ; 48. Sur l'averroïsme politique, voir notamment J. Quillet, « L'aristotélisme de Marsile de Padoue et ses rapports avec l'averroïsme », *Medioevo*, 5-6, 1979-1980, p. 81-142, et G. Piaia, « "Averroïsme politique" : anatomie d'un mythe historiographique », *in* A. Zimmermann (éd.), *Orientalische Kultur und europäisches Mittelalter* (*Miscellanea mediaevalia,* 17), Berlin-New York, Walter de Gruyter, 1985, p. 328-344 ; J.-B. Brenet, « Métaphysique et politique "en intention seconde". Jean de Jandun héritier d'Averroès et d'Alexandre d'Aphrodise », *Archives d'histoire littéraire et doctrinale du Moyen Âge*, 85 (2018), p. 109-127. Si la mise au point de G. Piaia fut jadis bienvenue, l'erreur serait de croire qu'elle condamne définitivement l'idée d'un averroïsme politique. On peut détruire le « mythe » produit par certaines lectures du passé, lesquelles, toutefois – et loin s'en faut – n'épuisaient pas ce que l'on peut dire du rapport entre Averroès, ses « héritiers » et la politique. Au contraire, nous semble-t-il, presque tout est à reprendre. Pour une lecture contemporaine, voir G. Agamben, *L'Usage des corps. Homo Sacer*, IV, 2, Paris, Seuil, 2014, notamment p. 287-295 ; cf. É. Balibar, « Potentia multitudinis, quae una ueluti mente ducitur », *in Id.*, *Spinoza politique. Le transindividuel*, Paris, Puf, 2018, p. 245-283 ; et, du même auteur, « Ich, das Wir, und Wir, das Ich ist : le mot de l'esprit », *in Id.*, *Citoyen sujet et autres essais d'anthropologie philosophique*, Paris, Puf, 2011, p. 209-245.

70. Pour Herder, voir Johann Gottfried Herder, *Ideen zur Philosophie der Geschichte der Menschheit*, éd. M. Bollacher, Francfort-sur-le-Main, Deutscher Klassiker Verlag, 1989, p. 338 ; cf. Kant, *Compte rendu de l'ouvrage de Herder : « Idées en vue d'une philosophie de l'histoire de l'humanité »*, *in Id.*, *Opuscules sur l'histoire*, trad. S. Piobetta, Paris, GF-Flammarion, 1990, p. 121-122.

71. Voir P. Bayle, art. « Spinoza », *in Id.*, *Dictionnaire historique et critique*, 1696 (datée 1697 ; http://www.spinozaetnous.org/telechargements/Commentaires/Bayle/Bayle_Spinoza.pdf), p. 23. Le rapport Averroès-Spinoza est fait par Bayle : dans son article « Averroès », critiquant la thèse de l'unicité de l'intellect, il écrit que « les opinions contraires qui règnent parmi les hommes ne sauraient loger ensemble dans un seul entendement. [...]. Cette dernière objection a la même force contre ceux qui voudraient dire que cet intellect est Dieu. C'est aussi par là que l'on réfute invinciblement le Spinozisme ». Sur le rapport entre Averroès et Spinoza,

cher dans la volonté générale chez Rousseau, et donc dans l'idée du « moi commun[72] » ; il faut les débusquer dans la notion d'« appropriation » chez Locke[73], dans les critiques nietzschéennes de la subjectivité[74], dans le *general intellect* chez Marx[75], dans les peurs du Grand Tout qu'inspiraient le socialisme au XIXe siècle puis le communisme, dans le principe même de la sociologie de Durkheim, chez Frege et son troisième royaume, dans le scénario heideggerien du devenir de l'*hupokeimenon (*c'est-à-dire dans ses manques)[76], et bien sûr chez Freud, dans la psychanalyse, qui à bien des égards paraît un avatar de l'averroïsme.

Admettons donc que l'averroïsme, comme le dit Gilson, soit « obstiné et borné ». Mais de quoi cette obstination, cette insistance est-elle le signe ? Voilà la bonne question. Et ce qui aux yeux de Gilson marquait la nullité de l'averroïsme pourrait bien, à l'inverse, être l'indice de sa valeur. De quoi un système

---

plus largement, voir notamment G. Licata, *La via della ragione. Elia del Medigo e l'averroismo di Spinoza*, Macerata, EUM, 2013 ; C. Fraenkel, « Spinoza on Philosophy and Religion : The Averroistic Sources », *in* C. Fraenkel, D. Perinetti and J. Smith (éd.), *The Rationalists : Between Tradition and Innovation*, Dordrecht, Springer, 2010, p. 58-81 ; *Id.*, « Reconsidering the Case of Elijah Delmedigo's Averroism and its Impact on Spinoza », *in* A. Akasoy-G. Guiglioni (éd.), *Renaissance Averroism and its Aftermath*, p. 213-236. Pour une entrée plus métaphysique, *via* la question du mode, cf. A. Alami, *L'Ontologie modale. Étude de la théorie des modes d'Abū Hāšim al-Ǧubbā'i*, Paris, Vrin, 2001.

72. On pense à cette page, bien sûr : Rousseau, *Contrat social*, I, 6 (« Du pacte social »), Paris, GF-Flammarion, 2001, p. 57 : « Si donc on écarte du pacte social ce qui n'est pas de son essence, on trouvera qu'il se réduit aux termes suivants. *Chacun de nous met en commun sa personne et toute sa puissance sous la suprême direction de la volonté générale ; et nous recevons en corps chaque membre comme partie indivisible du tout.* À l'instant, au lieu de la personne particulière de chaque contractant, cet acte d'association produit un corps moral et collectif composé d'autant de membres que l'assemblée a de voix, lequel reçoit de ce même acte son unité, son *moi* commun, sa vie et sa volonté ».

73. Cf. ce qu'on suggère dans *Je fantasme*, p. 69-70.

74. Cf. P. Wotling, *La Pensée du sous-sol*, Paris, Allia, 1999.

75. Voir Marx, *Manuscrits de 1857-1858, dits « Grundrisse »*, réimpression en un volume de l'édition Jean-Pierre Lefebvre aux Éditions sociales, Paris, 2011, p. 662. Le rapprochement Marx-Averroès a été suggéré plusieurs fois : cf. notamment G. Agamben, « Forme-de-vie », *in Id., Moyens sans fins. Notes sur la politique*, Paris, Payot, 1995 ; A. Illuminati, « Ibn Rushd : unità dell'intelletto e competenza comunicativa », *in* A. Illuminati (éd.), *Averroé e l'intelletto pubblico. Antologia di scritti di Ibn Rushd sull'anima*, Rome, Le orme, 1996 ; sur le *general intellect*, voir aussi P. Virno, « Quelques notes à propos du *general intellect* », *Futur antérieur*, 10 (1992) ; *Id.*, *Grammaire de la multitude. Pour une analyse des formes de vie contemporaines*, Montréal-Nîmes, Conjonctures-L'Éclat, 2002.

76. Voir J.-B. Brenet, *Je fantasme*, p. 19-20.

qui reparaît, qui s'entête, est-il le symptôme ? De quoi, sinon du fait que les questions qu'il pose sont de celles qui coincent, de celles dont on s'arrache, mais auxquelles on est reconduit, parce qu'elles sont là, qui nous précèdent et nous survivent ?

DANTE ET LE LANGAGE. NI MODISTE NI CABBALISTE

Irène Rosier-Catach
(CNRS-USPC/ EPHE-PSL)

La notion de *certa forma locutionis*, présente dans le *De vulgari eloquentia* (I, vi.4[1]) au moment où Dante aborde la question du premier parler d'Adam, a suscité des interprétations divergentes. Or elle est intervenue dans la construction de l'image d'un Dante « averroïste », et ce à double titre. Elle est en effet, d'une part, l'une des pièces de l'édifice construit par Maria Corti pour montrer le lien de Dante avec les averroïstes parisiens, en l'occurrence Boèce de Dacie, auteur d'un des premiers traités *De modis significandi* – les traités modistes « offrant la grille théorique pour le livre I du *De vulgari eloquentia* et la théorie du vulgaire illustre[2] ». Cette notion a

1. *De vulgari eloquentia*, éd. et trad. ital. par P. V. Mengaldo, in Mengaldo *et al.* (éd.), *Opere minori*, t. 2, Milan, Ricciardi, 1979 ; *De vulgari eloquentia*, éd. M. Tavoni, Milan, Mondadori (*Opere minori* I), 2010 ; *De l'éloquence en vulgaire*, traduction et commentaires sous la direction d'I. Rosier-Catach, avec la collaboration d'A. Grondeux, R. Imbach, Paris, Fayard, 2011 ; *De vulgari eloquentia*, éd. E. Fenzi, E. L. Formisano et F. Montuori, Rome, Salerno (*Opere di Dante*, III), 2012.

2. M. Corti, *Dante a un nuovo crocevia*, Florence, Sansoni, 1982, p. 36. Voir la critique virulente d'A. Maierù, « Dante al crocevia ? », *Studi Medievali* ser. 3, 24 (1983), p. 735-748, à laquelle a répondu M. Corti ; et les analyses critiques d'I. Pagani, *La teoria linguistica di Dante : 'De vulgari Eloquentia' ; discussioni, scelte, proposte*, Naples, Liguori, 1982 ; voir ci-dessous pour d'autres références.

été, d'autre part, invoquée comme indice d'une connaissance des débats qui agitaient les averroïstes juifs de Bologne : Moshe Idel proposait ainsi de rapprocher la *certa forma locutionis* de la « forme de parole » d'Abraham Abulafia, matrice linguistique universelle assimilable à l'Intellect agent[3]. C'est cette double influence qu'Umberto Eco a souhaité développer, en l'inscrivant dans le titre même de son chapitre : « Dante tra Modisti e Cabalisti[4] ». Il entendait ainsi retrouver dans cette *forma locutionis* les « sympathies averroïstes, indubitables et avérées », à l'œuvre dans la conception de l'intellect chez Dante, en la rapprochant à la fois de l'idée de grammaire universelle proposée par les Modistes, et de celle de matrice des langues développée dans plusieurs œuvres d'Abulafia[5].

L'analyse critique de ces deux rapprochements permettra de confirmer un point de méthode, à savoir la nécessité qu'il y a à croiser les arguments de type historique avec ceux de nature doctrinale. Si en effet Dante avait pu lire certains traités des modistes ou des averroïstes juifs qui circulaient en Italie, aucun des parallèles allégués n'est probant si l'on regarde de près notre chapitre du *Dve*, et si on lit les textes à l'origine de ces parallèles : la *certa forma locutionis* n'est assimilable ni aux modes d'intelliger d'un Modiste comme Boèce de Dacie, ni à la « forme de parole » d'un penseur comme Abulafia.

Cet exemple de la *certa forma locutionis* illustre les défauts d'une surdétermination interprétative : la lecture du *De*

3. M. Idel, *Language, Torah and Hermeneutics in Abraham Aboulafia, Albany*, New York, State University Press, 1989 ; Id. « À la recherche de la langue originelle : le témoignage du nourrisson », *Revue de l'histoire des religions : Langue et Kabbale*, 213/4 (1996), p. 415-442.

4. Ce chapitre, publié en 2007 dans *D'all albero al labirinto*, est une réélaboration d'U. Eco, « *Forma locutionis* », *Filosofia* 91, 1992, p. 176-183 en 1992, repris d'abord dans *La ricerca della lingua perfetta nella cultura europea,* Rome/Bari, Laterza, 1993 (repr. 1996, 1999) ; traduction française : *La Recherche de la langue parfaite*, Paris, Seuil (Faire l'Europe), 1994.

5. Eco, *D'all albero...*, p. 276 : « Quindi troviamo, da un lato, influenze averroiste in Abulafia, che lo portano a credere in un Intelletto Attivo unico e comune a tutta la specie umana, e dall'altro indubbie e dimostrate simpatie averroistiche in Dante... Né al filone averroista erano estranei i modisti (specie bolognesi) e altri sostenitori di una grammatica universale. E quindi ecco una comune posizione filosofica che, anche senza voler dimostrare influenze dirette, poteva inclinare entrambi a ritenere il dono delle lingue come la consegna di una forma locutionis, matrice generativa affine all'Intelletto Attivo. »

vulgari eloquentia s'est vue recouverte par l'imposition de grilles de lecture externes qui se révèlent impropres, impulsant des habitudes interprétatives qui ont parfois la vie dure. Il est intéressant de signaler un autre exemple, celui de la *reductio ad unum*, qui illustre le défaut inverse, celui d'une sous-détermination interprétative. C'est avec le même principe de la *reductio ad unum* que Dante construit théoriquement le vulgaire illustre (*Dve* I, xvi), et qu'il démontrera, dans la *Monarchie* (III, 11, 7), l'autonomie des pouvoirs du pape et de l'Empereur. En raison des cloisonnements disciplinaires, le rôle que joue ce principe, tiré d'un passage de la *Métaphysique* commenté par Averroès, n'a pas suffisamment été pris en compte[6]. C'est avec ces exemples à nouveau que la *vexata quaestio* des sources de Dante se pose : si, dans le dernier cas, il est difficilement contestable que le principe de la *reductio ad unum* ait pour origine le passage de la *Métaphysique*, avec des intermédiaires qui peuvent être retrouvés, dans le cas de la *certa forma locutionis* aucun passage ne s'est imposé comme le maillon déterminant entre les sources alléguées et l'acception donnée par Dante à cette notion. On ne peut se contenter de pointer une proximité lexicale – plus ou moins claire d'ailleurs – entre des notions, mais l'on se doit bien chaque fois de resituer celles-ci dans une argumentation d'ensemble.

En confrontant la manière dont Dante a traité certaines questions liées au langage à la double grille « averroïste » qu'on a voulu leur imposer, on suggèrera de nouvelles pistes pour de futures recherches, qui mèneraient à enquêter sur l'utilisation de thèses averroïstes pour des problèmes relevant de l'analyse du langage.

6. Cf. R. Imbach, & I. Rosier-catach, « De l'un au multiple, du multiple à l'un – une clef d'interprétation pour le *De vulgari eloquentia* », *in* B. Grevin (éd.), *La « résistible ascension » des vulgaires. Contacts entre latin et langues vulgaires au bas Moyen Âge : problèmes pour l'historien*, 2002, p. 509-529 ; I. Rosier-Catach, « Man as a Speaking and Political Animal. A political reading of Dante's *De vulgari eloquentia* », *in* S. Fortuna, M. Gragnolati & J. Trabant (éd.), *Dante's Plurilingualism : Authority, Vulgarization, Subjectivity*, Oxford, Legenda, 2010, p. 34-51.

1. La « *certa forma locutionis* » dans l'argumentation du *Dve*

La notion de *certa forma locutionis* apparaît dans le *Dve* dans un contexte précis. Après un ensemble de chapitres à fort contenu théorique – le premier qui met en place l'opposition entre les deux types de parlers (*locutiones*) dont disposent les hommes, les deux suivants qui démontrent que le parler fut seulement donné à l'homme, en l'opposant à celui des animaux et des anges –, Dante passe à une série de questions qui ont trait au moment originel de ce don du premier parler et à son premier usage – des questions maintenant à contenu historique. Elles s'appuient, en s'en démarquant d'ailleurs sans cesse au nom de la raison, sur la *Genèse* :

> I, iv.1. À l'homme seul il fut donné de parler, comme il ressort de ce qui précède. À présent, je crois qu'il faut aussi rechercher (1) à qui parmi les hommes fut donné en premier le parler, (2) ce qui fut dit en premier, et (3) à qui, et (4) où, et (5) quand, et aussi (6) *en quel <u>idiome</u> a coulé la première parole*[7].

À l'homme seul il fut donné de parler, car à lui seul cela est nécessaire. Et le premier locuteur fut Adam, et non « la très présomptueuse Ève », quoi qu'en disent les Écritures (*sic* !). Adam a immédiatement parlé « dès qu'il a reçu le souffle de la puissance de vie » (*Dve* I, iv.1).

La dernière question est abordée dans le chapitre I, vi, où elle est répétée : quel fut l'idiome du premier être parlant ?

> I, vi.1. Puisque les affaires humaines s'accomplissent en de multiples et divers idiomes, au point qu'avec beaucoup de mots, bien des hommes ne se font pas mieux comprendre que sans, il convient *de nous mettre en chasse de cet <u>idiome</u>* qui, selon ce qu'on croit, fut utilisé

7. « I, iv.1. Soli homini datum fuit ut loqueretur ut ex premissis manifestum est. Nunc quoque investigandum esse existimo (1) cui hominum primum locutio data sit et (2) quid primitus locutus fuerit et (3) ad quem et (4) ubi et (5) quando nec non et (6) *sub quo <u>ydiomate</u> primiloquium emanavit.* »

par l'homme qui n'eut pas de mère, par l'homme qui ne fut pas allaité, qui ne connut ni l'enfance ni l'âge où l'on a fini de grandir[8].

Après une tirade critiquant vivement le chauvinisme de ceux qui croient, Toscans y compris, que leur parler est supérieur et correspond donc au parler d'Adam, Dante répond :

I, vi.4. Pour revenir à notre propos, nous dirons que *fut concréée par Dieu, en même temps que la première âme, une forme déterminée de parler. Or je dis « forme » pour ce qui concerne les vocables des choses, la construction des vocables, et la prononciation de la construction.* Et cette même *forme*, la langue de tous les locuteurs l'utiliserait, si elle n'avait été dispersée par la faute de la présomption humaine, comme il sera montré plus bas[9].
vi.5. C'est avec cette *forme de parler* qu'a parlé qu'Adam. C'est avec cette *forme de parler* qu'ont parlé tous ses descendants jusqu'à la construction de la Tour de Babel, ce qui signifie « Tour de la confusion ». C'est de cette *forme de parler* qu'ont hérité les fils d'Héber, appelés pour cette raison « Hébreux ». 6. C'est à eux seuls qu'est restée *cette forme* après la confusion, afin que notre Rédempteur, qui devait naître d'eux en son humanité, jouisse d'une langue non de confusion, mais de grâce[10].
vi.7. Ce fut donc *l'idiome hébraïque* que forgèrent les lèvres du premier être parlant[11].

Il est absolument essentiel de prendre en considération un autre passage du texte, qui, comme les précédents, lie également deux moments de l'histoire linguistique humaine, tirée

8. « I, vi.1. Quoniam permultis ac diversis ydiomatibus negotium exercitatur humanum, ita quod multi multis non aliter intelligantur verbis quam sine verbis, *de ydiomate illo venari* nos decet quo vir sine matre, vir sine lacte, qui nec pupillarem etatem nec vidit adultam, creditur usus. »

9. « I, vi.4. Redeuntes igitur ad propositum, dicimus *certam formam locutionis a Deo cum anima prima concreatam fuisse.* Dico autem *'formam' et quantum ad rerum vocabula et quantum ad vocabulorum constructionem et quantum ad constructionis prolationem* : qua quidem *forma* omnis lingua loquentium uteretur, nisi culpa presumptionis humane dissipata fuisset, ut inferius ostendetur. »

10. « I, vi.5. Hac *forma locutionis* locutus est Adam ; hac *forma locutionis* locuti sunt omnes posteri eius usque ad edificationem turris Babel, que 'turris confusionis' interpretatur ; hanc *formam locutionis* hereditati sunt filii Heber, qui ab eo dicti sunt Hebrei. 6. Hiis solis post confusionem remansit, ut Redemptor noster, qui ex illis oriturus erat secundum humanitatem, non lingua confusionis, sed gratie frueretur. »

11. « I, vi.7. Fuit ergo *hebraicum ydioma* illud quod primi loquentis labia fabricarunt. »

de la *Genèse.* Dans le chapitre I, ix, qui correspond au troisième moment de la narration de l'épisode de Babel[12], on trouve en effet d'une part la mention d'une concréation *divine* de ce qui est appelé ici une *loquela*, d'autre part l'épisode de Babel et la punition, maintenant décrite comme « oubli » du premier parler. Dante passe alors à une nouvelle étape de l'histoire des langues, celle de la recréation *humaine* des parlers post-babéliques – *loquela* fonctionnant ici comme terme commun pour désigner ce qui a été parlé par le premier homme et ce qui est parlé par « nous », les hommes de l'après-Babel :

> I, ix.6. Puisque *toute langue qui est nôtre* – mise à part celle qui *fut concréée par Dieu pour le premier homme* – a été refaite selon notre bon plaisir après la confusion qui ne fut rien d'autre que l'oubli du parler précédent[13]...

On a donné de la *certa forma locutionis* plusieurs interprétations : une structure linguistique (source des actualisations ultérieures), la faculté de langage, le « principe structurant », « organisateur » ou la « cause formelle » des langues, une « matrice universelle » des langues, des « universaux linguistiques », une langue, interprétations toutes de tonalité chomskyenne[14].

Reprenons la lecture des passages cités. La question annoncée en tête des chapitres bibliques (« il faut rechercher [...] en quel

12. Comme nous l'avons expliqué dans notre commentaire, Dante expose l'épisode de Babel en trois chapitres distincts : le premier (I, vii) raconte la terrible faute et la punition sous forme d'une confusion des langues, ayant pour effet que seuls les hommes exerçant un même métier pouvaient s'entendre, le second (I, viii) expose la dispersion des hommes consécutive à Babel ; le troisième (I, ix), souvent négligé par les commentateurs, est celui que nous exposons maintenant.

13. « I, ix.6. Cum igitur *omnis nostra loquela* – preter illam *homini primo concreatam a Deo* – sit a nostro beneplacito reparata post confusionem illamque nil aliud fuit quam prioris oblivio »...

14. M. Corti, *Dante a un nuovo crocevia*, p. 47 : « Pertanto quella che Dio dà ad Adamo non sarebbe solo facoltà di linguaggio et non sarebbe ancora una lingua naturale ma sarebbero i principi di una grammatica universale, la causa formale, il principio generale strutturante della lingua sia per quanto riguarda il lessico sia per quanto riguarderà i fenomeni morfosintattici della lingua che Adamo lentamente fabbricherà, vivendo e nominando le cose ». U. Eco, *Dall' albero...*, p. 269 : « La *forma locutionis* data da Dio potrebbe essere intesa come una sorta di meccanismo innato che a noi contemporanei ricorda esattamente quei principi universali di cui si occupa la grammatica generativa chomskyana ».

idiome a coulé la première parole » ; I, iv.1) est bien reprise, dans le chapitre sur la *certa forma locutionis*, par la question d'ouverture (« il convient de nous mettre en chasse de cet *idiome* qui... fut utilisé par l'homme qui n'eut pas de mère », I, vi.1). Et la conclusion du même chapitre lui répond exactement (« Ce fut donc l'*idiome* hébraïque que forgèrent les lèvres du premier être parlant », I, vi.7). La question est celle de l'*idiome* parlé par Adam – le terme *idioma* (d'*idion*, « propre ») permettant d'identifier ce qui était seulement jusque-là désigné de façon générique comme *locutio*, « parler », « mode d'expression », termes désignant une réalité sans contenu historique concret[15].

D'autre part, la (*certa*) *forma locutionis* est ce qui a été « concréé », c'est-à-dire infusé en Adam en même temps que son âme. Elle est décrite comme comportant les trois constituants d'une langue, à savoir un ensemble de vocables, et ce qu'on pourrait ramener à des potentialités de construction et de prononciation. On remarque en effet que Dante utilise d'abord un pluriel, pour désigner les éléments, les vocables (*rerum vocabula*) – ce qui pourrait faire écho à l'épisode de la nomination (Gen. 2, 19-20) dont Dante ne parle jamais, parce que pour lui, et à juste titre, la *locutio* ne se ramène pas uniquement à un ensemble de vocables, mais doit comporter tout ce qui est nécessaire pour « parler » (*loqui*). Il se sert ensuite de substantifs abstraits au singulier (*vocabulorum constructio, constructionum prolatio*) indiquant la propriété pour ces vocables de pouvoir être construits entre eux, puis la propriété pour les constructions ainsi formées d'être prononcées vocalement[16] – la langue n'étant naturellement pas un ensemble clos et actualisé de constructions ou de séquences prononcées. Avec ces trois constituants, l'on a bien une « forme *déterminée*

15. Cf. M. Tavoni, « Contributo all'interpretazione di '*De vulgari eloquentia*' I, 1-9 », *Rivista di letteratura italiana* V (1987), p. 385-453.

16. Pour une raison inexpliquée, on comprend par le terme *prolatio* les désinences, comme le fait Maria Corti, alors qu'il renvoie toujours dans les grammaires latines classiques ou médiévales à la prononciation. Ainsi entendue, la *certa forma locutionis* se voit alors analysée, à tort, comme comprenant un lexique, une syntaxe et une morphologie.

(*certa*) de parler », dont seul l'homme a été gratifié, et qui est distincte des modes d'expression et de communication qu'utilisent les anges et les animaux (cf. *Dve* I, ii-iii).

Mais, plus important encore, Dante dit et répète que cette *certa forma locutionis* a été « parlée » : elle l'a été par Adam, par le peuple d'Israël (qui en a hérité et l'a parlée jusqu'à sa dispersion), puis par le Christ, mais elle ne l'est plus par les autres hommes depuis Babel (I, vi.4-6). Ce « plus ancien des parlers » (*antiquissima locutio*), l'« idiome sacré » (*idioma sacratum*), est resté disponible en effet seulement pour les descendants d'Héber (I, vii.8). On en trouve la raison en I, ix.6 : cette première *loquela* a été « oubliée » définitivement par les autres hommes après la punition divine.

Dans ces paragraphes, la même réalité linguistique se voit désignée par des vocables différents, selon qu'elle est envisagée d'abord comme « forme déterminée de parler » (caractérisée par ses trois types de constituants, et l'usage qu'en ont fait différents locuteurs), comme « parler » (*antiquissima locutio,* I, vii.8) en référence à son utilisation par les descendants d'Heber, comme « idiome » une fois « fabriquée » par les lèvres du premier locuteur, devenant ainsi réalité concrète, historique, l'*ebraicum idioma*, enfin comme « langue » (*loquela*, langue actualisée qui fut parlée puis, en raison de la punition, oubliée).

Les interprétations qui ont été proposées ne parviennent pas à embrasser l'ensemble de ces caractéristiques, pourtant présentes dans l'exposé. On ne voit notamment pas comment pourrait être « parlé » et encore moins « oublié » quelque chose qui serait une « structure linguistique », une « matrice », ou, plus improbable encore, une « faculté de langage », alors que l'oubli d'une langue (*loquela*, *idioma*) est parfaitement compréhensible. Par ailleurs, puisqu'il incombe aux hommes, après Babel, d'inventer leurs parlers, c'est bien qu'il leur reste tout ce qui est nécessaire pour cela, et donc en premier lieu la faculté de langage. Celle-ci relève d'ailleurs, selon le modèle aristotélicien du *De anima*, de l'âme de l'homme

– Dante dit bien qu'elle a été concréée en même temps que l'âme – et l'homme est resté intact quant à ses facultés après Babel. En outre, la *certa forma locutionis* donnée à Adam n'est pas une *matrice* pour les langues vulgaires, et ne peut donc être assimilée à une matrice universelle. En effet, s'il y a *continuité* – et même identité – de la langue adamique à celle du Christ, il y a par contre *rupture* entre celle-ci et les langues vulgaires. Ces dernières ont été créées, par les hommes, non pas à partir de l'idiome adamique oublié, mais à partir de l'« idiome triple » (*idioma tripharium*) que Dieu leur a donné à cet effet après Babel : chacune des trois familles qui se dispersèrent dans les trois régions du monde reçut un idiome unique, origine des vulgaires successifs qu'ils inventèrent (I, viii.3 ; I, ix.1). Dante n'explique pas l'oubli, comme le font certains exégètes juifs[17], par la dispersion et l'éloignement des hommes qui ne pouvaient plus se comprendre, et l'associe bien à la punition (« la confusion ne fut rien d'autre que l'oubli du parler précédent »). Il consacre de longues pages à décrire comment les vulgaires furent créés à partir des divisions de chacune des trois branches de cet idiome triparti (*idioma tripharium*).

On comprend bien dans la suite du traité la place et le rôle de cette narration historique, revue et corrigée par rapport à la lettre de la *Genèse* : Dante veut opposer deux termes qui doivent pour cela être comparables, situés en amont et en aval de la rupture de Babel : d'un côté la langue infuse qui a été créée par Dieu et donnée à Adam, de l'autre les langues que l'homme devra lui-même créer « selon son plaisir » (*secundum beneplacitum*) après Babel – d'un côté,

17. Voir M. Olender, « Sur un "oubli linguistique" », *L'inactuele*, 1 (1989), p. 107-132 ; *Id.* « *Oblivio.* L'oubli de la langue d'Adam », *La Chasse aux évidences,* Paris, Gallade, 2005 ; D. Heller-Roazen, *Echolalies. Essai sur l'oubli des langues,* Paris, Seuil, 2007 ; A. Kilito, *La Langue d'Adam et autres essais*, Casablanca, Toukbal, 1999, chap. 6 ; I. Rosier-Catach, « Sur Adam et Babel : Dante et Aboulafia », *in* J. Baumgarten, J. Costa, J.-P. Guillaume et J. Kogel (éd.), *En mémoire de Sophie Kessler-Mesguich*, Paris, Presses de la Sorbonne nouvelle, 2012, p. 115-140 (p. 126, 130-131) ; *Ead.*, « Babel : le péché originel linguistique ? », *in* I. Rosier-Catach, G. Briguglia (éd.), *Adam, la nature humaine avant/après. Épistémologie de la chute*, Paris, Presses de la Sorbonne, 2016, p. 63-86.

donc, une « langue de grâce » (I, vi.6), qui s'est maintenue inchangée d'Adam au Christ, de l'autre des vulgaires infiniment variables au gré des plaisirs et désirs humains. L'après-Babel est marqué par cette intervention des hommes sur leur destinée linguistique, puisqu'ils inventeront non seulement les parlers vulgaires, mais aussi les parlers savants (en particulier le latin ou *grammatica*) conçus par les « docteurs » pour se doter d'un mode d'expression inaltérable dans le temps et l'espace, puis ensuite le vulgaire illustre, création des poètes, destiné à être règle et mesure des vulgaires variés d'un royaume afin d'en assurer l'unité. Cette opposition langue divine / langues humaines joue un rôle crucial dans l'argumentation d'ensemble du *Dve* et explique l'insertion de ces chapitres historiques, dits « bibliques » : c'est dans cette longue histoire des parlers humains que Dante situe l'invention du vulgaire illustre, destinée à corriger les défauts des parlers vulgaires en leur fournissant une règle comme la loi l'est pour les actions humaines d'une cité. Le vulgaire illustre correspond à une solution proposée par Dante, fondée sur une pratique effective de certains hommes, les meilleurs d'entre eux, les poètes, pour résoudre un problème intrinsèquement lié à la nature humaine – celui de la variabilité incessante des parlers, conséquence de la nature variable et libre de l'homme.

2. Boèce de Dacie, Gentile da Cingoli et les autres

2.1. La plausibilité historique

Les travaux de Gian Carlo Alessio, en particulier, ont établi que les doctrines modistes ont effectivement circulé en Italie[18]. On

18. G. Alessio, « La grammatica speculativa e Dante », repris dans *Id.*, *Lucidissimo dictandi peritia. Studi di grammatica e retorica medievale, a cura di Filippo Bognini,* Venise, Edizioni Ca'Foscari, p. 127-144. Voir la mise au point récente de C. Marmo, « Had the Modistae any Influence on Dante ? », *in* M. L. Ardizzone (éd.), *Dante and Heterodoxy. The*

en trouve des manuscrits à Bologne, Venise, Pavie ou Padoue, notamment ceux de Martin de Dacie, de Boèce de Dacie ou de Thomas d'Erfurt. Pour Bologne, on peut signaler le *Tractatus de modis significandi* d'un certain Mathieu de Bologne, sur lequel on ne possède cependant aucune donnée biographique précise[19].

Selon Maria Corti, Gentile da Cingoli fut « certainement lu et peut-être utilisé par Dante », et serait le maillon intermédiaire entre Boèce de Dacie et le poète, ce qui expliquerait certains parallèles doctrinaux. Gentile da Cingoli se forma à Paris, et commença à enseigner, en 1295, à l'Université de Bologne, où il eut comme élève Angelo d'Arezzo, défenseur de la doctrine du monopsychisme[20]. L'importance de ce maître et de ses ouvrages est maintenant plus complètement documentée[21], grâce en particulier, pour ce qui nous concerne ici, à l'édition d'ouvrages de grammaire spéculative. En plus de commentaires de philosophie naturelle, et de logique (sur l'*Isagoge*, les *Catégories*, le *De interpretatione*, le *Liber sex principiorum* notamment), Gentile est en effet l'auteur de *Quaestiones* sur les *Modi significandi* de Martin de Dacie[22] et de *Quaestiones super Priscianum minorem*[23]. Cet enseignement

---

Temptations of 13th Century Radical Thought, Newcastle-upon-Tyne, Cambridge Scholars Publishing, 2014, p. 1-17.

19. I. Rosier-Catach, « Mathieu de Bologne et les divers aspects du pré-modisme », *in* D. Buzzetti, M. Feriani, A. Tabarroni (éd.), *L'insegnamento della logica a Bologna nel XIV secolo*, Bologne, Presso l'Istituto per la storia dell'Università, 1992, p. 73-108 ; le traité est édité p. 109-164. À noter que *Bononiensis* peut aussi renvoyer à Boulogne, non Bologne.

20. S. Gentili, « Gentile da Cingoli », *Dizionario Biografico degli Italiani*, vol. 53, 2000 ; C. Marmo, « Gentile da Cingoli e il suo ambiente tra filosofia e saperi medici », *in* C. Crisciani, R. Lambertini et R. Martorelli Vico (éd.), *Parva Naturalia. Saperi medievali, natura e vita*, Pise-Rome, Istituti Editoriali e Poligrafici Internazionali, 2004, p. 19-49.

21. Voir la liste de ses œuvres et la bibliographie afférente dans Marmo, « Gentile da Cingoli... », p. 22-25.

22. G. Alessio, « *Il commento di Gentile da Cingoli a Martino di Dacia* », *in* D. Buzzetti, M. Feriani, A. Tabarroni (éd.), *L'insegnamento della logica a Bologna nel XIV secolo*, Bologna, Presso l'Istituto per la storia dell'Università, 1992, p. 3-71, repris dans *Id.*, *Lucidissimo dictandi peritia...*, p. 223-288.

23. *Quaestiones diputatae a magistro Gentili de Cingulo super Prisciano minori*, a cura di L. Miccoli, in *Linguistica medievale. Anselmo d'Aosta, Abelard, Tommaso d'Aquino, Pietro Ispano, Gentile da Cingoli, Occam*, Bari, Adriatica, 1983, p. 233-314 ; *Quaestiones supra Prisciano minori,* éd. R. Martorelli Vico, Pise, 1985 ; voir C. Marmo, *Semiotica e linguaggio*

de Gentile marque l'entrée de la grammaire spéculative à l'Université de Bologne. Gian Carlo Alessio a montré que pour des questions théoriques et épistémologiques, comme sur des points de doctrine, qui suscitaient des discussions parmi les Modistes, Gentile était en général d'accord avec Martin, et contre Boèce de Dacie. Comme l'écrit Gian Carlo Alessio, « les possibilités pour Dante d'avoir connaissance des théories de la grammaire spéculative ne manquaient pas ».

Par ailleurs, parmi les grammairiens qu'a connus Dante, on sait de façon sûre, par sa correspondance, qu'il rencontra, au moins à la fin de sa vie, Giovanni del Virgilio (né vers 1300 à Bologne, mort après 1327), qui fut maître de grammaire et de rhétorique à Bologne[24]. Celui-ci mentionne souvent comme autorité Robert Kilwardby et nomme Boèce de Dacie et Martin de Dacie (mais non le commentaire de Gentile da Cingoli, pourtant). Il cite souvent les « auteurs des modes de signifier » (*auctores modorum significandi*), parmi lesquels il semble d'ailleurs inclure Robert Kilwardby. Il le fait cependant, selon les analyses de G. Alessio et les extraits qu'il a publiés, toujours pour mentionner des définitions grammaticales, des règles et des points de grammaire, mais sans jamais se référer aux thèses noétiques, épistémologiques et métaphysiques qui constituent le cœur de la philosophie du langage des Modistes et les distinguent de la production grammaticale universitaire du XIIIe siècle (voir *infra*). On notera que Giovanni accepte qu'il puisse y avoir une « science des figures[25] », comme le font les commentaires sur le *Doctrinale* et le *Grecisme*, Robert Kilwardby ou Roger Bacon. Or c'est une position que rejettent

---

nella Scolastica : Parigi, Bologna, Erfurt 1270-1330. La semiotica dei Modisti, Rome, Istituto Storico Italiano per il Medio Evo.

24. G. Alessio, « I trattati grammaticali di Giovanni del Virgilio », *Italia medioevale e umanistica*, 24 (1981), p. 179-212, repris dans *Id.*, *Lucidissimo dictandi peritia*..., p. 78-126.

25. *Tractatus de figuris*, éd. *ibid.*, p. 116 : « Item pro ratione quod de figuris possit et debeat esse scientia (***) apud artificem unumquemque quod facit ad finem sue artis ; sed figura facit ad finem gramatici. Ergo de ea potest et debet esse scientia apud eum. Maior huius rationis apparet quoniam finit imponit necessitatem hiis que sunt ad finem. Minor declaratur quoniam figura facit ad expressionem conceptus. Expressio autem conceptus est finis gramatici. Quare, etc. »

fermement les Modistes, pour qui toute construction agrammaticale est incorrecte, donc à rejeter[26].

Sur le plan de la méthode, si l'on veut parler de filiations ou de sources, on doit distinguer, dans la grammaire médiévale, les points de doctrine philosophiquement marqués, de ceux qui peuvent être plus largement partagés. Aujourd'hui, comme pour l'averroïsme, on ne parle plus du modisme ainsi qu'on le faisait dans les années 1970, comme d'un bloc homogène, tant doctrinalement qu'historiquement[27]. La présence de la notion de *modus significandi* ne suffit pas à qualifier un auteur qui la mentionne de « Modiste », car elle est utilisée de façon commune dès la première moitié du XIIIe siècle, bien que de façon différenciée selon les auteurs et les courants, et aussi bien ensuite au XIVe chez Ockham, par exemple, pour parler des propriétés définitoires des parties du discours et de leurs accidents. Robert Kilwardby (avec d'autres « Robertus anglicus »), un auteur influent et diffusé en Italie tant pour ses œuvres de logique et de grammaire que pour son *De ortu scientiarum*[28], et nommément cité comme on l'a vu, défend comme le feront les Modistes après lui l'idée d'une grammaire scientifique et universelle[29], et définit les parties du discours à partir des modes de signifier. La présence de telles notions ou positions n'implique pas que l'on adhère aux thèses philosophiques fortes que développeront les Modistes dans les *proemia* de leurs traités, et qui seront attaquées en tant que telles au début du XIVe siècle. Quoi qu'il en soit, ce vocabulaire métalinguistique n'est pas

26. I. Rosier-Catach, *La Parole comme acte. Recherches sur la grammaire et la sémantique au XIIIe siècle*, Paris, Vrin, 1994, chap. 1.

27. I. Rosier-Catach, « Modisme, pré-modisme, proto-modisme : pour une définition modulaire », *in* S. Ebbesen & R. Friedman (éd.), *Medieval Analyses in Language and Cognition*, Copenhague, 1999, p. 45-81.

28. G. Alessio, « La grammatica speculativa e Dante », p. 139 *sq.* ; cf. O. Lewry, *Robertus Kilwardby's Writings on the Logic vetus*, D. Phil. Thesis, Oxford University, 1978 ; C. H. Kneepkens, « Robert Kilwardby on Grammar », *in* H. Lagerlund & P. Thom (éd.), *A Companion to the Philosophy of Robert Kilwardby*, Leyde, Brill, 2013, p. 17-64.

29. Cf. M. Sirridge, « Robert Kilwardby as "Scientific Grammarian" », *Histoire épistémologie langage*, 10, 1988, p. 7-28.

du tout utilisé par Dante, qui se sert de termes grammaticaux tout à fait neutres.

2.2. La doctrine

La recherche (relativement) récente a mis en lumière l'existence, au sein du modisme, de positions différentes, de débats, sur des points importants, et la présence de plusieurs générations – la génération des Modistes italiens, commentateurs des premiers Modistes (Martin de Dacie notamment) étant l'une d'elles[30]. Le fait qu'on rencontre, chez Dante, des citations de l'*Éthique* ou de la *Politique* qui se lisent également, par exemple, dans les *Questiones super Priscianum maiorem* de Gentile da Cingoli[31], n'est naturellement pas suffisant, car il s'agit là de connaissances partagées dans le milieu bolognais durant les années où Dante y étudiait. Pour parler d'influence, il faut considérer avec précision les proximités qui ont été alléguées.

On constate de fait, dans l'exposé des parallèles supposés entre Dante et les Modistes, à la fois des interprétations inexactes des passages incriminés du *De vulgari eloquentia*, et des mécompréhensions et contre-sens sur les doctrines modistes elles-mêmes. Constantino Marmo a fait de ces derniers une étude détaillée et précise. Il montre en particulier que la notion technique de *forma substantialis dictionis*,

30. Voir C. Marmo, *Semiotica e linguaggio nella Scolastica*.

31. Éd. Martorelli Vico, p. 50 : « In natura autem dicitur esse perfectum quod attingit propriam operationem et finem, sicut dicitur I *Politicae* (Pol. I, 2, 1252b32-199a15-16) ; et quanto magis potest in propriam operationem et finem et minus est ei admixtum de potentia passiva et privatione, tanto dicitur esse perfectius. Et quia Deus maxime habet virtutem propriam et operationem et nihil est sibi admixtum de potentia passiva et privatione, ideo dicitur esse perfectissimum. In omnibus autem aliis entibus est [aliquid] admixtum de privatione, et ideo perfectissima simpliciter esse non possunt. Etiam in specie aliqua dicitur aliquid est perfectum, quod habet propriam virtutem et operationem et finem attingere potest [...]. Ille namque homo dicitur esse perfectus, qui potest in istam operationem quae est intelligere, eo quod intelligere est propria operatio hominis, eo quod homo est intellectus vel est maxime operans secundum intellectum, sicut apparet VI Ethicorum (*Éth. Nic.*, VI 11, 1143a30), et quanto homo potest in istam operationem quae est intelligere et minus est ei admixtum de potentia passiva et privatione quae opponitur illi operationi, tanto dicitur esse perfectior. Ille homo qui magis operatur secundum intellectum ut possibile est in specie humana, dicitur esse perfectissimus in specie humana. »

assimilée à tort aux *modi significandi essentiales* (que l'on rebaptise indument *substantiales*), n'a rien à avoir avec celle de *certa forma locutionis*[32].

La différence essentielle entre Dante et les Modistes tient à ce que Dante distingue des langues différentes par leur origine, leur histoire, leur utilisation, leurs caractéristiques, tandis que les Modistes, à l'inverse, cherchant à faire une grammaire « scientifique », insistent sur ce qui, dans les langues, est identique chez tous, et peut ainsi faire l'objet d'une description unifiée.

Selon Eco, ce qui serait « perdu » avec Babel serait la *forma locutionis*, entendue comme équivalente aux « principes d'une grammaire universelle », qui auraient existé de manière parfaite au moment où Dieu les donna à Adam. Ces principes auraient permis la création d'une langue parfaite, l'hébreu, apte à refléter la nature des choses (« la *forma locutionis* perfetta, l'unica che permettesse la creazione di lingue capaci di riflettere l'essenza stessa delle cose »). Et il resterait alors selon lui, après Babel, des *formae locutionis* imparfaites (« *formae locutionis* spangherate e imperfette – come sono imperfetti i volgari italiani di cui Dante denuncia l'incapacità di esprimere pensieri alti e profondi », *D'all albero,* p. 269). Or pour les Modistes, s'il y a en effet des principes *universels*, objets de la science grammaticale, ils sont nécessairement en tant que tels présents et identiques, par hypothèse, dans *toutes les langues*. On ne trouve jamais dans leurs traités l'idée qu'ils seraient présents parfaitement d'abord dans la langue adamique, qu'ils se retrouveraient dans les langues de façon plus ou moins parfaite, ou encore qu'ils seraient variables selon les époques de l'histoire humaine – le thème de l'origine, comme toute considération historique sur les langues, n'étant d'ailleurs quasiment jamais abordé[33]. Ces propriétés

32. C. Marmo, « Had the Modistae any Influence on Dante ? », p. 14 *sq.*

33. I. Rosier-Catach, « Sur l'unité et la diversité linguistique : Roger Bacon, Boèce de Dacie et Dante », *in* A. Musco (éd.) ; *Universalità della Ragione. Pluralità delle Filosofie nel Medioevo*, vol. I (Sessioni Plenarie), Palerme, Officina di Studi Medievali, 2012, p. 310-331.

universelles sont les modes de signifier, propriétés générales des unités linguistiques, par exemple, le mode de signifier qui correspond au fait d'être nom ou d'avoir l'accident du nombre. Ce sont ces propriétés générales seules qui intéressent les grammairiens, et non leurs réalisations vocales dans les mots ou les morphèmes, qui sont différents selon les langues. L'expression vocale différente d'un même mode de signifier est *accidentelle*, et de ce fait doit être exclue du domaine de la grammaire entendue comme grammaire scientifique, donc occupée par l'universel et non par le particulier. Ainsi, par exemple, le mode de signifier qui correspond au nombre peut se marquer par une désinence en latin et par l'article en grec, ce qui est accidentel. Mais ce mode est une propriété générale, universelle, correspondant à une propriété réelle. C'est cette propriété générale seule que doit considérer le grammairien, pour expliquer comment elle appartient à certaines parties du discours et intervient dans certaines constructions. Toutes les langues ont ainsi pour les Modistes des caractéristiques phonétiques, par lesquelles elles diffèrent les unes des autres, et des propriétés générales qui sont « les mêmes chez tous », d'où l'idée qu'elles sont « une en substance », ou, comme le dit Boèce de Dacie, qu'« il y a une seule et même grammaire dans tous les idiomes ». Ces propriétés générales (*modi significandi*) correspondent à des modes d'être (*modi essendi*) des choses, une fois intelligés (*modi intelligendi*) : c'est cette justification ontologique et noétique des modes de signifier qui distingue les Modistes à la fois des grammairiens de la génération précédente et des théologiens, qui utilisent également cette notion[34].

Les parallèles invoqués entre les Modistes et Dante induisent en outre une interprétation d'ensemble qui n'est pas conforme au projet du *De vulgari eloquentia*, et ne s'accordent

34. I. Rosier-Catach, « *Res significata* et *modus significandi*. Les enjeux linguistiques et théologiques d'une distinction médiévale », in S. Ebbesen (éd.), *Sprachtheorien in Spätantike und Mittelalter*, Gunter Narr Verlag, Tübingen, 1995, 135-168.

d'ailleurs pas, pris ensemble, pour en fournir une image cohérente. Dante distingue en effet différents types de modes d'expression, de *locutiones* : il existe d'abord un mode d'expression disponible pour tous les hommes, le parler vulgaire (*locutio vulgaris*), et un mode d'expression second, savant, seulement accessible à un petit nombre d'hommes, les lettrés, ces deux modes d'expression étant créés par les hommes après Babel, on y reviendra. Tous les hommes disposent d'un parler vulgaire (« le monde entier en jouit », *Dve* I, i.4), même s'il se décline en des langues différentes, distinguées par leur prononciation et leurs vocables. La distinction que fait Dante entre un mode d'expression (*locutio*) et ses actualisations concrètes n'est pas superposable avec la distinction modiste, qui opère *au sein de chaque langue*, entre sa composante universelle (« la même chez tous ») et sa composante accidentelle.

Le caractère *naturel* chez Dante caractérise *seulement* ce mode d'expression premier, cette *vera prima locutio* (I, ii.1) dont tous les hommes, et seuls les hommes, sont pourvus, à la différence des anges et des animaux – *prima* étant entendu dans un sens ontogénétique et non phylogénétique. Le parler vulgaire est *naturel* parce qu'il est appris par les enfants dès leur plus jeune âge, par imitation, sans aucune règle – à la différence de ce qui se produit pour le parler secondaire ou savant, appris par l'étude, au moyen de science et de règles, et qui est de ce fait *artificiel* (I, i.2-3). Chez Boèce de Dacie, par contre, qui suit le *De anima*, c'est la *locutio* en général qui est naturelle, la capacité à exprimer ses concepts et affects, une des « opérations naturelles » de l'âme humaine. Les hommes la mettraient en œuvre même sans avoir appris ou avoir été confrontés avec aucune langue, tandis que les propriétés accidentelles des différentes langues doivent quant à elles être apprises (*Modi significandi*, Q. 16). Là encore il n'y a pas de différence de nature entre les langues, pour ce qui leur est essentiel.

De même, alors que la variabilité concerne, pour les Modistes, ce qui, dans toute langue, est sa composante accidentelle, elle est, pour Dante, un trait absolument essentiel de tout parler vulgaire, et seulement des parlers vulgaires. Et si seuls les vulgaires sont variables, c'est parce qu'ils ont été inventés, après Babel, par les hommes « selon leur bon plaisir », et que l'homme est un « animal éminemment variable et instable ». Cette variabilité des parlers vulgaires est l'effet d'une cause unique qui est la nature même de l'homme (*Dve* I, ix.6). C'est un trait sur lequel Dante insiste dans ses différentes œuvres, du *Convivio* à la *Commedia,* en passant par le *De vulgari eloquentia*[35], alors que les Modistes mettent à l'écart la variabilité pour se concentrer sur ce qui est commun et général.

Les autres modes d'expression, et les langues qui les incarnent, ont pour Dante des caractéristiques différentes : ils ne sont pas disponibles pour tous les hommes, et ne sont ni naturels ni variables. C'est le cas de la langue adamique, parce qu'elle *n'a pas été créée par l'homme*, mais par Dieu, et ce pour être immuable jusqu'au Christ (*Dve* I, vi.1 ; I, vi.4-6). Elle a été infusée en Adam, « qui n'eut pas de mère, ne fut pas allaité, ne connut ni l'enfance ni l'âge où l'on a fini de grandir », et qui n'a donc pu l'apprendre *naturellement*. On sait que lorsque, dans le *Par.* XXVI, Dante fera au contraire d'Adam le créateur de sa langue (comme les hommes le sont des langues vulgaires dans le *Dve*), celle-ci deviendra variable dès l'origine, dès avant Babel, comme toutes les autres langues. C'est le cas également de la langue savante ou *grammatica*, langue « artificielle » et non naturelle, fixée par les savants au moyen d'une convention afin d'être « inaltérable dans le temps et l'espace », échappant ainsi au libre arbitre et à la variabilité[36] (*Dve* I, ix.11).

On ne peut pourtant pas davantage chercher à rapprocher les principes universels des Modistes du caractère inaltérable de

35. Cf. G. Gambale et I. Rosier-Catach, « "Confusio" et "variatio" selon les anciens commentateurs de la *Commedia* », *Bollettino di italianistica*, n.s., anno VII, n. 2 (2010), p. 78-119.

36. Sur ce point, voir les parallèles avec le *De ortu scientiarum* de Robert Kilwardby, Jean de Dacie et le *De regimine* de Gilles de Rome, mentionnés par Alessio, *Lucidissimo dictandi peritia...*, p. 139-140.

la *grammatica* (Corti, *op. cit.*, p. 39, *sq.*). Tout d'abord le terme *grammatica*, dans le *De vulgari*, désigne exclusivement le latin, alors qu'il désigne pour les Modistes (comme en général à l'époque) la grammaire comme discipline : le caractère inaltérable est, pour Dante, celui d'un *mode d'expression*, la *locutio secundaria*, et donc en particulier du latin qui en est avec le grec un exemple historique, et n'a rien à voir avec la nature universelle d'une *science*. Et cette caractérisation du latin, et plus généralement des langues savantes, comme « inaltérable identité dans le temps et l'espace », n'est précisément pas *universelle*, puisqu'elle s'applique *uniquement* à ce mode d'expression très particulier, restreint aux seuls locuteurs lettrés.

On ne peut pas enfin alléguer ces principes universels pour « comprendre la nature du vulgaire illustre », en expliquant qu'il incarnerait « *il sogno di una restaurazione della forma locutionis edenica, naturale e universale* » (Eco, *D'all albero*, p. 269). La langue adamique n'est, nous l'avons vu, ni naturelle ni universelle. Et le vulgaire illustre n'a rien à voir avec celle-ci, que ce soit par ses propriétés, par la façon dont il est construit, par sa nature, ou par les fonctions qu'il est destiné à remplir. En tant qu'un et meilleur dans son genre (*unum in genere suo*), il est nécessairement du genre des parlers vulgaires, le plus noble de tous, et existant déjà instancié, mais de façon dispersée, chez les poètes illustres rencontrés dans les différentes cités italiennes. Il n'a pas vocation à être universel, mais à régir la multiplicité pour la reconduire à l'unité, à la manière dont le berger guide ses troupeaux. Il ne s'agit donc en aucun cas d'un retour au parler adamique, créé par Dieu. Dante dessine ici un projet historique et politique, visant à donner à l'Italie un « vulgaire illustre » qui puisse être « un et mesure » des vulgaires italiens par nature variables, divisés, et diversifiés, créations humaines inventées après Babel. Les principes universels des Modistes ne sont ni ceux de la langue adamique – dont ils ne parlent jamais –, ni la matrice d'un type de langue plutôt que d'un autre, ni ceux d'une langue qu'ils chercheraient à inventer. L'universalisme des Modistes, nous l'avons dit, suppose que *toutes les langues soient de même nature*. À ces principes, comme le souligne à juste titre Costantino Marmo contre Maria Corti, n'est jamais assignée une fonction génératrice pour les langues humaines, une fonction de matrice – cette idée de matrice, nous l'avons vu, n'est d'ailleurs pas plus assignable à la langue adamique qu'au vulgaire illustre.

Dans son entreprise pour rapprocher Dante des Modistes et en particulier de Boèce de Dacie, et pour confirmer, par là, l'averroïsme de Dante, Maria Corti avait tenté de repérer en préalable l'averroïsme dans les théories du langage des Modistes. Les exemples pris reposent sur des interprétations erronées des théories modistes, et des rapprochements inconsistants pour ce qui est des idées linguistiques, mais la question pourrait néanmoins être posée. Si les Modistes font souvent référence à Averroès, on ne s'est en effet pas vraiment interrogé sur ce qui pourrait être redevable à Averroès dans leurs théories de la signification ou sur la fonction de thèses ou idées d'Averroès présentes dans leurs traités sur les modes de signifier. Une telle enquête ne devrait certainement pas être limitée à la grammaire, mais il lui faudrait inclure aussi la logique et être élargie à des auteurs comme Siger de Brabant, qui ont également laissé des écrits sur le langage ou la signification. En d'autres termes, avant de rechercher l'averroïsme de Dante dans ses conceptions linguistiques, à partir de parallèles avec Boèce de Dacie et les Modistes, il faudrait montrer si et en quoi les conceptions linguistiques des Modistes, et les postulats noétiques et ontologiques qui les sous-tendent, étaient averroïstes, et si les averroïstes – Modistes ou non – avaient des conceptions linguistiques particulières. Cette question doit être posée avec toutes les précautions nécessaires, tant doctrinales que terminologiques[37] – étude qui mériterait une autre enquête[38].

37. Voir L. Bianchi, « L'averroismo di Dante : Qualche osservazione critica », *Le tre corone, Rivista internazionale di studi su Dante, Petrarca, Boccaccio*, II (2015), p. 71-109.

38. Voir, pour les études les plus récentes, L. Bianchi, « *Figmentum* », in I. Atucha, D. Calma, C. König-Pralong, I. Zavattero (éd.), *Mots médiévaux offerts à Ruedi Imbach*,

3. Hillel de Vérone, Zerahiah, Abulafia et les autres

Les réflexions sur le langage, et en particulier sur la question de l'origine du langage/des langues, chez les penseurs juifs médiévaux ont deux traits particuliers, en partie présents également chez les penseurs arabo-musulmans avec lesquels ils dialoguent et dont ils s'inspirent : d'une part, ils croisent des sources qui restent souvent disjointes chez les penseurs chrétiens médiévaux, en raison des cloisonnements disciplinaires, à savoir, les épisodes de la *Genèse*, l'anecdote de Psammétique sur les enfants abandonnés dans un désert[39], et certains traités d'Aristote, notamment le *Peri hermeneias* ; d'autre part, ils discutent de façon approfondie le thème général de la nature « innée » ou « acquise », non seulement du langage, mais aussi de la langue originelle. La richesse des discussions est remarquable, tout autant que la variété des positions, que ce soit sur la langue d'Adam (considérée majoritairement comme étant l'hébreu, mais parfois le syriaque, ou l'araméen comme

---

Turnhout, Brepols (Textes et études du Moyen Âge 57), p. 319-329 ; *Id.*, « Boèce de Dacie et Averroès. Essai d'un bilan », *in* D Calma, Z. Kaluza (éd.), *Regards sur les traditions philosophiques* (XIIe-XVIe siècle), 2018, p. 127-151 ; I. Rosier-Catach, « Les Modistes étaient-ils averroïstes ? », *in* J.-B. Brenet et L. Cesalli (éd.), *Sujet libre. Pour Alain de Libera*, 2018, p. 289-295.

39. Il existe des versions différentes de cette anecdote, racontée par Hérodote et Tertullien, reprise de façon différente par Salimbene, et qui circule très largement ensuite, voir B. Durand, *Sauvages expérimentaux. Une histoire des fictions d'isolement enfantin*, Paris, Hermann, 2017 ; *Ead.*, *Fictions d'isolement enfantin. Anthologie d'une expérience de pensée*, Paris, Hermann, 2017. Selon la version d'Hérodote, le roi Psammétique, pour répondre au souhait des Égyptiens de savoir s'ils étaient les plus anciens des hommes, eut l'idée de confier deux enfants nouveaux-nés à un berger (ou, selon Tertullien, à une nourrice à qui il avait fait arracher la langue), avec la consigne qu'ils restent seuls avec des brebis dans une cabane isolée, et que personne ne doive leur parler. Dans la première version, les enfants, quand le berger vint les voir après deux ans, prononcèrent *beccus*, le mot par lequel les Phrygiens désignaient le pain, ce qui porta à conclure que ceux-ci étaient plus anciens que les Égyptiens. Dans la version médiévale de Salimbene par contre, les enfants moururent tous, parce, que selon cette version, les nourrices n'avaient pas plus le droit de les caresser que de leur parler. Cette anecdote a joué un rôle dans la discussion sur la naturalité du langage chez les Modistes, en particulier chez Boèce de Dacie ; voir I. Sekizawa, *Le Naturalisme linguistique de Boèce de Dacie. Enjeux et discussions*, thèse (non publiée), Paris, Université Paris Diderot, 2010, c. 4.3.

pour Ibn Ezra) ou sur sa nature (révélée, fabriquée à partir d'une capacité infuse, conventionnelle)[40].

Moshe Idel suggéra à plusieurs reprises, à partir d'un article écrit en 1996 jusqu'à son livre de 2011 sur la Kabbale en Italie, que les conceptions linguistiques de Dante, et en particulier la notion de *certa forma locutionis*, pouvaient avoir été influencées par le courant cabaliste juif, et en particulier par Abraham Abulafia[41], qui arriva en Italie dans les années 1260[42]. Abulafia est à l'origine de la Kabbale « extatique », dans laquelle le langage est doté d'une importance particulière, et il y consacre de nombreux ouvrages. Ses conceptions, comme l'explique Wolfson dans sa recension de l'ouvrage de 1989 de M. Idel (cit. n. 3), constituent « un hybride curieux de l'approche allégorique cultivée par l'analyse rationaliste médiévale, caractéristique de la tradition philosophique andalouse, représentée par Maïmonide, et de la méthode de combinaison des lettres qui s'enracine dans les ouvrages anciens de l'ésotérisme juif, particulièrement le *Sefer Yesirah* (livre de la création)[43] ». La connaissance par Dante des idées d'Abulafia, présentes dans l'« ambiance bolonaise » dans les années 1280, reste à confirmer. G. Battistoni pense qu'elle se situerait plus tardivement à Vérone, où Dante aurait pu être

40. Voir l'ouvrage fondamental de I. Zwiep, *Mother of reason and revelation. A short history of Medieval Jewish Linguistic Thought*, Amsterdam, Gieben, 1997 ; je reprends ici sous un autre angle des éléments exposés dans deux articles antérieurs, cités n. 17.

41. Voir M. Idel, « À la recherche de la langue originelle : le témoignage du nourrisson », *Langue et Kabbale*, 213/4, 1996, p. 415-442, et la présentation synthétique de U. Eco, *La ricerca della lingua perfetta nella cultura europea*, Rome-Bari, Laterza, 1993 (trad. fr. : *La Recherche de la langue parfaite*, Seuil, Faire l'Europe, 1994), chap. II et *D'all albero...*, p. 274 *sq.* Cette hypothèse a été souvent reprise et discutée par la suite, en particulier dans S. Debenedetti Stow, *Dante e la mistica ebraica*, Florence, Giuntina, 2004.

42. Né en 1240 à Saragosse, mort après 1291, Abulafia étudia la philosophie et l'œuvre de Maïmonide à Capoue, avec Hillel de Vérone, avant de partir pour Barcelone en 1270. Puis, après avoir voyagé et enseigné, il revint à Capoue en 1279, où il fonda une école. Il tenta de fléchir le pape Nicolas III en faveur des Juifs, mais fut mis en prison. Il poursuivit son voyage en Italie, restant en Sicile jusqu'en 1288. Voir son autobiographie dans l'introduction de G. Lahy au *Livre du Signe (Séfer haOth)*, Roquervaire, Lahy, 2007, p. 9-12 ; sur son activité en Italie, voir surtout M. Idel, *Kabbalah in Italy, 1280-1510 : a survey*, Londres, Yale University Press, 2011, chap. 3.

43. E. R. Wolfson, « M. Idel, *Language, Torah and Hermeneutics in Abraham Abulafia* », *The Jewish Quarterly Review*, 83 1/2 (1992), p. 294-296 (p. 294).

en relation avec le disciple de Zeraḥya, Emmanuel de Rome (ca 1261-1328), poète et commentateur de la Bible, auteur d'un récit en prose rimée, qui narre un voyage dans l'au-delà et s'inspire de la *Commedia*[44]. Quoi qu'il en soit, des discussions sur la question de l'origine et de la nature du langage et des langues humaines, dans les milieux juifs, ont bien eu lieu en Italie.

Dans les années 1280, une controverse sur l'origine du langage opposa deux philosophes, Hillel ben Shemuel de Vérone, qui fut le maître d'Abulafia, et Zeraḥyah ben Shealtiel Ḥen[45]. Les deux auteurs étaient en désaccord sur la naturalité du langage, et sur l'interprétation de l'épisode de Psammétique, question qu'Abulafia avait déjà abordée dans un de ses premiers traités cabalistiques, le *Mafteah ha-Re'ayon*, composé en 1273 – nous allons y revenir. Hillel de Vérone[46] défendait l'idée que le langage était naturellement implanté chez l'homme. Des enfants laissés seuls dans le désert commenceraient naturellement à bégayer, puis atteindraient progressivement « le stade de la parole parfaite », qui serait sans aucun doute l'hébreu, langue inscrite dans la nature humaine, et parlée par Adam.

44. Sur Emmanuel de Rome (Manoello Giudeo) et ses rapports avec Dante, voir G. Battistoni, *Dante, Verona e la Cultura Ebraica*, Florence, Giuntina, 2004, chap. II et III. Dans *L'inferno e il Paradiso* (éd. G. Battistoni, Florence, Giuntina), récit en prose rimée, Emmanuel s'inspire de la *Commedia* de Dante pour narrer un voyage dans l'au-delà (la question controversée étant de déterminer si l'ami « Daniel » qui guide Emmanuel dans l'autre monde est ou non Dante). Voir la discussion à ce sujet de G. Sermoneta, « L'incontro culturale tra Ebrei e Cristiani », *in* M. Luzzati, M. Olivari & A. Veronese (éd.), *Ebrei e Cristiani nell'Italia medievale e moderna : conversioni, scambi, contrasti*, Rome, Carucci, 1988, p. 183-207.

45. M. Idel, « À la recherche de la langue originelle... », repris dans l'appendice 2 d'Idel, *Kabbalah in Italy...* Voir aussi J. B. Sermoneta, « La dottrina dell' Intelletto e la 'fede filosofica' di Jehudàh e Immanel Romano », *Studi Medievali*, ser. terza, anno VI, fasc. II (1965), p. 1-76 (p. 11 *sq.*), J. Genot-Bismuth, « Nemrod, l'église et la synagogue », *Italianistica*, IV/1 (1975), p. 50-76 (p. 52 *sq.*, p. 69 *sq.*), Zwiep, *Mother of reason...*, p. 171-177.

46. Hillel de Véronne (1225-ca 1295) étudia d'abord la médecine à Montpellier, les sciences rabbiniques à Barcelone, et résida ensuite à Naples (en 1245), puis à Capoue. Il traduisit des textes chrétiens, et la première partie de son ouvrage, sur les *Rétributions de l'âme*, intègre notamment une traduction du *De anima* attribuée à Dominicus Gundissalinus, du *Tractatus de animae beatitudine* attribué à Averroès, et du *De Unitate Intellectus* de Thomas d'Aquin. Voir C. Sirat, *La Philosophie juive médiévale en pays de Chrétienté*, Paris, Éditions du CNRS, 1988, p. 83-84, Battistoni, *Dante, Verona...*, chap. 1.

La langue première, pour Hillel, n'avait donc pas été révélée à l'homme par Dieu. Zeraḥyah[47], qui avait traduit le *De anima* en 1284, s'opposait vivement à ces vues, comme Abulafia, nous le verrons : si le langage était implanté dans la nature de l'homme, il serait une puissance, qui ne pourrait s'actualiser que si les instruments naturels étaient activés par l'expérience de l'écoute et de l'apprentissage[48]. Des enfants élevés sans contact avec quiconque ne pourraient pas parler et ne feraient qu'« aboyer comme des chiens ». Et si l'hébreu était inscrit dans la nature humaine, comme puissance ne nécessitant aucun apprentissage, les hommes sauraient toujours et partout le parler[49]. Zeraḥyah défendait une position conventionnaliste, en s'appuyant sur l'interprétation en ce sens que Maïmonide donnait du verset 2, 20 de la *Genèse* sur l'imposition des noms :

> Ce qui mérite encore de fixer ton attention, c'est le passage : *Et l'homme imposa des noms*, etc. (Gen. 2, 20), qui nous apprend que les langues sont conventionnelles et non pas naturelles, comme on l'a cru[50].

Abulafia abordait déjà les questions de l'origine du langage, en mentionnant l'expérience de Psammétique, dans un de ses premiers ouvrages cabalistes, écrit à Barcelone en 1270, le *Sefer Mafteah ha-Re'ayon*[51]. S'appuyant sur le même passage du *Guide* de Maïmonide, mais aussi sur le commentaire au *De interpretatione* d'Averroès, accessible dans la traduction en hébreu de R. Jacob Anatoli, il soutenait que toutes les langues

47. Zeraḥyah, avec qui Hillel de Vérone entretint une correspondance philosophique, était né à Barcelone, puis émigra à Rome où ses ouvrages furent écrits entre 1277 et 1291. Il eut une importante activité de traducteur d'œuvres médicales et philosophiques et enseigna la philosophie de Maïmonide, rédigeant un influent *Commentaire* au *Guide des égarés.* Voir C. Sirat, *La Philosophie juive...*, p. 82-83.

48. Cité par I. E. Zwiep, *Mother of reason...*, p. 173 : « [Le premier homme]possédait [la langue sacrée]comme on possède toutes les choses naturelles qui passent en l'homme de la puissance à l'acte [...]. Car les choses ne passent en l'homme de la puissance à l'acte qu'après s'être conjuguées avec les instruments qui les engendrent grâce à la pratique et l'étude [...] ».

49. *Oṣar Neḥmad*, cité par Zwiep, *Mother of reason...*, p. 173-174.

50. *Le Guide des égarés*, trad. par S. Munk, Paris, Maisonneuve, 1981, II, 30.

51. *Sefer Mafteah ha-Re'ayon*, cité par Idel, « À la recherche de la langue originelle... », p. 425, et *Kabbalah in Italy...*, p. 328.

sont conventionnelles, et que l'apprentissage d'une langue suppose l'existence d'une langue antérieure. Il était donc pour lui absurde de penser qu'un enfant parlerait spontanément l'hébreu[52]. Il distinguait bien les langues de la capacité naturelle à parler. Ainsi, écrit-il dans le *Sefer Or ha-Sekhel* (*La Lumière de l'intellect*), son ouvrage le plus diffusé, composé vers 1285 en Italie, « les langues sont conventionnelles, mais la parole est naturelle et non conventionnelle[53] ». C'est par une convention divine, ou un accord, que l'hébreu fut transmis à Adam : connaissant les soixante-dix langues contenues dans les vingt-deux lettres de la graphie hébraïque, Adam fut capable de nommer chaque animal au moyen du nom propre qui reflétait sa nature[54]. L'hébreu est pour lui une langue « naturelle », car choisie par Dieu pour être langue de la Révélation, et voulue par Dieu comme langue de transmission pour les prophètes. L'hébreu est naturel, en outre, parce que les formes des lettres écrites sur les tables reçues par Moïse sont elles-mêmes création divine (selon Ex. 32, 16 : « Les tables étaient l'œuvre de Dieu et les écritures l'écriture de Dieu, gravée sur les tables »). La postulation d'une langue première est nécessaire, puisque pour toute langue conventionnelle, il faut qu'il y ait eu une langue antérieure, que les hommes modifient, par convention, ce qui donne naissance à des langues différentes[55].

52. *L'Épitre des sept voies* (*Ševa netivot ha-Tora*), traduite par J.-C. Attias, Paris-Tel Aviv, L'Éclat, 2008, p. 91 (à la suite d'un développement glosant les premiers chapitres du *Peri Hermeneias* d'Aristote) : « Des propos d'Aristote, on retirera que les langues sont toutes conventionnelles et non point naturelles, ainsi que le Rav' [Maïmonide] dans le *Guide* l'a rappelé et l'a prouvé à partir du verset : "*L'homme imposa des noms, etc.*". Et pourtant, nous savons que Dieu nous a choisis, nous, notre langue et notre écriture, et qu'il nous a enseigné des croyances et des traditions qu'il a lui-même choisies parmi d'autres qui se rencontrent chez d'autres peuples [...] ».

53. Cité par M. Idel, « À la recherche de la langue originelle... », p. 427 ; *Id.*, *Language, Torah and Hermeneutics in Abraham Abulafia*, Albany, State University Press, 1989, p. 12-13 ; *Id.*, *Kabbalah in Italy*..., p. 329-331.

54. R. Wolfson Elliot, *Abraham Abulafia, Cabaliste et prophète. Herméneutique, théosophie et théurgie*, Paris, L'Éclat, 1999, p. 59.

55. *Sefer 'Or ha-Sekhel*, cité par M. Idel, *Language, Torah and Hermeneutics*..., p. 14 ; *Id.*, *Kabbalah in Italy*..., p. 329-330.

Le disciple d'Abulafia explique, dans son *Sha'arei Tzedeq* écrit vers la fin du XIIIe siècle à Messine, que celui qui croit en la création du monde, et soutient en même temps que les langues sont conventionnelles, doit admettre qu'il y a eu deux types de conventions : la première est divine, et relève d'un accord entre Dieu et Adam ; la seconde est naturelle, et dépend d'un accord entre Adam, Ève et leurs enfants. Ainsi, la première langue ne fut connue que d'Adam, ne fut transmise à aucun de ses descendants à l'exception de Seth, et arriva ainsi à Noé. La confusion des langues n'atteint que la seconde langue, la langue naturelle. La première arriva à Héber, puis à Abraham, et aux Hébreux, passa à Isaac, puis à Jacob et à ses fils, et Moïse la reçut de son père Amram. Quand Dieu se révéla à lui, il lui enseigna les secrets des lettres, jusqu'à ce qu'il devienne familier avec leur essence, et Moïse arrangea ainsi la Torah en un continuum de lettres[56]. Cette version est intéressante, car il y a là une histoire double : celle de la langue divine, qui devint celle des Prophètes et la langue révélée à Moïse, l'hébreu, d'un côté ; celle de la langue « naturelle » des autres hommes, celle de la dispersion.

Abulafia lui-même explique en revanche à plusieurs reprises que l'hébreu est à la fois la première langue et la « Mère de toutes les langues[57] ». Dès son premier ouvrage, le *Sefer Get ha-Shemot* (*Livre du divorce des noms*), Abulafia soutient que l'hébreu est la matrice à partir de laquelle ont été engendrées les « soixante-dix langues[58] ». Ces langues, écrit-il, sont

---

56. R. Nathan Harar, *Sha'arei Tzedeq*, cité par Idel, *Kabbalah in Italy*..., p. 75-76.

57. Voir M. Idel, *Language, Torah and Hermeneutics*..., p. 11-16.

58. Abulafia parle le plus souvent de soixante-dix langues, mais l'on rencontre aussi le chiffre de soixante-douze langues. Voir S. Kessler-Mesguich, « Le nom des langues dans la Bible et la tradition hébraïque », *Histoire Épistémologie Langage*, 31/II (2009), p. 67-88, p. 77, *sq*. Le chiffre de soixante-douze correspond aux soixante-douze nations issues des trois fils de Noé : certaines sources rabbiniques mentionnent que Sem reçut vingt-six langues (et six écritures), Cham vingt-quatre (et cinq écritures), et Japhet vingt-deux (et cinq écritures), Sem ayant eut une écriture supplémentaire, l'hébreu. À partir des mêmes généalogies, mais aussi d'autres passages, d'autres sources arrivent au chiffre de soixante-dix langues, le plus fréquent. Il correspondrait aux langues données, après Babel, à chaque nation (l'hébreu étant la langue donnée à Israël, langue avec laquelle il a créé le monde, parce que les descendants d'Eber n'ont pas pris part à la construction de la tour de Babel). Il correspondrait, selon d'autres

« comprises dans la langue qui leur est sous-jacente à toutes », la « langue de sainteté », l'hébreu, « exprimée par les 22 lettres [consonnes]et les cinq manières de prononcer [voyelles]». C'est ce que signifie selon lui le verset de la *Genèse* qui précède la narration de Babel : « Toute la terre était une seule langue et une seule parole (*Gen.* 11, 1)[59] ». Dans d'autres textes, pourtant, Abulafia semble différencier les 22 lettres de la Torah éternelle, langage divin et matrice universelle, de l'hébreu, langage sacré et parfait, qui en émane en l'homme et inclut les soixante-dix langues[60]. C'est en pensant la *certa forma locutionis* de Dante comme « matrice universelle des langues », interprétation qui se trouvait renforcée par le rapprochement avec les Modistes décrit précédemment, qu'on a pu supposer une parenté entre Dante et Abulafia.

Pour Abulafia, on le voit, il y a donc *continuité* entre la langue matrice primordiale (que ce soit la Torah ou l'hébreu) et les langues historiques. L'exil et la dispersion expliquent que la langue première fut oubliée[61], ce qui entraîna la création, au moyen de conventions diverses,

---

commentateurs, à la révélation qui se serait faite en soixante-dix langues (Ex. 20, 18). D'autres décomptes arrivent à l'un ou l'autre de ces chiffres. Augustin, pour sa part, retient le chiffre de soixante-douze, à partir des descendants des fils de Noé (*De civitate Dei*, XVI, vi et vii). On trouve ce chiffre également pour les langues postbabéliques chez certains exégètes musulmans, voir Rosier-Catach, « Le péché linguistique originel », p. 81 (et la bibliographie citée).

59. Cf. M. Idel, « À la recherche de la langue originelle... », p. 430-431 ; *Sefer Mafteaḥ ha-Ḥokhmot*, cité par Idel, *Language, Torah and Hermeneutics...*, p. 14 et *Kabbalah in Italy...*, p. 345 : « 'And the entire land was of one language and one speech' : this verse instructs us as to the nature of language, each of which, according to our tradition, has as its origin the sacred language, which is the Mother of all languages. » Cf. *L'Épître*, c. 8, éd. Attias, p. 92 : « La langue hébraïque renferme les soixante-dix langues des nations, par le jeu de la combinaison des lettres » ; le *Divorce des noms*, éd. par G. Lahy, Roquevaire, Lahy, 2009, c. X, p. 78 : « Toutes les langues sont contenues dans la langue commune, qui est la langue sacrée, constituée de vingt-deux lettres [consonnes]et cinq voyelles [...], sans quoi il ne pourrait y avoir aucun discours ni aucun écrit ou modulation des lettres sacrées, de la Langue sacrée [...]. De même, si l'on évoque les soixante-dix langues, les lettres seront toujours celles de la Langue sacrée, il en va de même pour toutes [...]. C'est une question merveilleuse, car elle contient un grand secret que l'on connaît par le verset : "Et toute la terre avait une seule langue et les mêmes paroles" (Gen. 11, 1), englobant tout, y compris les langages de la terre entière ».

60. G. Scholem, *Le Nom et les symboles de Dieu dans la mystique juive* (traduction de R. Hayoun et G. Vajda), Paris, Cerf, 1983, p. 95-96 ; Idel, *Language, Torah and Hermeneutics...*, p. 155, n. 114.

61. M. Idel, *Language, Torah and Hermeneutics...*, p. 20-27.

des différentes langues, diversifiées au point de perdre toute similarité avec la langue première. Cette division est destinée à disparaître au moment de la rédemption, lorsque les soixante-dix langues seront de nouveau absorbées dans la langue divine. Cette continuité est essentielle puisqu'elle fonde l'espoir de retrouver la langue première oubliée par les peuples dispersés. Comme les langues ont été produites à partir de la combinaison des vingt deux lettres de l'alphabet hébraïque, il est de ce fait possible, dans la méditation, de combiner les lettres de n'importe quelle langue – et Abulafia donne l'exemple des langues contemporaines comme l'italien, le basque, etc. – pour y retrouver les racines premières[62]. C'est là le point où la divergence avec Dante s'avère absolue : comme nous l'avons vu, il n'y a pas de continuité, dans le *De vulgari eloquentia*, entre l'hébreu, langue de création divine, fabriquée par Adam et préservée par les Hébreux, mais oubliée par tous les hommes en raison de la punition, et les langues postbabéliques créées par l'homme à partir de l'*idioma tripharium*, et non à partir de l'hébreu.

Le motif premier pour lequel Moshe Idel a émis l'hypothèse que Dante avait pu s'inspirer de la pensée d'Abulafia est le rapprochement entre la *certa forma locutionis* de Dante et la « forme de parole » d'Abulafia, interprétée à partir d'Averroès. Déjà pourtant dans son article de 1996, comme dans son livre de 2011, Idel est prudent en notant que le *Sefer ha-Melammed*, où l'on rencontre cette expression, a été écrit en Espagne, après le premier séjour d'Abulafia en Italie[63].

Cette « forme de la parole » semble être une sorte de capacité linguistique naturelle humaine, liée à l'intellect, en puissance par rapport au parler réalisé, analogue à la « forme

62. M. Idel, *Language, Torah and Hermeneutics...*, p. 21, *Kabbalah in Italy...*, p. 331-332 ; Wolfson, *Abraham Abulafia...*, p. 58.

63. M. Idel, « À la recherche de la langue originelle... », p. 427 ; *Kabbalah in Italy...*, p. 329.

vitale », liée à l'âme sensitive, qui est en puissance par rapport à la sensation[64] :

> Or la forme qui comprend toute écriture est la « forme de la parole » (*Tsurat ha-dibbur*[65]) qui est naturelle et qui adhère à la bouche et est aussi gravée dans le cœur au moment de la formation. La preuve c'est que si elle n'était pas la forme de l'homme, celui-ci ne serait pas [capable de] parler et l'essence de son existence ne serait pas la parole. Et tu sais que la quintessence de l'homme est d'être une créature vivante [et] parlante ; et la forme vitale parvient à perfection à travers les sens et la « forme de la parole » parvient à perfection à travers l'intellect[66].

Le passage de cette capacité innée à l'acte n'est pas spontané et naturel. Il requiert un « agent », et donc un apprentissage ou une possibilité d'imitation :

> La connaissance des facultés et la compréhension de la parole sont des capacités spirituelles qui requièrent un agent susceptible de les faire passer de la puissance à l'acte. [...] Et puisque l'homme possède un intellect en acte, il les recevra si on l'instruit et il ne les recevra pas si on ne l'instruit pas[67].

La faculté de parler est innée, mais ne peut être actualisée s'il n'existe pas un modèle. Abulafia, selon Idel, inclurait donc dans cette « forme » à la fois une composante phonétique et une composante intellectuelle, « toutes deux inscrites dans

64. La « forme vitale » est liée aux sens ou à l'âme sensitive, la « forme de la parole » à l'intellect. La forme de la parole pourrait être la faculté rationnelle, qui régit à la fois la connaissance (le cœur) et la parole (la bouche) ; mais elle est par ailleurs « potentialité », comme l'intellect passif ou hylique, qui requiert de passer à l'acte sous l'action de l'intellect agent (voir plus bas). En hébreu, il n'y a guère de différence entre « faculté » et « capacité », qui sont désignés comme *koah*, correspondant au grec *dynamis* (je dois ces précisions importantes à David Wirmer, que je remercie vivement).

65. *Dibbur* correspond au grec *logos*.

66. *Sefer ha-Melammed*, cité par Idel, « À la recherche de la langue originelle... », p. 426, et Wolfson, *Abraham Abulafia...*, p. 59, dans une traduction différente : « Le Très Saint et Béni a soixante-dix graphies dans son monde et de même il y a soixante-dix langues et soixante-dix sceptres de la royauté [...] et la graphie hébraïque est l'une de ces graphies, *mais la forme qui comprend toute l'écriture est la forme du discours naturel qui s'attache à la bouche, ce qui est gravé dans le cœur au moment de la création* ».

67. *Sefer ha-Melammed*, cité par M. Idel, « À la recherche de la langue originelle... », p. 428 ; cf. *Divorce des noms*, G. Lahy, p. 56.

l'humaine nature depuis le tout début » et dont « la perfection est constitutive de l'homme ». Cette *forme de parole* pour Abulafia n'est donc pas une langue, et constitue la condition pour que l'homme puisse parler. Elle doit être actualisée, en tant que capacité innée – ce qui la distingue précisément de la *certa forma locutionis* telle que Dante la décrit pour Adam : celle-ci a été « infusée » en lui, mais a été aussi « parlée », « fabriquée » par ses lèvres pour donner l'idiome hébraïque *sans aucun apprentissage*. C'est ce qui précisément la distingue des langues post-babéliques, qui ont fait l'objet d'un apprentissage, les vulgaires étant appris par imitation, les langues savantes par l'étude. On se souvient en effet que, pour Dante, la langue d'Adam « qui n'avait pas de mère » n'était précisément pas une langue apprise, une langue maternelle. En outre, comme le relève Moshe Idel, les explications données par Abulafia à propos de la langue d'Adam ne sont pas toujours homogènes. Parfois il la décrit comme une langue relevant d'une convention entre Dieu et le premier homme ; parfois, lorsqu'il fait mention de la nécessité d'un facteur extrinsèque pour l'actualisation de la capacité naturelle, il explique qu'elle requiert l'intervention d'un intellect en action au sein de l'espèce humaine, un « intellect cosmique », correspondant à la dixième sphère ou sphère intellectuelle, semblable à ce qu'est l'intellect agent pour Averroès[68].

Ce qui est particulier à Abulafia, c'est – pour reprendre le titre d'un article de Moshe Idel – le « *linguistic turn* » qu'il donne à son interprétation de Maïmonide, en le lisant à la lumière de sources ésotériques, Ashkennaz et Nahmanide[69]. Dans certains textes, Abulafia attribue à l'intellect agent une fonction première, linguistique[70] :

---

68. M. Idel, « À la recherche de la langue originelle... », p. 429 ; *Id.*, *Language, Torah and Hermeneutics...*, p. 38 *sq.*

69. Pour une histoire des relations entre cabale et langage, voir Scholem, *Le Nom et les symboles...*, p. 72 *sq.* et p. 90 *sq.* pour Abulafia.

70. *Sefer 'Otzar 'Eden Ganuz*, cité par M. Idel, *Kabbalah in Italy...*, p. 61-62 ; cf. M. Idel, *L'Expérience mystique d'Abraham Abulafia*, Paris, Seuil, 1989, p. 92-108 ; *Id.*, « Abulafia's

> You should know that speech alone is not the intellect, but it is the true faculty of the soul. And in the soul there is no natural faculty that is higher than the soul, because the separate intellect emanates upon it its intellect, just as the sun emanates light upon the eye. Speech is a faculty in the soul similar to the eye in relation to the sun, which generates light upon it. And the light of the eye is the very light of the sun, and not something different from it. Likewise, the intellect of the soul is the very emanation of the Agent Intellect, not something different from it. And speech, as conceptualized in the intellect, and the imaginative faculty and the appetitive faculty and the sensitive, are ruled by it… the intellect command speech, and speech commands the appetitive (faculty), and the appetitive the imagination, and the imagination the senses, and the senses move in order to fulfill the command of the intellect.

Abulafia, ailleurs, assimile l'intellect agent à la « parole primordiale », la Torah, dont la fonction est d'actualiser l'intellect possible pour permettre à l'homme d'atteindre un état prophétique[71]. Cet intellect possible (ou hylique) est comme les « tables de la loi » qui reçoivent cette parole et toutes les formes intelligibles, les deux tables correspondant à l'intellect et à l'imagination[72].

Abulafia reprend aux philosophes arabes, mais aussi à son maître en philosophie, Hillel de Vérone, l'idée d'une union de l'intellect humain en acte avec l'intellect agent dispensateur des formes, et explique, dans un de ses commentaires

---

secrets of the guide : A linguistic turn », *Revue de métaphysique et de morale*, 4 (1998), p. 495-528, p. 512.

71. *Sheva 'Netivot ha-Torah*, cité par Idel, *Kabbalah in Italy…*, p. 61 : « The true essence of prophecy, its cause, is the 'word' that reaches the prophet from God by means of the "perfect language" that subsumes the seventy languages. » Dans le *VE-Zot Li-Yhudah*, l'intellect agent est également la parole primordiale, la révélation à Moïse étant décrite comme l'usage par Dieu de la voix de Moïse pour la transformer d'un message intellectuel en un message vocal ; voir Idel, *Kabbalah in Italy*, p. 344.

72. M. Idel, *Language, Torah and Hermeneutics…*, p. 37-38. Abulafia, *Sefer 'Or ha-Sekhel*, cité par Scholem, *Le Nom et les symboles…*, p. 93-94 : « Car le cœur des hommes est pour Dieu ce qu'est pour nous le parchemin qui en tant que matière porte les lettres qui y sont écrites avec de l'encre. C'est ainsi que pour Dieu les cœurs font figure de tablettes, les âmes sont l'encre, et le discours divin – qui est aussi connaissance – est comme la forme des lettres écrites des deux côtés des tables de l'alliance… et bien que le discours divin ne tombe pas sous les catégories du langage qui se prédiquent pourtant du cœur qui le reçoit, il n'en est pas moins discours ».

sur le *Guide* de Maïmonide, que l'actualisation de l'intellect le transformera en l'entité qui a causé le processus, à savoir l'intellect agent, de sorte qu'ils s'assimileront en une unité unique durant le moment de cette jonction[73].

La Torah n'est pas seulement la cause qui actualise l'intellect possible, elle est aussi le médium permettant l'identification de l'homme à l'intellect agent[74] : c'est en effet à travers des pratiques de méditation et de contemplation de nature linguistique, à travers la décomposition et recomposition des vingt deux lettres et la récitation des noms divins, que l'intellect de l'homme entre en contact avec l'intellect agent, et s'assimile ainsi à la Torah, permettant l'unification du connu, du connaissant et de la connaissance[75]. Les différents stades de la contemplation des lettres hébraïques (prononciation, mise par écrit, pensée, contemplation intérieure des lettres et de leurs combinaisons) correspondent aux divers stades de la connaissance, tels qu'ils sont réalisés par le simple docte au départ, puis par le prophète au stade le plus parfait. Contrairement à Maïmonide, Abulafia pense que la prophétie peut s'actualiser aujourd'hui, sans attendre l'époque messianique, et ses ouvrages visent à en enseigner l'accès[76].

---

73. *Sitrei Torah,* cité par M. Idel, « Abulafia's secrets... », p. 502.

74. Idel, *Language, Torah and Hermeneutics...*, p. 77-81, *Id., Kabbalah in Italy...*, p. 60-61.

75. Fragment anonyme attribué à Abulafia, cité par Idel, *Kabbalah in Italy...*, p. 60 : « It is known that the truth of the attainment of reality is the comprehension of the divine name, and by its means he will comprehend the commandments, and they point to the Agent Intellect, because the comprehension of the Agent Intellect is similar to a candle (*ha-ner)*, which is a "river" (*nahar)* that goes out of Eden [...]. Be careful with the wisdom that emerges from the combination found in the letters [available] to whoever knows how to combine them, because this is the goal of the wisdom of the man who understands the divine name [...]. Because the comprehension of the Agent Intellect, found within the 22 holy letters, comprise all the positive and negative commandments, and it is the candle that illumines to every man and is "the river that goes out of Eden to water the Garden" (Gen. 2.10), and it shows that within the 22 letters the comprehension of the name is found, and it is, in its entirety, [emerging] out of the combinations of letters, and you will find truly that out of the combination of letters, the known, the knower, and knowledge [are one][...] and whoever comprehends the Agent Intellect gains the life of the world to come and belongs to the secret of the angels of the living God ».

76. Sur cette conception de l'*unio mystica* et de la prophétie chez Abulafia, voir Scholem, *Le Nom et les symboles...*, p. 90 *sq.* ; Idel, *L'Expérience mystique...*, p. 92-108 ; *Id., Kabbalah in Italy...*, p. 68 *sq.* ; *Id.*, « Abulafia's secrets..., p. 502 *sq.* ; *Id.*, « Le langage mystique : de la cosmogonie à l'épistémologie », *Revue de l'histoire des religions. Langue et Kabbale*, 213/4

Conclusion

Il est historiquement possible que Dante ait connu des travaux des Modistes comme Boèce de Dacie et des cabalistes comme Abulafia : leurs textes circulaient en Italie dans les dernières années du XIIIe siècle. Nous n'avons pas voulu ici reprendre la question des sources historiques, qui semblent indiquer des possibilités plus que des contacts avérés, mais plutôt examiner, après d'autres chercheurs, les arguments qui, sur le plan doctrinal, avaient été avancés pour suggérer de telles proximités. Ceux-ci, dans le cas des Modistes, se fondent sur des mécompréhensions de leurs propres présupposés théoriques. Ces arguments ne nous semblent pas probants et induisent – et nourrissent – des interprétations de Dante erronées, et en particulier du *De vulgari eloquentia*. Quoi qu'il en soit de la connaissance par Dante de ces textes modistes ou cabalistes – et il existait bien d'autres textes sur la nature ou l'origine du langage auxquels, on le sait, il pouvait avoir accès –, on ne peut tirer des conceptions des uns et des autres des clefs pour reconstruire la pensée linguistique de Dante. De quelque manière que se manifeste l'influence des doctrines d'Averroès sur les conceptions du langage des modistes et des cabalistes, on ne peut pas davantage en tirer des arguments en faveur de l'« averroïsme » de Dante.

Les analyses que Dante expose dans *De vulgari eloquentia* se distinguent des doctrines des Modistes et de leur projet à de nombreux égards, même si tous partagent l'idée de la *Politique*

(1996), p. 379-384 (qui montre le rapport avec Leibniz) ; Sermoneta, « La dottrina dell' Intelletto... », p. 15 *sq.* ; R. Wolfson Elliot, *Language, Eros, Being. Kabbalistic Hermeneutics and Poetic Imagination*, New York, Fordham University Press, 2005, p. 237 *sq.* Cf. déjà le *Divorce des noms* (*Guét ha-Shémoth*), qui est le premier traité d'Abulafia, écrit en 1271 à Barcelone, et que nous pouvons lire en traduction française (c. II sur les types de permutation, c. VII et XI sur la nature de l'intellect, c. VIII-IX sur les Noms). Dans certains passages, le langage a une fonction d'intermédiaire, dans une chaîne qui va de l'intellect agent à l'intellect, puis au langage, puis à l'imagination (dans d'autres textes l'imagination précède le langage), et enfin aux sens, voir Idel, « Abulafia's secrets... », p. 512-513.

que seul l'homme est doté du langage (*locutio* chez Dante). Comme nous l'avons vu, le projet modiste se centre sur l'idée qu'il existe des propriétés communes à *toutes les langues*, qui font l'objet de la grammaire universelle. Il s'agit pour eux de fonder une grammaire qui réponde aux postulats de scientificité aristotéliciens, et non de distinguer entre des langues ou modes d'expression de nature différente, pour inventer et décrire un mode d'expression nouveau. Le deuxième livre du *Dve* témoigne bien de cette conception hiérarchisée des modes d'expression, puisqu'il est consacré à la seule description du vulgaire illustre, et devait être suivi de la description des modes inférieurs.

Pourquoi Dante construit-il son *Dve* en commençant par des considérations théoriques générales sur les différents modes d'expression humains (*locutiones*) et les poursuit-il par des considérations historiques, ce qu'il ne faisait pas dans le premier livre du *Convivio* ? C'est parce qu'il cherche alors à distinguer les différents types de parler, le vulgaire et le latin, non seulement par leurs propriétés, à savoir respectivement la variabilité et la stabilité, mais aussi en les rapportant à un moment précis de l'histoire linguistique humaine, le moment postbabélique, distingué radicalement de la période prébabélique, celle de la langue adamique. Cette narration historique permet d'assigner à chacun sa fonction : le parler premier a été infusé en Adam par Dieu, afin qu'il soit à la fois langue de louange du premier homme envers son créateur, qu'il se maintienne intact pour les Hébreux qui n'avaient pas péché à Babel, et qu'il devienne langue du Christ ; les parlers vulgaires ont dû être refaits par les hommes après Babel, parce qu'ils avaient, en raison de la punition divine, oublié cette forme originelle, et que le parler est une nécessité pour l'homme (et pour lui seul), lui ayant été donné comme moyen naturel pour s'exprimer, échanger, « communiquer » (au sens médiéval de « mettre en commun »), comme « lien » politique, social et affectif entre les hommes ; les parlers savants ont été inventés par les docteurs parce qu'ils avaient besoin d'une langue de science qui ne variait pas dans le temps et dans l'espace ; enfin, le vulgaire illustre a été défini par Dante afin que la variabilité naturelle des parlers vulgaires ne soit pas un obstacle à l'unité politique, afin que la multiplicité des vulgaires soit régie par un *unum* qui en soit la règle et la mesure, tout comme chaque *civilitas* doit avoir un *regens*, et que la *civilitas generis humani* doit avoir un empereur – souvenons-nous que le principe de la *reductio ad unum* vaut tant pour établir la souveraineté du vulgaire illustre dans le *Dve* que celle de l'empereur dans la *Monarchie*. L'*unum*, en matière de langue comme de politique, n'est pas derrière, mais devant. Le projet de vulgaire illustre n'a rien à voir avec un retour à la langue d'Adam, ou avec un retour mystique à la matrice originelle comme chez Abulafia.

Au-delà de l'interprétation proposée pour la *certa forma locutionis*, la différence majeure avec les conceptions d'Abulafia vient de ce que ces dernières supposent une continuité essentielle entre la « Mère de toutes les langues » et les langues historiques, permettant, malgré la dispersion et l'oubli, la remontée vers le principe à partir de n'importe quelle langue. Ce qui est en jeu avec ces différences va ici encore au-delà de la question du langage. En effet, la manière dont Dante envisage la rupture qu'instaure Babel dans l'histoire linguistique humaine nous semble très significative. L'oubli de Babel indique un point de non-retour. L'idiome infus, don divin, a été oublié, il est définitivement perdu ; à ce moment, c'est à l'homme de jouer, de créer ses parlers vulgaires. Babel a instauré une rupture radicale entre le surnaturel et le naturel, la création divine et les créations humaines, sans continuité. La reprise – différente, on le sait – des thèmes de la première langue, de Babel et de la variabilité, dans le *Par.* XXVI n'est pas contradictoire, elle indique simplement un déplacement : Adam ayant alors fabriqué sa langue, celle-ci devient dotée de tous les attributs d'une langue humaine. Elle est alors depuis le départ changeante et variable *secondo che v'abella*, c'est-à-dire *a piacimento*, comme il était dit en italien dans le *Convivio*, ou *ad placitum*, comme il était dit en latin dans le *Dve*. La véritable cause de la variabilité des vulgaires est simplement la nature « au plus haut point instable et variable » de l'homme.

Cette conception à l'œuvre dans le *De vulgari eloquentia* me semble consonante avec les projets philosophique et politique de Dante. Ce qui caractérise la pensée de Dante est une rupture entre le naturel et le surnaturel – ce thème a été bien étudié par plusieurs des participants au présent colloque pour la félicité, avec l'autonomie et la non-subordination posée entre deux types de savoirs, et corrélativement entre deux types de bonheur, félicité et béatitude, et entre deux types de pouvoir, temporel et spirituel. Cette non-subordination est liée à la distinction des possibilités, des moyens, des finalités, telle qu'on la lit dans le *Convivio* et dans la *Monarchie*. Il a été bien montré que cette idée de séparation *n'est pas averroïste*, comme n'est pas non plus averroïste l'idée dantesque que le savoir serait accessible *à tous* ou que certains pans du savoir ne seraient pas accessibles à l'homme.

Penser les vulgaires comme dérivés d'une matrice divine primordiale, et le vulgaire illustre comme un retour à la langue divine première, empêche de voir que les vulgaires, comme le vulgaire illustre qui en constitue la forme la plus excellente, sont absolument des créations humaines. Il existe pourtant une forme de « grâce » chez les poètes illustres dans le *De vulgari eloquentia*, qui les distingue des poètes et locuteurs ordinaires, comme il en existe une chez les hommes nobles destinés à régir la cité dans le *Convivio*, qui les distingue des hommes ordinaires. Cette « grâce » (ou ce don), dépend de leurs dispositions propres, et, dans les deux cas, doit être « cultivée » par l'étude, d'où la mission que s'assigne Dante, parallèle dans les deux traités écrits dans les mêmes années, d'éduquer les poètes illustres et d'éduquer ceux qui ont la noblesse en germe[77]. Dante en effet assigne à ces poètes,

77. I. Rosier-Catach, « Du vulgaire illustre, "le plus noble du tous", à la noblesse du 4e livre du *Convivio* », *in* J. Bartuschat et A. Robiglio (éd.), *Il « Convivio di Dante »*, Ravenne, Longo Editore, 2015, p. 105-134.

comme à ces nouveaux nobles, une fois éduqués, une fonction politique dans la cité – on se souvient que les nobles poètes sont les membres dispersés de la future cour italienne, on se souvient aussi du principe de la politique, cité dans le *Convivio* comme dans la *Monarchie* ensuite et dans les mêmes termes, que dans toute *civilitas* il faut un régissant et un régi, il faut, comme il sera dit dans le *Purgatoire*, un guide et des lois. Ce principe de la *Politique* régit les communautés humaines, ici-bas, donc, et indique pour chacune les moyens d'atteindre la finalité qui la concerne, avec pour la communauté la plus élevée, la *civilitas humani generis*, la félicité du genre humain tout entier. Cette finalité est celle qui est assignée au genre humain en son entier, et dont la réalisation est assurée par des hommes.

Le destin que Dante assigne à ces êtres d'exception dans la cité des hommes est différent de l'idéal philosophique élitiste des artistes : ces hommes nobles qui sont « quasiment comme des Dieux » doivent guider *tous les hommes* vers la félicité, leur permettre de satisfaire le désir de savoir auxquels tous tendent, tout comme les poètes illustres « dotés de grâce » ont pour mission d'éclairer « ceux qui errent comme des aveugles sur les places publiques » en satisfaisant le désir d'éloquence auxquels tous aspirent, hommes, femmes et enfants.

DANTE ANTI-AVERROÏSTE ?[1]

Pasquale Porro
(Università degli Studi di Bari Aldo Moro)

Si, pour préciser le rapport entre Dante et Averroès, nous voulions adopter la même méthode que celle qui est utilisée dans des cas semblables – par exemple, la méthode à laquelle a récemment eu recours Luca Bianchi pour remettre en question le prétendu averroïsme de Boèce de Dacie, c'est-à-dire la détermination du nombre des citations ou des références explicites[2] –, les résultats seraient plutôt décevants. Averroès est cité de manière explicite une fois dans l'*Enfer* (le célèbre passage de IV, 144 : « Averroès, qui fit le grand commentaire [*Averoìs che 'l gran comento feo*] »), une fois dans le *Purgatoire* (XXV)[3], une fois dans la *Monarchie* (I, 3, 9), une fois dans

1. Cette contribution a été réalisée dans le cadre du projet PRIN 2017 « Averroism. History, Developments and Implications of a Cross-cultural Tradition » (PI : Pasquale Porro).

2. L. Bianchi, « Boèce de Dacie et Averroès. Essai d'un bilan », *in* D. Calma, Z. Kaluza (éd.), *Regards sur les traditions philosophiques (XIIe-XVIe siècle)*, Louvain, Leuven University Press, 2017 (Ancient and Medieval Philosophy. Series I/56), p. 127-151.

3. *Purgatorio*, XXV, 63 : « C'est là un point/ qui fit errer jadis un plus savant que toi, / si bien qu'il sépara, par sa doctrine/ de l'âme l'intellect possible/ ne le voyant lié à aucun organe (*quest'è tal punto, / che più savio di te fé già errante, sì che per sua dottrina fé disgiunto / da l'anima il possibile intelletto, / perché da lui non vide organo assunto*). Pour la *Commedia*, j'utilise l'edition d'A. M. Chiavacci Leonardi, Milan, Mondadori, 1991-1996 (« Meridiani ») ; pour le *Convivio* et la *Monarchia*, les éditions avec les commentaires respectivement de Gianfranco Fioravanti et Diego Quaglioni dans Dante Alighieri, *Opere.* Edizione diretta da M. Santagata. *Volume secondo : Convivio, Monarchia, Epistole, Egloge*, Milan, Mondadori, 2014 (Meridiani). Nous

le *Banquet* (IV, xiii, 8), et deux fois dans la *Quaestio* (12 et 46). Il s'agit évidemment d'une base textuelle plutôt faible pour évoquer une forme d'averroïsme. Ce qui frappe, c'est surtout la référence isolée du *Banquet*, si l'on considère que le *Banquet* est un texte authentiquement philosophique, et qu'il devrait correspondre, dans la lecture de plusieurs interprètes célèbres de Dante (de Bruno Nardi à Maria Corti), au point de proximité maximale entre Dante et Averroès ou de ceux qu'on qualifie d'« averroïstes ». Pour citer une conclusion de Raffaello Morghen : « [...] c'est surtout dans le *Banquet* et dans la *Monarchie* que les traces d'Averroès sont évidentes[4] ». Face à cette référence unique à Averroès, on trouve dans le *Banquet* cinq références explicites à Avicenne – ce qui par ailleurs ne légitime pas l'impression d'un « avicennisme » de Dante.

On pourrait peut-être objecter à cette première remarque qu'il faudrait ajouter aux références explicites celles qui sont implicites ; et, en effet, on trouve dans le *Banquet*, comme dans la *Comédie*, des allusions à certaines thèses averroïstes. Mais pourrait-on réellement prendre ces allusions comme des indices de l'appartenance de Dante à une tradition averroïste ? Je ne le crois pas, soit parce qu'il s'agit de points très techniques (comme dans le cas des taches lunaires), soit parce qu'il s'agit souvent d'éléments plus ou moins communément acceptés dans la tradition interprétative des textes aristotéliciens. Pour comprendre le rapport effectif de Dante avec Averroès ou l'« averroïsme » (pour autant qu'il y ait, dans le monde latin, quelque chose qu'on puisse appeler, à la fin du XIIIe siècle ou au début du XIVe, « averroïsme », ce dont il est légitime de douter), il faudrait évidemment considérer les thèses les plus caractéristiques du *faylasûf* de Cordoue connues dans l'Occident latin. Or Dante, à ma connaissance, ne semble

---

utilisons ici les traductions françaises de J. Risset pour la *Commedia*, et des œuvres complètes dans la Pochothèque, pour les autres ouvrages.

4. R. Morghen, « Dante e Averroè », *in L'averroismo in Italia*. Atti del Convegno Internazionale Roma, 18-20 avril 1977, Accademia Nazionale dei Lincei, Rome, 1979 (Atti dei Convegni Lincei, 40), p. 49-62, p. 52.

prendre position sur aucune des thèses d'Averroès sur le statut de la philosophie première ; il ne reprend pas non plus la thèse de l'éternité du monde (qui est par ailleurs déjà aristotélicienne et avicennienne ; et il faudrait aussi rappeler que la question de l'éternité – de Dieu ou du monde, on ne le comprend pas très bien – est l'une de celles qui sont exclues, de façon explicite, du domaine du désir naturel de savoir dans le *Convivio*[5]) ; il refuse, par exemple dans le lieu déjà cité du *Purgatoire*, la thèse de l'unicité de l'Intellect possible. Il faudrait alors examiner avec plus d'attention les deux références de la *Monarchie* et du *Banquet*, qui représentent par ailleurs deux citations pour ainsi dire « positives », à savoir deux occurrences où Dante semble effectivement adopter une position averroïste. Je ne souhaite pas m'occuper de la citation de la *Monarchie*, qui fait l'objet de plusieurs interventions dans ce volume, de la part de collègues beaucoup plus compétents que moi ; je me limite, à ce sujet, à remarquer que – comme l'ont déjà montré Jean-Baptiste Brenet et Iacopo Costa[6] – je ne crois pas que cette référence puisse être interprétée comme une forme d'adhésion de Dante à la doctrine de l'unicité de l'intellect possible ; par contre, elle semble être conditionnée par la relecture thomasienne du texte 36 du troisième livre du *Grand Commentaire au De anima*. On reviendra, peut-être, sur ce point spécifique. Je voudrais plutôt me concentrer sur la seule et un peu énigmatique citation du *Banquet*. Elle se trouve, comme on le sait, dans le quatrième traité, et en particulier dans la section qui représente la reprise de la position de Dante sur la limitation du désir naturel de savoir. En plusieurs occasions, je m'étais déjà antérieurement arrêté sur la question, en proposant l'hypothèse que, précisément, la thèse concernant la limitation

---

5. *Convivio*, III, 15, 6.

6. Voir J.-B. Brenet, « Theory of Intellect and Political Organisation with Dante and Averroes », *Rivista di Filosofia Neo-Scolastica*, 98 (2006), p. 467-483 ; I. Costa, « Principio di finalità e fine nella *Monarchia* dantesca », *in* S. Caroti, R. Imbach, Z. Kaluza, G. Stabile et L. Sturlese (éd.), « *Ad ingenii acuitionem* ». *Studies in Honour of Alfonso Maierù*, Louvain-la-Neuve, Fidem, 2006 (Textes et études du Moyen Âge, 38), p. 39-65.

des « prétentions » philosophiques pouvait révéler une attitude, sur ce point spécifique, résolument anti-averroïste[7]. Il me paraît, en effet, que l'une des thèses fondamentales d'Averroès consiste dans le fait que nous désirons avoir une connaissance quidditative de Dieu et des substances séparées, et que ce désir est un désir naturel, en opposition à ce que Dante soutient dans le *Banquet*. Récemment Luca Bianchi, avec sa grande finesse, a émis des remarques, aussi judicieuses que courtoises, à propos de mon interprétation. L'un des arguments les plus forts de Luca Bianchi est que les artiens, les *artistae* (avec peut-être la seule exception de Siger de Brabant), n'ont jamais vraiment affirmé la possibilité de parvenir à une connaissance quidditative complète de Dieu et des substances séparées ; que la connaissance de Dieu postulée par les maîtres de la Faculté des arts consiste justement dans la simple connaissance de l'existence de Dieu, du *quia*, et de quelques attributs fondamentaux ; et que donc la connaissance quidditative de Dieu n'appartient pas, en définitive, à la tradition « averroïste » – si celle-ci existe. La divergence que je pensais avoir repérée à ce sujet entre Dante et l'averroïsme serait donc le résultat d'une surdétermination, pour ainsi dire, de la position des artiens, influencé par la thèse de Carlos Steel sur la philosophie médiévale comme « projet impossible » – et impossible justement dans la mesure où elle postulerait une connaissance quidditative parfaite, déjà en cette vie, des substances séparées[8].

---

7. P. Porro, « Tra il *Convivio* e la *Commedia* : Dante e il "forte dubitare" intorno al desiderio naturale di conoscere le sostanze separate », *in* A. Speer et D. Wirmer (éd.), *1308. Eine Topographie historischer Gleichzeitigkeit*, Berlin-New York, Walter de Gruyter, 2010 (*Miscellanea Mediaevalia*, 35), p. 629-660 ; *Id.*, « "Avegna che pochi, per male camminare, compiano la giornata". L'ideale della felicità filosofica e i suoi limiti nel *Convivio* dantesco », *Freiburger Zeitschrift für Philosophie und Theologie*, 59 (2012), p. 389-406.

8. L. Bianchi, « L'averroismo di Dante : qualche osservazione critica », *Le Tre Corone*, 2 (2015), p. 71-109, en particulier p. 105 : « [...] se si eccettuano un rapido passo di Sigieri – possibile fonte dell'articolo censurato – e, forse, un paio d'altri testi, non abbiamo indizi di una ripresa, in quell'ambiente e in quegli anni, di quel che Porro, sulla scia di Steel, considera il "nucleo di fondo del progetto averroista", cioè la "conoscenza quidditativa su questa terra delle sostanze separate". Ben più diffusa, come si è detto, sembra invece la convinzione che nella sua esistenza mondana l'uomo può raggiungere un'autentica felicità quando arriva a comprendere l'esistenza, la causalità e qualche proprietà delle realtà immateriali, e di questo si accontenta

En vérité, je ne partage pas sur ce point la lecture de Carlos Steel[9], et je suis d'accord avec Luca Bianchi, que je remercie, sur le fait que les artiens semblent se contenter d'une connaissance « modique » de l'essence divine – ce qui pourrait en effet suggérer, contre mon interprétation, une certaine proximité, à ce sujet, entre Dante et les artiens. Ce que je voudrais faire dans cette contribution, c'est donc :

- d'abord, préciser quelques petites choses sur la possible nature anti-averroïste ou plutôt non averroïste de la position de Dante dans le troisième traité du *Banquet* ;
- ensuite, essayer d'interpréter la référence explicite à Averroès dans le quatrième traité.

En ce qui concerne le premier point, je dois avouer que je continue à croire que la renonciation, de la part de Dante, au désir de connaître l'essence des substances séparées s'oppose à l'une des convictions fondamentales d'Averroès – quelle que soit la façon dont se présentent les faits chez les *artistae* ou chez les hypothétiques « averroïstes latins ». Ce qui est en question ici ce n'est pas seulement l'interprétation correcte de la métaphore du *vespertilio*, de la chauve-souris, dans le livre « Alpha elatton » de la *Métaphysique*, mais plus encore ce que dit Averroès, dans le *Tafsir*, commentant le livre Lambda : « Cette question est, de celles qui concernent Dieu, la plus noble de toutes, à savoir de connaître ce qu'il pense, et tous les hommes désirent [y répondre] *par nature* (*quia ista questio est nobilissima omnium, que sunt de Deo, scilicet*

senza aspirare a una diretta contemplazione della loro essenza ». Voir également L. Bianchi, « "Noli comedere panem philosophorum inutiliter". Dante Alighieri and John of Jandun on Philosophical "Bread' », *Tijdschrift voor Filosofie*, 75 (2013), p. 335-355.

9. C. Steel, « Medieval Philosophy : an Impossible Project ? Thomas Aquinas and the "Averroistic" Ideal of Happiness », *in* J. A. Aertsen et A. Speer (éd.), *Was ist Philosophie im Mittelalter ?*, Berlin-New York, Walter de Gruyter, 1998 (*Miscellanea Mediaevalia*, 26), p. 151-174 ; *Id.*, « Siger of Brabant versus Thomas Aquinas on the Possibility of Knowing the Separate Substances », *in* J. A. Aertsen, K. Emery Jr et A. Speer (éd.), *Nach der Verurteilung von 1277. Philosophie und Theologie an der Universität von Paris im letzten Viertel des 13. Jahrhunderts. Studien und Texte (After the Condemnation of 1277. Philosophy and Theology at the University of Paris in the Last Quarter of the Thirteenth Century. Studies and Texts)*, Berlin-New York, Walter de Gruyter, 2001 (*Miscellanea Mediaevalia*, 28), p. 211-231.

scire quid intelligit, et est desyderata ab omnibus naturaliter)[10] ». La connaissance de la *substance* de Dieu, c'est-à-dire de l'essence de Dieu – donc la connaissance quidditative de Dieu –, est ce que tous désirent, et la visée ultime des philosophes. Or, le commentaire d'Averroès au livre Lambda est un texte bien connu et très répandu, chez les *artistae* et chez les théologiens, et il est difficile de croire que, pour les lecteurs médiévaux, Averroès n'a pas soutenu la thèse selon laquelle nous avons un désir naturel de connaître Dieu et les substances séparées, d'autant plus que celle-ci est l'interprétation que Thomas d'Aquin propose en plusieurs endroits, et en particulier dans la *Somme contre les Gentils*, de la position d'Averroès. Comme je l'ai déjà dit, je ne veux pas nier que les artiens, eux, admettent seulement la possibilité de parvenir à une connaissance « modique », limitée, de l'essence divine : il s'agit en effet d'une position qui répond non seulement aux exigences de la foi chrétienne, mais aussi à ce que dit Aristote dans l'*Éthique à Nicomaque* (1177 b 31-35), qui refuse la position selon laquelle l'homme, en tant que mortel, devrait se contenter de rechercher et de connaître seulement les choses humaines et mortelles – un thème classique qui se retrouve chez Thomas d'Aquin[11], chez Henri de Gand[12] et chez Dante

---

10. Averroès, *In Metaph.*, XII, t. c. 51, *in Aristotelis Metaphysicorum libri XIIII cum Averrois Cordubensis in eosdem Commentariis, et Epitome*, Venetiis, apud Iunctas, 1562, f. 335rD.

11. Voir par exemple Thomas d'Aquin, *Sententia libri Ethicorum*, X, lect. 11, cura et studio fratrum praedicatorum, vol. II, Romae, Ad Sanctae Sabinae, 1969 (Sancti Thomae de Aquino Opera Omnia, 47), p. 588, l. 109-119 : « Deinde cum dicit : Oportet autem etc., excludit quorundam errorem qui suadebant quod homo debeat intendere ad sapiendum humana et mortalis ad sapiendum mortalia. Et fuit hoc dictum Symonidis poetae, ut patet in principio *Metaphysicae*. Quod quidem Philosophus dicit esse falsum, quia homo debet tendere ad immortalitatem quantum potest et secundum totum posse suum facere ad hoc quod vivat secundum intellectum, qui est optimum eorum quae sunt in homine, qui quidem est immortalis et divinus » (« puis quand il dit : il est nécessaire, cependant, etc., il exclut l'erreur de ceux qui ont suggéré que l'homme devrait viser à connaître les choses humaines, et que le mortel devrait viser à connaître les choses mortelles. Et c'était l'opinion du poète Simonide, telle qu'elle apparaît au début de la *Métaphysique*. Et le Philosophe considère cette opinion comme fausse, parce que l'homme doit tendre à l'immortalité autant qu'il le peut, et faire tout ce qui est en son pouvoir pour vivre selon l'intellect, qui est le meilleur de l'homme, immortel et divin »). Mais voir également *Summa contra Gentiles*, I, c. 5.

12. Henricus de Gandavo, *Summa [Quaestiones ordinariae]*, art. IV, q. 5, éd. G.A. Wilson, Louvain, Leuven University Press, 2005 (Henrici de Gandavo Opera Omnia, 21), p. 287-297.

lui-même[13]. Mais, à mon avis, tel n'est pas le point décisif : la vraie question ne porte pas sur la possibilité effective de parvenir à une connaissance quidditative de Dieu et des substances séparées, ou sur le degré de cette connaissance, mais sur le désir d'obtenir cette connaissance. En d'autres termes, pour Averroès et au moins pour Siger de Brabant, tous (ou tous les savants) désirent connaître ce que Dieu est – que l'on arrive ou non, dans cette vie, à accomplir cette connaissance, est une autre question. Dante, en revanche, nie précisément l'existence de ce désir, et le fait à partir de l'impossibilité d'obtenir une connaissance quidditative de Dieu et des substances séparées. De cette manière, je crois que Dante s'oppose (volontairement ou non, il est difficile de le dire) aux artiens, à la plupart des théologiens, et surtout à Averroès lui-même. Je me permets de reprendre l'affirmation d'Averroès : « Cette question est, de celles qui concernent Dieu, la plus noble de toutes, à savoir de connaître ce qu'il pense, et tous les hommes désirent [y répondre] *par nature* (*quia ista questio est nobilissima omnium, que sunt de Deo, scilicet scire quid intelligit, et est desyderata ab omnibus* naturaliter) », et de la confronter avec la conclusion de Dante : « Aussi, étant donné qu'il n'est pas possible à notre nature de connaître Dieu ni ce que sont certaines choses, nous ne désirons naturellement pas le savoir » (*Onde, con ciò sia cosa che conoscere di Dio, e di certe altre cose, quello esso è, non sia possibile alla nostra natura, quello da noi naturalmente non è desiderato di sapere*)[14]. La distance entre le projet d'Averroès et celui de Dante, à ce sujet, continue de me paraître évidente.

Voir P. Porro, « Filosofia e scienza teologica in Enrico di Gand », *in* C. Esposito, P. Ponzio, P. Porro et V. Castellano (éd.), *Verum et certum. Studi di storiografia filosofica in onore di Ada Lamacchia*, Bari, Levante, 1998, p. 415-442.

13. *Convivio*, IV, 13, 8, trad. fr. p. 336 : « Aussi Aristote dit-il au dixième livre de l'*Éthique*, contre le poète Simonide, que "l'homme doit viser autant qu'il peut les choses divines", montrant ainsi que nos facultés visent à une fin certaine » (« E però dice Aristotile nel decimo dell'*Etica*, contra Simonide poeta parlando, che "l'uomo si dee traere alle divine cose quanto può" : in che mostra che a certo fine bada la nostra potenza »). La mention de Simonide dépend évidemment de Thomas d'Aquin.

14. *Convivio*, III, 15, 10, trad. fr. p. 293.

Un deuxième argument que je voudrais ajouter, toujours à ce sujet, se fonde sur une preuve textuelle : il me semble que l'argument que Dante utilise dans le dernier chapitre du troisième traité du *Banquet* (et dont tous les interprètes essaient de retrouver la source) est bel et bien le renversement de l'argument utilisé par Averroès pour montrer la thèse contraire dans le commentaire 1 au second livre de la *Métaphysique* :

> Parce que cette science traite de l'investigation de la vérité dans un sens absolu, il commence par présenter la disposition de la voie qui y mène selon la difficulté et la facilité, étant clair que la compréhension de la vérité n'est pas impossible en beaucoup de choses. En fait, nous croyons nécessairement que nous connaissons la vérité en beaucoup de choses. Et un signe de ceci est le fait que nous désirons connaître la vérité, puisque si la compréhension était impossible, le désir serait vain. Et tous concèdent que rien n'est vain dans le fondement de la nature et de la créature. [...] Et puisque la disposition de l'intellect à l'égard des choses intelligibles est semblable à celle des sens à l'égard des choses sensibles, il a comparé le pouvoir de l'intellect quant à la compréhension des choses abstraites au sens de la vue le plus faible, celui de la chauve-souris, quant à la non-compréhension du plus puissant des sensibles, à savoir le soleil. Mais cela ne prouve pas qu'il nous soit impossible de connaître des choses abstraites, de la même manière qu'il est impossible pour la chauve-souris de regarder le soleil, parce que si c'était le cas, la nature aurait agi en vain, parce qu'elle aurait fait que ce qui est en soi compréhensible par nature puisse parfois ne pas être compris par certains, comme s'il avait fait que le soleil puisse ne pas être vu par quelque capacité de voir[15].

15. Averroes, *In Metaph.*, II, t. c. 1, éd. G. Darms, Fribourg (Suisse), Paulusverlag, 1966 (Thomistische Studien, 11), p. 53-54, l. 16-24 ; p. 55-56, l. 59-67 : « Quia ista scientia perscrutatur de veritate simpliciter, incepit notificare dispositionem viae inducentis ad ipsam secundum difficultatem et facilitatem cum sit manifestum apud omnes, quod comprehensio veritatis non est impossibilis in multis rebus. Credimus enim necessario nos scire veritatem in multis rebus. Et signum eius est hoc, quod habemus desiderium ad sciendum veritatem ; quoniam si comprehensio esset impossibilis, tunc desiderium esset otiosum. Et concessum est ab omnibus, quia nulla res est otiosa in fundamento naturae et creaturae. [...] Et quia dispositio intellectus de re intelligibili est sicut dispositio sensus de re sensibili, assimilavit virtutem intellectus in comprehendendo abstracta debilissimo visuum in sentiendo, scilicet vespertilionis, in non comprehendendo maximum sensibilium, scilicet solem. Sed hoc non demonstrat res abstractas intelligere esse impossibile nobis, sicut inspicere solem est impossibile vespertilioni,

Or il me semble indéniable que la thèse de la limitation du désir de connaître présuppose le fait de tourner cet argument d'Averroès contre Averroès lui-même : c'est ce que montrent, de manière opposée, Henri de Gand et Godefroid de Fontaines. Le premier, en effet, refuse de renverser l'argument, et concède qu'Averroès admet l'existence d'un désir naturel de connaître Dieu :

> Averroès, le Commentateur du Philosophe – qui en expliquant ce passage du deuxième livre de la *Métaphysique* "la disposition de l'intellect dans l'âme" etc., pose que l'homme à partir de ses capacités naturelles peut parvenir à connaître le premier principe et les principes séparés après celui-ci – dirait que le désir de l'homme est de connaître ces principes, et que, s'il ne les acquérait pas, ce désir ne cesserait pas[16].

Donc, pour Henri de Gand, il est évident qu'Averroès admet l'existence d'un désir naturel de connaître Dieu, et que son désir ne peut pas cesser tant que cette connaissance n'est pas atteinte (*nec sine illorum adeptione cessaret appetitus*). Quant à Godefroid, il accepte par contre le renversement de l'argument, et justement pour refuser l'idée d'Henri de Gand selon laquelle au moins le théologien peut déjà parvenir, dans cette vie, à une certaine connaissance quidditative de Dieu :

> Et on peut utiliser un exemple pour réfuter leur position, tout comme on peut réfuter l'argument du Commentateur qui prétend que les substances séparées peuvent être connues selon leur propre nature par notre intellect. Il maintient en effet au début du deuxième livre de la *Métaphysique* que cela est possible parce que s'il nous était impossible de connaître de telles substances, la nature aurait agi en vain, parce qu'elle aurait fait que ce qui est naturellement intelligible pour d'autres [êtres que lui], ne serait intelligé par aucun

---

quia si ita esset, otiose egisset natura, quia fecit illud, quod est in se naturaliter intellectum, aliquando non intellectum ab aliquo, sicut si fecisset solem non comprehensum ab aliquo visu ».

16. Henricus de Gandavo, *Summa [Quaestiones ordinariae]*, art. IV, q. 5, éd. Wilson, p. 289, l. 38-42 : « Averroes, Commentator Philosophi, qui exponens illud IIi Metaphysicae, 'dispositio intellectus in anima' etc., ponit quod homo ex naturalibus suis possit devenire, ut intelligat primum principium et principia separata post ipsum, diceret quod desiderium hominis esset ad sciendum ea, nec sine illorum adeptione cessaret appetitus ».

[d'entre eux], comme si elle avait fait le soleil de telle sorte qu'il ne soit perçu par aucun regard. Mais de la même manière on peut alors argumenter en sens contraire. Puisque, la nature, s'agissant de ce qui est possible, ne fait pas défaut, de façon générale, en tous les êtres où se trouve une opération permettant d'accomplir les choses qui sont possibles par nature, mais seulement en quelques-uns, et surtout en ce qui concerne ces [substances] ; il ne faut donc pas dire que quelque chose est naturellement possible à l'homme si elle n'est pas atteinte par quelqu'un. Or dans l'état actuel, aucun homme, aussi parfait soit-il, n'est parvenu à connaître les substances séparées en elles-mêmes. Donc la nature aurait fait en vain cette possibilité, qui ne pourrait jamais passer en acte. Puisque, par conséquent, quelqu'un qui possède une telle connaissance de telles substances n'a jamais été trouvé, sur la base de cela, il faut supposer que cela n'est pas possible selon la nature, alors que cela est tout à fait possible d'une autre manière ; et par conséquent la nature n'a pas agi en vain[17], etc.

Le renversement de l'argument averroïste chez Godefroid de Fontaines est, me semble-t-il, la formulation la plus proche de l'argument utilisé par Dante dans le *Convivio*[18]. Je ne veux ni ne peux dire que Dante a connu la question quodlibétale de Godefroid ; je me limite à observer que la dispute

17. Godefridus de Fontibus, *Quodlibet* VIII, q. 7, dans J. Hoffmans (éd.), *Le Huitième Quodlibet de Godefroid de Fontaines (texte inédit)*, Louvain, Éditions de l'Institut supérieur de philosophie, 1924 (Les Philosophes belges. Textes et études, 4), p. 72 : « Et potest poni exemplum ad reprobandum dictum istorum, sicut etiam reprobatur ratio Commentatoris ponentis quod substantiae separatae secundum se ipsas possunt apprehendi ab intellectu nostro. Arguit enim in principio secundi Metaphysicae, quod sic, quia si impossibile esset nobis illas substantias intelligere, natura egisset otiose, quia fecit illud quod est in se naturaliter intellectum aliis non esse intellectum ab aliquo sicut si fecisset solem non comprehensum ab aliquo visu. Sed eodem modo potest argui contra. Cum natura ab eo quod est possibile non deficit in omnibus generaliter in quibus est operatio ad consequendum ea quae sunt naturaliter possibilia, sed potius in paucioribus, praecipue quantum ad tales ; ergo non debet dici aliquid esse hominibus possibile naturaliter nisi ab aliquibus attingatur. Sed quantumcumque perfecti viatores non pervenerunt ad hoc quod substantias separatas sic secundum se intelligerent ; ergo otiose natura egisset talem possibilitatem quae numquam reduceretur ad actum. Ergo cum non sunt inventi qui de talibus talem habuerunt intellectum, supponendum est ex hoc quod hoc non est possibile secundum naturam ; sed bene est possibile alio modo ; et ideo natura non egit otiose ; et cetera ».

18. Voir Porro, « Tra il *Convivio* e la *Commedia* : Dante e il "forte dubitare" intorno al desiderio naturale di conoscere le sostanze separate » (cit.) ; plus généralement, sur les sources possibles de l'argument de Dante, voir P. Falzone, *Desiderio della scienza e desiderio di Dio nel* Convivio *di Dante*, Bologne, Il Mulino, 2010.

entre Henri et Godefroid (ou, pour mieux dire, entre Henri, Godefroid et Jean Duns Scot) était sans doute bien connue dans les « écoles des religieux », puisque quasiment tous les maîtres et les lecteurs de théologie du début du XIVe siècle furent obligés de prendre position sur ce sujet.

Dante refuse donc la thèse capitale qu'Averroès établit dans son commentaire au livre Lambda, et renverse l'argument qu'Averroès propose dans son commentaire au livre « Alpha elatton » : deux arguments qui me semblent postuler en faveur d'une certaine distance, à ce sujet, entre le poète et le *faylasûf*. Mais on pourrait alors poser la question : est-ce que Dante lui-même a conscience de cette distance, de cet écart ? Est-ce que Dante lui-même reconnaît sa position comme contraire à celle d'Averroès ? Pour répondre à cette question – et j'en viens à mon second point –, il faut essayer d'interpréter la référence explicite à Averroès dans le quatrième traité et dans la reprise de la question de la limitation du désir de savoir dans le contexte de la discussion sur l'avarice. Rappelons le passage : « Quelque calomniateur de la vérité pourrait dire que, si par leur acquisition les richesses accroissent le désir et sont donc imparfaites et viles, pour cette raison la science est imparfaite et vile ; car en l'acquérant s'augmente toujours le désir de l'avoir[19]. » Répondant à la question dans le chapitre 13, Dante dit :

> Répondant à la question, je dis que l'on ne peut dire à proprement parler que le désir de la science s'accroît, bien que, comme il a été dit, il se dilate d'une certaine manière. Car ce qui croît à proprement parler, est toujours unique ; or le désir de la science n'est pas unique mais multiple : l'un achevé, il en vient un autre ; de sorte qu'à proprement parler, sa dilatation n'est pas croissance, mais succession d'une petite chose vers une grande. Car, si je désire savoir les principes des choses naturelles, aussitôt que je les sais, ce désir

19. *Convivio*, IV, 12, 11 : « Potrebbe dire alcuno calunniatore della veritade che se per crescere desiderio acquistando, le ricchezze sono imperfette e però vili, che per questa ragione sia imperfetta e vile la scienza, nell'acquisto della quale sempre cresce lo desiderio di quella [...] » ; trad. fr. p. 333.

> est accompli et achevé. Si je désire savoir ensuite ce qu'est et comment est chacun de ces principes, c'est un autre et nouveau désir ; et sa venue ne m'ôte pas la perfection où m'avait amené l'autre ; une telle dilatation n'est pas cause d'imperfection, mais de plus grande perfection. Celle de la richesse, c'est vraiment une croissance au sens propre, car elle demeure unique, de sorte que l'on n'y voit aucune succession, en vue d'aucune limite ni d'aucune perfection[20].

Ce qui frappe, dans ce passage, c'est l'allusion à une distinction entre la connaissance de l'existence de certaines choses et la connaissance de leur quiddité : « Car, si je désire savoir les principes des choses naturelles, aussitôt que je les sais, ce désir est accompli et achevé. Si je désire savoir ensuite *ce qu'est* et comment est chacun de ces principes, c'est un autre et nouveau désir » (« *Ché se io desidero di sapere li principii delle cose naturali, incontanente che io so questi. È compiuto e terminato questo desiderio. E se poi io desidero di sapere* che cosa e *com'è ciascuno di questi principii, questo è un altro desiderio nuovo* [...] »). On pourrait en effet poser la question de savoir si, parmi les principes des choses naturelles, il faut inclure aussi, au moins indirectement, les substances séparées : dans ce cas, Dante semblerait admettre ce qu'il avait nié dans le troisième traité, à savoir que nous avons un désir de connaître la quiddité, « *il che cosa* » des substances séparées. Dante répète, semble-t-il, la même chose dans la suite de l'argumentation :

> Si mon adversaire prétend que, comme le désir de savoir les principes des choses naturelles est différent de savoir ce qu'ils sont, de même est-ce un désir différent d'avoir cent marcs d'argent que d'en désirer

---

20. *Convivio*, IV, 13, 1-2 : « Alla questione rispondendo, dico che propiamente crescere lo desiderio della scienza dire non si può, avegna che, come detto è, per alcuno modo si dilati. Ché quello che propiamente cresce, sempre è uno : lo desiderio della scienza non è sempre uno ma è molti, e finito l'uno, viene l'altro ; sì che, propiamente parlando, non è crescere lo suo dilatare, ma successione di picciola cosa in grande cosa. Ché se io desidero di sapere li principii delle cose naturali, incontanente che io so questi, è compiuto e terminato questo desiderio. E se poi io desidero di sapere che cosa e com'è ciascuno di questi principii, questo è un altro desiderio nuovo, né per l'avenimento di questo non mi si toglie la perfezione alla quale mi condusse l'altro ; e questo cotale dilatare non è cagione d'imperfezione, ma di perfezione maggiore. Quello veramente della ricchezza è propiamente crescere, ché è sempre pur uno, sì che nulla successione quivi si vede, e per nullo termine e per nulla perfezione » ; trad. fr. p. 334-335.

mille ; je réponds que ce n'est pas vrai. Car la centaine est partie du millier et a avec lui un rapport, comme la partie d'une ligne avec une ligne entière, sur laquelle on avance par un seul mouvement ; et il n'y a ici aucune succession ni perfection dans le mouvement. Mais connaître quels sont les principes des choses naturelles et connaître ce qu'est chacun d'eux, n'est pas partie l'un de l'autre ; ils ont des rapports semblables à ceux de deux lignes différentes, sur lesquelles on n'avance pas d'un même mouvement : au mouvement achevé de l'un succède le mouvement de l'autre. Ainsi apparaît-il que, du fait du désir de la science, la science ne doit pas être dite imparfaite, comme les richesses doivent l'être du fait de leur désir, selon les termes de la question. Dans le désir de la science, en effet, les désirs s'achèvent successivement et l'on en vient à la perfection ; ce qui n'est pas le cas de la richesse. Si bien que la question est résolue et n'a pas lieu d'être[21].

« Mais connaître quels sont les principes des choses naturelles et connaître *ce qu'est chacun d'eux*, n'est pas partie l'un de l'autre (*Ma conoscere che siano li principii delle cose naturali, e conoscere* quello che sia ciascheduno, *non è parte l'uno dell'altro*) » : il s'agit donc de sciences différentes, et j'ai du mal à exclure de façon absolue la possibilité que Dante vise ici la métaphysique en tant que science de la connaissance quidditative des principes des choses naturelles[22]. Donc la différence entre le désir des richesses et le désir de la science

21. *Convivio*, IV, 13, 3-5 : « E se l'avversario vuole dire che, sì come è altro desiderio quello di sapere li principii delle cose naturali, e altro di sapere che elli sono ; così altro desiderio è quello delle cento marche, e altro è quello delle mille ; rispondo che non è vero : ché 'l cento si è parte del mille, e ha ordine ad esso come parte d'una linea a tutta [la] linea, su per la quale si procede per uno moto solo, e nulla successione quivi è né perfezione di moto in parte alcuna. Ma conoscere che siano li principii delle cose naturali, e conoscere quello che sia ciascheduno, non è parte l'uno dell'altro, e hanno ordine insieme come diverse linee, per le quali non [si] procede per uno moto, ma, perfetto lo moto dell'una, succede lo moto dell'altra. E così appare che dal desiderio della scienza, la scienza non è da dire imperfetta sì come le ricchezze sono da dire per lo loro, come la questione ponea : ché nel desiderare della scienza successivamente finiscono li desiderii e vienesi a perfezione, e in quello della ricchezza no. Sì che la questione è soluta, e non ha luogo » ; trad. fr. p. 335.

22. Ou est-ce que Dante accepte plutôt la distinction thomasienne entre la métaphysique, science qui arrive à montrer l'existence des principes des choses naturelles, et la théologie révélée, science qui porte directement sur ces principes ? C'est une question qui mériterait d'être approfondie en une autre circonstance, surtout si l'on arrivait à prouver que Dante connaît le *Commentaire* de Thomas d'Aquin au *De Trinitate* de Boèce (voir *infra*).

s'appuie sur le principe de la pluralité et de l'autonomie des sciences : la progression dans la connaissance scientifique n'est pas la progression sur une seule ligne continue, mais sur des lignes différentes, « sur lesquelles on n'avance pas d'un même mouvement : au mouvement achevé de l'un succède le mouvement de l'autre[23] ». Dante introduit alors une troisième objection possible :

> Mon adversaire peut bien encore objecter à tort, disant que, bien que de nombreux désirs s'accomplissent dans l'acquisition de la science, jamais on ne parvient au dernier : chose presque semblable à l'imperfection de ce qui ne s'achève pas et qui est pourtant un seul et même désir. On répond encore ici que n'est pas vrai ce que l'on nous oppose, à savoir que l'on ne parvient jamais au dernier : car nos désirs naturels, comme il a été montré ci-dessus au troisième livre, vont vers un terme certain ; celui de la science est naturel, de sorte qu'il s'accomplit en un terme certain, bien que, du fait que la plupart des hommes marche mal, seul un petit nombre d'entre eux parvient à terminer la journée[24].

Et c'est ici que Dante introduit la référence explicite à Averroès : « Si l'on entend bien le commentateur du troisième livre de l'Âme, on entend cela d'après lui (*E chi intende lo Comentatore nel terzo dell'Anima, questo intende da lui*)[25] ». Or, j'avais déjà essayé d'interpréter ce passage sur la base d'une

23. Ce point a été déjà souligné par Enrico Fenzi, « Conoscenza e felicità nel III e IV del *Convivio* », dans C. Cattermole, C. de Aldama et C. Giordano (éd.), *Ortodossia ed eterodossia in Dante Alighieri.* Atti del Convegno di Madrid (5-7 novembre 2012), Alpedrete (Madrid), Ediciones de La Discreta, 2014, p. 411-451, en particulier p. 436 : « [...] la posizione di Dante deriva la sua forza dalla solida convinzione che – mi ripeto – in ogni affermazione di verità, per circoscritta che essa possa essere, per banale oppure scientificamente sofisticata che sia, non ci può essere più verità di quella che già c'è, e che nessuna risalita per la catena delle cause riesce a modificare (semmai, la rafforza...) » : je ne suis pas convaincu, par contre, qu'il s'agit ici d'une position antithomiste, comme j'espère le montrer dans la suite de cette contribution.

24. *Convivio*, IV, 13, 6-7 : « Ben puote ancora calunniare l'aversario dicendo che, avegna che molti desiderii si compiano nello acquisto della scienza, mai non si viene all'ultimo : che è quasi simile alla [im]perfezione di quello che non si termina e che è pur uno. Ancora qui si risponde che non è vero ciò che si oppone, cioè che mai non si viene all'ultimo : ché li nostri desiderii naturali, sì come di sopra nel terzo trattato è mostrato, sono a certo termine discendenti ; e quello della scienza è naturale, sì che certo termine quello compie, avegna che pochi, per male camminare, compiano la giornata » ; trad. fr. p. 335-336 (corrigée pour la dernière phrase).

25. *Convivio*, IV, 13, 8 ; trad. fr. p. 336.

conception élitiste de la philosophie : seulement un petit nombre d'hommes, sachant bien marcher, est capable du parvenir « au dernier désir », et donc d'accomplir le désir de la science[26]. Toutefois, je n'avais pas considéré la référence exacte au texte d'Averroès. Il est bien connu qu'il y a à ce sujet des interprétations très différentes : selon Busnelli (et Imbach) le commentaire 36 du troisième livre ; selon Bruno Nardi, le texte 5, où Averroès dit que la philosophie a été et est toujours pratiquée dans quelque partie du monde[27]. Je pense que, comme dans le cas de la matière première, Busnelli a raison, et surtout qu'il a raison de montrer (comme par ailleurs le fait de façon excellente Gianfranco Fioravanti dans sa nouvelle édition du *Banquet*) que la source de cette référence est Thomas d'Aquin, et en particulier un passage du *Super Boetium De Trinitate*, q. VI, art. 4, qu'il faut peut-être citer dans son intégralité :

> Or la quiddité des substances séparées ne peut pas être connue à partir de ce que nous recevons des sens, comme cela est clair par ce qui a été dit précédemment, quoique nous puissions à partir des sensibles en venir à la connaissance de l'exister de telles substances et de certaines de leurs conditions. Et c'est pourquoi par aucune science spéculative on ne peut savoir de quelque substance séparée ce qu'elle est, quoique par les mêmes sciences spéculatives nous puissions savoir l'exister et certaines de leurs conditions, par exemple qu'elles sont intellectuelles, incorruptibles, etc.
>
> Ceci est aussi l'opinion du Commentateur au livre III *De l'âme*, quoique Avempace ait dit le contraire du fait qu'il estimait que les quiddités des réalités sensibles exprimaient adéquatement

26. Porro, « "Avegna che pochi, per male camminare, compiano la giornata". L'ideale della felicità filosofica e i suoi limiti nel *Convivio* dantesco » (cit.).

27. Voir Dante Alighieri, *Il Convivio* ridotto a miglior lezione e commentato da Giovanni Busnelli e Giuseppe Vandelli con introduzione di Michele Barbi, Florence, Le Monnier, 1934-1937, 2 vol. ; seconda edizione con Appendice di aggiornamento a cura di A. E. Quaglio, Florence, le Monnier, 1964, 2 vol. ; *Das Gastmahl. Viertes Buch*, übersetzt v. T. Ricklin, eingeleitet und kommentiert v. R. Imbach, Hambourg, Meiner, 2004 (Dante Alighieri Philosophische Werke, Bd. 4/IV) ; B. Nardi, *Dante e la cultura medievale*, nuova edizione a cura di P. Mazzantini, Roma-Bari, Laterza, 1983, en particulier p. 161. Pour Fioravanti, voir p. 657 de son commentaire (cit. n. 3). Il est vrai, en tout cas, que même dans le texte 5 Averroès fait allusion à la perfection de la science humaine.

> les quiddités immatérielles, ce qui est évidemment faux, comme le dit le Commentateur au même endroit, puisque la quiddité de l'une et de l'autre est affirmée de manière quasi équivoque[28].

Thomas semble en effet présenter ici Averroès comme un partisan de la thèse de la limitation du savoir, jusqu'au point de nier la possibilité de connaître, par *une* (et je souligne : *une*) science spéculative, la quiddité des substances séparées. Thomas fait en effet ici allusion à la dispute entre Averroès et Avempace, et c'est précisément cette dispute, selon l'interprétation que je voudrais suggérer ici, qui représente l'arrière-plan de la citation de Dante. La question porte justement sur la possibilité de connaître les substances séparées. Rappelons un passage clé de la position d'Averroès (*Grand Commentaire au De anima*, III, t. c. 36) :

> Enfin, si nous posons qu'il est dans la substance et la nature de l'intellect matériel de penser les choses séparées : Pourquoi cette intellection n'est-elle pas conforme [*non currit cursu*] à nos intellections des [formes] matérielles, en sorte que cette intellection fasse [elle aussi] partie des sciences théorétiques et constitue le domaine [d'investigation] d'une des sciences théorétiques ? Avempace semble emprunter sur ce point deux directions. Dans l'épitre qu'il a intitulée *De l'expédition*, il dit, en effet, qu'il y a deux modes de possibilité : la naturelle et la divine, ce qui revient à dire que l'intellection de cet intellect est de possibilité divine, non de possibilité naturelle. Mais dans l'*Épître de la jonction* il dit : Et quand le philosophe sera arrivé au terme de cette ascension, contemplant l'intelligible en tant qu'in-

28. Thomas d'Aquin, *Super Boetium De Trinitate*, q. VI, art. 4, cura et studio fratrum praedicatorum, Rome-Paris, Commissio Leonina – Cerf, 1992 (Sancti Thomae de Aquino Opera Omnia, 47), p. 170b-171a, l. 136-153 : « Quiditas autem substantiarum separatarum non potest cognosci per ea que a sensibus accipimus, ut ex predictis patet ; quamuis per sensibilia possimus deuenire ad cognoscendum predictas substantias esse, et aliquas earum conditiones ; et ideo per nullam scientiam speculatiuam potest sciri de aliqua substantia separata quid est, quamuis per scientias speculatiuas possimus scire ipsas esse, et aliquas earum conditiones, utpote quod sunt intellectuales, incorruptibiles, et huiusmodi. Et hec est etiam sententia Commentatoris in III De anima. Quamuis Auempache contrarium dixerit, ex hoc quod estimabat quiditates rerum sensibilium sufficienter exprimere quiditates immateriales ; quod patet esse falsum, ut ibidem Commentator dicit, cum quiditas de utrisque dicatur quasi equiuoce » ; trad. fr. Thomas d'Aquin, *Division et méthodes de la science spéculative : physique, mathématique et métaphysique*. Introduction, traduction et notes de *L'expositio super librum Boethii de Trinitate*, Q V-VI, par B. Souchard, Paris, L'Harmattan, 2002, p. 120-121.

telligible, alors il pensera la substance séparée. Et il est manifeste par là que, selon lui, l'intellection de cet intelligible est une partie des sciences théorétiques, à savoir la science naturelle. Et c'est bien là ce qui est nous est apparu au sujet [d'Avempace] d'après l'examen [de ses livres]. Mais s'il en est ainsi, l'ignorance de cette science [de l'intelligible séparé, peut avoir trois causes] pour nous les hommes : [1] soit nous ne connaissons pas encore les propositions qui nous conduiraient à cette science (comme on le dit de plusieurs arts qui semblent être possibles, mais [font intervenir] des causes qui nous sont inconnues, par exemple l'Alchimie) ; [2] soit ce type de pensée s'acquiert par l'exercice et l'usage des choses de la Nature, et nous n'avons pas encore assez d'exercice ni assez d'usage pour pouvoir acquérir cette intellection ; [3] soit, enfin, pour des raisons naturelles, à cause d'un défaut de notre nature humaine. Si [notre ignorance de cette science] provient d'un défaut de notre nature [= 3], alors nous tous qui sommes nés pour acquérir cette science nous sommes dits « hommes » en un sens homonyme ; si elle provient de l'ignorance des propositions menant à cette science [= 1], c'est que la science théorétique n'est pas encore achevée – et Avempace dit que c'est peut-être déraisonnable, mais pas impossible ; et si cela provient [d'un manque] d'usage [des choses de la Nature] [= 2], ce discours est proche de celui qui pose que la cause de [notre ignorance] est l'ignorance des propositions menant à cette science [= 1]. Tout ce qui vient d'être dit, même si cela est déraisonnable (*remotum*), n'est pas impossible : comment, dès lors, résoudre les problèmes susdits[29] ?

29. Averrois Cordubensis, *Commentarium Magnum in Aristotelis De anima libros*, éd. F. S. Crawford, Cambridge (Massachusetts), The Mediaeval Academy of America, 1953, p. 494-495, l. 426-459 : « Et etiam, si posuerimus quod intelligere res abstractas est in substantia et in natura intellectus materialis, quare igitur ista intellectio non currit cursu intellectionum materialium nobis, ita quod hoc intelligere sit pars partium scientiarum speculativarum, et erit unum quesitorum in scientia speculativa ? Et Avempeche videtur ambigere in hoc loco. Dixit enim in epistola quam vocavit Expeditionis quod possibilitas est duobus modis : naturalis, et divina ; idest quod intellectio istius intellectus est de possibilitate divina, non de possibilitate nature. In epistola autem Continuationis dixit : *Et cum Philosophus ascendent alia ascensione, considerando in intellecto inquantum intellectum, tunc intelliget substantiam abstractam*. Et manifestum est ex hoc quod intelligere intellectum secundum illum *est pars scientiarum speculativarum, scilicet Scientia Naturalis* ; et hoc apparuit etiam in illa perscrutatione ab eo. Et cum ita sit, nos omnes homines, quod accidit nobis de ignorantie istius scientie aut erit quia adhuc non scimus propositiones que inducunt nos ad hanc scientiam (ut dicitur de multis artificiis que videntur esse possibilia sed sunt causarum ignoratarum, v. g. Alkimie), aut hoc intelligere hoc acquiritur per exercitium et usum in rebus naturalibus, sed nondum habemus de exercitio et usu tantum per quod possumus acquirere hanc intellectionem, aut erit hoc propter diminutionem nostre nature naturaliter. Si igitur hoc accidit

Or, cette interprétation d'Ibn Bāǧǧa comme partisan d'une théorie particulière de la jonction est, selon toute probabilité, une invention (ou une erreur) d'Averroès[30]. Dans la perspective d'Averroès, la divergence pourrait être résumée dans ces termes : « la cause de l'intellection est la jonction, et non l'inverse (*causa intellectionis est continuatio, et non econtrario*)[31] ». Hormis cette différence capitale, dans la suite du même commentaire, Averroès admet pourtant à son tour la possibilité de parvenir à la connaissance des substances séparées (en l'occurrence, de l'intellect agent) par l'étude de *l'ensemble des sciences théorétiques.* Il convient de citer également le passage en question, même s'il est bien connu :

> Et lorsqu'il en est ainsi [que cette jonction avec l'intellect agent est accomplie], il est nécessaire que [par cet intellect], l'homme pense tous les êtres par un intellect qui lui est propre et effectue sur tous les êtres l'action qui lui est propre [qui est de penser], de la même manière que, par l'intellect en habitus, il pensait tous les êtres par une intellection qui lui était propre, quand [son intellect] était joint aux formes imaginables. Selon ce mode, l'homme est donc, comme le dit Thémistius, semblable à Dieu, car il est d'une certaine manière tous les êtres et il les connaît [tous] en quelque manière ; en effet, les êtres ne sont rien d'autre que sa science, et la cause des êtres n'est rien d'autre que sa science. Et que cet ordre est admirable ! Que ce mode d'être est extraordinaire ! [...] De là apparaît aussi que son intellection n'est pas l'une d'entre les sciences théorétiques,

propter diminutionem in natura, tunc nos et omnes qui innati sunt acquirere hanc scientiam dicimur homines equivoce. Et si hoc accidit propter ignorantiam propositionum inducentium in hanc scientiam, tunc scientia speculativa nondum perfecta est ; et forte Avempeche dicit hoc esse inopinabile, sed non impossibile. Et si hoc accidit propter consuetudinem, tunc sermo erit propinquus sermoni dicenti quod causa in hoc est ignorantia propositionum inducentium in hanc scientiam. Et omne hoc dicitur cum hoc quod videtur esse remotum, licet non impossibile. Quomodo ergo potest evadere ab illis questionibus predictis ? » Texte cité dans la belle traduction d'Alain de Libera : Averroès, *L'Intelligence et la pensée. Grand commentaire du* De anima. *Livre III (429 a 10-435b 25)*. Présentation et traduction inédite par Alain de Libera, Paris, Flammarion, 1998, p. 161-162.

30. Cf. les remarques de Charles Genequand dans son Introduction à Ibn Bāǧǧa (Avempace), *La Conduite de l'isolé et deux autres épîtres*. Introduction, édition critique du texte arabe, traduction et commentaire par C. Genequand, Paris, Vrin, 2010, en particulier p. 58-82 (p. 68 : « Mais le véritable responsable de la confusion est de toute évidence Ibn Rušd »).

31. Averrois Cordubensis, *Commentarium Magnum in Aristotelis De anima libros*, éd. Crawford, p. 501, l. 628-629.

> mais l'aboutissement naturel [*currens cursu*] de l'apprentissage [*disciplina*] des sciences théorétiques. C'est pourquoi il n'y a rien d'absurde à penser que les hommes s'entraident sous ce rapport [*in hac intentione*], comme ils s'entraident dans [l'apprentissage] de [chacune des] sciences théorétiques [prise séparément]. Mais il est nécessaire que cela, [étant] l'aboutissement [de l'apprentissage des sciences théorétiques], soit découvert à partir des sciences théorétiques, et non d'autres. En effet, les intelligibles faux ne peuvent [être facteurs] de jonction, car ils ne sont pas conformes à la nature et ne sont pas une fin [pour la nature], tel un sixième doigt ou un monstre dans la création[32].

C'est vraisemblablement à partir de ce passage que Thomas d'Aquin a pu tirer d'Averroès l'idée d'un aboutissement naturel (*naturaliter*) de l'apprentissage, ou de la connaissance[33], la différence entre Averroès et Avempace étant surtout,

---

32. Averrois Cordubensis, *Commentarium Magnum in Aristotelis De anima libros*, éd. Crawford 500-502, l. 611-622 et 640-649 : « Et cum ita sit, necesse est ut homo intelligat per intellectum sibi proprium omnia entia, et ut agat actionem sibi propriam in omnibus entibus, sicut intelligit per intellectum qui est in habitu, quando fuerit continuatus cum formis ymaginabilibus, eis omnia entia intellectione propria. Homo igitur secundum hunc modum, ut dicit Themistius, assimilatur Deo in hoc quod est omnia entia quoquo modo, et sciens ea quoquo modo ; entia enim nichil aliud sunt nisi scientia eius, neque causa entium est aliud nisi scientia eius. Et quam mirabilis est iste ordo, et quam extraneus est iste modus essendi ! [...] Et ex hoc apparet quod sua intellectio *non est aliquid scientiarum speculativarum*, sed est aliquid currens cursu rei generate *naturaliter a disciplina scientiarum speculativarum*. Et ideo non est remotum ut homines adiuvent se in hac intentione, *sicut iuvant se in scientiis speculativis. Sed necesse est ut inveniatur illud currens a scientiis speculativis*, non ab aliis. Intellecta enim falsa impossibile est ut habeant continuationem, quoniam non sunt aliquid currens cursu naturali, sed sunt aliquid quod non intendebatur, sicut digitus sextus, et monstrum in creatura » ; trad. fr. d'A. de Libera, p. 167-168.

33. Voici comment Thomas d'Aquin résume la position d'Averroès dans le *Super Boetium De Trinitate*, cura et studio fratrum praedicatorum, p. 169-170, l. 56-71 : « Set contra est quod Commentator dicit in III De anima, quod ad hanc positionem sequitur, uel quod scientie speculatiue nondum sint perfecte, cum ille scientie nondum sint inuente quibus possimus substantias separatas intelligere ; et hoc si contingat ex ignorantia aliquorum principiorum quod nondum substantias predictas intelligamus, uel si contingat ex defectu nature nostre quod non possimus illas scientias speculatiuas inuenire quibus predicte substantie intelligantur, sequetur quod si aliqui nati sunt huiusmodi scientias inuenire, quod nos et ipsi simus equiuoce homines. Quorum primum est improbabile, secundum autem est impossibile. Ergo non potest hoc per aliquas speculatiuas scientias esse quod substantias predictas intelligamus » ; trad. fr. p. 117-118 : « Le Commentateur dit au livre III *De l'Âme* que de cette position, ou bien il s'ensuit que les sciences spéculatives ne sont pas encore parfaites, puisque n'ont pas encore été trouvées ces sciences par lesquelles nous puissions concevoir les substances séparées et cela s'il arrive qu'à partir de l'ignorance de quelques principes nous ne concevions pas encore de telles substances ; ou bien s'il arrive qu'à partir du défaut de notre nature nous ne puissions pas trouver ces sciences spéculatives à partir desquelles de telles substances sont conçues, il s'ensuit que si

à ses yeux, que selon ce dernier la possibilité de la connaissance des substance séparées se fait par la progression dans une seule science théorétique[34], tandis que pour Averroès (qui renverse le rapport entre jonction et intellection) elle dépend de l'application (*per studium*), même collective, à l'ensemble des sciences théorétiques, avec les limitations que cela implique. Et c'est probablement à partir de cette interprétation particulière, déterminée, de Thomas d'Aquin que Dante a pu à son tour faire d'Averroès un partisan de la thèse de la perfection/limitation du savoir, et élaborer l'alternative entre deux façons différentes de comprendre la progression du savoir : la progression sur une seule ligne continue (une seule science théorétique, à savoir la thèse d'Avempace), et celle sur plusieurs lignes, qui permet l'aboutissement du savoir ou de l'apprentissage (Averroès dans l'interprétation thomasienne, qui néglige complètement, dans le contexte du *Super Boetium De Trinitate*, toute référence à la doctrine de l'unicité de l'intellect possible, et l'alternative entre la conjonction comme résultat ou comme cause de l'intellection).

Il serait possible d'ajouter plusieurs remarques, ou de poser plusieurs questions, au sujet de cette interprétation. Tout d'abord, on pourrait poser la question de savoir si Dante a connu le *Super Boetium De Trinitate* : pour l'instant, on pourrait simplement observer que Dante connaît sans doute le troisième livre de la *Summa contra Gentiles*, où Thomas

---

quelques-uns sont nés pour trouver des sciences de la sorte, nous et eux sommes des hommes de manière équivoque. La première de ces thèses est improbable et la seconde impossible. Donc par quelques sciences spéculatives il ne se peut pas que nous concevions de telles substances ».

34. Pour le passage de l'épître qui semble légitimer cet aspect de l'interprétation d'Averroès cf. Ibn Bāǧǧa (Avempace), *La conduite de l'isolé et deux autres épîtres*, p. 103-104, § 43-44 : « Il est évident que tout homme qui recherche autre chose que la perfection de la faculté théorétique cherche qu'un autre que lui soit dans l'état qui est le meilleur et se laisse distraire de soi-même. Cette recherche n'a pas de nom qui lui soit propre et ses espèces s'appellent apprentissage, déduction et autres noms. *Appelons-le donc d'une manière générale science.* [...] [44] L'homme d'une nature parfaite est celui dont la nature est d'être par lui-même. *Il est évident que la nature supérieure est celle qui permet d'atteindre la science théorétique.* Tu possèdes la nature supérieure, garde-toi de la placer dans une position déficiente et de rechercher autre chose que toi en te contentant d'une action *autre que la science* [...] ».

d'Aquin propose la même interprétation et la même opposition entre Averroès et Avempace (même si, dans ce contexte, il mentionne et critique la doctrine de l'unicité de l'intellect possible). Un seul exemple, tiré du chapitre 43 du livre III de la *Somme contre les Gentils*, suffira :

> Or, ce progrès et ce mouvement vers la continuité [avec l'intellect agent] se fait par l'application aux sciences spéculatives, qui nous font acquérir des intelligibles vrais, et qui dissipent les opinions fausses, étrangères à l'ordre de ce mouvement, comme les monstres sont étrangers à l'ordre de l'opération naturelle. Aussi les hommes s'entraident-ils en vue de ce progrès comme ils s'entraident dans les sciences spéculatives[35].

Une deuxième remarque concerne le fait que c'est probablement de ces textes et de cette interprétation thomasienne d'Averroès que Dante a tiré la thèse de la *Monarchie*, à savoir l'idée de la coopération des hommes dans l'application aux sciences spéculatives : « les hommes s'entraident en vue de ce progrès comme ils s'entraident dans les sciences spéculatives (*Unde et ad hunc profectum iuvant se homines, sicut iuvant se invicem in scientiis speculativis*) », dit Thomas, reprenant l'affirmation d'Averroès : « C'est pourquoi il n'y a rien d'absurde à penser que les hommes s'entraident sous ce rapport [*in hac intentione*], comme ils s'entraident dans [l'apprentissage] de [chacune des] sciences théorétiques [prises séparément]. » On peut en effet garder cette partie de la position d'Averroès sans adhérer aussi de façon nécessaire à la thèse de l'unicité de l'intellect possible.

Une troisième remarque concerne le fait que dans ce contexte et dans cette interprétation, à l'opposé d'une *vulgata*

35. Thomas d'Aquin, *Summa contra Gentiles*, III, c. 43, cura et studio fratrum praedicatorum, Romae, Typis Riccardi Garroni, 1926 (« Sancti Thomae Aquinatis Opera Omnia », 14), p. 111a : « Hic autem profectus et motus ad continuationem fit per studium in scientiis speculativis, per quas vera intellecta acquirimus, et falsae opiniones excluduntur, quae sunt extra ordinem huius motus, sicut monstruosa extra ordinem naturalis operationis. Unde et ad hunc profectum iuvant se homines, sicut iuvant se invicem in scientiis speculativis » ; trad. fr. Thomas d'Aquin, *Somme contre les Gentils*, III, traduction, présentation et notes de V. Aubin, Paris, GF-Flammarion, 1999, p. 160.

herméneutique répandue qui concerne ceux qu'on appelle les « averroïstes latins », Averroès *nie de façon absolue l'équivocité de l'espèce humaine* : « homme » ne peut jamais être un terme équivoque, *pace* Aubry de Reims (on peut relire l'argument par l'absurde d'Averroès : « Si [notre ignorance de cette science] provient d'un défaut de notre nature [= 3], alors nous tous qui sommes nés pour acquérir cette science nous sommes dits "hommes" en un sens homonyme »). Dans le quatrième traité du *Banquet* – il faut le souligner, en opposition avec ceux qui exagèrent la dichotomie entre « philosophes » et « brutes » dans le *Banquet* –, Dante également semble refuser l'hypothèse d'une équivocité radicale du terme « homme[36] ».

36. *Convivio*, IV, 15, 5-8 : « E se questo non è, [e] pur alcuna gente è da dire nobile e alcuna è da dire vile ; di necessitade, da poi che la transmutazione di viltade in nobilitade è tolta via, conviene l'umana generazione da diversi principii essere discesa, cioè da uno nobile e da uno vile. E ciò dice la canzone, quando dice : o che non fosse ad uom cominciamento, cioè uno solo : non dice "cominciamenti". E questo è falsissimo appo lo Filosofo, appo la nostra Fede che mentire non puote, appo la legge e credenza antica delli gentili. [6] Ché, avegna che 'l Filosofo non pogna lo processo da uno primo uomo, *pur vuole una sola essenzia essere in tutti li uomini*, la quale diversi principii avere non puote ; e Plato vuole che tutti li uomini da una sola Idea dependano, e non da più, che è dare loro uno solo principio. *E sanza dubio forte riderebbe Aristotile udendo fare spezie due dell'umana generazione*, sì come delli cavalli e delli asini ; ché, perdonimi Aristotile, asini ben si possono dire coloro che così pensano. [7] Che appo la nostra Fede, la quale del tutto è da conservare, sia falsissimo, per Salomone si manifesta, che là dove distinzione fa di tutti li uomini alli animali bruti, chiama quelli tutti figli d'Adamo ; e ciò fa quando dice : "Chi sa se li spiriti delli figliuoli d'Adamo vadano suso, e quelli delle bestie vadano giuso ?". [8] E che appo li gentili falso fosse, ecco la testimonianza d'Ovidio nel primo del suo Metamorfoseos, dove tratta la mundiale constituzione secondo la credenza pagana o vero delli gentili [...] » (« Si cela n'est pas et que pourtant certaines gens doivent être dites nobles et d'autres viles, puisque la mutation de vilenie en noblesse est supprimée, il faut nécessairement que l'espèce humaine descende d'origines diverses, c'est-à-dire d'une noble et d'une vile. C'est ce que dit la chanson, quand elle dit : *ou bien que l'homme n'a jamais eu de commencement* ; c'est-à-dire un seul, car elle ne dit pas "commencements". Cela est totalement faux selon le Philosophe, selon notre Foi qui ne peut mentir, et selon la loi et l'antique croyance des Gentils. Car, bien que le Philosophe n'établisse pas que nous descendons d'un premier homme, il veut cependant qu'il n'y ait qu'une seule essence chez tous les hommes, qui ne peut avoir des origines diverses. Et Platon veut que tous les hommes dépendent d'une seule Idée et non de plusieurs ; ce qui revient à leur donner une seule origine. Assurément Aristote rirait bien en entendant faire deux espèces du genre humain, comme des chevaux et des ânes ; car, Aristote me pardonne, on peut bien appeler ânes ceux qui pensent ainsi. Que cela soit totalement faux selon notre Foi, qui est à protéger de toute atteinte, Salomon le dit manifestement, là où, faisant une distinction entre les hommes et les bêtes brutes, il appelle les premiers tous fils d'Adam. Il le fait quand il dit : "Qui sait si les esprits des fils d'Adam vont en haut et ceux des bêtes vont en bas ?". Que ce soit faux selon les Gentils, voici ce dont témoigne Ovide au premier chant de ses *Métamorphoses*, où il traite de la création du monde selon la croyance païenne, ou des Gentils [...] » (p. 341-342).

On pourrait évidemment ajouter ou objecter encore plusieurs choses. Mais si je devais résumer ma thèse dans cette contribution en seulement deux lignes, je dirais que l'Averroès du *Banquet* (et peut-être aussi l'Averroès de la *Monarchie*) est l'Averroès lu et interprété par Thomas dans le contexte de la discussion sur la possibilité de connaître les substances séparées. Un Averroès très partiel, évidemment, dont certaines thèses sont neutralisées : en particulier, la doctrine de la jonction et celle de l'unité de l'intellect possible. Ainsi, *de facto*, en ce qui concerne la limitation du désir, la position de Dante reste éloignée de celle d'Averroès, même si Dante lui-même fait appel à Averroès pour la soutenir !

Je conclus par une petite considération personnelle sur la nature de ce paradoxe. Il y a évidemment plusieurs « averroïsmes » et plusieurs Averroès, au Moyen Âge comme dans l'historiographie contemporaine. Mais finalement c'est précisément cette pluralité qui rend l'étude de la philosophie médiévale aussi passionnante. Les médiévaux sont toujours irréductibles à tous les « -ismes », à toutes les étiquettes historiographiques, à toutes les familles doctrinales, à tous les schémas essentialistes. Et Dante, qui n'est pas un philosophe de profession, est encore plus irréductible, si c'est possible, que les autres. D'ailleurs, l'idée de cette pluralité irréductible, et de la nécessité de faire toujours une histoire ponctuelle, liée à la transmission d'un corpus déterminé de questions et de réponses, n'est-ce pas ce que l'hôte de notre colloque au Collège de France – Alain de Libera – nous a appris ?

PURG. XXXIII, 85-86 : L'« ÉCOLE » ET LA « DOCTRINE[1] »

Enrico Fenzi
(Università di Genova)

1. Dans le XXXIe chant du *Purgatoire*, Béatrice reproche à Dante sa conduite morale, qui l'a fait tomber très bas, à la recherche du « plaisir » offert par une « fillette ou [de] nouveauté au bref usage » (*pargoletta / o altra novità con sì breve uso*)[2] ; Dante est par la suite immergé dans l'eau du Léthé, qui efface le souvenir des fautes. Dans le XXXIIe chant, la grande scène allégorique qui se déroule dans l'Éden se poursuit, et dans le XXXIIIe Béatrice parle longtemps de l'avènement prochain d'un restaurateur du pouvoir impérial

1. Contribution traduite de l'italien par Andrea Bruschi. Pour les œuvres de Dante, nous utilisons la traduction de Jacqueline Risset pour la *Comédie*, GF-Flammarion, et pour les autres ouvrages, celle des *Œuvres complètes* de Dante, La Pochothèque, 1996 (Christian Bec pour *Vie nouvelle*, *Rimes* et le *Banquet* ; Roberto Barbone et Antonio Stäuble pour *De l'éloquence en langue vulgaire*, les *Épîtres*, les *Églogues* et la *Querelle de l'eau et de la terre* ; François Livi pour la *Monarchie*), avec parfois des corrections mineures (*NdT*).

2. V. 59-60. Le texte critique de Petrocchi, tout comme, par la suite, celui de Sanguineti et toutes les éditions modernes commentées (mais ce n'est pas le cas de Sapegno, tandis que Mazzoni se montre perplexe), donne *novità*, mais, sur la base des témoignages manuscrits, la leçon *vanità* est tout aussi légitime et, pour différentes raisons, me semble préférable : voir à ce sujet Enrico Fenzi, « "Costanzia de la ragione" e "malvagio desiderio" (V.N., XXXIX 2) : Dante e la donna pietosa », *in* V. Moleta (éd.), *La gloriosa donna de la mente. A Commentary of the* Vita Nuova, Florence, Olschki-Perth, Dept. of Italian, The University of W. Australia, 1994, p. 195-224, ici p. 198-199.

(le célèbre *cinquecento diece e cinque*[3]), qui tuera la femme (« putain demi-nue » *puttana sciolta*), l'Église et le géant, ainsi que de la gravité des offenses perpétrées contre la justice divine, la *pianta* allégorique à laquelle le char de l'Église est attaché. Mais le langage de Béatrice a un ton si obscurément prophétique que Dante, déjà humblement prêt à s'en remettre complètement à elle (v. 29-30 : « Dame, vous connaissez tout mon besoin, et ce qui lui est bon »), en est confus et manifeste son incompréhension. Béatrice s'en aperçoit et reproche donc à Dante d'avoir l'esprit incrusté d'« idées vaines », tout comme l'eau de l'Elsa est pleine de calcaire (v. 67-68), pour terminer ainsi son discours (v. 73-78) :

> « Mais comme je vois que ton intellect
> est devenu de pierre, et de pierre si noire
> que la lumière de mon dire t'éblouit
> je veux aussi que tu le rapportes
> en toi, sinon écrit, en image du moins,
> comme un bourdon entouré de palmes[4] »

À cela, Dante répond (v. 79-84) :

> Et moi : « Comme la cire est sous le sceau,
> ne changeant plus sa figure empreinte,
> mon cerveau est maintenant marqué par vous ;
> mais pourquoi si haut au-dessus de ma vue
> votre parole désirée vole-t-elle ?
> plus je m'efforce, et plus je la perds[5]. »

Le discours de Béatrice est très dense en allusions. L'intellect (v. 73) de Dante est en pierre (et cela renvoie aux « *petrose* » et, indirectement, à l'amour pour la *pargoletta* pour lequel

3. V. 43 : « un cinq cent dix et quinze » : en chiffres romains DXV, à interpréter comme DUX.

4. « Ma perch'io veggio te ne lo 'ntelletto/ fatto di pietra e, impetrato, tinto,/ sì che t'abbaglia il lume del mio detto,/ voglio anco, e se non scritto, almen dipinto,/ che'l te ne porti dentro te per quello/ che si reca il bordon di palma cinto. »

5. « E io : "Sì come cera da suggello,/ che la figura impressa non trasmuta,/ segnato è or da voi lo mio cervello./ Ma perché tanto sovra mia veduta/ vostra parola disïata vola,/ che più la perde quanto più s'aiuta ?" »

Dante a déjà été réprimandé, mais aussi au *topos* biblique du « cœur de pierre ») et, en tant que tel, imperméable aux mots de celle-ci, de même qu'il est accablé par la lumière éblouissante de ses yeux. Cependant, il ne l'est pas au point de ne pouvoir retenir au moins une de ces prophéties. Et si cette image n'est pas très fidèle (*se non scritto*), elle suffit tout de même pour en rendre témoignage, comme le *bordone* orné de palmes fournissait, au moins extérieurement, une preuve du fait que le pèlerin était arrivé aux lieux saints (*Vn* XL 8 : « Ils s'appellent "paulmiers", en tant qu'ils vont outre-mer, et d'où maintes fois ils rapportent la palme », *chiamansi palmieri in quanto vanno oltremare, là onde molte volte recano la palma*). L'on pourrait insinuer, ici, que ce *bordone* fait amende du bourdon érotique des derniers sonnets du *Fiore*, mais ce n'est pas la peine d'insister. On remarquera plutôt l'opposition topique entre l'écriture et l'image peinte, considérée, pour sa part, comme appropriée à un public inculte. L'infériorité de Dante, en somme, n'est pas seulement déclarée *in re*, par le biais du langage de Béatrice, mais finit par être ouvertement déclarée par le poète lui-même : il reconnaît ne pas parvenir à saisir le sens de paroles si élevées, même s'il était en mesure de les reproduire fidèlement, tout comme la cire reproduit le sceau (*suggello/sigillo*) qui s'imprime en elle (déjà, dans *Purg.* XXXII 61 *sq.*, Dante est absolument incapable de comprendre l'hymne qu'on chante autour du char et de la plante : « Je ne compris pas, car ici on ne le chante pas,/ l'hymne qu'alors ces gens chantèrent[6] »). Mais Dante réplique aux considérations de Béatrice par une question qui déplace la problématique de leur échange, et ceci est dû au fait qu'il a, de toute évidence, perçu une intention précise dans le choix de langage que Béatrice a opéré. Il demande : Pourquoi ? Dans quel but me parler de cette façon ?

La réponse de Béatrice confirme pleinement l'à-propos de la question et témoigne d'un choix tout à fait intentionnel,

6. « Io non lo 'ntesi, né qui non si canta / l'inno che quella gente allor cantaro... »

si bien qu'elle finira par promettre de parler, désormais, sans *integumenta*, sans mots voilés (XXXIII, vv. 100-102 : « Vraiment, mes paroles désormais/ seront nues, autant qu'il conviendra/ de les découvrir à ta vue grossière[7] »). Elle explique donc (v. 85-90) :

« C'est », dit-elle, « pour que tu connaisses l'école
que tu as suivie, et comment sa doctrine
peut s'accorder avec ce que j'ai dit ;
et que tu voies que notre voie s'écarte
de la voie divine autant que de la terre
le ciel le plus haut et le plus rapide[8]. »

C'est sur ces vers et sur leur interprétation possible que j'aimerais m'attarder ici.

2. En ce qui concerne leur paraphrase interprétative, tout semble, en substance, assez clair dès le début[9]. Voici le commentaire de Jacopo della Lana (1324-1328) :

> Ici répond Béatrice, et elle dit : Je parle de sorte que tu voies que votre école et votre doctrine ne peut comprendre les divines paroles, et aussi que tu saches que votre vie, à savoir chez les vivants, est ainsi différente de la vie éternelle, comme le ciel l'est de la terre, qui est plus haut, à savoir la neuvième sphère[10].

L'*Ottimo Commento* (1333) :

> Comme la cire est sous, etc. Béatrice dit : Pour que toi, Dante, connaisse la science naturelle, que tu as suivie, et que tu voies ta doctrine et comment elle peut s'accorder avec mes paroles, à sa voir

---

7. « Veramente oramai saranno nude / le mie parole, quanto converrassi / quelle scovrire a la tua vista rude. »

8. « "Perché conoschi", disse, "quella scuola/ c'hai seguitata, e veggi sua dottrina/ come può seguitar la mia parola ;/ e veggi vostra via da la divina/ distar cotanto, quanto si discorda da terra il ciel che più alto festina". »

9. Sauf contre-indication, je citerai les commentaires à partir du site du Dante Darmouth Project (DDP) : http://dante.darmouth.edu/.

10. « Qui risponde Beatrice e dice : io parlo a tal modo acciò che tu veggi che vostra scuola e vostra dottrina non può comprendere le divine parole, e ancora che sappi che il viver vostro, cioè nei vivi, è così differente dalla vita eterna, come lo cielo dalla terra, che è più alto, cioè la nona spera. »

la théologie, et à quel point la voie de la philosophie s'éloigne de celle de la théologie ; que tu saches, que l'une et l'autre doctrine s'éloignent autant que s'opposent la terre du Ciel, premier moteur[11].

Pietro Alighieri (1340-1342) :

Ajoutant que la théologie parle une langue si sublime et profonde que Dante doit comprendre que le savoir des autres écoles, en comparaison d'elle, n'est rien[12].

Et il en est ainsi de presque tous les autres, jusqu'à notre époque. Par exemple, Pasquini et Quaglio (1982) :

Pour que tu apprennes à juger (la valeur de) la philosophie humaine que tu as suivie et à voir comment ses enseignements peuvent suivre les concepts que j'exprime ; et à te rendre compte que le chemin que vous les hommes parcourez (c'est-à-dire « la science mondaine ») est aussi éloigné du chemin divin que de la terre l'est le ciel qui au plus haut tourne rapidement (*festina* « se hâte » ; cette périphrase désigne le Premier Mobile)[13].

Il y a, bien entendu, des gloses plus articulées, développant le discours. Celle de Torraca (1905) est exhaustive : riche en comparaisons avec d'autres passages, elle renvoie à la « philosophie péripatétique » que Dante suit :

Maintenant, Béatrice lui démontre que la *dottrina* de la *scuola seguitata* par lui ne peut *seguitare* que très mal sa *parola.* Toute ta philosophie ne t'aide pas à comprendre « il mio detto ! ». – *Scuola* : compagnie (cf. *Inf.*, IV, 94, *Purg.*, XXXII, 79) ou, plus précisément, « secte » philosophique. Cf. *Conv.*, IV, 6, 15-16 : « Ils furent nommés [...], Aristote et ses compagnons, Péripatéticiens, c'est-à-dire "marcheurs" (*deambulatori*) [...]. Et tous ceux qui

11. « *Ed io, siccome cera*, ec. Dice Beatrice : Perchè tu, Dante, conosci la scienzia naturale, la quale tu hai seguitata, e veggi la tua dottrina com'ella puote seguitare la mia parola, cioè di teologia, e quanto è di lungi la via di filosofia a quella di teologia ; sappi, che cotanto ha da l'una a l'altra dottrina e processo, quanto si discorda la terra dal Cielo primo mobile. »

12. « Subdendo quod ita excelse et profunde ipsa theologia loquitur, ut cognoscat aliarum scholarum doctrinam auctor respectu ejus nihil esse. »

13. « Affinché tu impari a giudicare (quanto valga) la filosofia umana che hai seguito e a vedere come i suoi insegnamenti possano tener dietro ai concetti che io esprimo ; e a renderti conto che la strada battuta da voi uomini (cioè "la scienza mondana") è altrettanto remota da quella divina che dalla terra il cielo che piú in alto di tutti ruota veloce (*festina* "s'affretta" ; e la perifrasi designa il Primo Mobile). »

> adhérèrent à cette école sont appelés Péripatéticiens, et ils gouvernent aujourd'hui partout le monde en matière de doctrine, et celle-ci peut être appelée opinion universelle. » Et il fut péripatéticien. – *Seguitata, seguitar* : on remarquera « le venin de l'argument ». Tu l'« *as suivie* », cette école ; regarde maintenant comment « *sa doctrine* peut *s'accorder avec ce que j'ai dit* » (*seguitar la mia parola*) ! Cf. *Purg.*, III, 34-37 et les n. – *Quanto si discorda* : jusqu'à quel point elle s'écarte. Pour une comparaison analogue cf. *Purg.*, XI, 106-108. – *Il ciel, che più alto festina* : le ciel cristallin du Premier Mobile, qui a un mouvement le plus rapide, *Conv.*, II, 4. – *Festina* : « *festinare* », lat., signifie être pressé et se hâter.

Mestica (1909) ajoute le renvoi à Isaïe 55, 8-9 : « Car mes pensées ne sont pas vos pensées. Et nos voies ne sont pas mes voies, dit le Seigneur. Car, autant les cieux sont élevés au-dessus de la terre, autant mes voies sont élevées au-dessus de vos voies, et mes pensées au-dessus de vos pensées ». Singleton (1970-1975) renvoie à Thomas :

> Béatrice, qui est la Sagesse qui descend d'en haut (*Sapientia desursum descendens*), juge, par ces paroles, les études de Dante ; purement philosophiques, elles sont, en partie, représentées par son *Convivio*, profondément imprégné du culte pour Aristote et de la philosophie que le philosophe ancien proposait, sans aide surnaturelle. Cette accusation peut donc être interprétée comme *l'un* des aspects des accusations que Béatrice adresse à Dante, comme énoncé dans *Purg.* XXX, 130-135. Il faut remarquer que le vers 88 passe au pluriel « vôtre » (*vostra*), pour indiquer que notre chemin humain, quand il est purement humain et dépourvu de l'aide de la Sagesse supraterrestre que Béatrice représente dans cette allégorie, est éloigné du chemin divin. Béatrice démontrera amplement une telle vérité dans le *Paradiso*. Voir Thomas d'Aquin, *Summa theol.* I, q. 1, a. 6, ad. 1 : « La doctrine sacrée ne tire pas ses principes d'une quelconque science humaine, mais de la science divine, à laquelle, en tant que sagesse suprême, toute notre connaissance est ordonnée. »

La même ligne interprétative revient, avec une variante importante, d'abord chez Parodi et ensuite, plus récemment, chez Scott, qui estiment que Dante condamne ici son passé guelfe, ce qui semble, cependant, hors sujet[14]. Quelques indécisions persistent, en revanche, quand il s'agit d'appliquer le reproche de Béatrice à l'expérience concrète de Dante : un tel reproche fait-il allusion à une période d'« égarement » intellectuel, ce sur quoi a insisté, en particulier, Scartazzini ?

> Dans ce commentaire [...], nous avons eu recours au passage en question pour soutenir l'opinion selon laquelle, à un certain moment de la vie du poète, le doute s'est insinué dans son esprit et de graves indécisions se sont manifestées dans sa conscience, sans qu'il parvienne jamais, néanmoins, à un véritable refus, au scepticisme ou à l'indifférence. [...] Examinons, tout d'abord, le passage dans son contexte. Béatrice vient de reprocher au Poète l'obscurcissement de son esprit. Dante demande : pourquoi parlez-vous de sorte que je ne puisse vous comprendre ? Béatrice lui répond qu'elle parle ainsi pour qu'il connaisse la *scuola* dont il est disciple, pour qu'il sache que la *dottrina* de cette école n'est pas à même de saisir les paroles qu'elle vient d'énoncer et que la *via* d'une telle école est aussi éloignée de la *via* divine que la Terre l'est du Premier Mobile. Or, quelle est la fausse *scuola* que Dante, par la voix de Béatrice, avoue avoir suivie ? Nous avons dit et disons que cette fausse *scuola* n'est rien d'autre que l'école philosophique, proposant la philosophie qui, sans être l'ennemie déclarée de la foi, parcourait néanmoins des chemins différents et ne pouvait pas ne pas s'éloigner de la foi ; la philosophie dont Averroès et Avicenne, qu'Alighieri avait par le passé diligemment étudiés, peuvent être considérés les chefs ; l'école que l'apôtre avait déjà attaquée en écrivant aux Colossiens (chap. II, 8) : Prenez garde que personne ne soit trompé par la philosophie, et les vaines tromperies, s'appuyant sur la tradition des hommes, sur les éléments du monde, et non sur le Christ (*Videte ne quis vos decipiat per philosophiam, et inanem fallaciam, secundum traditionem hominum, secundum elementa mundi, et non secundum Christum*

14. E. G. Parodi, *Bulletino della società Dantesca italiana*, XVI (1909), p. 282-85 (rec. a John Smith Carrol, *Prisoners of Hope : An Exposition of Dante's* Purgatorio, London, Holder & Stoughton, 1906) ; J. Scott, « Beatrice's Reproaches in Eden : Which 'School' Had Dante Followed », *Dante Studies*, 109 (1991), p. 1-23. Dans le sillage de Barbi, Scott exclut à nouveau tout soupçon d'« égarement » philosophique dans *Dante's Political Purgatory*, Philadelphie, University of Pennsylvania Press, 1996, p. 192. Mais Dante Gabriele Rossetti (1826-1827) était déjà du même avis : Béatrice reproche à Dante d'avoir suivi les doctrines « opposées à elle, c'est-à-dire d'avoir été guelfe ».

> [...]). La *scuola* dont Dante est un disciple est ici, de toute évidence, l'opposé de l'école, si l'on peut dire, que Béatrice représente. Et c'est l'allusion à la *doctrine* de cette école qui prouve qu'il s'agit bien d'une *scuola* doctrinale, philosophique. La *doctrine* présuppose le *docteur*, le maître. Or, de même que la *doctrine* de l'école que Dante a suivie est ici opposée à la *doctrine* de Béatrice, de même les *docteurs* que celui-ci a eus comme maîtres sont opposés à Béatrice elle-même ; et celle-ci, rappelons-le, représente l'autorité dont la mission sur terre est de guider le genre humain vers la béatitude de la vie éternelle conformément aux doctrines de la Révélation. Et si la doctrine de Béatrice ne diffère pas de la doctrine de la Révélation, si la doctrine de l'école de Dante est opposée à celle de Béatrice, il en résulte nécessairement que la doctrine d'une telle école est opposée à la Révélation. Et quelle autre doctrine médiévale est opposée à la doctrine révélée, sinon la philosophie d'Averroès et de ses disciples ?

Certains, plus ou moins fidèlement, ont suivi une telle interprétation. Par exemple, Manfredi Porena parle même d'un « intellect dégénérant en rationalisme hétérodoxe », et Chimenz parle, de façon indéterminée, d'un « grave égarement philosophico-religieux ». Mais, pour d'autres, au contraire, tout se réduit à un reproche contre une dispersion de l'intelligence et de la sensibilité tournée vers les biens terrestres, comme le voudrait Barbi[15]. Mais ainsi, Barbi fait de ce reproche une sorte de prolongement ou double de ceux, bien plus directs et personnels, que Béatrice a déjà exprimés dans les chants XXX (115 ss.) et XXXIe (43 ss.), alors que le reproche du chant XXX finit clairement par se dédoubler : il concerne le domaine du comportement et de la morale dans le chant XXI et, dans le XXXIIIe, il touche au domaine de l'expérience intellectuelle, caractérisée par une attitude ne tenant pas compte des limites intrinsèques à tout savoir humain (voir Sapegno, Bosco-Reggio et autres). Gilson, par exemple, a insisté à juste titre sur une telle distinction : « Puisqu'il s'agit ici d'une *école* et d'une *doctrine*, ce n'est pas de fautes morales

15. M. Barbi, « La questione di Beatrice » [1905], in *Id.*, *Problemi di critica dantesca*, Florence, Sansoni, 1965, I, p. 137-138.

que Béatrice peut avoir parlé dans ce passage. De plus, afin d'expliquer pourquoi la raison de Dante ne put saisir ses paroles, Béatrice lui répond qu'il doit le savoir, parce qu'il a suivi une école dont la méthode – *vostra via* – est aussi inférieure à celle de la parole divine que la terre l'est au ciel : si ce n'est pas pour lui rappeler qu'il a jadis trop compté sur les forces de la raison, on ne voit vraiment pas ce que cela pourrait bien signifier[16] ». Chiavacci Leonardi, bien qu'avec discrétion, reprend maintenant la même idée, qui avait été aussi celle de Scartazzini, et souligne que la *dottrina* ne peut être interprétée en tant que philosophie au sens absolu, car l'on mentionne aussi une *scuola* : « Il est très probable qu'on parle ici de la passion philosophique exclusive que Dante a nourrie dans sa jeunesse et qui l'a rapproché des positions averroïstes, portant à croire que la raison humaine est, en soi, en mesure de comprendre la vérité de l'univers [...]. Une telle tendance, propre au milieu intellectuel florentin (Cavalcanti, le *primo amico*, fut un averroïste), fait sans aucun doute partie de l'égarement de Dante ».

Toutes ces indications sont plus que raisonnables, mais, en même temps, plutôt vagues lorsqu'on cherche à les approfondir, et surtout lorsqu'elles font allusion à un éventuel « averroïsme » de Dante. Gennaro Sasso, qui ne s'est pas rallié à ces allusions, a néanmoins récemment exprimé l'opinion selon laquelle il ne serait pas possible de sortir d'une telle généricité. Selon lui, l'hypothèse concernant certaines « thèses » « que Dante aurait acceptées et qui auraient causé son égarement intellectuel et, par conséquent, moral », serait en elle-même « à considérer comme raisonnable, si elle n'était pas, dans ces circonstances spécifiques, insoutenable. Cette hypothèse suppose en effet l'indication de "passages" spécifiques, mais Béatrice, dans son discours, ne donne pas d'exemples[17] ».

16. É. Gilson, *Dante et la philosophie*, Paris, Vrin, 1972, p. 99.

17. G. Sasso, *Dante, l'Imperatore e Aristotele*, Rome, Istituto Storico italiano per il Medio Evo, 2002, p. 145. Et encore, p. 158 : « Béatrice, devenue gardienne de la foi, est le vainqueur éternel de l'hérésie, la défense céleste qui protège la vérité contre les attaques sournoises de

Barański, à son tour, déclare ouvertement, dès le début, être fermement convaincu de la fondamentale et constante orthodoxie de Dante et invite à la plus grande prudence. Il examine, comme on l'a fait ici, une série significative de commentaires et déplore la confusion entre Dante-auteur et Dante-personnage qu'on retrouve dans plusieurs travaux. Il constate qu'il est probablement impossible de définir avec certitude la nature de l'« égarement » de Dante, et qu'en tout cas rien ne permet d'affirmer qu'il présentait des éléments hérétiques ou hétérodoxes[18].

Là est, effectivement, toute la question. L'accusation de Béatrice semble plutôt indéterminée, ce qui fait, d'ailleurs, qu'il n'y a pas grand-chose à objecter, sur le plan général, aux explications jusqu'ici présentées. Mais, aussi – et surtout –,

---

celle-ci. Dans ce sens – mais seulement après les avoir élevées au symbole de l'humanité qui, plongée dans les ténèbres du péché, cherche péniblement, avec l'aide de la grâce, les voies du salut et de la rédemption – l'on peut repérer, dans les vicissitudes de Dante, des aspects hérétiques. Dans ce sens uniquement. Et non pas, donc, parce qu'en tant qu'individu déterminé et spécifique il serait devenu ouvertement et consciemment le défenseur de thèses hétérodoxes, ou parce qu'on aurait pu dire de lui, comme Boccace l'a écrit à propos de Guido Cavalcanti, que, dans sa jeunesse, il aurait cherché à démontrer "che Dio non fusse" [*Dec. VI 9, 9*]. » Mais la proposition de Sasso, selon laquelle ici Dante « a représenté l'humanité et ses progrès historiques » et « tous les noms s'identifient au nom de Dante, tous y sont inclus et le sien ne symbolise que la totalité », n'est pas acceptable : les reproches de Béatrice se réfèrent tous à l'expérience personnelle de Dante lui-même et, si l'on veut, à sa tendance à se mettre en avant.

18. Z. G. Barański, *(Un)orthodox Dante*, *in* C. E. Honess et M. Treherne (éd.), *Reviewing Dante's Theology*, Peter Lang, Berne, 2013, p. 253-330. La première question abordée dans cette étude, qui passe en revue plusieurs contextes dantesques soupçonnés d'« hétérodoxie », est précisément celle relative à la *scuola*, dans les vers en question. La conclusion en est la suivante, p. 264 : « Des difficultés considérables influencent et délimitent la présentation de la *scuola* dans le XXXIIIe chant du *Purgatoire*. Il est donc sans doute impossible de fournir des précisions sur la nature de l'égarement (*traviamento*) du pèlerin, et encore moins sur celui du poète (c'est-à-dire d'établir si l'on peut se fonder sur les preuves présentes dans le chant pour porter des accusations d'hétérodoxie contre lui – ce dont je doute fortement). Béatrice est délibérément allusive, et le monde intellectuel du Moyen Âge est très complexe. On doit par conséquent faire preuve de prudence, comme Durling et Martinez le font remarquablement, quand il s'agit d'expliquer ses paroles ». La glose ici mentionnée de Durling et Martinez (*Purgatorio*, éd. Ronald L. Martinez et Robert M. Durling, Oxford, Oxford University Press, 2003, *ad loc.*, p. 579) est la suivante : « On débat beaucoup sur la nature de l'"école" à laquelle Dante se réfère ici [...]. Les interprétations selon lesquelles on ferait allusion à une précise faute intellectuelle – par exemple, celle que Dame Philosophie est censée représenter dans le *Convivio*, ou l'averroïsme – semblent trop spécifiques. Les limites du pèlerin étant associées à l'histoire universelle et à la chute d'Adam, il est possible que Béatrice veuille ici souligner la présence, chez le pèlerin, de l'arrogance d'Adam. »

qu'elles nous laissent, dans leurs aspects les plus forts (l'averroïsme), plus curieux que satisfaits, et que quelque chose, dans la trame du discours de Béatrice, continue de nous échapper (et peut-être nous échappera-t-il à jamais). Revenons donc au texte.

3. *Pour que tu connaisses* (*Perché conoschi*, v. 85...). Les nombreuses paraphrases, souvent excellentes, proposées jusqu'à présent par les commentateurs, tolèrent quelques autres variantes qui n'en changeraient pas le fond. Mais, surtout, il est vrai que Béatrice a voulu souligner la faiblesse personnelle de Dante et, en général, celle de la culture que celui-ci s'est appropriée, pour qu'il prenne enfin conscience de la distance entre le savoir terrestre dont il s'est inévitablement toujours nourri et les vérités d'ordre supérieur auxquelles il est sur le point d'être initié et qui ne demanderont rien de moins que son *trasumanar* (« outrepasser », *Par.* I 70). Car il ne faut pas oublier qu'il sera bientôt au Paradis et que, petit à petit, avec stupeur, il s'apercevra qu'il a besoin des explications de Béatrice sur des choses que jamais il n'aurait pu comprendre tout seul. Cela commence, dans le premier chant du *Paradis*, par le mystérieux phénomène de son ascension à travers les « corps légers » (*corpi levi*, v. 99), tels que l'air et le feu : un phénomène que Béatrice explique « après un soupir de pitié » (*appresso d'un pïo sospiro*, v. 100), c'est-à-dire après un signe de commisération marquant à nouveau – si léger soit-il – la distance entre un savoir et l'autre. Si bien qu'ici, au *Paradis*, le discours semble être une sorte d'application concrète de ce qui est dit à la fin de la *cantica* précédente (v. 85 ss.) :

D'où elle, qui voyait en moi autant que moi,
pour apaiser mon esprit agité,
avant que je demande, ouvrit la bouche,
et dit : « Tu t'alourdis toi-même
avec des idées fausses, et ne peux voir

> choses que tu verrais, si tu les secouais.
> Tu n'es pas sur terre, comme tu crois
> [...][19]. »

Et les choses ne changent pas au fur et à mesure qu'on avance à travers les sphères célestes ; au contraire, on n'en a que de nouvelles et claires confirmations : voir XIX, 49-85 et 97-99 ; XXIII, 43 ss. ; XXIX, 70 ss. (« Mais comme sur terre *dans vos écoles* / on lit... ») ; XXX, 22 ss. et 82 ss. ; XXXI, 37 ss. Mais l'énumération de tous les passages du *Paradis* confirmant la « discontinuité » soulignée à la fin du *Purgatoire* serait ici, en vérité, trop longue.

Revenons-en aux vers du *Purgatoire*. La piste d'interprétation la plus solide est donc celle de l'énorme distance qui existe entre les deux « savoirs », comme on l'a toujours plus ou moins interprété et comme Dante lui-même le confirmera : « Tu n'es pas sur terre, comme tu crois (*Par.*, I, v. 91). » Une ligne d'interprétation, toutefois, qu'il faudrait sans doute consolider. En effet, le passage de Dante est étroitement lié à un concept évident, mais qui n'est probablement pas tout à fait incontestable : la discontinuité entre les dimensions terrestre et supraterrestre, d'où la discontinuité entre un savoir et l'autre.

Pour affronter une telle problématique, le commentaire récemment écrit par Giorgio Inglese à *Purg.*, XXXIII, 85 ss., se révèle utile[20], même s'il suscite, ici et là, quelques perplexités. Tout d'abord, pour l'« école » et la « doctrine », Inglese rappelle *Conv.*, II, 12, 7 : « les écoles des religieux et les disputes des philosophes » (*le scuole de li religiosi e le disputazioni de li filosofanti*). Mais, de prime abord, il semble improbable que Dante condamne ici l'apprentissage même qui l'a initié à la culture philosophique à partir

19. « Ond'ella, che vedea me sì com'io,/ a quïetarmi l'animo commosso,/ pria ch'io a dimandar, la bocca aprio e cominciò : « Tu stesso ti fai grosso/ col falso imaginar, sì che non vedi/ ciò che vedresti se l'avessi scosso./ Tu non se' in terra, sì come tu credi [...]. »

20. Dante, *Commedia. Revisione del testo e commento di Giorgio Inglese, Purgatorio*, Rome, Carocci, 2011, p. 400.

de l'étude de Cicéron et de Boèce[21]. Nous reviendrons sur ce point. Pour le moment, on remarquera qu'on ne peut affirmer non plus que la faute relative à une telle « école » et à une telle « doctrine » est « déjà contenue, dans sa totalité, dans la confession énoncée en XXXI, 34-36 », qui se réfère à l'infidélité tout à fait subjective à l'égard de Béatrice, infidélité due à la recherche du « plaisir ». L'interprétation d'Inglese se rapproche ainsi de celle de Barbi. Or il faut observer que l'étude est dure, âpre, nullement « agréable », comme Dante lui-même en témoigne dans les rimes « allégoriques » et dans le *Convivio*. De plus, comme on l'a déjà souligné à maintes reprises, ce que Béatrice condamne par ses paroles est une dérive proprement intellectuelle, la dérive doctrinale d'une « école » de pensée. Autrement dit, le reproche concernant essentiellement le domaine moral est, certes, lié au reproche adressé à un *habitus* intellectuel, mais ces deux aspects restent distincts.

De manière générale, Inglese a en revanche raison d'insister sur le fait que la « *faute* » consiste « à avoir sous-estimé la *distance* entre l'intellect humain et l'intellect divin ». Et, surtout, il est important que, dans le sillage de Falzone[22], il ait émis l'hypothèse que Dante, ici, s'éloigne des thèses d'Avicenne, reprises par Albert le Grand et rapportées par Dante lui-même dans *Conv.* IV, 21, 10, concernant l'« homme divin ». Ces thèses dérivent d'Aristote, notamment *Eth.* X, 7, 177a 12-1177b 34, là où celui-ci définit l'intellect comme ce qui est divin en nous et la vie guidée par l'intellect comme

21. Sur la signification de ce passage de Dante, voir A. Pegoretti, « Filosofanti », *Le tre Corone*, II (2015), p. 11-70 (les pages 39-70 contiennent une étude très riche qui passe en revue les usages du terme *philosophans* et de ses formes déclinées – 103 occurrences au total – et qui s'étend de Sénèque à Boèce de Dacie et à Raoul le Breton). Voir également la contribution remarquable de S. Vanni Rovighi, « 'Le disputazioni de li filosofanti' », in *Dante e Bologna nei tempi di Dante*, Bologne, Commissione per i testi di lingua, 1967, p. 179-192.

22. P. Falzone, *Desiderio della scienza e desiderio di Dio nel* Convivio *di Dante*, Bologne, Il Mulino (pour l'Istituto Italiano per gli Studi Storici – Naples), 2010, p. 53-59. Je dois reconnaître dès maintenant ma dette à l'égard de ce livre, dont j'ai tiré tant d'éléments essentiels pour mon discours ; les citations explicites sont peu de chose par rapport à sa présence constante dans les pages qui suivent.

une vie divine[23]. C'est là en effet le point de départ du raisonnement qu'on peut, je crois, développer.

Comme Falzone l'explique, dans le *Convivio*, par « âme noble » il ne faut pas « entendre, génériquement, l'âme rationnelle en tant que siège des opérations les plus nobles de l'homme, mais l'âme particulière qui, en raison de l'excellente disposition des causes ayant régi le processus de sa génération, a mérité de recevoir de Dieu, avec la capacité cognitive, une exceptionnelle prédisposition à l'acte vertueux (la noblesse) ». Ceci précisé, on comprend mieux le passage de IV, 21, 10 : certains estiment « que si toutes les puissances susdites s'accordaient à produire une âme au mieux de leur disposition[24] », la partie de divinité infusée dans cette âme serait tellement grande que l'homme qui la possèderait « serait presque comme un autre Dieu incarné[25] ».

Cette image dérive d'Albert le Grand, qui, en rapportant l'opinion d'Avicenne et d'Algazel, écrit que chez un homme doté d'une extraordinaire complexion, sa congruence avec les intelligences supérieures est telle qu'on peut dire que son âme connaît tout à partir de soi-même, en faisant de lui presque un Dieu incarné[26]. Le *presque Dieu incarné*, en somme, est tel parce qu'il bénéficie de la capacité extraordinaire de « tout savoir à partir de soi-même » (*omnia scire ex se ipso*) – expression tirée d'Aristote (*Eth*., I, 2, 1095b[27]), mais particulièrement mise en valeur par rapport à son contexte originaire, qui est tout à

---

23. « Non enim secundum quod homo est, sic vivet, set secundum quod divinum aliquid in ipso existit. Quanto autem differt hoc a composito, tanto et operacio ab ea que secundum aliam virtutem. Si utique divinum intellectus ad hominem, et que secundum hunc vita, divina ad humanam vitam. »

24. « Che se tutte le precedenti vertudi s'accordassero sovra la produzione d'un'anima nella loro ottima disposizione. »

25. « Quasi sarebbe un altro Dio incarnato. »

26. B. Nardi, *Dante e la cultura medievale. Nuovi saggi di filosofia dantesca*, Bari, Laterza, 1949, p. 121 ; Alberto Magno, *De somno et vigilia*, III 1, 6, éd. A. Borgnet, p. 184b-185a : « in tantum exaltant nobilitatem huius intellectus, quod invenitur anima *quae omnia scit per se ipsam*, ut dicunt, et est quoad intellectum quasi Deus incarnatus, qui perfectionem habet *ad omnia scienda ex se ipso* » (les italiques sont de nous). »

27. « Hic quidem vere optimus qui a se ipso omnia intelligit », traduction de Burgundio de Pise, *AL* XXVI/1-3, f. 2, éd. R.-A. Gauthier, 1972, p. 69 r. 13.

fait différent. Ainsi, « selon Avicenne, source d'Albert, une telle forme de connaissance incarne le degré suprême de perfection de l'intellect et elle est propre à l'homme prophétique », en mesure de comprendre et de résoudre toute question philosophique[28]. Averroès parle également d'hommes semblables, qui pour lui ne sont pas vraiment des hommes, ou plus précisément le sont de façon équivoque (*equivoce*), tout comme, au bas de la hiérarchie, les brutes, et semblent plutôt être des anges[29]. Cette condition de l'intellect est ici liée à l'excellente complexion du corps, si bien que, dans l'ensemble, l'âme qui lui donne vie est moins obscurcie par la matière et plus semblable aux intelligences séparées. De nouveau, Albert (*Super Ethica*, VI, 9, 528, p. 454) écrit que le corps qui a la meilleure complexion a aussi une âme et une intelligence meilleures, et qu'il y a en lui quelque chose de divin qui le fait semblable à Dieu[30].

En s'appuyant sur ces passages, Falzone affirme qu'il existe, selon Albert, des hommes dotés d'une complexion extraordinairement pure : « Ils possèdent une plus fine perception tactile et une plus grande capacité intellectuelle. On pourrait même dire que leur complexion se rapproche à tel point de l'équilibre de la matière céleste, qu'ils ressemblent à des divinités descendues sur terre – *dii terrestres* –, tellement ils sont

---

28. P. Falzone, *Desiderio*, p. 55. Voir Avicenna Latinus, *Liber de Anima seu Sextus de Naturalibus* (IV-V), éd. S. Van Riet, Louvain-Leyde, 1968, V 6, p. 151-153.

29. « Isti homines, si sunt, equivoce sunt homines ; immo magis videntur angeli quam homines », Averrois Cordubensis, *Compendia librorum Aristotelis qui Parva Naturalia vocantur. Compendium de sompno et vigilia*, éd. Shields-Blumberg, Cambridge, Mass., 1949, p. 121-122. Les observations d'Albert le Grand dans le *De anima* sont analogues : « Mirabilis autem et optimus est iste status intellectus sic adepti ; per eum enim homo fit similis quodammodo deo, eo quod potest sic operari divina et largiri sibi et aliis intellectus divinos et accipere omnia intellecta quodammodo » (*De anima*, III, 3, 11, éd. Borgnet, p. 387-388).

30. « Secundum quod corpus humanum est melius complexionatum, et meliorem animam recipit et similiorem intelligentiae, et hoc in tantum procedit, quod in quibusdam videtur esse operatio intelligentiae, et videtur esse divinum quoddam in homine, sicut in illis qui per se omnia addiscunt ». Et dans le *De anima*, II, 3, 23 (éd. cit., p. 274-275) : « Inter homines autem quicumque aequaliorem habent complexionem, habent eam in hoc quod magis recedunt ab excellentiis ; et ideo illi optimum habent tactum et aptiores sunt secundum industriam intellectus, ita quod forte tantum ad aequalitatem reducetur complexio, quod videbantur esse quidam dii terrestres, omnia quasi per seipsos intelligentes ». Voir, en plus des citations tirées de Falzone, A. de Libera, *Albert le Grand et la philosophie*, Paris, Vrin, 1990, en particulier le paragraphe *Les degrés de l'intellect et la divinisation de l'homme*, p. 262-266.

capables de tout connaître par eux-mêmes, sans effort[31] », et il conclut : « Dans ces pages d'Albert, imprégnées de péripatétisme arabe, les éléments donnant de la consistance à la figure de l'homme divin sont les mêmes que ceux qui, dans le *Convivio*, composent le portrait de l'homme noble, destiné par Dieu à la félicité. La raison d'une telle assonance réside en ce que pour Dante aussi, comme pour Albert, l'homme demi-dieu n'est rien d'autre que le philosophe ou "celui qui aime le savoir" : en incarnant la pleine réalisation de l'intellect, racine de la perfection humaine, celui-ci représente, dans la vision de Dante, le vrai et le plus digne *sujet* de la noblesse[32]. »

Nous pourrions même nous arrêter ici, car dans cette perspective il ne serait pas difficile de comprendre ce que Béatrice reproche à Dante. Mais, en vérité, c'est précisément ici que cela se complique.

4. Ce qu'il ne faut pas oublier quand on aborde le thème du demi-dieu ou quasi-dieu, c'est qu'il a attiré Dante très tôt, et que c'est à partir de lui qu'il a construit le mythe poétique de Béatrice. Au tout début de la *Vita nuova*, il écrit en effet :

> Amour [...] me commandait maintes fois de chercher à voir ce très jeune ange. Aussi dans mon enfance, l'allais-je souvent cherchant, et je lui voyais de si nobles et louables manières, que d'elle on pouvait assurément dire cette parole d'Homère : « Elle ne semblait pas la fille d'un homme mortel, mais d'un dieu[33]. »

---

31. Ce qui pose un problème ici, c'est, notamment, qu'on ne comprend pas très bien comment *on monte* et *on descend*, une fois supposée la fixité naturelle d'une « complexion » donnée, qu'elle soit mauvaise, bonne ou excellente. Thomas, dans le commentaire à ce passage d'Aristote, n. 1299-1302, pose que l'âme de l'homme est en soi *media*, c'est-à-dire médiatement conditionnée par sa corporéité, et qu'il relève de la responsabilité de chaque individu de s'élever jusqu'à la vertu angélique ou de dégénérer jusqu'à la bestialité. Pour les franciscains, au contraire (Matteo d'Acquasparta), c'est Dieu lui-même qui crée des âmes de différentes qualités : en effet, si la thèse de Thomas était vraie, l'âme du Christ aurait été égale à celle de Judas (voir à ce sujet P. Falzone, p. 90 *sq.*).

32. P. Falzone, *Desiderio*, p. 58-59 (*Éth.*, X 7, 1177b : Thomas d'Aquin, *Comm.* n. 2106-2107).

33. *Vita nuova* II 8 : « Elli [Amore] mi comandava molte volte ch'io cercasse per vedere questa angiola giovanissima ; ond'io ne la mia puerizia molte volte l'andai cercando, e vedeala di sì nobili e laudabili portamenti, che certo di lei si potea dire quella parola del poeta Omero :

Si on s'en tient à la lettre, il paraît indéniable que Dante a tiré cette citation du *De intellectu* d'Albert le Grand[34], comme l'a déjà signalé Marigo, plutôt que de la source qui était indiquée auparavant (depuis le commentaire de Tommaso Casini), à savoir Aristote, *Eth.*, VII, 1, 1145a[35], qui se retrouve, cependant, dans un passage que Dante citera à plusieurs reprises dans le *Convivio*, comme on aura l'occasion de le voir plus en détail[36]. Je ne peux m'attarder ici sur la particulière intensité poétique qui marque la première apparition de ce thème chez Dante ; d'ailleurs, je n'aurais rien à ajouter à ce que d'autres ont déjà très bien dit sur la *Vita nuova* et sur Béatrice. Ce qui est, en revanche, très intéressant, c'est que Dante, immédiatement après la *Vita nuova*, reprenne ce thème dans la *canzone* consacrée à la définition de la noblesse, *Le dolci rime* (*Cv IV*, v. 114-115) : « car ils sont presque des dieux/ ceux qui ont telle grâce [*la noblesse, justement*], loin de tout vice[37] ». Il reprend ce thème et il en change le sens, parfaitement en cohérence avec l'ensemble de la chanson, dont la structuration doctrinale émerge dans l'articulation syllogistique et démonstrative du discours et dans sa matrice aristotélicienne. Sur celle-ci, Dante insiste aux vers 85 ss. : « C'est, selon ce

"Ella non parea figliuola d'uom mortale, ma di dio" ». On peut maintenant lire la note exhaustive de Donato Pirovano dans l'édition qu'il a établie pour la NECOD, Rome, Salerno, 2015, p. 85. Dans l'édition procurée par Guglielmo Gorni, Turin, Einaudi, 1996, p. 12 (chap. 1, 9, selon sa nouvelle numérotation), on lit : « de Dieu », avec une majuscule correspondant, en l'occurrence, à l'interprétation particulière de l'éditeur, qui explique : « le père charnel de Béatrice [...] laisse la place à ce père divin, qui n'est rien d'autre qu'Amour », le « dieu » par antonomase du code courtois, comme le remarque Luca Carlo Rossi à ce sujet (dans son édition de la *Vita nuova*, Milan, Mondadori, 1999, p. 10, à propos de la citation de Luc 3, 16). Il serait long d'aborder ici un tel sujet : je me bornerai à dire que je préfère « dieu » avec une minuscule, en interprétant : « fille d'un dieu », « créature divine », dans une acception différente et plus profonde que celle qui ferait de Béatrice une « fille d'Amour ».

34. « Quod, sicut dixit Homerus [*Il. XXIV 258*], non videbitur viri mortalis filius esse, sed dei », Albert le Grand, *De intellectu et intelligibili*, II, 1, 9, éd. A. Borgnet, IX p. 517.

35. « Homerus de Hectore fecit dicentem Priamum quoniam valde erat bonus, neque videbatur viri mortalis puer existere, sed dei. »

36. Aristide Marigo, *Mistica e scienza nella vita nuova di Dante : l'unità di pensiero e le fonti mistiche, filosofiche e bibliche*, Padoue, Druker, 1914, p. 95. Voir G. Cerri, *Dante e Omero. Il volto di Medusa*, Lecce, Argo, 2007, p. 102-104 (qui cependant ne renvoie qu'à Aristote).

37. « ch'elli son quasi dèi /quei c'han tal grazia [*la noblesse, justement*] fuor di tutti rei ».

que dit l'*Éthique*, / un choix habituel/ qui demeure seulement au juste milieu[38]. » On ne retrouve plus, maintenant, l'aura de particulière intensité allusive qui était présente dans la *Vita nuova*, et le concept vise à l'exaltation d'un ensemble de qualités proprement humaines qui, surtout dans une acception héroïque, font de l'homme un demi-dieu. Mais, sans contradiction aucune, un tel faisceau de qualités reste, tout de même, un don de Dieu, du fait que cette « grâce » :

> Dieu seul la donne à l'âme
> qu'il voit en sa personne
> parfaitement demeurer ; si bien qu'il apparaît
> que noblesse est germe de félicité
> mise par Dieu en l'âme bien disposée[39].

Nous en revenons ainsi à la donnée psychophysique de la « complexion » et à ce qu'écrivait Albert le Grand. Avec une différence essentielle, cependant : Dante déplace l'accent de la chose à la cause, si on peut dire ainsi, car aussi bien ici que plus loin dans le *Convivio* – où, dans le IVe traité, il commente la chanson en question – c'est le germe (*seme*), le don (*dono*) octroyé par Dieu qui sont proprement « divins » (ainsi que l'affection, l'amour, la pensée, la Providence). Et il ne semble pas que le concept de « tout savoir à partir de soi-même » (*omnia scire ex se ipso*), qui était le nœud autour duquel se construisait l'exaltation péripatéticienne du philosophe comme demi- ou quasi-dieu, apparaisse jamais. Tout au contraire, les philosophes n'ont rien à voir dans tout cela, et rien n'est « à partir de soi-même », mais – Dante le souligne – tout est par don de Dieu : ce qui est mis en évidence, ce n'est pas la puissance intellective autonome du récepteur, mais le rapport de dépendance qui lie celui-ci au donateur. Et le commentaire

38. « Questo è, secondo che l'Etica dice, / un abito eligente / lo qual dimora in mezzo solamente... ». Voir la citation d'*Éth.*, II, 6, 1107b 37 : « Est virtus habitus electivus in medietate existens ».

39. IV, v. 115-120 : « solo Iddio all'anima la dona / che vede in sua persona / perfettamente star ; sì ch'ad alquanti / ch'è 'l seme di felicità si acosta, / messo da Dio nell'anima ben posta ».

présenté dans le *Convivio* ne fait que confirmer cela. Lisons donc, concernant la « noblesse de la lignée », *Conv.*, IV, 20, 3-4, où Dante revient sur ce même passage d'Aristote qu'il a cité dans la *Vita nuova* au sujet de Béatrice :

> Ceux qui ont cette *grâce*, c'est-à-dire cette divine chose [*la noblesse*], sont presque comme des dieux, sans tache de vice. Cela ne peut être donné que par Dieu seulement, chez qui il n'est pas de choix de personnes, comme en témoignent les Divines Écritures. Puisse mon texte ne pas paraître parler trop haut, quand il dit : *qu'ils sont presque des Dieux*. Car, comme on l'expose ci-dessus au septième chapitre du troisième livre, de même qu'il y a des hommes très vils et bestiaux, de même il y en a de très nobles et divins ; Aristote le prouve au septième livre de l'*Éthique* par le texte du poète Homère[40].

D'ici, il convient de revenir à *Conv.* IV 5, 10-17, sur les « *divines* opérations » qui ont accompagné les succès de Rome et sur ses « citoyens *divins* », de Brutus à César (Fabricius, Manius Curius Dentatus, Mucius Scaevola, Torquatus, Brutus, les Decii et les Drusi, Régulus, Cincinnatus, Camille, Caton...). L'adjectif n'est pas simplement utilisé comme hyperbole, pour désigner la haute moralité et l'héroïsme de ces personnages, mais il correspond aussi à l'intention de montrer que l'histoire de Rome faisait partie d'un dessein divin. En effet, le texte explicite toujours qu'une telle « divinité » était insufflée par Dieu lui-même :

> nous la [Rome]trouverons portée à son sommet par des citoyens non pas humains, mais divins, inspirés en leur affection pour elle non par un amour humain, mais divin. Et cela ne pouvait ni ne devait être qu'en fonction d'une fin particulière, projetée par Dieu en un tel déversement de vertus célestes (*Conv.*, IV, 5, 12)[41].

---

40. « Quelli che hanno questa *grazia*, cioè questa divina cosa [*la noblesse*], sono *quasi* come *dei*, sanza macula di vizio, e ciò dare non può se non Iddio solo, appo cui non è scelta di persone, sì come le divine Scritture manifestano. E non paia troppo alto dire ad alcuno, quando si dice : *ch'elli son quasi dèi* ; ché, sì come di sopra nel settimo capitolo del terzo trattato si ragiona, così come uomini sono vilissimi e bestiali, così uomini sono noblissimi e divini ; e ciò pruova Aristotile nel settimo dell'Etica per lo testo d'Omero poeta. »

41. « Noi troveremo lei essaltata non con umani cittadini ma con divini, nelli quali non amore umano ma divino era inspirato in amare lei. E ciò non potea né dovea essere se non per ispeziale fine, da Dio inteso in tanta celestiale infusione. »

> Il doit être certain et manifeste que, remémorant la vie de ces hommes et d'autres divins citoyens, tant d'admirables actions ne purent être faites sans quelque lueur de la bonté divine qui s'ajoutait à leur bonne nature. Et il doit être manifeste que ces hommes excellents ont été des instruments, par lesquels la Providence divine agit au sein de l'Empire romain, où à plusieurs reprises il sembla que le bras de Dieu était présent (*ibid.*, 17)[42].

Même Rome n'a pas tout fait « par elle-même », *ex se ipsa*... Le point intéressant est que ce ne sont pas du tout les philosophes qui sont appelés « divins », mais les héros du monde païen : l'Hector homérique aussi bien que les grands champions de la Rome républicaine, dont Dante lisait les exploits chez Tite-Live. L'image de l'« homme divin » n'entre donc pas automatiquement dans le schéma spéculatif du philosophe visant à explorer et à classer les « puissances » divines de l'intellect humain, mais elle a différents domaines d'application ; et lorsqu'elle acquiert une dimension éthique et historique, comme c'est le cas ici, elle se tourne vers l'Antiquité classique et s'apparente au concept tout à fait laïque de « magnanimité » (*magnanimitas*), qui nous renvoie, d'une certaine manière, aux « grands esprits » des Limbes[43]. En tout cas, pas plus ici que dans le *Convivio*, Dante ne semble reprendre le schéma, proposé par Albert, d'un parcours de dévoilement de la divinité intrinsèque de l'intellect humain, finissant par révéler l'ange, ou même le dieu incarné dans l'homme[44].

---

42. « Certo e manifesto essere dee, rimembrando la vita di costoro e delli altri divini cittadini, non sanza alcuna luce della divina bontade, aggiunta sovra la loro buona natura, essere tante mirabili operazioni state ; e manifesto essere dee, questi eccellentissimi essere stati strumenti colli quali procedette la divina provedenza nello romano imperio, dove più volte parve esse braccia di Dio essere presenti. »

43. Sur ceux-ci, voir F. Forti, *Il Limbo e i megalopsicoi della Nicomachea* (1961), in *Id.*, *Magnanimitade. Studi su un tema dantesco*. Préface d'E. Pasquini, Rome, Carocci, 2006, p. 9-48. Voir également, plus en général, le bel ouvrage de R.-A. Gauthier, *Magnanimité. L'idéal de la grandeur dans la philosophie païenne et dans la théologie chrétienne*, Paris, Vrin, 1951.

44. Tout cela implique que l'*auctoritas* philosophique d'Aristote, si grande qu'elle soit, ne dépasse pas les limites de l'humain (comme le montrent aussi les citations indiquées par Falzone) ; et là où on parle de son génie « quasi divin » (*Conv.* IV 6, 15), il s'agit d'une image tirée du *De divinatione* de Cicéron, I, 53 (voir aussi, avec G. Fioravanti *ad loc.*, Albert le Grand, *De anima*, III, tr. 2 et 3). Autrement dit, il ne semble pas y avoir quelque chose qui se rapprocherait vraiment du célèbre éloge d'Aristote fait par Averroès, *De Physico auditu*

Dans d'autres passages du *Convivio*, au contraire, les propos concernant la puissance déployée par l'intellect humain semblent se rapprocher d'un tel schéma. Par exemple, dans *Conv.*, III, 2, 14 :

> L'âme humaine [...] de par la noblesse de l'ultime puissance, c'est-à-dire la raison, participe de la nature divine en guise d'éternelle intelligence. Car l'âme en cette souveraine puissance est si ennoblie et dénuée de matière que la divine lumière y rayonne comme en l'ange. Aussi l'homme est-il appelé par les philosophes divin être vivant [cf. Boèce, *Cons.*, II, 5, 25][45].

Si l'on y regarde de plus près, rien n'est *ex se ipso* ici non plus ; tout au contraire, l'homme qui saura se libérer du poids de sa corporéité et qui fera triompher la partie rationnelle qui l'apparente à la nature des anges parviendra à accueillir en lui la lumière de Dieu dans des proportions exceptionnelles. Ainsi, nous en sommes toujours à Guinizzelli et à sa métaphore solaire : la lumière de l'astre brille et purifie la pierre précieuse, tandis qu'elle ne pénètre pas là où la matière brute s'oppose à elle : « Tout le jour, le soleil frappe la fange : / vile elle reste et le soleil ne perd pas sa chaleur » (*Al cor gentil*, 31-32)[46].

Le passage de *Conv.*, III, 7, 6-7 présente des éléments encore différents. Ici, Dante aborde le thème des divers degrés de l'« empreinte » que tout être engendré reçoit en

---

libri octo cum Averrois Commentariis, Venise, Giunta, 1562, *Proemium*, ff. 4v-5r. Voir aussi *Commentarium magnum in Aristotelis De anima libros*, rec. F. Stuart Crawford, Cambridge Mass., The Mediaeval Academy of America, 1953, III, n. 14, p. 433 : « Credo enim quod iste homo fuit regula in Natura, et exemplar quod Natura invenit ad demonstrandum ultimam perfectionem humanam in materiis ».

45. « L'anima umana [...] colla nobilitade della potenza ultima, cioè ragione, participa della divina natura a guisa di sempiterna Intelligenza : però che l'anima è tanto in quella sovrana potenza nobilitata e dinudata da materia, che la divina luce, come in angelo, raggia in quella : e però è l'uomo divino animale dalli filosofi chiamato ».

46. « Fere lo sol lo fango tutto 'l giorno : / vile reman, né 'l sol perde calore ». Un riche répertoire de textes relatifs à la vaste thématique solaire, médiatisée notamment par le Pseudo-Denys, et une bibliographie tout aussi riche se trouvent dans Paolo Falzone, « "Sì come dice Alberto in quello libro che fa dello intelletto". La citazione dal *De intellectu et intelligibili* di Alberto Magno in *Convivio*, III, VII, 3-4 », *in* M. A. Terzoli, A. Asor Rosa et G. Inglese (éd.), *Letteratura e filologia fra Svizzera e Italia. Studi in onore di Guglielmo Gorni*, Rome, Edizioni di storia e letteratura, 2010, I, p. 37-56 (mais Thomas, comme Falzone le souligne à la fin de son essai, est aussi important qu'Albert).

lui ; tellement divers qu'ils s'étendent sur toute la hiérarchie allant des brutes aux anges[47] :

> Bien que l'on ait posé ici des degrés généraux, l'on peut néanmoins poser des degrés particuliers, à savoir que, parmi les âmes humaines, l'une reçoit autrement qu'une autre. Parce que, dans l'ordre intellectuel de l'univers, on monte et descend par des degrés presque continus de la forme la plus simple à la plus haute et de celle-ci à la plus basse, comme nous le voyons dans l'ordre sensible. Parce que, entre la nature angélique, qui est chose intellectuelle, et l'âme humaine, il n'y a aucun degré, mais que l'une et l'autre se succèdent dans l'échelle des degrés, et que, entre l'âme humaine et la plus parfaite des animaux, il n'y a pas de cloison ; et parce que nous voyons de nombreux hommes si vils et de si basse condition qu'ils semblent pareils à des bêtes brutes. Il faut donc poser et croire fermement que quelqu'un peut être si noble et de si haute condition qu'il n'est presque rien d'autre qu'un ange. Autrement, l'espère humaine ne se continuerait pas des deux côtés : chose qui n'est pas possible. Ces êtres sont appelés divins par Aristote au septième livre de l'*Éthique*. Telle est, dis-je, cette dame[48]...

Deux remarques. La première : comme on peut le constater, l'hypothèse de l'*homme/ange* est présentée ici comme nécessaire

47. Il s'agit de la Dame Philosophie de la canzone *Amor, che nella mente*, commentée dans le IIIe traité du *Convivio*. Sur ce passage, je renvoie à la longue note de Falzone, *Desiderio*, p. 42-44, n. 81, qui énumère divers témoignages de l'idée selon laquelle l'espèce humaine serait liée aussi bien aux intelligences angéliques, en haut, qu'aux brutes, en bas. À l'origine de cette idée – qui dérive toutefois de Proclus – l'on retrouve le Pseudo-Denys, *De divinis nominibus*, II, 3, et ensuite Averroès, Albert le Grand, Thomas (voir Bernard Montagnes, « L'axiome de continuité chez saint Thomas », *Revue des sciences philosophiques et théologiques*, 52, 1968, p. 201-221), Raoul le Breton. Guittone, comme encore une fois Falzone le signale, reprend également ce thème courant dans la lettre XXV, 12-13 (Guittone d'Arezzo, *Lettere*, éd. C. Margueron, Bologne, Commissione per i testi di lingua, 1990, p. 257).

48. « E avegna che posti siano qui gradi generali, nondimento si possono porre gradi singulari : cioè che quella [*la "vertute che sola è intellettuale"*, c'est-à-dire Dieu] riceve, dell'anime umane, altrimenti una che un'altra. E però che nell'ordine intellettuale dell'universo si sale e discende per gradi quasi continui dalla infima forma all'altissima e dall'altissima alla infima, sì come vedemo nell'ordine sensibile ; e tra l'angelica natura, che è cosa intellettuale, e l'anima umana non sia grado alcuno, ma sia quasi l'uno all'altro continuo per li ordini delli gradi ; e tra l'anima umana e l'anima più perfetta delli bruti animali ancor mezzo alcuno non sia ; e noi veggiamo molti uomini tanto vili e di sì bassa condizione, che quasi non pare loro essere altro che bestia : e così è da porre e da credere fermamente che sia alcuno tanto nobile e di sì alta condizione che quasi non sia altro che angelo. Altrimenti non si continuerebbe l'umana spezie da ogni parte, che essere non può. E questi cotali chiama Aristotile, nel settimo dell'*Etica*, divini ; e cotale dico io che è questa donna. »

(« Il faut donc poser et croire fermement »), en tant que condition corrélative de l'indubitable (« nous voyons ») continuité de l'homme avec les êtres inférieurs, les « brutes ». Il semblerait donc qu'une telle hypothèse réponde à une nécessité logique, de système, plutôt qu'à une réalité. La seconde : il est significatif que l'exemple soit tiré du même passage d'Aristote, *Éth.*, VII, 1, 1145a, qui présente le même schéma, c'est-à-dire : « si la bestialité existe, il est cohérent d'en déduire qu'il doit exister, à l'extrême opposé, une forme de vertu pouvant être définie héroïque et divine[49] ». Et c'est justement à Homère qu'Aristote emprunte un exemple, en ajoutant – ce qui est très significatif par rapport au sens à attribuer à l'adjectif *divin* – celui des Spartiates, qui qualifient de divins les hommes qu'ils admirent le plus[50]. Dante, dans le passage ci-dessus, se borne cependant à renvoyer au passage d'Aristote ; cela peut être dû à l'intention de rester dans un cadre et sur un ton, pour ainsi dire, plus spéculatifs, alors qu'une allusion aux héros homériques ou aux Spartiates aurait donné au discours un caractère différent.

Un autre passage, mais cette fois de la *Monarchie*, I, 12, 6, mérite enfin d'être cité. En parlant du libre arbitre, Dante le définit comme le plus grand don de Dieu à la nature humaine, « car c'est par lui que nous sommes heureux ici-bas en tant qu'hommes, et que nous serons heureux là-haut comme des dieux[51] ». On fait allusion ici au principe de

49. « Ad bestialitatem autem maxime utique congruit dicere super nos virtutem heroicam quandam et divinam. »

50. « Quia autem rarum et divinum virum esse quemadmodum Lacones consueverunt appellare quando admirantur valde aliquem, divinus vir aiunt. »

51. « quia per ipsum hic felicitamur ut homines, per ipsum alibi felicitamur ut dii. » Selon G. Favati (*Sul testo della « Monarchia » di Dante : proposta di nuove lezioni*, in *Psicanalisi e strutturalismo di fronte a Dante. Atti* [...], Florence, Olschki, 1972, I, p. 3-42 : p. 36-38) ces mots sont une autocitation de *Par.*, V, 121-123 : « Così da un di quelli spirti pii / detto mi fu ; e da Beatrice : 'Dì, dì / sicuramente, e credi come a dii'. » Cette autocitation est liée à celle, explicite, qui se trouve dans le même passage du traité : « sicut in Paradiso *Comedie* iam dixi », selon la leçon de l'archétype présente dans la majorité des manuscrits mais très débattue, au point d'être supprimée du texte par certains ; on en a maintenant une leçon reconstituée sur le manuscrit Additional 6891 de la British Library (« sicut immissum a Domino inmediate iam dixi ») par Diego Quaglioni, dans sa récente édition dans le IIe volume des *Opere* de

la double béatitude, terrestre (*ici-bas*) et céleste (*ailleurs*), dont bénéficient les âmes bienheureuses, définissables « comme des dieux » – similitude qui peut être autorisée par un passage de Thomas d'Aquin, *Summa*, I, q. 13, a. 9, *resp.* : « Toutefois, le nom de Dieu est communicable, non selon toute sa signification, mais partiellement, en raison d'une *certaine similitude*. Ainsi appelle-t-on "dieux" ceux qui participent du divin par manière de ressemblance, selon ces mots du Psaume (82, 6) : "J'ai dit : vous êtes des dieux" [*Ps. 81, 6*]. » Je dirais que ce passage de Thomas explique définitivement dans quel sens non pas les héros païens, mais les bienheureux au Paradis, peuvent être définis comme des êtres « divins » : un sens qui n'a rien à voir avec le processus de « divinisation » de l'intellect se réalisant soi-même dont parle Albert le Grand.

5. On pourrait citer beaucoup d'autres passages, mais il ne fait aucun doute que, sur le thème d'un intellect divin et divinisant, Dante semble extrêmement réticent[52]. On le voit clairement si, outre les passages déjà cités, on en revient rapidement à Albert le Grand et, derrière celui-ci, à Averroès, et si l'on reconsidère brièvement le thème, très débattu, du lien entre connaissance et bonheur. Voici ce qu'écrit Nardi à ce sujet, avec sa clarté habituelle :

> Dans ce passage célèbre [*De anima*, III, q. 36], le philosophe de Cordoue soutient qu'il est possible pour l'homme de s'élever graduellement à la connaissance des formes séparées de la matière,

Dante, Milan, Mondadori, 2014 (voir en particulier les notes des p. 1008-1010 : on y trouvera les références principales concernant la longue querelle, dont ce n'est pas la peine de parler ici).

52. À propos de réticence, je me risque à présenter une impression vague mais tenace (ou s'agit-il d'une bévue ?). Albert le Grand est dans le ciel du Soleil, dans *Par.*, X, 97-99, et Thomas l'indique en disant : « Celui-ci, qui m'est à droite le plus proche,/ fut mon frère et mon maître, et c'est Albert/ il est de Cologne, et moi, Thomas, d'Aquin » (« Questi che m'è a destra più vicino, / frate e maestro fummi, ed esso Alberto / è di Cologna, e io Thomas d'Aquino »). Cela peut paraître peu de chose, si l'on remarque que tous ceux qui suivent sont présentés avec des expressions hautement élogieuses : Gratien, Pierre Lombard, Salomon, Le Pseudo-Denys, Orose, Boèce, Isidore, Bède, Richard de Saint-Victor et enfin Sigier. Bref, il semble que le plus grand mérite d'Albert le Grand soit d'avoir été confrère et maître de Thomas ; mais le ton, déterminé par ce « è di Cologna », limite un tel mérite dans une dimension purement factuelle, informative. Comme si, enfin, le juste hommage rendu était voilé d'une légère froideur.

bien que peu soient ceux qui y parviennent, par l'effort assidu de la recherche et par la méditation philosophique, qui aboutit à la complète actualisation de la puissance de l'intellect possible grâce à l'union pleine avec l'intellect agent. Dans un tel état, l'homme devient semblable à Dieu, dans la mesure où cela est permis à l'intellect humain, et connaît tout ce que l'esprit est en mesure de connaître. Selon Averroès, c'est dans la connaissance des substances séparées que consiste la satisfaction pleine du désir humain de savoir et le plus haut degré de perfection et de bonheur que l'homme puisse atteindre sur terre[53].

Quant à Albert le Grand, on peut aisément multiplier les citations présentées par Nardi, par exemple le passage qui suit, tiré du IIe livre du *De intellectu* :

Avicenne dit donc que, parfois, l'intellect qui a en soi cette lumière dispose et prévoit les choses futures, et il est presque un Dieu : cet intellect est l'intellect « assimilatif ». Mais qu'on prête attention à ce que dans tous ces intellects l'intellect possible est le fondement premier : la lumière de l'intellect agent est la disposition et presque la base de l'intelligence des principes, et l'intelligence des principes est la base pour l'intellect qu'on définit comme agent, et l'intellect agent est la base pour l'intellect acquis, avec lequel l'âme a conscience de soi-même, et cet intellect acquis est la base de l'intellect assimilatif. Lequel à travers les passages de la lumière inférieure monte jusqu'à la lumière de l'intellect divin, pour y rester jusqu'à la fin. Et puisque tous les hommes désirent naturellement savoir, la fin du désir réside dans l'intellect divin : on ne va pas au-delà, et on ne peut pas y aller [...]. Qui est joint au simple premier et divin intellect est divin lui-même[54].

---

53. B. Nardi, *Saggi*, p. 108. Le renvoi à Averroès se réfère au *Commentarium magnum*, III, n. 36, p. 479-502, Crawford, à lire avec les notes très fournies dont de Libera a enrichi sa traduction (Averroès, *L'Intelligence et la pensée. Sur le* De anima. Présentation et traduction inédite par A. de Libera, Paris, Flammarion, 1998, p. 148-169 et p. 357-389). Mais voir le travail plus récent de P. Falzone, *Desiderio*, p. 179 et p. 259-260 : on cite ici la glose décisive d'Averroès à la *Metaphysica* d'Aristote, II, 1, 993b, où se trouve l'image, devenue topique, de la chauve-souris éblouie par la lumière du jour (image reprise par Pétrarque dans le *De ignorantia*, en polémique contre les aristotéliciens de Padoue).

54. Albert le Grand, *De intellectu et intelligibili*, II, 1, 9, éd. A. Borgnet, 9, p. 517 : « Propter quod dicit Avicenna, quod aliquando illi lumini vere permixtus intellectus futura praeordinat et praedicit, et quasi Deus quidem esse perhibetur. Iste igitur est intellectus assimilativus. Et attende, quod in omnibus his intellectibus possibilis est quasi fundamentum

À la lumière de ces fortes déclarations, lisons maintenant un autre célèbre passage dantesque, *Conv.*, III, 11, 14 : « la fin de la philosophie est cette suprême délectation qui ne souffre ni interruption ni défaut, c'est-à-dire le bonheur véritable que l'on acquiert par la contemplation de la vérité[55] ». Or, une chose est que la *fin* ultime de la philosophie soit l'acquisition de la vérité, et qu'une telle *fin* agisse à rebours, en qualifiant le parcours à travers lequel on devrait l'atteindre ; autre chose – et c'est là une question bien plus douteuse – est que l'homme ait le pouvoir de l'atteindre. Si bien qu'un peu plus loin, dans III, 15, 7, Dante affronte le *forte dubitare*, dû au fait que ce soient justement les vérités les plus hautes, celles qui occupent le sommet de la chaîne des causes, que « notre intellect ne peut regarder, c'est-à-dire Dieu, l'éternité et la matière première : choses que l'on voit nécessairement et que de toute sa foi l'on croit être, mais dont nous ne pouvons

---

et primus : lumen autem agentis in ipso est dispositio et quasi stramentum ad intellectum principiorum, et intellectus principiorum est stramentum ad intellectum qui dicitur in effectu, et intellectus in effectu est stramentum ad intellectum adeptum, praecipue in quo adipiscitur anima notitiam sui ipsius, et iste intellectus adeptus ad intellectum assimilativum. Qui per gradus applicationis luminis inferioris ad lumen superius ascendit usque ad lumen intellectus divini, et in illo stat sicut in fine : et ideo cum omnes homines natura scire desiderant, finis desiderii est stare in intellectu divino, quia ultra illum non ascendit aliquis nec ascendere potest [...] Qui autem simplici primo et divino intellectui conjunctus est, divinus est » (vd. B. Nardi, *Studi di filosofia medievale*, Rome, Edizioni di storia e letteratura, 1979, p. 147-148). Sur cette procession d'« intellects » qui sont l'un le *stramentum* du suivant, voir en particulier L. Sturlese, « "Intelletto acquisito e divino". La dottrina filosofica di Alberto il Grande sulla perfezione della ragione umana », *Giornale critico della filosofia italiana*, s. VI, 23/2, 2003, p. 161-189 (ainsi que le résumé qu'en a fait Ulrich de Strasbourg dans son *De summo bono*, cité par A. de Libera, *Albert le Grand*, p. 265-266). Parmi les ouvrages d'Albert, voir aussi, par exemple, *De anima*, III, 3, 11, éd. A. Borgnet, 5, p. 387 (ce passage est inclus dans la longue citation présentée par B. Nardi, *Saggi*, p. 113-116) : « hoc sic compositum vocatur a Peripateticis *intellectus adeptus et divinus* : et tunc homo perfectus est ad operandum opus illud quod est opus suum in quantum est homo : et hoc est opus quod operatur Deus : etiam hoc est perfecte per seipsum contemplari et intelligere separata. » On peut voir également la longue citation rapportée par P. Falzone, *Desiderio*, p. 275-276, tirée de la *Metaphysica*, II, 2, p. 92-94. L'expression *in quantum est homo* revient dans les écrits d'Albert : *De intellectu*, II, 1, 8, éd. A. Borgnet, 9, p. 515 : « tota refloret natura hominis in quantum est homo » ; « homo in quantum homo solus est intellectus », etc. Et chez Dante, *Conv.*, III, 15, 4 : « l'uomo in quanto ello è uomo, vede terminato ogni suo desiderio » ; IV, 6, 7 : le *fine* « al quale l'uomo è ordinato in quanto elli è uomo. »

55. « [...]fine della Filosofia è quella eccelentissima dilettazione che non pate alcuna intermissione o vero difetto, cioè vera felicitade che per contemplazione della veritade s'acquista. »

comprendre ce qu'elles sont (XV 6)[56] ». Par conséquent, notre désir de les connaître « se contredirait lui-même, car, désirant sa perfection, il désirerait son imperfection. En effet, il désirerait toujours désirer et ne jamais satisfaire son désir (XV 9) ». La solution que Dante envisage alors est bien connue :

> Aussi le désir humain est-il proportionné en cette vie à la science que l'on peut avoir ici-bas ; et il ne franchit pas ce point sinon par une erreur qui est hors de l'intention naturelle. Il est ainsi mesuré dans la nature angélique, quant à la sagesse que la nature de chacun peut appréhender. C'est la raison pour laquelle les Saints n'ont pas entre eux d'envie, car chacun atteint la fin de son désir, désir qui est mesuré selon la bonté de sa nature. Aussi, étant donné qu'il n'est pas possible à notre nature de connaître Dieu ni ce que sont certaines choses, nous ne désirons naturellement pas le savoir (*Conv.*, III, 15, 9-10)[57].

Cependant, ce discours – et peut-être cela a-t-il été moins souvent considéré – continue dans le IVe traité, en y trouvant son aboutissement logique. Une fois déterminées les limites de ce qui est naturellement « désiré savoir », il en résulte que, dans ces limites, il doit y avoir également une félicité correspondante et également naturelle. Et, en effet, dans *Conv.*, IV, 13, 1-9, Dante affirme quelque chose d'extraordinairement important, à mon avis ; cela représente une solution qui accepte pleinement et même accueille ces précieuses limites, auxquelles mesurer une notion différente de « félicité », entièrement comprise dans l'horizon fini de la vie terrestre :

> le désir de la science n'est pas unique mais multiple, l'un achevé, il en vient un autre, de sorte qu'à proprement parler sa dilatation n'est

---

56. « lo 'ntelletto nostro guardare non può, cioè Dio e la etternitate e la prima materia : che certissimamente si veggiono e con tutta fede si credono essere, e pur quello che sono intender noi non potemo. »

57. « E però l'umano desiderio è misurato in questa vita a quella scienza che qui avere si può, e quello punto non passa se non per errore, lo quale è fuori di naturale intenzione. E così è misurato nella natura angelica e terminato, in quanto, in quella sapienza che la natura di ciascuno può apprendere. E questa è la ragione per che li Santi non hanno tra loro invidia, però che ciascuno aggiugne lo fine del suo desiderio, lo quale desiderio è colla bontà della natura misurato. Onde, con ciò sia cosa che conoscere di Dio, e di certe altre cose, quello che esso è, non sia possibile alla nostra natura, quello da noi naturalmente non è desiderato di sapere. »

pas croissance, mais succession d'une petite chose vers une grande. Car, si je désire savoir les principes des choses naturelles, aussitôt que je les sais, ce désir est accompli et achevé. Si je désire ensuite savoir ce qu'est et comment est chacun de ces principes, c'est un autre et nouveau désir ; et sa venue ne m'ôte pas la perfection où m'avait amené l'autre ; une telle dilation n'est pas cause d'imperfection, mais de plus grande perfection. [...] nos désirs naturels, comme il a été montré ci-dessus au troisième livre, vont vers un terme certain ; celui de la science est naturel, de sorte qu'il s'accomplit en un terme certain, bien que, du fait que la plupart des hommes marche mal, seul un petit nombre d'entre eux parvient à terminer le voyage. Si l'on entend bien le commentateur du troisième livre de l'*Âme*, on entend cela d'après lui. Aussi Aristote dit-il au dixième livre de l'*Éthique*, contre le poète Simonide, que « l'homme doit viser autant qu'il peut les choses divines », montrant ainsi que nos facultés visent à une fin certaine. Et au premier livre de l'*Éthique*, il dit que « celui qui étudie demande à savoir la certitude des choses, selon ce qu'en leur nature elles ont de certain ». En quoi il montre que l'on doit atteindre une fin, non seulement de la part de l'homme qui désire, mais de la part d'un connaissable qui est désiré. Aussi Paul dit-il : « Ne cherche pas à savoir plus que ce qu'il convient de savoir, mais sais de façon mesurée. » De sorte que, de quelque manière que l'on presse le désir de science, de manière générale ou particulière, il atteint à la perfection. Aussi la science est-elle une parfaite et noble perfection ; qu'on la désire n'ôte rien à sa perfection[58].

58. « Lo desiderio della scienza non è sempre uno ma è molti, e finito l'uno, viene l'altro ; sì che, propiamente parlando, non è crescere lo suo dilatare, ma successione di picciola cosa in grande cosa. Che se io desidero di sapere li principi delle cose naturali, incontamente che io so questi, è compiuto e terminato questo desiderio. E se poi io desidero di sapere che cosa e com'è ciascuno di questi principii, questo è un altro desiderio nuovo, né per l'avvenimento di questo mi si toglie la perfezione alla quale mi condusse l'altro ; e questo cotale dilatare non è cagione d'imperfezione, ma di perfezione maggiore [...] li nostri desideri naturali, sì come di sopra nel terzo trattato è mostrato, sono a certo termine discendenti ; e quello della scienza è naturale, sì che certo termine quello compie, avegna che pochi, per male camminare, compiano la giornata. E chi intende lo Comentatore nel terzo dell'*Anima*, questo intende da lui. E però dice Aristotile nel decimo dell'*Etica*, contra Simonide poeta parlando, che "l'uomo si dee traere alle divine cose quanto può" : in che mostra che a certo fine bada la nostra potenza. E nel primo dell'*Etica* dice che "'l disciplinato chiede di sapere certezza nelle cose, secondo che la loro natura di certezza si riceva" : in che mostra che non solamente dalla parte dell'uomo desiderante, ma deesi fine attendere dalla parte dello scibile desiderato. E però Paulo dice : "Non più sapere che sapere si convegna, ma sapere a misura." Sì che, per qualunque modo lo desiderare della scienza si prende, o generalmente o particularmente, a perfezione viene. E però la scienza ha perfetta e nobile perfezione, e per suo desiderio sua

Ce passage mériterait une analyse beaucoup plus approfondie, mais il faut ici se borner à ce qui nous permettra de revenir à notre point de départ. Concernant le passage du IIIe livre, dans le IVe on remarque encore mieux, si possible, cette limitation fondamentale de l'objet, chaque fois différent et *suffisant* par rapport à l'acte de connaissance. Tellement suffisant que l'acte de connaissance se suffit chaque fois à lui-même et est, à chaque moment ponctuel, parfait. Dans toute affirmation de vérité, si circonscrite qu'elle puisse être, il ne peut y avoir plus de vérité que celle qui est déjà présente : on pourra bien y ajouter d'autres vérités, mais il s'agira, justement, de vérités *autres*, et celles-ci ne remettront pas en cause ce qui, avec joie, a déjà été acquis. En conclusion, sur une question aussi délicate que celle du lien entre savoir et félicité, ainsi que sur le thème de la divinisation de l'intellect, il faut exclure que les positions de Dante dans le *Convivio* correspondent à celles d'Albert le Grand. Au contraire, Dante les refuse, se déplace vers un tout autre domaine et polémiquement accepte et exalte un principe de limitation de la puissance de l'intellect humain ; un principe garantissant le savoir terrestre et le bonheur que, à tout moment, celui-ci est en mesure de promettre[59].

perfezione non perde. » Pour la partie relative à ce qui est dit dans le IIIe traité, voir la très riche analyse de P. Falzone, *Desiderio*, p. 170 *sq.* ; pour une analyse spécifique du IVe traité, je renvoie à E. Fenzi, « Conoscenza e felicità nel III e IV del *Convivio* », *in* C. Cattermole, C. de Aldama et C. Giordano (éd.), *Ortodossia ed eterodossia in Dante Alighieri*, Madrid, Ediciones La Discreta, 2014, p. 411-451 (pour le *Convivio* en particulier, p. 428 *sq.*). Dans ses notes à ce passage du IIIe traité, Fioravanti rappelle que dans le Xe livre de l'*Éthique* et dans le XIIe de la *Métaphysique* Aristote avait remarqué que pour Dieu uniquement la vie et la connaissance s'identifient sans interruptions, et que, selon Dante, la nature humaine, contrairement à la nature angélique, n'est pas capable, dans cette vie, d'un acte de connaissance ininterrompu (il renvoie à *Conv.*, III, 8, 5, et III, 12, 12).

59. Je suis donc tout à fait d'accord avec ce qu'écrit G. Fioravanti, « Dante e Alberto Magno », *in* A. Ghisalberti (éd.), *Il pensiero filosofico e teologico di Dante Alighieri*, Milan, Vita e Pensiero, 2001, p. 93-102, en particulier p. 101-102 : « Mais si Dante, avec Albert, considère l'âme, l'esprit ou l'intellect comme étant divins car descendus directement de la déité et plus proches de celle-ci dans la chaîne des êtres, avec les anges, cependant ce qui est, chez Albert, le complément fondamental d'une telle affirmation me semble tout à fait absent chez Dante. Je me réfère à la doctrine de la *deificatio* [...]. Sans aucun doute, cette absence n'est pas imputable à l'ignorance (le *De natura et origine animae* aussi bien que le *De intellectu et intelligibili* présentent très clairement une telle doctrine) et elle peut être interprétée aussi comme un refus, surtout si on considère que, chaque fois qu'il parle de la connaissance de

6. Une autre question mérite maintenant d'être abordée. Dante ne suit pas Albert, il est vrai, mais il ne suit pas Thomas non plus. Tout le discours développé dans le *Convivio* représente en effet une démolition directe et massive de la construction thomasienne, se fondant sur l'opposition théologique entre « imparfait » et « parfait » (mais également sur la distinction, plus ancienne, qu'Augustin propose entre sciences *inférieure* et *supérieure*), et, surtout, il brise la chaîne qui chaque fois, de façon envahissante, subordonnait l'imparfait connu au parfait inconnaissable. Selon Dante ce n'est pas le cas. Tout acte de connaissance est toujours parfait (« atteint la perfection ») et, en tant que tel, parfaitement satisfaisant. On n'aurait pu, soit dit en passant, contribuer davantage à jeter les bases conceptuelles sur lesquelles bâtir l'édifice de l'entière légitimité et de l'autonomie des sciences de la nature[60]. Mais ce n'est pas le fil de notre raisonnement. Nous oberverons, plutôt, jusqu'à quel point l'opposition à Thomas est nette, surtout là où Dante attribue à une « erreur » curieuse et absolument non-naturelle le désir de connaître ce qu'on ne peut connaître – Dieu, les substances séparées, l'éternité – alors que, pour préserver notre possible bonheur, il est tout à fait naturel et même souhaitable que de vouloir l'ignorer. Ce qui peut paraître même régressif par rapport à Thomas : pour celui-ci, au contraire, rien n'est moins naturel que le renoncement volontaire à connaître ce qu'on sait tout de même exister. Le désir, la tension et même la frustration sont les caractéristiques principales et tout à fait constitutives de ceux qui consacrent leur vie au savoir, en se heurtant, tout le temps, à la limite qui sépare ce qu'ils savent de ce qu'ils connaissent

---

Dieu et des substances séparées, Dante précise que celle-ci se limite à ce que l'on peut déduire de leurs effets (cf. *Conv.*, II, 14, 11 ; III, 4, 9 ; III, 8, 15). » C'est une position tout à fait opposée à celle d'Albert, une position que le maître de Cologne compte à maintes reprises parmi les nombreux *errores latinorum* (cf. *De anima*, III, 3, 10, éd. Stroik, *Opera omnia*, VII 1, p. 220) et qui, au moins dans ce cas, rapproche fortement Alighieri de saint Thomas.

60. À ce sujet, je renvoie aux réflexions développées dans la dernière partie de mon article « Conoscenza e felicità nel III e IV del *Convivio* », cité ci-dessus.

par intuition et qui, néanmoins, reste insaisissable par leurs outils humains et limités. Voici le passage en traduction – les italiques sont de moi :

> la perfection de l'intellect se mesure à sa connaissance de l'essence d'une chose. Donc, si un intellect connaît dans son essence un certain effet, mais de telle sorte que par cet effet il ne puisse parvenir à la connaissance de la cause dans son essence même et savoir d'elle ce qu'elle est (*quid est*), on ne peut pas dire que cet intellect atteigne purement et simplement à la cause, bien que, par l'effet envisagé, il sache de cette cause qu'elle est (*an sit*). Voilà pourquoi *l'homme garde naturellement le désir* (*remanet naturaliter homini desiderium*), quand il connaît un effet et qu'il sait qu'il a une cause, de savoir en outre, au sujet de cette cause, ce qu'elle est. Et ce désir est une forme de stupeur ou d'étonnement qui provoque la recherche, comme dit Aristote au début de sa *Métaphysique* [*Met.*, I, 2, 982b 12 ; 983a 12]. [...] Et son investigation n'aura pas de repos avant qu'il soit parvenu à connaître l'essence de cette cause. Donc, si l'intellect humain, connaissant l'essence d'un effet de la création, ne connaît de Dieu rien d'autre que son existence (*an est*), sa perfection n'atteint pas encore la cause première ; mais il garde *le désir naturel de découvrir cette cause* (*remanet ei adhuc naturale desiderium inquirendi causam*). Aussi n'est-il pas encore parfaitement heureux. Il est donc requis pour la parfaite béatitude que l'intellect atteigne à l'essence même de la cause première. Et ainsi il possédera la perfection en s'unissant à Dieu comme à son objet, en qui seul consiste la béatitude[61].

Donc, selon Thomas, l'expérience ponctuelle de la connaissance est aussi, en même temps, l'expérience de ses limites, dans un monde d'« effets » dont on ignore le *quid est* de la cause première, tout en sachant qu'une telle cause existe. Mais l'union parfaite et heureuse à la cause première n'est possible que dans l'au-delà, après la mort, et aucun savoir humain, construit sur des données sensibles, n'est en mesure de se transcender complètement ; ce savoir peut, tout au plus, parvenir à une forme réduite de participation au bien suprême, qui,

---

61. Thomas, *Summa*, I, II^{ae}, q. 5, a. 3 (mais voir aussi *Summa*, I, 12, art. 1 ; I, II^{ae}, q. 3, a. 8 ; *Contra Gentiles*, I, 3).

dans ce monde, ne peut que fomenter la douloureuse tension du désir insatisfait. À propos de Thomas, Imbach a observé, dans un précieux essai : « Comment ne pas voir l'incroyable tension entre le désir de connaître et d'être heureux et l'impossibilité d'y parvenir ? Cette tension est, selon Thomas, cause d'angoisse[62]. » C'est en effet Thomas qui, dans la *Summa contra Gentiles*, III, 48, n. 16, considère l'angoisse qu'ont dû éprouver les grands penseurs de l'Antiquité, notamment Alexandre d'Aphrodise, Averroès et Aristote[63] ; une angoisse dont sont délivrés les croyants, certains qu'après la mort leurs âmes immortelles profiteront d'un bonheur parfait, car ils connaîtront alors de la même façon que les anges (« in quo statu anima intelliget per modum quo intelligunt substantiae separatae »). On en vient ici à la problématique qui constitue peut-être le cœur de ma communication et qui demande maintenant une brève parenthèse, ainsi que la reconsidération de passages par ailleurs bien connus.

Mon point de départ est le passage cité ci-dessus du *Convivio*, IV 13, en particulier le § 8, avec ce qui suit : « Aussi Aristote dit-il au dixième livre de l'*Éthique*, contre le poète Simonide, que "l'homme doit viser autant qu'il peut les choses divines", montrant ainsi que nos facultés visent à une fin certaine ». À ce sujet, Aristote écrit, dans *Éth.*, X, 7, 1177b 27, *sq.* :

> Car ce n'est pas en tant qu'homme qu'on vit de cette façon, mais en tant que quelque élément divin est présent en nous. Et autant cet élément est supérieur au composé humain, autant son activité est elle-même supérieure à celle de l'autre sorte de vertu. Si donc

62. Thomas d'Aquin – Boèce de Dacie, *Sur le bonheur*, textes introduits, traduits et annotés par R. Imbach et I. Fouche, Paris, Vrin, 2005, p. 30.

63. « In quo satis apparet quantam angustiam patiebantur hinc inde eorum praeclara ingenia. » Naturellement, on pourrait – et peut-être devrait-on le faire – tirer de la *Summa contra gentiles* de nombreuses autres affirmations strictement pertinentes à la thématique en question, notamment dans le livre III, chap. 25-63. Dans les chapitres 47 et 48, encore une fois, on démontre amplement que, dans cette vie, l'homme ne peut ni contempler Dieu dans son essence ni parvenir au bonheur ultime. Les chapitres suivants tentent d'expliquer l'épineux problème de la contemplation de l'essence divine par les bienheureux et les anges ; dans le chapitre 54 ils achèvent d'expliquer comment cette contemplation est possible pour les bienheureux et pourquoi l'opinion de ceux qui refusent cela est, au contraire, fausse et hérétique.

l'intellection est quelque chose de divin par comparaison avec l'homme, la vie selon l'intellect est également divine comparée à la vie humaine. Il ne faut donc pas écouter ceux qui conseillent à l'homme, parce qu'il est homme, de borner sa pensée aux choses humaines, et, mortel, aux choses mortelles, mais l'homme doit, dans la mesure du possible, s'immortaliser, et tout faire pour vivre selon la partie la plus noble qui est en lui.

L'allusion au poète Simonide, qui n'est pas dans le texte d'Aristote, nous dit cependant que la véritable source de Dante est Thomas, dans le commentaire à l'*Éthique*, X, *lectio* 11, 2106-2107, et, surtout, dans le *Contra Gentiles*, I, 5, n. 35, dont « le texte du *Convivio* est un véritable calque » (Fioravanti, *ad loc.*)[64]. Dante ajoute aussi les citations de Paul, *Rom.* 12, 3 (« Non plus sapere quam oportet sapere, sed sapere ad sobrietatem »), qui est cependant dans un contexte différent, et d'Aristote, *Éth.*, I, 1, 1094b 24 *sq.* (« il est d'un homme cultivé de ne chercher la rigueur pour chaque genre de chose, que dans la mesure où la nature du sujet l'admet »), qui est également hors contexte, car Aristote veut ici souligner que, dans le domaine de l'éthique et de la politique, le discours ne peut viser à la rigidité des vérités mathématiques (voir le commentaire exhaustif de Thomas, I, *lectio* 3, 32-36). Ce sont justement ces citations, plutôt redondantes et inappropriées, qui peuvent nous indiquer que Dante, emporté par la force de l'argumentation, s'est retrouvé dans un discours difficile. Bref, il défend l'idée que le savoir humain, quand il parvient à une vérité ponctuelle et indiscutable, est parfait en soi et, en tant que tel, est une source de bonheur parfait. Cependant, pour que ce bonheur soit parfait, il faut qu'il ne

64. Voir aussi la très longue note de Vasoli, *ad loc.*, p. 680-681, ainsi que, concernant le croisement des sources, ce qu'écrivait Edward Moore en 1896, maintenant publié en italien : *Studi su Dante*, éd. B. Basile, avec M. Grimaldi, Rome, Salerno, 2015, I, p. 142-143. Francesco Mazzoni, dans ses notes sur *Questio* 77, in *Opere minori*, Milan-Naples, Ricciardi, 1979, p. 868-870, reparcourt la chaîne des *auctoritates* dantesques et remarque, avec raison, que la reprise de l'exhortation « desinant ergo, desinant homines querere que supra eos sunt, et querant usque quo possunt ut trahant se ad immortalia et divina pro posse, ac maiora se relinquant » est une sorte de « réaction intérieure, presque *ab irato* [...], sans aucun doute adressée, comme on peut facilement le comprendre, à ses adversaires », etc.

soit pas pollué par la frustration, et donc par la tentative inutile et, finalement, « erronée » d'outrepasser les limites imposées à l'intellect humain, comme Dante l'affirme avec une clarté même provocante dans le IIIe traité, 15, 9, au sujet du « *forte dubitare* ». Je cite à nouveau : « Aussi le désir humain est-il proportionné en cette vie à la science que l'on peut avoir ici-bas ; et il ne franchit pas ce point sinon par une erreur qui est hors de l'intention naturelle. » Il faut observer que cette phrase n'est pas formellement en contradiction, mais elle prend une voie tout à fait différente par rapport à ce qui est affirmé en *Conv.*, II, 3, 2 : « Bien que ces choses, eu égard à la vérité, ne puissent que fort peu se savoir, le peu que la raison humaine en perçoit procure plus de plaisir que l'abondance et la certitude des choses dont on juge par les sens[65]. » D'où, enfin, la nécessité que Dante éprouve de sanctionner, à cet endroit du IVe traité, visant manifestement à compléter le discours sur le savoir et le bonheur développé dans le IIIe, l'*erreur* qui avait été dénoncée ici et qui ne pouvait pas ne pas susciter de nombreuses perplexités (il s'agissait, tout d'abord, d'une erreur dont la possibilité effective ouvrait une brèche non négligeable dans un système selon lequel la Nature « ne fait rien en vain »). Les *auctoritates* citées sont donc rétrospectives, elles se réfèrent aux affirmations du traité précédent, auxquelles elles entendent fournir l'appui nécessaire. Si les intentions de Dante sont claires, le résultat n'en reste pas moins ambigu, car son principal point d'appui est, lui-même, ambigu : que veut dire que « l'homme doit viser autant qu'il peut (*quanto può*) les choses divines » ? Comment l'homme peut-il connaître *quanto può* ? Est-ce que cela signifie que l'homme, au préalable et par choix méthodologique, doit accepter et se contenter

65. « E avegna che quelle cose, per rispetto della veritade, assai poco sapere si possano, quel cotanto che l'umana ragione ne vede ha più di dilettazione che 'l molto e 'l certo delle cose delle quali si giudica secondo lo senso, secondo la sentenza del Filosofo in quello delli Animali. » Dante renvoie à un célèbre passage d'Aristote, *De partibus animalium*, I 5, 644b, cité dans la traduction latine de Michael Scot à travers Thomas, *Contra Gentiles*, I, 5, n. 32. Voir P. Boyde, *L'uomo nel cosmo. Filosofia della natura e filosofia in Dante*, Bologne, Il Mulino, 1984, p. 103, n. 35 et la note *ad loc.* de G. Fioravanti au *Convivio*.

de ses propres limites, ou plutôt qu'il doit être animé par une tension inépuisable, le poussant à se heurter à celles-ci, à les forcer et à les dépasser chaque fois pour *trarsi* aux choses divines *quanto può* ? Et, dans ce cas, ne serait-ce pas justement la force de son désir insatisfait qui le motiverait, qui lui donnerait le courage de découvrir et de mettre à l'épreuve ses possibilités ? Le désir que Dante, pendant un moment, a voulu bannir pour garantir l'*hic et nunc* du bonheur mental ?

7. Quelques années après avoir soutenu, dans le *Convivio*, une position qui définissait clairement le domaine d'un savoir et d'un bonheur terrestres non nécessairement inclus dans des perspectives transcendantes, Dante change d'attitude. Au début de l'*Enfer*, dans le IVe chant, il donne un relief puissant et dramatique à la condition des grands hommes, notamment des philosophes du passé enfermés dans les Limbes. La belle définition que donne saint Augustin des savants stoïciens, « malheureux avec courage », me trotte souvent dans la tête. Je trouve qu'elle s'adapte bien aux âmes des Limbes, qui deviennent chez Dante l'emblème douloureux de toutes les « doctrines » qui ne se projettent pas et ne se perfectionnent pas dans la transcendance. Leur peine se révèle, à bien y regarder, terrible, d'autant plus si l'on considère la condition privilégiée que Dante leur a accordée. L'intensité de leurs soupirs est extraordinaire (v. 26-29 : « il n'était pas de pleurs, mais seulement des soupirs,/ qui faisaient trembler l'air éternel/ cela venait de douleur sans torture/ subie par ces foules[66] »), tout comme le tragique avec lequel Virgile, tout en faisant partie de ce groupe, décrit, de façon concise, la condition de ceux qui n'ont pas connu la Révélation et qui n'ont pas été baptisés :

> Je suis moi-même un de ceux-là
> Pour un tel manque, et non pour d'autres crimes,

66. « non avea pianto mai che di sospiri / che l'aura etterna facevan tremare ; / ciò avvenìa di duol sanza martiri, ch'avean le turbe. »

nous sommes perdus, et notre unique peine,
est que sans espoir nous vivons en désir (v. 39-42)[67]

La façon dont de tels « magnanimes[68] » se présentent est exactement celle du savant stoïcien qui, comme en témoignent de nombreux passages de Cicéron, fait de la *gravitas* et de l'impassibilité face aux pires malheurs sa règle de vie :

Je vis venir à nous quatre grandes ombres
dont les visages n'étaient ni gais ni tristes.
[...]
Des gens s'y trouvaient, aux yeux lents et graves,
avec un air de grande autorité :
ils parlaient peu, et d'une voix suave (v. 83-84 et 112-114)[69]

Néanmoins, cela ne fait qu'augmenter le sentiment d'une douleur oppressante et indicible, d'une déchirure qui n'a pas et n'aura pas de solution entre le tourment renfermé du désir et l'absence de toute espérance (Borges parlera d'« horreur tranquille et silencieuse » et donnera sa version d'une telle éternité dans la nouvelle *Les Immortels*). On pourrait donc dire que le schéma ébauché dans le *Convivio* était intimement lié aux raisons mêmes de son écriture : il n'était pas possible d'inviter au banquet du savoir un public tout à fait nouveau et n'y ayant jamais goûté sans promettre comme résultat concret et proche le bonheur. Maintenant, dans les Limbes, cette position est dépassée, pour ne pas dire bouleversée. Au même niveau de spéculation que chez Aristote, Socrate, Platon et tant d'autres, la contradiction intrinsèque à un désir impossible, si facilement résolue dans le traité, éclate ici à nouveau dans toute son angoisse, en prenant des proportions gigantesques : « nous sommes perdus, et notre unique peine,/ est que sans espoir nous vivons en désir ».

67. « 'e di questi cotai son io medesmo./ Per tai difetti, non per altro rio,/ semo perduti, e sol di tanto offesi/ che sanza speme vivemo in desio'. »

68. Pour la notion de « magnanimité », je renvoie à l'ouvrage de R.-A. Gauthier cité à la note 43.

69. « Vidi quattro grand'ombre a noi venire :/ sembianz'avean né trista né lieta/ [...]/ Genti v'eran con occhi tardi e gravi,/ di grande autorità ne' lor sembianti :/ parlavan rado, con voci soavi. »

Mais la meilleure glose à ces vers est celle de Dante lui-même, qui, au début du *Purgatoire*, attribue à Virgile les paroles suivantes :

> Insensé qui espère que notre raison
> pourra parcourir la voie infinie
> que suit une substance en trois personnes.
> Contentez-vous, humains, du *quia* ;
> s'il vous avait été possible de tout voir,
> il n'était pas besoin que Marie engendrât ;
> et vous avez vu désirer en vain les hommes,
> si grands que leur désir pouvait être apaisé ;
> alors qu'il les tourmente, éternellement,
> je parle d'Aristote et de Platon,
> et de bien d'autres... (III, 34-44)[70]

Ce n'est qu'à travers la Révélation, et donc avec la foi, qu'on peut accéder à une sorte de connaissance *secundum quid*. Sans elle, on ne peut pas dépasser le *secundum quia*, comme le savent bien Aristote, Platon et beaucoup d'autres : le désir de savoir ne leur a pas seulement refusé le bonheur promis, mais il s'est même transformé dans la douleur d'une perte, d'un *deuil*, que même l'éternité ne pourra jamais compenser. Le discours sur des vers si bien connus et commentés risque ici de devenir redondant. Toutefois, puis-je me permettre d'ajouter au moins que ces vers des Limbes amendent ce qui, quelques années auparavant (comme les dates respectives, avec toute la souplesse requise, le laissent croire), avait été écrit dans les passages du *Convivio* où Dante défendait à outrance la possibilité pleinement réjouissante du savoir terrestre ? Une telle palinodie, cependant, permet une clarification ou, plus exactement, l'attribution d'une nouvelle interprétation. Dans le *Convivio* – et cette affirmation y restait inexpliquée – le désir de

70. « Matto è chi spera che nostra ragione/ possa trascorrer la infinita via/ che tiene una sustanza in tre persone./ State contenti, umana gente, al *quia* ;/ ché, se potuto aveste veder tutto,/ mestier non era parturir Maria ;/ e disïar vedeste sanza frutto/ tai che sarebbe lor disìo quetato,/ ch'etternalmente è dato lor per lutto :/ io dico d'Aristotile e di Plato/ e di molt'altri. »

connaître ce qui est inaccessible à l'intellect était condamné en tant qu'« erreur », comme une sortie de l'ordre naturel lui-même. Ici, dans la nouvelle perspective, l'erreur est enfin claire ; et elle l'est, en premier lieu, pour le païen Virgile, qui, dans un paradoxe sublime, parle de la Révélation qu'il n'a pas connue mais dont maintenant *il a connaissance*, et il mesure à celle-ci la perte dont il souffre avec ses compagnons des Limbes. Comme pour dire que maintenant le discours du *Convivio* se révèle essentiellement comme étant un discours qui ne tient pas compte du sens profond de la Révélation : il ne l'incorpore pas et, par conséquent, il est obligé de qualifier d'*erreur* un désir de savoir, par ailleurs inéliminable, qui voudrait surmonter tout obstacle, malgré les condamnations de Dante lui-même.

Ce n'est pas tout. Un peu plus loin, dans le VIIe chant, Dante revient encore une fois sur les Limbes. C'est Sordel, maintenant, qui demande à Virgile d'où il vient (v. 21 : « dis-moi si tu viens de l'enfer, et de quel cloître » »), et celui-ci répond en présentant, en un calque parfait des vers cités ci-dessus, les termes essentiels de sa condition :

> J'ai perdu non pour faire, mais pour non faire,
> la vue du haut Soleil que tu désires
> et qui fut de moi connu trop tard.
> Il est un lieu là-bas qu'attristent les ténèbres,
> mais non les peines, et où les plaintes
> ne résonnent pas en cris, mais en soupirs (v. 25-30)[71].

71. « Non per far, ma per non fare ho perduto/ a veder l'alto Sol che tu disiri/ e che fu tardi per me conosciuto./ Luogo è là giù non tristo di martìri,/ ma di tenebre solo, ove i lamenti/ non suonan come guai, ma son sospiri. » Chez Alain de Lille, *De planctu Naturae*, on soupire aussi à maintes reprises devant l'impénétrable mystère de la divinité : « Ad cuius rei intelligentiam nostre mentis languescunt suspiria » (éd. Häring, VI, 90-91, p. 827). Il est à remarquer que, dans une interprétation par ailleurs très belle, Pastore Stocchi s'est démarqué de la plupart des commentateurs, en affirmant que le *disio* désespéré qui tourmente les habitants des Limbes n'a rien à voir avec le désir de connaître Dieu, mais est, tout simplement, le regret pour la vie perdue : « Ces *spiriti magni* (v. 119) ne sont pas *offesi* par l'inanité angoissante de leur désir, mais par un regret assidu de ce qu'ils ont perdu », un regret de même nature que celui qu'on éprouve pour la disparition d'un proche (M. Pastore Stocchi, « Il silenzio del Limbo », *in Id.*, *Il lume d'esta stella. Ricerche dantesche*, Rome, Salerno, 2013, p. 85-99, ici p. 89). Cependant il n'y a rien qui aille vraiment dans ce sens et les vers du *Purgatoire*, dans

Une fois de plus, le poète païen, maintenant, « connaît ». Mais que connaît-il ? Précisément ce qu'il ne pourra jamais connaître. Autrement dit, il vit, instant par instant et pour l'éternité, le drame torturant de la frustration d'un désir absolu, total, au-delà duquel rien n'existe. On est ici au-delà de la mort, et cela, il est vrai, fait la différence par rapport au *Convivio*. Comment ne pas voir que de là, de l'outre-monde, ce qui émerge clairement, ce n'est pas le statut autonome du savoir terrestre, mais ses limites ?

En revenant aux points dont nous étions partis, quelques exceptions, subtilités et mouvements dialectiques mineurs qu'on trouve (et sans aucun doute on peut en trouver), l'on peut bien confirmer que Dante, dans le *Convivio*, ne donne pas beaucoup (ou pas du tout) de relief au thème typiquement albertinien de la divinisation de l'intellect et, pour dire cela en termes dantesques, à son *trasumanar*. En revanche, suivant une progression tout à fait compréhensible et à maints égards intrinsèque à la logique même de son voyage, dans la *Commedia*, il en accentue les éléments d'insuffisance, de faiblesse, ce qui se manifeste dramatiquement par la grande invention des Limbes et, en particulier, par la figure de Virgile qui – ne l'oublions pas – avoue à Sordel : « Je suis là-bas avec les enfants innocents » (Quivi sto io coi pargoli innocenti, *Purg*., VII, 31). Lui si innocent, donc, mais incomplet, irréalisé, exactement comme un *pargolo*... Il est singulier et distinctif, en somme, que Dante n'entende pas appuyer les étapes de son voyage sur un parcours parallèle de dévoilement de la nature divine de l'intellect, selon un schéma qu'une partie de sa

le IIIe chant aussi bien que dans le VIIe, montrent clairement le contraire, et notamment de quel genre de *deuil* il s'agit. De plus, Virgile parle de l'incarnation du Christ dans le IIIe chant, dans le VIIe prononce les paroles citées ci-dessus, et même là-bas, dans les Limbes, *Inf.*, IV, 46-63, en répondant à Dante, il rappelle avoir été témoin direct de la descente du Christ aux enfers et raconte que celui-ci en a sorti les patriarches « e altri molti, e feceli beati ». Comment cette connaissance, affirmée à plusieurs reprises, d'un destin différent, de salut éternel, pourrait-elle ne pas l'emporter sur tout autre *disio* ? Et comment une telle connaissance ne serait-elle pas la plus angoissante des condamnations ?

culture philosophique (que je résume, par souci de commodité, sous le nom d'Albert le Grand) pouvait lui suggérer, mais qu'il s'identifie toujours à son « composé » d'humain parmi les êtres humains, ce qui est, sans doute, l'une des conditions de sa grandeur en tant que poète. Il s'élève jusqu'à la contemplation de Dieu, mais n'applique pas à son voyage le schéma « albertinien » qui, tout au long des étapes de cette ascension, le diviniserait lui-même en tant qu'« intellect pur », s'identifiant à terme à la nature même des substances angéliques. Non seulement il ne l'applique pas, mais, en quelque sorte, il le conteste : Dante est un homme qui voyage dans l'au-delà avec son corps parmi des âmes qui attendent, avec la résurrection de la chair, la réintégration totale de leur être.

Mais laissons aussi maintenant ce discours trop long et général, pour souligner que le renversement de ce que le *Convivio* affirmait avec force polémique est exposé de façon éclatante dans la suite du *Purgatoire*, au début du XXIe chant :

> La soif naturelle, que rien n'étanche,
> sinon cette eau dont la pauvre femme
> samaritaine demanda la grâce,
> me tourmentait[72]...

Chiavacci Leonardi commente ainsi, *ad loc.* : « dans ce début apparemment tranquille s'introduit, presque par hasard [...], une déclaration qui marque un moment central de toute l'histoire intellectuelle de Dante ». Non seulement on y déclare

72. « La sete natural che mai non sazia/ se non con l'acqua onde la femminetta/ samaritana domandò la grazia, / mi travagliava... » Ces vers sont liés à la conclusion du chant précédent, XX, 145-151 : « Jamais une ignorance ne me fit la guerre/ et ne me donna le désir de savoir, / si ma mémoire en ce point ne se trompe,/ si fort que je le sentais alors, en y pensant ;/ dans la hâte je n'osais demander,/ et par moi seul je ne pouvais rien voir/ ainsi je m'en allais, timide et pensif » (« Nulla ignoranza mai con tanta guerra / mi fé desideroso di sapere, / se la memoria mia in ciò non erra, / quanta pareami allor, pensando, avere ; / né per la fretta dimandare er'oso, / né per me lì potea cosa vedere : / così m'andava timido e pensoso »). Sur ces vers, voir surtout l'analyse (qui inclut une confrontation renouvelée avec les thèses de Nardi, ainsi qu'une excellente mise au point au sujet des changements entre le *Convivio* et la *Commedia*) qu'en fait P. Falzone, *Desiderio*, p. 250 *sq*., et les longues et belles notes 271 et 272.

que la soif naturelle de savoir n'est pleinement satisfaite que par la grâce divine, mais aussi, justement, qu'une telle *soif* existe et qu'elle est tout à fait *naturelle*, contrairement à ce que Dante affirmait dans le passage de *Conv.*, III, 15, 8-10 analysé ci-dessus[73]. En conclusion, si à l'égard des doctrines d'Albert, il ne semble pas y avoir de prises de position particulières, dans une attitude de prudence constante au sujet du thème de la divinisation de l'intellect, dans le passage du *Convivio* à la *Commedia* on assiste au contraire au retour en force du pessimisme de Thomas, qui soulignait, avec le passage d'Imbach cité ci-dessus, « l'incroyable tension entre le désir de connaître et d'être heureux et l'impossibilité d'y parvenir ». Car c'est bien ce désir qui rassemble la meilleure partie de l'humanité (les grands philosophes et poètes, y compris Virgile), unie non pas par le triomphe commun de l'intellect « divin », mais par le fait d'avoir pris conscience de ses propres limites et d'avoir été vaincue.

8. Revenons, enfin, aux vers dont nous sommes partis. Et précisons encore quelque chose. Dante est arrivé au Paradis terrestre, il a vu ce qu'il a vu, il a subi les reproches de Béatrice, il s'est repenti, il a pleuré et, enfin, une fois immergé dans le Léthé, il a perdu le souvenir de ses fautes passées. Bref, il est maintenant « pur et tout prêt à monter dans les étoiles » (puro e disposto a salire a le stelle, *Purg.*, XXXIII, 145). Bientôt, au bout d'une soixantaine de vers, il sera au Paradis[74]. Il fallait préciser cela pour ne pas trop dramatiser le sens de l'échange entre Dante et Béatrice, laquelle justement, dans la suite du dialogue, « répondit en souriant » (« sorridendo rispuose », *ibid.*, v. 95), en finissant ainsi par montrer que son interlocuteur,

73. Dans l'*Introduction* au chant, p. 610-611, Chiavacci Leonardi lie judicieusement ces vers aux paroles de Virgile dans le IIIe chant et elle renvoie à celles dont il est question ici, dans le XXXIIIe, en retraçant « l'évolution dramatique de sa pensée [...], de la première foi absolue dans la philosophie jusqu'à la conviction que celle-ci ne suffisait pas à satisfaire, comme on le déclare ici, l'aspiration de l'homme ».

74. Sur cela, qui peut effectivement sembler contradictoire, voir l'analyse de Barański, *(Un)ortodox Dante*, p. 256 *sq.*

bien qu'intellectuellement limité, n'est plus coupable de quoi que ce soit. Si bien que les paroles de Béatrice doivent être attribuées à un contexte qui est déjà, en réalité, celui du Paradis ; cela implique évidemment pour Dante un saut de conscience et de connaissance qui devient maintenant possible justement parce que toute possibilité de sa persévérance dans l'erreur est exclue. Dans cette grille de lecture, sans mettre l'accent sur une opposition qui a maintenant perdu presque toute raison d'être, on pourrait même interpréter les v. 86-87, « et comment sa doctrine/ peut s'accorder avec ce que j'ai dit » (« e veggi sua dottrina / come può seguitar la mia parola »), de la façon suivante : « vois par toi-même, maintenant, comment votre *doctrine* peut être mise au service (*come può seguitar*) et, donc, comment elle peut s'adapter, coopérer, ou tout simplement comment elle peut être à la hauteur et comprendre donc ma parole de vérité ». Ce serait aussi une bonne façon de répondre à la question de Dante, en lui rappelant que tout ce qu'il a appris au cours de ses études se montre très faible lorsqu'il doit détourner les yeux du savoir terrestre pour les lever, à la poursuite de paroles et de concepts qui volent haut, vers une toute autre dimension. Béatrice souligne donc un élément de discontinuité qui relève aussi – j'ignore si cela a déjà été remarqué – du domaine de l'expression, du langage, comme pour annoncer que le moment est venu, pour son disciple, de se montrer en mesure d'affronter un niveau de discours qui n'est pas tout à fait celui auquel la *scuola* l'a habitué, et qui montre impitoyablement les limites d'une *dottrina* faite pour suivre les chemins du savoir terrestre, et non pas du savoir divin. Toutefois, si les vers qui suivent sont absolument clairs – ils soulignent la distance entre les savoirs humain et divin –, on ne peut en dire autant du sens des paroles que Dante s'adresse directement à lui-même : « "Pour que tu connaisses", dit-elle, "l'école/ que tu as suivie, et comment sa doctrine/ peut s'accorder avec ce que j'ai dit" ("Perché conoschi", disse, "quella scuola / c'hai seguitata, e veggi sua dottrina / come può seguitar la mia parola"). Ici, *scuola* et *dottrina* continuent de solliciter une explication pouvant enrichir celles qui ont prévalu jusqu'à présent, si raisonnables soient-elles, de quelque chose de plus concret et mesurable.

J'ai déjà signalé, dans la première partie, que Giorgio Inglese renvoie brièvement aux déclarations de Dante dans *Conv.*, II, 12, 7, là où il parle de sa douleur pour la mort de Béatrice et de sa recherche d'une consolation qu'il trouvera finalement dans les écrits de Boèce et de Cicéron ; de telles lectures le poussèrent à fréquenter les « écoles (*scuole*) des religieux et les disputes des philosophes » et l'amour pour ses nouvelles études avait ainsi fini par lui faire oublier tout autre souci. Certes, la *scuola* étant évoquée dans les deux contextes, un tel renvoi semble inévitable, mais il faut rappeler qu'à ce moment-là, pour Dante, qui traversait une crise et était arrivé à une sorte de « *bivium* pythagoricien », l'étude et l'apprentissage philosophiques représentèrent le bon choix, le choix vertueux, prôné sans réserve dans les deux premières canzones du *Convivio* et dans les traités qui les commentent. Effectivement on a beau considérer ce choix sous tous ses angles, on n'y trouvera rien qui puisse justifier le moindre reproche : on pourrait penser, tout au plus, que les réserves de Béatrice se réfèrent non pas au choix lui-même ou à la période de « studio matto e disperatissimo[75] » qui en dériva – et qui occasionna au poète une grave maladie des yeux, comme il le raconte dans le *Convivio*[76] –, mais au fruit d'une telle activité intellectuelle : on pourrait le définir, grossièrement, comme un « excès de consolation » qui aboutit, de fait, au reniement du souvenir de Béatrice et à la victoire de Dame Philosophie, amplement argumentée dans la canzone *Amor che nella mente* et dans le IIIe traité du

75. « Studio matto e disperatissimo » (étude folle et désespérée) est une citation tirée de la correspondance du poète Giacomo Leopardi (lettre à Pietro Giordani du 2 mars 1818) et utilisée en italien pour désigner une activité d'étude particulièrement intense, pouvant même entraîner des conséquences physiques (*NdT*).

76. *Conv.*, III, 9, 15 : « E io fui esperto di questo l'anno medesimo che nacque questa canzone [*Amor che nella mente*], che per affaticare lo viso molto a studio di leggere, in tanto debilitai li spiriti visivi che le stelle mi pareano tutte d'alcuno albore ombrate. E per lunga riposanza in luoghi oscuri e freddi, e con affreddare lo corpo dell'occhio coll'acqua chiara, riuni' sì la vertù disgregata che tornai nel primo buono stato della vista. »

Convivio. Ce qui nous suggère une telle interprétation, c'est l'échange qui suit entre Dante et Béatrice, aux v. 91-99 :

D'où je lui répondis : « Il ne me souvient pas
que je me sois jamais écarté de vous,
et je n'en ai pas conscience qui me morde. »
« Si tu ne peux pas bien t'en souvenir »,
répondit-elle en souriant, « rappelle-toi
qu'aujourd'hui tu as bu l'eau de Léthé ;
et si à la fumée on reconnaît le feu,
cet oubli démontre clairement
faute dans ton désir tourné ailleurs[77] ».

Les commentateurs interprètent ici Béatrice comme une figure de la théologie que Dante aurait négligée pour se tourner vers la philosophie, ou, plus simplement, comme le droit chemin que le poète aurait abandonné après la mort de celle-ci[78]. Mais personne, à ma connaissance, ne remarque jusqu'à quel point le lien entre les paroles de Béatrice – qui dénonce les limites, ou plutôt la véritable dérive des savoirs humains par rapport aux vérités divines – et la réponse immédiate de Dante sonne curieusement et, au moins à première vue, de façon incongrue : « Il ne me souvient pas que je me sois jamais écarté de vous. » C'est un saut extrêmement elliptique, et pour le combler tous les commentateurs ont eu recours, comme je l'ai signalé, à la superposition entre Béatrice et la théologie. Chiavacci Leonardi fait de même, en articulant son interprétation de la façon suivante : « Ce vers déclare que l'école que Dante a suivie l'éloignait de Béatrice, c'est-à-dire de la vérité révélée[79] ». Mais c'est Béatrice elle-même qui s'aperçoit de ce saut, c'est

---

77. « Ond'io rispuosi lei : 'Non mi ricorda/ ch'i' stranïasse me già mai da voi,/ né honne coscïenza che rimorda. »/ « E se tu ricordar non te ne puoi »,/ sorridendo rispuose, « or ti rammenta/ come bevesti di Letè ancoi ;/ e se dal fummo foco s'argomenta,/ cotesta oblivïon chiaro conchiude/ colpa ne la tua voglia altrove attenta. »

78. Je me bornerai ici à citer, à titre d'exemple, Francesco da Buti : « dunque seguita che lo partire da me e darsi a la Filosofia o a la Poesi sia male e peccato. E questo è quello che intese propriamente provare l'autore, che lassare la Teologia per li altri studi sia peccato. »

79. Voir également Torraca, *ad loc.* : « Il parle de bonne foi ; vraiment il ne s'en souvient pas et il n'éprouve aucun remord pour la raison que Béatrice va lui expliquer. Mais nous savons que *diessi altrui* il aima *la donna gentile* tout de suite après la mort de Béatrice (cf. *Purg.*, XXX,

elle qui le devine quand, en souriant, elle saisit dans les paroles de Dante au moins la *fumée* de sa mauvaise conscience, comme on le dirait aujourd'hui. C'est en effet Dante lui-même et uniquement Dante qui crée, par une forme d'*excusatio non petita*, le lien instantané entre un discours concernant jusque-là le domaine intellectuel et sa possible faute à l'égard de Béatrice, en partant du principe qu'il s'agit de la même chose. On pourrait donc dire que le reproche implicite des vers en question est censé être le revers de celui, fort et explicite, qui se trouve dans le XXXIe chant, surtout aux v. 49-60 :

Jamais la nature ou l'art ne t'offrit
plaisir plus grand que les beaux membres
où je fus enclose, qui sont dans la terre ;
et si le souverain plaisir te manqua
par ma mort, quelle chose mortelle
devait t'attirer dans le désir de soi ?
Tu devrais bien, au premier choc
des objets trompeurs, t'élever
derrière moi, qui n'étais plus telle.
Tu ne devais pas baisser les ailes,
en attendant un plus grand coup, d'une fillette
ou de nouveauté au bref usage[80].

Pour l'expliquer de façon très simple, dans ces vers il est question de comportements coupables à l'égard de Béatrice en tant que personne, et dans ceux du XXXIIIe chant il s'agit de fautes intellectuelles, voire doctrinaires – bien qu'elles soient évoquées maintenant avec un sourire – envers ce que Béatrice représente, qu'on ne saurait identifier exclusivement et platement à la théologie, comme tous les commentateurs l'ont affirmé. Ainsi, l'abandon du droit chemin, le choix

126) ; qu'il tourna le dos à la *divina dottrina* (v. 88) pour s'occuper uniquement de philosophie ; qu'il s'était résigné à renoncer à la connaissance des choses suprêmes ; cf. *Purg.*, XXI, 1-6. »

80. « Mai non t'appresentò natura o arte/ piacer, quanto le belle membra in ch'io/ rinchiusa fui, e che so' 'n terra sparte ;/ e se 'l sommo piacer sì ti fallio/ per la mia morte, qual cosa mortale/ dovea poi trarre te nel suo disio ?/ Ben ti dovevi, per lo primo strale/ de le cose fallaci, levar suso/ di retro a me che non era più tale./ Non ti dovea gravar le penne in giuso,/ ad aspettar più colpo, o pargoletta/ o altra vanità con sì breve uso. »

de « baisser les ailes » (*gravar le penne in giuso*), au lieu de s'élever vers le ciel, correspondraient, dans la nouvelle version visant à développer ce qui était ici en tout cas symbolisé, au chemin du savoir terrestre, qu'une distance infranchissable sépare du divin, selon l'opposition haut-bas qui est à l'origine du dialogue : « Mais pourquoi si haut au-dessus de ma vue/ votre parole désirée vole-t-elle ? plus je m'efforce, et plus je la perds » (Ma perché tanto sovra mia veduta / vostra parola disïata vola, / che più la perde quanto più s'aiuta ? [*Purg.*, XXXIII, 82-84]).

Je dirais qu'on s'approche du but. Toutefois, si Dante ramène le discours à Béatrice et à lui-même, les paroles de celle-ci ne perdent pas pour autant la saveur d'un jugement plus général, qui dépassent les expériences personnelles et valent tant à l'égard de Dante qu'à l'égard d'une *scuola* et d'une *dottrina*, pour devenir, progressivement, valables *erga omnes*, à l'égard de l'humanité entière. Le point, je le répète, est celui de la discontinuité entre la nature du voyage accompli jusque-là et la nature de celui que Dante, arrivé au seuil du Paradis, doit se préparer à affronter ; une discontinuité dont le poète doit prendre conscience : « Pour que tu connaisses... » (*Perché conoschi...*). C'est là l'essence de la réponse de Béatrice. Et c'est maintenant que le long discours introductif révèle son utilité, surtout si on revient aux passages de *Conv.*, III, 15, 9-10 et IV, 13, 1-9 et à leur « naturalisme radical », pour citer Falzone. Celui-ci illustre amplement le substrat intellectuel des positions qui y sont soutenues, en analysant principalement (mais non exclusivement) la discussion développée par le théologien Henri de Gand dans sa *Summa*[81]. Et, puisqu'il serait superflu de retranscrire ici l'analyse de Falzone, à laquelle je renvoie *in toto*[82], je me bornerai à en résumer très schématiquement les points principaux. 1) Averroès, en s'appuyant sur l'axiome

81. *Henrici de Gandavo Summa (Quaestiones ordinariae), art. I-V*, éd. G. A. Wilson, Louvain, Leuven University Press, 2005 [*Opera Omnia*, 21].

82. P. Falzone, *Desiderio*, p. 209 *sq.*, en particulier l'*Appendice* final, « *Sicut vespertilio ad lucem diei* », *Letture medievali di un paragone aristotelico*, p. 257-277.

aristotélicien selon lequel « la nature ne fait rien en vain » (*natura nichil facit frustra* ou *otiosum*), avait soutenu, essentiellement en accord avec Alexandre d'Aphrodise, Al-Fārābī, Avempace et Thémistius, qu'il était possible pour l'homme de parvenir à la connaissance des substances séparées lorsque, en lui, la puissance de l'intellect possible se serait totalement unie avec l'intellect agent et serait ainsi devenu semblable à Dieu et capable de tout connaître ; 2) ceux qu'Henri appelle *philosophi*, à savoir les maîtres des Facultés des arts de Paris, auraient développé une thèse opposée, allant jusqu'à affirmer que l'homme ne pouvait dépasser certaines limites dans la connaissance des substances séparées et que, par conséquent, en vertu du même principe selon lequel la nature « ne fait rien en vain », l'homme n'avait aucun désir de connaître les réalités surnaturelles qui, malgré tous ses efforts, lui auraient été de toute façon interdites (c'est la solution même que Dante propose dans le *Convivio*, comme on peut facilement l'observer) ; 3) Henri, quant à lui, condamne l'une et l'autre position, mais surtout celle des *philosophi*, qu'il considère plus dangereuse car elle restreint « les prérogatives de la raison humaine au seul domaine de la nature, en supprimant sa tension vers le divin ». Il affirme qu'il faut adopter « une position médiane, plus conforme à la foi, et dire que l'homme est par nature enclin à une fin – la vision de l'essence divine – à laquelle il parvient cependant non par nature, mais par grâce (*non per naturam, sed per gratiam*) », c'est-à-dire non pas par ses propres forces, mais grâce à une intervention surnaturelle, et non pas au cours de cette vie, mais dans la vie future[83]. Et cette position correspond à celle de Thomas (voir *supra*, note 60).

83. P. Falzone, *Desiderio*, p. 228-229. Dans une note, Falzone rapporte un schéma similaire, élaboré par Pasquale Porro, « Lo statuto della *philosophia* in Enrico di Gand », *in* J. A. Aertsen et A. Speer (éd.), *Was ist Philosophie im Mittelalter ?* (*Miscellanea Mediaevalia*, 27), Berlin-New York, Walter de Gruyter, 1998, p. 497-454. Voir ici, p. 498-499 : « L'aspect le plus intéressant est [...] effectivement la distinction très précise qui est opérée entre l'opinion d'Averroès et celle des autres *philosophi* : l'erreur d'Averroès ne réside pas du tout dans la fermeture naturaliste envers les réalités premières, mais dans sa confiance excessive dans la possibilité de parvenir, grâce à la raison, à ce qui représente, tout de même, la véritable fin

De toute évidence, la solution au problème de la connaissance envisagée dans le *Convivio* n'a rien d'un trait de génie fulgurant dépourvu de toute dignité spéculative, comme semblait le penser Gilson : « Dante tranche d'une manière aussi radicale qu'inattendue le problème aujourd'hui si controversé du "désir naturel de Dieu". Mais n'allons pas lui attribuer des desseins théologiques aussi ambitieux. Dante s'est simplement engagé dans une impasse dont il lui faut absolument sortir, et il en sort par la voie la plus courte[84]. » Le développement particulier que cette solution présente dans le IVe traité contribue, par ailleurs, à nous éloigner d'une telle interprétation. Ce qui est vrai, en revanche, c'est qu'il s'agit de quelque chose d'éclatant, qui, de façon claire, participe à un courant de pensée spécifique et reconnaissable, bien qu'avec différentes nuances et peut-être exposé dans le but d'être totalement ou partiellement réfuté, chez Pierre d'Auvergne, Rémi de Florence et Gilles de Rome, et, plus tard, par Dante, Guillaume d'Alnwick et Jean de Reading. Un courant qu'un théologien comme Henri de Gand reconnaît et condamne[85]. Du *Convivio* à la *Commedia*, comme on l'a observé, et en particulier à partir des Limbes, les choses changent, et beaucoup, mais cela ne fait qu'isoler et rendre encore plus remarquable un moment tout à fait spécial de l'histoire intellectuelle de Dante sur lequel on ne s'est pas suffisamment penché jusqu'à présent. Naturellement Falzone fait exception ; mais, maintenant que celui-ci a rendu ces positions de Dante à l'histoire de la pensée, il est important de les rendre aussi à l'histoire de Dante lui-même. Ce qui n'est pas facile, car, comme Falzone

suprême de l'homme – une fin atteignable non pas par nature, mais par grâce, et non pas au cours de cette vie, mais dans la vie future. Le cas des autres *philosophi* est différent et plus déplorable : la raison se referme sur elle-même et devient ainsi vraiment une fin en soi, parce qu'on considère structurellement impossible toute connaissance de ce qui lui est supérieur. Mais pour Henri il est tout à fait naturel que l'homme veuille connaître parfaitement ce qu'il reconnaît ne posséder qu'imparfaitement, c'est-à-dire la connaissance du *quid*, et non seulement du *quia*, des substances séparées. Et il est tout aussi naturel que notre intellect soit en puissance à l'égard de tout ce qui est intelligible, et qu'il désire, par conséquent, en actualiser la connaissance. »

84. É. Gilson, *Dante et la philosophie*, Paris, Vrin, 1939, p. 142.

85. P. Falzone, *Desiderio*, p. 231-248.

l'explique brièvement dans les dernières pages de son livre, on tombe tout de suite sur l'épineux problème de la datation de la *Monarchie*. Cette question nous met face au paradoxe pour lequel, d'un côté, nous refusons aujourd'hui – avec raison, semblerait-il – d'en anticiper la date jusqu'aux années précédant l'écriture de l'*Enfer* et, de l'autre côté, nous saisissons de mieux en mieux les arguments de Nardi qui le faisait (et il en va de même – hélas ! – pour le final de la *Vita nuova*, que je citerai plus loin). Voici ce qu'il écrivait, en résumant simplement et efficacement ses conclusions :

> La *Monarchia* est donc postérieure au *Convivio*, mais également antérieure à l'*Enfer*. Dans l'ouvrage politique, la logique qui aboutit à la définition de la base philosophique de l'indépendance de l'Empire par rapport à l'Église pousse l'auteur à établir, implicitement, un rapport identique d'indépendance de la raison par rapport à la foi, de la perfection naturelle de l'humanité par rapport à la perfection surnaturelle. Le Virgile de la *Monarchia* [...] n'attend aucune Béatrice. Le rapport médiéval de dépendance de la raison par rapport à la foi, de la « philosophie servante de la théologie (*philosophia ancilla theologiae*) », est refusé tout comme celui, affirmé par les décrétalistes, de sujétion de l'Empire par rapport à la Papauté. Mais une telle affirmation de l'indépendance de la raison humaine manque, dans la pensée de Dante, de tout développement ultérieur ; tout au contraire, elle se retrouve immédiatement atténuée et dévalorisée dans les paroles [...] qui concluent le traité. Par ces paroles Dante annonce la *Commedia*, car ici, tout en gardant la substance de sa pensée politique au sujet de la mission de l'Empereur, l'auteur rétablit l'ordre du rapport entre la raison et la foi selon un concept théologique traditionnel, et Virgile, qui symbolise la raison humaine, devient un envoyé et un héraut de Béatrice, qui symbolise la pensée divine. Il est probable que Dante, après avoir conçu le plan général de la *Commedia*, ait ressenti le besoin, pour le réaliser, d'approfondir les problèmes théologiques auxquelles il ferait face durant la composition de son ouvrage. Et une étude plus approfondie de la théologie médiévale le poussa certainement à rétablir la subordination de la raison à la foi, de la philosophie à la théologie. Mais de cette façon la thèse du IIIe livre de la *Monarchia* perdait sa seule justification rationnelle possible, en devenant une simple dissonance

> dans l'harmonie de la pensée philosophique du poète, une fissure dans l'édifice bien solide de la théologie médiévale. L'autonomie absolue de l'État attendait d'être soutenue par ceux qui développeraient, sans regrets, le concept des « *philosophica documenta* » de la *Monarchia*[86].

Il n'est pas directement question du *Convivio* dans ce passage, mais, à la lumière de ce qu'on a observé (ce que Falzone a observé), on voit bien qu'il s'agit d'une question à repenser complètement. Cependant tâchons ici, pour le moment, de tirer des conclusions sur ce qui nous intéresse, c'est-à-dire sur ces vers du XXXIIIe chant du *Purgatoire*.

9. Au début de cette étude j'ai cité Sasso et Barański : tous les deux pensent qu'il n'y a pas d'éléments concrets qui puissent démontrer ce qu'on pourrait qualifier d'« égarement intellectuel » ou d'« hétérodoxie » de Dante, vers lesquels, selon les paroles de Béatrice, la *scuola* et la *dottrina* sembleraient devoir l'orienter (je précise qu'en ce qui me concerne j'utilise les étiquettes d'« égarement intellectuel (*traviamento intellettuale*) » et d'« hétérodoxie (*eterodossia*) » par souci de commodité, et je ne saurais dire à quoi elles pourraient vraiment correspondre, étant donné qu'elles sont extrêmement vagues et que notre idée d'« hétérodoxie » ne correspond pas à celle que

---

86. B. Nardi, « Il concetto dell'Impero nello svolgimento del pensiero dantesco » (1921), in *Id.*, *Saggi di filosofia dantesca*, Florence, La Nuova Italia, 1967, p. 215-75, ici p. 274-5. J'ai cité les dernières phrases de ce long article. Les mêmes conclusions reviennent à la fin de l'article qui suit dans le même volume : « Tre pretese fasi del pensiero politico di Dante », p. 276-310, où Nardi conteste les thèses de Francesco Ercole, « Le tre fasi del pensiero politico di Dante » (1921), in *Id.*, *Il pensiero politico di Dante*, Milan, Alpes, 1928, p. 271-407, qui, à son tour, contestait ponctuellement les siennes, et réfutait précisément ce « bloc ». Ercole niait toute opposition entre la *Commedia* et la *Monarchia*, qui aurait été rédigée après la mort d'Henri VII, donc après 1313, en même temps que la fin du *Purgatoire*. L'étude d'Ernesto Giacomo Parodi à laquelle Nardi se réfère est « Del concetto dell'Impero in Dante e del suo averroismo », *Bullettino della Società Dantesca Italiana*, XXVI, 1919, p. 105-148. En ce qui concerne la date, controversée, de la *Monarchia*, Enrico Fenzi passe en revue les différentes propositions dans « È la *Monarchia* l'ultima opera di Dante ? (a proposito di una recente edizione) », *Studi danteschi*, LXXII (2007), p. 215-38 (éd. Francesco Furlan, Milan, Mondadori [Biblioteca dell'Utopia], 2004, et dans « Ancora sulla data della *Monarchia* », *in* A. Mazzucchi (éd.),« *Per beneficio e concordia di studio* ». *Studi danteschi offerti a Enrico Malato per i suoi ottant'anni*, Cittadella (Pd), Bertoncello Artigrafiche, 2015, p. 377-410.

Dante pouvait avoir – ou qu'il n'avait pas du tout). Néanmoins il y a bien un point d'appui, très concret, à cette interprétation, et il se trouve, précisément, dans les IIIe et IVe traités du *Convivio*, là où Dante donne la solution qu'on a illustrée au sujet du désir – ou, plutôt, le non-désir – de connaître les réalités surnaturelles et au sujet de la perfection intrinsèque du savoir humain et du bonheur que tout aussi parfaitement un tel savoir peut procurer. Dans la *Commedia* les choses changent, mais elles se compliquent aussi. Non seulement parce qu'elles nous imposent de reconsidérer et réexpliquer les rapports, même sur le plan chronologique, entre cet ouvrage et la *Monarchia*, mais également parce que la thèse du IVe traité du *Convivio* concernant la perfection des actes humains de connaissance et leur libération de la chaîne inflexible des « causes » est trop importante pour penser qu'elle n'a pas de conséquences, comme d'une certaine façon, sans toutefois y faire allusion, le déclarait Nardi (« une telle affirmation de l'indépendance de la raison humaine manque, dans la pensée de Dante, de tout développement ultérieur ; tout au contraire, elle se retrouve immédiatement atténuée et dévalorisée »)[87]. Revenons donc, justement, encore une fois à nos vers, et en particulier à Béatrice, qu'on ne peut pas – j'insiste – effacer brutalement en tant que personne et réduire intégralement a une « figure » de la théologie, comme on l'a fait le plus souvent. La question est un peu plus nuancée, plus délicate. Tout d'abord, dans le XXXIe chant, Béatrice est bel et bien Béatrice, et en tant que telle elle reproche à Dante, de manière directe et agressive, la conduite que celui-ci a tenue après sa mort. Quelle est l'essence de ce reproche ? Une sorte d'infidélité, de trahison, certes, mais projetée dans le contexte d'une faute bien plus grave. Une fois les « beaux membres » de Béatrice « dans la terre », Dante a en effet perdu le plus grand des plaisirs que l'art et la nature pouvaient lui offrir, et la perte d'un tel plaisir, qualifié de « souverain (*sommo*) » et

87. Pour *Conv.*, IV, 13, 1-9, je renvoie encore une fois à ce que j'ai essayé de démontrer dans l'étude « Conoscenza e felicità nel III e IV del *Convivio* », citée ci-dessus, n. 58.

irrécupérable sur terre, aurait dû lui ouvrir les yeux sur la misère de toute réalité purement terrestre et le projeter, en revanche, à la poursuite de l'image sublime de Béatrice, dans la dimension de la transcendance. Cependant, la mort de celle-ci n'aurait rien appris à Dante, qui, à ce moment-là, n'a pas su accomplir le saut intellectuel et moral qu'on lui demandait. Au contraire, il a cédé, il a joué à la baisse... Autrement dit, il a manqué à la promesse qu'il était tout de même parvenu à formuler à la fin de la *Vita nuova*. Ici, de façon confuse mais intense et profonde, il avait parfaitement compris quelle était la *via* à parcourir, après avoir poursuivi l'image de Béatrice dans le ciel dans le sonnet *Oltre la spera*, et après avoir fait l'expérience de sa propre insuffisance :

> Après ce sonnet m'apparut une merveilleuse vision, où je vis des choses qui me firent me proposer de ne plus rien dire de cette bienheureuse, jusqu'au jour où je pourrais plus dignement traiter d'elle. Je m'efforce d'y parvenir autant que je le puis, comme elle le sait véritablement. De sorte que, s'il plaît à celui pour qui vivent toutes choses, que ma vie dure quelques années encore, j'espère dire d'elle ce que jamais l'on n'a dit d'aucune. Plaise ensuite à celui qui est seigneur de courtoisie, que mon âme puisse s'en aller voir la gloire de ma dame, c'est-à-dire de cette bienheureuse Béatrice, qui glorieusement admire en face celui qui *est per omnia secula benedictus*[88].

Mais voilà. Lisons encore une fois les paroles de Béatrice que nous avons déjà citées (*Purg.*, XXXI, 55-58) :

> Tu devrais bien, au premier choc
> des objets trompeurs, t'élever
> derrière moi, qui n'étais plus telle.
> Tu ne devais pas baisser les ailes [...].

---

88. « Appresso questo sonetto apparve a me una mirabile visione, ne la quale io vidi cose che mi fecero proporre di non dire più di questa benedetta, infino a tanto che io potessi più degnamente trattare di lei. E di venire a ciò io studio quanto posso, sì com'ella sa veracemente ; sì che, se piacere sarà di colui a cui tutte le cose vivono, che la mia vita duri per alquanti anni, io spero di dire di lei quello che mai non fue detto d'alcuna ; e poi piaccia a colui che è Sire de la cortesia, che la mia anima sen possa gire a vedere la gloria de la sua donna, cioè di quella benedetta Beatrice, la quale gloriosamente mira ne la faccia di colui *qui est per omnia secula benedictus. Amen.* »

Elle accuse Dante de ne pas avoir tenu sa promesse, et de n'avoir pas choisi cette *via* : au contraire, il en a même pris une autre, opposée, et il en a accepté les limites, comme si elles étaient une garantie d'autonomie et de bonheur possibles, au lieu d'en dénoncer l'insuffisance et la fragilité. Mais quel bonheur renfermé dans les limites du savoir terrestre aurait jamais été possible, après la mort de Béatrice ? Là est la question, qui fait que ces pages du *Convivio* s'intègrent parfaitement au parcours que maintenant, au sommet du *Purgatoire*, Dante reconstitue et dramatise, en réinventant le grand conte archétypique du voyage qui aboutit au salut, après avoir traversé la *selva oscura* de la faiblesse et de l'égarement.

PORTRAITS D'AVERROÈS ET DE SES (PRÉTENDUS) ADEPTES DANS LES ANCIENS COMMENTAIRES SUR LA *COMÉDIE*

Luca Fiorentini
(University of Toronto)

à I. A.

1. « Averroès, qui fit le grand commentaire » (« *Averoìs, che 'l gran comento féo* »)

Les trois premiers interprètes de la *Comédie* qui nous ont laissé un témoignage direct de leur activité – à savoir Iacopo Alighieri (fils de Dante), Graziolo Bambaglioli et l'« Anonimo Lombardo[1] » – ne s'arrêtent pas sur le vers 144 du chant IV

1. Selon l'opinion de Saverio Bellomo, les gloses de Iacopo Alighieri sur l'*Enfer* ont été produites en 1322, c'est-à-dire un an après la mort de Dante (et l'achèvement du poème) : voir S. Bellomo, *Dizionario dei commentatori danteschi. L'esegesi della « Commedia » da Jacopo Alighieri a Nidobeato*, Florence, Leo S. Olschki Editore, 2004, p. 62-77, ici p. 63-64 ; mais l'hypothèse de Bellomo n'est pas acceptée à l'unanimité : pour une efficace mise au point sur ce débat, voir l'article « Jacopo Alighieri », *in* E. Malato et A. Mazzucchi (éd.), *Censimento dei commenti danteschi*, 1. *I commenti di tradizione manoscritta (fino al 1480)*, Rome, Salerno, 2011, 2 vol., vol. I, p. 316-327, ici p. 317 et 326-327. Le commentaire en latin de l'*Enfer* de Graziolo Bambaglioli date de 1324 : voir L. C. Rossi, *Graziolo Bambaglioli*, *ibid.*, vol. I, p. 253-61, ici p. 253. La datation des gloses latines de l'« Anonimo Lombardo » – un exégète inconnu

de l'*Enfer*, où Averroès est nommé, comme nous le savons, parmi les plus nobles des âmes des Limbes (« Averroès, qui fit le grand commentaire[2] »). La plus ancienne glose sur l'Averroès de Dante remonte donc au Bolonais Iacomo della Lana, auteur d'un commentaire intégral au poème rédigé en langue vulgaire entre 1324 et 1328. L'attention que Iacomo réserve au profil biographique et intellectuel du philosophe arabe est en fait très réduite : « Celui-ci fut, comme Hippocrate, Galien et Avicenne – cités au vers précédent –, un grand médecin, et il commenta toute la philosophie naturelle[3]. » Une faible mais intéressante vibration polémique semble tout de même se voir à la fin de la glose, où Iacomo écrit : « il est vrai que dans plusieurs passages de son œuvre il s'est éloigné de la *summa* d'Aristote – du moins, selon l'usage (l'opinion ?) des modernes[4]. » Vraisemblablement, le lecteur pense ici aux pages « contre Averroès » de Thomas d'Aquin : les œuvres de ce dernier, et surtout la *Summa Theologiae* et la *Summa contra Gentiles*, sont d'ailleurs les plus importantes parmi les sources philosophiques et théologiques de son commentaire[5]. Mais l'allusion reste fort ambiguë, comme si Iacomo della Lana

du Nord de l'Italie, provenant peut-être de l'ordre dominicain – sur l'*Enfer* et le *Purgatoire* est plus difficile à déterminer. Du fait que ce mystérieux lecteur du poème ne semble pas connaître le *Paradis*, et qu'il ne fait jamais allusion à la mort de Dante, R. Abardo, « I commenti danteschi : i commenti letterari », *in Intorno al testo : tipologie del corredo esegetico e soluzioni editoriali*, Atti del convegno (Urbin, 1-3 octobre 2001), Rome, Salerno, 2003, p. 321-376, ici p. 323-326, a proposé de dater son commentaire d'une période antérieure à la diffusion de la *Comédie* dans sa forme intégrale. L'hypothèse est fascinante, mais non démontrable : voir aujourd'hui D. Parisi, « Il rapporto tra le chiose dell'Anonimo Lombardo al *Purgatorio* e il commento di Iacomo della Lana », *Rivista di studi danteschi*, XIV (2014), p. 140-166, ici p. 149, qui suggère, plus prudemment, une datation *ante* 1326-1328.

2. « Averoìs, che 'l gran comento féo ». Ici et ailleurs, nous citons la traduction de Jacqueline Risset : cf. D. Alighieri, *La Divine Comédie*, traduction et présentation par J. Risset, Paris, Flammarion, 2010. Toutes les citations de la version originale de la *Comédie* de Dante sont tirées de D. Alighieri, *Commedia*, texte révisé et commenté par G. Inglese, Rome, Carocci, 2016.

3. Iacomo della Lana, *Commento alla « Commedia »*, éd. M. Volpi, avec la collaboration de A. Terzi, Rome, Salerno, 2009, 4 t., t. I, p. 198 : « Questo foe similemente grande in medexina et commentòe tuta la phylosophia naturale ». Sauf mention contraire, toutes les traductions des textes en latin et en italien ancien sont de l'auteur.

4. *Ibid.* : « vero è che in multi loghi ello ha descrepà da la *summa* d'Arristotel segondo l'uxo d'i moderni ».

5. Voir l'introduction de l'éditeur, Mirko Volpi : *ibid.*, p. 31-34. Cf. également *Id.*, *Iacomo della Lana*, dans *Censimento dei commenti danteschi*, *op. cit.*, t. I, p. 290-315, ici p. 295.

ne savait pas expliquer mieux cette distance, remarquée par les « modernes », entre Averroès et Aristote.

Plus précis, et sans aucun doute plus explicite dans son aversion envers le philosophe arabe, est le copiste du ms. it. IX 179 de la Biblioteca Marciana de Venise (1377-78)[6], l'un des témoins des anonymes *Chiose Selmi* (*ante* 1337) :

> [L'auteur] dit qu'Averroès fut l'un des plus grands philosophes après Aristote, et il vécut après l'avènement de Dieu dans la Vierge Marie. Et quand Dante parle de ce « grand commentaire », il fait référence à un livre qu'il composa, dans lequel il parle de tout en adoptant une perspective naturelle. Entre autres erreurs, il voulut démontrer avec six arguments que l'âme n'est aucune chose. Il fut un grand médecin, et il pensait que tous les hommes avaient une seule âme. Mais saint Thomas d'Aquin écrivit un livre contre celui-ci, et, avec des arguments vrais et propres, il détruisit et démentit ses arguments et son livre[7].

Il est plus que plausible que cette glose dérive d'une initiative autonome d'un copiste (peut-être, le copiste même du manuscrit vénitien) : dans la version du commentaire publié en 1865 par Francesco Selmi sur la base des mss. Plut. 40.46 de la Biblioteca Laurenziana et Magliabechiano VII 1028 de la Biblioteca Nazionale Centrale de Florence, l'exposition du chant IV de l'*Enfer* s'arrête au vers 131 (« je vis le maître de ceux qui savent[8] »). Quoi qu'il en soit de l'origine de ce passage, et même s'il se distingue des autres témoins du

---

6. Voir la description du ms. offerte par Giulietta Voltolina, *ibid.*, t. II, p. 1073-74.

7. G. Avalle, *Le antiche chiose anonime all'« Inferno » di Dante secondo il testo marciano (Ital. Cl. IX 179)*, Città di Castello, S. Lapi Tipografo-Editore, 1900, p. 23 : « Dicie [l'autore] che questo Auerois fu uno de maggiori filosofi che fussero da Aristotile a llui, e fu poi che Dio uenne ne la uergine Maria. E quando parla di questo grande commento, sì s'intende d'uno libro che fecie, el quale naturalmente parla di tucte le cose. In fra gli altri errori che i' fecie, pone che per sei cagioni ll'anima era niuna cosa. Costui fu sommo medicho, e ancho ponea che tucta l'umana generatione auessero solo un'anima. Ma el benedecto sancto Tommaso d'Aquino fecie uno libro contra a ccostui, e con uere e con proprie ragioni cassò e ruppe esse ragioni e'l libro suo. » L'excentricité du ms. it. IX 179 par rapport au reste de la tradition du commentaire est mise en évidence par S. Brambilla, *Chiose Selmi*, dans *Censimento dei commenti danteschi*, *op. cit.*, t. I, p. 175-180, ici p. 175 ; sur la datation des *Chiose Selmi* dans leur forme « originaire », cf. *ibid.*, p. 176. Voir aussi la note suivante.

8. « vidi 'l maestro di color che sanno ». Cf. *Chiose anonime alla prima cantica della « Divina Commedia »*, publié par F. Selmi, Turin, Stamperia Reale, 1865, p. 28.

commentaire anonyme (qui porte encore aujourd'hui le nom de son premier éditeur, Francesco Selmi), il contient des annotations intéressantes. La première concerne la perspective radicalement « naturelle » de la pensée d'Averroès : dans son « grand commentaire », écrit le glossateur, Averroès « parle de tout en adoptant une perspective naturelle (*naturalmente*) ». Les erreurs citées par la suite semblent en effet se caractériser, implicitement, comme une conséquence nécessaire de cette approche, surtout dans le premier cas, où est attribuée à Averroès une démonstration à partir de six arguments de la thèse selon laquelle l'âme n'est « aucune chose (*niuna cosa*) ». Si la formule est ambiguë, il faut sans doute y voir une référence au commentaire d'Averroès à *De an.* III, 4, 429a21-24, où il est dit de l'intellect (l'âme intellective) qu'il n'a « aucune nature » sinon d'être « possible » et qu'il n'est « en acte », avant d'intelliger, « aucun des étants » (*non est in actu aliquod entium*)[9]. Que l'âme soit « *niuna cosa* », cela voudrait dire que l'intellect dit « matériel » – sur lequel, de fait, Averroès s'est concentré – est d'abord pure puissance, qu'il n'est aucune chose *en acte avant de penser*. Cela étant, l'un des clichés tardifs les plus diffusés sur Averroès et ses partisans – la réduction de la pensée du philosophe de Courdoue à une sorte de matérialisme sceptique avec des tendances blasphématoires – pourrait aussi avoir pris forme dans cette glose, peut-être à partir d'une lecture hâtive des premières lignes du *De unitate intellectus* de Thomas d'Aquin, œuvre citée explicitement à la fin du passage (« Mais sait Thomas d'Aquin écrivit un livre contre celui-ci[10]... »).

---

9. Cf. Averroès, *In III De an.*, comm. 5 ; Crawford, p. 387, 5-6. Je remercie J.-B. Brenet de m'avoir suggéré cette interprétation.

10. Voir, par exemple, *De unitate intellectus*, I, 2 : « Subtracta enim ab hominibus diuersitate intellectus, qui solus inter anime partes incorruptibilis et immortalis apparet, sequitur post mortem nichil de animabus hominum remanere nisi unica intellectus substantiam ; et sic tollitur retributionem premiorum et penarum et diuersitas eorundem. » Nous reproduisons, ici et ailleurs, le texte publié dans Thomas d'Aquin, *Contre Averroès*, trad. d'A. de Libera, Paris, Flammarion, 1994, p. 75-197. Voir aussi le riche commentaire sur le § 2 du premier chapitre du traité offert par A. de Libera, *L'Unité de l'intellect. Commentaire du « De unitate intellectus contra averroistas » de Thomas d'Aquin*, Paris, Vrin, 2004, p. 40-47.

Le commentateur du manuscrit vénitien ajoute ensuite une information moins vague, quoique manifestement simplifiée, concernant la psychologie d'Averroès : celui-ci – écrit l'anonyme – « pensait que tous les hommes avaient une seule âme ». Aucun commentaire ne suit : comme si la simple mention du monopsychisme averroïste était suffisante pour en faire apparaître l'absurdité. La source fondamentale de la glose est explicite, même s'il reste très difficile de déterminer quelle en était la connaissance effective : comme on l'a vu, le *De unitate intellectus* de Thomas est cité tout simplement comme le livre que ce dernier écrivit « contre celui-ci », contre Averroès.

Et cependant le commentateur semble être conscient de la nature essentiellement philosophique de l'œuvre de Thomas d'Aquin : « avec des arguments vrais et propres », note-t-il, Thomas détruisit les arguments d'Averroès. Il s'agit donc bien, pour l'exégète anonyme, d'arguments erronés de nature philosophique. C'est bien d'ailleurs ce qu'on lit chez Thomas, dès le début du traité : « Notre démarche ne consistera pas à montrer que cette position est erronée parce qu'elle est contraire à la vérité de la foi chrétienne. Cela sauterait aux yeux de n'importe qui [...]. Notre intention est de montrer que ladite position est aussi contraire aux principes de la philosophie qu'aux dogmes de la foi[11]. »

Quoi qu'il en soit, les notes polémiques de Iacomo de la Lana et du copiste du ms. it. IX 179 de Venise resteront, pour

11. *De unitate intellectus contra averroistas*, *proemium* (traduction A. de Libera, Paris, Flammarion, 1994) : « Nec id nunc agendum est ut positionem predictam in hoc ostendamus esse erroneam quod repugnat ueritati fidei christiane ; hoc eim satis in promptu cuique apparere potest. [...] Intendimus autem ostendere positionem predictam non minus contra philosophie principia esse quam contra fidei documenta. » Déjà Albert le Grand, dans la « Dispute d'Anagni », avait d'ailleurs « porté le fer contre l'unité de l'intellect en adoptant le point de vue exclusif de la science, sans tenir compte de la "religion" » (A. de Libera, *L'Unité de l'intellect*, p. 44). Très différente est, à ce sujet, la voie suivie par Dante dans son refus de la thèse de la séparation de l'intellect possible de l'âme individuelle (*Purg.*, XXV, 61-75) : voir P. Falzone, « *Purgatorio* XXV. Virgilio, Stazio e le sofferenze dell'anima nell'al di là », *in* E. Malato et A. Mazzucchi (éd.), *Lectura Dantis Romana. Cento canti per cento anni*, vol. II/2, *Purgatorio. Canti XVIII-XXXIII*, Rome, Salerno, 2014, p. 745-774, ici p. 754-758.

presque quatre décennies, complètement isolées. Le carmélite Guido da Pisa, dont la rédaction définitive des gloses latines sur l'*Enfer* a été achevée entre 1335 et 1340[12], se limite à affirmer qu'« Averroès fut un philosophe sarrasin qui commenta toutes les œuvres d'Aristote[13] ». Un peu plus riche est la contribution de l'*Ottimo commentatore*, un lecteur anonyme de Florence, dont les gloses en vulgaire sur les trois cantiques du poème datent probablement de 1331-1338 :

> Celui-ci venait d'Espagne, du Maroc, et commenta plusieurs livres d'Aristote. Il fut supérieur aux autres hommes par son intellect, mais il ne croyait pas en Jésus-Christ ; il écrivit de nombreux livres de médecine, très utiles ; et il écrivit *La substance de l'orbe*, *Le sens et le sensible*, *La thériaque et le poison*, *La mémoire et la réminiscence*[14], etc.

Pietro Alighieri, frère de Iacopo, ne fait que traduire en latin le vers de son père : « Averoìs, che 'l gran comento féo » devient tout simplement « Averroès de Cordoue, commentateur de toute l'œuvre philosophique [d'Aristote][15] ».

12. Cf. F. Franceschini, *Guido da Pisa*, *ibid.*, t. I, p. 268-82, ici p. 272-73. Cf. aussi l'introduction de Michele Rinaldi *in* Guido da Pisa, *Expositiones et glose*, *Declaratio super « Comediam » Dantis*, éd. M. Rinaldi, appendice sous la dir. de P. Locatin, Rome, Salerno, 2013, 2 t., t. I, p. 9-33 : 16.

13. *Ibid.*, t. I, p. 342 : « Averrois fuit philosophus sarracenus, qui omnes libros Aristotilis commentatus est ». Dans la précédente rédaction *laurenziana* du commentaire de Guido (ms. Plut. 40.2 de la Biblioteca Laurenziana de Florence ; *ante* 1333-1334), la glose sur Averroès manque : cf. *ibid.*, t. II, p. 1103.

14. *L'Ottimo commento della « Divina Commedia ». Testo inedito d'un contemporaneo di Dante citato dagli Accademici della Crusca*, éd. A. Torri, Pise, Niccolò Capurro, 1827-1829, 3 vol., vol. I, *Inferno*, p. 67 : « Questi fu di Spagna, da Morrocco, e comentò, cioè spuose, molti libri d'Aristotile. Fue di nobilissimo ingegno più che uomo, ma non confessòe Cristo ; fece molti utilissimi libri in medicina ; e scrisse della Sustanzia dell'‹o›rbe, e scrisse del Sensu e sensato e de Theriaca et Veneno, de Memoria et Reminiscentia, etc. » Sur les dates de composition de l'*Ottimo commento*, voir M. Corrado, « Nuovi sondaggi sulla datazione dell' *Ottimo commento* », *Rivista di studi danteschi*, VII (2007), p. 146-61. L'exposition du chant IV de l'*Enfer* du florentin Andrea Lancia, auteur en 1341-1342 d'un commentaire en langue vulgaire aux trois cantiques du poème dont la diffusion a été très réduite, s'arrête au vers 141 : cf. A. Lancia, *Chiose alla « Commedia »*, éd. L. Azzetta, Rome, Salerno, 2012, 2 t., t. I, p. 171.

15. Le passage est tiré la première rédaction du commentaire de Pietro, rédigée entre 1340 et 1341 ; voir Petri Allegherii, *Super Dantis ipsius genitoris « Comoediam » commentarium*, nunc primum in lucem editum curante V. Nannucci, Florence, Apud Angelum Garinei, 1846, p. 81 : « Averois Cordubensis, commentator totius philosophiae [Aristotilis] ». Dans les deux versions successives (1357-1358 env. et 1358-1364 env.) la glose est identique. La contribution

Boccace – et nous sommes désormais dans la première moitié des années 1370 – explique à ses lecteurs qu'Averroès était un homme excellent par ses facultés intellectuelles, qui commenta aussi bien les œuvres aristotéliciennes de philosophie naturelle que les œuvres de métaphysique. Boccace écrit aussi que les commentaires d'Averroès ont clarifié à tel point la philosophie d'Aristote qu'elle a recommencé à circuler comme elle ne l'avait plus fait depuis l'Antiquité ; et il ajoute que c'est grâce à Averroès qu'Aristote a été ensuite considéré comme le plus grand des philosophes[16].

Les commentateurs cités semblent avoir un intérêt assez limité pour l'œuvre et la vie d'Averroès ; mais le peu d'importance qu'ils accordent au philosophe de Cordoue nous prouve, en même temps, que sa présence parmi les âmes les plus nobles de l'*Enfer* ne leur pose (presque) aucun problème.

Les choses changent radicalement avec celui qui a été probablement le plus insigne des premiers commentateurs de la *Comédie* : Benvenuto Rambaldi da Imola. De ce célèbre lecteur de Dante, nous avons un long commentaire en latin aux trois cantiques du poème, dont la composition peut être située entre 1376 et 1383. Mais l'intérêt de notre commentateur pour la *Comédie* commence quelques années auparavant : en 1373-1374, il participe comme auditeur aux lectures du

---

des *Chiose ambrosiane* (1355) est très pauvre : « *Averroès* – Commentateur d'Aristote » ; « *Averoìs* – Comentator Aristotilis » (*Le Chiose ambrosiane alla « Commedia »*, éd. et comm. de L. C. Rossi, Pise, Scuola Normale Superiore, 1990, p. 21) ; beaucoup plus intéressante, comme nous le verrons par la suite, est la glose offerte par ce lecteur anonyme sur le plus célèbre des « averroïstes » latins, Siger de Brabant (Par. X, 133-138).

16. G. Boccaccio, *Esposizioni sopra la « Comedia »*, éd. G. Padoan, Milan, Mondadori, 1965, p. 261 : « tanto chiara rendé la scienza sua, che quasi aparve insino al suo tempo non essere stata intesa e però non seguita, dove dopo lui è stata in mirabile pregio, anzi a quella d'ogni altro filosofo preposta ». Quelques années auparavant (1369-1373), le napolitain Guglielmo Maramauro, qui avait suivi le cours florentin de Boccace sur la *Comédie* (1373-1374), répétait la même idée : « Averroès fut espagnol, de la ville de Cordoue ; son intellect fut excellent, au point qu'il commenta et expliqua toutes les œuvres d'Aristote, et Aristote n'aurait pas pu les commenter mieux : et pour cela l'auteur dit "il fit le grand commentaire" » (« Averoìs fu spagnolo de la cità de Corduba ; e fu de tanto intelecto, che tute le opere che fece Aristotile comentò e dichiarò per modo che Aristotile proprio non le avria meglio exposte de lui : e però dice "el gran comento feo" »), (G. Maramauro, *Expositione sopra l'« Inferno » di Dante Alligieri*, éd. P. G. Pisoni et S. Bellomo, Padoue, Antenore, 1998, p. 158).

poème de Dante données à Florence par Boccace ; en 1375 il donne son premier cours sur la *Comédie* dans une école privée de Bologne ; pendant l'hiver 1375-1376, il donne un deuxième cours sur Dante, à Ferrare. De ces deux séries de leçons dantesques demeure un témoignage direct, les *recollectae* des auditeurs[17]. Le commentaire de Benvenuto se présente donc aujourd'hui en trois versions différentes, dont les deux plus anciennes, les *recollectae* des cours de Bologne et Ferrare, sont encore inédites – mais nous en citerons des extraits.

Lisons donc la glose de Benvenuto da Imola sur l'*Enfer*, IV, 144, tirée de la dernière rédaction du commentaire :

> Enfin notre auteur, après des philosophes et des médecins, nomme quelqu'un qui a été un grand philosophe et un grand médecin, Averroès, que Dante décrit à partir de son extraordinaire excellence : l'on dit en effet qu'Averroès a été un autre Aristote.

Benvenuto ouvre son portrait sur un ton ouvertement positif ; mais la glose continue :

> Et cependant il fut le plus arrogant des philosophes. [...] De plus, Averroès condamna toutes les religions. Et donc il faut se demander : comment notre auteur a-t-il pu placer cet homme parmi les âmes sans châtiments, les âmes nobles des Limbes – lui qui a blasphémé Jésus Christ en disant que le monde a eu trois imposteurs, à savoir le Christ lui-même, Moïse et Mahomet, et que Jésus-Christ, étant le plus jeune et naïf des trois, a de ce fait été crucifié ?

La réponse à cette question inquiétante montre tout l'embarras du commentateur. Benvenuto affirme que Dante parle ici de l'Enfer moral, à savoir de la projection de l'Enfer figuré dans la *Comédie* sur le monde des vivants : Dante voudrait ainsi montrer, de manière allégorique, que dans l'Enfer des vivants – dans notre monde terrestre – les philosophes infidèles comme Averroès bénéficient souvent d'honneurs, d'éloges et

---

17. Sur les trois rédactions du commentaire de Benvenuto Rambaldi, voir P. Pasquino, *Benvenuto Rambaldi da Imola*, dans *Censimento dei commenti danteschi*, *op. cit.*, t. I, p. 86-120, ici p. 102-103.

de la plus grande estime[18]. Mais il s'agit, naturellement, d'une gloire tout à fait éphémère[19].

Il y aurait plusieurs remarques à faire sur cette glose, mais nous nous limiterons à mettre en évidence seulement quelques éléments. Le premier concerne la référence à Averroès à propos des « trois imposteurs » : phrase blasphématoire célèbre, mais dont l'attribution à Averroès trouve chez Benvenuto da Imola sa première occurrence explicite[20].

Dans la forme sous laquelle il se présente dans le passage du commentaire que nous avons cité, le *dictum* des trois imposteurs a connu, à l'état actuel de nos connaissances, sa première mise en circulation en Occident avec Simon de Tournai et, quelques années plus tard, avec l'empereur Frédéric II[21]. Il

18. La distinction entre une représentation réelle et littérale (*essentialis*) des trois royaumes de l'Au-delà, et une représentation allégorique et morale (*moralis*), constitue la clef interprétative fondamentale du commentaire de Benvenuto da Imola : sur cette question, je me permets de renvoyer à L. Fiorentini, *Per Benvenuto da Imola. Le linee ideologiche del commento dantesco*, Bologne, Il Mulino, 2016, p. 1-176.

19. Benevenuti de Rambaldis de Imola, *Comentum super Dantis Aldigherij « Comœdiam »*, nunc primum integre in lucem editum sumptibus, G. W. Vernon, curante J. P. Lacaita, typis G. Barbèra, Florence, 1887, 5 t., t. I, p. 181-182 : « Hic ultimo autor, post philosophos et medicos, nominat magnum philosophum et medicum, scilicet Averroim, quem describit ab eius maxima eccellentia : iste enim dicitur fuisse alter Aristoteles. [...] Fuit tamen superbissimus omnium philosophorum [...]. Damnavit etiam omnem sectam fidei [...]. Hic statim obicitur : quomodo autor posuit istum sine pena, qui tam impudenter et impie blasfemat Christum dicens quod tres fuerunt baratores mundi, scilicet Christus, Moyses et Macomettus, quorum Christus, quia juvenis et ignarus, crucifixus fuit ? Dicendum breviter quod autor loquitur hic de Inferno morali, sicut et in ceteris viris illustribus qui ponuntur hic. Vult enim per hoc ostendere quod in isto nostro Inferno viventium isti gaudent privilegio honoris, laudis et summae comendationis inter alios. »

20. Voir à ce sujet l'étude (perfectible, mais fondatrice) de M. Esposito, « Una manifestazione di incredulità religiosa nel Medioevo : il detto dei *Tre impostori* e la sua trasmissione da Federico II a Pomponazzi », *Archivio Storico Italiano*, LXXXIX/2 (1931), p. 3-48, ici p. 29-33. Cf. aussi D. De Smet, « La théorie des trois imposteurs et ses prétendues origines islamiques », *in* C. Cannuyer et J. Grand'Henry, Bruxelles (éd.), *Incroyances et dissidences religieuses dans les civilisations orientales*, Louvain-la-Neuve, Société belge d'études orientales, 2007, p. 81-93, et récemment T. Grüber, « Les trois imposteurs "pré-modernes" et leur intérêt pour les modernistes. Quelques propositions », *La Lettre clandestine*, XXIV (2016), p. 35-48, p. 38-39. Une brève mais pénétrante réflexion sur les origines du dictum médiéval sur les trois imposteurs avait été proposée également par C. Ginzburg, « Mythe. Distance et mensonge », 1998, trad. fr., *Id.*, *À distance. Neuf essais sur le point de vue en histoire*, Paris, Gallimard, 2001, p. 37-72, ici p. 54 – nous y reviendrons.

21. Quant à Simon de Tournai, le premier à lui attribuer cette phrase blasphématoire est Thomas de Cantimpré dans ses *Miraculorum et exemplorum memorabilium sui temporis libri duo*, II, 48, n. 5 : cf. A. de Libera, *Penser au Moyen Age*, *op. cit.*, p. 160-161, et F. Siri,

est naturellement exclu que Benvenuto ait pu connaître les légendes qui ont été construites sur la vie de Simon de Tournai ; il faudra donc se demander si notre commentateur avait volontairement transféré ces paroles légendaires de Frédéric II sur Averroès – autrement dit, si la deuxième partie de la glose de Benvenuto sur Averroès se fonde sur une invention historiographique délibérée ou pas. La question est légitime, car Benvenuto n'est pas complètement étranger à ce genre d'opérations exégétiques. Nous en verrons plus loin un cas assez étonnant.

Quant à Frédéric II, la plus ancienne occurrence, à la fois explicite et littérale, de la phrase sur les trois imposteurs est attestée dans la lettre encyclique de Grégoire IX du 1er juillet 1239 (*Ascendit de mari bestia blasphemie*), où nous retrouvons déjà la distinction, reprise par Benvenuto, faite entre les destins glorieux, pour ainsi dire, de Moïse et Mahomet, et le destin tragique de Jésus-Christ (mort sur la croix, donc incapable de tirer un véritable profit de ses mensonges)[22]. L'emploi du *mot barat(t)ator*, *barator*, commun à Grégoire IX et à Benvenuto, est à son tour significatif, puisque dans les autres anciennes versions latines du *dictum* on trouve normalement des termes différents : *deceptor*, chez Alvaro Pelago, qui attribue le blasphème au mystérieux Thomas Scotus[23] ; les verbes *subiugare* et *infatuare* chez Thomas de Cantimpré[24].

Le « Institutiones in sacram paginam » *di Simone di Tournai. Contributo alla storia delle scuole teologiche di Parigi nel* XII *secolo*, thèse de doctorat, Sapienza Università di Roma, année univ. 2010-2011, direct. de thèse Pr. L. Valente, p. 3-22 (le texte de Thomas de Cantimpré est reproduit à la page 13). En ce qui concerne Frédéric II, voir encore M. Esposito, « Una manifestazione di incredulità religiosa nel Medioevo », *op. cit.*, p. 5-28, et T. Grüber, « Les trois imposteurs "pré-modernes" », *op. cit.*, p. 36-38.

22. Cf. *Epistolae saeculi XIII e regestis pontificum Romanorum*, choisies par G. H. Pertz, éd. C. Rodenberg (*MGH*), Berlin, Apud Weidmannos, 1883, t. I, Epist. 750, p. 645-654, ici p. 653 : « iste rex pestilentie a tribus barattatoribus, ut eius verbis utamur, scilicet Christo Iesu, Moyse et Machometo, totum mundum fuisse deceptum, et duobus eorum in gloria mortuis, ipsum Iesum in ligno suspensum manifeste proponens… ».

23. Cf. T. Grüber, « Les trois imposteurs "pré-modernes" », *op. cit.*, p. 44.

24. Voir F. Siri, *Le* « Institutiones in sacram paginam » *di Simone di Tournai*, *op. cit.*, p. 13.

À partir de l'encyclique *Ascendit de mari*, le passage blasphématoire de Frédéric II a été repris dans un nombre remarquable de chroniques du XIIIe siècle (parmi lesquelles la plus importante est sans aucun doute la *Chronica maiora* de Matthieu Paris)[25] ; il est toutefois assez improbable que Benvenuto ait pu connaître directement ces textes[26]. D'ailleurs, les pages du commentaire du maître d'Imola dédiées à Frédéric II dépendent toujours de deux sources principales, très différentes entre elles en ce qui concerne le portrait spirituel de l'empereur : la *Cronica* du guelfe Giovanni Villani et les compilations historiques du gibelin Riccobaldo da Ferrara (*Historiae* et *Compendium romanae historiae* surtout). Chez Villani, l'attitude blasphématoire et l'épicurisme de Frédéric II sont affirmés à plusieurs reprises, mais sans aucune référence directe et explicite au passage sur les trois imposteurs. Il est vrai, en même temps, que Villani associe de manière évidente l'épicurisme de Frédéric II à son action politique – et le passage sur les trois imposteurs a à son tour, naturellement, une forte implication politique[27]. Au chapitre 1 du livre VII de sa chronique, par exemple, Villani écrit : « ... Frédéric II était presque un épicurien, il pensait qu'il n'y a pas une autre vie après la mort. C'est *précisément pour cette raison* qu'il devint l'ennemi des clercs et de la Sainte Église[28] ».

---

25. Cf. M. Esposito, « Una manifestazione di incredulità religiosa nel Medioevo », *op. cit.*, p. 5-10 et 13-26 ; et *Matthaei Parisiensis Chronica Majora*, éd. H. R. Luard, Londres, Longman, 1872-83, 7 vol., vol. III, p. 521 et 609.

26. En racontant l'histoire du suicide de Pierre de la Vigne (*ad Enf.*, XIII, 58-61 : Benevenuti de Imola, *Comentum*, *op. cit.*, t. I, p. 437-38), Benvenuto se pose à un certain moment une question – pourquoi Frédéric II a-t-il fait aveugler Pierre de la Vigne et, après, ne l'a-t-il pas condamné à mort ? – à laquelle il aurait pu trouver une réponse très claire et exhaustive chez Matthieu Paris : voir Matthaei Parisiensis, *Chronica Majora*, *op. cit.*, vol. V, p. 68-69 ; mais, du fait que le maître d'Imola ne connaît pas la chronique de Mathieu Paris, il doit formuler à ce sujet des hypothèses assez invraisemblables. Sur ce passage du commentaire de Benvenuto, cf. L. Fiorentini, « Il suicidio di Pier della Vigna. Variazioni narrative negli antichi commenti danteschi », *Annali dell'Istituto Italiano per gli Studi Storici*, XXVII (2012) (*Studi per Ovidio Capitani*), p. 145-207, ici p. 171-183 et 190-194.

27. Voir C. Ginzburg, « Mythe. Distance et mensonge », *op. cit.*, p. 52-56.

28. Cf. G. Villani, *Nuova Cronica*, éd. G. Porta, Fondazione Pietro Bembo, Parme, Ugo Guanda Editore, 1990-1991, 2 vol., vol. I, p. 276 : « quasi vita epicuria tenne, non faccendo

Si la tradition à laquelle Benvenuto se rattache, même s'il le fait de manière indirecte – et peut-être inconsciente –, est celle qu'inaugure Grégoire IX en 1239, le *dictum* légendaire des trois imposteurs ne naît pas avec Simon de Tournai, Frédéric II et Thomas Scotus. Comme Carlo Ginzburg l'a rappelé, dans un certain nombre des fragments qui ont survécu du *Discours vrai* de Celsius, Moïse et Jésus-Christ sont représentés précisément comme deux tricheurs : le premier avait aisément trompé les juifs – des « gardeurs de chèvres et de brebis », écrit Celsius – avec « des impostures dignes des paysans » ; le deuxième avait suivi, en substance, l'exemple du premier[29]. Il est en effet fort probable, comme Ginzburg l'a suggéré, que quelques siècles plus tard « des saillies de ce genre, vraisemblablement intégrées dans une tradition orale, inclurent le troisième fondateur des grandes religions monothéistes méditerranéennes, Mahomet[30] ». D'autre part, bien avant Benvenuto, quelqu'un qui connaissait les chapitres du *Liber de erroribus philosophorum* consacrés à Averroès aurait pu facilement attribuer la phrase blasphématoire sur les trois imposteurs, déjà populaire au cours du XIIIe siècle, au philosophe de Cordoue[31].

Moins obscure et insaisissable est en revanche le rôle d'un autre inspirateur de la glose de Benvenuto Rambaldi sur Averroès, peut-être le vrai responsable des inquiétudes qui en sont à la base, à savoir Pétrarque, dont les rapports

---

conto che mai fosse altra vita. E questa fu l'una principale cagione perché venne nemico de' cherici e di santa Chiesa ».

29. Voir L. Rougier, *Celse contre les chrétiens. La réaction païenne sous l'Empire Romain*, Paris, Copernic, 1977, p. 185 (Préface, § 5). En ce qui concerne la fin tragique du Christ, cf. *ibid.*, p. 192 (Livre I, § 24) : « la réalité est que, après avoir vécu sans avoir su persuader personne, pas même ses propres disciples, il a été exécuté et a souffert ce qu'on sait ».

30. C. Ginzburg, « Mythe. Distance et mensonge », *op. cit.*, p. 54.

31. Voir E. Renan, *Averroès et l'averroïsme. Essai historique*, Paris, Calmann-Lévy, 1882^{4}, p. 467-470, ici p. 467-468 (« [Averroys] vituperavit omnem legem, ut patet ex II et XI [Metaph.], ubi vituperat legem Christianorum, scilicet legem catholicam nostram, et etiam legem Sarracenorum [...]. Immo, quod pejus est, nos et alios tenentes legem derisive appellat loquentes et garrulantes vel garrulatores, et sine ratione se moventes »). Pour un commentaire sur ce passage, cf. *ibid.*, p. 229, et surtout A. de Libera, *Penser au Moyen Âge*, *op. cit.*, p. 167-168 et p. 373, n. 10.

avec le commentateur d'Imola, et l'influence sur la pensée éthique de ce dernier, sont bien connus[32]. Il y a notamment deux passages de l'œuvre pétrarquienne où l'on peut trouver des images aisément comparables au portrait d'Averroès proposé par Benvenuto Rambaldi. Le premier est dans le *De otio religioso* (I, 4, § 117-118), où les « fables trompeuses » (*dolosas fabulas*) de Mahomet sont explicitement associées aux arguments « dissonants et inextricables » des philosophes (*philosophorum dissonas et inextricabiles ambages*) et aux « insultes venimeuses du téméraire Averroès » (*temerarii virus Averrois ac venenata convitia*) : tout cela, explique Pétrarque, ne peut pas s'opposer efficacement à la vraie foi[33]. Il s'agit d'un passage que Benvenuto reprend presque littéralement, et qu'il associe à la deuxième nouvelle de la première journée du *Decameron*, dans son commentaire sur le chant II de l'*Enfer*, v. 88-93[34].

L'aversion blasphématoire d'Averroès envers Jésus-Christ se lit aussi explicitement dans le deuxième livre de l'*Invectiva contra medicum*, § 239 – dans un passage où Pétrarque s'approche le plus de l'esprit de la glose de Benvenuto sur l'*Enfer*, IV, 144. Ici Pétrarque, prenant le point de vue de son adversaire, écrit : « Quelle est donc la menace de ce Christ, que je ne connais pas, et qu'Averroès a impunément blasphémé ? » (*diffamavit impune*[35]) ; ce sont presque les termes mêmes

32. Cf. L. C. Rossi, « Presenze di Petrarca in commenti danteschi fra Tre e Quattrocento », *Aevum*, LXX/3 (1996), p. 441-476, ici p. 449-459, et surtout *Id.*, *Studi su Benvenuto da Imola*, Florence, Sismel-Edizioni del Galluzzo, 2016, p. 149-202. Voir aussi L. Fiorentini, *Per Benvenuto da Imola*, *op. cit.*, p. 91-99 et 364-71.

33. F. Petrarca, *De otio religioso*, éd. G. Goletti, Florence, Le Lettere, 2006, p. 70 : « Que si omnia procul absunt a pectoribus sanis, si neque miserabilis paganorum error [...] neque fallacium philosophorum ventosa sophismata [...] tangunt animos aut delectant, [...] quid circumspicimus [...] preter Cristum [...] ? ».

34. Cf. Benevenuti de Imola, *Comentum*, cit., t. I, p. 94-95. Sur ce passage, voir L. Fiorentini, « Appunti sulle inserzioni dal *Decameron* nel commento dantesco di Benvenuto Rambaldi da Imola », *in Levia Gravia*, XV-XVI, 2013-2014, p. 399-415, ici p. 404-406.

35. « Quid michi autem nescio quis Cristus comminatur, quem ipse Averrois diffamavit impune, quod nemo unquam poetarum fecit, imo vero nemo mortalium ? », F. Petrarca, *Invective contra medicum, Invectiva contra quendam magni status hominem sed nullius scientie aut virtutis*, éd. F. Bausi, Florence, Le Lettere, 2005, p. 78.

qu'utilise Benvenuto : « il blasphème Christ impunément » (*impudenter* [...] *blasfemat Christum*). Pétrarque poursuit en mentionnant les expressions blasphématoires qu'Averroès aurait adressées à Jésus-Christ, en précisant que personne avant ce philosophe n'avait osé faire de même : mais, de fait, il n'explique pas quelles étaient concrètement ces expressions blasphématoires. Il est donc facile d'imaginer qu'un lecteur de l'*Invectiva* comme Benvenuto Rambaldi pouvait compléter de manière indépendante ce genre d'allusions[36].

La violente censure de Pétrarque ne pouvait qu'inquiéter Benvenuto. Une telle inquiétude est à l'origine de la question que l'interprète se pose au milieu de sa glose sur l'*Enfer*, IV, 144 : pourquoi Dante a-t-il placé un tel impie parmi les esprits du noble château des Limbes ? À travers la médiation pétrarquienne, au moins deux des clichés qui seront ensuite courants s'introduisent ainsi dans le commentaire sur la *Comédie* de Benvenuto da Imola. En premier lieu l'assimilation, implicite, de la pensée d'Averroès au matérialisme « épicurien » : une phrase de fait attribuable à l'épicurien Frédéric II est transférée, délibérément ou non, au philosophe de Cordoue. En deuxième lieu l'image d'Averroès comme le grand blasphémateur, le père idéal de tous les opposants du christianisme.

On peut remarquer que les mêmes fantômes prennent forme déjà dans les deux séries de *recollectae* – témoins, comme on l'a rappelé, des cours sur la *Comédie* donnés par Benvenuto en 1375 et en 1375-1376, à Bologne et à Ferrare[37] –, et qu'ils semblent parfois fonctionner aussi comme des critères généraux d'interprétation des tensions philosophiques du « temps présent ». En glosant le *Paradis*, VII, 58-60, aussi bien dans sa première que dans sa deuxième lecture du poème de Dante, Benvenuto Rambaldi s'attarde

36. Rappelons que l'*Invectiva contra medicum* est citée (implicitement) par Pétrarque dans sa lettre *Sen*. XV, 11, § 2, envoyée à Benvenuto : cf. L. C. Rossi, *Studi su Benvenuto da Imola*, *op. cit.*, p. 201.

37. Cf. L. Fiorentini, *Per Benvenuto da Imola*, *op. cit.*, p. 30-31, n. 86.

sur le cas de son oncle Matteo da Imola, maître de philosophie et d'astrologie au *Studium* de Bologne, qui le préoccupe à titre personnel. Matteo, écrit-il, « se consacrait seulement à la philosophie naturelle » et considérait ridicules les arguments *de fide* ; mais à la fin, « quand il commença à s'intéresser à la science [...] sacrée, il devint très catholique[38] ». Le même récit est repris et approfondi dans la leçon, postérieure, de Ferrare[39]. En citant ce passage du commentaire de Benvenuto, Maria Luisa Uberti écrit qu'on y voit la préoccupation « de repousser l'accusation de professer des doctrines averroïstes qui semblait avoir touché Matteo, et d'affirmer au contraire l'orthodoxie de ce dernier[40] ». Mais aucun lien explicite entre le scepticisme du maître Matteo et l'enseignement d'Averroès n'est établi dans la glose que nous avons transcrite : Averroès n'y est jamais nommé.

Du reste, l'identification entre les concepts d'« averroïsme » et de « matérialisme » n'est pas si évidente chez le lecteur d'Imola. L'exemple le plus clair est contenu dans le commentaire sur le *Purgatoire*, XXV, 61-66, où Benvenuto suit avec la plus grande fidélité le *Liber de natura et origine animae* d'Albert le Grand[41]. De cette source il tire son résumé de la doctrine d'Averroès sur la séparation de l'intellect possible de l'âme individuelle, doctrine que Benvenuto semble connaître seulement à travers la formulation d'Albert le Grand :

---

38. Ms. Varia 22, c. 178*v*.

39. Cf. ms. Ashburnham 839 de la Biblioteca Medicea Laurenziana de Florence, c. 133*v* : « [Auctor] uult dicere : philosophus qui solum uacauit scientie naturalj ut contrareret ista, ille est qui non credit ; sed non ita contingit illi qui gustauit diuinam scientiam. Recordor atinentem meum, magistrum Matheum de Imola, truffarj de ista fide sicut fuisset judeus, quia solum ratione contrarebat illam ; et antequam moreretur uidi magis catolicum et deuotum quam homo qui uiueret, quia gustauit tractu temporis scientiam Augustinj, Ambrosgij, Thome de Aquino, etc. Et de istis multi inueniuntur » ; voir L. Fiorentini, *Per Benvenuto da Imola*, *op. cit.*, p. 30-31, n. 86.

40. M. L. Uberti, « Benvenuto da Imola dantista, allievo del Boccaccio », *Studi sul Boccaccio*, XII (1980), p. 275-319, ici p. 279, n. 22 : « ... di respingere l'accusa di averroismo che sembra avesse colpito Matteo, e di affermarne invece l'ortodossia ».

41. Ce qui avait déjà été relevé par S. Gentili, *L'uomo aristotelico alle origini della letteratura italiana*, Rome, Carocci, 2005, p. 105-110.

> Averroès a déclaré que la nature intellectuelle est séparée et qu'elle irradie sur l'âme de l'homme comme la lumière du soleil irradie sur le diaphane, et, de cette irradiation, il dit que les formes intelligibles fluent en l'âme comme de la lumière du soleil fluent les objets visibles dans le diaphane. Et il disait que l'intellect se multiplie ainsi comme la lumière du soleil est multipliée en fonction des objets illuminés, objets vers lesquels elle est émise ; et il disait que de même que si les objets illuminés étaient retirés, il ne resterait qu'une unique lumière du soleil, de même, si les hommes étaient détruits, il resterait un unique intellect perpétuel et incorruptible à partir des hommes. Albert le Grand réfuta abondamment cette terrible erreur dans son livre sur l'âme[42].

La relation au texte d'Albert est très étroite[43]. C'est également du *Liber de natura et origine animae* (traité II, chapitre 5) que Benvenuto tire l'information – et il s'agit d'une donnée très intéressante pour nous – que, parmi les péripatéticiens, il y a eu un seul philosophe qui a exprimé, sur la question de l'intellect, des positions proprement épicuriennes, à savoir Alexandre d'Aphrodise. Dans ce cas aussi Benvenuto cite sa source littéralement :

> Aristote prouva que la forme intellectuelle est séparée – forme intellectuelle dont la félicité est la contemplation, qui produit une délectation ferme, pure et admirable ; et avec cela s'accorde toute l'école des péripatéticiens. Seul Alexandre [d'Aphrodise], en se trompant,

---

42. Benevenuti de Imola *Comentum*, *op. cit.*, t. IV, p. 102 : « Averrois dixit intellectualem naturam esse separatam ab anima, et irradiare super animam hominis, sicut irradiat lux solis super perspicuum ; et ex illa irradiatione dicebat formas intelligibiles fluere in animam, sicut ex lumine solis fluunt visibilia in perspicuum. Et hoc modo dicebat multiplicari intellectum sicut multiplicatur lumen solis secundum illuminata, quibus immittitur ; et sicut illuminatis subtractis non remanet nisi unicum lumen solis, ita pereuntibus hominibus dicebat unum intellectum perpetuum incorruptibilem ex hominibus relinqui. Hunc errorem pessimum multipliciter improbat Albertus magnus in suo libro de anima. »

43. Cf. Alberti Magni, *Liber de natura et origine animae*, éd. B. Geyer, Münster, Aschendorff, 1955, p. 23, l. 76-80, p. 24, l. 1-9 : « Intellectualem autem naturam dicunt esse separatam et irradiare super animam hominis, sicut irradiat lux solis super perspicuum, et ex illa irradiatione dicunt fluere formas intellegibiles in animam, sicut ex lumine solis fluun visibilia in perspicuum [...]. Dicunt hoc modo intelligi, quod intellectus ingreditur ab extrinseco, et hoc modo multiplicare se dicunt intellectum, sicut moltiplicatur lumen solis secundum illuminata, quibus immittitur et cum quibus continuatur. Et sicut illuminatis subtractis non remanet nisi unicum lumen solis, ita pereuntis hominibus dicunt unum intellectum perpetuum et incorruptibilem ex omnibus relinqui. »

> se tourna vers la position d'Épicure, en disant que ce qui est divin dans toute la nature des êtres soumis à la génération est corporel. Alexandre dit également que l'intellect dérive des éléments, et donc qu'il est destiné à mourir avec le corps[44].

Grâce à Albert le Grand, Benvenuto évite donc d'attribuer à Averroès la paternité d'une philosophie d'orientation matérialiste, désignée grossièrement comme « épicurisme ». C'est au contraire ce qu'avait fait, de manière implicite, Iacomo della Lana, qui, dans son introduction au chant X de l'*Enfer*, avait tranquillement attribué aux épicuriens l'argument selon lequel, si l'intellection est l'opération propre de l'âme, et si l'on ne peut pas intelliger sans la « fantaisie » (l'imagination) qui est un organe corporel, alors l'âme ne peut pas rester séparée du corps[45].

Et néanmoins, même si le seul péripatéticien ayant élaboré une doctrine essentiellement matérialiste a été Alexandre d'Aphrodise, Averroès – comme Benvenuto l'écrit à la fin de sa glose sur le *Purgatoire*, XXV, 61-66 – « a commis une erreur énorme sur la question de la localisation de l'âme » et surtout

---

44. Benevenuti de Imola *Comentum*, *op. cit*., t. IV, p. 102 : « Aristoteles vero probavit formam intellectualem esse separatam, cuius felicitas sit contemplatio, firmam, puram, admirabilem habens delectationem ; cui consensit tota schola peripatheticorum. Solus Alexander degenerans transit ad Epicurum, docens illud quod est divinum in tota natura generabilium esse corporale. Dixit enim intellectum esse ex elementis, et sic interire simul cum corpore ». Voir donc Alberti Magni *Liber de natura et origine animae*, *op. cit*., p. 25, l. 25-35 : « Separatam autem formam intellectualem esse probavit Aristoteles, cuius felicitas sit contemplatio, firmam et puram et admirabilem habens delectationem theorematum, et huic consentit tota schola Peripateticorum. Hic [Alexander] autem solus ex schola Peripatheticorum degenerans pravas intelligentias sequens transit ad Epicurum [...] ; et id quod solum in tota natura generabilium divinum est, corporale esse dicens et formam harmonicam cum corporis dissolutione perituram. »

45. Voir Iacomo della Lana, *Commento alla « Commedia »*, *op. cit*., t. I, p. 328 et 330 : « li epicurii [...] àvenno opinione che l'anima morisse con lo corpo [...]. La terça raxon si è che neguna cosa è sença la sua propria operatione, e la propria operatione de l'anima si è intender, et intender non se pò sença fantasia ch'è organo corporeo, sí come scrive Aristotele in tercio De anima ; adonqua l'anima non pò remagnir partida essa dal corpo ». La « longue durée » de l'association entre averroïsme et épicurisme est bien attestée, toujours par rapport au chant X de l'*Enfer* de Dante, par la *lectura* de C. Bozzetti, « Storia interna del canto decimo dell'*Inferno* », *Studia Ghisleriana*, s. II, vol. II, *Studi letterari per il 250° anniversario della nascita di Carlo Goldoni*, 1957, p. 79-127 – *lectura* dont l'influence sur les dernières études sur Dante de Maria Corti sera très forte. Sur ce point, voir l'article de Paolo Falzone consacré à la chanson *Donna me prega* de Guido Calvanti, publié dans ce même volume.

« entraîna dans l'erreur beaucoup de gens avec lui[46] ». Mais qui sont concrètement, selon notre exégète, ceux qui ont été détournés du droit chemin par Averroès ? Y a-t-il des représentants de cette mauvaise école parmi les personnages de la *Comédie* ?

2. « Votre Guido l'eut peut-être en mépris » (« *Forse cui Guido vostro ebbe a disdegno* »)

Il y a naturellement deux principaux suspects : Guido Cavalcanti (*Enf.* X) et Siger de Brabant (*Par.* X). Quant au premier, Iacomo della Lana, Guido da Pisa et Pietro Alighieri se montrent d'accord sur le fait que le célèbre « dédain » ou « mépris » de Guido (*disdegno*, v. 63 du chant) était adressé non pas à Dieu ou à Béatrice – c'est-à-dire à la théologie –, mais plutôt à Virgile, c'est-à-dire à la poésie : Guido Cavalcanti était un philosophe, écrivent-ils, qui « riait des sciences poétiques[47] ». C'est la raison pour laquelle, explique Iacomo della Lana, Guido n'a pas pu réaliser, comme Dante, un voyage littéraire dans l'au-delà : « Ici l'auteur montre que la *Comédie* dépend de l'enseignement poétique de Virgile ; du fait que Guido ne connaît pas l'œuvre de Virgile, il n'a pas été capable d'écrire une œuvre comme la *Comédie*[48] ».

La position singulière de Cavalcanti, dans le contexte de la production poétique florentine, est reconnue, même par ses contemporains, dès la fin du XIIIᵉ siècle[49]. Il peut tout de même

---

46. Benevenuti de Imola *Comentum, op. cit.*, t. IV, p. 103 : « enormiter erravit circa positionem animae » ; « multos secum traxit in errorem ».

47. Guido da Pisa, *Expositiones et glose, op. cit.*, p. 448 : « habebat [...] scientias poeticas in derisum ».

48. Iacomo della Lana, *Commento alla « Commedia »*, *op. cit.*, t. I, p. 336 : « Guido preditto non seppe Virgilio, però non la può far. » Sur le « dédain » de Guido Cavalcanti, cf. l'étude essentielle de G. Sasso, « Sul "disdegno" di Guido », *in* L. Gatto et P. Supino (éd.), *Studi sulle società e le culture del Medioevo per G. Arnaldi*, All'Insegna del Giglio, s.l., 2002, p. 581-610 ; et, aujourd'hui, l'article de Paolo Falzone, dans ce même volume.

49. Voir G. Inglese, *Per Guido Cavalcanti* (1995), repris dans *Id.*, *L'intelletto e l'amore. Studi sulla letteratura italiana del Due e Trecento*, Florence, La Nuova Italia, 2000, p. 3-55 : 3-4.

apparaître surprenant que l'activité lyrique de Guido soit à tel point marginalisée par les premiers lecteurs de la *Comédie*. Parmi les textes de Guido Calvalcanti, le seul qui est (occasionnellement) cité par les exégètes dantesques est la célèbre chanson *Donna me prega*.

Et en ce sens, il est assez remarquable que Andrea Lancia soit le premier exégète à mentionner la chanson doctrinale dans son commentaire sur le chant X de l'*Enfer* (vv. 61-63). En lisant les paroles avec lesquelles Dante répond à la question angoissée de Cavalcante Cavalcanti, le père de Guido (« Si la hauteur de ton esprit / te fait aller par la prison aveugle, / où est mon fils ? pourquoi n'est-il pas avec toi[50] ? »), Lancia ne semble percevoir aucune différence substantielle entre les deux parcours intellectuels, celui de Guido et celui de Dante. Quand Dante explique à Cavalcante qu'il n'est pas seul dans son chemin ultra-mondain (« Je ne suis pas venu par moi seul »), parce qu'il peut compter sur Virgile comme guide, Andrea Lancia observe que si Virgile représente allégoriquement la raison, ou mieux « la science naturelle » – et non pas la poésie, comme chez Iacomo della Lana, Guido da Pisa et Pietro Alighieri –, cela signifie que la « pensée », l'*ingegno* de Guido n'étaient pas, finalement, si « élevés ». Dans sa réponse, Dante, dit-il, « montre que l'homme, sans le support de la science naturelle, n'a pas de moyens pour comprendre les choses secrètes de la nature ; et après il affirme que Guido n'a pas mis à profit la vertu de son intellect dans l'étude de la nature, même s'il avait la réputation d'être un philosophe naturel grâce à la chanson qu'il fit et dont le commencement est : *Donna mi priega*[51] ». Le « dédain » de Guido Cavalcanti était adressé, selon l'opinion d'Andrea Lancia, à la science naturelle : au

---

50. « Se per questo cieco / carcere vai per altezza d'ingegno, / mio figlio ove è ? perché non è ei teco ? »

51. A. Lancia, *Chiose alla « Commedia »*, *op. cit.*, t. I, p. 232 : « [Dante] mostra che l'uomo per sé, senza fornimento di naturale scientia, non è soficiente ad investigare le cose segrete della natura ; e appresso che Guido non seguitòe la vertù del suo ingegno, avegna ch'egli n'avesse il nome per quella cansone ch'egli fece che comincia : Donna mi priega. » Sur la datation de ce commentaire, voir *supra*, n. 13.

chant X de l'*Enfer*, Dante rejetterait par conséquent la valeur scientifique de *Donna me prega*, en voulant ainsi reconduire à un plan proprement philosophique, et non pas poétique, la cause de l'éloignement de son « premier ami ».

Donna me prega avait été déjà mentionnée, quelques années avant le commentaire d'Andrea Lancia, par l'Ottimo commentatore, qui dans sa glose sur le *Purgatoire*, XI, 97-98 citait la chanson comme l'œuvre dans laquelle Cavalcanti avait essayé de mêler pour la première fois la poésie et la philosophie : « On peut affirmer que Guido Cavalcanti a été le premier qui a renforcé ses chansons avec des démonstrations philosophiques, comme le montre bien sa chanson dont le premier vers est : *Donna mi prega, perch'io deggia dire*[52] ». Plus ambiguë, et donc plus intéressante, est la glose de l'Ottimo sur l'*Enfer*, X, 61-63, là où la vocation philosophique de Guido Cavalcanti est jugée en opposition non pas avec la poésie, mais avec la « grâce de Dieu » ; le mépris de Guido à l'égard de Virgile est en effet le mépris à l'égard de l'œuvre qui a été pour Dante – et déjà pour Stace (*Purg.*, XXI, 94-99) – la « semence » d'une conversion[53]. Mais l'Ottimo ne s'arrête pas sur la qualité de la réflexion philosophique de Cavalcanti : nous ne pouvons pas savoir, par conséquent, si c'est la séduction de l'averroïsme qui a soustrait le poète-philosophe au salut éternel.

Parmi les anciens portraits de Guido Cavalcanti, celui qui est le plus riche et le plus complexe – et, pour ainsi dire, le plus dynamique – est certainement celui offert par Boccace. Dans

---

52. *L'Ottimo commento della « Divina Commedia »*, *op. cit.*, vol. II, p. 189 : « E Guido Cavalcanti si può dire che fossi il primo che <le> sue canzoni fortificasse con filosofi<ch>e pruove, come si mostra in quella sua canzona, che comincia : Donna mi prega, perch'io deggia dire. »

53. Cf. *ibid.*, vol. I, p. 178-79 : « Qui l'Autore mostra che non per sua sufficienzia cerca questi luoghi, ma per grazia di Dio, che li mandòe innanzi Virgilio, lo quale fu di lui motore col libro dello Eneida, dov'elli introduce Enea al Ninferno sotto il conducimento di Sibilla ; e qua come la ragione il guida, e scorge a questo argomento. Ch'elli fosse motore, per questo libro si conferma : per simile infra capitolo XXJ *Purgatorii*, quivi – *Al mio ardor fur seme le faville* ec. ; – *Dell'Eneide dico* ec., dove dice che 'l detto libro fu motore di Stazio. E dice l'Autore che forse Guido ebbe a disdegno questo libro di Virgilio, e li altri suoi. » L'Ottimo avait aussi rappelé, dans le commentaire aux v. 52-57 du même chant, l'amitié particulière et la forte proximité intellectuelle qui liait au début Dante à Guido Cavalcanti : cf. *ibid.*, p. 177-78.

ses *Expositions* sur le poème de Dante (1374-75), Boccace ne fait aucune allusion ni à l'épicurisme ni à l'averroïsme de Guido Cavalcanti : celui-ci était considéré, écrit Boccace, comme « un excellent logicien et un bon philosophe » (« *ottimo loico e buon filosofo* »). Boccace ajoute également que Cavalcanti avait été « un cher ami de Dante, comme Dante même le montre dans sa *Vie nouvelle* ; Guido avait écrit aussi des bons textes poétiques (« *fu buon dicitore in rima* »), mais du fait que la philosophie lui semblait, et à juste titre – note Boccace –, supérieure à la poésie, il a méprisé Virgile et les autres poètes » (« *ebbe a sdegno Virgilio e gli altri poeti*[54] »).

La pratique de la poésie et la pratique de la philosophie resteraient donc séparées chez Cavalcanti, ce qui selon Boccace – qui se montre ici assez proche des tout premiers lecteurs du chant – le distinguait radicalement de Dante. Presque trente ans plus tôt, donc à l'époque du *Décaméron*, on trouvait chez le même auteur un portrait de Cavalcanti un peu différent : dans la neuvième *novella* de la sixième journée, le fait que Guido Cavalcanti avait partiellement (« *alquanto* ») partagé l'opinion des épicuriens est présenté par la narratrice, Ellissa, comme une donnée certaine. Et cependant la narratrice attribue à une voix « populaire » le fait qu'à partir de cette base philosophique Guido Cavalcanti aurait ensuite essayé de démontrer que Dieu n'existe pas[55]. C'est sur la base de cette simplification, comme nous le savons, que se développe le noyau central de la nouvelle. L'origine des voix rapportées par Boccace est très difficile à évaluer ; leur éventuel rapport avec *Donna me prega* reste complètement obscur. Quoi qu'il en soit, il faut souligner que dans le passage de l'œuvre littéraire (le *Décaméron*) à l'œuvre « scientifique » de Boccace

54. G. Boccaccio, *Esposizioni sopra la « Comedia »*, *op. cit.*, p. 526.

55. « Si diceva tralla gente volgare che queste sue speculazioni erano solo in cercare se trovar si potesse che Iddio non fosse. » Les deux citations du *Décaméron* sont tirées de l'édition critique de Vittore Branca : voir aujourd'hui G. Boccaccio, *Decameron*, éd. V. Branca, Turin, Einaudi, 1991^{6}.

(les *Expositions sur la Comédie*) toute référence à l'épicurisme de Guido Cavalcanti disparaît[56].

Benvenuto da Imola, qui connaissait très bien la nouvelle du *Décaméron* sur Guido Cavalcanti (au point qu'il l'a traduite dans son commentaire sur *Purg.* XI 97-99[57]), écrit que Guido, tout comme son père, était sans doute épicurien. Il se distinguait de son père seulement parce que, si celui-ci avait été épicurien « *ex ignorantia* », Guido avait essayé de défendre cette doctrine « *per scientiam* ». Mais Benvenuto ne nous explique pas où Cavalcanti aurait défendu son épicurisme. Il mentionne à vrai dire l'existence de *Donna me prega* et de ses anciens commentaires : Guido « composa [...] une chanson sur la doctrine de l'amour si profonde que Gilles de Rome n'eut pas honte de faire un commentaire sur elle, et Dino de Florence, grand physicien, écrivit également des gloses sur cette chanson[58] » ; mais il ne s'arrête pas, finalement, sur le contenu de la chanson, ni sur sa proximité éventuelle avec des doctrines de tradition averroïste. D'ailleurs Cavalcanti était épicurien, non pas averroïste : et nous savons que pour Benvenuto l'épicurisme et la pensée d'Averroès n'étaient pas la même chose.

3. « C'est la lumière éternelle de Siger » (« *essa è la luce etterna di Sigieri* »)

Incertaine et fuyante est en revanche l'origine de l'anecdote, très singulière, que Benvenuto raconte dans son commentaire

56. Cf. G. Inglese, *Per Guido Cavalcanti, op. cit.*, p. 214-17.

57. Cf. Benevenuti de Imola *Comentum, op. cit.*, t. III, p. 314. Sur les traductions du *Décaméron* dans le commentaire de Benvenuto da Imola, cf. L. C. Rossi, *Studi su Benvenuto da Imola*, Florence, Sismel-Edizioni del Galluzzo, 2016, p. 217-223, et L. Fiorentini, « Appunti sulle inserzioni dal *Decameron* », *op. cit.*, p. 399-415.

58. Benevenuti de Imola *Comentum, op. cit.*, t. I, p. 342-343 : « iste Guido [...] fecit [...] unam cantionem de amore ita profundam quod Aegidius romanus non erubuit facere comentum super eam, et Dinus florentinus magnus physicus similiter glosam fecit. » Sur les anciens commentaires sur *Donna me prega*, voir E. Fenzi, *La canzone d'amore di Guido Cavalcanti e i suoi antichi commenti*, Gênes, Il Melangolo, 1999.

sur le *Paradis*, X, 133-38 pour offrir à ses lecteurs certaines données « historiques » sur le mystérieux esprit qui, « enseignant dans la rue du Fouarre, / syllogisa des vérités qui lui firent tort » (*leggendo nel vico delli Strami, / silogizò invidïosi veri*), à savoir Siger de Brabant. Dans les deux dernières rédactions du commentaire du maître d'Imola, l'exposition des vers de Dante dédiés à Siger est incomplète – mais nous comprenons, tout de même, que notre interprète a quelque chose de surprenant à nous en dire[59]. La glose sur le *Paradis*, X, 133-138 est au contraire conservée en sa forme complète dans les *recollectae* du premier cours de Benvenuto sur la *Comédie* :

> Le dernier des esprits [nommés par Thomas d'Aquin] fut Siger, maître parisien, qui se dédia à plusieurs sciences, mais surtout à la logique. Un jour, un certain sophiste lui apparut après sa mort, tout terrifié ; et il se manifesta en disant « je suis dans cette condition ». Et il montra comment il était, car il était couvert de feuilles : il s'agissait de sophismes, ceux qu'il avait utilisés dans sa vie. Et il lui montra quel châtiment ils lui donnaient : car il prit sa main et la posa à côté du trou qui était dans une de ces feuilles ; il en sortit une goutte de sueur, que l'on vit perforer non seulement la main, mais le cœur de son corps. Frappé par cette vision, Siger décida immédiatement d'arrêter d'étudier la logique et de se consacrer plutôt à la théologie[60].

59. Cf. ms. Ash. 839 de la Biblioteca Laurenziana de Florence, c. 140*v* (*recollectae* du cours donné à Ferrare en 1375-76) : « Magister Segeri<us>, doctor parisiensis, qui omnes excessit in loica et philosophia. De illo legitur quod unus dis<c>ipulus eius, mortuus, apparuit sibi in so<m>nio... » ; une lacune du manuscrit met fin au récit. La même chose se produit aussi dans la dernière rédaction du commentaire : « Iste ultimus spiritus fuit quidam doctor modernus parisiensis, qui diu legit Parisius in logicalibus, cui quidam discipulus praemortuus apparuit coopertus sophismatibus, etc... » (Benevenuti de Imola *Comentum*, *op. cit.*, t. V, p. 47). – Je reprends synthétiquement, dans les pages qui suivent, ce que j'ai écrit dans L. Fiorentini, « I fantasmi di Sigieri. Su alcune chiose trecentesche a *Par.* X, 133-138 », *Lettere italiane*, LXVII/3 (2015), p. 529-573.

60. Cf. ms. Varia 22, c. 185*r* : « Iste ultimus fuit Sigerius, doctor parisiensis. Iste, inter ceteras scientias, fuit maxime logicus. Sophisticus quidam apparuit sibi post mortem, totus territus ; et manifestauit se dicens : 'Ego sum talis'. Et ostendit qualiter stabat, quia erat oneratus breuibus : et illa erant sophistica quibus utebatur in uita. Et ostendit sibi quam penam dabant sibi, quia cepit manus eius et posuit ad unum foramen unius breuis ; et exiuit sudor qui uisus est perforare non solum manus, sed cor ipsius corporis. Tunc iste disposuit se ad non amplius studendum in sophisticalibus, sed in sacra theologia. »

Récit étonnant, sans doute – auquel tous les premiers biographes du philosophe de Brabant ont, tout de même, attribué une certaine importance[61]. Comment faut-il l'interpréter ? En fait, l'histoire racontée par Benvenuto n'est pas en soi originale : avec d'autres protagonistes à la place de Siger, nous la retrouvons dans un grand nombre de recueils d'*exempla*, de sermons et de visions des XIIe et XIIIe siècle. La première attestation écrite de ce noyau narratif remonte très probablement au *Collectaneum exemplorum et visionum clarevallense* (IV 43), rédigé dans le monastère de Clairvaux entre 1173 et 1174, et transmis par le ms. 946 de la Bibliothèque municipale de Troyes[62].

Parmi les *exempla* réunis dans ce recueil, on trouve un événement arrivé à l'abbé Serlon de Wilton, qui, avant de devenir moine, était professeur à Oxford à l'invitation du roi d'Angleterre – probablement Henri II[63]. L'un de ses élèves, Richard, osa l'affronter en *disputatio* et fut ridiculisé. Rentré chez lui, Richard tomba malade et mourut peu après,

61. Ernest Renan avait proposé d'interpréter cette anecdote comme un clair témoignage de l'aversion des théologiens envers l'indépendance spirituelle des « averroïstes » : voir E. Renan, *Averroès et l'averroïsme*, *op. cit.*, p. 278. La même lecture a été reprise, quelques décennies plus tard, par P. Mandonnet, *Siger de Brabant et l'averroïsme latin au XIIIe siècle*, vol. I, *Étude critique*, Louvain, Institut supérieur de philosophie, 1912, p. 290-293 (les informations données par Mandonnet sur les anciennes gloses sur Par. X 133-38, et surtout sur Benvenuto da Imola, sont reprises par F. Van Steenberghen, *Maître Siger de Brabant*, Louvain, Publications universitaires / Paris,Vander Oyez, 1977, p. 166-167). Une référence au récit de Benvenuto sur la « conversion » de Siger de Brabant se trouve aussi chez B. Nardi, *Sigieri di Brabante nella « Divina Commedia » e le fonti della filosofia di Dante*, s. n., Spianate (Lucques), 1912, p. 3-4. Mais le tout premier à divulguer l'histoire de Siger et du revenant a été V. Le Clerc, « Siger de Brabant, professeur aux écoles de la rue du Fouarre », *in Histoire littéraire de la France*, t. XXI, Paris, Firmin Didot-Treuttel et Wurtz, 1847, p. 96-127, ici p. 112-14, qui connaissait une version différente du récit, sur laquelle nous retournerons *infra*.

62. Cf. *Collectaneum exemplorum et visionum clarevallense e codice Trecensi 946*, éd. O. Legendre, Turnhout, Brepols, 2005, p. XLI-XLIII. Sur le succès de l'*exemplum*, voir F. C. Tubach, *Index exemplorum. A handbook of medieval religious tales*, Helsinki, Academia Scientiarum Fennica, 1981, n. 1103, et S. Thompson, *Motif-index of folk-literature. A classification of narrative elements in folktales, ballads, myths, fables, mediaeval romances, exempla, fabliaux, jest-books and local legends*, 6 vol., Copenhague, Rosenkilde and Bagger, 1955-1958, vol. II (D-E), n. E368.

63. Voir M. Schwob, *La légende de Serlon de Wilton, abbé de l'Aumône*, Paris, Éditions de la Vogue, 1899, p. 10, et R. M. Thomson, « Serlo of Wilton and the schools of Oxford », *Medium Ævum*, LXVIII/1 (1999), p. 1-12, ici p. 5-6.

en refusant les sacrements. La nuit suivante, il apparut à son maître dépouillé de sa peau (*excoriatus pelleque nudatus*), et lui révéla qu'il était livré aux supplices ; après avoir dit cela, il disparut. Le maître, resté seul, n'accorda aucune importance aux châtiments qui lui avaient été montrés, mais il concentra toutes ses pensées sur un nouvel argument philosophique qu'il aurait voulu soumettre, par la médiation de Richard, à Aristote, à Platon et aux autres philosophes défunts. Le lendemain soir, Richard revint, drapé dans une cape de parchemin ornée avec des images des sept arts libéraux et des transcriptions des arguments philosophiques élaborés par Serlon. Richard déclara qu'il ne servirait à rien de faire parvenir des arguments philosophiques à Aristote ou Platon, puisque, dit-il, la seule préoccupation de ces philosophes était de supprimer leur souffrance. Le revenant apparut une troisième fois sous la forme d'un bouclier qui renvoyait au maître son reflet, d'abord de l'époque où il était petit, puis de l'époque où il était grand, enfin du futur, où il se vit malade et finalement mort. Richard avertit donc maître Serlon qu'il était menacé du même sort que lui. Serlon, terrifié, décida par conséquent d'abandonner les sciences mondaines pour s'adresser à la théologie (*ad philosophiam ueram*[64]).

Nous retrouvons une autre version du même récit, au début du XIIIe siècle, chez le prédicateur Eudes de Cherinton, où la « faute » du protagoniste – toujours un maître nommé « Serlo » – n'est pas seulement un intérêt excessif pour la philosophie et la gloire mondaine, mais aussi une *curiositas* inconvenante pour le destin de l'âme après la mort : le maître Serlo, écrit Eudes, « obligea son ami qui était malade à lui promettre de revenir après sa mort pour lui décrire son état ». L'ami de Serlon apparaît quelques jours après son décès « avec un manteau de parchemin plein de sophismes aussi bien à l'intérieur qu'à l'extérieur » (*cum cappa de pargameno intus et*

64. Tous les passages cités sont tirés de *Collectaneum exemplorum et visionum clarevallense*, *op. cit.*, p. 339-341.

extra sophismatibus plena). La raison du châtiment est expliquée par le défunt peu après :

> Interrogé sur comment il était, il dit porter ce manteau à cause de la gloire qu'il avait obtenu dans les disputes sophismatiques, que le manteau pesait sur lui plus qu'une tour, et qu'il était aussi brulé horriblement par le feu du Purgatoire. Cependant le maître, en ne donnant pas d'importance à ce châtiment, considéra ce feu-là assez léger. Le mort lui demanda donc d'ouvrir sa main, pour qu'il puisse sentir si le châtiment était léger ; et il fit tomber une seule goutte, qui perfora immédiatement la main du maître. Le disciple dit : « Je suis entièrement dans cette condition. » Le maître, terrifié, quitta tout de suite la vie mondaine et entra dans un couvent, en composant ces vers : « Je laisse le "coax" aux grenouilles, le "cra" aux corbeaux, les choses vaines aux hommes vains. Je m'adresse à la seule logique qui ne craint pas l'*ergo* – c'est-à-dire, la "conclusion" – de la mort[65]. »

Il semble qu'il y ait deux objectifs polémiques de l'*exemplum* d'Eudes. En premier lieu, la *curiositas* pour l'état des âmes après la mort, qui pousse Serlo à demander à son ami agonisant de revenir de l'au-delà pour lui donner un témoignage « direct » de sa condition, et qui semble se qualifier aussi comme une forme de scepticisme par rapport à la question de la *patibilitas* des âmes séparées des corps : c'est vraisemblablement pour cette raison, en effet, que la seule information que le revenant donne sur sa condition concerne la douleur causée par le feu infernal. Et ensuite les sciences mondaines en tant que telles, et notamment la logique (« Je m'adresse à la seule logique qui ne craint pas l'*ergo* de la mort »), indiquée,

65. Ms. Fonds latin 2593 de la BnF, f. 109*v*b : « Requisitus uero qualiter se haberet, dixit se cappam portare pro gloria quam in disputatione sophismatum habuit, que turre plus ponderaret, et igne grauiter torqueri Purgatorii. Magister uero, penam parui pendens, illum ignem facilem iudicauit. Et dixit ei mortuus quod manum extenderet ut facilem penam sentiret ; et mortuus unicam guttam dimisit que statim manum magistri perforauit. Et ait discipulus : "Talis sum totus". Magister uero, perterritus, statim seculum dimisit et intrans claustrum hos uersus composuit : "Linquo 'coax' ranis, 'cra' coruis uanaque uanis. Ad logicam pergo que mortis non timet ergo" ». Cf. aussi L. Harvieux, « Les fabulistes latins depuis le siècle d'Auguste jusqu'à la fin du Moyen Âge », t. IV, *Eudes de Cheriton et ses dérivés*, Paris, Librairie de Firmin-Didot, 1896, p. 341.

avec une claire connotation négative, comme *disputatio sophismatum* (« Il dit être soumis à ce châtiment à cause de la gloire qu'il avait obtenu dans les disputations sophistiques »). Les deux vers cités à la fin du récit ne sont pas une invention du prédicateur : ils appartiennent effectivement à la main de Serlon de Wilton, le tout premier protagoniste du récit selon le *Collectaneum clarevallense*[66].

Les noyaux idéologiques de l'*exemplum* d'Eudes de Cherinton continuent à se répercuter dans les occurrences plus tardives du récit du « sophiste pénitent » (ou « damné »). Chez Jacques de Vitry, qui situe les faits à Paris, la polémique contre la logique devient encore plus explicite : après l'apparition du fantôme de son élève, le protagoniste de l'*exemplum*, dont le nom est modifié en « Sella », « quitta les écoles de logique et entra dans l'ordre cistercien, en disant : "Je laisse le 'coax' aux grenouilles, le 'cra' aux corbeaux, les choses vaines aux hommes vains. Je m'adresse à la seule logique qui ne craint pas l'*ergo* de la mort[67]". » Après la citation du distique que nous avons déjà lu chez Eudes de Cherinton, Jacques de Vitry ajoute une autre scène, absente dans les versions précédentes du récit : il raconte que la blessure provoquée par la goutte de sueur brûlante ne se cicatrisa jamais et que Sella continua à fréquenter les écoles parisiennes de logique pour raconter aux étudiants l'histoire du sophiste damné[68].

D'autres variantes de l'anecdote se rencontrent chez Robert de Sorbon, qui précise que le maître soumis à l'apparition de son élève, traumatisé, « rejoignit Saint Bernard et

66. Cf. Serlon de Wilton, *Poèmes latins*, texte critique avec une introduction et des tables publié par J. Öberg, Stockholm-Göteborg-Upssala, Almqvist och Wiksell, 1965, p. 121-22. Serlon de Wilton a été également l'auteur d'une remarquable série de proverbes qui ont connu une grande circulation au Moyen Âge : voir A. C. Friend, « The Proverbs of Serlo of Wilton », *Mediaeval studies*, XVI (1954), p. 179-218, et E. Schulze-Busacker, *La Didactique profane au Moyen Âge*, Paris, Classiques Garnier, 2012, p. 79-80 et 127-29.

67. Ms. Fonds latin 17509 de la BnF, f. 32*rb* : « scolas logice reliquit et ad ordinem cystercientium se tra<n>sferens ait : "Linquo 'coax' ranis, 'cra' coruis, uanaque uanis. Ad logicam que mortis non timet ergo" ».

68. *Ibid.* : « Quamdiu autem in ordine uixit, manum perforatam habuit et usque ad tempora nostra, dum Parisius essemus, in scolis uixit manus sue foramen cunctis ostendens. »

entra dans son ordre religieux[69] ». La vive présence de Bernard de Clairvaux permet de reconduire l'*exemplum* aux tensions qui en ont motivé la naissance, et notamment à l'hostilité avérée que l'ordre cistercien, après Bernard de Clairvaux, avait à l'égard de la logique et de la dialectique[70] – une hostilité qui n'a pas empêché ces disciplines d'influencer profondément les sciences théologiques de l'époque, au point qu'on pourrait lire l'*exemplum* de Serlon comme un témoignage assez curieux de l'angoisse générée dans les milieux monastiques par « l'échange intense de sollicitations qui eut lieu au cours du XIIe siècle entre les arts libéraux, et notamment la grammaire et la logique, et la théologie[71] ».

Mais la polémique contre la logique n'est pas le seul noyau conceptuel du récit : dans les occurrences plus tardives de l'*exemplum*, l'accent est mis également sur la *curiositas* du maître parisien. Comme déjà Eudes de Cherinton, Jacques de Voragine précise que « Magister [...] Silo » – le nom du protagoniste change encore – demanda avec insistance à l'un de ses élèves, qui était malade, de bien vouloir lui décrire,

---

69. Ms. Fonds latin 15971 de la BnF, f. 120*va*. Nous transcrivons ici l'*exemplum* intégral : « Tempore beati Bernardi, quo predicabat Parisius, fuerunt Parisius duo magistri anglici (magistri in artibus), quorum unus uocabatur Cello, alter magister Ricardus. Hic mortuus fuit et post apparuit Celloni, socio suo, et habuit capam clausam, contextam sophismatibus ; et dixit ei quod illa capa magis eum premebat quam turris Sancti Germani. Et dixit ei quod ille scripture significant uanam gloriam : "Quia ad ostentacionem legebam et disputabam". Et dixit : "Vis uidere quomodo hec capa exurit ?", et i<n>stillauit ei gut<t>am in manum : et perforata est manus eius. Et accendens candelam, uidit manum perforatam ; et concurrit ad sanctum Bernardum et intrauit ordinem, et dixit : "Linquo 'coax' ranis, 'cra' coruis uanaque uanis. Ad logicam pergo que mortis non timet ergo". »

70. Voir P. Zerbi, *« Philosophi » e « logici ». Un ventennio di incontri e scontri : Soissons, Sens, Cluny (1121-1141)*, Rome, Istituto storico italiano per il Medio Evo-Milan, Vita e pensiero, 2002 et L. Valente, *Logique et théologie. Les écoles parisiennes entre 1150 et 1220*, Paris, Vrin, 2008. Quant à l'*exemplum* qui nous intéresse, cf. M. B. Hauréau, *Mémoire sur les récits d'apparitions dans les sermons du Moyen Âge, in* « Mémoires de l'Institut national de France. Académie des inscriptions et belles lettres », XXVIII, Paris, Imprimerie nationale, 1876, p. 239-263, aux p. 244-248, et M. Schwob, *La Légende de Serlon de Wilton, op. cit.*, p. 13 (la vision de Serlon, écrit Schwob, « traduit en apologue la victoire de la réaction religieuse avec saint Bernard sur la philosophie, vaincue dans son représentant illustre, Pierre Abélard »).

71. L. Valente, *« Phantasia contrarietatis ». Contraddizioni scritturali, discorso teologico e arti del linguaggio nel « De tropis loquendi » di Pietro Cantore († 1197)*, Florence, Olschki, 1997, p. 9. Cf. *ibid.*, p. 9-11, pour une précieuse synthèse bibliographique.

une fois décédé, sa condition dans l'au-delà[72]. Chez Arnold de Liège, le maître *in artibus* exprime un doute sur la réelle consistance des peines infernales[73]. Plus tard, dans le *Specchio di vera penitenza* du dominicain florentin Iacopo Passavanti, « Serlo » demande à son élève défunt si les châtiments de l'au-delà sont « lourds comme on le dit » (*gravi come si dicea*) : celui-ci répond en déclarant que sous le manteau orné de sophismes brûle un feu perpétuel et, comme ses prédécesseurs, il laisse tomber une goutte bouillante de sueur sur la main du maître, en la blessant irrémédiablement. Serlo eut « une grande souffrance à cause de cette brûlure ; et aucun médicament ne put guérir sa main, qui resta perforée jusqu'à sa mort. Et beaucoup de gens furent éduqués et corrigés par cette histoire[74] ».

La glose de Benvenuto sur Siger de Brabant tire donc son origine d'un *exemplum* de conversion ancien et assez célèbre. Le commentateur le transforme en un épisode contenant le signifié profond de toute l'existence mondaine du philosophe, qui motive donc la présence de ce dernier dans le Ciel du Soleil, parmi les esprits de la « quatrième famille / du Père souverain » (*Par.*, X, 49-50). Comment expliquer cette surprenante reprise d'un récit traditionnel dans la biographie d'un philosophe moderne ? Quelle était, concrètement, l'idée de la vie de Siger de Brabant que se faisaient Benvenuto da Imola et les autres lecteurs du chant X du *Paradis* ?

---

72. Cf. Iacopo da Varazze, *Legenda Aurea*, éd. G. P. Maggioni, Florence, Sismel Edizioni del Galluzzo, 1998, p. 1118 : « quendam suum scholarem socium egrotantem obnixe rogauit ut post mortem ad se rediret et statum suum sibi renuntiaret ».

73. Cf. *Arnoldi Leodiensis Alphabetum narrationum*, éd. E. Brilli, Turnhout, Brepols, 2015, p. 221 : « Parisius cuidam magistro in artibus apparens quidam scolaris suus defunctus, pene infernalis ubi dampnatus erat acerbitatem ostendit. » Voir aussi la source d'Arnold : Humberti de Romanis, *De dono timoris*, éd. C. Boyer, Turnhout, Brepols, 2008, p. 45.

74. Voir *Racconti esemplari di predicatori del Due e Trecento*, t. II, Giordano da Pisa, *Esempi*, Iacopo Passavanti, *Specchio di vera penitenza*, éd. G. Baldassarri et G. Varanini, Rome, Salerno, 1993, p. 493-643, aux p. 546-548 : « Il maestro rimase con grande aflizione e tormento per la mano forata et arsa, né mai si trovò medicina che quella piaga curasse, ma infino alla morte rimase così forata : donde molti presero utile amaestramento di correzione. » Voir aussi I. Passavanti, *Lo specchio della vera penitenzia*, éd. G. Auzzas, Florence, Accademia della Crusca, 2014, p. 244-245.

Les premières gloses sur le maître de la Rue du Fouarre n'offrent pas de données précises à ce sujet : ou mieux, elles montrent clairement que, pour les commentateurs du XIVe siècle, Siger était un personnage presque inconnu. Iacomo della Lana affirme que Siger était un maître parisien de logique qui se consacrait surtout à l'étude des « syllogismes apparents » : « il lisait les *Réfutations sophistiques* d'Aristote, dans lesquelles on trouve des syllogismes apparents et non vrais, et pour cette raison ils sont "envieux du vrai"[75] ». La référence aux *Réfutations sophistiques* d'Aristote sert au commentateur – nous le comprenons – à expliquer l'expression, hautement problématique, *invidïosi veri*, qu'il interprète négativement – *siloçisimi c'hano invidia al vero*, « des arguments qui s'opposent au vrai ». Mais comment concilier cette formule avec la « structure » de l'épisode ? Iacomo ne peut pas ignorer, naturellement, que Siger est représenté dans la *Comédie* comme une âme sainte, et donc que « les paroles prononcées par Thomas à son sujet ne peuvent être que des paroles d'éloge, comme pour tous les esprits de la liste[76] ». Il ne lui reste donc qu'à imaginer que les *siloçisimi c'hano invidia al vero* étaient non pas l'expression de la pensée de Siger, mais, tout simplement, l'objet des cours que le maître donnait au *vico delli Strami*.

L'élaboration des « vies » de Siger de Brabant à partir des (vagues) informations disponibles dans les vers de Dante est constante chez les premiers lecteurs du chant X du *Paradis*. Déjà Iacomo della Lana attribue à Siger le rôle d'un maître de logique en vertu du terme technique utilisé par le poète, *silogizò* ; mais il est certain que ce terme assume dans le contexte un signifié plus ample – Siger *silogizò* en ce

75. Iacomo della Lana, *Commento alla « Commedia »*, *op. cit.*, t. III, p. 2012 : « legeva li Lencii, in li quai se lege ça siloçisimi apparenti e non veri, e però sono siloçisimi c'hano invidia al vero ».

76. P. Falzone, « Dante nel Sole », *in* E. Malato et A. Mazzucchi (éd.), *Cento canti per cento anni*, vol. III, *Paradiso*, t. I, Canti I-XVII, Rome, Salerno, 2015, p. 279-314, p. 306 : « le parole che sul suo conto pronuncia Tommaso sono parole di elogio, come per tutti gli altri spiriti della rassegna ».

sens qu'il « démontra avec des arguments rationnels[77] ». D'un autre côté, mais pour des raisons tout à fait analogues, Pietro Alighieri écrit que Siger « de Brabantia » n'était pas seulement un philosophe mais aussi un théologien[78]. Les auteurs anonymes des *Chiose cagliaritane* (seconde moitié du XIVe siècle) et *Filippine* (1360 environ) se montrent encore plus légers quand ils présentent Siger comme un théologien devenu saint – ou comme un saint tout court[79]. Mais la plus surprenante des inventions motivées par l'éloge du *Paradis*, X, est contenue dans les *Chiose ambrosiane* (1355), où Siger est décrit comme celui qui avait enseigné les bases de la logique à Dante lui-même[80]. Bien avant *Les Proscrits* de Balzac, les vers finaux du chant X du *Paradis* avaient donc déjà conduit au moins un lecteur du poème à imaginer que la présence de Siger dans le *Paradis* de Dante tirait son origine d'une rencontre réelle, et par conséquent qu'elle répondait à une sollicitation, pour ainsi dire, essentiellement privée[81].

Dans ce cadre, où la source principale des interprètes de la *Comédie* se révèle être la *Comédie* même, l'image de Siger-logicien, qui, après Iacomo della Lana, sera reprise par la grande majorité des lecteurs (*Siggieri, logico*[82]), offre un profil idéal

77. *Ibid.* (« dimostrò con argomenti razionali »).

78. Cf. Petri Allegherii, *Super Dantis ipsius genitoris « Comoediam » commentarium*, *op. cit.*, p. 623-624 : « Sigerius [...] magnus philosophus fuit et theologus, natione de Brabantia, et qui legit diu in Vico Straminum Parisiis, ubi philosophia legitur. »

79. Cf. *Le Chiose Cagliaritane*, données et annotées par E. Carrara, S. Lapi, Città di Castello, 1902, p. 126 : « Questi fu grandissimo sancto maestro in divinità che tenne scola grandissima leggiendo a Parigi en quel borgo che si chiama Vico de li Strami ». Voir aussi *Chiose filippine. Ms. CF 2 16 della Biblioteca Oratoriana dei Girolamini di Napoli*, éd. A. Mazzucchi, 2 t., Rome, Salerno, 2002, t. II, p. 1209 : « [Sigieri] Sanctus fuit ».

80. Cf. *Le Chiose ambrosiane alla Commedia*, éd. et comm. L. C. Rossi, Pise, Scuola Normale Superiore, 1990, p. 223 : « Fuit doctor Dantis in loycalibus ».

81. Même si la glose « ambrosiana » sur le rapport direct de Dante avec Siger est sans doute très singulière, et mérite donc d'être mentionnée et mise en valeur, nous ne pouvons pas partager l'opinion de G. C. Alessio, « La grammatica speculativa in Dante », *Letture classensi*, XIII (1984), p. 69-88, ici p. 79, quand il propose de lire dans ce passage une allusion « al debito intellettuale da cui, già presso i suoi contemporanei, il poeta appariva astretto nei confronti del filosofo averroista. »

82. Nous renvoyons à la note sur *Par.* X 134 du poète Torquato Tasso (1544-1595) : voir *Postille di Torquato Tasso alla « Divina Commedia » di Dante Alighieri*, Pise, Niccolò Capurro, 1831, p. 152.

pour l'histoire de conversion narrée par Benvenuto. Mais comment expliquer l'apparition imprévue d'un tel élément conflictuel, dont il n'y aucune trace dans les vers de Dante et qui n'a par conséquent aucune motivation structurale ? De plus, Benvenuto ne perçoit rien de négatif dans la formule *invidïosi veri*, qu'il traduit comme « des vérités heureuses, éloignées des arguments fallacieux de la logique », en ajoutant que « *invidiosus* est celui qui est envié à cause de son bonheur [...] ; *invidus* est celui qui envie quelqu'un d'autre[83] ». Selon cette interprétation, rien de l'ancien Siger « philosophe » et « sophiste » ne survivrait dans le portrait élaboré par Dante. La narration du maître d'Imola semble dépendre, en définitive, d'une tension externe au texte – une tension qui rompt la passivité des toutes premières gloses sur *Par.*, X, 133-138. D'où vient donc cette tension ?

En 1847, dans le xxie tome de l'*Histoire littéraire de la France*, Victor Le Clerc consacrait à Siger de Brabant un long et célèbre essai, le tout premier écrit scientifique sur le philosophe de la Faculté des Arts, postérieur d'une quinzaine d'années aux *Proscrits* de Balzac. En consultant les anciens manuscrits glosés de la *Comédie* disponibles à Paris, Le Clerc trouva au f. 119*r* du ms. Supplément français n. 2679 de la Bibliothèque royale (or Fonds italien 75 de la BnF) une anecdote curieuse, qu'il traduisit « mot à mot » du vernaculaire italien :

> Le poëte dit que Saint Thomas lui fit voir encore l'âme de Sigier de Bramant [*sic*], docteur moderne de Paris, qui y professa longtemps la logique. Il était infidèle, et c'est à lui qu'arriva ce que je vais raconter. Un de ses disciples, qui venait de mourir, lui apparut une nuit en songe, tout couvert de sophismes, et lui dit combien il souffrait en enfer. Pour lui donner une idée de ses peines, il lui

83. *Benevenuti de Imola Comentum*, *op. cit.*, t. V, p. 47 : « felices veritates relinquens fallacias logicales » ; « invidiosus enim est ille cui invidetur propter suam felicitatem : et sic capitur in bona parte ; invidus vero est ille qui invidet alteri ; et sic capitur in mala parte ». Sur le signifié de l'adjectif « invidiosi », cf. aussi L. Pertile, « Sigieri e l'invidiosa sapienza di Salomone », *Studi e problemi di critica testuale*, XC/1 (2015), p. 241-256, p. 246-50.

demanda d'ouvrir la main, et y versa une goutte de sueur, si vive et si cuisante, que Sigier s'éveilla, quitta dès ce moment les écoles, se fit baptiser, et, devenu le saint ami de Dieu, s'efforça toujours d'assujettir les doctrines des philosophes à la sainte foi catholique[84].

Nous savons aujourd'hui que le manuscrit consulté par Le Clerc appartient à la tradition textuelle d'un ancien commentaire anonyme, rédigé en florentin et décrit par les spécialistes comme le commentaire du « Falso Boccaccio », dont la date de composition peut être fixée, vraisemblablement, autour de l'année 1375[85]. Nous transcrivons ci-dessous la version originale de la glose, tirée du même manuscrit (et suivie de notre traduction) :

Dice che li mostrò ancora l'anima di Sigieri di Bramante, el quale era valentissimo huomo in tutte le scientie ; et era infedele. Et era doctore in Parigi, et si li accorse questo caso, che essendo morto uno d'i suoi scolari, si li apparbe una nocte in visione et si li mostrò come elli sosteneva assai pene ; et fra l'altre pene che li mostrò, si li fece tenere la mano aperta et si li goccilò una gocciala di sudore in su la mano di quello che di dosso li usciva ; et si fu sì cocente che a quella pena così fatta questo Sigieri si destò, et per questa sì facta cascione elli abandonò lo studio et sì si batiçò et diventò sancto amico di Dio. Et sempre si sforçò a dovere scrivare i detti d'i filosofi a la sancta fe' catolica[86].

[Dante] dit que [saint Thomas] lui fit voir encore l'âme de Sigier de Bramant, qui était un homme très talentueux en toutes les sciences ; et il était infidèle. Il était docteur à Paris, et c'est à lui qu'arriva cette histoire : l'un de ses disciples, qui venait de mourir, lui apparut une nuit en vision et lui dit combien il souffrait ; et parmi les châtiments qu'il lui montra, il lui demanda d'ouvrir la main et y versa une goutte de la sueur qui tombait de son corps ; et cette goutte fut si brûlante que Sigier s'éveilla, et pour cette raison dès ce moment il quitta les études, se fit baptiser et devint le saint ami de Dieu.

84. V. Le Clerc, *Siger de Brabant*, *op. cit.*, p. 113-14.
85. Cf. F. Mazzanti, « Falso Boccaccio », *in Censimento dei commenti danteschi*, *op. cit.*, t. I, p. 181-86, ici p. 181.
86. Ms. Fonds italien 75 de la BnF, f. 119*ra*.

> Et il s'efforça toujours d'assujettir les doctrines des philosophes à la sainte foi catholique.

Comme on peut le remarquer facilement, Victor Le Clerc, probablement influencé par l'*exemplum* du philosophe pénitent, ajoute dans sa traduction une variante narrative : le revenant, écrit-il, était « tout couvert de sophismes » ; mais il n'y a aucune trace de ce détail dans la glose du Falso Boccaccio. Il existe aussi une autre variante importante, également dépendante – semble-t-il – de l'ancienne source conceptuelle et narrative de l'anecdote. Selon la traduction de Le Clerc, Siger de Brabant était en effet un « docteur moderne de Paris, qui y professa longtemps la logique » : mais le Falso Boccaccio décrit plutôt Siger comme un homme « très talentueux en toutes les sciences » – comme un grand savant *lato sensu*, sans faire aucune référence au domaine de la logique.

Quoi qu'il en soit, c'est la manière dont l'histoire est développée qui importe : chez le Falso Boccaccio nous trouvons une autre occurrence du récit narré par Benvenuto da Imola. Il est difficile d'établir si ce dernier utilisait la glose du Falso Boccaccio comme une source directe : un rapport intertextuel entre les deux commentaires est certain, mais il n'est pas possible, pour le moment, d'en établir la direction – une recherche systématique sur la tradition textuelle des gloses du Falso Boccaccio manque à ce jour, ce qui rend assez incertaine aussi la datation de l'œuvre[87]. Si le commentaire du Falso Boccaccio a été effectivement achevé en 1375, Benvenuto aurait eu seulement quelques mois pour lire la glose sur Siger de Brabant et la reprendre dans sa première lecture de la *Comédie*, qui date de la même année. Il est plus probable, en définitive, que les deux lecteurs utilisaient en ce cas une source commune, qui pour le moment n'est pas connue.

Par ailleurs, les récits du Falso Boccaccio et de Benvenuto da Imola sur la conversion de Siger ne coïncident que

87. Voir à ce sujet les remarques de S. Bellomo, *Dizionario dei commentatori danteschi*, *op. cit.*, p. 184-88, ici p. 184.

partiellement. Le premier n'affirme pas, comme nous l'avons déjà souligné, que Siger se consacrait à l'enseignement de la logique, mais écrit plutôt que Siger était « un homme très talentueux en toutes les sciences ». Il ne fait pas allusion, en outre, à un manteau orné de sophismes, et surtout il écrit que Siger « était infidèle » – au point que, après la visite du fantôme et la conséquente conversion, il dût se faire baptiser (« se fit baptiser et devint le saint ami de Dieu »).

Suite à la conversion, une fois qu'il était « devenu le saint ami de Dieu », le Siger du Falso Boccaccio n'abandonna pas les opinions des philosophes mais essaya de les adapter « à la sainte foi catholique » ; au contraire, le Siger de Benvenuto quitta les sciences mondaines définitivement[88]. Dans deux des manuscrits qui transmettent le commentaire du Falso Boccaccio sur la *Comédie*[89], et notamment dans les mss. 44 F 30 de la Biblioteca dell'Accademia dei Lincei e Corsiniana de Rome (c. 155r) et Strozzi 164 de la Biblioteca Laurenziana de Florence (c. 234v)[90], nous trouvons par rapport à ce passage une variante textuelle très intéressante : Siger, lit-on, s'efforça d'assujettir à la foi chrétienne non pas les doctrines des philosophes (*i detti d'i filosofi*), mais *il detto del Filosafo*, l'opinion du philosophe par excellence, Aristote. Avant l'apparition de l'âme de son élève, Siger de Brabant était donc un infidèle qui se consacrait à l'interprétation des œuvres aristotéliciennes : une interprétation que nous devons imaginer assez radicale, si Siger sentit l'exigence de concilier la philosophie d'Aristote avec la doctrine chrétienne seulement après avoir obtenu le baptême.

La variante des manuscrits 44 F 30 et Strozzi 164, bien que due, très probablement, à l'innovation d'un copiste,

---

88. Cf. ms. Varia 22, c. 185*r* : « Tunc iste disposuit se ad non amplius studendum in sophisticalibus, sed in sacra theologia. »

89. Pour la *recensio* des mss. du commentaire du Falso Boccaccio, cf. F. Mazzanti, *Falso Boccaccio*, *op. cit.*, p. 185, et S. Bellomo, *Dizionario dei commentatori danteschi*, *op. cit.*, p. 186-88.

90. Voir les descriptions détaillées des deux manuscrits dans *Censimento dei commenti danteschi*, op. cit., t. II, p. 646-647 et p. 1020-1021.

permet d'observer l'anecdote de la conversion de Siger dans une perspective différente, qui laisse entrevoir, sous la couverture topique de l'*exemplum*, un noyau conflictuel moins obscur et insaisissable. La combinaison entre incrédulité et dévotion envers l'autorité aristotélicienne, ou philosophique au sens large, nous invite à reconnaître sur le fond de la légende le spectre de l'averroïsme. Ce spectre se confond désormais avec les caricatures élaborées par ses adversaires – il est très significatif, en ce sens, que Siger soit qualifié d'infidèle[91] –, ce qui semble difficile à déchiffrer même pour les lecteurs de la *Comédie* qui le rapportent. Il n'y a du reste aucune mention d'Averroès, ni de doctrines liées à une tradition averroïste réelle ou prétendue, dans les gloses anciennes du *Paradis*, X, 133-138.

Et cependant il est légitime de penser que les gloses de Benvenuto et du Falso Boccaccio sur Siger de Brabant, complètement indépendantes des faibles et vagues données biographiques contenues dans les vers de Dante, conservent un écho des conflits entre théologiens et philosophes qui ont secoué le monde universitaire parisien à la fin du XIIIe siècle. L'implication de Siger dans cette histoire est bien connue. Nous savons en effet que, pendant les derniers mois de l'année 1276, il fut invité à se présenter, avec les maîtres Goswin de la Chapelle et Bernier de Nivelles, au tribunal de l'inquisiteur dominicain Simon du Val : les trois hommes devaient répondre à l'accusation d'avoir professé des doctrines hérétiques *in regno Franciae*. Il n'est pas possible d'établir, toutefois, si cela eut des conséquences concrètes sur la vie du philosophe[92]. Les notices certaines d'un point de vue historique sur la biographie de Siger

---

91. Cf. L. Bianchi, « L'averroismo di Dante : qualche osservazione critica », *Le tre corone*, II (2015), p. 71-109, ici p. 74.

92. Voir au moins, à ce sujet, R. A. Gauthier, « Notes sur Siger de Brabant. II. Siger en 1272-1275 : Aubry de Reims et la scission des Normands », *Revue des sciences philosophiques et théologiques*, LXVIII (1984), p. 3-49, ici p. 26-27. Cf. aussi F.-X. Putallaz-R. Imbach, *Profession : philosophe. Siger de Brabant*, Paris, Cerf, 1997, p. 65-67 et 123-147.

s'arrêtent en 1276 ; ce que les sources racontent à propos des années ultérieures reste assez difficile à évaluer. Dans la *Continuatio Brabantina* de la *Chronica* de Martin de Pologne, on lit que Siger de Brabant avait dû abandonner Paris à cause des accusations d'hérésie formulées contre lui par Albert le Grand ; arrivé à Orvieto, où il essaya d'obtenir une protection auprès de la cour papale, il fut assassiné par l'un de ses secrétaires, devenu fou (*a clerico suo quasi dementi perfossus periit*)[93]. Une histoire très semblable est narrée également dans le sonnet 92 du *Fiore* (vv. 1276-82), où c'est Faux-Semblant (« Falsembiante ») qui revendique la paternité du meurtre de Siger[94].

Il a été remarqué que dans la *Continuatio* de la chronique de Martin de Pologne les données historiques apparaissent déjà altérées[95]. Et l'on peut constater de façon évidente que les déformations légendaires de Benvenuto da Imola et du Falso Boccaccio, par rapport aux informations offertes par les documents cités, témoignent d'une distance désormais insurmontable par rapport aux événements qui ont marqué les dernières années de la vie du philosophe parisien, et qui ont généré son mythe. Seul un souvenir lointain et indistinct des tensions qui ont opposé Siger à l'autorité des théologiens semble survivre – mais il s'agit d'un souvenir tellement vague

---

93. *Continuatio Brabantina chronici Martini Oppaviensis*, edidit L. Weiland, in *Monumenta Germaniae Histoica. Scriptores*, vol. XXIV (1879), *De imperatore Radulpho* (p. 259-265), p. 263. Sur ce document, cf. R. A. Gauthier, « Notes sur Siger de Brabant. II. Siger en 1272-1275 », *op. cit.*, p. 27-28, et P. Falzone, « Dante nel Sole », *op. cit.*, p. 300.

94. À ces deux sources il faut ajouter l'épître que le franciscain Jean Peckham adressait, le 10 novembre 1284, aux maîtres dominicains d'Oxford. Dans ce texte, « per puro opportunismo diplomatico » (P. Falzone, « Dante nel Sole », *op. cit.*, p. 302), Jean attribuait la doctrine tomasienne de l'unicité de la forme substantielle à deux maîtres séculiers, dont il ne citait pas les noms ; de ceux-ci il disait seulement que « miserabiliter dicuntur conclusisse dies suos in partibus transalpinis ». Il est fort probable que l'un de ces deux maîtres était Siger de Brabant. Cf., sur cette source, R. A. Gauthier, « Notes sur Siger de Brabant. II. Siger en 1272-1275 », *op. cit.*, p. 27, P. Mandonnet, *Siger de Brabant et l'averroïsme latin au* XIII*e siècle*, *op. cit.*, vol. I, p. 279, et, maintenant, P. Falzone, « Dante nel Sole », *op. cit.*, p. 302-303.

95. *Ibid.*, p. 300 : « Sicuramente ingigantito è il ruolo avuto da Alberto Magno nella polemica antisigieriana, considerato che il *De unitate intellectus* di Alberto, iniziato ad Anagni nel 1256, fu portato a termine nel 1263, prima dunque del debutto di Sigieri nell'insegnamento. »

et indistinct que, pour subsister, il doit s'appuyer presque complètement sur d'autres traditions narratives, élaborées pour d'autres conflits, antérieurs.

Il serait inutile, d'autre part, d'essayer de trouver dans les récits sur la conversion de Siger un rapport avec les thèses pour lesquelles le philosophe fut (peut-être) persécuté par l'autorité ecclésiastique. Il est en effet fort probable que c'est seulement en raison d'une curieuse coïncidence que celui qui avait considéré « peu philosophique » (*non multum philosophica*) la question « Est-ce que l'âme séparée peut subir l'action du feu » (*Utrum anima separata pati possit ab igne*) – en ajoutant qu'Aristote et son Commentateur, s'ils avaient été interrogés à ce sujet, auraient vraisemblablement répondu que l'âme « intellectuelle séparée est impassible » (*intellectiva separata impassibilis est*), et qu'en vérité elle « ne peut pas être séparée » (*Quaestiones in tertium de anima*, q. 11[96]) – soit contraint de faire l'expérience de l'action tangible du feu de l'Enfer (ou du Purgatoire). Et peut-être y a-t-il une coïncidence analogue dans le fait que Siger, qui avait écrit qu'une vie *sine litteris* équivaut à une mort spirituelle (*De anima intellectiva*, chap. 9), constate, dans l'anecdote, que ce sont précisément les études de philosophie, les *litterae* qu'il avait pratiquées pendant sa vie, qui seraient la cause de la mort de l'âme – *litterae* devenant l'image, concrète et étonnante, du châtiment, à savoir le manteau orné de sophismes. D'un certain point de vue, naturellement, la question est précisément celle-ci : mais l'accord est automatique, dès que la vieille polémique contre la science mondaine se réactive, avec son inévitable réduction des savoirs philosophiques à une *vana curiositas*, à « un intérêt excessif et finalement

96. Cf. Siger de Brabant, *Quaestiones in tertium de anima, De anima intellectiva, De aeternitate mundi*, édition critique de B. Bazán, Louvain, Publications universitaires / Paris – Béatrice Nauwelaerts, 1972, p. 31-35, ici p. 31 et 34. Sur cette question voir au moins P. Porro, « "Dentro dai fuochi son li spirti". Dante, il fuoco infernale e l'escatologia scolastica », *in* M. Lenzi, C. A. Musatti et L. Valente (éd.), *Medioevo e filosofia. Per Alfonso Maierù*, Rome, Viella, 2013, p. 229-262, ici p. 241.

coupable pour des connaissances qui n'ont rien à voir avec le vrai but de la vie humaine, le salut éternel[97] ».

Par ailleurs, une quarantaine d'années avant le Falso Boccaccio et Benvenuto da Imola, il y avait déjà eu quelqu'un qui avait spontanément associé l'ancien *exemplum* du philosophe puni sous une cape brûlante couverte de sophismes au fantôme d'Averroès – à interpréter, encore une fois, comme le fantôme de tout savoir philosophique qui prétend « di esaurirsi nell'orizzonte della contemplazione razionale[98] ». Dans un recueil d'*exempla* versifiés composé entre 1330 et 1339, l'anonyme *Tombel de Chartrose*[99], l'histoire du « Maistre Silon » est explicitement tirée de la version de Jacques de Vitry (cité au v. 47). Mais à la fin du récit l'auteur ajoute (v. 233-241) :

> Helas, comment la prophecie
> voiez en noz temps acomplie,
> quant plus tost sunt les motz ois
> du maleest Averrois,
> qui fu de toute sa puissance
> anemi de nostre creance,
> qui eslut vie et mort de beste !
> Quer nul ses oreilles ne preste
> a oir sarmons de la Bible.

Contre Averroès et ses adeptes modernes se lèvent les paroles d'un autre esprit du Ciel du Soleil de Dante, Salomon (v. 280-87) :

> Si dit Salemon fermement
> que qui plus s'en vouldra pener
> de raison querre ou amener

97. Nous citons ce passage de l'introduction d'Enrico Fenzi à F. Petrarca, *De ignorantia*, *op. cit.*, p. 15 : « ... un depravato ed eccessivo e infine colpevole interesse per un genere di conoscenze inessenziali al vero scopo della vita umana, la salvezza eterna ». Cf. également L. Bianchi, *Il vescovo e i filosofi. La condanna parigina del 1277 e l'evoluzione dell'aristotelismo scolastico*, Bergame, Lubrina, 1990, p. 111-14, et A. de Libera, *Penser au Moyen Âge*, *op. cit.*, p. 156-168.

98. *Ibid.*, p. 158.

99. Cf. *Tombel de Chartrose*, édition critique par A. Sulpice, Paris, Champion, 2014 ; le récit qui nous intéresse, le septième du recueil, est aux pages 283-292.

es euvres Dieu, mains en avra.
Mais en paradis tout savra
qui tendra la foy fermement :
la verra chascun clarement
tout quanque cuer humain desire[100].

100. *Ecl* 1, 13. Cf. aussi E. Walberg, « Histoire de maistre Silon », *Studia neophilologica*, XV (1942-1943), p. 209-229, ici p. 228, et surtout G. Dahan, « L'Ecclésiaste contre Aristote ? Les commentaires d'Eccl. 1, 13 et 17-18 aux XIIe et XIIIe siècles », *in* J. F. Meirinhos (éd.), *Itinéraires de la raison. Études de philosophie médiévale offertes à Maria Cândida Pacheco*, Louvain-la-Neuve, Fédération internationale des Instituts d'études médiévales, 2005, p. 205-233.

L'AVERROÏSME DU « PREMIER AMI » DE DANTE ? RELECTURE CRITIQUE D'UNE VULGATE HISTORIOGRAPHIQUE[1]

Paolo Falzone
(Sapienza, Università di Roma)

L'attribution de *Donna me prega*, la *canzone* difficile et solennelle de Guido Cavalcanti sur la nature de l'amour, au domaine théorique de l'averroïsme, que Bruno Nardi propose dans un article mémorable de 1940, *L'averroismo del « primo amico » di Dante*, et que, aujourd'hui, la plupart des spécialistes acceptent, relève d'une de ces propositions historiographiques capables de modifier sensiblement notre image d'un auteur et de son œuvre[2]. Mais ce n'est pas tout : à la suite de

1. Contribution traduite de l'italien par Andrea Bruschi. J'ai tiré pleinement profit des échanges que, au sujet du contenu de cette étude, j'ai eus, dans le respect des opinions de chacun, avec Giorgio Inglese et Roberto Rea, que je remercie.

2. Bruno Nardi, « L'averroismo del "primo amico" di Dante », *Studi danteschi*, XXV (1940), p. 43-79, repris dans *Id.*, *Dante e la cultura medievale. Nuovi saggi di filosofia dantesca*, 2e éd. revue et augmentée, Bari, Laterza, 1949, p. 93-129. Nos citations seront tirées de la nouvelle édition de P. Mazzantini, avec une introduction de T. Gregory, Rome-Bari, Laterza, 1990², p. 81-106. Je rappelle – non pas pour diminuer l'importance et la nouveauté de l'étude de Nardi, mais parce que cela a joué un rôle remarquable dans la genèse de celle-ci – qu'une influence averroïste sur la poésie de Cavalcanti a été postulée, bien avant Nardi, par Giulio Salvadori, savant arétin, intellectuel polyvalent et fervent catholique, dans son livre *La poesia giovanile e la canzone d'amore di Guido Cavalcanti*, imprimé à Rome en 1895. Cependant, Salvadori avait une notion plutôt déformée et confuse de l'averroïsme, née en partie d'une

la proposition de Nardi, l'un des chapitres les plus intéressants (et en même temps frustrants) de l'histoire littéraire italienne du Moyen Âge, celui qui est idéalement consacré aux rapports entre Dante et Cavalcanti, a été réécrit sur de nouvelles bases. En effet, cette « découverte » a d'abord permis de lier à une orientation précise la réputation de « logicien » et « excellent philosophe de la nature », parfois associée à l'accusation d'incroyance religieuse (conventionnellement rangée sous l'étiquette d'épicurisme), que les sources du XIVe siècle attribuent unanimement à Guido[3]. De plus, l'étude

---

lecture superficielle de *Averroès et l'averroïsme* de Renan. Selon Salvadori, l'averroïsme n'était qu'une articulation et une dérivation de la philosophie d'Avempace, c'est-à-dire de ce « rationalisme mystique », pétri d'éléments platonisants, qui représentait l'un des courants principaux de la pensée arabe. Par le biais du *De intellectu et intelligibili* d'Albert le Grand, cet ensemble de doctrines serait arrivé jusqu'à Cavalcanti, en le fascinant ; son idée de l'amour serait par conséquent profondément imprégnée d'aspirations mystiques et d'élans idéalistes, avec l'illusion d'atteindre, contre la conscience du caractère sensible et liberticide de la passion, la possession spirituelle de l'amour, c'est-à-dire l'intuition de l'idée de la personne aimée et du beau en soi. Fort d'une formation historique et philosophique bien supérieure, Nardi visait donc, en intervenant sur cette question, à rétablir la véritable physionomie de l'averroïsme, que Salvadori (dont les idées avaient entre-temps séduit plusieurs spécialistes et historiens de la littérature, dont Karl Vossler) avait défiguré et rendu méconnaissable. Ce que Nardi conteste, dans l'interprétation de Salvadori, ce n'est donc pas l'hypothèse d'une influence averroïste sur la poésie de Cavalcanti – qui n'est pas rejetée et qui fait, au contraire, l'objet d'une démonstration nouvelle et plus solide –, mais une fausse conception de l'averroïsme, qui engendrait inévitablement une vision tout aussi fausse et déformée de l'averroïsme du « primo amico » de Dante. D'où, « en cascade », une lecture erronée de sa philosophie de l'amour, dans laquelle s'introduit improprement un caractère spiritualiste et néoplatonicien qui lui est absolument étranger. Dans le volume sur le *Trecento* (1933, seconde édition 1938) de la *Storia letteraria d'Italia*, édité par Natalino Sapegno, l'orientation averroïste de Cavalcanti est affirmée sur la base de l'essai de Salvadori, cité dans la bibliographie, ce qui constitue l'une des nombreuses preuves de la fortune des thèses de cet auteur dans les années qui précèdent immédiatement la publication de l'article de Nardi.

3. Tout le monde connaît le portrait pittoresque de Guido dans la nouvelle 9 de la VIe journée du *Decameron* : « oltre a quello che egli fu un de' miglior loici che avesse il mondo e ottimo filosofo naturale (delle quali cose poco la brigata curava), si fu egli leggiadrissimo e costumato e parlante uom molto e ogni cosa che far volle e a gentile uom pertenente seppe meglio che altro uom fare [...]. Guido alcuna volta speculando molto abstratto dagli uomini divenia ; e per ciò che egli alquanto tenea della oppinione degli epicuri, si diceva tralla gente volgare che queste sue speculazioni erano solo in cercare se trovar si potesse che Iddio non fosse » (G. Boccaccio, *Decameron*, éd. V. Branca, Turin, Einaudi, 1980, p. 711) ; traduction française de M. Dozon, C. Guimbard et M. Scialom, revue par C. Bec, Boccace, *Le Décameron*, Paris, Diane de Selliers, 2010 : « C'était, en effet, l'un des meilleurs dialecticiens au monde, excellent expert en philosophie naturelle (ce dont la compagnie se souciait fort peu), d'un commerce très agréable ; de moeurs distinguées, la parole facile, il réussissait mieux que personne dans les entreprises, dignes d'un gentilhomme, qu'il tentait ; [...] Guido quelquefois se perdait et [... était] quelque peu disciple d'Épicure, le vulgaire en concluait que ses réflexions philosophiques visaient

de Nardi a illustré le cadre doctrinal dans lequel la représentation douloureuse et angoissée de l'amour dans la poésie de Cavalcanti trouve sa justification. Mais l'article en question a surtout présenté une grille de lecture convaincante pour résoudre l'énigme du désaccord qui, comme on le sait, s'est produit à un moment donné entre Dante et son « premier ami » (dédicataire – il faut le rappeler – de la *Vita nova*). Si l'existence d'un tel désaccord est attestée par certaines traces documentaires, peu nombreuses mais explicites (en particulier dans le Xe chant de l'*Enfer*), son essence, si l'on veut jouer avec une distinction chère aux maîtres du Moyen Age, reste difficilement pénétrable, car les mêmes documents qui déclarent la crise de cette amitié affichent, selon le cas, au sujet des raisons qui l'auraient produite, soit une imprécision affectée (c'est le cas de la « réprimande » que Guido adresse à son ami dans le sonnet *I' vegno 'l giorno a te 'nfinite volte*, dont l'interprétation est incertaine[4]), soit une extrême ambiguïté

à tenter de démontrer que Dieu n'existait pas. » Ensuite, dans les *Esposizioni* sur le Xe chant de l'*Enfer* (1373-74), l'accusation d'épicurisme est abandonnée, mais l'allusion à sa vocation pour les études philosophiques reste : « Guido Cavalcanti, uomo costumatissimo e ricco e d'alto ingegno [...] seppe molte leggiadre cose fare meglio che alcuno altro nostro cittadino : e oltre a ciò fu nel suo tempo riputato ottimo loico e buon filosofo » (*Id.*, *Esposizioni sopra la Comedia di Dante*, éd. G. Padoan, Milan, Mondadori, 1965, p. 526). Un portrait semblable émerge déjà chez Dino Compagni, qui, dans sa *Cronica*, décrit Cavalcanti de la façon suivante : « cortese e ardito, ma sdegnoso e solitario e intento allo studio » (éd. D. Cappi, Rome, Istituto Storico Italiano per il Medio Evo, 2000, p. 33). Pour Villani également, Cavalcanti « era, come filosafo, virtudioso uomo in più cose, se non ch'era troppo tenero e stizzoso » (G. Villani, *Nuova cronica*, éd. G. Porta, Parme, Ugo Guanda Editore, 1990, II, p. 70). Sa réputation d'épicurien revient chez Filippo Villani (« homo sane diligens et speculativus atque auctoritatis non contempnende philosophus, si oppinioni patris Epycurum secuti parum modicum annuisset, morigeratus alias, gravis et omni dignus honore », *De origine civitatis Florentiae et de iusdem famosis civibus*, éd. Tanturli, Padova, Antenore, 1997, p.146-147). Sur le portrait de Guido brossé par Boccace, cf. en particulier G. Inglese, « Per Guido "filosofo" (Decameròn VI, 9) », *La Cultura*, XXX (1992), p. 75-95, ensuite, sous le titre « Guido "filosofo" e il Boccaccio », *in* G. Inglese, *L'intelletto e l'amore. Studi sulla letteratura italiana del Due e Trecento*, Florence, La Nuova Italia, 2000, p. 199-225. Voir aussi F. Bausi, « Lettura di *Decameron* VI, 9. Ritratto del filosofo averroista », *Per leggere*, V, 9 (2005), p. 5-19, et Zygmunt G. Baranski, *« Alquanto tenea della oppinione de li epicuri ». The* auctoritas *of Boccaccio's Cavalcanti*, *in* M. Chinca, T. Reuvekamp-Felber, Ch. Young (éd.), *Mittelalterliche Novellistik im europäischen Kontext : kulturwissenschaftliche Perspektiven*, Berlin, E. Schmidt, 2006, p. 280-325.

4. Ce qui n'est pas clair, c'est en effet la signification des *pensées viles* que Guido reproche à son ami (« trovoti pensar troppo vilmente », v. 2) et l'identification de l'« annoiosa gente » que Dante avait l'habitude de fuir et que maintenant il ne dédaigne pas, manifestement, de

(c'est le cas de l'objet inviolable du dédain [*disdegno*] de Guido dans *Inf.* X[5]). La proposition de Nardi permet de remédier avec élégance, pour ainsi dire, à la résistance des sources, tout en évitant des explications se fondant sur des éléments purement contingents (l'extraction sociale différente des deux personnages et, par conséquent, leur positionnement différent sur l'échiquier politique florentin de la fin du XIIIe siècle). Si l'on présuppose l'averroïsme de Cavalcanti, le désaccord entre Dante et son premier ami devient immédiatement lisible, plus transparent, en tant que divergence doctrinale, déterminée par l'éloignement graduel mais inexorable de Dante, depuis la *Vita nova*, de l'horizon culturel et philosophique de son ami, incompatible avec l'idée chrétienne du salut. D'un côté, le parcours intellectuel de Dante aboutit à l'adoption d'une conception « spiritualiste » de l'amour, très confiante dans la possibilité (objectivement, sinon intentionnellement, contraire aux idées de Cavalcanti) de soumettre la passion amoureuse au *consiglio* de la raison[6], en valorisant le plus possible la notion aristotélicienne de vertu comme désir « raisonnable » ; de l'autre côté, la conception de l'amour du *premier ami*, ancrée à la psychologie averroïste, représente la négation, douloureuse mais franche, d'une telle possibilité[7].

---

fréquenter (v. 6). Selon Pagliaro, par exemple, les raisons de ce contraste seraient purement doctrinales (l'*annoiosa gente* indiquerait ceux qui fréquentent les écoles des religieux, *scuole delli religiosi*) ; Marti pense à une divergence de nature politique (le rapprochement entre Dante et la faction populaire et donc l'identification de l'*annoiosa gente* avec les démocrates florentins, mal vus par un chevalier et un magnat tel que Cavalcanti).

5. D'où la célèbre et judicieuse observation de Benedetto Croce, *La poesia di Dante*, Bari, Laterza, 1966 (11e éd.), p. 19 [donnée ici en traduction française, *NdT*] : « Il est inutile de vouloir connaître à tout prix le sens précis du vers *Forse cui Guido vostro ebbe a disdegno* [Votre Guido l'eut peut-être en mépris], qui fait allusion à des détails biographiques, totalement ou quasiment perdus, de Guido Cavalcanti et de ses rapports avec Dante ; en s'acharnant à interpréter un vers obscur, on perd toute la poésie de l'épisode, qui est, elle, très claire. Voici un des passages qu'il faudrait renoncer à interpréter ».

6. Suivant une perspective déjà mise en valeur dans le premier chapitre de la *Vita nova*.

7. La bibliographie consacrée à ce sujet est, naturellement, très riche. Je renonce donc à donner des indications qui seraient forcément lacunaires, sauf pour l'étude, très originale, de R. Rea, « La "Vita Nuova" e le "Rime". Unus Philosophus alter Poeta. Un'ipotesi per Cavalcanti e Dante », *in* E. Malato et A. Mazzucchi (éd.), *Dante fra il settecentocinquantenario della nascita (2015) e il settecentenario della morte (2021)*, t. 2, Roma, Salerno, 2015, p. 351-81 : le désaccord entre les deux amis est attribué ici à la diminution de l'intérêt de Guido pour

Pour Nardi, tout cela représentait – il faut le préciser – une confirmation implicite de l'intuition critique sur laquelle se fondait déjà sa thèse, soutenue à Louvain en 1911, *Sigieri di Brabante nella* Divina Commedia *e le fonti della filosofia di Dante* : l'idée que, loin d'être un résumé de thèses et de doctrines thomistes, comme le prétendait la vulgate néothomiste (on se bornera à citer Cornoldi et Busnelli), la pensée de Dante se serait plutôt formée grâce au contact avec des orientations philosophiques hétérogènes (parmi lesquelles l'aristotélisme arabe, surtout avec Avicenne et Averroès, aurait joué un rôle important). Ces diverses orientations, après s'être affrontées dans un rapport dialectique difficile et instable dans les ouvrages qu'on qualifie de « mineurs » (*De vulgari*, *Convivio* et *Monarchia*), avaient enfin atteint un point d'équilibre et de synthèse dans le poème sacré. Ici, tout élément « hétérodoxe » avait été en même temps réabsorbé, dépassé et vaincu dans le contexte, intimement cohérent et unitaire, d'une nouvelle inspiration véritablement chrétienne[8]. L'averroïsme du *premier ami* s'inscrivait aisément dans cette grandiose fresque

---

la poésie (qui, condamnée à la répétition obsessionnelle de la douleur, est incapable de s'élever jusqu'au niveau de la connaissance), progressivement remplacé par l'intérêt pour la philosophie (la même grille de lecture permettrait, selon Rea, de comprendre le *disdegno* d'*Inf.* X, v. 63). Cf. également E. Fenzi, « Conflitto di idee e implicazioni polemiche tra Dante e Cavalcanti », *in Id.*, *La canzone d'amore di Guido Cavalcanti e i suoi antichi commenti*, Gênes, Il Melangolo, 1999, p. 9-70, qui reparcourt le débat critique précédent et se démarque par la richesse de ses contenus et des références citées. Je n'aborderai pas la question controversée – dont, à mon avis, on a surestimé l'importance – si la rédaction de la *Vita nova* est postérieure ou antérieure à *Donna me prega*, qui deviendrait dans ce dernier cas la « réponse » de Guido à l'ouvrage de son ami. Cela n'aurait aucune influence sur la nature du désaccord et n'impliquerait aucune conséquence notable sur sa chronologie. En général, on se bornera à observer, avec G. Inglese, que « l'interprétation historique d'un tel désaccord nous invite à réfléchir sur le profond contraste doctrinal qui s'est produit (1292-1293 ?) entre *Donna me prega* et la *Vita nova*, c'est-à-dire entre le rationalisme aristotélicien de Guido et le syncrétisme théologico-philosophique de Dante » (Dante Alighieri, *Inferno*, texte revu et commenté par Giorgio Inglese, Rome, Carocci, 2016^2, p. 149).

8. Cf. B. Nardi, *Sigieri di Brabante nella* Divina Commedia *e le fonti della filosofia di Dante*, Spianate (Pescia) Presso l'Autore, 1912, p. 65-70. Sur les principes ayant inspiré la thèse de Nardi, je me permets de renvoyer à P. Falzone, « Bruno Nardi's Louvain Dissertation (1911) and the Uneasy Character of Dante's Philosophy », *Tijdschrift voor Filosofie*, 75 (2013), p. 357-373.

historiographique, venant sanctionner, dans le cadre d'une amitié extraordinaire du point de vue humain et intellectuel, la disponibilité de Dante à se confronter, sans y succomber, avec les aspects les plus inquiétants et « aventureux » de l'aristotélisme médiéval, y compris l'averroïsme. Le poète ne manquera pas, d'ailleurs, de reconnaître même dans la *Commedia* l'importance, pour sa formation, de ce courant, bien visible dans le *Convivio* et encore plus dans un traité tel que la *Monarchia* : dans le Xe chant du *Paradis* il rend un hommage solennel et courageux à l'averroïste Siger de Brabant, et par la bouche de son ancien adversaire Thomas d'Aquin[9]. À partir de ces éléments, on s'est empressé d'interpréter l'affranchissement de Dante de l'autorité intellectuelle du *premier ami* comme une victoire sur les séductions de l'aristotélisme radical, ou *laïque*, et de l'averroïsme (hâtivement assimilés), dans le sens d'un retour progressif au sein de l'« orthodoxie » religieuse (anachroniquement identifiée au thomisme). Par exemple, plus récemment, les affirmations, pour le moins irréfléchies, de Maria Corti sur ce point reprennent rigidement un tel schéma en le banalisant[10].

---

9. *Sigieri di Brabante nella* Divina Commedia, *op. cit.*, p. 14 [donné ici en traduction française, *NdT*] : « Si Siger de Brabant se trouve dans le *Paradis* dantesque à côté de son adversaire Thomas d'Aquin qui chante ses louanges, c'est, je crois, parce que ce siège lui revenait ; plus explicitement, parce que, dans l'esprit du poète, l'averroïsme du maître du "vico degli strami" n'avait pas été un élément à éliminer totalement, mais s'était vu réabsorbé et réélaboré avec d'autres éléments dans un ensemble de doctrines qui constituent sa philosophie. » La question, très controversée, de la présence de Siger dans le *Paradis* de Dante (et de l'interprétation des vers le concernant), n'est pas centrale dans cette étude ; je me borne donc à renvoyer, pour d'ultérieurs approfondissements, aux travaux, convergents dans leurs conclusions, de L. Bianchi, « A 'Heterodox' in Paradise ? Notes on the Relationship between Dante and Siger of Brabant », *in* M. L. Ardizzone (éd.), *Dante and Heterodoxy. The Temptations of 13th Century Radical Thought*, Newcastle-upon-Tyne, Cambridge Scholars Publishing, 2014, p. 78-105, et de P. Falzone, « Il sole dei sapienti : *Paradiso*, X (II) », *Bollettino di Italianistica*, a. XIII (2016), n. 2, p. 5-23. Voir l'article de Luca Fiorentini dans ce même volume.

10. Je me réfère surtout à l'étude « Tre versioni dell'aristotelismo radicale nella *Commedia* », *in Ead.*, *Dante a un nuovo crocevia*, Florence, Le Lettere, 1982, p. 77-101, en particulier aux p. 78-79 : « Cavalcanti, qui s'intègre parfaitement dans les courants de l'aristotélisme radical, comme en témoigne *Donna me prega* [...], a progressivement changé de place et de rôle [...] dans le cadre de l'univers artistique de Dante au fur et à mesure des expériences philosophiques de celui-ci. Dante passe de l'influence sûre de l'aristotélisme radical – dont de nombreuses traces restent aussi bien dans le *Convivio* et dans la *Monarchia* que dans le *De V[ulgari] E[loquentia]*, pour ne pas parler du *Fiore* – c'est-à-dire d'une philosophie laïque

Nous n'envisageons pas d'analyser globalement, ici, l'interprétation proposée par Nardi et ses dérapages successifs[11]. Nous tenons plutôt à souligner l'impact que la thèse de l'averroïsme de Cavalcanti a eu sur l'exégèse de deux passages de la *Commedia* : effectivement, il semble aujourd'hui impossible de les lire et de les commenter sans tenir compte d'une telle thèse. Le premier est, naturellement, le Xe chant de l'*Enfer*, où Dante et Virgile, entrés dans la cité de Dité, visitent le sixième cercle. Ici, comme nous le savons, se trouvent les âmes des hérétiques, dont on voit les silhouettes aériennes se lever de tombes brûlantes ; le cercle ressemble à un énorme cimetière divisé en « secteurs hérétiques », et dans celui d'Épicure et de ses *seguaci*, « eux qui font mourir les âmes avec les corps (*che l'anima col corpo morta fanno*) » (v. 15), Dante rencontre le célèbre chef de parti gibelin Farinata degli Uberti et, près de celui-ci, Cavalcante de' Cavalcanti, père de Guido, avec lequel le poète a un échange aussi rapide que dramatique (car des paroles de Dante, qui fait allusion à son ami en utilisant le passé simple *ebbe*, Cavalcante déduit à tort que son fils n'est plus parmi les vivants). Le second passage de la *Commedia* où le fantôme de Guido averroïste semble flotter est dans le XXVe chant du *Purgatoire*, aux vers 61-66, où, par la bouche de Stace, Dante rejette comme *erronée* la doctrine d'Averroès sur la séparation substantielle de l'intellect possible.

S'agissant de l'épisode d'*Inf.* X, l'on s'accorde à penser que la condamnation de Cavalcante de' Cavalcanti parmi

---

qui, conformément aux indications du *Commentator* par excellence, Averroès, restait distincte de la théologie (la foi ne faisant l'objet d'aucune science), à la fascination pour le système thomiste, grandiose et harmonieux, où l'aristotélisme était accepté après un procédé d'immunisation contre sa nature laïque. » Sur les limites et les interprétations forcées d'une telle reconstitution, voir maintenant L. Bianchi, « L'averroismo di Dante : qualche osservazione critica », *Le Tre Corone*, a. II (2015), p. 71-109 : 94. Les objections ponctuelles formulées au sujet du livre de Corti par A. Maierù (« Dante al crocevia ? », in *Studi medievali*, 24 (1983), p. 735-48) restent, elles aussi, valables.

11. Voir, sur ce point, les considérations détaillées de A. M. Mangini, « Guido, Averroè e il "granchio" di Platone. Considerazioni sull'averroismo in Cavalcanti e in Bruno Nardi », *in* M. Veglia, L. Paolini, R. Parmeggiani (éd.), *Il mondo errante : Dante fra letteratura, eresia e storia*, Spolète, Fondazione Centro italiano di studi sull'Alto Medioevo, 2013, p. 243-256.

les hérétiques concerne aussi son fils Guido, à son tour disciple d'une philosophie, celle d'Averroès (comme l'atteste *Donna me prega*), qui, en niant la survie de l'âme individuelle après la mort, reproposerait de fait le dogme des *epicuri*, « qui font mourir les âmes avec les corps ». C'est à la lumière de cela qu'il faudrait interpréter l'échange entre Cavalcante et le poète. Le premier ne peut s'empêcher d'associer le privilège de Dante, qui visite l'au-delà tout en étant vivant, à l'excellence de ses capacités intellectuelles, et d'être surpris que son fils, qui n'est pas inférieur quant à la « hauteur de son esprit » (*altezza di ingegno*), ne soit pas avec lui ; Dante réplique en évoquant la nature providentielle de son voyage, censé le conduire, sous la houlette de Virgile, à une destination sublime (Dieu, Béatrice) vers laquelle Guido a refusé de se faire amener (*ebbe a disdegno*, v. 63)[12]. En refusant de subordonner la raison à la foi (d'être amené par Virgile jusqu'à Béatrice), Guido aurait donc commis un péché d'orgueil intellectuel, le condamnant, dans le sillage de son père, à la damnation éternelle, contrairement à son ami, qui, en reconnaissant ses limites intellectuelles, fut élu par grâce divine pour accomplir le voyage salvateur[13]. L'hypothèse selon

---

12. Ce sont les vers célèbres d'*Inf.* X, 58-63 : « "Se per questo cieco / carcere vai per altezza d'ingegno, / mio figlio ov'è ? e perché non è ei teco ?" / E io a lui : "Da me stesso non vegno : / colui che attende là per qui mi mena / forse cui Guido vostro ebbe a disdegno" » (« Si la hauteur de ton esprit / te fait aller par la prison aveugle, / où est mon fils ? Pourquoi n'est-il pas avec toi ?/ Et moi : "Je ne suis pas venu par moi seul : / celui qui attend là est celui qui me mène ; / votre Guido l'eut peut-être en mépris". ») Le sens du discours ne change pas si on attribue à *cui* la valeur de *quem*, en faisant de Virgile l'objet du *disdegno* : c'est l'interprétation sur laquelle s'accordent les commentaires anciens (cf. G. Sasso, « Sul "disdegno" di Guido » *in* L. Gatto et P. Supino Martini (éd.), *Studi sulle società e culture del Medioevo per G. Arnaldi*, Florence, All'insegna del Giglio, 2002, p. 603). À partir des commentaires anciens, Rea (*La* Vita nuova *e le* Rime, *op. cit.*, p. 371-77) aboutit à une hypothèse originale. L'objet du dédain serait bien Virgile, mais en tant que symbole de la poésie (à interpréter comme instrument de vérité), que Guido, à un moment donné, après avoir constaté la contradiction entre amour et connaissance, aurait abandonnée pour se consacrer à la philosophie.

13. Cf. Corti, *Dante a un nuovo crocevia*, *op. cit.*, p. 84-5 : « Un autre signe de la distance entre les deux poètes, par le passé si proches et solidaires, est la distance qui, du point de vue biographique mais aussi philosophique, sépare la question de Cavalcante et la réponse de Dante. La question est pertinente dans l'univers de l'aristotélisme radical, où presque à chaque page [*sic* !] on retrouve la célébration de la force et de la hauteur du génie : selon Siger et Boèce, ce n'est que par l'*intellectus speculativus* qu'on s'élève jusqu'au savoir et qu'on parvient aux plus

laquelle cette « erreur » serait liée à l'averroïsme était déjà formulée par Cesare Bozzetti dans une étude de 1957, où pour la première fois les recherches de Nardi étaient exploitées dans leur ensemble et de façon cohérente dans l'exégèse du Xe chant de l'*Enfer* :

> Quelle que soit notre opinion sur l'interprétation averroïste que Nardi propose de la canzone *Donna me prega*, ou sur ses très longues et pertinentes recherches sur les rapports entre Dante et l'averroïsme, [...] il est certain que l'averroïsme et les importantes polémiques auxquelles il a donné lieu fournissent une perspective culturelle à la lecture des éléments doctrinaux de ce chant, qui non seulement nous aide à comprendre leur réception auprès des lecteurs de l'époque, mais aussi à en interpréter certains de façon plus persuasive que par le passé. [...] C'est surtout dans le cadre de suggestions averroïstes qu'on comprend le *nodo* qui a enveloppé le raisonnement de Dante et la valeur de *contrappasso*, le caractère profondément dramatique, du châtiment divin qui l'a provoqué[14].

Relancée ensuite par Maria Corti, qui va jusqu'à faire correspondre l'averroïsme et l'« *aristotélisme* radical » (niant l'immortalité de l'âme, ce qui selon elle le rapprochait, à

---

hautes conquêtes. Selon nous, il y a cela derrière la question de Cavalcante, c'est-à-dire quelque chose de plus qu'un simple et biographique "mon fils est aussi brillant que toi, pourquoi n'est-il pas avec toi ?" La réponse de Dante, venant de l'autre versant spéculatif, est donc claire et antithétique : ce n'est pas par la hauteur du génie, tant célébrée par les philosophes laïques et défenseurs d'une telle pensée philosophique, mais par la lumière de la théologie, c'est-à-dire par une opération que Guido a dédaignée, qu'on parvient à la contemplation de la Vérité [...]. On a beaucoup écrit sur ce *cui*, en se demandant s'il faut l'attribuer à Virgile ou à Béatrice, mais cela ne change pas grand-chose, car aussi bien Virgile que Béatrice sont ici le symbole d'une opération mentale orthodoxe, théologiquement en règle : une raison au service de la théologie et prête à lui céder le pas. Deux façons de concevoir le savoir s'opposent ici, même au-delà des aspects hérétiques : d'un côté, celle de Siger et Boèce et de tous ceux qui croient dans le pouvoir spéculatif autosuffisant de l'intellect et qui, comme Guido, "dédaignent" de le freiner dans son itinéraire libre (nous nous approchons d'Ulysse !) ; de l'autre côté, le monde orthodoxe, maintenant inestimable pour Dante : *Da me stesso non vegno*. Comme pour dire : je soumets ma raison à la révélation et à la foi en vue de la conquête du Vrai. Les répliques de ce très court dialogue nous donnent à méditer sur le sens exact de cet événement, de la rencontre entre les deux personnages, qui sert à Dante de facteur déclenchant pour illustrer cette grande antinomie. Du côté de Guido on trouve les commentaires radicaux au *De anima*, les livres sur le bonheur et l'éternité du monde ; du côté de Dante la scolastique dominicaine et la mystique franciscaine. »

14. C. Bozzetti, « Storia interna del canto decimo dell'*Inferno* », *Studi letterari per il 250° anniversario della nascita di Goldoni* (« Studia Ghisleriana », s. II, vol. II), Pavia, Tipografia del Libro, 1957, p. 79-127, ici p. 109-110 [ici en traduction française, *NdT*].

l'époque de Dante, de l'épicurisme)[15], une telle opinion est aujourd'hui partagée, avec différentes nuances, par la plupart des interprètes et des commentateurs du poème[16]. Ce qu'écrit Luca Azzetta dans sa récente lecture du chant en question, par ailleurs riche en observations fines et intelligentes, en est un exemple très représentatif :

> Il faut [...] rappeler que la thèse de la mortalité de l'âme, marque distinctive des épicuriens dantesques, était défendue par le courant rangé sous l'étiquette d'aristotélisme radical et dont les chefs de file étaient les maîtres parisiens Boèce de Dacie et Siger de Brabant. Dans le sillage d'Averroès, ils défendaient l'existence d'un intellect possible, substance séparée, universelle et unique pour toute l'espèce humaine, et niaient donc l'immortalité de l'âme individuelle : seule l'âme sensitive, forme et perfection du corps, mais vouée à disparaître avec celui-ci, restait individuelle. Lorsque l'évêque de Paris Étienne Tempier, le 7 mars 1277, condamna l'aristotélisme radical, parmi les 219 propositions jugées hétérodoxes figuraient aussi les suivantes : « Il ne faut pas se soucier de la sépulture (*Quod non est curandum de sepultura*) » (204), « D'aucune façon l'âme

15. Cf. *Dante a un nuovo crocevia*, *op. cit.*, p. 81-82 [ici en traduction française, *NdT*] : « Une certaine pratique avec les *quaestiones disputatae* du XIIIe et du XIVe siècle, italiennes et étrangères, pour et contre le monopsychisme peut en partie confirmer les positions, bien qu'extrêmes, de Renucci, qui identifie épicuriens et averroïstes. D'un côté, en effet, il n'y a aucune trace de la récupération d'un épicurisme authentiquement grec ; de l'autre côté l'adjectif "épicurien" est applicable à toute position remettant en cause l'immortalité de l'âme et, à plus forte raison, à l'aristotélisme radical, qui compte parmi ses thèmes fondamentaux celui, averroïste au sens strict, de l'existence d'un intellect universel et "perpétuel", "substance séparée", ce qui implique le refus de l'immortalité d'une âme individuelle. De plus, l'aristotélisme intégral ou radical célébrait la possibilité d'un bonheur terrestre, un *summum bonum* purement intellectuel, faisant souvent l'objet des écrits parisiens et bolognais, de ceux de Boèce et de Sigier à d'autres d'aristotéliciens moins illustres. Tout cela pouvait trahir l'influence non seulement du Malin, mais aussi d'Épicure. Voilà pourquoi les propositions dénoncées par Tempier lient les deux manifestations d'une pensée qui ne peut ne pas paraître hérétique, en associant des affirmations monopsychistes et d'autres célébrant le bonheur terrestre. » Au sujet de l'identification entre aristotélisme radical et averroïsme, que Corti présente comme indiscutable, voir par exemple p. 24. Il est inutile de préciser que c'est une assimilation tout à fait arbitraire, à laquelle les documents connus jusqu'ici n'apportent aucun appui.

16. Voir, parmi les commentaires les plus récents, mais plus sobre et plus prudent que d'autres, celui de Giorgio Inglese : « Il est plausible que par ces vers [61-63] – dans le cercle des hérétiques – D. suggère que Guido a couru le risque de transformer la position purement philosophique de l'intellect unique (à laquelle pourrait faire allusion *Donna me prega*, v. 30-31 ; cf. *Purgatoire*, XXV, 63-66) en un véritable reniement de la *fides christiana* » (*in* D. Alighieri, *Inferno*, éd. cit., p. 149).

séparée ne souffre du feu (*Quod anima separata nullo modo patitur ab igne*) » (219), deux thèses se référant aux *Questiones in tertium de anima* de Siger. À la lumière d'une telle condamnation, impliquant la philosophie à laquelle Guido Cavalcanti adhéra avec la *canzone* doctrinale *Donna me prega*, et qui, à un moment donné de sa vie, fascina aussi Dante, la peine des tombes et du feu attribuée aux hérétiques et surtout aux épicuriens (dont l'opinion correspond de fait à celle des averroïstes) acquiert une nouvelle signification et montre jusqu'à quel point le débat philosophique concernant les thèses de l'aristotélisme radical a dû influencer l'imaginaire de Dante dans la création de ce cimetière infernal[17].

Et un peu plus loin :

La réputation d'épicurien [...] enveloppe dès les premiers témoignages la figure de Guido [...]. Guido, avec la *canzone* doctrinale *Donna me prega* avait en effet montré son adhésion au courant philosophique de l'aristotélisme radical, aussi bien par rapport à la distinction entre intellect possible et âme sensitive, que par l'attribution à celle-ci, corruptible et mortelle, de la passion amoureuse. Il est par conséquent probable, comme on l'a observé à plusieurs reprises, que dans cet épisode Dante veuille souligner, par le biais de la figure et des paroles prononcées par le père, « la présence virtuelle de Guido Cavalcanti parmi les hérésiarques, au cercle desquels l'auteur entend idéologiquement l'attribuer », Dante ne pouvant pas le retrouver ici pendant la semaine sainte de 1300, quand, de toute évidence, Guido est encore parmi les vivants[18].

Je n'envisage pas, ici, d'analyser tous les éléments de cette interprétation, mais d'en tirer le message principal. En plaçant Cavalcante de' Cavalcanti parmi les tombes brûlantes des épicuriens, Dante, affirme Azzetta (qui cependant, dans

17. L. Azzetta, « Canto X. Politica e poesia tra le arche degli eretici », *in* E. Malato et A. Mazzucchi (éd.), *Lectura Dantis Romana. Cento canti per cento anni. I. Inferno, tomo I, canti I-XVII*, Rome, Salerno, 2013, p. 311-42 : 314 [ici en traduction française, *NdT*, comme les citations suivantes]. Le renvoi aux propositions philosophiques censurées à Paris en 1277 par l'évêque Tempier se trouve déjà dans Bozzetti, *Storia interna del canto decimo*, *op. cit.*, p. 110, et dans Corti, *Dante a un nuovo crocevia*, *op. cit.*, p. 83.

18. *Ibid.*, p. 324. La citation entre guillemets est tirée de G. Brugnoli, *Studi danteschi*, Pise, Ets, vol. I, 1998, p. 135 et 136. Mais cf. également Corti, *Dante a un nuovo crocevia*, *op. cit.*, p. 84-85.

ce cas, ne fait que reprendre l'opinion courante), a voulu suggérer que la même condamnation est tombée, après sa mort en août 1300, sur le fils de celui-ci, Guido. Il a en effet adhéré à une secte philosophique, l'averroïsme (*sive* aristotélisme radical) qui, tout comme l'épicurisme, niait l'immortalité de l'âme. Bref, une fois projetée sur Cavalcante l'ombre de Guido et sur l'épicurisme celle de l'averroïsme, tout en acceptant la lecture de *Donna me prega* proposée par Nardi, on voit se matérialiser ce qui, à première vue, est absent du texte, c'est-à-dire la réprobation morale de l'averroïsme du *premier ami*.

Une seconde réprobation serait celle, comme on l'a indiqué, des vers 61-66 du XXVe chant du *Purgatoire*, où Stace qualifie d'*erronée* la position d'Averroès sur la séparation substantielle de l'intellect possible, et qui offriraient à Dante l'occasion de reprendre sa polémique, cette fois de façon tout à fait implicite, contre l'auteur de *Donna me prega*. L'allusion à Averroès, qui est tout de même qualifié de savant (*savio*), se trouve, comme on le sait, dans un passage de la leçon de Stace sur l'origine de l'âme humaine :

> Comment d'un animal vient un être parlant
> tu ne vois pas encore : c'est là un point
> qui fit errer jadis un plus savant que toi,
> si bien qu'il sépara par sa doctrine
> de l'âme l'intellect possible
> ne le voyant lié à aucun organe[19].

Il serait, encore une fois, inutile de parcourir les diverses interprétations, qui par ailleurs, sur ce point, se ressemblent. Je cite en exemple la note *ad locum*, concise mais explicite, de Giorgio Inglese : « la réprobation [*d'Averroès*] concerne aussi

---

19. *Purg.*, XXV, 61-66 : « Ma come d'animal divegna fante/ non vedi tu ancor : questo è tal punto/ che più savio di te fé già errante,/ sì che per sua dottrina fé digiunto/ dall'anima il possibile intelletto/ perché da lui non vide organo assunto. » Sur la conception dantesque de l'âme humaine, les éclaircissements fournis par Bruno Nardi sont définitifs : voir notamment l'étude « L'origine dell'anima umana secondo Dante » (1931), *in* B. Nardi, *Studi di filosofia medievale*, Rome, Edizioni di Storia e Letteratura, 1960, p. 9-68.

Guido Cavalcanti, qui avait reproposé la thèse averroïste dans la *canzone* philosophique *Donna me prega*[20] ».

Si l'on accepte une telle lecture, partagée, comme on l'a observé, par la plupart des commentateurs, et que l'on l'associe à celle qui est prédominante pour l'épisode du chant X de l'*Enfer*, il ne peut y avoir qu'une conclusion : en tant qu'auteur d'une *canzone* compromise avec l'averroïsme (*Donna me prega*), Guido Cavalcanti, dans le poème de Dante, ferait l'objet d'une double condamnation de la part de son ancien ami et compagnon d'aventures poétiques et intellectuelles exaltantes. Tout d'abord dans le Xe chant de l'*Enfer*, à condition que – et on reviendra sur ce point – la correspondance entre averroïsme et hérésie épicurienne (la destruction de l'âme en même temps que celle du corps) soit valable pour Dante ; ensuite dans le XXVe chant du *Purgatoire*, dans la mesure où la doctrine averroïste de l'intellect unique et séparé, qui *retentit* dans *Donna me prega*, est ici rejetée par Stace en tant qu'*erronée* (c'est-à-dire contraire à la Vérité)[21].

Or, si l'on observe la structure de cette lecture du désaccord entre Cavalcanti et Dante, on constate facilement qu'elle se fonde essentiellement sur le postulat selon lequel *Donna me prega* serait un texte averroïste, c'est-à-dire un texte présentant des traces manifestes et incontestables d'une psychologie et d'une noétique se rapportant à la pensée d'Averroès ou de ses disciples latins. C'est ce que Bruno Nardi a voulu démontrer et, en s'engageant dans cette direction, à l'aide du commentaire de Dino del Garbo, il est parvenu à proposer

---

20. Cf. Dante Alighieri, *Purgatorio,* texte revu et commenté par G. Inglese, Rome, Carocci, 2016^2, p. 306. Cf. également Cavalcanti, *Rime*, éd. R. Rea et G. Inglese, Rome, Carocci, 2011, p. 157.

21. Contrairement à la plupart des commentateurs, je n'estime pas que la réprobation de Stace concerne spécifiquement l'exactitude philosophique de la thèse, dont il se borne à déclarer la contradiction objective avec la Vérité. Voir, à ce sujet, ce que j'ai incidemment observé dans P. Falzone, « Canto XXV. Virgilio, Stazio e le sofferenze dell'anima nell'al di là », *in* E. Malato et A. Mazzucchi (éd.), *Lectura Dantis Romana. Cento canti per cento anni. II. Purgatorio, to. II, canti XVIII-XXXIII*, Rome, Salerno, 2014, p. 745-74, ici p. 756.

une lecture organique et cohérente de la *canzone*, où tous les éléments douteux ainsi que les nombreuses apories du texte semblent trouver, dans cette nouvelle grille de lecture, leur explication[22].

Ce n'est pas le lieu de remettre en cause l'approche générale de l'interprétation de Nardi, qui a marqué un progrès décisif dans l'exégèse de *Donna me prega* et dont le mérite, indépendamment de sa position au sujet de l'averroïsme de Guido, est indiscutable. En réaction à une tradition d'études née à l'époque moderne avec Salvadori (mais dont les prémices sont déjà chez Ficin), qui attribuait à Cavalcanti une conception spiritualiste de l'amour, tendant au mysticisme, Nardi a indiqué la bonne perspective à adopter pour comprendre la recherche de ce poète sur l'amour. Il s'agit, selon l'indication de lecture déjà fournie par les gloses du médecin Dino del Garbo, de la philosophie de la nature et de la physiologie aristotéliciennes ; et chez Cavalcanti l'amour est observé, suivant une telle perspective scientifique, en tant que phénomène purement passionnel, c'est-à-dire en tant que mouvement accidentel de l'âme sensitive, dans laquelle il se manifeste et réside[23]. Il en découle une conséquence très importante, que Nardi juge essentielle pour comprendre la *morale* de Cavalcanti et ses antinomies : aucun contact n'est possible entre l'amour, enfermé dans l'âme sensitive, et l'intellect, substance éternelle et exempte d'altérations physiques. Cette scission radicale implique, fatalement, un lien causal entre amour et malheur. En le retenant dans le cercle informe et obscur de la sensation, l'amour empêche en effet l'individu

22. C'est avec cette conviction que commence l'article de Nardi lui-même (« L'averroismo del "primo amico" di Dante », *op. cit.*, p. 88) : « [Cavalcanti] fut sans aucun doute un averroïste ; non pas en vertu de l'étrange mysticisme érotique qu'on a voulu lui attribuer [l'allusion polémique vise ici les thèses de Salvadori], mais parce qu'une telle passion réside, selon lui, dans l'âme sensitive qui est forme du corps humain, tandis que l'intellect possible, n'étant pas forme du corps, en est exempt. Une telle interprétation de la doctrine de notre poète élimine toutes les difficultés auxquelles s'étaient heurtés tous les commentateurs de la *canzone* de Cavalcanti ».

23. Nardi, « L'averroismo del "primo amico" di Dante », *op. cit.*, p. 93-98. Cf. également *Id.*, « Filosofia dell'amore nei rimatori italiani del Duecento e in Dante », *in Dante e la cultura medievale*, *op. cit.*, p. 9-79, ici p. 26-33.

d'exercer l'activité cognitive, c'est-à-dire de s'élever jusqu'au niveau de l'universel, et, de cette façon, il le prive de sa véritable perfection, qui selon Cavalcanti réside, d'un point de vue aristotélicien, dans la vie consacrée à l'étude. Le caractère « tragique » traditionnellement attribué à la vision que Cavalcanti présente de l'amour (et donc à sa poésie) se précise ainsi, dans la lecture particulièrement perspicace et profonde de Nardi, comme « non-rachetabilité » de la passion amoureuse : son altérité radicale et structurelle par rapport aux plus nobles activités humaines (la spéculation du vrai et l'exercice de la vertu) lui interdit toute forme possible de rédemption ou « rachat » et la condamne à un conflit permanent avec la recherche du bien suprême (le *buon perfetto*) et du bonheur[24]. Comme on l'a précisé plus haut, la valeur d'une telle interprétation est indéniable et elle continue de représenter la voie d'accès la plus sûre à l'intelligence des significations générales de la fameuse *canzone* de Cavalcanti (et un rempart solide contre les lectures idéalisantes, toujours aux aguets[25]). C'est en effet sur cette interprétation que se fondent les meilleurs commentaires à *Donna me prega* en circulation aujourd'hui :

---

24. Voir, à ce sujet, les belles considérations d'E. Fenzi, « Guido Cavalcanti, o della perdita », *in* M. Gagliano, Ph. Guerin, R. Zanni (éd.), *Les deux Guidi. Guinizzelli e Cavalcanti. Mourir d'aimer et autres ruptures*, Paris, Presses Sorbonne nouvelle, 2016, p. 237-250.

25. Parfois même au-delà de ses intentions, comme c'est le cas de Maria Corti, qui, tout en déclarant se fonder sur la lecture de Nardi, en fausse en réalité le sens (« Guido Cavalcanti e una diagnosi dell'amore », *in* M. Corti, *La felicità mentale. Nuove prospettive per Cavalcanti e Dante*, Turin, Einaudi, 1983, p. 3-37, en particulier p. 23-25 : voir à ce sujet les remarques ponctuelles de Fenzi, *La canzone d'amore di Guido Cavalcanti, op. cit.*, p. 149). Au nom d'une compréhension plus exacte de l'averroïsme de Cavalcanti, G. Agamben (« Spiriti d'amore », in *Stanze. Le parole e il fantasma nella cultura occidentale*, Turin, Einaudi, 2011 (1re éd. 1977), p. 121-129) était déjà parvenu à des conclusions semblables. En niant la présence d'un élément pessimiste dans la poésie de Cavalcanti, il observe, p. 126 : « Ce qu'on appelle l'averroïsme de Cavalcanti ne consiste pas, comme on l'a affirmé, dans une limitation de l'expérience amoureuse à l'âme sensitive, dont la conséquence serait une conception pessimiste de l'éros et une séparation rigoureuse de l'intellect possible, mais, au contraire [...], en ce que le fantasme (le pneuma fantastique), origine et objet de l'amour, est justement ce en quoi, comme dans un miroir, se produit l'union (*copulatio*) de l'individu avec l'intellect unique et séparé. » En remontant plus loin dans le temps, Mario Casella, contre lequel Nardi polémiqua âprement, fut un ardent défenseur d'une lecture spiritualiste de *Donna me prega* (cf. B. Nardi, « Di un nuovo commento alla canzone del Cavalcanti sull'amore », *Cultura neolatina*, VI-VII (1946-1947), p. 123-135, ensuite dans *Id.*, *Dante e la cultura medievale*, *op. cit.*, p. 109-124).

De Robertis[26], Savona[27], Fenzi[28], Inglese[29], tous fidèles, bien que de différentes façons, à la leçon du grand médiéviste. Ce qui, dans la lecture de Nardi, peut être remis en cause à bon escient aujourd'hui, c'est, selon moi, l'idée que, pour expliquer la vision particulière de l'amour chez Cavalcanti, il ne suffit pas de se rapporter à des aspects conventionnels de la psychologie aristotélicienne, ou à des notions courantes dans la science médicale de l'époque, mais qu'il est indispensable d'avoir recours à la psychologie averroïste. La dichotomie entre amour et intellection serait en effet une conséquence directe, selon Nardi, de l'adhésion de Guido au monopsychisme averroïste[30]. Nardi trouve la preuve « technique », et, d'après lui, criante, de cela dans les premiers vers, très controversés, de la troisième stance de la *canzone* (v. 29-31), desquels dépend, à son avis, la possibilité de localiser *Donna me prega* dans l'orbite de l'averroïsme. C'est un point très délicat. En l'absence

26. G. Cavalcanti, *Rime*, éd. D. De Robertis, Turin, Einaudi, 1986.

27. E. Savona, *Per un commento a « Donna me prega » di Guido Cavalcanti*, Rome, Edizioni dell'Ateneo, 1989.

28. *La canzone d'amore di Guido Cavalcanti*, *op. cit.*

29. G. Cavalcanti, *Rime d'amore e di corrispondenza*, texte revu et commenté par Roberto Rea ; *Donna me prega*, texte revu et commenté par Giorgio Inglese, Rome, Carocci, 2011, p. 147-161. Voir également une autre étude de G. Inglese, « Per Guido Cavalcanti », dans *Id.*, *L'intelletto e l'amore*, *op. cit.*, p. 3-56.

30. *L'averroismo del « primo amico » di Dante*, *op. cit.*, p. 100-101 : « L'amour, selon Cavalcanti, est donc une passion qui dérive non pas de la puissance rationnelle de l'âme, c'est-à-dire de l'intellect, mais de celle "che sente", c'est-à-dire de l'âme sensitive, qui est perfection du corps, ce qui correspond aux théories averroïstes. Si l'âme sensitive est perfection de l'homme, cela veut dire que l'intellect, qui demeure une substance séparée, n'est pas une perfection [...]. Cavalcanti élabore, à partir de cette psychologie parfaitement averroïste, une morale conforme à celle-ci. La dialectique de la vie morale se fonde sur le contraste entre l'âme sensitive, qui est forme et perfection du corps, et l'intellect, qui est une substance séparée. L'une est le siège des instincts et des passions irrationnelles, l'autre bénéficie uniquement d'une vie de raison, qui consiste dans la spéculation du vrai ; celui-ci n'est assujetti qu'aux lois de la pensée, celle-là aux influences célestes agissant directement sur les organismes vivants. L'idéal moral auquel Cavalcanti, tout comme Aristote, aspire consiste dans "l'opération propre de l'homme, selon les principes de la vertu, dans une vie parfaite". Une opération propre de l'homme, et par laquelle celui-ci se démarque des autres animaux, est celle que Cavalcanti appelle "*consideranza*", c'est-à-dire la vie spéculative, dans l'assujettissement des facultés végétatives et sensitives à l'intellect. L'instinct dont dérive la passion amoureuse est, certes, un instinct naturel [...] mais une telle passion, née sous l'influence maligne de Mars, est une obscurité de l'âme, un vice, car elle viole le juste milieu dans lequel consiste la vertu et, au lieu de se soumettre à la raison, a tendance à dévoyer le jugement de l'intellect sur les choses. »

d'une telle preuve, l'averroïsme de Cavalcanti pourrait finir par refluer et se dissoudre dans les limites des catégories de la physiologie et de la psychologie aristotéliciennes ; limites dans lesquelles se maintient, par ailleurs, la glose de Dino del Garbo, dépourvue d'éléments averroïstes significatifs[31].

Or, tout en sachant qu'une certitude absolue sur la signification de ces trois vers, à la syntaxe tortueuse et conceptuellement obscurs, est en réalité inatteignable, nous estimons que l'exégèse de Nardi, qui en a adapté le contenu à la grille de lecture du « monopsychisme » averroïste, n'est pas suffisamment convaincante et qu'elle doit être remise en cause (rien de plus, étant donnée l'opacité du texte en question). Nous tenterons en effet de prouver, pour notre part, que ces vers se prêtent sans effort à une lecture alternative, non averroïste, mais qui peut néanmoins se révéler plus adéquate que celle de Nardi, sans pour autant être banalisante ou vague[32].

---

31. Nardi a, entre autres, le mérite d'avoir repris et mis en valeur le commentaire de Dino en tant que grille de lecture correspondant à la véritable inspiration de *Donna me prega*, ce qui a conduit à la naissance d'un nouveau courant de recherche dans la critique moderne sur Cavalcanti. Parallèle au courant averroïste et tout aussi fécond en résultats, il est centré sur les rapports entre la *canzone* et la science médicale du Moyen Âge (une attention particulière est accordée à l'étiologie et au traitement de la « maladie d'amour »). Ce rapport est illustré, dans ses lignes principales, dans B. Nardi, « L'amore e i medici medievali », *in Studi in onore di Angelo Monteverdi*, II, Modène, Soc. tip. ed. modenese, 1959, p. 517-542. Plus récemment, ce courant de recherche a été repris et élargi par N. Tonelli, surtout dans les essais « De Guidone de Cavalcantibus physico (con una notarella su Giacomo da Lentini ottico) », *in* I. Becherucci, S. Giusti, N. Tonelli (éd.), *Per Domenico De Robertis. Studi offerti dagli allievi fiorentini*, Florence, Le Lettere, 2000, p. 459-508, et « Fisiologia dell'amore doloroso in Cavalcanti e Dante : fonti mediche ed enciclopediche », *in* R. Arques, Alexandrie, Edizioni dell'Orso (éd.), *Guido Cavalcanti laico e le origini della poesia europea*, 2004, p. 63-117 (maintenant revus et mis à jour dans N. Tonelli, *Fisiologia della passione. Poesia d'amore e medicina da Cavalcanti a Boccaccio*, Florence, Edizioni del Galluzzo, 2015, p. 3-70). Sur le lien entre la maladie d'amour et la mélancholie, cf. aussi S. Gentili, « La malinconia nel Medioevo : dal "Problema" 30.1 di Aristotele a "Donna me prega" di Cavalcanti », *Bollettino di italianistica*, année VII, n° 2 (2010), p. 156-70, p. 165-169. Voir l'article d'Aurélien Robert, dans ce même volume.

32. C'est le cas, à mon avis, de l'interprétation proposée récemment par Marco Grimaldi, *in* Dante Alighieri, *Vita Nuova. Rime*, a cura di Donato Pirovano e Marco Grimaldi, avec une introduction de E. Malato, t. I, *Vita Nuova. Le rime della Vita Nuova e altre rime del tempo della Vita Nuova*, Rome, Salerno, 2015, p. 546-547. En récusant l'interprétation averroïste de la canzone, Grimaldi propose de rompre le lien entre l'amour et l'âme sensitive, au cœur des vers 29-31. Il reprend un passage du IIIe traité du *Convivio*, où Dante énumère les différentes espèces d'amour présentes chez l'homme et affirme que « per la natura quarta, delli animali, cioè sensitiva, hae l'uomo altro amore, per lo quale ama secondo la sensibile apparenza, sí come bestia ; e questo amore nell'uomo massimamente ha mestiere di rettore per la sua soperchievole

La *canzone*, comme on le sait, est une sorte de charade, tellement sont nombreux les passages obscurs, énigmatiques et inaccessibles (aussi à cause de l'incertitude des leçons) qu'elle présente au lecteur, si volontaire soit-il. Nous nous occuperons uniquement des vers 29-31, dont l'interprétation est décisive pour établir si *Donne me prega* est, ou n'est pas, une *canzone* averroïste. En dehors de ce passage, le seul qui pourrait contenir une thèse « hétérodoxe », et d'autres pour lesquels il est quasiment impossible de saisir un sens littéral incontestable[33], le reste de la *canzone* répète des motifs de la tradition lyrique et se borne le plus souvent à proposer des notions courantes de la science médicale et philosophique de l'époque. Il est impossible d'être exhaustif, mais la définition de l'amour comme mouvement du cœur, « *de cor volontate* » (v. 20), présuppose, par exemple, l'explication

---

operazione, nello diletto massimamente del gusto e del tatto » (*Conv.*, III, 3, 10). L'amour dont parle Guido pourrait ne pas être différent, selon Grimaldi, « de celui qui pour Dante correspond à la "natura quarta" : un amour bestial, lié à l'âme sensitive, qui est perfection des animaux et qui, chez l'homme, est lié principalement au plaisir » (in Dante Alighieri, *Rime*, a cura di M. Grimaldi, pages XXX). Toutefois, il me semble que, d'un côté, une telle proposition n'apporte pas d'explications satisfaisantes sur le sens des vers de Cavalcanti (elle n'est donc pas vraiment alternative à celle de Nardi, beaucoup plus précise : à ce sujet, cf. *infra*) ; de l'autre côté, elle considère l'amour de la poésie de Cavalcanti comme une impulsion sexuelle, ce qui correspond à ce que Dante a dans l'esprit quand il parle de l'amour commun à l'homme et aux brutes. Tout au contraire, il est clair que, selon Cavalcanti, comme on peut le déduire d'autres passages du texte, l'amour est quelque chose de différent. C'est une passion, certes ; cependant, il est lié non pas à la recherche du plaisir sexuel, mais à la tension appétitive suscitée par un bien difficile à atteindre, la femme. L'amour a donc plus d'affinités avec la colère (il vient de Mars), qui est un désir de l'emporter sur un *bonum arduum*, qu'avec la passion vénérienne. Et puisqu'il naît de l'effort, accompagné d'un instinct de revanche, de l'emporter sur un obstacle si difficile à franchir, il présuppose un esprit audacieux et excellent, prêt, pour ainsi dire, au défi, et non pas un esprit vulgaire et vicieux, s'adonnant à des comportements bestiaux (Grimaldi lui-même est d'ailleurs conscient de cette difficulté, qu'il se borne cependant à constater et, par conséquent, à subir). La glose de Favati est tout aussi vague : celui-ci a défendu contre Nardi une interprétation des vers 29-31 conforme à la pensée de saint Thomas, sans cependant parvenir à une lecture ponctuelle et satisfaisante : G. Favati, *Inchiesta sul Dolce Stil Novo*, Florence, Le Monnier, 1975, p. 209-213.

33. C'est le cas, pour ne citer qu'un exemple, du vers 51, très obscur, qu'Inglese considère avec raison « presque indéchiffrable » (comm. cit., p. 159) : « e vol [sujet la *nova qualità*, c'est-à-dire l'amour] ch'om miri – in un formato [ou *fermato*, ou bien *in non formato/fermato*] loco » (cf. la traduction de C. Bec, *Rimes*, Paris, Imprimerie nationale, 1993 : « et fait que l'on regarde vers un objet changeant »). Pour les diverses interprétations qui ont été proposées, je renvoie à la *nota ad locum* de Fenzi, *La canzone d'amore di Cavalcanti*, *op. cit.*, p. 158.

scientifique de l'origine de la passion amoureuse. Les maîtres du Moyen Âge, en se fondant sur des textes médicaux et sur le *De motu animalium* d'Aristote, la décrivent comme un déséquilibre du mouvement cardiaque, qui consiste dans une dilatation subite et violente de la chaleur naturelle et des esprits véhiculés par le sang, causée par la représentation mentale d'un objet saisi par les sens externes et considéré digne d'être poursuivi (« *la veduta forma che s'intende* » du vers 21)[34]. Il en va de même pour la définition de l'amour en tant qu'*accidente* de l'âme (v. 2)[35], ou pour la description des altérations psychiques et somatiques dont souffre l'amant (à mettre en relation, de fait, avec le « tableau clinique » des accès de colère, dont l'amour présenté par Cavalcanti semble être une variante : v. 17-18, 50-52). De la même façon, l'explication du conflit entre l'amour et le jugement des vers 32-34, ou de l'énoncé (v. 39) selon lequel l'amour entrave le bien suprême (le *buon perfetto* qui consiste dans l'exercice des facultés intellectives) peut être trouvée dans le VIIe livre de l'*Éthique à Nicomaque*, où Aristote affirme, à plusieurs reprises, que les passions ont le pouvoir de corrompre le jugement et d'entraver les meilleures facultés de l'âme[36] (mais dans une perspective averroïste

34. Cf. Avicenna Latinus, *Liber de anima seu sextus de naturalibus*, libri IV-V, édition critique de la traduction médiévale par S. Van Riet, introduction sur la doctrine psychologique d'Avicenne par G. Verbeke, Louvain, Éditions orientalistes – Leyde, Brill, 1968, appendice, *Fragmentum de medicinis cordialibus*, p. 187-210 ; Aristoteles Latinus, *De motu animalium*, Fragmenta Transaltionis anonymae, edidit Peter de Leemans, Turnhout, Brepols, 2011, p. 34-40.

35. Comme Pedro Gil-Sotres l'explique, l'expression « *accidente dell'anima* » pour définir la passion fait son irruption dans la médecine médiévale à travers la tradition constantinienne. Aussi bien dans l'*Isagoge* de Johannitius que dans le *Pantegni* de Haly Abbas, traduits par Constantin l'Africain, on ne parle que d'accidents de l'âme, non pas de passions (d'ici le terme *accidens* est passé dans la traduction latine du *Canon* d'Avicenne, pour subir ensuite, de plus en plus, la concurrence de *passio*, courant dans le « modèle » philosophique) : cf. P. Gil-Sotres, « Modelo teórico y observación clínica : las pasiones del alma en la psicología medica medieval », *in Comprendre et maîtriser la nature au Moyen Âge. Mélanges d'histoire des sciences offerts à Guy Beaujouan*, Genève, Droz / Paris, Champion, 1994, p. 181-204, p. 182-184.

36. Cf. par exemple *Éth. Nicom.*, VII, 1149a 24-1150a 8, avec le commentaire de Thomas d'Aquin, *Sententia libri ethicorum*, cura et studio fratrum predicatorum, vol. II (libri IV-X), Rome, ad Sanctae Sabinae, 1969 (« Opera omnia », t. XLVII), p. 404-407. L'étroit lien entre ces vers et le VIIe livre de l'*Éthique à Nicomaque* a déjà été souligné par B. Nardi, *L'amore e i medici medievali*, *op. cit.*, p. 247. Une telle question est développée ultérieurement par S. Gentili, *Il desiderio di conoscere è impedito dall'amore ? Il dibattito in poesia*, *in Ead.*, *L'uomo aristotelico*

le conflit entre raison et appétit, qui n'est pas spécialement déterminant en soi, acquerrait évidemment une importance considérable) ; pour ne pas parler du lien entre amour et démesure, v. 43-44, en assonance avec les premières répliques, très connues, du *De Amore* d'André le Chapelain[37]. D'autres passages du discours de Cavalcanti consistent enfin, comme on l'a évoqué, dans la reprise ou dans la reformulation de lieux communs et images conventionnelles de la poésie amoureuse courtoise (c'est le cas, par exemple, du binôme traditionnel peines d'amour-*mercede* des vers 69-70, ou du rapport, tout aussi traditionnel, entre les belles femmes, qui blessent comme des flèches, et la crainte de l'amant, aux vers 60-62).

Passons maintenant à la lecture des trois vers (29-31) censés contenir la profession de foi averroïste de Guido – il s'agit, comme on l'a précisé, des trois premiers vers de la troisième stance de la *canzone*. J'utilise l'édition d'Inglese, même si, en l'occurrence, les manuscrits ne présentent pas de variantes adiaphores ou de leçons controversées. Le texte est donc le même (à quelques petites différences près dans la ponctuation) dans les différentes éditions :

> 29. Non è vertute, – ma da quella vène
> 30. ch'è perfezione – (che se pone – tale),
> 31. non razionale, – ma che sente, dico.
> (Il n'est pas faculté, mais provient d'elle / faculté non pas rationnelle mais sensitive, veux-je dire[38])

Il faut préciser, tout d'abord, que les trois vers répondent à la troisième des questions *de amore* auxquelles Cavalcanti s'engage à répondre dans la première stance de la *canzone*, c'est-à-dire à quelle vertu l'amour se rapporte (« quelle est

alle origini della letteratura italiana, Rome, Carocci, 2005, p. 181-216 (pour Cavalcanti et Giacomo da Pistoia, p. 187-90).

37. Comme tous les commentateurs le remarquent. Cependant, voir B. Nardi, *Dante e la cultura medievale*, *op. cit.*, p. 101. La pseudo-étymologie *amare-hamus* sous-entendue au vers 13 (« e 'l piacimento che 'l fa dire "amare" ») semble dériver, elle aussi, d'André le Chapelain. Elle est toutefois assez courante aussi dans le domaine de la poésie lyrique : on en trouve des confirmations dans G. Inglese, comm. cit., p. 153.

38. La traduction de C. Bec a ici été modifiée.

sa vertu [*qual sia sua vertute*] », v. 11). À cette question, Guido répond de toute évidence par un *subtil* jeu de mots. L'amour, dit-il, n'est pas une *vertute* – c'est-à-dire une faculté – et, néanmoins (bien qu'il ne soit pas une vertu, c'est-à-dire un principe d'opération) il dérive d'une vertu (« *ma da quella vène* »). C'est ce qu'on lit au vers 29, dont le sens est plutôt clair. En d'autres termes, Guido dit que « l'amour n'est pas une vertu ou faculté de l'âme », pour citer l'excellente paraphrase de Fenzi[39], bien qu'il soit le produit d'une vertu ou faculté de l'âme. La signification des vers 30 et 31 est plus obscure, et ce n'est pas un effet du hasard si c'est ici, dans cette obscurité, qu'a pris corps la thèse de l'averroïsme de Guido. Cherchons à comprendre. Ces deux vers définissent la vertu dont l'amour dérive par une périphrase plutôt alambiquée. La vertu en question, affirme Guido, est « *perfezione (che se pone – tale) / non razionale, ma che sente, dico* ». Pour l'instant, je paraphraserais de la façon suivante, en restant le plus possible fidèle à la lettre et en limitant les extrapolations : « bien qu'il ne soit pas une vertu de l'âme, l'amour est un produit de la vertu dont on estime (*se pone*) qu'il actualise (*ch'è perfezione*) la capacité opérative de l'âme : je ne parle pas, je veux le préciser (*dico*), de l'âme rationnelle (sous-entendu : dont les facultés suprêmes sont l'intellect et la volonté), mais de l'âme sensitive, dans laquelle, justement, l'amour a son siège ». Il faut être précis sur ce point : Cavalcanti affirme que l'amour est le produit d'une vertu ou faculté de l'âme (sensitive) et qu'il tire son origine de cette vertu ; non pas, comme le suggèrent certains commentateurs, que l'amour *vient* de l'âme sensitive (ils simplifient comme suit : « l'amour n'est pas une faculté de l'âme, mais il vient de cette perfection qui est l'âme sensitive »)[40]. Une fois donnée cette paraphrase approximative, il nous reste à comprendre quelle est, concrètement, la vertu à

39. *La canzone d'amore di Guido Cavalcanti*, *op. cit.*, p. 83.

40. C'est l'interprétation que donne, entre autres, G. Tanturli, « Guido Cavalcanti contro Dante », *in* F. Gavazzeni e G. Gorni, Milan-Naples, Ricciardi (éd.), *Le tradizioni del testo. Studi di letteratura italiana offerti a Domenico De Robertis*, p. 3-13 : p. 6.

laquelle Cavalcanti fait allusion et ce que veut dire, exactement, qu'une telle vertu, comme on le pense généralement (« *se pone* »), est « *perfezione non razionale, – ma che sente* ». En excluant les interprétations aberrantes (Casella, Corti), ou superficielles et mal argumentées (Favati, Pappalardo), qu'on n'a pas le temps de discuter ici, concentrons-nous sur l'interprétation de Nardi, reprise par De Robertis, Savona, Fenzi, e Inglese[41]. La vertu à laquelle le poète fait allusion, explique Nardi, est le sens interne dont parlent les philosophes arabes, appelé *vis cogitativa* (estimative chez les brutes) et qui représente le degré le plus élevé et abstrait de connaissance sensible (du particulier) que l'homme peut atteindre[42]. Nardi parvient à formuler cette hypothèse à partir de deux données incontestables : dans la deuxième stance de la *canzone*, Cavalcanti affirme a) que l'amour réside là où réside la mémoire, « En l'endroit où réside la mémoire, / il s'installe (*in quella parte – dove sta memora / prende suo stato*) » (v. 14-15), c'est-à-dire dans l'âme sensitive ; b) qu'« il vient d'une forme vue, qui devient intention (*vèn da veduta forma che s'intende*)[43] » (v. 21), vers résumant un processus psychologique complexe qui, suivant la glose de Dino del Garbo, peut être décrit de la façon suivante. L'amour tire son origine d'une forme qui, saisie par la vue (*veduta*), passe dans l'âme sensitive ; ici, les sens internes la soumettent graduellement à un processus de décomposition et de dématérialisation, jusqu'en obtenir une image mentale, l'*intenzione*, une sorte de projection eidétique de l'objet saisi par les sens. Bien que dématérialisée, une telle forme n'est pas un universel, mais elle garde, de l'objet dont elle dérive – avec

41. Aux noms de ces commentateurs il faut ajouter celui de G. Sasso, *Dante, Guido, Francesca*, Rome, Viella, 2008, p. 98-9. Tout en se déclarant sceptique sur la possibilité de déterminer jusqu'à quel point Cavalcanti a suivi Averroès sur la doctrine de l'intellect séparé et unique pour l'espèce humaine, Sasso estime que celle de Nardi est la seule interprétation possible.

42. Cf. D. L. Black, « Imagination and Estimation : Arabic Paradigms and Western Transformations », *Topoi* 19 (2000), p. 59-75. Voir aussi, à ce sujet, J. B. Brenet, *Je fantasme. Averroès et l'espace potentiel*, Lagrasse, Verdier, 2017.

43. C'est l'interprétation que donne, entre autres, G. Tanturli, « Guido Cavalcanti contro Dante », *op. cit.*, p. 3-13, ici p. 6. La traduction de C. Bec a ici été modifiée.

un plus grand degré d'abstraction, bien entendu – les déterminations multiples qui en font une réalité connaissable et saisissable dans sa singularité. En tant que transcription spirituelle de la forme concrète d'un objet, dans le but d'en assurer le passage dans l'âme, l'espèce intentionnelle est en mesure de remplacer pleinement la présence physique du désirable et, en se fixant dans la mémoire, d'exercer à sa place un pouvoir d'attraction sur le désir et déclencher ainsi le véritable processus amoureux[44].

Or, argumente Nardi, si nous affirmons que l'amour est, selon Cavalcanti, un produit des sens internes (et en tant que tel il s'installe, *prende suo stato*, dans l'âme sensitive), on ne voit pas ce que pourrait être la faculté dont, d'après les vers 29-31, l'amour « *vène* », sinon la vertu *cogitative* : celle-ci, qui relie à la forme singulière saisie différentes qualités (le fait d'être redoutable ou attirant, etc.), semble effectivement jouer un rôle déterminant dans la genèse du processus amoureux (ce n'est qu'après que la *cogitative* a repéré dans une forme donnée une forme désirable que le désir se déclenche). Jusqu'ici, on ne peut qu'accepter le raisonnement de Nardi : l'identification entre la *vertute* du vers 29 et la *virtus cogitativa* qu'il propose représente une contribution extrêmement précieuse pour la compréhension de cette *canzone*, dans l'un de ses passages les plus difficiles et controversés. En revanche, la conclusion que Nardi tire d'une telle identification, dans le but de prouver l'averroïsme du « premier ami » de Dante,

44. Voici la glose de Dino del Garbo : « Deinde, cum dicit Vien da veduta forma etc., auctor, quia amor, ut dictum est, passio est quedam anime (et passio causatur in anima ex apprehensione alicuius rei quam consequitur appetitus), vult ostendere que est res ex cuius apprehensione consequitur talis appetitus ut in ipso causetur hec passio que est amor ; et vult dicere quod passio que est amor, causatur ex apprehensione alicuius forme visibilis, que quidem comprehenditur, ut postea dicet, sub ratione complacentie : que complacentia causatur aut quia videtur sibi forma illius rei pulchra, vel ex gestibus illius forme qui sibi placent, quicumque gestus sint illi [...]. Hic autem est ordo in apprehensione humana, sicut declaratum est in scientia naturali : quia primo species rei pervenit ad sensus exteriores, ut ad visum vel auditum vel tactum vel gustum vel olphatum, deinde ab illis pervenit ad virtutes sensitivas interiores, sicut pervenit ad fantasiam primo, deinde pervenit ad cogitativam et ultimo ad memoriam », *in* E. Fenzi, *La canzone d'amore di Guido Cavalcanti*, *op. cit.*, p. 98 et 100.

n'est pas aussi convaincante. Il est à remarquer que, sur ce point, Nardi s'éloigne de la glose de Dino del Garbo, qui ne présente aucune référence à l'averroïsme[45]. Mais il vaut mieux, ici, laisser la parole directement au commentateur, qui, en polémique avec Guido Favati (opposé, mais sans arguments solides, à l'idée de l'averroïsme de Cavalcanti[46]), résume sa position en ces termes (1954) :

> Pour Averroès (*De anima*, III, comm. 20), la « cogitative » ou « intellect passible » est forme et perfection du corps humain et de l'homme, car « par cet intellect qu'Aristote appelle passible [...] l'homme diffère des autres animaux (*per istum intellectum quem vocat Aristoteles passibilem* [...] *differt homo ab aliis animalibus*) ». Au contraire, l'« intellect possible » n'est « ni le corps, ni une vertu dans le corps (*neque corpus neque virtus in corpore*) », mais une substance séparée, unique pour toute l'espèce humaine, à laquelle il s'unit dans l'acte de connaissance [...]. Selon le courant averroïste de Siger aussi, l'âme rationnelle se compose de deux parties substantiellement différentes : la première est la végétative et sensitive, appelée également « cogitative » ou « intellect passible » ; la seconde est l'« intellect possible ». La première tire son origine de la puissance de la matière, et elle est générable et corruptible ; la seconde, au contraire, est ingénérable et incorruptible, c'est-à-dire éternelle. La première est vraiment forme substantielle et perfection du corps humain et, par celle-ci, l'homme se différencie des autres animaux, parce que la cogitative tend à s'unir à l'intellect possible dans l'acte de connaissance, ce qui ne se produit pas chez les autres animaux. L'intellect possible, au contraire, est, en soi, une substance séparée et s'il est forme, il l'est, pour ainsi dire, dans un sens différent par rapport à la cogitative : il l'est « équi-

---

45. E. Fenzi, « La canzone d'amore di Guido Cavalcanti », *op. cit.*, p. 106 et 108. La *Questio de felicitate* du maître Giacomo da Pistoia, dédiée, comme on le sait, à Cavalcanti, ne contient rien, elle non plus, de spécifiquement averroïste, contrairement à ce qu'affirme Maria Corti : à ce sujet, cf. I Zavattero, « La "*Quaestio de felicitate*" di Giacomo da Pistoia : un tentativo di interpretazione alla luce della nuova edizione critica del testo », *in* M. Bettettini et F. Paparella (éd.), *Le felicità nel medioevo*, Louvain-la-Neuve, Fidem, 2005, p. 355-94. Pour un aperçu de la culture philosophique de Dino del Garbo, voir l'article récent d'A. Robert, « Dino del Garbo et le pouvoir de l'imagination sur le corps », *Archives d'histoire doctrinale et littéraire du Moyen Âge*, 81 (2014), p. 139-195.

46. La polémique Nardi-Favati est soigneusement reconstituée dans Savona, « Per un commento a "Donna me prega" », *op. cit.*, p. 44-47.

voquement », comme Averroès le dit explicitement, et non pas « univoquement », comme le pense Thomas. *Or, c'est exactement ce que dit Cavalcanti : l'amour n'est pas une faculté de l'âme, mais il dérive de cette faculté – la cogitative – qui est forme et perfection substantielle du corps humain, comme l'estiment les averroïstes, et ne dérive pas de la partie rationnelle qui n'est pas forme et perfection, toujours selon les averroïstes*[47].

La paraphrase des vers 29-31 proposée par Nardi, incontestable dans sa première partie (« l'amour n'est pas une faculté de l'âme, mais il dérive de cette faculté, la cogitative, etc. »), comporte à mon avis une erreur d'interprétation dans sa seconde partie, qui suit « cogitative » : « qui est forme et perfection substantielle du corps humain, comme l'estiment les averroïstes, et ne dérive pas de la partie rationnelle qui n'est pas forme et perfection, toujours selon les averroïstes ». Je ne pense pas que les vers en question, si filandreux soient-ils, aillent jusque-là. Cavalcanti ne fait qu'affirmer, simplement, que la *cogitative* est la plus noble et la plus haute des facultés de l'âme sensitive (par les sens internes l'âme sensitive parvient en effet au sommet de sa puissance opérative). Si l'amour est un produit propre de cette faculté, que Dante aussi définit comme « la vertu qui a plus de noblesse (*quella virtù c'ha più nobilitate*)[48] », cela veut dire que ce n'est pas un produit de la raison, c'est-à-dire qu'il ne dérive pas des puissances appréhensives supérieures (l'intellect et la volonté), dans l'exercice desquelles l'âme se perfectionne. En somme, il me semble que Cavalcanti propose la distinction entre « *perfezione che sente* »

47. B. Nardi, « Noterella polemica sull'averroismo di Guido Cavlcanti », *Rassegna di filosofia*, III (1954), p. 47-71, ici p. 69-70 (l'italique est de nous). Nardi donne une explication plus concise dans *Id.*, « L'averroismo del "primo amico" di Dante », *op. cit.*, p. 99-100.

48. Au vers 74 de *E' m'incresce di me sì duramente* (traduction française de J. Risset, *Rimes*, Paris, Flammarion, 2014, n° 20), probablement la *canzone* de Dante la plus riche en notions courantes de psychologie amoureuse. La vertu désignée indirectement par cette périphrase et qui, en contemplant la beauté de la femme, acquiert la conscience de sa ruine imminente, ne saurait être la raison (Barbi), la vue (Giunta), l'esprit de la vie (Fenzi) ou la mémoire (Grimaldi). Il est plausible qu'il s'agisse de la vertu *cogitative*, comme l'a suggéré Roberto Rea dans sa communication au colloque *Immagine poetica, immaginazione : Dante e la cultura medievale* qui a eu lieu à Florence en avril 2016, à la Società Dantesca Italiana.

et « *perfezione razionale* » dans le but de préciser que la genèse du processus amoureux est liée à la forme la plus élevée et parfaite de connaissance sensible, qui s'exprime dans l'activité de la *cogitative*, et qu'une telle genèse n'a rien à voir avec l'exercice des facultés appréhensives supérieures, dont dépend en revanche notre perfection d'êtres rationnels.

La thèse selon laquelle la *cogitative* est la plus noble et la plus haute des vertus de l'âme sensitive, et qu'on peut donc la qualifier de *perfection* de celle-ci, est par ailleurs assez courante parmi les maîtres, sans que cela implique l'adoption de la doctrine averroïste de l'intellect unique et séparé (ce qui serait le cas si on affirmait, parallèlement, que la cogitative est la véritable perfection de l'homme). Cette thèse fait partie, plus banalement, de l'ensemble de doctrines que les scolastiques latins héritent de la psychologie des Arabes et qu'ils accueillent et reproduisent sans aucune difficulté dans leurs écrits (bien qu'avec différentes nuances)[49]. Tous les maîtres n'attribuent pas à la *cogitative* la position la plus élevée, et, parfois, elle cède le pas à l'imagination ou à la fantaisie, ou bien elle s'unit à celles-ci pour n'en former qu'une. En tout cas, l'idée que, de même qu'il existe une perfection en ce qui concerne la connaissance de l'universel, produit de l'intellect, de même il existe également une perfection en ce qui concerne la connaissance du particulier, produit des sens internes, n'est jamais remise en cause. La thèse est fort répandue[50].

---

49. Cf. entre autres C. Di Martino, *Ratio particularis. Doctrine des sens internes d'Avicenne à Thomas d'Aquin*, Paris, Vrin, 2008.

50. Les exemples pourraient être nombreux, mais il suffit de citer ce qu'écrit ce commentateur anonyme du *De anima* : « est [...] virtus cogitativa nostra quedam sensitiva potencia collativa intencionum individualium. Unusquisque enim in se ipso experitur, quod nunc hominem cognoscit in quantum sub homine continetur et hunc leonem in quantum sub leone, et non per se intellectu ; ergo sensu per se. Hec autem vis cognoscitiva sic cognoscens suppрема est inter alias. Maxime autem attingit intellectivam. Et hoc est racionale, quia semper in ordinatis suppremum inferioris attingit infimum superioris ; aliter aliquis gradus possibilis pretermitteretur. Et certum est quod sensitiva in nobis ordinatur ad intellectivam. Igitur sensitiva secundum aliquam sui potenciam saltim suppremam in homine attingit infimum ipsius intellective, et illa virtus sensitiva supprema in homine est virtus cogitativa » : Anonyme, *Questiones super de anima*, Oxford, Oriel College, 33, f. 144vb-145ra, cit. *in* Th. W. Köhler, *Homo animal nobilissumum. Konturen des spezifisch menschlichen in der naturphilosophischen*

À la voix indistincte des maîtres anonymes s'ajoute celle, bien reconnaissable et bien plus forte, d'Albert le Grand[51]. Thomas d'Aquin parle, lui aussi, d'un sommet (*supremum*) de la puissance sensitive de l'homme, et l'identifie, tout comme ses prédécesseurs et dans le sillage d'Avicenne et d'Averroès, avec la *vis cogitativa*, ou *ratio particularis*[52].

Dans tous ces passages on propose à peu près le même enseignement, à savoir que la puissance sensitive de l'homme est perfectionnée par l'activité d'un sens interne, que certains maîtres identifient clairement avec la *cogitative*, d'autres avec la fantaisie ou imagination (selon d'autres encore – c'est, comme on l'a expliqué, le cas d'Albert – il n'y a aucune distinction entre les deux sens, la différence étant uniquement terminologique). Chez aucun de ces maîtres, cependant,

---

Aristoteleskommentierung des Dreizehnten Jahrhunderts, t. 2.1, Leyde-Boston, Brill, 2014, p. 366, n. 981. Voir également les passages cités aux p. 318-319, dont je tire les exemples suivants : Adam de Bocfeld, *Sentencia super librum de anima* : « imaginacio, que est ultima virtus sensitiva, perfectior est et magis determinata in homine quam in aliis animalibus... » ; Anonyme, *Questiones de sopno et vigilia* (Florence, Biblioteca Nazionale Centrale, Conv. soppr. E.1252, f. 220[ra]) : « ...ymaginativa est domina super omnes virtutes sensitivas » ; Anonyme, *Questiones in Aristotelis de anima* (Vatican, BAV, Vat lat. 2170, f. 53[rb]) : « et haec fantasia, quam quidam vocant cogitativam, que est libera in somno. Et hec est nobilissima inter omnes alias sensitivas » ; Roger Bacon, *Opus maius*, pars 5 d. 3 c.8 : « cogitativa, que est domina virtutum » ; Anonimo, *Questiones et notabilia in de anima III* (Vatican, BAV, Vat. lat. 2170, f. 110rb : « ideo credo, quod inter omnes sensitivas interiores ista (*scil. estimativa*) est supprema ; tam quia est collativa, tam quia est apprehensiva intencionum non sensatarum... »

51. Cf. Alberti Magni, *De anima*, éd. Stroick, Münster, Ascendorff, 1968, p. 157, l. 86-90 : « Phantasia autem ab apparitione dicta est, quoniam illa est maior cognitio, quam habet anima sensibilis, et est ultimum virtutis eius, et haec a vulgo in hominibus vocatur cogitativa, cum tamen proprie cogitare sit rationis. »

52. Cf. Thomas d'Aquin, *Sentencia libri de anima*, cura et studio fratrum predicatorum, Rome, Commissio Leonina-Paris, Vrin, 1984, lib. 2, cap. XIII, p. 121-22, l. 182-205 : « Quod ergo sensu proprio non cognoscitur, si sit aliquid universale, apprehenditur intellectu. Non tamen omne quod intellectu apprehendi potest in re sensata, potest dici sensibile per accidens, set quod statim ad occursum rei sensate apprehenditur intellectu, sicut statim cum video aliquem loquentem, vel movere seipsum, apprehendo per intellectum vitam eius, unde possum dicere quod video eu0m vivere. Si vero apprehendatur in singulari, ut puta si, cum video coloratum, percipio hunc hominem vel hoc animal, huiusmodi quidem apprehensio in homine fit per vim cogitativam, quae dicitur etiam ratio particularis, eo quod est collativa intentionum individualium, sicut ratio universalis est collativa rationum universalium, nihilominus tamen haec vis est in parte sensitiva ; *quia vis sensitiva in sui suppremo participat aliquid de vi intellectiva in homine, in quo sensus intellectui coniungitur* ; in animali vero irrationali fit apprehensio intentionis individualis per aestimativam naturalem, secundum quod ovis per auditum vel visum cognoscit filium vel aliquid huiusmodi » (l'italique est de nous).

l'allusion à une telle doctrine, d'ascendance arabe, n'implique l'adoption de la thèse averroïste de la cogitative en tant que « forme et perfection substantielle du corps humain ». Selon eux, la cogitative (ou, dans certains cas, la fantaisie) ne représente que le degré le plus élevé de la puissance sensitive ; donc, une telle perfection n'exclut et ne contredit pas l'existence d'une plus grande perfection, celle de la raison, qu'on peut atteindre par l'exercice de l'intellect et de la volonté. Rien ne s'oppose à ce que tel soit aussi le sens des trois vers de Cavalcanti, qui, dans ce cas, se borneraient à évoquer une thèse courante et ne comporteraient rien de spécifiquement averroïste. Pour les adapter à cette grille de lecture, Nardi est obligé de supposer que les deux perfections dont parle Cavalcanti, la « *perfezione che sente* » et la « *perfezione razionale* », se réfèrent l'une à la perfection authentique de l'individu, la *cogitative* (qui est forme substantielle du composé), et l'autre à la perfection de l'homme « de façon équivoque », c'est-à-dire à l'intellect (qui par conséquent *n'est pas* la perfection de l'individu). Mais, de cette façon, on finit par introduire la référence technique (et peu compréhensible) à une thèse que Cavalcanti, qui n'est pas un philosophe, serait par ailleurs un des rares à défendre avec une telle rigueur et une telle clarté (en l'état actuel de la documentation, les philosophes du XIIIe siècle professant le monopsychisme averroïste sont une très faible minorité)[53]. Cette interprétation forcée peut être évitée – sans compromettre le sens général de la *canzone* et sans exclure l'identification entre la « *perfezione che sente* » et la cogitative (ou un autre sens interne) proposée par Nardi – si on accepte l'explication, plus linéaire, suggérée ci-dessus. Cherchons à résumer.

---

53. Sur la « polysémie » du terme averroïste et sur la difficulté de définir, par rapport à ce terme, une tradition homogène, cf. les observations perspicaces de L. Bianchi, « L'averroismo di Dante : qualche considerazione critica », *op. cit.*, p. 74-77, dans le sillage d'une importante étude de R. Imbach, « L'averroïsme latin du XIIIe siècle », *in* R. Imbach et A. Maierù (éd.), *Gli studi di filosofia medievale fra Otto e Novecento. Contributo a un bilancio storiografico*, Rome, Edizioni di Storia e Letteratura, 1991, p. 191-208. Voir aussi D. Calma, *Études sur le premier siècle de l'averroïsme latin. Approches et textes inédits*, Turnhout, Brepols, 2011.

« *Non è vertute, – ma da quella vène / ch'è perfezione – (che se pone – tale), / non razionale, – ma che sente, dico* » : à la lumière de ce qui a été dit, ces vers devraient signifier : « l'amour n'est pas une vertu de l'âme, et cependant il dérive de cette vertu, la cogitative (la fantaisie ?), dont on estime qu'elle mène à perfection la puissance opérative de l'âme, et je ne me réfère pas à l'âme rationnelle (dont la perfection résulte de l'activité de facultés supérieures), mais à celle de l'âme sensitive ». Si c'était bien le sens des vers 29-31 – et cela me semble plausible –, toute l'interprétation fondée sur l'averroïsme de Guido s'écroulerait, parce que la possibilité d'appliquer la grille de lecture averroïste à d'autres lieux de la *canzone* se fonde uniquement sur le présupposé que ces vers, en affirmant que la seule et vraie perfection de l'individu est dans l'âme sensitive (ou dans l'une de ses facultés), impliquent la doctrine de l'intellect possible unique et séparé.

Mais si *Donna me prega* – et on revient ainsi à notre point de départ – n'est pas une *canzone* averroïste et si son auteur (passionné de philosophie et de science de la nature, « aristotélicien », certes, mais non pas averroïste au sens strict du terme) ne l'est pas non plus, comment doit-on lire les deux passages de la *Commedia*, *Inferno*, X et *Purgatorio*, XXV, qu'on interprète, le plus souvent, à la lumière de l'averroïsme de Guido ?

La réponse à une telle question ne nécessite pas de longs discours. En ce qui concerne le chant X de l'*Enfer*, il faut reconnaître que si Guido n'a pas été averroïste, le lien entre le dogme des épicuriens, « *che l'anima col corpo morta fanno*[54] », et la philosophie de Cavalcanti ne peut que s'affaiblir.

D'ailleurs, si l'on s'interroge sur ce que les sources médiévales entendent par épicurisme, force est de constater que ni les sources philosophiques, ni les non philosophiques (chroniques, encyclopédies, manuels et florilèges scolaires)

---

54. Comme on le souligne souvent, la formulation dantesque du dogme dérive, probablement, de la glose de Servius à *Énéide*, IV, 34 : « dicit autem secundum Epicureos, qui animam cum corpore dicunt perire ». Au Moyen Âge, une telle définition est reprise, entre autres, par Isidore de Séville.

n'associent l'épicurisme à l'averroïsme[55]. Pour les maîtres de la seconde moitié du XIIIe siècle, l'épicurisme désigne une variété de positions, qui correspondent plus ou moins à l'exaltation non vulgaire du plaisir et à la dévalorisation de la providence divine (éventuellement jusqu'à la négation de la mortalité de l'âme)[56]. Et ce n'est pas un hasard si Albert le Grand qualifie d'épicurien, en particulier, Alexandre d'Aphrodise, défenseur d'une thèse impie, celle de la matérialité de l'intellect, qu'Averroès lui-même a réfutée par des arguments décisifs[57].

---

55. Cela a été remarqué par G. Padoan, « Il Canto degli Epicurei », *Convivium*, XXVII (1959), p. 12-39, ici p. 17. Sur l'image d'Épicure et des épicuriens au Moyen Âge, voir l'étude récente de A. Robert, « Épicure et les épicuriens au Moyen Âge », *Micrologus*, XXI (2013), *The Medieval Legends of Philosophers and Scholars*, p. 3-46, à consulter aussi pour d'ultérieures références bibliographiques. Cf. enfin Z. G. Baranski, « The Ethics of Ignorance : Petrarch's Epicurus and Averroës and the Structure of the *De sui ipsius et multorum ignorantia* », *in* M. McLaughlin et L. Panizza (éd.), *Petrarch in Britain. Interpreters, Imitators, and Translators over 700 Years*, Oxford, Oxford University Press, 2007, p. 39-59.

56. Cf. Alberti Magni, *De causis et processu universitatis a prima causa*, éd. W. Fauser, Münster, Aschendorff, 1993, p. 7-8 ; S. Thomae Aquinatis, *Summa contra Gentiles*, lib. 3, cap. 95 n. 16. Cf. également Hélinand de Froidmont, *Chronicon* : « Hactenus de dictis eius laudabilibus : erravit autem in multis plusquam omnes alii philosophi. Nam putavit Deum res humanas non curare, sed ociosum esse et nichil agere. Dixitque voluptatem summum bonum esse ; et animas cum corporibus interire. Primo errori respondet Seneca in libro quarto *De Beneficiis* et Lactanctius in libro *De Opificio corporis humani*. Secundo respondet Tullius in libro *De Officiis* et Ambrosius in libro eiusdem tytuli et Augustinus in libro *De Civitate Dei*. Tertio respondet idem Cicero in libro *De Senectute* et in libro *De Re publica* et in *Tusculanis* » (je tire cette citation de Robert, *Épicure et les épicuriens*, cit., p. 25, n. 56).

57. Alberti Magni, *De natura et origine animae*, éd. Geyer, Münster, Aschendorff, 1955, p. 25, l. 30-35 : « Hic autem solus [*scil.* Alexander] ex schola Peripateticorum degenerans pravas intelligentias sequens transit ad Epicurum, optimum hominis et id quod solum in tota natura generabilium divinum est, corporale esse dicens et formam harmonicam cum corporis dissolutione perituram » ; cf. aussi p. 24, l. 78-83 : « Alexander autem Peripateticus Graecus, cuius doctrinam multi de Peripateticorum schola sequuntur, solus inter philosophos animam rationalem concedit perire pereunte corpore, eo quod ipse dicit intellectum esse formam harmonica, quae ex complexione elementorum educitur per generationem. » Le rôle décisif qu'Averroès joue dans la lutte contre le matérialisme d'Alexandre est reconnu, par exemple, dans *De anima*, éd. cit., p. 183, l. 14-22 : « Et haec rationes Averrois contra Alexandrum sunt tenendae ; quia absque dubio Alexander, licet in multis bene dixerit, tamen in hac materia peius omnibus determinantur, et sequitur ex dicto eius animam perire cum corpore et animam alterari cum corpore alterato, et multa alia, quae absurdissima sunt. Propter quod abicienda est penitus ista sententia, tamquam error pessimus, ex quo sequitur destructio totius nobilitatis et perpetuitatis animae intellectivae. » Enfin, Albert souligne à maintes reprises que l'idée de l'existence d'un principe spirituel et éternel en mesure de survivre à la dissolution de la matière est commune à toute l'école péripatéticienne, y compris Averroès (cf. par exemple *De natura et origine animae*, éd. cit., p. 36 et *Problemata determinata*, éd. Weisheipl, p. 49).

Quant à l'autre genre de sources, il suffit de rappeler que Salimbene de Parme, dans sa *Cronica* – qui a profondément inspiré la représentation des épicuriens chez Dante, y compris l'inclusion, parmi eux, de l'empereur Frédéric II[58] –, considère *comme* épicurien, en général, celui qui, conscient que rien ne dure et que tout est destiné à mourir, estime que les plaisirs de cette vie, et en particulier ceux de la chair, représentent le plus grand bien que l'homme puisse atteindre. L'empereur Frédéric et les savants de son entourage, affirme Salimbene, « crurent qu'il n'y avait pas d'autre vie que la vie présente, afin de pouvoir s'adonner plus librement à leurs misérables plaisirs charnels (*crediderunt quod non esset alia vita nisi presens, ut liberius carnalitatibus suis et miseriis vacare possent*)[59] ». L'épicurisme que Dante met en scène sert principalement à saisir cette dimension existentielle. Celle-ci est tout de même épurée, grâce à une conscience philosophique accrue (fort

58. Salimbene d'Adam, *Cronica*, II (a. 1250-1287), éd. G. Scalia, Turnhout, Brepols, 1999, p. 537. Sur la représentation des épicuriens chez Dante, cf. G. Stabile, « Epicurei in Dante », *in Id., Dante e la filosofia della natura. Percezioni, linguaggi, cosmologie*, Florence, Edizioni del Galluzzo, 2007, p. 317-327.

59. *Cronica*, éd. cit., p. 539. Et aux p. 537-538 : « Erat enim epycurus [*scil.* Fridericus] et ideo quicquid poterat invenire in divina Scriptura, per se et sapientes suos, quod faceret ad ostendendum quod non esset alia vita post mortem totum inveniebat », en renvoyant à Eccl., 48, 12 : « Nos vita vivimus tantum, post mortem autem non erit tale nomen nostrum », et à Eccl. 3, 19-22 : « Unus est interitus hominis et iumentorum, et equa utriusque conditio. Sicut moritur homo, sic et illa moriuntur. Similiter spirant omnia, et nichil habet homo iumento amplius. Cuncta subiacent vanitati et omnia pergunt ad unum locum. De terra facta sunt et in terra pariter revertentur. Quis novit si spiritus si spiritus filiorum Adam ascendat sursum et si spiritus iumentorum descendet deorsum ? Et deprehendi nichil esse melius quam letari hominem in opere suo, et hanc esse partem illius. Quis enim eum adducet ut post se futura cognoscat ? ». Cf. aussi Isidore de Séville, *Etymologiarum siue Originum*, VIII, vi, 15 : « Diuisi sunt autem et hi in haeresibus suis, habentes quidam nomina ex auctoribus, ut Platonici, Epicurei, Pythagorici : alii a locis conuenticulorum et stationum suarum, ut Peripatetici, Stoici, Academici. [...] Epicurei dicti ab Epicuro, quodam philosopho amatore uanitatis, non sapientiae, quem etiam ipsi philosophi porcum nominauerunt, quasi uolutans in caeno carnali, uoluptatem corporis summum bonum adserens ; qui etiam dixit nulla diuina prouidentia instructum esse aut regi mundum. Sed originem rerum atomis, id est insecabilibus ac solidis corporibus adsignauit, quorum fortuitis concursionibus uniuersa nascantur et nata sint. Adserunt autem Deum nihil agere : omnia constare corporibus : animam nihil aliud esse quam corpus. Vnde et dixit : "Non ero, posteaquam mortuus fuero" » ; Papias, *Elementarium doctrinae erudimentum*, Venetiis, 1491, f. 54va : « Epicurei dicti ab Epicuro : quem ipsi philosophi porcum nominaverunt quasi voluptatem, hic enim voluptatem corporis summum bonum asserabat. Nulla enim providentia instructum esse mundum, nec omnia constare corporibus ; animam vero nihil esse nisi corpus dicebat. Epicurus epikuros latine auxiliator. »

probablement en raison de la lecture du *De finibus*), de ses aspects les plus vulgairement hédonistes et sensuels, et elle vise plutôt à définir une position « existentielle » en contradiction avec les principes de la foi chrétienne (de ce point de vue, la présence d'un souverain-philosophe tel que Frédéric II dans ce secteur du cercle des hérétiques est emblématique). Si Farinata et Cavalcante se trouvent parmi les épicuriens, ce n'est pas parce qu'ils ont été gibelins ou *patarini* ou autre, mais parce que pour Dante ils ont professé, avec « *più di mille* », le dogme de la mortalité de l'âme[60]. Néanmoins, ce n'est pas sur cela, ce n'est pas sur le dogme en tant que tel, que Dante, en brossant le portrait moral et psychologique des deux personnages, souhaite insister ; il met plutôt en relief leur absolutisation de la perspective terrestre, qui dans les sources émerge, comme on l'a dit, en tant qu'attitude typique de l'épicurien (voilà pourquoi Pierre de Jean Olivi qualifie l'épicurien d'hérétique et d'infidèle en même temps[61]). Des passions terrestres, très nobles et humaines en soi, mais qui sont placées au-dessus de toute chose et sont nourries de façon exclusive, en dehors d'une perspective chrétienne (ce qui fait que, si on perd ces biens, tout est perdu) : le combat politique et le patriotisme chez le chef gibelin ; l'amour pour son fils et l'orgueil démesuré pour les capacités intellectuelles de celui-ci chez Cavalcante. Complètement subjugués par la force de ces passions, ces deux gentilshommes n'ont connu que l'horizon de la finitude, si bien qu'ils sont restés indifférents, on peut le supposer, aux promesses de la foi (une indifférence qui se manifeste même en Enfer, dans le détachement hautain de Farinata envers sa peine). Et si l'on veut attribuer à Guido aussi, ce qui est

60. Cela a été souligné par A. Frugoni dans celle qui est, à mon avis, l'une des lectures les plus intelligentes d'*Inferno* X (1967). On peut la lire dans Frugoni, *Incontri nel Medioevo*, introduction de R. Manselli, Bologne, Il Mulino, 1979, p. 369-88, p. 374 pour la remarque en question.

61. Pierre de Jean Olivi, *Lectura super Ecclesiasten*, Rome, éd. J. Schlageter, 2003, I, 2, 113 : « Epicuri autem utroque modo errant, quia non solum affectualiter et sensualiter hoc estimant, immo etiam certitudinaliter asserunt, non esse aliam hominis felicitatem, et ideo sunt heretici et infideles. »

douteux, l'épicurisme de son père, on pourra concevoir un tel épicurisme non pas comme un athéisme « rigoureux[62] », mais comme le résultat d'une recherche intellectuelle qui, bien que conduite par un *ingegno* hors du commun (et Dante lui-même veut que, à travers la question de Cavalcante, une telle excellence émerge et soit mise en relief), n'a jamais dépassé les limites de la science naturelle, en restant dédaigneusement dépourvue de toute aspiration religieuse.

On ne peut aller plus loin, et notre déduction pourrait déjà se révéler hasardeuse. Ce qui est incontestable, c'est que les vers célèbres sur le *disdegno*, quelle que soit leur signification exacte, sanctionnent une extranéité délibérée de Guido, qu'il soit « épicurien » ou non, aux valeurs du voyage salvateur. Ce qui n'est pas rien, en réalité, et qui suffit à nous faire lire dans la bonne perspective, c'est-à-dire celle d'un désaccord de nature idéologique, le contraste entre les deux poètes.

Enfin, en ce qui concerne la réprobation de la doctrine averroïste de la séparation substantielle de l'intellect possible, rejetée comme erronée dans le XXVe chant du *Purgatoire*, elle doit valoir pour ce qu'elle est : ce n'est ni plus ni moins que la déclaration, par ailleurs très respectueuse (Stace qualifie Averroès de *savant* [*savio*] et il ne faut pas oublier que celui-ci se trouve avec Aristote et d'autres savants parmi les *esprits magnanimes* [*spiriti magni*] des Limbes[63]), que cette doctrine n'est pas conforme à la vérité. La sentence de Stace rejette donc la thèse, mais n'efface pas l'admiration pour le philosophe qui l'a proposée, et, surtout, n'implique aucune polémique avec Cavalcanti qui, si notre reconstitution est correcte, n'a jamais adhéré au monopsychisme.

---

62. Cf. Z. G. Baranski, « Guido Cavalcanti and his first readers », *in* M. L. Ardizzone (éd.), *Guido Cavalcanti tra i suoi lettori*, Fiesole, Cadmo, 2003, p. 149-175, p. 175 et M. Grimaldi, « L'incredulità di Cavalcanti », *Filologia e Critica*, 38 (2013), p. 3-32.

63. Comme l'a judicieusement remarqué Padoan, « Il Canto degli epicurei », *op. cit.*, p. 18. Cette interprétation est réaffirmée, en polémique avec Rocco Montano, in R. Montano-G. Padoan, « Per l'interpretazione del canto degli epicurei », *Convivium*, n.s. VI (1960), p. 707-728, ici p. 716-717.

Il n'y a rien d'autre à observer. Peut-être objectera-t-on que, si l'on accepte une telle conclusion, les raisons du « mépris (*disdegno*) » de Guido et de sa rupture avec Dante, que depuis longtemps nous avons l'habitude d'attribuer à la foi averroïste de l'auteur de *Donna me prega*, perdent de leur clarté. Pour expliquer ces raisons, on ne pourra qu'évoquer à nouveau la vague incompatibilité entre une approche chrétienne, toute projetée vers l'au-delà, et une approche tendant, au contraire, à rechercher dans la nature les fondements terrestres de la grandeur humaine (correspondant en l'occurrence, comme on peut le supposer, à un idéal de perfection intellectuelle). Mais cela ne peut représenter une perte que pour ceux qui estiment que les meilleures hypothèses, les hypothèses préférables, sont celles qui expliquent tout et non pas celles qui expliquent tout ce qu'il est possible d'expliquer, en évitant d'entraîner par la force vers la lumière, une lumière de toute évidence éblouissante, ce qui par nature se refuse à sortir de l'ombre.

UN AVERROÏSME MÉDICAL ? CAVALCANTI ET DANTE FACE À LA PASSION AMOUREUSE[1]

Aurélien Robert
(CNRS)

Dante, dit-on, aurait critiqué l'averroïsme de Cavalcanti dans les chants X de l'*Enfer* et XXV du *Purgatoire*. Par ce geste, il s'en prendrait même à une forme radicale de cette doctrine, joignant à la thèse de l'intellect unique et séparé une approche naturaliste et pour ainsi dire médicale de l'homme. Autrement dit, l'intellect ne faisant plus partie intégrante de l'homme, l'individu deviendrait un simple corps, dont la pensée se trouverait réduite à la sensation, à l'imagination et à des jugements encore immergés dans le sensible. Dans le débat qui les oppose, la passion amoureuse viendrait jouer le rôle de révélateur des liens qui scellent – ou non – le corps et la pensée. Cavalcanti le pessimiste, le poète de la douleur, tendrait à considérer cette passion comme une prison pour l'âme sensible, entièrement attachée au corps. De cette emprise, l'homme ne saurait donc se libérer par l'intellect, qui est séparé de l'individu et incapable

1. Mes remerciements vont à Jean-Baptiste Brenet, Paolo Falzone, Gaia Gubbini, Irène Rosier-Catach et Rafaella Zanni pour les remarques qu'ils m'ont adressées au cours de la rédaction de cet article.

d'agir sur ses passions. Dante, au contraire, serait le poète des possibles métamorphoses d'Amour. Chez lui, la passion amoureuse peut, et doit même, être transcendée intellectuellement, par la philosophie d'abord, puis par l'amour et la contemplation de Dieu.

Étrange averroïsme, observera-t-on, que celui qui entérine cette toute-puissance de la passion, alors que la plupart des averroïstes parisiens du XIIIe siècle prônaient plutôt « la fuite et la mortification des passions ou, si l'on préfère, le contrôle de la raison[2] ». De ce point de vue, lequel de Dante ou de Cavalcanti était le plus proche des sectateurs parisiens d'Ibn Rushd ? L'ambiguïté tient ici à une dualité interne à la question noétique : d'un côté, la possibilité d'une union, d'une jonction entre les hommes et l'intellect unique, condition du bonheur intellectuel ; de l'autre, leur séparation essentielle et ses effets délétères sur l'homme-corps, isolé en quelque sorte de sa pensée. La critique de Dante viserait seulement le second aspect, conséquence possible d'une interprétation forte de l'anthropologie d'Averroès. C'est ainsi que Bruno Nardi présentait la célèbre chanson *Donna me prega* : « Cavalcanti dit précisément cela : l'amour n'est pas une faculté de l'âme, mais dérive de cette faculté, la cogitative, qui est la forme et la perfection substantielle de l'homme, comme on le voit, précisément, chez les averroïstes[3] ». Reprenant cette intuition, Maria Corti[4] a cru identifier chez Cavalcanti la reprise d'un commentaire parisien au traité *De l'âme* d'Aristote, l'anonyme de Giele[5], que le savant polonais Zdislav Kuksewicz situait « à l'extrême gauche » de l'averroïsme, en raison de sa radicalité[6]. Pour lui,

2. A. de Libera, *Penser au Moyen Âge*, Paris, Seuil, 1991, p. 203.

3. B. Nardi, « Notarella polemica sull'averroismo di Guido Cavalcanti », *Rassegna di filosofia*, vol. III, fasc. I (1954), p. 47-71, p. 69.

4. M. Corti, « Una diagnosi dell'amore », *in Scritti su Cavalcanti e Dante*, Turin, 2003, p. 9-41.

5. Anonyme de Giele, *Quaestiones de anima*, in *Trois commentaires anonymes sur le traité de l'âme d'Aristote*, éd. M. Giele, F. Van Steenberghen, B. Bazán, Louvain, Publications universitaires / Paris – Béatrice-Nauwelaerts, 1971, p. 12-120.

6. Z. Kuksewicz, *De Siger de Brabant à Jacques de Plaisance. La théorie de l'intellect chez les averroïstes latins des XIIIe et XIVe siècles*, Wroclaw-Varsovie-Cracovie, Ossolineum, 1968, p. 66.

comme pour Cavalcanti, les individus fourniraient à l'intellect séparé les images dont il a besoin pour penser ; l'intellect, en retour, n'aurait rien d'autre à offrir qu'une pensée générale, abstraite, laissant les hommes à leurs passions trop humaines.

Dès lors que l'homme est défini comme un simple « corps cogitant[7] », susceptible d'être malade, physiquement et moralement, le discours médical offre un point de vue anthropologique d'une puissance inédite. C'est là, en effet, un autre élément de la poésie de Cavalcanti qui a attiré l'attention de plusieurs commentateurs depuis Bruno Nardi lui-même[8], jusqu'aux travaux de Massimo Ciavolella[9], Giorgio Agamben[10], Enrico Fenzi[11] et Natascia Tonelli[12]. Cet arrière-plan médical de la chanson fut d'ailleurs reconnu dès le Moyen Âge, notamment par le médecin florentin Dino del Garbo, grand initiateur d'une lignée de commentaires savants sur *Donna me prega*[13]. Giovanni Bocaccio, qui a copié ce commentaire de sa main, le considérait comme une référence incontournable, non seulement pour lire le texte de Cavalcanti, mais plus encore pour comprendre ce qu'est l'amour, en général[14]. La question se pose donc de savoir si cette analyse médicale de l'amour vient confirmer, voire renforcer l'anthropologie prétendument averroïste de Cavalcanti.

7. Selon la belle expression utilisée par Jean-Baptiste Brenet depuis son *Transferts du sujet : la noétique d'Averroès selon Jean de Jandun*, Paris, Vrin, 2003.

8. B. Nardi, « L'amore e i medici medievali », *in Id.*, *Saggi e note di critica dantesca*, Milan-Naples, Ricciardi, 1966, p. 238-267.

9. M. Ciavolella, *La malattia d'amore dall'Antichità al Medioevo*, Rome, Bulzoni, 1976.

10. G. Agamben, *Stanze*, Paris, Rivages, 1998 (version originale publiée en 1977).

11. E. Fenzi, *La canzone d'amore di Guido Cavalcanti e i suoi antichi commenti*, Gênes, Il Melangolo, 1999.

12. N. Tonelli, « Lirica d'amore e scienza. *De Guidone de Cavalcantibus physico* », *in Id.*, *Fisologia della passione. Poesia d'amore e medicina da Cavalcanti a Boccaccio*, Florence, Sismel, 2015, p. 3-70.

13. Le texte latin est édité et traduit en italien par Enrico Fenzi, *La canzone d'amore di Guido Cavalcanti e i suoi antichi commenti*, *op. cit.*, p. 86-174.

14. Giovanni Bocaccio, *Teseida*, Glossa a VII, 50, éd. A. Limentani, in *Tutte le opere*, éd. V. Branca, vol. II, Milan, Mondadori, 1992 (1re édition en 1964), p. 222 : « Il quale amore volere mostrare come per le sopradette cose si generi in noi, [...] chi desidera di vederlo, legga la canzone di Guido Cavalcanti *Donna me priega, etc.* e le chiose che sopra vi fece Maestro Dino del Garbo. »

De prime abord, ce rapport étroit entre poésie, philosophie et médecine peut sembler incongru aujourd'hui. Il reflète pourtant un milieu intellectuel singulier, propre à l'Italie des XIIIe et XIVe siècles[15], où nombre de savants se mêlent de poésie, qu'ils soient astrologues, tel Cecco d'Ascoli, juristes, comme Cino da Pistoia, ou encore médecins, comme à Florence, où ce phénomène social et culturel s'exprime de façon particulièrement forte, de sorte que l'on y voit fleurir des débats poétiques entre médecins. Qu'il suffise ici de mentionner les poèmes sur la nature de l'amour de trois médecins florentins contemporains de Guido Cavalcanti : Maestro Francesco da Firenze, Maestro Rinuccino da Firenze et Maestro Pietro Torrigiano[16]. Les médecins lisaient et écrivaient des poèmes, les poètes, de leur côté, n'avaient aucun mal à utiliser les théories médicales de leur temps. Quant à la philosophie d'Averroès et de ses sectateurs latins, elle était connue dans le nord de l'Italie, y compris des médecins. La liste des œuvres contenues dans la bibliothèque du médecin bolonais Tommaso d'Arezzo en 1286 atteste en effet de la présence des textes de Siger de Brabant et de Boèce de Dacie[17]. Par ailleurs, dès les années 1270, le grand médecin Taddeo Alderotti – lequel, rappelons-le, figure au Paradis dans la *Commedia* – évoque avec précision la théorie averroïste de l'intellect unique et séparé dans son commentaire à l'*Isagoge* de Iohannitius[18]. S'il se garde bien de juger de la véracité de cette thèse, il ne donne cependant aucun argument contre elle et se contente

---

15. Voir E. Coccia et S. Piron, « Poésie, sciences et politique. Une génération d'intellectuels italiens (1290-1330) », *Revue de synthèse*, t. 129, 6e série, n° 3 (2008), p. 1-38.

16. Pour Maestro Francesco, voir S. Lubello dans *I poeti della scuola siciliana*, vol. III, Milan, Mondadori, 2008, p. 362, 393 et 417. Pour Maestro Rinuccino, voir S. Carrai, *I sonetti di Maestro Rinuccino da Firenze*, Florence, Accademia della Crusca, 1981, p. 11-19. Pour Pietro Torrigiano, auteur d'un influent commentaire au *Tegni* de Galien, voir F. Catenazzi, « Per maestro Torrigiano da Firenze », *Rivista di letteratura italiana*, VI (1988), p. 265-273 et S. Gentili, *L'uomo aristotelico : alle origini della letteratura italiana*, Rome, Carocci, 2005, p. 201-216.

17. Cf. A. Antonelli, « Un processo bolognese del 1286 contro il magister Tommaso d'Arezzo », *Per leggere*, 8/15 (2008), p. 5-13.

18. Taddeo Alderotti, *Expositio in subtilissimum Isagogarum Joannitii libellum*, Venise, 1527, ff. 360rb-361rb.

de mentionner sa condamnation par les autorités religieuses. Qu'ajouter de plus, sinon que la ville de Bologne, à laquelle Cavalcanti était lié, si l'on en croit la dédicace du traité sur le bonheur de Iacopo da Pistoia, devint rapidement un haut lieu de l'averroïsme au tournant du XIIIe et du XIVe siècle ? Or les philosophes qui composaient cette école averroïste bolonaise étaient aussi médecins, comme Angelo d'Arezzo, Taddeo da Parma, Mayno de Maineri, Giacomo da Piacenza ou encore Antonio da Parma[19]. Ce dernier, qui rencontra probablement Dante à Vérone aux côtés de Cangrande della Scala, illustre à lui seul cette grande porosité entre averroïsme et médecine. Ainsi que le rappelle Zdislav Kuksewicz, Antonio da Parma « identifie l'homme au corps humain et fonde donc l'union entre l'intellect et l'homme (corps individuel) sur les matériaux de la connaissance – l'espèce intelligible qui unit ces deux objets séparés[20] ». C'est en effet ce que l'on peut lire dans ses ouvrages philosophiques – parmi lesquels ses *Dubia et remotiones circa intellectum possibilem et agentem*[21] ou sa *Quaestio de unitate intellectus*[22] –, mais aussi dans ses œuvres médicales, comme son commentaire au *Canon* d'Avicenne, rédigé dans les années 1310 à Bologne[23].

Ces divers aspects de la pensée cavalcantienne, ainsi que leur contexte, semblent pointer vers un « averroïsme

---

19. Pour la biographie et la production de ces auteurs, voir Z. Kuksewicz, *De Siger de Brabant à Jacques de Plaisance. La théorie de l'intellect chez les averroïstes latins des XIIIe et XIVe siècles*, *op. cit.* ; D. Buzzetti, M. Ferriani, A. Tabarroni (éd.), *L'insegnamento della logica a Bologna nel XIV secolo*, Bologne, Istituto per la storia dell'Università, 1992, p. 607-616.

20. Z. Kuksewicz, *De Siger de Brabant à Jacques de Plaisance*, *op. cit.*, p. 157.

21. Ce texte est transcrit dans sa quasi-intégralité dans le livre de Z. Zuksewicz, *De Siger de Brabant à Jacques de Plaisance*, *op. cit.*, p. 262-276. Voir aussi l'étude récente de D. Calma, *Études sur le premier siècle de l'averroïsme latin. Approches et textes inédits*, Turnhout, Brepols, 2011, p. 313-332.

22. La *quaestio de unitate intellectus* d'Antonio da Parma est contenue dans un manuscrit de Budapest, dont on trouvera une description dans la *Bibliothèque de l'École des Chartes*, 28, 1877, p. 493.

23. Antonio da Parma, *Super Canonem Avicennae*, I, 1, ms. BAV, Vat. Lat. 4452, f. 46 va : « Unde dicebat Averroys in 3° *De anima* quod ymaginatio, extimatio et memoria simul invicem coadiuvant, ut representent ydolum intellectui possibili et agenti ; virtus enim ista, scilicet intellectiva, secundum Aristotelem nec nobis cuniuncta est ex parte corporis, nec ex parte animae, sed ex parte cognitionis specierum. »

médical », pour reprendre une formule d'Ernest Renan[24]. Mais il convient de préciser cette catégorie, très vague chez Renan, lequel se contente d'affirmer que « les médecins forment, à cette époque, dans le nord de l'Italie, une classe riche, indépendante, mal vue du clergé, et qui paraît avoir eu en religion des opinions assez libres », avant d'ajouter que « médecine, arabisme, averroïsme, astrologie, incrédulité devinrent des termes presque synonymes[25] ». Bien entendu, cette description n'est pas sans rappeler l'association de Guido Cavalcanti avec les épicuriens « qui font mourir l'âme avec le corps » au chant X de l'*Enfer*, affiliation qui devait conforter, dès le XIVe siècle, son image d'un poète flirtant avec le matérialisme et l'athéisme. Giovanni Bocaccio nous rappelle d'ailleurs la popularité de ce jugement : alors qu'il était l'un des plus grands philosophes de son temps, écrit-il, l'opinion vulgaire voulait que Cavalcanti ait eu pour unique dessein de montrer que Dieu n'existait pas[26]. C'est encore ainsi qu'il est présenté par Anatole France dans la nouvelle qu'il lui consacre dans *Le Puits de sainte Claire*[27]. Pourtant, selon la brève reconstruction historiographique esquissée plus haut, la philosophie de Cavalcanti paraît plus complexe, puisqu'elle associerait à une vision certes matérialiste et médicale de l'individu une noétique d'inspiration averroïste qui sépare radicalement l'intellect unique et commun de l'individu. On ne trouve pourtant aucune trace chez lui des autres thèses généralement associées à l'averroïsme[28] : rien sur la négation de la providence, sur

---

24. E. Renan, *Averroès et l'averroïsme*, Paris, 1862, chap. III, ii : « Averroisme médical. Pierre d'Abano ».

25. *Op. cit.*, p. 327-328.

26. G. Bocaccio, *Decameron*, Giornata VI, novella 9, éd. V. Branca, Milan, Mondadori, 1985, p. 537 : « [...] egli fu un de' miglior loici che avesse il mondo e ottimo filosofo naturale [...] e per ciò che egli alquanto tenea della opinione degli epicuri, si diceva tralla gente volgare che queste sue speculazioni erano solo in cercare se trovar si potesse che Iddio non fosse ».

27. A. France, « Messer Guido Cavalcanti », dans *Id.*, *Le Puits de sainte Claire*, Paris, Calmann-Lévy, 1895, p. 49-69.

28. Voir la mise au point historiographique de Luca Bianchi, « L'averroismo di Dante : qualche osservazione critica », *Le tre corone*, II (2015), p. 71-109.

l'éternité du monde, sur une éventuelle double vérité. Rien non plus d'explicite sur l'unicité de l'intellect. Resterait donc l'averroïsme médical, comme reflet, en négatif, de sa théorie de l'intellect séparé.

Sur quels arguments textuels repose l'attribution à Cavalcanti de cet averroïsme d'extrême gauche ? Les exégètes s'arrêtent principalement sur deux passages de la deuxième *stanza* de *Donna me prega* : le premier semble affirmer que l'intellect est éternel (*risplende in se perpetual effetto*), éternité qui pourrait impliquer sa séparation et son unicité ; le second, tout aussi bref, explique que l'amour provient de l'âme sensible et non de la raison (*non è vertute, ma da quella vène / perfezione (che sse pone tale) / non razionale, ma che sente, dico)*. Depuis Bruno Nardi, on a cru lire dans ces quelques vers l'affirmation que l'âme sensible serait l'unique perfection substantielle de l'homme, sa forme propre, à l'exclusion de l'intellect, séparé de l'individu[29].

Dans les pages qui suivent, nous esquisserons les premiers linéaments d'une interprétation moins forte de *Donna me prega*. Selon nous, l'enjeu de la *canzone* se situe exclusivement du côté de la médecine et de la philosophie naturelle, sans qu'il soit nécessaire de supposer son adhésion à une quelconque forme d'averroïsme, y compris ce que nous avons appelé « averroïsme médical ». En cela, rien de nouveau, dira-t-on. Certains débats philosophiques et médicaux contemporains de Cavalcanti ont toutefois échappé à la critique et permettent de rendre plus clairs certains passages difficiles du poème. En les intégrant à l'interprétation médicale du poème, nous pourrons faire apparaître plus clairement la présence paradoxale d'Averroès. Car c'est d'abord en tant que médecin que le philosophe de Cordoue apparaît dans le poème, non en tant que philosophe. De plus, même de ce point de vue strictement

29. Voir la présentation très claire de Jean-Baptiste Brenet dans *Averroès l'inquiétant*, Paris, Les Belles Lettres, 2015, p. 41-49. Dans une note, l'auteur précise que « du point de vue strictement philosophique, en considérant l'averroïsme pour lui-même », il proposerait « une autre lecture ».

médical, notre poète s'écarte volontiers du Commentateur sur des points importants.

L'ambition de Donna me prega

La chanson, on le sait, répond à une demande de Guido Orlandi, qui lui fut adressée dans un sonnet intitulé *Onde si move, e donde nasce amore ?* Littéralement : où se meut et d'où naît l'amour ? Le poème d'Orlandi est une longue litanie de questions : quel est le propre de l'amour ? Où se loge-t-il ? Est-ce une substance ou un accident ? Est-il dans la mémoire ? Est-il causé par les yeux ou par le désir ? D'où provient la fureur qui l'accompagne ? Cavalcanti répond effectivement à la plupart des attentes de son contemporain, en modifiant toutefois l'ordre des questions.

D'emblée, il affirme que l'amour est un accident, non une substance. Il ne s'agit pas seulement ici de refuser une trop grande réification, voire une personnification d'Amour, faisant de lui une substance[30], mais aussi de ranger l'amour parmi les « accidents de l'âme ». Terme technique de la médecine médiévale, les *accidentia animae* forment une sous-catégorie des « choses non naturelles », qui regroupent l'âge, le climat, les aliments, le sommeil et la veille, l'exercice et les accidents de l'âme, c'est-à-dire les émotions telles que la peur, la tristesse, la colère ou la joie[31]. Autant de composants qui peuvent affecter l'équilibre des « choses naturelles », à savoir le mélange des éléments, la complexion, et les tempéraments du corps. Ces deux catégories se distinguent d'une troisième, celle des « choses contre nature », c'est-à-dire les maladies. À strictement parler, donc, affirmer que l'amour est un accident de l'âme revient à dire qu'il ne s'agit pas d'abord d'une maladie,

---

30. Unique précaution prise par Dante dans la *Vita nova*, XXV, Milan, BUR, 2002, p. 61.

31. Sur ces distinctions, voir L. García-Ballester, « On the Origin of the "six non-natural things" in Galen », *in* J. Kollesch, (éd.), *Galen und das Hellenestische Erbe*, Stuttgart, D. Nickel, 1989, p. 105-115.

mais d'un simple dysfonctionnement de la faculté de l'âme sise dans un organe du corps et qui en affecte l'équilibre[32]. Par sa trop grande intensité, cette passion peut toutefois devenir maladive, dans ses symptômes comme dans ses effets. Elle est parfois si violente, si intense, écrit Cavalcanti, qu'on l'appelle « amour » (v. 2-3 : *che sovente – è fero / ed è sì altero, – ch'è chiamato 'amore'*)[33]. Ce qu'il faut rechercher, pour le médecin comme pour le poète, c'est donc l'origine et les effets de cet accident de l'âme qui tourne mal.

Une fois l'objet du poème établi, Cavalcanti précise sa méthode et le plan de la chanson. Il convient d'abord, écrit-il, de se tourner vers le discours savant (v. 5 : *Ed a presente – canoscente – chero*), et plus particulièrement vers la philosophie naturelle, fondement de la médecine théorique.

(v. 8-14)
che senza – natural dimostramento
/ lequel [accident], sans démonstration de philosophie naturelle
non ho talento – di voler provare
/ je n'ai l'intention de vouloir prouver
là dov'e' posa e chi lo fa creare,
/ où il repose, et ce qui l'engendre [seconde strophe]
e qual sia sua vertute e sua potenza,
/ à quelle faculté il appartient et quelle est sa puissance [troisième]
l'essenza – poi e ciascun movimento,
/ puis son essence et chacun de ses mouvements [quatrième]
e 'l piacimento – che 'l fa dire 'amare',
/ et le plaisir qui le fait dire "aimer" [cinquième]
e s'omo per veder lo pò mostrare.
/ Et si l'on peut le montrer à la vue [cinquième]

32. On trouve la même précision chez le médecin Arnaud de Villeneuve dans les années 1280, *Tractatus de amore heroico*, éd. M. McVaugh, *in Arnaldi de Villanova Opera medica omnia*, vol. III, Barcelone, 1985, p. 45 : « Amor igitur, cum non sit mala dispositio membri sed potius nociva seu mala actio virtutis operantis in organo que causetur ex eiusdem dispositione contraria, dicetur proprie accidens et non morbus. »

33. Nous citons ici l'édition de référence établie par G. Inglese et R. Rea (*Rime*, Rome, Carocci, 2011). Nous choisirons parfois les leçons de l'édition de L. Cassata (*Rime*, Anzio, De Rubeis, 1993), qui a l'avantage de donner l'apparat critique. Cette dernière édition se trouve en regard du texte français dans la traduction de D. Robert (Éditions Vagabonde, 2012). Pour les citations longues, nous donnons nos propres traductions.

Le sommaire est clair : où réside l'amour, quelle est sa cause, quelle est la faculté de l'âme qui est affectée, quels sont ses effets, son essence et ce qui est mû par lui dans le corps ? Quel est son rapport au plaisir et, enfin, peut-il être connu par les sens ? Les vers jugés proches de l'averroïsme appartiennent principalement à la seconde et à la troisième strophe.

Dès la seconde, en effet, débute la description du parcours de la forme sensible de l'être aimé dans les différentes fonctions de l'âme. S'interrogeant sur le lieu où repose cet accident (*là dov'e' posa*), Cavalcanti commence par le dernier des sens internes selon la division avicennienne : la mémoire (v. 15-16 : *in quella parte – dove sta memora / prende suo stato*). Le simple souvenir de l'être aimé agit en moi, même après sa disparition, grâce à l'image que j'ai conservée de lui. La chanson part donc de la mémoire pour revenir, en amont, à la forme sensible transmise des sens externes – ici la vue – puis aux sens internes, et plus particulièrement à la fonction estimative, où une *intentio* est repérée dans l'image (v. 21 : *Ven da veduta forma che s'intende*), puis, en aval, à l'intellect possible (v. 22-23 : *che prende nel possibile intelletto / come in subietto, loco e dimoranza*). C'est bien le parcours de la forme sensible qui est ici décrit, non celui de l'amour en tant que tel. La forme n'est que l'occasion de la passion, non la passion elle-même. La question est justement de savoir à quelle étape elle est susceptible de l'engendrer.

Avant d'en venir à la fin de la seconde strophe, où il est explicitement question de l'intellect, arrêtons-nous sur ses premiers vers : tel le diaphane par rapport à la lumière, le mal d'amour serait comme une obscurité venue de Mars (v. 16-18 : *sì formato – come diaffan da lume, – d'una scuritate / la qual da Marte – vène, e fa demora*). Certains commentateurs ont vu dans ces vers une nouveauté, voire une originalité, teintée d'astrologie et de médecine[34]. D'autres voient dans l'évocation répétée du thème de l'obscurité une référence cryptée au grand commentaire d'Averroès au troisième livre du *De anima*[35]. Ce passage est assurément médical et Averroès y est bien présent, à l'arrière-plan. Mais c'est dans ses œuvres médicales qu'il faut chercher la source du discours de Cavalcanti sur l'obscurité, non dans ses commentaires philosophiques. C'est même, plus précisément, le débat entre Averroès et Avicenne qui nous permet de saisir le sens de ce leitmotiv.

Idées noires et tempérament colérique

Commençons par la première référence à la lumière, au diaphane et à l'obscurité dans la seconde strophe. Comment comprendre l'association apparemment incongrue de l'obscurité et de Mars ? Le commentaire de Dino del Garbo n'est pas d'une grande aide sur ce point : la dérive maladive de la passion

34. Voir par exemple E. Savona, *Per un commento a* Donna me prega *di Guido Cavalcanti*, Rome, Edizioni dell'Ateneo, 1989, p. 25-33.

35. Cette lecture a été proposée par Giorgio Agamben dans une conférence intitulée « Le propre du fantasme : Cavalcanti et Averroès », prononcée au Collège de France le 13 mai 2015, et visible à ce jour à l'adresse suivante : http://www.college-de-france.fr/site/alain-de-libera/studyday-2015-05-13-17h15.htm. Cette allusion implicite se révélerait à la lecture parallèle de la cinquième *stanza* (v. 63-64, 67-68 : *E' non si pò conoscer per lo viso / compriso : – bianco in tale obietto cade ; [...] For di colore, d'essere diviso, / assiso – in mezzo scuro, luce rade*), qui serait une paraphrase d'Averroès. Voir Averroès, *Commentarium magnum in Aristotelis De anima libros*, éd. F. S. Crawford, Cambridge (MA), The Medieval Academy of America, 1953, p. 461-463. Selon Agamben, ce texte d'Averroès affirme que la connaissance intellectuelle des ténèbres étant une connaissance par privation, connaître l'obscurité de l'amour par l'intellect, non par les sens, reviendrait nécessairement à connaître quelque chose de positif (on ne connaît le noir que comme privation du blanc, l'obscurité comme privation de la lumière). Il y aurait donc quelque chose d'éminemment positif derrière cette référence à l'obscurité : en connaissant intellectuellement l'obscurité de l'amour, on connaît positivement quelque chose de sa lumière. Or l'intention de ce texte d'Averroès est plutôt de montrer que l'intellect n'est pas lui-même une pure privation, puisqu'il connaît des objets contraires. Parfois il connaît un objet positivement et son contraire par privation (pour cela, voir J.-B. Brenet, *Les Possibilités de jonction. Averroès – Thomas Wylton*, Berlin-Boston, Walter de Gruyter, 2013, p. 28). Par ailleurs, cette interprétation n'éclaire pas vraiment le reste de la chanson, puisqu'elle gomme l'aspect négatif de l'expérience amoureuse, omniprésent dans *Donna me prega*, et perd le sens de la comparaison entre le diaphane et l'obscurité (l'amour n'est pas l'obscurité ; cette dernière n'est que le milieu, la disposition à l'amour maladif).

amoureuse repose sur certaines dispositions du corps contractées à la naissance sous l'influence des astres ; or, certains astrologues affirmeraient que l'action de Mars associée à celle de Vénus engendre chez certains individus une tendance aux plaisirs vénériens et à la luxure, composants essentiels du mal d'amour selon les médecins[36]. Séduit par l'apparente simplicité de l'explication, Giovanni Bocaccio la reprend littéralement à son compte dans les gloses de sa *Teseida*[37]. Ce n'est pas le cas, en revanche, du rival de Dino del Garbo, l'astrologue Cecco d'Ascoli. Dans l'*Acerba*, son grand poème didactique, il s'attaque à Cavalcanti sur ce point précis, en louant au passage Dante pour s'être tu sur ce sujet (III, v. 28-30 : *Errando scrisse Guido Cavalcanti [...]. Qui ben mi spiego lo tacer di Danti*)[38]. Pour Cecco, les effets de Mars sont uniquement liés à la colère et à la guerre. Cet astre, conclut-il, éteint l'amour, il ne l'engendre pas. C'est une cause purement négative ou privative :

(III, v. 31-42)
Donna mi prega perch'io debba dire,
[« Dame me prie pour que je veuille dire »]
Dimostra che l'amor muove da Marte,
[démontre que l'amour vient de Mars]
Dal qual procede l'impeto con l'ire,
[d'où provient la violence, ainsi que la colère]
[...]
Non è effettivo agente quel che priva :
[Ce qui prive n'est pas une cause efficiente]
Dunque la Marte non puo' per suo lume
[donc Mars, par son rayon lumineux, ne peut]
Formare amore in animal che viva.
[former l'amour dans un animal vivant]

---

36. Dino del Garbo, *Scriptum super cantilena Guidonis Cavalcantibus*, éd. E. Fenzi, *in La Canzone d'amore di Guido Cavalcanti e i suoi antichi commenti*, Gênes, Il Melangolo, 1999, p. 96.

37. Voir l'analyse de J. Usher, « Bocaccio, Cavalcanti's Canzone 'Donna me prega' and Dino's Glosses », *Heliotropia*, 2/1 (2004), lisible sur le site http://www.brown.edu/Departments/Italian_Studies/heliotropia/02-01/usher. shtml.

38. Nous donnons le texte consultable sur le site de la Biblioteca dei Classici Italiani édité par G. Bonghi (http://www.classiciitaliani.it/index134.htm) avec notre traduction.

L'antiche prove degli eccelsi ditti
[Pour preuve, les excellents écrits des anciens]
Spogliano Marte di costal costume,
[privent Mars de tels [effets sur les] mœurs]
Ché tien di guerra gli atti circoscritti.
[lui qui ne se rapporte qu'aux actes de guerre]

La critique s'entend, mais elle passe sous silence le lien établi avec la noirceur. Suivons une autre piste. N'est-il pas opportun de rapprocher cette « obscurité » de la bile noire des mélancoliques, comme le suggérait Bruno Nardi[39] ? Dans ce cas, que faire de Mars, traditionnellement associée au tempérament colérique et à la bile rouge ?

Une telle association de la mélancolie et de la colère n'est pas d'une absolue nouveauté, puisqu'on la trouve chez le jeune Dante, à l'époque où il fréquentait Cavalcanti. Dans les *Rime* qu'il rédige depuis son plus jeune âge, sonnets et chansons défendent parfois des positions assez proches de celles de son « premier ami[40] ». Qu'il suffise ici de mentionner cette prière de Dante : « Guido, je voudrais que toi, Lapo et moi soyons pris par un enchantement et mis en un vaisseau qui à tout vent allât par mer à votre vouloir et au mien » (v. 1-4 : *Guido, i' vorrei che tu e Lapo ed io / fossimo presi per incantamento / e messi in un vasel ch'ad ogni vento / per mare andasse al voler vostro e mio*). Cette amitié libre et enchantée se reflète, en négatif, dans le contenu parfois sombre de leurs poèmes. Comment ne pas voir la grande proximité entre les deux poètes dans la chanson « Lo doloroso amor che mi conduce », lorsque Dante offre un long récit de l'obsession et de la douleur amoureuse, apparemment sans espoir de salut final[41] ? C'est toutefois dans le sonnet « Un dí si vene a me Malinconia » que se trouve une clef de lecture commune à nos deux poètes. Dante

39. B. Nardi, « Notarella polemica sull'averroismo di Guido Cavalcanti », art. cit., p. 60-61.

40. Nous renvoyons à l'édition de Carlo Giunta : Dante, *Rime*, Milan, Mondadori, 2014. Pour la traduction française, voir Dante, *Rimes*, trad. J. Risset, Paris, Flammarion, 2014.

41. Voir à ce propos le commentaire de Carlo Giunta, p. 177-186.

y décrit Mélancolie arrivant aux côtés de Douleur et Colère (v. 4 : *Dolore ed Ira per sua compagnia*), toutes trois suivies de près par Amour qui entre en scène, tout de noir vêtu, pour annoncer au narrateur que sa dame se meurt (v. 8-9, 13-14 : *guardai e vidi Amore che venia / vestito di nuovo d'un drappo nero / [...] Ed el rispose : « Io ho guai e pensero, / ché nostra donna muor, dolce fratello »*).

Dante ne mentionne pas Mars dans ce sonnet, et lorsqu'il décrit Amour comme une force du ciel dans la chanson « Amor, che movi tua vertù da cielo », il l'identifie à une puissance solaire qui dissipe l'obscurité (v. 5 : *e com'el fuga oscuritate e gelo*). Aucune contradiction ici : que l'amour soit solaire par nature n'empêche aucunement que la mélancolie, la colère et la douleur viennent obscurcir la transparence première du cœur. Comme Dante l'explique lui-même dans le septième sonnet de la *Vita nova*, l'amour offre parfois à l'amant une obscure qualité (*l'oscure qualità ch'Amor mi donna*)[42]. Le commentaire qui accompagne ce sonnet précise ce qu'il entend par cette « obscure qualité » : la douleur qu'il éprouve lorsque sa mémoire met en mouvement son imagination (*molte volte io mi dolea, quando la mia memoria movesse la fantasia ad imaginare quale Amore mi facea*) ; la petite mort qu'il subit dès lors que sa vie se résume à la pensée obsessionnelle de l'être aimé (*Amore spesse volte di subito m'assalia sì forte, che 'n me non rimanea altro di vita se non un pensero che parlava di questa donna*) ; enfin, la bataille qui le ronge et le pousse, avec son visage pâle, sans couleurs, à chercher sa dame des yeux (*quando questa battaglia d'Amore mi pugnava così, io mi movea quasi discolorito tutto per vedere questa donna*). La similitude avec *Donna me prega* est ici frappante.

Certes, l'amour voilé par l'ombre de Mélancolie, malmené par Colère et Douleur, ne décrit qu'un état transitoire chez Dante. Tout l'effort de la *Vita nova*, et plus encore de la *Commedia*, consiste précisément à détailler les conditions

42. Dante Alighieri, *Vita nova*, XVI, p. 37.

de son dépassement. Chez Cavalcanti, au contraire, cet état paraît insurmontable. Il s'établit, prend demeure, au point que le lecteur en vient à douter de la possibilité même d'un amour pleinement lumineux. Vrai, à moins que *Donna me prega* ne décrive pas l'amour en général, mais seulement la dégradation de cet accident de l'âme, lequel, dans certaines conditions, devient maladif. Après tout, Cavalcanti ne dit-il pas à la fin de la chanson qu'en l'amour réside la possibilité d'une récompense (*che solo di costui nasce mercede*) ? La différence entre nos deux poètes tient moins au diagnostic général qu'à la nature du remède préconisé.

Quoi qu'il en soit pour l'instant, Guido précise bien la cause de l'arrivée de la colère et de cette guerre intestine : Mars, origine de la réduction, voire de la privation de la lumière de l'amour. Contrairement au diaphane, qui est actualisé par la lumière, la mélancolie amoureuse fait tomber un voile sombre sur les fonctions de l'âme qui constituent le milieu pour cet accident et le champ de bataille de sa colère guerrière. D'où l'omniprésence des connotations martiales chez Cavalcanti : on lit à plusieurs reprises le terme *battaglia* dans le sonnet « L'anima mia vilment'è sbigotita » et la chanson « Io non pensava che lo cor giammai », et dans la chanson « Poi che di doglia cor conven ch'i porti », il est même question d'une *guerra* dans le cœur.

Cette association poétique, apparemment commune à la fin du XIIIe siècle, trouve sa raison d'être dans un débat médical sur le rôle de l'obscurité et de la colère dans la mélancolie articulé autour des points de vue opposés d'Avicenne et d'Averroès. Elle s'inscrit aussi, cela va de soi, dans le cadre des discussions médiévales sur l'*amor hereos*, nom latin du mal d'amour, dans la mesure où ce dernier est souvent rapproché de la mélancolie. Rappelons, en effet, que dans le *Viaticum peregrinantis*, adaptation latine du *Zād al-musāfir* du médecin Ibn al-Jazzār (mort en 979), Constantin l'Africain définissait l'*amor hereos*, comme une maladie du cerveau liée à un intense désir sexuel, lui-même issu de la nécessité d'évacuer la bile noire présente dans le corps[43]. Quant à Avicenne, dans la première fen du troisième livre du *Canon* consacrée aux maladies de la tête, il considère l'*amor hereos* comme une passion mélancolique liée à une atteinte physique du cerveau. Il s'agit, précise-t-il, d'un « tourment mélancolique, semblable à la mélancolie, dans lequel l'homme est amené de lui-même, dans l'instant, à une excitation de la pensée dirigée vers la beauté de certaines formes et figures qui sont en lui[44] ». Parmi les sens internes sis dans le cerveau, la faculté estimative est la fonction la plus atteinte, celle qui permet de juger l'objet sensible sous un angle favorable ou défavorable, plaisant ou déplaisant.

Ces deux définitions du mal d'amour sont les plus répandues au Moyen Âge, mais il en est une autre, moins célèbre : celle d'Averroès. Dans son commentaire au *Poème de la médecine* d'Avicenne, traduit de l'arabe en 1284 par Armengaud Blaise à Montpellier, il affirme que l'*amor hereos* n'est pas une passion mélancolique, mais une maladie (*morbus*) liée à une complexion colérique[45]. D'où cette question chez les médecins-philosophes latins : si le mal d'amour est seulement « semblable à la mélancolie », comme le dit Avicenne, ne faudrait-il pas le rapprocher, comme le suggère Averroès, du tempérament colérique ?

À vrai dire, avant même que le texte d'Averroès soit disponible en latin, certains médecins se demandaient déjà si l'*amor hereos* se rapporte plutôt à une complexion colérique ou à une complexion mélancolique. C'est le cas de Pierre d'Espagne, qui commente à deux reprises le *Viaticum* de Constantin l'Africain dans les années 1250 à Sienne. Sans renoncer à faire de la mélancolie un élément fondamental

43. Le texte est édité dans M. F. Wack, *Lovesickness in the Middle Ages. The Viaticum and its Commentaries*, *op. cit.*, p. 187-193.

44. Avicenne, *Canon*, III, 1, 4, 22, Venise, 1520, f. 90rb : « Hec egritudo est solicitudo melancholica similis melancholie in qua homo sibi iam induxit incitationem cogitationis sue super pulchritudine quarundam formarum et figurarum que insunt ei. »

45. Averroès, *Cantica Avicennae cum eiusdem Averrois commentariis*, Part. II, Tract. II, Venise, 1552, p. 135b : « Amor vero ereos est morbus animalis contingens cum complexione corporis, unde patientes hunc morbum sunt valde cholerici. »

de cette passion, il admet que la stimulation sexuelle excessive provient d'une complexion chaude, pareille à celle des colériques et des sanguins[46]. Malgré sa brièveté, l'explication suggère que lorsque l'humeur mélancolique existe en trop grande quantité et qu'elle est chauffée (*melancolia adusta*), la complexion du corps ou de la partie touchée se rapproche d'une complexion colérique[47]. Les effets de ce défaut dans la complexion du corps, et plus spécifiquement du cerveau, sont donc à la fois semblables à ceux de la mélancolie et de la colère. Dans la seconde version de son commentaire, il attribue cette position à Avicenne lui-même : « Avicenne appelle cette passion un tourment mélancolique en raison des accidents qui en découlent ; car s'ils n'atteignent pas l'être aimé, ils deviennent par suite colériques[48]. » Autrement dit, la colère, tempérament du corps et accident de l'âme, monte et s'échauffe tant que le désir n'est pas assouvi. On retrouve une idée semblable dans la *Determinatio de amore hereos* de Gérard de Solo, dans laquelle il précise que ce mal touche d'abord les jeunes colériques, en raison de leur plus grand désir et de leur imagination débordante[49].

Ce désaccord entre Avicenne et Averroès fournit un premier éclairage sur la chanson *Donna me prega*. Contrairement à Averroès, Cavalcanti fait de ce mal un accident et non une maladie. De plus, s'il concède la proximité entre passion amoureuse et tempérament colérique, en raison de l'action de Mars, il suit cependant Avicenne en faisant de la mélancolie le substrat initial de la dérive de ce simple accident de l'âme. Mais le débat entre Averroès et Avicenne ne s'arrête pas là. Ils s'opposent aussi à propos de la nature même de la mélancolie.

---

46. Pierre d'Espagne, *Quaestiones super Viaticum (version A)*, éd. F. M. Wack, *Lovesickness in the Middle Ages...*, p. 220.

47. *Ibid.*, p. 222.

48. Pierre d'Espagne, *Quaestiones super Viaticum (version B)*, éd. F. M. Wack, *Lovesickness in the Middle Ages...*, p. 234.

49. Gérard de Solo, *Determinatio de amore hereos*, éd. F. M. Wack, *in* « Gerard of Solo's *Determinatio de amore hereos* », *Traditio*, 45 (1989-1990), p. 147-166 (en particulier p. 164).

Dans le bref chapitre *De melancholia* du livre III du *Canon*, Avicenne explique que la mélancolie dévie les jugements et les pensées de leur cours naturel, en raison d'une complexion singulière, propre aux mélancoliques, qui entraîne une modification au niveau du cerveau et de ses opérations[50]. Reprenant une définition classique depuis Hippocrate, Avicenne distingue la mélancolie de la folie (*mania*) par l'effroi (*timor*) et la tristesse qui accompagnent ces pensées anormales[51]. La complexion mélancolique, précise-t-il, à la suite de Galien, rend craintif (*timidum*) en raison des ténèbres qu'elle contient, de la noirceur de la bile, qui nous inspirent crainte et inquiétude à la manière des ténèbres extérieures[52]. Nous aurions donc peur de notre obscurité intérieure. Dans son traité sur la mélancolie, Ishaq Ibn Imran (xe siècle), traduit en latin par Constantin l'Africain, ira même jusqu'à dire que l'imagination des mélancoliques est obscurcie (*obscuratur*) et qu'elle provoque des visions d'individus noirs (*individua nigra*)[53].

Dans son *Colliget*, traduit à Padoue en 1285[54], Averroès critique sévèrement cette analogie entre l'extériorité et l'intériorité. Il ne nie pas qu'une complexion mélancolique puisse entraîner des craintes sans cause, de la tristesse et même la peur de choses impossibles[55]. Il est vrai, continue-t-il, qu'une fois

---

50. Avicenne, *Canon*, III, fen 1, traité 4, chapitre 18, Venise, 1520, f. 84rb : « Dicitur melancolia mutatio existimationum et cogitationum a cursi naturali ad corruptionem et ad timorem et ad malitiam propter complexionem melancolicam facientem sylvestrem spiritum cerebri interius et facientem ipsum timidum propter tenebras ipsius sicut tenebre extrinsece sollicitant et timere faciunt (...). » On trouve exactement la même idée chez Galien, *Des lieux affectés*, III, IX, in *Œuvres de Galien*, Paris, J.-B. Baillère, 1856, vol. II, p. 568-569.

51. Pour une brève histoire de cette définition, voir Jean Starobinski, *L'Encre de la mélancolie*, Paris, Seuil, 2012, p. 19-52 en particulier.

52. Voir le texte cité dans la note 50.

53. Constantin l'Africain, *De melancholia libri duo*, éd. H. Garbers, Hambourg, H. Buske, 1977, p. 107 et 120.

54. Sur la datation de cette traduction, voir J. Chandelier, « Le *Colliget* d'Averroès en latin, ses manuscrits et leurs lecteurs », à paraître dans les actes du colloque *From Cordoba to Cologne. Transformation and Translation, Transmission and Edition of Averroes's Works* organisé à Cologne, les 25-28 octobre 2011.

55. Averroès, *Colliget*, Venise, 1574, f. 56r : « Sed corruptio, que accidit his virtutibus propter complexionem melancholicam, est cum timore, qui fit sine causa, et cum malis cogitationibus, et tristitia, et timore rerum impossibilium. » Pour une analyse de ces passages légèrement

affectée par les accidents de l'humeur colérique, la mélancolie s'accompagne de mœurs vulgaires, de dépravation, et cela en raison de la complexion obscure de la mélancolie[56]. Mais, selon lui, on ne peut en aucun cas attribuer la cause de ces états à la noirceur de la bile, comme le suggèrent nombre de médecins depuis Galien. Car aucune couleur, pas même le noir, ne peut affecter les puissances de l'âme[57]. Ceux qui affirment cela, écrit Averroès, ne font que « prononcer des paroles de chansons (*verba cantionum*)[58] » ! Si l'obscurité blesse, ce ne peut être que par privation du visible, c'est-à-dire de la lumière. L'âme ne voyant pas dans le corps, elle ne saurait être terrorisée par cette nuit intérieure.

Le *Colliget* d'Averroès connut un succès immédiat dès sa traduction, mais n'était pas commenté dans les facultés des arts et de médecine italiennes, contrairement au troisième livre du *Canon* d'Avicenne. Malheureusement, nous avons conservé peu de commentaires sur la première fen consacrée aux maladies de la tête : celui de Niccolò Bertruccio (né à la fin du XIIIe siècle, mort en 1347) sous forme de notes et celui de Gentile da Foligno (vers 1280-1348). Par chance, ce dernier cite les opinions d'auteurs antérieurs dans un *dubium* sur le rôle de l'obscurité et de la couleur noire dans la mélancolie. Gentile da Foligno y mentionne les positions de deux illustres prédécesseurs : Mondino de'Liuzzi, né à Bologne dans les années 1270 d'une famille d'origine toscane, proche de Fiduccio Milotti da Certaldo, un ami de Dante ; et Alberto de Zancari da Bologna, déjà *doctor physicae* en 1310, célèbre protagoniste de la dixième nouvelle de la première journée du

---

différente, voir S. Gentili, « La malinconia nel Medioeva = dal "Problema" 30. 1 di Aristotele a "Donna me prega" di Cavalcanti », *Bolletino di italianistica*, VII, n° 2 (2010), p. 156-170.

56. Averroès, *Colliget*, f. 56r : « Et quando utitur melancholia, et fiunt accidentia cholere in ipsa, tunc convertitur homo ad ferinos mores, et omnes motus ipsius sunt pravi et timorosi ; et hec impressio fit in anima propter complexionem obscuritatis melancholie. »

57. Averroès, *Colliget*, f. 56r-v : « Sed nigredo ejus non est causa hujus, sicut dicunt medici, quia color non est causa substantialis ad corrumpendas virtutes anime, sed hec causa provenit ab una specie male complexionis, sicut alie egritudines. »

58. Averroès, *Colliget*, f. 56v : « Et qui dicunt quod anima terretur propter humorem melancholicum nigrum, sicut terretur homo in obscuro, dicunt verba cantionum. »

Decameron de Boccaccio (*che in Bologna fu un grandissimo medico e di chiara fama quasi a tutto 'l mondo)* et *reportator* du commentaire au *Canon* d'Avicenne de l'averroïste Antonio da Parma[59].

Le premier *dubium* est organisé à la manière d'une brève question disputée, où s'opposent Galien et Avicenne d'un côté, Averroès de l'autre. Lorsque Gentile da Foligno résume les arguments du *Colliget*, il explique que la couleur, en tant que telle, ne saurait être la cause de la corruption des facultés de l'âme, « car il ne semble pas que la couleur puisse agir autrement que sur la vue ou le diaphane [...], comme le dit Aristote dans le second livre du *De anima* et le Commentateur au commentaire 67[60] ». Autrement dit, l'obscurité ne peut être la cause par soi de la crainte éprouvée par les mélancoliques. Dans le noir, il n'y a rien d'autre qu'une privation du sensible, privation qui ne peut être une cause positive de la peur et ne peut intervenir à l'intérieur, puisqu'il n'y a pas de vision interne du corps par lui-même[61].

Gentile détaille ensuite deux solutions possibles. La première tente de mettre d'accord Averroès et Galien en interprétant les propos d'Avicenne en un sens faible : l'obscurité peut être considérée comme une cause accidentelle ou mieux comme un simple signe de la maladie, tel un symptôme visible uniquement par ses effets seconds[62].

---

59. Pour plus de renseignements sur ces personnages, voir D. Buzzetti, M. Ferriani, A. Tabarroni (éd.), *L'insegnamento della logica a Bologna nel XIV secolo, op. cit.*, p. 607 et 615.

60. Gentile da Foligno, *Super Canonem Avicennae*, III, 1, 4, 18, Venise, 1520, f. 84va : « (...) quia color non videtur quod possit agere nisi in visum sive diaphanum ; hec enim est propositio per se in secundo modo : color est visibilis, ut Aristotles 2 *De anima* et Commentator commento 67. »

61. *Ibid.* : « Et arguit sic : in obscuro non advenit nisi privatio sensati sensu visus, scilicet privatio visibilis ; sed privatio visibilis non facit timorem ; ergo obscuritas per se non est causa timoris, sed solum causa privationis visibilis a sensu visus. »

62. *Ibid.* : « Eodem modo tenebrositas et nigredo in melancholia non est causa lesionis actus cogitative virtutis, unde sequatur timor vel tristitia, sed est signum modi complexionis improportionate pro operatione anime cogitative et estimative, unde sequitur iudicium erroneum, ut timeatur quod non est timendum et tristetur quis de quo non est tristandum ; et hoc est quod Avicenna dicit : melancholia est mutatio etc. ad timorem propter complexionem melancholicam. »

La seconde solution est défendue par Mondino de' Liuzzi et Alberto da Bologna (ou de Zancari), lesquels s'opposeraient plus directement à Averroès. Sans reprendre l'analogie de Galien, le premier soutient que l'obscurité mélancolique est bien la cause du trouble de la pensée, parce que dans ces conditions, l'image (*species*) n'est pas reçue convenablement, via le *spiritus*, dans les facultés sensibles, comme c'est le cas en pleine lumière[63]. Le second défendrait une thèse semblable, en insistant toutefois sur le rôle de la complexion[64]. À vrai dire, ce n'est pourtant pas exactement ce que l'on peut lire dans le commentaire d'Alberto da Bologna au *De accidenti et morbo* de Galien. Sa position, plus complexe, s'inscrit dans un questionnement plus large sur les pouvoirs causaux des objets sensibles par l'intermédiaire des formes ou images (*species*) reçues dans l'âme[65]. Après avoir distingué les différents modes d'être de la *species*, en s'appuyant sur le commentaire d'Averroès au *De sensu et sensato*, il explique les degrés d'actions de l'image en fonction de son statut ontologique, selon qu'elle est plus ou moins matérielle, ou purement intentionnelle[66]. Il en vient ensuite à la question de la force respective du brillant (*splendidus*) et du sombre (*nigrum*). Car, outre la métaphore de la peur des ténèbres intérieures, Galien affirmerait que le noir affecte moins les organes que

---

63. *Ibid.* : « Secunda solutio est in qua reprobatur Averroes et est bipartita. Una que vult ostendere quod tenebrositas melancholie et per consequens spiritus melancholici est causa nocumenti cogitative. Et ratio est, quia tenebrositas sive nigredo est causa quod species que in spiritu recipiuntur non recipiuntur sub forma convenientis et iuvativi, sed sub forma inconvenientis et horrendi et nocitivi, sicut luciditas est causa receptionis sub forma iuvativi et convenientis ; ergo tenebrositas sive nigredo spiritus est causa timoris, sed luciditas est causa gaudii. Et per hanc responsionem que fuit olim Mundini. »

64. *Ibid.* : « Albertus 5 *De accidenti et morbo* in fine conatur salvare causam medicorum et causam Averrois. Vult enim quod tam complexio debita quam luciditas et claritas spiritus sit causa bone receptionis sub forma iuvativi. Similiter complexio et tenebrositas sunt causa receptionis sub forma nocitivi. »

65. Alberto de Zancari da Bologna, *De accidenti et morbo*, ms. BAV, Reg. Lat. 2000, ff. 53vb-54rb : « Sed est dubium, quia dictum Galeni hic non videtur verum, quia nullum intentionale potest esse causa alicuius realis, cum effectus sit proportionatus cause. [...] Sed hic est prima dubitatio : quis color magis noceat visui an splendidus an nigrum. »

66. Sur cette théorie, voir J.-B. Brenet, « Du corporel au spirituel. Averroès et la question du sens agent », *Freiburger Zeitschrift für Philosophie und Theologie*, 61 (2014/1), p. 19-42.

le blanc et le brillant. Alberto da Bologna se demande donc ce qui, du brillant ou de l'obscur, nuit plus à l'œil. L'argument principal est ici que la vue est plus semblable à la lumière qu'à l'obscurité, puisque la vue est, comme le diaphane, mise en acte par la lumière. Le splendide participe donc plus à la « diaphanéité » que le sombre (*splendidus participat dyaphaneitate et luce [...] nigrum valde modico dyaphano et lucido participat*). Pour cette raison, la noirceur peut corrompre l'opération d'une faculté sensible, toute corruption se produisant par l'action des contraires. Le texte d'Alberto da Bologna cité par Gentile da Foligno ne porte donc pas sur l'action causale de la noirceur mélancolique, mais seulement sur l'action de l'obscurité sur les sens externes. Il confirme simplement, par la bande, une partie de la thèse de Mondino de' Liuzzi : que l'obscurité n'agit pas à l'intérieur du corps parce que l'âme n'y voit rien.

Il y eut apparemment peu de véritables défenseurs d'Averroès à l'époque de Cavalcanti et de Dante, pas même Alberto da Bologna, proche collaborateur du radical Antonio da Parma. Les médecins ont plutôt cherché à concilier le *Colliget* et le *Canon*, en attribuant à Avicenne les mérites d'avoir perçu la complexité du mal d'amour. Écrivant au moment même où les œuvres médicales d'Averroès étaient traduites en latin, Guido Cavalcanti s'inscrit probablement dans une démarche similaire. Obscurité venue de Mars, milieu sombre contraire au diaphane, l'accident de l'âme qui découle de cette complexion singulière est en partie semblable à la bile noire des mélancoliques, en raison de la peur qu'elle entraîne (v. 47 : *e la figura con paura storna*)[67], en partie au tempérament colérique par l'intense désir qui l'accompagne et la guerre qui s'engage entre le corps et l'esprit, entre le désir et ses limites (v. 43-45 :

67. La peur est omniprésente dans les poèmes de Cavalcanti. Dans le sonnet « Li mie' foll'occhi che 'n prima sguardo », il évoque la terreur du cœur (*per che Sospiri e Dolor' mi pigliaro / vedendo che Temenza avea le core*) ; dans la chanson « Io non pensava che la cor giammai », il dit être empli de peur (*e son pien' di paura*) ; et dans le sonnet « S'io prego questa donna che Pietate », son âme est douloureuse et craintive (*L'anima mia dolente e paurosa*).

L'essere è quando – lo voler è tanto / ch'oltra misura – di natura – torna : / poi non s'adorna – di riposo mai).

Qu'en est-il de la cinquième strophe, dans laquelle Cavalcanti revient sur la lumière et l'obscurité, en tentant de répondre à la question de la possibilité d'une connaissance sensible de cet accident (v. 14 : *e s'omo per veder lo pò mostrare*) ? De prime abord, ces vers ne sont pas incompatibles avec le *Colliget* d'Averroès : on ne connaît pas le mal d'amour par la vue (v. 63 : *E' non si pò conoscer per lo viso*). Mais c'est là sans doute la seule concession faite au philosophe de Cordoue. Car l'invisibilité de l'amour vient de l'obscurité qui l'entoure, de la privation du visible, non de notre incapacité essentielle à voir dans le corps, puisque sans blancheur, sans couleur même, sis dans ce milieu obscur, l'amour malade ferait disparaître la lumière (v. 62-68 : *compriso : – bianco in tale obietto cade ; [...] / For di colore, d'essere diviso, / assiso – in mezzo scuro, luce rade*). D'un bout à l'autre du poème, l'obscurité est non seulement considérée comme un symptôme, mais aussi comme une des causes de cet accident de l'âme. Aussi la chanson paraît-elle souvent plus proche d'Avicenne que d'Averroès dans le débat qui les oppose. De ce point de vue, l'écart le plus marquant avec Averroès réside dans la pleine acceptation de la force évocatrice et poétique des ténèbres intérieures, de ces *verba cantionum* décriés par l'auteur du *Colliget*. Autrement dit, si Cavalcanti fonde en partie son discours sur les œuvres médicales d'Averroès, cela ne suffit pas à faire de lui un défenseur de l'averroïsme médical tel que nous l'avons défini plus haut.

Pouvoir des images et impuissance de l'intelligible

Revenons au parcours de la forme sensible de l'être aimé, la *veduta forma*, dans les différentes puissances de l'âme. Cette forme, nous dit Cavalcanti, *s'intende*, elle est comprise, elle devient une *intentio*. Ensuite seulement « elle prend dans l'intellect possible, comme dans un sujet, lieu et place » (v. 22-23 : *che prende – nel possibile intelletto, / come in subietto, – loco e dimoranza*). Dans l'âme sensible, la forme visible passe dans les sens internes, où elle est traitée par diverses fonctions – que Cavalcanti ne précise pas vraiment – et notamment par la faculté estimative, dont la fonction est, selon Avicenne, de saisir en elle une *intentio*. À ce stade, il paraît difficile d'affirmer que Cavalcanti suit Avicenne et non Averroès. La différence entre ces deux auteurs, en dehors du nombre des sens internes, concerne précisément le passage du corporel à l'intentionnel. Pour Averroès, la forme est progressivement dématérialisée, elle devient de plus en plus spirituelle ou intentionnelle par le simple fait de passer d'une fonction de l'âme à une autre. De son côté, Avicenne considère l'*intentio* comme un regard, voire un jugement jeté sur l'image. Dans ce cas l'image et l'*intentio* appartiennent à des ordres différents, l'une ne dérive pas de l'autre par un processus physique. En tout cas, la forme passée au crible de la cogitative (Averroès) ou l'*intentio* perçue par l'estimative (Avicenne) s'installe dans la mémoire, dernière cellule du cerveau. Parallèlement, l'image poursuit d'une certaine manière son chemin jusque dans l'intellect possible. Aucune inconséquence dans ce double arrêt de la forme, puisqu'elle est multipliée, sans jamais être vraiment la même selon la faculté où elle se trouve. Son statut ontologique varie, de même que son action. Dans les sens internes, logés dans le cerveau, elle agit sur le corps, mais une fois dans l'intellect elle n'a plus aucune puissance sur le corps (v. 24 : *in quella parte mai non ha posanza*)[68]. Devenue « espèce intelligible », la forme perd son pouvoir causal. La raison de cette impotence de la forme nous est donnée au vers suivant : la forme présente dans l'intellect ne descend pas des qualités sensibles (v. 25 : *perché da qualitate non descende*).

68. Deux manuscrits donnent *pesanza*, mais cela ne change pas fondamentalement notre interprétation.

Depuis Dino del Garbo, les commentateurs considèrent que le sujet de la première affirmation est l'amour – l'amour n'a pas de puissance – tandis que le sujet de la seconde serait l'intellect – l'intellect ne provient pas des qualités, puisqu'il est sans mélange, séparé du corps et de la matière. Suggérons une autre interprétation : et si le sujet était dans les deux cas la forme ? La forme intelligible, dans l'intellect, n'aurait pas de pouvoir causal sur le corps du fait qu'elle n'entretient plus le même rapport ontologique aux qualités sensibles dont elle est issue (*da qualitate non descende*). Une telle explication paraît justifiée au regard d'un important débat sur la causalité des espèces sensibles et intelligibles sur le corps[69].

Philosophes et médecins contemporains de Cavalcanti s'interrogeaient en effet sur un même problème : une forme (*species*) dans l'âme, sentie, imaginée ou pensée, peut-elle altérer le corps, le modifier qualitativement ? Tout commence avec une observation empirique et banale : il suffit parfois de penser à quelque chose pour que des effets physiques se manifestent immédiatement dans le corps. Et cela ne vaut pas simplement pour les mouvements volontaires, qui ont cristallisé l'opposition séculaire entre monisme et dualisme, mais aussi pour les mouvements involontaires. J'ai une pensée honteuse, et mes joues écarlates me trahissent. J'ai peur, en imaginant quelque chose d'effrayant, et ma main se met à trembler, sans que je puisse exercer sur elle un quelconque contrôle. Que se passe-t-il alors ? Par quelles voies la simple apparition d'une représentation dans l'esprit – une *species* – cause-t-elle des effets sur mon corps, parfois même indépendamment de ma volonté ? On l'aura compris, les effets de la passion amoureuse illustrent parfaitement ce phénomène : il suffit que je voie, imagine l'être aimé ou m'en souvienne pour que mon corps s'agite malgré moi.

---

69. Nous avons déjà analysé une partie de ce débat dans A. Robert, « Dino del Garbo et le pouvoir de l'imagination sur le corps », *Archives d'histoire doctrinale et littéraire du Moyen Âge*, 81 (2014), p. 139-195.

Les médecins étaient particulièrement sensibles à ce problème en raison des applications possibles de ces mécanismes psycho-physiques. Avicenne et surtout Qusṭā ibn Lūqā considéraient en effet qu'une simple pensée pouvait guérir le corps. La confiance accordée au médecin, par exemple, ou l'espoir de la guérison permettraient de soigner le corps, grâce à l'action de la parole et des images suscitées dans l'esprit du patient[70]. Il est remarquable que les références mobilisées par les philosophes et les médecins étaient les mêmes, à savoir le traité *Sur le mouvement des animaux* (*De motu animalium*) d'Aristote et le traité *De l'âme* d'Avicenne. Pour Aristote, les formes, qu'elles soient senties, imaginées, remémorées ou pensées intellectuellement, peuvent altérer le corps. Ces formes dans l'âme agissent parce qu'elles conservent un peu du pouvoir causal de ce qu'elles représentent : « l'imagination et la pensée ont la puissance de leurs objets. D'une certaine manière, en effet, la forme, représentée par la pensée, du chaud ou du froid, ou de l'agréable ou de l'effrayant, possède effectivement la qualité de chacun des objets considérés, c'est pourquoi l'on tremble et l'on a peur à leur seule pensée[71] ». La version latine du *De motu animalium* est encore plus explicite sur la possibilité d'une action de la *species intellecta* sur le corps[72]. Au chapitre suivant, Aristote précise toutefois que le principe du mouvement, qu'il soit volontaire ou involontaire, repose principalement sur la manière de se représenter ce que nous désirons ou dédaignons. Les commentateurs médiévaux s'interrogeaient donc sur l'agencement de

70. Sur ce point voir A. Robert, « Le pouvoir des incantations selon les médecins médiévaux (xiiie-xve s.) », *in* N. Bériou, J.-P. Boudet et I. Rosier-Catach (éd.), *Le Pouvoir des mots au Moyen Âge*, Turnhout, Brepols, 2014, p. 459-489.

71. Aristote, *De motu animalium*, 7, 701b17-701b23, trad. P.-M. Morel, Paris, Garnier-Flammarion, 2013, p. 64-65.

72. *Ibid.*, 701b 16-23, éd. P. De Leemans, *Aristoteles latinus*, XVII 2.II-III, Turnhout, 2010 (consulté sur la base Brepolis) : « Alterant autem fantasie et sensus et meditationes. Sensus enim statim sunt alterationes quedam existentes, fantasia autem et *intelligentia* habent rerum virtutem. Aliquo enim modo *species intellecta* calidi aut frigidi aut delectabilis aut tristabilis talis existit qualis quidem et rerum unaqueque ; propter quod tremunt et timent *intelligentes* solum. Hec autem omnia passiones et alterationes sunt » (nous soulignons).

ces divers éléments : une forme sensible, une passion, un désir, l'imagination et la pensée.

Certains averroïstes déclarés comme Jean de Jandun ou Antonio da Parma se sont penchés sur ce problème. Force est de constater que la question de l'unicité de l'intellect n'intervient jamais directement dans leurs débats. De plus, plusieurs auteurs refusent à la représentation intellectuelle le pouvoir d'altérer le corps sans jamais adhérer à une anthropologie averroïste radicale. C'est le cas, par exemple, de Pierre d'Auvergne, Gentile da Cingoli, Pietro d'Abano ou encore Dino del Garbo[73]. C'est que le problème principal est de savoir si la forme intelligible a le pouvoir de mouvoir le corps, soit par elle-même, soit en suscitant chez l'individu un désir ou une passion.

Arrêtons-nous sur le témoignage de Gentile da Cingoli, philosophe et médecin italien, passé par Paris dans les années 1280 et actif à Bologne, probablement avant son séjour parisien, puis à son retour, puisqu'il s'y trouve en 1295[74]. Aristotélicien convaincu, ce contemporain de Cavalcanti et de Dante se demande « si l'espèce sensible et intelligible a le pouvoir d'altérer le corps vers le chaud et le froid[75] ». Pour Gentile, cela ne fait aucun doute pour l'espèce sensible, dans la mesure où des passions adviennent par la simple vision d'un objet. L'espèce intelligible, en revanche, n'aurait pas ce pouvoir. La justification de ce décalage entre le sensible et l'intelligible est surprenante : l'espèce intelligible ne provient pas des qualités sensibles.

Reprenant le mot d'Aristote dans le *De motu animalium*, Gentile da Cingoli considère que l'espèce sensible conserve

73. Certains de ces auteurs furent un temps considérés comme des « averroïstes », mais un tel jugement n'est plus accepté aujourd'hui.

74. Voir C. Marmo, « Gentile da Cingoli e il suo ambiente tra filosofia e saperi medici », *in* C. Crisciani, R. Lambertini et R. Martorelli Vico (éd.), *Parva Naturalia. Saperi medievali, natura e vita*, Pise-Rome, Istituti Editoriali e Poligrafici Internazionali, 2004, p. 19-49.

75. Éditée par M. Grabmann, « Gentile da Cingoli, ein Italienischer Aristoteleserklärer aus der Zeit Dantes », *Sitzungsberichte der Bayerischen Akademie der Wissenschaften*, 9 (1941), p. 69-88.

le pouvoir de ce qu'elle représente en partageant avec l'objet représenté les propriétés issues des qualités primaires des quatre éléments dont toute forme sensible est issue. Même lorsque l'effet ne présente pas de prime abord les propriétés de sa cause, il reste ontologiquement lié à sa cause, au moins du point de vue de sa puissance (*virtute*). Cela s'explique doublement, selon Gentile da Cingoli. D'un côté, la forme sensible reçue dans l'âme sensible peut être considérée comme le produit d'une multiplication, comme cela a été théorisé par Roger Bacon dans son *De multiplicatione specierum*[76]. Sur le modèle de la lumière, l'espèce sensible est pensée comme une émanation de la chose sensible, non à la manière des simulacres de la tradition épicurienne, qui se meuvent dans le vide, mais comme une véritable multiplication, dédoublement à l'infini de la chose dans le milieu ambiant, dans toutes les directions, jusqu'à qu'elle rencontre un patient bien disposé à recevoir son action. C'est ainsi que Bacon explique l'action à distance des objets sur les sens externes : ces derniers sont affectés par la *species*, parce qu'elle est un double de la chose, ayant toutefois un mode d'être légèrement dégradé par rapport à l'original, raison pour laquelle on dit d'elle qu'elle une similitude de la chose (*similitudo*). Son mode d'être dépend du milieu dans lequel elle évolue, il n'est pas le même dans l'air, l'eau ou dans quelque organe matériel du corps humain[77].

L'originalité de Gentile da Cingoli consiste à y ajouter la théorie du sensible proposée par Aristote dans le *De sensu et sensato* : les qualités sensibles, comme les couleurs ou les odeurs, sont issues du mélange des éléments (terre, eau, air et feu) et de leurs qualités premières (le chaud, le froid, le sec et l'humide). Une fois mélangées, ces qualités élémentaires restent présentes dans le mélange, au moins en puissance. Comme la plupart des philosophes de cette époque, Gentile da Cingoli défend ici

76. Voir D. C. Lindberg, *Roger Bacon's Philosophy of Nature. A Critical Edition, with English Translation, Introduction and Notes of « De multiplicatione specierum » and « De speculis conburentibus »*, Oxford, Clarendon Press, 1983.

77. Sur cet aspect de l'argumentation, voir p. 72-74.

clairement l'interprétation d'Averroès contre celle d'Avicenne, comme dans une autre *quaestio disputata* : les qualités primaires sont en puissance et non en acte dans le mélange[78]. Cependant, même en puissance, les qualités élémentaires sont à la racine de la capacité qu'a la *species* d'altérer un corps. L'espèce sensible d'une chose quelconque, multipliée dans le milieu ambiant, reçue dans les organes des sens, puis transformée dans les sens internes, conserve donc en puissance ces qualités primaires que sont le chaud, le froid, le sec et l'humide, ce qui lui permet d'altérer nos facultés sensibles, lesquelles sont disposées par nature à être affectées par ces formes[79]. Autrement dit, la forme sensible agit sur les facultés sensibles parce qu'elle provient de ces qualités et possède encore leur puissance. Comme le dit Cavalcanti : *da qualitate descende.*

Gentile se garde toutefois d'une lecture trop simpliste d'Aristote qui consisterait à réduire la causalité des images à leurs propriétés physiques. L'altération du corps par l'image ne suffit pas à engendrer nécessairement d'autres mouvements dans le corps. Aussi précise-t-il que la mise en mouvement du corps requiert toujours une *inclinatio* supplémentaire. Dans le cas des contenus sensibles ou imaginatifs, nous sommes inclinés par un désir sensible, par un appétit (*appetitus sensitivus*). C'est pourquoi l'espèce intelligible est incapable de produire de tels mouvements par elle seule, dans la mesure où elle est abstraite, détachée de toute condition matérielle, comme l'intellect qui la pense (*est abstracta ab omni conditione materiae sicut et intellectus*). Cette forme est universelle, immatérielle et, pourrions-nous dire dans la langue de Cavalcanti : *da qualitate non descende*. Elle ne descend pas des qualités parce qu'il existe une rupture ontologique entre la forme sensible et

---

78. La question est éditée par G. Fioravanti, « La *Quaestio de mixtione elementorum* di Gentile da Cingoli », *in* A. Civello (éd.), *Società, Natura, Storia. Studi in onore di Lorenzo Calabi*, Pise, Edizioni ETS, 2015, p. 41-62. Sur l'influence de la thèse d'Averroès sur les philosophes et théologiens de l'époque, bien au-delà du cercle des averroïstes, voir A. Maier, « Die Struktur des materielen Substanz », *in Ead.*, *An der Grenze von Scholastik und Naturwissenchaft*, Rome, Edizioni di Storie e Letteratura, 1955 (2de édition), p. 3-140.

79. Sur cet autre pan de l'argumentation, voir p. 74-75.

la forme intelligible. L'insistance sur cette rupture dans *Donna me prega* semble marquer, une fois de plus, un éloignement par rapport à Averroès, pour qui l'intelligible dérive toujours, plus ou moins directement, de l'épuration de la forme sensible dans la chaîne continue qui mène des sens externes au sens internes puis à l'intellect. De plus, le schéma décrit par Gentile da Cingoli, où le désir sensible joue un rôle moteur, apparaît dans la chanson. C'est l'*intentio* et non la forme sensible qui est problématique dans l'amour. C'est le jugement de l'estimative qui déclenche le désir sensible une fois qu'elle a saisi l'intention non sensible dans la forme sensible. C'est à ce niveau que se joue le drame de la passion amoureuse, non au stade de l'intellection. Non seulement l'espèce intelligible n'altère pas le corps, ne partageant plus avec le sensible ses qualités, mais elle ne peut en outre susciter de désir dirigé vers un individu particulier, n'étant plus la similitude de tel ou tel individu, mais un contenu universel et abstrait. En conclusion de sa *quaestio*, Gentile affirme donc que l'intellect et son espèce intelligible ne peuvent être que des causes par accident des altérations dans le corps, au sens où, lorsque l'intellect pense en acte, un phantasme existe en même temps en acte dans l'âme sensible, lequel possède encore le pouvoir d'engendrer des effets corporels, par ses propriétés physiques peut-être, mais surtout par l'entremise du désir et des émotions qu'il suscite.

Quelle est la position des averroïstes ? Jean de Jandun reprend mot pour mot l'intitulé de la *quaestio* de Gentile dans son commentaire au *De motu animalium* d'Aristote. Lisons sa réponse générale : « Je dis à la question que l'espèce de la chose sensible est le principe d'une altération, et cela tout le monde l'expérimente en lui, et on peut le confirmer par la raison, parce que toute passion, comme la joie et la tristesse, s'accompagne de quelque altération ; mais toute passion se produit par l'intermédiaire de l'espèce d'une chose sensible[80]. » Il précise toutefois,

80. Jean de Jandun, *Quaestiones super de motibus animalium*, in *Quaestiones super parvis naturalibus*, q. 17, Venise, 1557, f. 72va.

sans prendre véritablement parti, qu'il y a deux manières de répondre à la question : l'une est une reprise stricte du *De motu animalium*, selon laquelle l'espèce cause quelque chose dans le corps en vertu de ses propriétés physiques intrinsèques ; l'autre considère que ce sont les passions elles-mêmes qui, suscitées par les espèces, causent des mouvements de chaleur dans le corps[81]. Quant à l'espèce intelligible, il dit, comme Gentile, qu'elle est immatérielle et universelle, elle ne peut donc être qu'une cause par accident des altérations dans le corps[82].

On retrouve des variantes de cette théorie chez des médecins italiens du XIVe siècle tels que Pietro d'Abano, Mondino da Cividale del Friuli, Dino del Garbo, Gentile da Foligno et l'averroïste Antonio da Parma. Ce dernier s'oppose partiellement à l'analyse de Gentile da Cingoli dans son commentaire au *Canon* d'Avicenne. Selon lui, il ne suffit pas de penser au froid pour se refroidir. Il donne un exemple : quelqu'un, dans le désert, qui pense à de l'eau fraîche, s'échauffe en raison du plaisir que cette image produit en lui, les émotions et le plaisir correspondant, selon la théorie médicale de l'époque, à des mouvements de température plus ou moins grands dans le corps[83]. Autrement dit, voir, imaginer ou se souvenir du froid n'engendre pas nécessairement une altération du corps vers le froid. Antonio da Parma opte donc clairement pour la seconde option distinguée par Jean de Jandun : les mouvements corporels sont engendrés par le désir et le plaisir suscités par une forme (*species*) appréhendée par les sens externes, puis internes[84]. Une fois cette précision apportée, notre philosophe-médecin ne prend pas la peine d'évoquer l'intellect et ses espèces intelligibles, comme si la question était réglée d'avance.

---

81. *Ibid.*

82. Jean de Jandun, *Quaestiones super de motibus animalium*, q. 18, ff. 72vb-73ra.

83. Antonio da Parma, *Super primam fen primi Canonis*, doctrina 4, capitulum 2, ms. Münich, Bayerische Staatsbibliothek, Clm 13020, f. 247rb et ms. Cité du Vatican, BAV, Vat. Lat. 4452, f. 24ra.

84. *Ibid.*

Dino del Garbo reprend aussi le débat dans une question quodlibétique sur le pouvoir de l'imagination sur le corps[85]. Bien qu'il ne soit pas averroïste, comme l'a montré jadis Bruno Nardi, il souscrit à la position d'Antonio da Parma : « il semble peu probable que ces espèces qui sont dans l'imagination aient la puissance des choses dont elles sont les espèces. Parce que s'il en était ainsi (...) alors n'importe quelle espèce appréhendée altérerait le corps en ce dont elle est l'espèce. Donc si tu imagines l'espèce d'une pierre ou d'un âne[86] ». C'est donc le désir, influencé par le jugement de la faculté estimative, qui est à l'origine d'effets corporels visibles des accidents de l'âme. Quant au pouvoir de l'intelligible, il est tout aussi clair : « aucune altération ne survient de manière manifeste en nous lorsque nous imaginons que le triangle a trois angles égaux à deux droits ; cela arrive seulement dans le cas d'une imagination de quelque chose qui est imaginé comme digne d'être suivi ou au contraire d'être fui, comme quelque chose de bon ou de mauvais ; lorsqu'une certaine passion de l'âme est jointe à cette imagination, par exemple l'espoir ou le désespoir, le plaisir ou la tristesse, la peur et autres [passions] semblables, une altération du corps survient de manière manifeste[87] ». Si même l'imagination d'un contenu mathématique n'est pas suffisante pour affecter le corps, *a fortiori* l'intellect ne peut rien dans ce processus.

Cavalcanti suit donc Gentile da Cingoli pour expliquer l'absence de pouvoir causal des espèces intelligibles, mais il tient aussi compte de l'autre opinion, celle qui fait résider la cause des mouvements corporels dans le désir, les passions et le plaisir. L'objet de l'intellect n'est pas le singulier contingent susceptible de causer la passion amoureuse, mais l'objet d'une contemplation. C'est pourquoi l'intellect n'éprouve pas de plaisir ; il n'est pas mû par l'espèce intelligible, il la contemple

85. Voir notre édition et notre commentaire dans « Dino del Garbo et le pouvoir de l'imagination sur le corps », art. cit.
86. Éd. cit., p. 191.
87. Éd. cit., p. 192-193.

(v. 27 : *non ha diletto, – ma consideranza*). Or, comme le décrit très bien Avicenne, c'est l'estimative qui juge le plaisant et le déplaisant. La considération de l'intellect est détachée de ce genre de jugement. Faut-il poser la séparation et l'unicité de l'intellect pour soutenir cette théorie ? Pas nécessairement. *Risplende in se perpetual effetto* (v. 26) : c'est l'intelligible qui est ici éternel, non l'intellect, si notre lecture est juste. Et là, dans l'intellect, la *similitudo* qu'est l'espèce intelligible – similitude qui n'est plus celle de l'être singulier, objet de la passion – ne peut agir (v. 28 : *sì ch'e' non pò là gire simiglianza*)[88].

Dans la troisième strophe, Cavalcanti doit dire à quelle faculté de l'âme revient en propre cet accident de l'âme et quels sont ses effets (*qual sia sua vertute e sua potenza*). Il précise donc que l'amour n'est pas la faculté ou puissance de l'âme, elle en découle. Cette faculté ou perfection est sensible et non rationnelle, pour les raisons indiquées plus tôt (v. 29-31 : *Non è vertute, ma da quella vène / ch'è perfezione – (che sse pone tale) / non razionale, – ma che sente, dico)*. Une chose est sûre, dans ces vers difficiles Cavalcanti ne dit pas que la raison n'est pas une perfection de l'homme. Il dit seulement que la passion amoureuse tire son origine d'une puissance de l'âme sensible, puisqu'elle est l'effet d'un mauvais jugement de la faculté estimative qui engendre un désir déréglé. Souvenons-nous que pour les médecins le mal d'amour est une pathologie du désir (Constantin l'Africain), suscitée par une complexion particulière du cerveau (Avicenne). C'est le désir qui est cœur de la passion amoureuse, un désir excessif provoqué par le jugement déréglé de la faculté estimative sur la forme venue des sens. C'est ce qu'affirme la suite du poème, lorsqu'il est dit que la passion amoureuse rend le jugement malade (v. 32 :

88. G. Inglese et R. Rea choisissent la leçon *non pote largir simiglianza*, présente dans deux manuscrits, tandis que L. Cassata, que nous suivons ici, choisit *là gire*, que donnent les autres témoins. Cette seconde leçon, comprise ici comme l'élision de *là agire*, paraît plus cohérente avec le reste du texte si notre interprétation globale est juste. Pour une autre interprétation, voir S. Gentili, « *Largire somiglianza.* Pour l'interprétation de *Donna me prega* », *in* M. Gagliano, Ph. Guerin et R. Zanni (éd.), *Les deux Guidi Guinizelli et Cavalcanti. Mourir d'aimer et autres ruptures*, Paris, Presses de la Sorbonne nouvelle, 2016, p. 219-236.

for di salute giudicar mantene), précisément parce que l'on a du mal à distinguer le vicieux de l'amical (v. 33-34 : *che la 'ntenzione – per ragione vale ; / discerne male – in cui è vizio amico*). On reconnaît ici sans équivoque le rôle joué par la faculté estimative dans la théorie avicennienne des sens internes. La puissance de l'âme principalement affectée est donc la faculté estimative, située dans le ventricule médian du cerveau, juste avant la mémoire, qui s'en trouve elle aussi affectée. Mais lorsque Cavalcanti décrit l'être véritable de cet accident dans la quatrième strophe, il le situe précisément dans le désir (v. 43-45 : *L'essere è quando – lo voler è tanto / ch'oltra misura – di natura torna : / poi non s'adorna – di riposo mai*).

Conclusion

Cavalcanti faisait-il partie des défenseurs d'une quelconque forme d'averroïsme médical ? Dante s'est-il opposé à lui sur les conséquences anthropologiques de cette théorie philosophique ? Rien n'est moins certain au terme de cette étude. Alors qu'ils étaient amis, les deux poètes s'accordaient sur les causes et les effets de la passion amoureuse. Lorsqu'ils s'affrontaient, il n'était pas tant question de séparation ou d'unicité de l'intellect, que de subordination du discours naturaliste à une visée théologique plus élevée, d'où la fréquente association de Cavalcanti à l'épicurisme et même à l'athéisme. Quant à la référence à Averroès, on la devine parfois dans *Donna me prega*, comme dans certains textes de Dante. Mais Cavalcanti ne le suit jamais jusqu'au bout, même lorsqu'il se réfère à ces textes médicaux, pourtant moins marqués par des thèses métaphysiques fortes. Il opte pour une approche plus syncrétique, mêlant toujours à l'*Averroes medicus* des touches glanées ici ou là, la plupart du temps chez Avicenne ou ses interprètes latins.

Que l'intellect soit unique ou non ne change rien à la cause du mal d'amour – un défaut du jugement des sens internes qui fait dérailler le désir – et à sa cure – des actions sur le corps et sur l'imagination. La morale de la chanson est au fond assez banale : la contemplation rationnelle de la vérité n'a jamais guéri, à elle seule, la mélancolie amoureuse. Certes, l'amant malade pense mal, son intellect est troublé, sa raison entravée, son esprit obscurci dès lors que le système sensible devient défaillant, rompu dans sa continuité par une erreur d'appréciation de la faculté estimative et par l'intensité du désir qui en découle. Est-ce là nécessairement une vision pessimiste de l'amour ? Pas nécessairement, puisqu'il s'agit d'un simple accident de l'âme, d'une intensité rare, et non d'une véritable maladie. Le discours médical de l'époque se montre d'ailleurs assez confiant quant aux chances de guérison d'un tel mal. Des soins adaptés doivent permettre au patient de recouvrer ses facultés intellectuelles, de sorte que la lumière de l'intellect éclaire à nouveau correctement les contenus sensibles de l'expérience. Seulement, pour Cavalcanti on ne soigne pas un tel malade par de simples raisonnements issus de la philosophie naturelle, ni par la seule foi. Les médecins ne disent pas autre chose : le mal d'amour se soigne par une action sur le corps, notamment par des bains, des onguents et surtout par le retour d'une pratique sexuelle, ou sur l'âme, et en particulier sur l'imagination, laquelle permet de donner à la faculté estimative et au désir un nouveau grain à moudre. Il faut distraire le patient, lui donner d'autres images à voir et à penser, des images efficaces sur le corps. Or, il est remarquable qu'Avicenne mentionne à plusieurs reprises la poésie et les chansons d'amour (*amoris cantilenas*) comme des remèdes efficaces[89]. Il suffit de trouver les mots justes, des images sensibles qui engendrent des émotions et des plaisirs nouveaux, sans évoquer directement l'objet du désir, sans être non plus à un trop haut niveau d'abstraction.

Et si *Donna me prega* nous invitait finalement à réfléchir sur l'efficacité de la poésie ? Dans ce cas, la force de la chanson ne résiderait-elle pas précisément dans ce geste qui consiste

89. Avicenne, *Canon*, III, 1, 4, 22, Venise, 1520, t. 3, f. 90va.

à mettre en vers le discours rationnel de la médecine et de la philosophie naturelle de son temps pour le rendre efficace ? Comme si la médecine et la philosophie ne pouvaient rien seules, inaptes, selon leurs modalités propres, à mouvoir le jugement et le désir sensibles. Comme s'il fallait une parole qui s'adresse aux sens et à l'imagination, non à l'intellect seul. Sous cet angle, le parcours de la forme sensible dans l'âme, tel que la chanson le donne à voir et à imaginer, avec ses passages de ténèbres et de lumière, jusqu'à ses effets physiques – la couleur du visage, le rire et les pleurs, la face qui se tord – rappelle les formules étudiées par Claude Lévi-Strauss dans son célèbre article sur l'efficacité symbolique[90]. Une telle interprétation est sans doute trop forte, mais on ne doutera pas qu'il y a dans cette chanson une véritable réflexion sur la forme poétique elle-même, sur la singularité de la chanson d'amour.

Citons pour conclure deux témoignages quelque peu postérieurs, mais particulièrement éclairants : celui de Jean de Jandun, surnommé « le prince des averroïstes », et celui de Gentile da Foligno, appelé parfois « le prince des médecins ». Que disent ces représentants de l'averroïsme et de la médecine ? Dans son commentaire au livre VII de la *Physique*, à l'endroit où le Stagirite explique qu'il n'y a pas d'altération dans l'intellect, Jean de Jandun précise que l'imagination peut quant à elle être la cause d'une altération dans le corps. Et cela, écrit-il, on peut le comprendre à partir de ce qu'on appelle *amor hereos*, amour qu'il décrit brièvement comme une perturbation du jugement et du désir. Mais il interrompt brusquement son propos en ajoutant la remarque suivante : « je pourrais raconter des histoires qui traitent de cette matière, mais je laisse cela de côté, par souci de brièveté et parce que je ne suis pas poète[91] ». Quelques années plus tard, Gentile da Foligno, dans l'unique commentaire italien sur le chapitre

90. C. Lévi-Strauss, « L'efficacité symbolique », *in Anthropologie structurale*, Paris, Plon, 1985, p. 213-234.

91. Jean de Jandun, *Quaestiones super libros Physicorum*, VI, (sans lieu d'édition), 1485, f. 113ra.

du *Canon* d'Avicenne consacré au mal d'amour, écrit : « Au sujet de l'amour, nombreux sont ceux qui cherchent à savoir quantité de choses : premièrement si la femme est plus affectée par l'amour que l'homme ; ensuite par quel sens on devient amoureux, par la vue, l'ouïe ou le toucher ; et tant d'autres choses que nous ne prenons pas la peine de traiter ; car nous avons déjà dit beaucoup de choses sur l'amour dans nos chansons en langue vulgaire (*in nostris cantilenis vulgaribus*)[92]. » Le médecin ajoute immédiatement après ce commentaire une longue *quaestio* sur le pouvoir des mots... Ces deux textes ne témoignent-ils pas d'une conscience aiguë des rôles respectifs de la philosophie, de la médecine et de la poésie ? Il faut sans doute prendre ces remarques au sérieux : l'amour devait être traité en poésie, là où s'arrête le pouvoir du discours strictement rationnel.

92. Gentile da Foligno, *Super Canonem Avicennae*, III, 1, 4, 22, Ms. Cité du Vatican, Vat. Lat. 4459, f. 72va (le texte a été édité à la Renaissance, mais nous citons ici le texte du manuscrit autographe). Pour le détail, voir notre article « Amour, imagination et poésie dans l'œuvre médicale de Gentile da Foligno », *in* G. Gubbini (éd.), *Corps et esprit au Moyen Âge. Littérature, philosophie, médecine*, Berlin-New York, Walter de Gruyter, à paraître.

« ACTE PUR » : DANTE, L'AVERROÏSME ET LES SUBSTANCES SÉPARÉES

Luca Bianchi
(Università degli studi di Milano)

Dans un article publié tout récemment, j'ai souligné que la question de l'averroïsme de Dante est aussi classique que délicate pour plusieurs raisons : d'abord parce que le terme *averroista*, forgé au XIIIe siècle, est polysémique dès son origine ; ensuite parce que la catégorie historiographique « averroïsme », créée au XIXe siècle et mise en question depuis les premiers décennies du XXe, est désespérément ambiguë ; enfin parce qu'on ne voit pas clairement si l'interrogation porte sur la manière dont Dante aurait repris et prolongé certaines idées authentiques d'Averroès (autrement dit s'il est « rushdien ») ou si elle concerne l'influence exercée sur sa pensée par ces philosophes longtemps présentés comme « averroïstes latins », tels Siger de Brabant et Boèce de Dacie à Paris, Taddeo Alderotti et Antoine de Parme en Italie. J'ai donc soutenu que la catégorie « averroïsme » risquait d'embrouiller plutôt que d'éclairer nos idées sur la pensée de Dante, et pour ce faire je me suis arrêté, entre autres, sur sa conception des substances séparées[1].

1. L. Bianchi, « L'averroismo di Dante : qualche osservazione critica », *Le tre corone. Rivista internazionale di studi su Dante, Petrarca, Boccaccio*, 2 (2015), p. 71-109, en particulier p. 87-93. Dans toutes les citations les italiques sont de moi.

Il n'est pas besoin de dire qu'il s'agit d'une problématique large et complexe, qui a fait l'objet de travaux remarquables[2]. Je l'ai abordée sous un angle très restreint, en focalisant mon attention sur deux thèses, étroitement liées entre elles : la première, que Dante présente dans le *Banquet* et dans la *Monarchie*, est celle de l'identité entre l'être et l'intelliger dans ces substances ; la seconde thèse est celle de la continuité de leur intellection, qui s'exerce *sine interpolatione* (selon l'expression de *Monarchie* I, 3, 7), de sorte que les anges (comme nous le lisons dans *Paradiso*, XXIX, l. 79-81) « n'ont pas la vision interrompue par un nouvel objet [*vedere interciso da novo obietto*] » et « n'ont donc pas besoin de se remémorer par concepts séparés [*rimememorar per concetto diviso*] ». Dans un livre célèbre publié en 1960, Bruno Nardi a montré que ces thèses sont contraires à l'enseignement de Thomas d'Aquin – ce qui est indiscutable et offre un argument décisif contre la légende du thomisme de Dante. Nardi a aussi relevé que ces deux thèses correspondent aux articles 85 et 76 censurés en 1277 par l'évêque de Paris Étienne Tempier, qui a interdit d'enseigner « que la science de l'intelligence ne diffère pas de sa substance » et « que l'ange n'intellige rien de nouveau [*nichil intelligit de nouo*] » – et cela selon Nardi donnerait la preuve de l'influence exercée par Averroès et les « averroïstes latins » sur la pensée de Dante, y compris pendant la dernière phase de sa pensée, celle de la poésie religieuse et

2. Parmi les plus récents, je rappelle P. Boitani, « Creazione e cadute di *Paradiso* XXIX », *L'Alighieri*, 19 (2002), p. 87-103 ; B. Faes de Mottoni, « Il linguaggio e la memoria dell'angelo in Dante », *in* B. Pinchard, Ch. Trottmann (éd.), *Pour Dante : Dante et l'Apocalypse*, Paris, Champion, 2001, p. 237-253 ; S. Barsella, *In the Light of the Angels. Angelology and Cosmology in Dante's Divina Commedia*, Florence, Olschki, 2010 ; P. Porro, « Intelligenze oziose e angeli attivi. Note in margine a un capitolo del *Convivio* dantesco (II, iv) », *in* S. Caroti, R. Imbach, Z. Kaluza, G. Stabile, L. Sturlese (éd.), *Ad ingenii acuitionem. Studies in Honour of Alfonso Maierù*, Louvain-la-Neuve, Fidem, 2006, p. 303-351 ; *Id.*, « Angeli e triadi. Una nota sull'ordinamento delle gerarchie angeliche nel *Convivio* di Dante », *in* D. Lassandro (éd.), *« Multa eruditio mitis humanitas ». Omaggio a Michele Bevilacqua*, Bari, Cacucci, 2014, p. 103-121 ; P. Falzone, « La dottrina delle intelligenze separate come "puri atti" in Dante (*Convivio*, II, 4 ; *Paradiso*, XXIX ; *Monarchia*, I, 3) », *in* J. Bartuschat, A. Robiglio (éd.), *Il Convivio di Dante*, Ravenne, Longo, 2015, p. 165-189.

du retour à la traditionnelle subordination de la philosophie à la sagesse chrétienne[3].

Reprise par plusieurs historiens – parfois afin de réfuter l'idée, chère à Nardi, d'une évolution intellectuelle de Dante vers l'« orthodoxie[4] » – cette interprétation à mon avis exige au moins deux précisions. D'abord il n'est pas facile de formuler une évaluation historiquement fondée sur l'« orthodoxie » ou l'« hétérodoxie » de ces deux thèses – critiquées par l'Aquinate, considérées par plusieurs théologiens comme l'expression du polythéisme des philosophes païens, censurées par l'évêque de Paris, jugées erronées par Guido Vernani dans sa réfutation de la *Monarchie*, et pourtant acceptées sans hésitation, après 1277, par quelques Dominicains antithomistes : pour se borner à un exemple, Dietrich de Freiberg affirme dans son *De cognitione entium separatorum* que les Intelligences « ne peuvent pas oublier ni intelliger rien de nouveau [*aliquid de novo intelligere*] » et que leur substance et leur opération « sont une même chose[5] ».

Deuxièmement, il est indiscutable que ces thèses sont soutenues, dans les dernières décennies du XIIIe siècle, par plusieurs maîtres ès arts parisiens : dans les questions sur le *De anima* éditées par Robert Wielockx sous le nom de Boèce de Dacie – mais l'attribution a été contestée avec de bons arguments par Dragos Calma –, j'ai repéré l'affirmation que « vita [...] in substantiis separatis *nihil aliud est quam intelligere* » (la vie [...] dans les substances séparées n'est rien d'autre qu'intelliger), qui correspond de manière presque littérale à *Monarchie* I, iii, 7 : « earum esse *nichil est aliud quam intelligere*[6] ».

3. B. Nardi, *Dal Convivio alla Commedia. Sei saggi danteschi* (réimpression anasthatique de l'éd. de Rome, 1960), Rome, Istituto Storico Italiano per il Medio Evo, 1992, p. 42-47.

4. Cf. R. Imbach, *Dante, la philosophie et les laïcs. Initiations à la philosophie médiévale 1.* Paris, Cerf-Fribourg, Éditions Universitaires de Fribourg, 1996, p. 142-147.

5. Cf. L. Bianchi, « L'averroismo di Dante », p. 90-91. De Dietrich de Freiberg voir *De cognitione entium separatorum*, éd. H. Steffan, et *De substantiis spiritualibus*, éd. M. R. Pagnoni Sturlese, dans *Opera Omnia. Tomus II*, Hambourg, Meiner, 1980, p. 181, 310.

6. Cf. L. Bianchi, « L'averroismo di Dante », p. 88, note 3. La citation est tirée de *Boethii Daci Quaestiones super librum de anima I-II*, II, q. 4, éd. R. Wielockx, dans *Corpus Philosophorum Danicorum*, vol. XIV, Copenhague, apud Librarium Universitatis Austro-Danicae, 2009, p. 123.

Cependant pour corroborer ces thèses, les maîtres ès arts de Paris ne mobilisent presque jamais l'autorité d'Averroès. Nardi lui-même avait attiré l'attention, à juste titre, sur le rôle joué par d'autres sources, notamment la tradition exégétique du *Liber de causis*[7]. Pour ma part, j'ai souligné que dans son *De anima intellectiva*, Siger de Brabant hésite à accueillir l'idée que l'opération de l'intellect est sa substance même, mais n'a aucun doute sur son origine, et il répète par deux fois qu'elle remonte à Maïmonide. En effet, dans le chapitre 67 du premier livre de son *Dux perplexorum*, Maïmonide insiste sur l'identité entre la substance et l'acte d'intellection ; et il tient à préciser que cette identité est réalisée par Dieu et par l'intellect agent séparé de manière continue, mais par l'homme *interpolate*. Pourquoi alors parler d'« averroïsme » devant le passage de la *Monarchie* (I, iii, 7) consacré à l'intellection des substances séparées, où Dante distingue leur intellection de la pensée humaine en soulignant que seule la première s'exerce *sine interpolatione* ? Pourquoi ne pas parler de « maïmonidisme »[8] ?

Il me semble évident que les étiquettes sont insuffisantes pour restituer la richesse d'une pensée comme celle de Dante, qui utilise avec une grande liberté de multiples sources. Je voudrais en donner ici une contre-épreuve en analysant la généalogie et la portée des expressions « *forma purett[a]* » et

---

Concernant l'attribution de ces questions, voir les remarques critiques de D. Calma, *Études sur le premier siècle de l'averroïsme latin. Approches et textes inédits*, Turnhout, Brepols, 2011, p. 59-76.

7. Voir le commentaire de Nardi à la *Monarchie*, dans Dante Alighieri, *Opere minori. Tomo II*, Milan- Naples, Ricciardi, 1979, p. 296-298.

8. Sur l'affinité lexicale entre Maïmonide et Dante, voir Bianchi, « L'averroismo di Dante », p. 92-93. J'emprunte la formule « maïmonidisme » à Aurélien Robert, qui l'utilise dans son analyse de la noétique d'Angelo d'Arezzo, philosophe italien qui a été longtemps enrôlé parmi les « averroïstes » mais qui dépend profondément du chapitre du *Dux perplexorum* que je viens d'évoquer. Voir A. Robert, « Noétique et théorie de la connaissance chez Angelo d'Arezzo. Édition de deux questions du ms Vat. lat. 6768 », *Mediaevalia philosophica Polonorum*, 37 (2008), p. 95-167, ici p. 132. Il vaut la peine de signaler que ce passage de Maïmonide est cité littéralement par Henri Bate, *Speculum divinorum et quorundam naturalium. Tome II, Partes II-III*, éd. E. Van de Vyver, Louvain, Publications universitaires / Paris, – Béatrice-Nauwelaerts, 1967, II, c. 39, p. 149-151 (en particulier p. 151).

« *puro atto* » employées au chant 29 du *Paradiso* (l. 22, 33)[9], dans le contexte d'une discussion sur la création et la nature des anges qui se rattache aux idées que nous avons trouvées dans le *Banquet* et dans la *Monarchie*. Nardi a vu ici « le résidu d'un concept averroïste » et plusieurs spécialistes de Dante (Maierù, Mellone, Bemrose, Falzone) ont développé et précisé cette interprétation[10], en provoquant la réaction – souvent peu convaincante – des défenseurs de l'« orthodoxie » de Dante. Je me suis posé trois questions simples.

Premièrement : la notion d'« acte pur » est-elle spécifiquement « rushdienne » ?

Deuxièmement : s'il est bien connu que les théologiens du XIIIe siècle s'accordent pour dire que Dieu seul est « acte pur », quelle est la position sur ce point des prétendus chefs de file du prétendu « averroïsme latin » ? Utilisent-ils l'expression « acte pur » pour se référer aux substances séparées, et en quel sens ?

Troisièmement : à l'époque de Dante la doctrine enseignant que les substances séparées sont « acte pur » était-t-elle

9. (« Forme et matière, conjointes et *toutes pures*, / émergent à l'être sans défaut, / comme trois flèches d'un arc à trois cordes./ [...] Avec les substances furent concrées / l'ordre et la construction et les cimes du monde / furent celles qu'un acte pur avait produites / la *pure* puissance eut la partie la plus basse, / au milieu un lien qui ne se défait pas/ serra la puissance avec l'acte », trad. J. Risset) « Forma e materia, congiunte e *purette*, / usciro ad esser che non avia fallo, / come d'arco tricordo tre saette. [...] Concreato fu ordine e costrutto / a le sustanze ; e quelle furon cima / nel mondo in che *puro atto* fu produtto ; / pura potenza tenne la parte ima ; nel mezzo strinse potenza con atto tal vime, che già mai non si divima » : *Par.*, XXIX, 21-24, 31-36. Dans un passage du *Banquet* (*Conv.*, III, 7, 5), Dante avait évoqué déjà la « pureté » de la forme des substances séparées : « Così la bontà di Dio è ricevuta altrimenti dalle sustanze separate, cioè dalli Angeli, che sono sanza grossezza di materia, quasi diafani per *la purità della loro forma*, e altrimenti dall'anima umana » (« C'est de cette manière que la bonté de Dieu est reçue d'une certaine façon par les substances séparées, c'est-à-dire les Anges, qui sont sans grandeur mesurable de matière, comme diaphanes par la pureté de leur forme ; d'une autre façon par l'âme humaine » trad. Ph. Guiberteau, p. 219).

10. Nardi, *Dal Convivio alla Commedia*, p. 47. Cf. aussi A. Maierù, « Atto », dans *Enciclopedia dantesca. Vol. I*, Rome, Istituto della Enciclopedia Italiana, 1970, p. 443-445, en particulier p. 444 ; A. Mellone, « Il canto XXIX del Paradiso (una lezione di angelologia) », in *Nuove letture dantesche. Volume settimo, anno di studi 1971-72*, Florence, Le Monnier, 1974, p. 193-213, en particulier p. 195, 198-200 ; S. Bemrose, *Dantes' Angelic Intelligences. Their Importance in the Cosmos and in Pre-Christian Religion*, Rome, Edizioni di Storia e Letteratura, 1983, en particulier p. 61-70 ; P. Falzone, *La dottrina delle intelligenze separate come "puri atti" in Dante*, en particulier p. 177-181.

perçue comme « rushdienne » ou « averroïste », et comme dangereuse pour la foi chrétienne ?

1. Répondre à la première question n'est pas facile. L'on répète ordinairement que pour Aristote le Premier Moteur immobile est « acte pur » et – contrairement aux traducteurs médiévaux, plus respectueux du texte grec – dans sa traduction de la *Métaphysique* Jules Tricot est arrivé à lui prêter cette formule[11]. Pourtant le Stagirite ne l'emploie *jamais* : il affirme seulement que le Premier Moteur, et plus généralement les moteurs immobiles, « ont l'acte sans la puissance », qu'ils « sont en acte » et – peut-être[12] – qu'ils « sont acte »[13]. Dans son *Grand Commentaire* de la *Métaphysique* Averroès reprend et prolonge la conception aristotélicienne de ces substances. Après avoir mis en relief qu'elles sont immatérielles, dépourvues de toute potentialité et éternelles, il ajoute, dans le commentaire 30 sur le livre XII, que « tout ce qui est éternel est acte pur et que tout ce qui est acte pur est dénué de puissance » (*omne aeternum est actio pura, et omne quod est actio pura non habet potentiam*)[14] – d'où la glose de Jean de

11. Voir *Métaphysique*, traduction (éd. de 1953) de Jules Tricot (1893-1963), Les Échos du Maquis (ePub, PDF), p. 245 (XII, 1072a 23-26) : « Il y a, par suite, aussi quelque chose qui le meut ; et puisque ce qui est à la fois mobile et moteur n'est qu'un terme intermédiaire, on doit supposer un extrême qui soit moteur sans être mobile, être éternel, substance et acte *pur*. » Dans le texte grec un terme correspondant à « pur » n'existe pas.

12. Voir les remarques de S. Fazzo, *Commento al libro* Lambda *della* Metafisica *di Aristotele*, Naples, Bibliopolis, 2014, p. 55-59 ; *Ead.*, « Unmoved Mover as Pure Act or Unmoved Mover in Act ? The Mistery of a Subscript Iota », *in* C. Horn (éd.), *Aristotle, Metaphysics Lambda. New Essays*, Berlin, Walter de Gruyter, 2016, p. 181-206.

13. Cf. *Met.*, XII, 1071b20, 22 ; 1072a 25, 32 ; 1072b8. En citant l'article célèbre d'E. E. Ryan, « Pure Form in Aristotle », *Phronesis*, 18 (1973), p. 209-224, G. Aubry, *Dieu sans la puissance.* Dunamis *et* energeia *chez Aristote et Plotin*, Vrin, Paris, 2006, p. 63, souligne qu'Aristote « n'emploie jamais de terme dont la traduction pourrait être "forme pure" ». Cependant (p. 184-185) elle laisse entendre qu'il parlerait d'« acte pur » et soutient que cette notion « n'est pas problématique comme l'est celle de forme pure ». S. Alexandru, *Aristotle's Metaphysics Lambda. Annotated Critical Edition Based upon a Systematic Investigation of Greek, Latin, Arabic and Hebrew Sources*, Leyde- Boston, Brill, 2014, p. 143, glose *energheia* de 1072b8 en disant qu'Aristote « has repeatedly pointed out that the Prime Mover is pure actuality (i.e. not merely in a state of actuality) » et il renvoie en note à 1071b20, 22 et 1072a25.

14. « Et quia istae substantiae sunt moventes sine aliqua potentia, necesse est ut sint sine omni materia, cum necesse est ut sint aeternae ; omne enim aeternum est actio pura, et omne quod est actio pura non habet potentiam » : cf. *Aristotelis Opera cum Averrois commentariis*, réimpression anastathique de l'éd. Giunta, Venise 1562-1574, Francfort-sur-le-Main,

Jandun : « il faut remarquer que de ce passage on peut inférer [*ex ista littera accipitur*] que les Intelligences sont actes purs [*puri actus*] »[15].

C'est en se référant à ces textes que Bruno Nardi a affirmé que « l'expression "acte pur" pour indiquer les substances séparées a été forgée par l'averroïsme [*è di conio averroistico*][16] ». Il a peut-être raison, mais seulement dans la mesure où, avant Averroès, les *commentateurs d'Aristote* n'utilisent pas, à ma connaissance, l'adjectif « pure » pour qualifier l'actualité de ces substances. Cependant, cet adjectif était employé pour décrire l'activité de la Première Cause par les néoplatoniciens arabes, dans le sillage de Porphyre, qui dans son commentaire sur le *Parménide* de Platon avait affirmé que « l'Un, qui est au-delà de la substance et de l'Étant, n'est ni substance, ni acte, mais plutôt il agit, et il est lui-même *l'agir pur* [*auto to energein katarou*][17] ».

Minerva, 1962, vol. VIII, l. XII, c. 30, f. 315rC. Voir aussi la traduction française d'A. Martin, *Averroès. Grand Commentaire de la Métaphysique d'Aristote (Tafsīr mā ba'd at-tabī 'at). Livre Lam-Lambda traduit de l'arabe et annoté*, Paris, Les Belles Lettres, 1984, p. 197 : « du fait que ces substances sont motrices, elles sont exemptes de toute virtualité. Il faut donc qu'elles soient abstraites de la matière puisqu'il faut qu'elles soient éternelles. Car tout ce qui est éternel est acte pur, et rien de ce qui est acte pur ne contient de virtualité » ; la traduction anglaise de C. Genequand, *Ibn Rushd's Metaphysics. A Translation with Introduction of Ibn Rushd'd Commentary on Aristotle's Metaphysics, Book Lam*, Leyde, Brill, 1986, p. 139 : « as these substances are mover without any admixture of potentiality, they must be free from matter, since they must be eternal. For every eternal thing is pure actuality, and every pure actuality is without potentiality ».

15. « Et dicit commentator quod omne eternum est actio pura, et omne quod est actio pura non habet potentiam [...]. Notandum quod *ex ista littera accipitur quod intelligentiae sunt puri actus* », *Questiones [...] in duodecim libros Metaphysice*, O. Scotus, Venise, 1525, XII, q. 9, f. 131vP. Il vaut la peine de relever que Jandun prend ici *actio* comme synonyme d'*actus* – alors que la distinction entre ces deux notions est fondamentale dans l'ontologie « péripatéticienne » de l'action. Plusieurs contemporains font de même et Guillaume Ockham attribue au Commentateur l'idée que la philosophie naturelle démontre l'existence des substances séparées, mais il revient à la métaphysique de prouver la thèse : « substantiae separatae sunt *actus puri*, non in potentia intelligentes ». Cf. *Expositio in libros Physicorum Aristotelis*, éd. V. Richter, G. Leibold, St. Bonaventure N. Y., St. Bonaventure University, 1985, II, c. 4, § 7, p. 277.

16. B. Nardi, « La filosofia di Dante », dans *Grande antologia filosofica, diretta da U.A. Padovani*, vol. VI, Milan, Marzorati, p. 1149-1253, ici note 2, p. 1173. Voir aussi B. Nardi, *Dal Convivio alla Commedia*, p. 42-43 et 47.

17. Texte et traduction dans P. Hadot, *Porphyre et Victorinus*, Paris, Études augustiniennes, 1968, vol. II, p. 104-105. Voir R. C. Taylor, « Aquinas, the 'Plotiniana Arabica' and the Metaphysics of Being and Actuality », *Journal of the History of Ideas*, LIX (1988), p. 217-239, en particulier p. 225-226. Silvia Fazzo (que je remercie) a attiré mon attention sur un passage

De surcroît, si dans le commentaire 30 sur le livre XII Averroès parle de l'actualité pure *des* substances séparées (au pluriel), sa position paraît plus complexe. Dans son *Grand commentaire* au *De anima*, il soutient que les intelligences inférieures à la première sont douées d'une certaine potentialité[18], et dans d'autres textes il souligne à maintes reprises que Dieu est la plus immatérielle et la plus simple des substances séparées, qui ont différents degrés de perfection et de « noblesse »[19]. Compte tenu de ces passages, les historiens contemporains s'accordent pour reconnaître que le Premier Moteur n'est pas chez Averroès, comme chez Aristote, un *primus inter pares*, mais le plus éminent de tous les autres moteurs, qui se hiérarchisent selon un ordre de perfection[20]. D'ailleurs, dans un passage du

---

des *Ennéades* où Plotin, après avoir affirmé que « le Premier [...] est acte », ajoute que « son acte n'est pas assujetti à son essence, mais il est *pure* [*kataros*] *liberté* ». Cf. *Ennéades*, t. VI, 2ᵉ partie, éd. É. Bréhier, Paris, Les Belles Lettres, 2003, VI, 8, 20, p. 158-159.

18. « Et iam declaratum est in Prima Philosophia quod *nulla est forma liberata a potentia simpliciter, nisi prima forma*, que nichil intelligit extra se, sed essentia eius est quiditas eius ; alie autem forme diversantur in quiditate et essentia quoquo modo », *In Aristotelis de Anima libros*, éd. F. Stuart Crawford, Cambridge Mass., The Medieval Academy of America, 1953, l. III, c. 5, p. 410.

19. Les passages sont nombreux. Je me borne à en rappeler un, tiré du *Grand commentaire* de la *Métaphysique*, qui est souvent évoqué par les « averroïstes » médiévaux : « Et similiter primus intellectus necesse est ut sit simplex, et unum simpliciter. [...] et quia nihil intelligit extra se, cum sit simplex, tunc, cum intelligit se, non accidit ei transmutatio neque lassitudo in omni seculo, sicut accidit intellectui in nobis. Et sic debet esse in alijs intelligentiis abstractis. *Sed primus est simplicior eorum, et ideo est unus simpliciter sine aliqua multiplicitate*, neque propter alietatem intellectus et intellecti, neque propter multitudinem intellectorum », *Aristotelis Opera cum Averrois commentariis*, vol. VIII, l. XII, c. 51, f. 336vK-L ; trad. Martin, p. 268-269 : « C'est pourquoi l'intelligence première doit être simple et une absolument [...] et puisqu'elle ne pense rien qui lui soit extérieur (car elle est simple), en se pensant elle-même, elle échappe au changement du temps tout entier et ne redoute pas d'être affectée par la fatigue, comme il advient de notre intelligence. Ainsi doit-il en être des autres intelligences séparées, à l'exception de la première, qui est la plus simple de toutes. C'est pourquoi l'une, absolue, ne comporte aucune multiplicité, ni du fait de la distinction entre l'intelligence et l'objet de la pensée, ni du fait de la multiplicité des objets de la pensée ».

20. H. A. Wolfson, « The Plurality of Immovable Movers in Aristotle and Averroës », *Harvard Studies in Classical Philology*, 63 (1958), p. 233-253, en particulier p. 245-249 ; H. A. Davidson, *Alfarabi, Avicenna and Averroes on Intellect : Their Cosmologies, Theories of Active Intellect, and Theories of Human Intellect*, Oxford, Oxford University Press, 1992, p. 228-231 ; R. C. Taylor, « Averroes on Psychology and the Principles of Metaphysics », *Journal of the History of Philosophy*, 36 (1998), p. 507-523, en particulier p. 516-517 et 522-523 ; R. C. Taylor, « Averroes' Philosophical Conception of Separate Intellect and God », *in* A. Hasnawi (éd.), *La lumière de l'intellect. La pensée scientifique et philosophique d'Averroès dans son temps*, Louvain, Peeters, 2011 ; J.-B. Brenet, *Transferts du sujet. La noétique d'Averroès selon Jean de Jandun*, Paris, Vrin, 2003, p. 99 ; M. Di Giovanni, « Averroes on the species of Celestial Bodies »,

commentaire 37 sur le livre XII de la *Métaphysique*, Averroès parle de *lui seul*, à savoir du Premier Moteur, en termes d'« acte pur ». Les interprètes médiévaux ne pouvaient lire que la version de Michael Scot, qui est ici incomplète et omet précisément cette expression[21], ce qui n'a pas facilité leur tâche. Pourtant, comme nous le verrons bientôt, plusieurs d'entre eux se sont interrogés sur les tensions qui existent entre les différentes affirmations d'Averroès sur la nature des substances séparées. Et si Pierre de Modène, élève de Jandun, avouera ouvertement que « la position [*mens*] d'Averroès est ici ambiguë »[22], plusieurs maîtres ès arts avant et après lui ont estimé que le Commentateur attribuait une certaine composition ontologique aux moteurs inférieurs au premier.

Pour se borner à quelques exemples, l'auteur des questions sur la *Métaphysique* issues de l'« école » de Boèce de Dacie et éditées par Gianfranco Fioravanti déclare que, selon le Commentateur, les substances séparées sont composées d'essence et d'être (conçu comme un accident selon une perspective plus avicennienne qu'averroïste)[23]. Un aristotélicien vraiment « radical »,

---

in A. Specer, L. Wegener (éd.), *Wissen über Grenzen : arabisches Wissen und Lateinisches Mittelalter*, Berlin-New York, De Gruyser, 2006, p. 438-484, en particulier p. 459-462.

21. Cf. la traduction française d'A. Martin, *Averroès. Grand Commentaire de la Métaphysique d'Aristote*, p. 222 : « Après avoir montré que le moteur premier est éternel, qu'il est substance, *acte pur*, immatériel, qu'il est moteur immobile... ») ; la traduction anglaise de C. Genequand, *Ibn Rushd's Metaphysics*, p. 151 : « Having explained that the first mover is eternal, substance, *pure actuality*, and free from matter, that it imparts motion without being moved... » ; la traduction latine dans *Aristotelis Opera cum Averrois commentariis*, vol. VIII, l. XII, c. 37, f. 319vG : « Cum declaravit primum motorem esse aeternum et substantiam, principio sine materia, et motorem absque quod movetur... ». L'omission dans la traduction latine a été signalée par Taylor, « Averroes on Psychology and the Principles of Metaphysics », p. 517, note 31 ; *Id.*, « Averroes' Philosophical Conception of Separate Intellect and God », p. 400, note 26.

22. « Ad aliud dico quod *mens Averrois in hoc est ambigua*. Si enim vellit Averroes quod in omni intelligentia pareter primam sit compositio essentialis actus et potentiae, sicut est compositio in anima nostra ex intellectu agente et materiali secundum ipsum, accidit quaestio difficilis ». Ce texte est cité par Z. Kuksewicz, « Peter of Modena, Philosopher, Astronomer, Physician – a Student of the Famous Fourteenth-Century Averroist John of Jandun », *Medioevo*, 15 (1989), p. 111-142, ici p. 134, note 32.

23. « [...] dicit Commentator quod *in substantiis separatis invenitur accidens quod est esse*, quia est compositio ex esse et essentia, quia sicut forma et eius privatio est accidens materiae, ut dicit Commentator supra primum Physicorum [IV, I, c. 66, f. 39vH-I], ita esse est accidens substantiae separate. Item substantiae separate intelligunt, et *suum intelligere non est sua essentia* », *Anonymi Boethio Daco usi Quaestiones Metaphysicae*, éd. G. Fioravanti, dans

qui arrive à nier la créaturalité des substances immatérielles, se réclame pourtant de Proclus et d'Averroès pour expliquer comment ces substances s'éloignent de l'unité, de la perfection et de l'actualité pure du Premier. Selon cet artien inconnu, qui a rédigé un commentaire sur les *Seconds Analytiques* dont un fragment a été découvert par Robert Wielockx, il serait absurde d'attribuer aux substances séparées une quelconque forme de composition *réelle* : d'être et d'essence, d'acte et de puissance ou de matière et de forme (hypothèse qu'il juge simplement « ridicule »). Cependant, il faudrait admettre une composition « selon notre considération [*secundum rationem nostrae conceptionis*] », parce qu'en tous les êtres inférieurs au « Premier » la puissance est mêlée à l'acte et Averroès aurait eu précisément le mérite de clarifier comment les substances séparées se multiplient *per admixtionem potentiae* :

> Mais puisqu'on ne saurait s'éloigner ou différer du plus parfait et pur acte qui est un dans l'universalité des êtres sans tomber dans l'imparfait et la puissance, il résulte que toute substance immobile en deçà du Premier a en elle une puissance mêlée à l'acte, non par composition réelle, comme on l'a déterminé précédemment, mais par une composition selon notre considération [...]. Et de là il est évident que lesdites substances sont composées, bien qu'elles ne tombent pas sous la raison du causé, comme l'a montré le premier argument. Et l'on voit bien également de quelle façon *elles s'éloignent du plus parfait et purement acte en tendant à l'imperfection et à la puissance*, comme l'ont montré le deuxième et le troisième arguments ; de quelle façon *les substances de ce genre sont multipliées par le mélange avec la puissance, comme le dit Averroès* [cf. *De anima*, III, c. 5, éd. Crawford, p. 409-410] ; et de quelle façon elles déchoient de l'unité primordiale par désagrégation dans le multiple, comme le dit l'élément LXII de Proclus [éd. Vansteenkiste, p. 288][24].

Corpus Philosophorum Danicorum, vol. XIV, Copenhague, apud Librarium Universitatis Austro-Danicae, 2009, IV, q. 4, p. 278. Cf. aussi II, q. 3, p. 217 ; III, q. 9 ad 1, p. 248.

24. « Quia tamen *a perfectissimo et actu puro* quod unum est in universitate entium [...] non contingit recedere seu differre nisi recedendo in imperfectum et potentiam, hinc est quod substantiae cuilibet immobili citra Primum est admixta potentia actui, non compositione reali, ut prius determinatum est, sed compositione secundum rationem nostrae conceptionis. [...] Et per hoc patet quod praedictae substantiae sunt compositae, licet *non realiter cadunt in*

Il est d'ailleurs acquis, grâce aux travaux de Zdzislaw Kuksewicz, qu'au début du XIVe siècle le problème de la potentialité des substances séparées a fait l'objet d'un débat animé parmi les « averroïstes[25] » ; et il vaut la peine de souligner qu'un rôle important dans ce débat fut joué non seulement par les maîtres parisiens tels Thomas Wylton et Jean de Jandun, mais aussi par quelques maîtres italiens – y compris Antoine de Parme, une figure dont les liens avec les milieux fréquentés par Dante sont bien connus[26]. S'il n'y a pas lieu d'examiner ici les différentes solutions qu'ils ont proposées, il est bon de souligner que dans la préface à son commentaire du *De substantia orbis* le philosophe et médecin milanais Maino de Maineri présente la composition des intelligences comme une simple hypothèse, qui pourtant correspondrait à ce que « le Commentateur semble vouloir [affirmer] » :

> Dieu est le plus parfait dans le genre des intelligences, car il ne pense rien en dehors de lui-même, et il est acte pur, ce qui n'est sans doute pas le cas des autres intelligences séparées. Celles-ci en effet sont sans doute composées de puissance et d'acte, comme semble le vouloir le Commentateur sur le IIIe livre du *De anima* [cf. III, c. 5, p. 410] et le livre XII de la *Métaphysique* [cf. XII, 51, f. 336K-L], et elles connaissent quelque chose d'autre en dehors d'elles-mêmes, à savoir Dieu lui-même. Elles se meuvent en effet à cause de lui, ce pourquoi elles le désirent et le pensent ; mais selon qu'elles s'approchent plus ou moins ou s'éloignent du Premier elles sont plus parfaites ou moins parfaites[27].

---

rationem causatorum, ut patebat prima ratio. Et patet qualiter *recedunt a perfectissimo et pure actu tendendo in imperfectionem et potentiam*, ut patebat secunda et tertia ratio ; et *qualiter multiplicantur huiusmodi substantiae per admixtionem potentiae ut dicit Averroes* ; et qualiter recedunt a primordiali unitate per disgregationem in multitudinem, ut dixit LXII^a Procli », R. Wielockx, « Le ms. Paris Nat. Lat. 16096 et la condamnation du 7 mars 1277 », *Recherches de théologie ancienne et médiévale*, 48 (1981), p. 227-237, ici p. 233-234. Voir aussi J. Wippel, « Possible Sources for Godfrey of Fontaines' Views on the Act-Potency "Composition" of Simple Creatures », *Medieval Studies*, 46 (1984), p. 222-244, en particulier p. 240-244.

25. Z. Kuksevicz, *De Siger de Brabant à Jacques de Plaisance. La théorie de l'intellect chez les averroïstes latins des XIIIe et XIVe siècles*, Wroclaw-Varsovie-Cracovie, Ossolineum, 1968, p. 138-139, 166-169, 234-236, 338-339, 350-351, 391-394.

26. *Ibid.*, p. 166-169. Sur les rapports entre Antoine et Dante, voir D. Calma, *Études sur le premier siècle de l'averroïsme latin*, Turnhout, Brepols, 2011, p. 314-316.

27. « Deus autem est perfectissimus in genere intelligentiarum cum nichil intelligat extra se, et *est purus actus, quod forsan non est de aliis intelligentiis abstractis. Forsan enim sunt composite ex potentia et actu, ut videtur velle Commentator* in tertio *De anima* et duodecimo *Metaphysice* et aliud cognoscunt extra se, scilicet Deum ipsum. Movent enim propter Deum et ideo eum desiderant et

2. Nous sommes ainsi conduits à examiner la deuxième question que j'ai relevée, qui concerne l'application aux substances séparées de l'expression « acte pur » par les prétendus « averroïstes latins ». D'habitude, les maîtres ès arts parisiens de la fin du XIIIe siècle répètent que, selon l'enseignement des philosophes, les intelligences célestes sont immatérielles et éternelles, ne sont pas soumises au changement et n'ont aucune puissance passive. Pourtant plusieurs d'entre eux soutiennent que, bien qu'elles ne soient pas composées de matière et de forme, elles présentent une certaine composition[28]. Certains parlent d'une composition d'essence et d'existence, parfois conçue en termes avicenniens, parfois selon une perspective plus proche de celle proposée par Thomas d'Aquin. D'autres parlent d'une composition d'acte et de puissance, s'inspirant de sources néoplatoniciennes diverses comme le *Liber de causis* et le *De intelligentiis* d'Adam *de Puteorum Villa*[29]. Vers 1280, Jean de Dacie mobilise Proclus, Algazel et Avicenne pour affirmer que tout être inférieur à Dieu, « acte pur », est « acte non pur[30] ». Mais

---

intelligunt ; secundum autem quod magis vel minus accedunt vel recedunt a Primo sunt perfectiores vel minus perfecte. » Le texte est publié dans G. Fioravanti, « Il *Principium* di Maino de' Maineri alle *Quaestiones Super De Substantia Orbis* », in A. Rodolfi (éd.), *« Ratio practica », « ratio civilis ». Studi di etica e politica medievali per Giancarlo Garfagnini*, Pise, ETS, 2015, p. 207-224, ici p. 218.

28. Aux passages déjà cités j'en ajoute un, tiré de la question 24 du commentaire sur le *Liber de causis* de Jean *de Mallinges*, éd. par A. Baneu, A. Calma, « Le commentaire sur le *Liber de causis* de Jean de Mallinges », *in* D. Calma (éd.), *Neoplatonism in the Middle Ages. I. New Commentaries on Liber de causis (ca. 1250-1350)*, Turnhout, Brepols, 2016, p. 153-286, ici p. 253 : « Oppositum in littera et arguitur : illa substantia que non est *in fine simplicitatis* est composita et *recedit ab actu puro*. Sed intelligentia est huiusmodi ; quare etc. Dicendum quod [intelligentia] est composita, quia omnis substantia in qua est aliqualis diversitas inter suam substantiam et esse suum et virtutem, talis est composita. Sed ita est intelligentia, quia aliter non recederet a causa prima. Sed *quia recedit a simplicitate cause prime et ab actu puro, ideo est composita.* »

29. La proposition XLVIII.4 du *Liber de intelligentiis* affirme précisément que « Intelligentiae, licet non sint compositae ex materia et forma, compositae tamen sunt ex actu et potentia ». En expliquant le sens de cette proposition, l'on ajoute qu'« actui est admixta potentia in eis, et non sunt totus actus ». Cf. *Liber de intelligentiis*, éd. dans C. Baeumker, *Witelo. Ein Philosoph und Naturforscher des XIII. Jahrhunderts*, Münster, Aschendorff, 1908, p. 58-59. Sur l'attribution et la datation de ce texte – que son éditeur avait publié sous le nom de Witelo et que Palémon Glorieux a restitué à Adam *de Puteorum Villa* – voir en dernier lieu R.-A. Gauthier, « Notes sur les débuts (1225-1240) du premier "averroïsme" », *Revue des Sciences philosophiques et théologiques*, 66 (1982), p. 321-373, en particulier p. 351-352.

30. Jean de Dacie, *De gradibus formarum*, éd. A. Otto, dans *Corpus Philosophorum Danicorum*, vol. I.2, p. 565-566 : « Circa quod est notandum, quod, cum mensura prima sit simplicissima et actus purus et causa prima, tunc omne, quod desinit ab actualitate sue cause

nous venons de voir que deux maîtres anonymes et Maino de Maineri mettent expressément sous le patronage d'Averroès la doctrine de la potentialité et composition des intelligences.

Regardons de plus près les auteurs majeurs. Corrigeant ce qu'il avait affirmé dans ses *Quaestiones in tertium de anima*, Siger de Brabant soutient systématiquement dans ses écrits postérieurs que toutes les créatures finies participent à l'être à des degrés divers et sont affectées par une « puissance d'exister [*potentia ad esse*] ». Certes, selon Siger les substances séparées n'ont pas une puissance à ne pas être [*potentia ad non esse*] et, de par leur nature, elles sont nécessaires. Pourtant, elles n'existent pas par elles-mêmes, mais dépendent de Dieu[31]. Pour se borner à quelques exemples, dans l'un de ses cours sur la *Métaphysique*, Siger enseigne que seul « le Premier étant » est « acte pur », alors que les substances séparées ont une « puissance à intelliger et à être[32] » ; dans les questions sur le *De causis* il ajoute que l'intelligence n'est pas « purement [*pure*] en acte, elle est d'une certaine manière [*aliquo modo*] en puissance, autrement elle ne se distinguerait pas du Premier Principe[33] ».

Il est acquis que le maître brabançon est un interlocuteur privilégié de Jean de Jandun, un maître qui est bien plus

---

intelligitur ut actus non purus, et sic habet aliquid de potentia. » Sur sa position, Wippel, « Possible Sources », p. 229-231.

31. Voir F. Van Steenberghen, *Maître Siger de Brabant*, Louvain, Publications universitaires / Paris, Vander-Oyez, 1977, p. 282-283, 291-292, 305, 318.

32. « In entibus unum solum est perfectissimum. Unumquodque autem est perfectum secundum quod ens in actu. Ergo *in entibus unum solum est actus purus*, ita quod unumquodque ceterorum inquantum recedit ab actualitate eius, intantum accedit ad naturam potentiae. Nunc autem unumquodque agit secundum quod est in actu. Si igitur *omnia entia deficiunt ab actualitate Primi Entis, quod est actus purus*, et omnia deficient ab effectiva causalitate eius. Ex ista autem ratione apparet ratio duorum quae apparent in entibus. Primum est quod *in substantiis separatis quae propinquissimae sunt natura Primo Enti quod est actus purus, invenitur potentia ad intelligere et ad esse*, non praecedens actum, sine tamen transmutatione », *Questiones in Metaphysicam*, rep. de Cambridge, éd. A. Maurer, Louvain-la-Neuve, Éditions de l'Institut supérieur de philosophie, 1983, III, q. 5, p. 87 (cf. la reportation de Munich, éd. W. Dunphy, Louvain-la-Neuve, Éditions de l'Institut supérieur de philosophie, 1981, III, q. 8, p. 105). Très importantes sont aussi les remarques dans l'introduction, q. 7, p. 36 et, dans la reportation de Munich, q. 8, p. 47-48).

33. « Intelligentia enim in genere intellectualis naturae non est pure in actu, sed *aliquo modo in potentia*, aliter enim non differret a primo principio », Siger de Brabant, *Quaestions super librum de causis*, éd. A. Marlasca, Louvain-Publications universitaires / Paris – Béatrice-Nauwelaerts, 1972, q. 42, p. 154. Voir aussi aussi q. 22, p. 93 ; q. 37, p. 145 ; q. 38, p. 147.

qu'un simple disciple d'Averroès, comme l'a bien montré Jean-Baptiste Brenet. Pour ce qui nous intéresse ici, il vaut la peine de souligner deux points. Premièrement, dans ses questions sur le *De anima* (rédigées entre 1317 et 1319) Jandun propose une thèse qui deviendra classique parmi les « averroïstes » parisiens et italiens. Il affirme que les substances séparées sont multipliées d'après l'ordre de la perfection et que le manque de perfection qui est propre à toutes les substances séparées inférieures à la première consiste précisément dans leur potentialité ; et il précise que cette potentialité n'est qu'un état défectueux qui consiste dans la présence de l'intellect possible dans toutes ces substances, qui pensent autre chose qu'elles-mêmes[34]. Deuxièmement, dans ses questions sur la *Métaphysique* (composées vraisemblablement entre 1318 et 1325) Jandun rappelle la maxime « rushdienne » en disant que tout ce qui est éternel est « acte pur », et souligne qu'elle suggère que « les Intelligences » (au pluriel) sont « acte pur ». Nardi, qui a eu le mérite de signaler ce passage[35], a cependant négligé un détail important, à savoir que Jandun introduit cette citation seulement dans un argument en faveur de la thèse que la « Première substance » (au singulier) est immatérielle, mais laisse tomber toute référence au Commentateur dans le *respondeo*. En outre, dans les autres questions sur le livre XII, il fait un usage très parcimonieux et prudent de la notion d'« acte pur », qu'il applique ici – contrairement à ce qui arrive ailleurs[36] – exclusivement à Dieu[37].

---

34. *Super Libros Aristotelis De anima*, Venetiis, H. Scotus, 1552, III, q. 9, f. 67va-68rb et q. 27, f. 90vb-92ra. Voir à ce propos Kuksewicz, *De Siger de Brabant à Jacques de Plaisance*, p. 234-236 ; J.-B. Brenet, *Transferts du sujet*, p. 101-104.

35. B. Nardi, *Dal Convivio alla Commedia*, p. 42.

36. Voir par exemple la question « utrum aeternis repugnet habere causam efficientem », éditée par A. Maurer dans *Id.*, *Being and Knowing. Studies in Thomas Aquinas and Later Medieval Philosophers*, Toronto, Pontifical Institute of Mediaeval Studies, 1990, p. 299 : « Sed *intelligentiae, quae sunt puri actus*, nullam habent materiam ».

37. Cf. *Questiones [...] in duodecim libros Metaphysice*, XII, q. 8, f. 131vN (« tunc esset in potentia et non purus actus ») ; XII, q. 14, f. 136rC (« sed Deus est intellectus purus et actus ») ; XII, q. 18, f. 140rE (« Deus inquantum Deus est summe simplex. [...] est purus actus sine omni potentia passiva »).

Boèce de Dacie était donc allé à contre-courant de la majorité de ses collègues quand, dans son commentaire sur les *Topiques* – un texte qui circulait déjà à Bologne à la fin du XIIIe siècle –, il ne s'était pas borné à affirmer que « dans l'intelligence séparée [*in intelligentia separata*] » la science s'identifie à la substance ; avec la cohérence et la clarté qui lui est propre, il en avait tiré la conclusion que toute substance séparée est « acte pur ». Il s'était toutefois empressé de préciser que Dieu seul est « acte pur », en ce sens qu'il ne dépend pas d'une cause qui le fait exister et le conserve dans l'être – les substances séparées ne pouvant être appelées « acte pur » que parce qu'elles ne sont pas « mêlées de puissance » :

> il faut dire que, sur un premier mode, on appelle acte pur ce qui ne dépend pas du pouvoir d'une cause qui lui donne l'être et qui l'y conserve, et selon ce mode Dieu seul est acte pur. Sur un autre mode, on appelle acte pur ce à quoi aucune puissance n'est mêlée, et selon ce mode toute substance séparée est acte pur[38].

3. Venons-en maintenant à ma troisième question, relative à l'évaluation qu'à l'époque de Dante on donnait de la doctrine enseignant que les substances séparées, y compris les anges de la tradition chrétienne, sont « acte pur » : était-elle considérée comme typique d'Averroès et des « averroïstes » ? Était-elle considérée comme hétérodoxe ?

En faveur d'une réponse positive, l'on peut citer deux témoignages de poids. Premièrement, le *De erroribus philosophorum* attribué à Gilles de Rome, où parmi les « erreurs » d'Averroès nous trouvons la thèse que « toutes les substances intellectuelles sont éternelles et acte pur [*actio pura*] » – thèse reformulée plus loin en ces termes : « l'ange est acte

---

38. *Topica*, éd. G. Green Pedersen, J. Pinborg, dans *Boethii Daci Opera, Topica – Opuscula*, vol. VI.1, Copenhague, Gad, 1976, l. III, q. 3, p. 172 : « dicendum, quod actus purus uno modo dicitur *qui non dependet ex aliqua virtute, ex qua est, et per quam conservatur, et hoc modo solus deus est actus purus.* Alio modo dicitur actus purus ex hoc, quod potentiam non habet sibi admixtam, et *hoc modo quaelibet substantia separata est actus purus.* » Il est acquis que Boèce dépend souvent d'Albert le Grand qui, dans son *De causis et processus universitatis a prima causa*, écrit : « Habitus autem est, quod *intelligentia est actus purus.* » Cf. l'éd. de W. Fauser, Münster, Aschendorff, 1993, II, t.2, c.4, p. 97.

pur [*actio pura*][39] ». Deuxièmement, le *Liber de efficiente et effecto*, où Raymond Lulle fait dire à son *Averroista* imaginaire que « l'ange est un esprit, et est acte pur [*actus purus*], donc il n'est pas susceptible d'être produit[40] ».

De nombreux éléments suggèrent cependant une réponse sinon négative, du moins très nuancée. Il vaut d'abord la peine de remarquer qu'à partir d'un passage du commentaire au livre X de la *Métaphysique* dans lequel Averroès affirme que le Premier Moteur est *actus ultimus* sans mélange de puissance, le compilateur des *Auctoritates Aristotelis* Johannes de Fonte lui a fait dire qu'il est *actus purus sine potentia*[41]. Par contre, tout en sélectionnant plusieurs propositions du *Grand Commentaire* du livre XII, Johannes néglige le principe *omne aeternum est actio pura*, qui semble fait pour être inclus dans un florilège tant il est facile à mémoriser. Quelles que soient les raisons de cette omission, pour les lecteurs des *Auctoritates Aristotelis* – un instrument de travail largement utilisé jusqu'au XVIIe siècle – Averroès devenait ainsi le philosophe qui avait affirmé que le Premier Moteur *seul*, et non toute intelligence séparée, est « acte pur[42] ».

---

39. Gilles de Rome, *Errores Philosophorum*, éd. J. Koch, Milwaukee, Marquette University Press, 1944, p. 20, § 5 : « Ulterius erravit dicens in dicto XII° [XII, q. 9, f. 131vP] quod *omnes substantiae intellectuales* sunt *aeternae et actio pura*, non habentes admixtam potentiam. Cui sententiae ipsemet, a veritate coactus, contradicit in III° libro *De Anima* dicens "nullam formam esse liberata a potentia simpliciter nisi prima forma". Nam omnes "aliae formae diversificantur in essentia et quidditate" [III, c. 5, éd. Crawford, p. 410] ut ipsemet subdit » ; voir aussi p. 24, § 3 : « Quod *angelus est actio pura* ». L'attribution des *Errores Philosophorum* à Gilles de Rome a été remise en question par S. Donati, « Studi per una cronologia delle opere di Egidio Romano. I : Le opere prima del 1285. I commenti aristotelici », *Documenti e studi sulla tradizione filosofica medievale*, 1 (1990), p. 1-112, en particulier 20-21, n. 46 et 28-30 ; C. Luna, « La *Reportatio* della lettura di Egidio Romano sul libro III delle *Sentenze* (Clm 8005) e il problema dell'autenticità dell'*Ordinatio* », *ibid.*, p. 113-225, en particulier p. 165-167.

40. « Ait Auerroista : angelus est spiritus, et est actus purus ; et ideo non est factibilis », *Liber de efficiente et effectu*, éd. H. Harada, Turnhout, Brepols (CCCM 32), 1975, III, 1, p. 282.

41. Cf. J. Hamesse, *Les Auctoritates Aristotelis. Un florilège médiéval. Étude historique et édition critique*, Louvain, Publications universitaires / Paris – Béatrice-Nauwelaerts, 1974, p. 136, § 255 (« Primum in genere substantiae est primus motor qui est *actus purus sine potentia* ») et Averroès, dans *Aristotelis Opera cum Averrois commentariis*, vol. VIII, l. X c. 7, f. 257rA-B (« sicut est declaratum, quod est *actus ultimus*, cui non admiscetur potentia omnino »).

42. Parmi les propositions extraites du livre Lambda de la *Métaphysique* d'Aristote, on en trouve une qui affirme que le Premier Moteur est « acte sans aucune puissance », mais sa « pureté » n'est pas évoquée ici. Cf. J. Hamesse, *Les Auctoritates Aristotelis*, p. 137, § 264.

Cela ne veut pas dire que le principe « rushdien » *omne aeternum est actio pura* ait été oublié. Pour se borner à un exemple, Siger de Brabant s'en sert dans un argument discuté dans la question 17 de son cours sur le livre V de la *Métaphysique*. Siger toutefois renvoie au livre XII du texte d'Aristote plutôt qu'au *Grand Commentaire*, et dans la solution de la question il ne cite jamais le nom d'Averroès[43]. Cette attitude n'a rien de surprenant : loin de l'attribuer à Averroès, plusieurs philosophes et théologiens du XIIIe siècle pensaient que l'idée que non seulement Dieu, mais toutes les réalités immatérielles sont actualité pure, remontait à Aristote.

Parmi les sources philosophiques, je m'arrêterai sur un seul cas, assez instructif. L'immense littérature consacrée à la conception aristotélicienne des substances séparées et à sa réception médiévale se focalise d'habitude sur la *Métaphysique* et sa tradition exégétique, parfois mise en rapport avec la doctrine de l'intellect développée par les aristotéliciens grecs et arabes à partir du *Traité de l'âme*. On ne devrait pourtant pas oublier qu'en analysant dans son *De interpretatione* la consécution des propositions modales Aristote affirme en passant (13, 23a, 23-26) que « certains êtres ont l'acte sans la puissance, par exemple les substances premières ; d'autres ont l'acte avec la puissance, et ils sont antérieurs par leur nature, mais postérieurs selon le temps ; d'autres, enfin, ne sont jamais en acte, mais sont de pures puissances[44] ». Influencé par la lecture standard des écoles

---

43. Voir les *Quaestiones in Metaphysicam*, dans la reportation de Cambridge, q. 17, p. 224 (« Et ideo dicitur XII° huius quod *omne aeternum est actus purus* ») et la reportation de Munich, q. 17, p. 284 (« unde *omne aeternum et necessarium est actio pura*, ut habetur XII° huius »).

44. Plusieurs historiens contemporains soutiennent que les « substances premières » mentionnées ici par Aristote sont les substances immatérielles et divines de la *Métaphysique*. Voir par exemple la traduction anglaise des œuvres d'Aristote dirigée par W. D. Ross, vol. I, *Categoriae and De interpretatione*, éd. E. M. Edghill, Oxford, Oxford University Press, 1928, *ad locum*, n. 2 (« God and the intelligences that move the heavenly bodies ») ; J. L. Ackrill, *Categories and De interpretatione*, Oxford, Clarendon Press, 1990, p. 153 (« 'Primary substances' is used here, as in the *Metaphysics*, to refer to the pure forms without matter : *Metaphysics* 1032b2, 1037a5, a28, b3, 1054b1, 1071b12-22 »). Plus réservé, F. W. Zimmermann, *Al Farabi's Commentary and Short Treatise on Aristotle's De Interpretatione*, Oxford, Oxford University Press, 1987, p. 185, note 4.

d'Alexandrie, Boèce souligne que « les substances premières » dont il est question ici ne correspondent pas à celles analysées dans les *Catégories* et lit dans ce passage « assez obscur » (pour emprunter la formule d'al-Fārābī) une hiérarchisation des êtres qui met au sommet ceux qui sont *semper in actu* ou *actu tantum*[45]. Dans le sillage de Boèce, Pierre d'Irlande, dans son commentaire *In librum Aristotelis Peryermeneias* rédigé à Naples entre 1260 et 1268, soutient qu'Aristote appelle ici « substances premières » les « formes » exemptes de toute matière, qui « sont actes purs » :

> Il faut dire que sont appelées ici *substances premières* les formes qui sont libérées de toute matière, et qu'elles sont actes purs ; et la puissance qui existe en elles n'est rien d'autre qu'acte pur. Ainsi donc, dans les possibles, il y en a un qui est acte et un autre qui est extérieur à l'acte ; dans celui qui est en acte, il y en a un qui est acte pur, et c'est lui qui se trouve dans les substances premières que l'on a mentionnées ; il y en a un qui est en acte continu, mais néanmoins mêlé de quelque puissance, comme l'est la puissance par rapport au « où », et c'est ce qui se trouve dans les êtres sempiternels qui se meuvent selon le lieu, ce qui fait qu'il ont une puissance par rapport au « où » ; il y en a qui se trouvent en acte momentané, et ce sont ceux qui ni ne sont toujours ni jamais ne sont, ce qui fait que la possibilité en eux se voit à un moment actualisée ; enfin il y en a qui se trouvent en puissance et jamais en acte, comme nous l'avons dit du nombre infini[46].

45. *In librum Aristotelis Peri Hermeneias*, éd. C. Meiser, Lipsiae, Teubner, 1876, prima editio, p. 206, l. 18-23 : « Primae etiam substantiae *actu quidem sunt, numquam vero potestate*. Primas autem substantias dicit *divinas scilicet et sempiternas, non eas quas in praedicamentis primas esse monstravit id est individuas*. Tunc enim de his loquebatur primis, quae nobis primae sunt, nunc de his quae natura sunt primae, quae *divinae sunt scilicet et sempiternae*. » Voir aussi la *secunda editio*, p. 462, l. 19-21 : « rerum aliae sunt *actu semper*, qui ex potestate non venerit, et iste sunt quarum nullae sunt potestate, sed *semper in actu sunt* ». Plus loin, p. 463-464, l. 23-04, Boèce précise que les substances premières dont on parle ici ne sont pas à identifier aux substances premières des *Catégories* : « hic autem primas substantias quae semper actu sunt idcirco nominat quia, ut dictum est, quae semper actu sunt principalia ceterarum rerum sunt atque ideo primas eas substantias esse necesse est. » Pour la formule d'al-Fārābi que j'utilise, F. W. Zimmermann, *Al Farabi's commentary*, p. 185.

46. Pierre d'Irlande, *Expositio et quaestiones in librum Aristotelis Peryermeneias seu De interpretatione*, éd. M. Dunne, Louvain-la-Neuve-Paris, Éditions de l'Institut supérieur de philosophie – Peeters, 1996, p. 230 : « Dicendum igitur quod appellantur hic *prime substancie, forme que sunt liberate ab omni materia, et iste sunt actus puri* ; unde potestas existens in hiis non est *nisi ipse actus purus*. Dicendum ergo quod possibile quiddam est actus et quiddam

Quant aux théologiens, dans son commentaire des *Sentences* Pierre Olivi attribue d'abord à Aristote en personne l'idée que les substances intellectuelles sont des « dieux » et n'appartiennent pas à un genre ; puis il accuse des « philosophes païens » guère mieux identifiés de nier toute distinction entre l'être et l'intelliger dans ces substances, en en faisant des « dieux », complètement parfaits et immuables[47]. Henri de Gand, qui en mars 1277 avait contribué à faire interdire l'enseignement de plusieurs propositions relatives à la structure ontologique et à la connaissance des substances séparées extraites des écrits de Siger de Brabant et Boèce de Dacie, accuse le « Philosophe » (au singulier) d'avoir commis un véritable « sacrilège », qui consisterait dans la déification des « formes séparées[48] ». Quelques années

est extra actum ; et quod est in actu, *quiddam est actus purus, et illud invenitur in primis substanciis de quibus fecimus mentionem*, et quiddam est in actu continuo, set mixto tamen cum aliqua potencia, sicut est potencia ad ubi, et illud inuenitur in sempiternis que mouentur secundum locum, unde habent potenciam ad ubi ; et quedam inueniuntur in actu momentaneo, et ista sunt que neque semper sunt, neque semper non sunt, unde possibilitas in hiis aliquando inuenitur actu, et quedam sunt que inueniuntur potestate et nunquam actu, sicut diximus de numero infinito. »

47. Pierre Olivi, *Quaestiones in secundum librum Sententiarum*, éd. B. Jansen, Quaracchi, Ex Typographia Coll. S. Bonaventurae, 1922, vol. I, q. 16, p. 353, 354 : « dicendum quod *Aristoteles* non creditur voluisse substantias intellectuales esse in praedicamento substantiae, quoniam *illas posuit tamquam quosdam deos* et totam naturam suae speciei intra se habentes et magis extra genus quam in genere existentes » ; « *tam Aristoteles quam eius sequaces* ponunt in intellectu humano aliquid potentiale quod et intellectum possibile vocant, sed *forte in aliis substantiis separatis hoc non ponunt, saltem ita plene* ». Cf. *ibid.*, q. 35, p. 628 : « Ex praedictis etiam omnibus patet quod *pagani philosophi qui posuerunt quod in substantiis separatis esset suum intelligere idem quod sua substantia manifeste intendebant et credebant huiusmodi substantias esse deos*, habentes in se universaliter et ab aeterno et per naturam quicquid habere poterant et omnino simplices et infinitas et immutabiles et invariabiles et impeccabiles, nulla gratia au merito indigentes, sed *potius per sola sua substantialia beatos et felices, ita quod eorum beatitudo erat eorum substantia*. Et ideo in iis quae de intelligentiis dixerunt sic *debemus eos fugere tanquam idolatras plures deos ponentes.* » Olivi développe ici les idées de Bonaventure, qui dans ses *Collationes in Hexaëmeron* avait souligné le danger d'attribuer aux anges des qualités propres à Dieu : « Unde *incautum est hoc dicere*, ne id quod est solius Primi, scilicet *quod sit purus actus* et forma, videatur attribui angelo ; et minus etiam est periculum errare circa angeli simplicitatem quam aliquid, quod est solius Dei, alii assignare. Unde dicimus quod nihil omnino est simplex nisi Deus », éd. F. Delorme, Quaracchi, Typographia Coll. S. Bonaventurae, 1934, *visio* I, *collatio* 1, p. 54.

48. Henri de Gand, *Quodlibet II*, éd. R. Wielockx, Louvain, Leuven University Press, 1983, q. 8, p. 41-42 : « Quid mirum ergo, si Philosophus dicit quod in formis separatis in una specie, id est essentia, non est nisi unicum individuum ? Hoc enim de necessitate sequitur, non tam ex illo quod falso posuit, non esse scilicet plura individua sub eadem specie nisi per materiam, *quam ex alio sacrilegio, quod tamquam sacrilegus posuit, quod scilicet quaelibet earum deus quidam sit*

plus tard, dans la question 7 de son *Quodlibet* VII, Godefroid de Fontaines, profondément influencé par Siger ainsi que par le maître anonyme de Wielockx, s'efforce de démontrer que nier la composition hylémorphique des anges ne signifie pas exclure leur appartenance à un genre. Pour ce faire, il soutient que les anges ne sont pas « acte pur[49] » et il prend ses distances avec les « philosophes » (au pluriel et sans spécification ultérieure) qui avaient transformé les substances séparées en divinités, en leur attribuant l'actualité et la simplicité absolue qui pour « nous » – c'est-à-dire pour les chrétiens – convient seulement à Dieu[50]. Toutefois, on voit mal s'il incluait Averroès parmi ces « philosophes » : environ cinq ans avant, en disputant la question 3 du *Quodlibet* III, il avait en fait attribué au Commentateur la thèse que les anges ne sont pas composés de matière, mais que leur être comporte néanmoins une certaine dose de potentialité et donc, « dans un sens très équivoque », de matérialité[51].

---

et quoddam necesse esse. Nostri ergo philosophantes, si velint sequi Philosophum in hoc consequente, quod scilicet in formis separatis sub una specie – id est essentia, quia proprie non habet ibi esse ratio speciei – non potest esse nisi unicum individuum, necesse est ut eum sequantur, non tam in antecedente primo, quod propter defectum materiae non sint plura individua sub eadem specie, quam in antecedente secundo, quod scilicet quaelibet earum sit deus quidam et quoddam necesse esse, in quo non differunt essentia et esse, suppositum et existentia. » Sur ce texte voir les remarques de T. Suarez-Nani, *Les Anges et la philosophie. Subjectivité et fonction cosmologique des substances séparées à la fin du* XIII*e* *siècle*, Paris, Vrin, 2002, p. 79-81.

49. Godefroid de Fontaines, *Quodlibet VII*, éd. M. De Wulf, J. Hoffmans, Louvain, Institut supérieur de philosophie, 1914, q. 7, p. 350 : « ne videantur angeli dicere puros actus cum exclusione omnis potentialitatis. »

50. « Sed, quia non videtur conveniens ponere angelos omnino extra genus, quia hoc videtur soli Deo convenire eo quod *ratione suae actualitatis penitus omnem potentialitatem et limitationem omnem excludit*, quia etiam non ponimus angelos esse substantias tantae actualitatis et simplicitatis sicut ponebant *philosophi* substantias separatas *quas omnes quasi quosdam Deos ponere videbantur*, ideo sunt a nobis angeli aliquo modo in genere collocandi », *ibid.*, p. 353. Sur la question 7 du *Quodlibet VII*, voir J. F. Wippel, *The Metaphysical Thought of Godfrey of Fontaines. A Study in Late Thirteenth-Century Philosophy*, Washington, CUA Press, 1981, p. 92-96 ; *Id.*, « Possible sources », p. 224-226.

51. Godefroid de Fontaines, *Quodlibet III*, éd. M. De Wulf, A. Pelzer, Louvain, Institut supérieur de philosophie, 1904, q. 3, p. 185 : « Quare etiam verum est secundum ipsum [Commentatorem : cf. *De anima*, l. III, c. 5, éd. Crawford, p. 409-410], quod in angelis non est vere materia ; est *tamen in eis alia potentia quam ipse dicit aliquo modo materiam, sed multum aequivoce* ».

Bref, à l'époque de Dante seuls deux anti-averroïstes déclarés, à savoir Gilles de Rome et Ramon Lulle, estiment que la thèse que les intelligences séparées sont « acte pur » est typique d'Averroès et des « averroïstes ». Plusieurs théologiens de la fin du XIIIe siècle ont vu dans l'idée qu'en ces intelligences la substance et l'opération coïncidaient, qu'elles étaient ontologiquement simples, nécessaires et n'appartenaient pas à un genre, l'expression emblématique de la dangereuse tendance *d'Aristote et des philosophes païens en général* à octroyer un caractère divin à des êtres inférieurs à Dieu. Cependant ces théologiens n'ont pas prêté grande attention à la notion d'« acte pur », utilisée avec réserve par la majorité des artiens et passée sous silence dans la condamnation de 1277, ce qui a permis par la suite une liberté de manœuvre dans ce domaine assez surprenante, comme nous pouvons le voir dans un texte remarquable des années 1290, signalé récemment par Sten Ebbesen. L'auteur de ce texte, Raoul le Breton, fait un effort pour s'aligner sur les articles 71 et 76 du *syllabus* de Tempier et admet – à contrecœur et en soulignant la distinction entre ce qu'il faut croire « selon la vérité » et ce que l'on dirait « selon le Philosophe » – que les substances séparées ont une « puissance à intelliger ». Toutefois, il déclare que, si ces substances sont moins parfaites que la Cause Première, elles ne sont pas moins simples[52], et il prend fermement position contre toute théorie postulant leur composition ontologique. En plus de critiquer la position de Thomas d'Aquin (qu'il trouve, comme Siger avant lui, incompréhensible), Raoul

52. Voir le texte cité par S. Ebbesen, « Five Parisian Sets of Questions on the Metaphysics from the 1270s to the 1290s », *in* F. Amerini, G. Galluzzo (éd.), *A Companion to the Latin Medieval Commentaries on Aristotle's Metaphysics*, Leyde-Boston, Brill, 2014, p. 277-314, p. 291, note 45. L'idée que les substances séparées puissent être moins parfaites que Dieu tout en étant simples (avec l'exemple des différents degrés de perfection des éléments simples) se trouve aussi dans le commentaire sur le *Liber de causis* attribué à Brito : voir le texte édité par I. Costa, M. Borgo, « The Questions of Radulphus Brito (?) on the *Liber de causis* », *in* D. Calma (éd.), *Neoplatonism in the Middle Ages*, p. 287-357, notamment p. 333. Brito semble développer ici une idée que l'on trouve déjà dans le maître anonyme étudié par Wielockx, « Le ms. Paris Nat. Lat. 16096 », p. 234 (cf. aussi Wippel, « Possible Sources », p. 237).

nie ouvertement (contre Siger et contre Pierre d'Auvergne) que ces substances aient une « puissance à être » parce que – précise-t-il – « il n'y a pas d'article [censuré] concernant la puissance à être[53] ».

Conclusion

Après avoir présenté quelques éléments permettant de donner une première réponse aux trois questions que j'ai soulevées, il me paraît utile, en conclusion, de revenir à Dante. Il est évident que, tout au long de sa carrière, il est resté fidèle à une conception des substances séparées qui reprend les éléments majeurs sur lesquels insistent toutes les lectures artiennes d'Aristote aux confins du XIIIe et du XIVe siècle : immatérialité, simplicité et immutabilité de ces substances, identité entre l'être et l'intelliger, continuité de l'intellection. Les remarques de Béatrice dans *Paradiso* XXIX, l. 79-80 sur la vision non « interrompue par un nouvel objet » en témoignent. Je trouve néanmoins assez discutable de parler, comme le faisait Nardi, du « résidu d'un concept averroïste » à propos des expressions « *forma puretta* » et « *puro atto* » employées aux lignes 22 et 33. Outre le fait que la notion même de « résidu » trahit – comme l'a souligné Paolo Falzone – une conception de l'évolution intellectuelle du poète que nous n'avons plus[54], qualifier d'« averroïstes » tout court ces expressions prête à confusion. Certes, la thèse selon laquelle les substances séparées éternelles sont acte pur se trouve dans un passage de l'*Averroes latinus* et, par conséquent, appartient à la « tradition averroïste ».

53. « Credo quod secundum veritatem aliae intelligentiae a primo intelligunt per species alias a se, sed secundum Philosophum non videtur ibi esse potentia passiva, neque propter intelligere neque etiam propter suum esse, quia esse non differt ab essentia ipsarum. [...] Sed tenendum est quod sit ibi potentia ad intelligere, *sed de potentia ad esse non est articulus* ». Ce texte est cité et analysé par S. Ebbesen, « Five Parisian Sets of Questions on the Metaphysics from the 1270s to the 1290s », cit. *supra* note 52, en particulier p. 292.

54. P. Falzone, « La dottrina delle intelligenze separate come "puri atti" in Dante », cit. *supra*, p. 168, note 10.

Cependant, il est licite de se demander jusqu'à quel point elle exprime la pensée authentique d'Averroès, qui semble plus complexe et nuancée. D'ailleurs, nous venons de voir que seul un nombre très restreint des contemporains de Dante l'ont attribuée à lui et à ses prétendus disciples latins. Nous venons de voir qu'aux alentours de 1265 Pierre d'Irlande appelle tranquillement *actus puri* les « formes » immatérielles qu'il croit trouver dans le *De interpretatione* d'Aristote, et une dizaine d'années plus tard Boèce de Dacie explique en quel sens il est permis d'utiliser cette terminologie à propos des substances séparées du douzième livre de la *Métaphysique*. De même, la plupart des maîtres ès arts parisiens – Siger de Brabant y compris – insistent sur la composition de ces substances. Nous avons rappelé, enfin, que plusieurs artiens et un grand théologien (Godefroid de Fontaines) évoquent le Commentateur comme *auctoritas* favorable à cette composition.

Du reste, j'ai l'impression que – dans ce cas comme dans bien d'autres – l'usage de la catégorie « averroïsme » a conduit à surinterpréter les textes de Dante, à mettre hâtivement en question son « orthodoxie » ou à faire des efforts pour l'innocenter d'avoir défendu dans la *Comédie* une thèse dont l'« hétérodoxie » est loin d'être évidente. En effet, les tirades de plusieurs théologiens de la fin du XIIIe contre le risque de diviniser les substances séparées et de les confondre avec Dieu sont significatives, mais n'offrent pas nécessairement la meilleure clé de lecture des controverses doctrinales de l'époque : considérer la simple évocation de l'actualité des anges comme une atteinte à leur créaturalité – comme on le fait souvent dans la littérature critique – signifie ériger le point de vue d'une des parties en cause en critère d'évaluation historique. À vrai dire, de Siger de Brabant jusqu'à Jean de Jandun, l'immense majorité des artiens que nous avons examinés n'a pas présenté les substances séparées comme « acte pur » ; Boèce de Dacie, qui a utilisé ce langage, n'a jamais mis en question la causalité créatrice de Dieu par rapport à ces substances ; et un maître anonyme qui l'a fait a cherché chez Proclus et, par une ironie du sort, chez Averroès les instruments conceptuels pour soutenir qu'elles ne sont pas « acte pur » comme « le Premier ».

Quoi qu'il en soit, une chose est certaine. Si Guido Vernani a vite dénoncé comme erronée non seulement la référence à Averroès de *Monarchie* I, 3, 8, mais aussi la conception des intelligences du paragraphe précédent[55], les anciens commentateurs de la *Comédie* – y compris un anti-averroïste acharné comme Benvenuto da Imola – n'ont vu aucun danger dans la formule « *puro atto* ». Au début du XVe siècle, l'évêque franciscain Jean de Serravalle se bornera à gloser *Paradiso*, XXIX, l. 33, en disant qu'alors que Dieu est « acte très pur [*purissimus*] », les anges « sont acte pur [*puri actus*], mais non pas de la même manière que Dieu[56] ». Solution un peu simpliste, dira-t-on, mais qui probablement saisit l'*intentio auctoris*[57].

---

55. Voir l'édition du *De reprobatione Monarchie composite a Dante*, dans Dante Alighieri, *Monarchia*, éd. P. Chiesa, A. Tabarroni, Rome, Salerno, 2013, p. 334-336.

56. « Adhuc addit auctor, quod ordo fuit concreatus rebus, dicens : Concreatus, idest simul, fuit ordo et constructus, idest constructio ad esse, ad substantias, idest substantiis ; et ille fuerunt summitates, idest summe, idest nobiliores, perfectiones mundi, de mundo, in quibus actus fuit productus, idest *res que fuerunt in solo actu producte et non in potentia*. Res proprie *dicuntur esse in puro actu, quando tales non sunt in potentia* ut de ipsis aliquid fiat, sicut de ferro fit gladius, de pasta fit panis. Sic Deus non factus, est simplicissimus, *purissimus actus* ; sicut etiam *angeli sunt puri actus, non tamen sicut Deus* », *Fratris Johannis de Serravalle Ord. Min. [...] Translatio et Comentum totius libri Dantis Aldigherii, cum textu italico Fratris Bartholomaei a Colle eiusdem Ordinis, nunc primum edita*, Prato, Giachetti, 1891, p. 1158-1159.

57. La notion d'*actus purissimus*, qui a connu un grand succès à l'âge moderne et contemporain, mériterait d'être tracée. Une des premières occurrences de son application à Dieu se trouve dans un passage très intéressant du *Speculum divinorum et quorundam naturalium* où Henri Bate, en citant Averroès comme *auctoritas* favorable à la potentialité et à la matérialité des substances séparées, remarque : « Sciendum igitur quod nihil prohibet unamquamque formam separatam esse quodammodo substantiam simplicem, *licet ipsa non omnino purus actus existat*, sed quodammodo, potentia scilicet, *actus non perfectissimus in fine simplicitatis*. Ad perfectionem enim totius universi necessario requiritur et principaliter quidem omnimodas in rerum natura condiciones esse formarum sive substanciarum simplicium et actuum similiter huiusmodi secundum gradus quosdam et modos perfectionis et imperfectionis multiplicis *ab actu purissimo simul et perfectissimo differentium seu distantium ac per ordinem descendentium* ad quiddam simile materiae ». Cf. *Speculum divinorum et quorundam naturalium. Parts XX-XXIII*, éd. C. Steel, G. Guldentops, Louvain, Leuven University Press, 1996, XXIII, c. 5, p. 394.

LIBERTÉ DE L'EMPEREUR ET LIBERTÉ TOTALE : DANTE THÉORICIEN DE LA VOLONTÉ COMMUNE

Iacopo Costa
(CNRS, PSL – Commission léonine, Paris)

Le portrait de l'Empereur que Dante élabore au Ier livre de la *Monarchie* présente un individu aux traits anthropologiques extraordinaires. Cela est surtout évident sous l'angle pratique : en tant qu'il possède la capacité de réaliser la justice et la paix de la manière la plus pleine, l'Empereur est, selon Dante, un « sujet [d'action] au plus haut point voulant et puissant » (*subiectum volentissimum et potentissimum*)[1].

Dans ce même traité se trouve exposée une théorie originale à propos de la relation existant entre liberté et Empire. La charité ou amour droit (*karitas*, *recta dilectio*) y

1. *Mn* I, 11, 8. Je citerai le texte latin de la *Monarchie* imprimé dans la *Nuova edizione commentata delle opere di Dante*, vol. IV, *Monarchia*, éd. P. Chiesa et A. Tabarroni, avec la collaboration de D. Ellero, Rome, Salerno, 2013 (« Pubblicazioni del centro Pio Rajna »). La traduction française des textes latins cités dans la présente étude est de moi, à l'exception du *De unitate intellectus* de Thomas d'Aquin (voir note 3) ; pour la *Monarchia*, je me suis parfois inspiré de la traduction italienne de Chiesa et Tabarroni. Le texte latin des œuvres de Thomas d'Aquin est toujours celui de l'édition Léonine, lorsque celui-ci est déjà publié : *Sancti Thomae de Aquino Opera Omnia* iussu Leonis XIII P.M. edita, cura et studio Fratrum Praedicatorum, Romae 1882ss.

tient une place éminente, dans la mesure où la volonté de l'Empereur est informée par cette disposition[2]. C'est dans ce contexte que Dante fait intervenir l'idée d'une volonté commune à l'espèce humaine : l'Empereur est le détenteur d'une volonté surpuissante, capable d'étendre ses contenus à toute l'humanité. L'Empereur est donc *toute la volonté* puisqu'il est la volonté de tous. La liberté de l'Empereur est une liberté totale.

Cette configuration psychique, morale et politique peut être comparée à celle décrite par Thomas d'Aquin dans son opuscule célèbre *De unitate intellectus* : Thomas d'Aquin y signale, parmi les conséquences néfastes impliquées par la doctrine averroïste sur l'unité de l'intellect, celle d'une séparation de la volonté. L'argument est simple. L'intellect et la volonté sont les deux puissances qui forment l'âme intellective en tant qu'unité psychique et ontologique : en effet, toute créature intellectuelle est aussi une créature libre, c'est-à-dire douée de volonté et de libre arbitre. Par conséquent, on ne peut pas concevoir que seule l'une de ces deux facultés soit séparée. Si l'intellect est unique et séparé, la volonté sera, elle aussi, unique et séparée. Mais, si l'intellect et la volonté sont uniques et séparés, il n'y aura plus de responsabilité individuelle ni de philosophie morale[3] :

> Si donc l'intellect ne fait pas partie de cet homme-ci au point de ne faire véritablement qu'un avec lui, si, au contraire, il lui est seulement uni par les images ou comme moteur, la volonté n'aura pas son siège dans cet homme-ci, mais dans l'intellect séparé. Et ainsi cet homme-ci ne sera pas maître de ses actes et aucun de ses actes ne sera plus ni louable ni condamnable, ce qui est jeter à bas les principes mêmes de la philosophie morale[4].

---

2. *Mn* I, 11, 13.

3. Il s'agit, selon A. de Libera, de la « réfutation morale » de l'averroïsme : cf. Alain de Libera, *Commentaire du "De unitate intellectus contra averroistas" de Thomas d'Aquin*, Vrin, Paris, 2004 (« Études et Commentaires »), p. 313.

4. Thomas d'Aquin, *De unitate int.*, iii (éd. Léon., t. XLIII, p. 306, 347-354) : « Si igitur intellectus non est aliquid huius hominis ut sit uere unum cum eo, sed unitur ei solum per fantasmata uel sicut motor, non erit in hoc homine uoluntas, sed in intellectu separato. Et ita

> Si donc l'intellect de tous [les hommes] est unique, il s'ensuit nécessairement qu'il n'y a qu'un seul pensant et, par conséquent, un seul voulant et un seul utilisateur, pour l'arbitre de sa volonté, de tout ce qui distingue les hommes les uns des autres. Et il s'ensuit en outre que si l'intellect, dans lequel seul résident la principauté et le pouvoir de tout utiliser, est identique et indivis en tous les hommes, il n'y a aucune différence entre eux quant au libre choix de la volonté et qu'elle est identique en tous. Ce qui est manifestement faux et impossible : c'est en effet contraire aux phénomènes et cela détruit toute science morale et tout ce qui relève de la société politique, qui est naturelle à l'homme, comme le dit Aristote[5].

L'hypothèse de la séparation de la volonté humaine, vigoureusement réfutée par Thomas d'Aquin, réduirait la totalité des volitions humaines à un seul sujet du vouloir. Étant donné que les actions proprement humaines sont, d'après Thomas, les actions volontaires[6], la séparation de la volonté serait à l'origine d'une paralysie du dynamisme humain : après le *hic homo non intelligit* (*cet homme ne pense pas*), on en viendrait au *hic homo non agit* (*cet homme n'agit pas*).

Ce n'est cependant pas la seule manière possible de concevoir une volonté commune à l'espèce humaine ou à une multitude d'individus faisant partie de celle-ci : des tentatives de penser une volonté qui dépasse l'homme singulier se trouvent dans l'histoire de la théologie et de la philosophie médiévales. En effet, la théorie de Thomas d'Aquin sur la charité

---

hic homo non erit dominus sui actus, nec aliquis eius actus erit laudabilis uel uituperabilis : quod est diuellere principia moralis philosophiae ». Cf. trad. A. de Libera, p. 153-155.

5. Thomas d'Aquin, *De unitate int.*, iv (éd. Léon., t. XLIII, p. 308, 81-95) : « Si igitur sit unus intellectus omnium, ex necessitate sequitur quod sit unus intelligens, et per consequens unus uolens et unus utens pro sue uoluntatis arbitrio omnibus illis secundum que homines diversificantur ad inuicem. Et ex hoc ulterius sequitur quod nulla differentia sit inter homines quantum ad liberam uoluntatis electionem, sed eadem sit omnium, si intellectus, apud quem solum residet principalitas et dominium utendi omnibus aliis, est unus et indiuisus in omnibus. Quod est manifeste falsum et impossibile : repugnat enim hiis que apparent, et destruit totam scientiam moralem et omnia que pertinent ad conuersationem ciuilem, que est hominibus naturalis, ut Aristoteles dicit ». Cf. trad. A. de Libera, p. 163.

6. Thomas l'affirme en plusieurs endroits, par ex. *Summa th.*, I, II, 1, 1, resp. : « Illae ergo actiones proprie humanae dicuntur, quae ex voluntate deliberata procedunt » (éd. Léon., t. VI, p. 6b).

est une théorie de l'union des volontés d'une multitude d'hommes dans une seule volonté commune.

Relevons, tout d'abord, un détail lexical important : saint Paul, on le sait, fournit à la théologie chrétienne un certain nombre d'idées fondamentales autour de la charité ; or c'est chez saint Paul, et à propos de la charité, qu'on trouve le seul terme grec ancien proche de notre terme « monopsychisme », c'est-à-dire l'adjectif σύμψυχοι (*unanimes*, dans le latin de la Vulgate, littéralement : « ceux qui ont l'âme ensemble », presque « ceux qui ont une seule âme »). Paul affirme (Phil. 2, 1-2) :

> Aussi je vous en conjure par tout ce qu'il peut y avoir d'appel pressant dans le Christ, de persuasion dans l'Amour, de communion dans l'Esprit, de tendresse compatissante, mettez le comble à ma joie par l'accord de vos sentiments : *ayez le même amour, une seule âme, un seul sentiment*[7].

Se pose alors une question : un lien historique et conceptuel existe-t-il entre la conception de la charité, l'averroïsme (et notamment le monopsychisme), et les théories sur la volonté commune de Thomas d'Aquin et de Dante ? On tentera de répondre en trois étapes : tout d'abord, 1) on présentera la relation entre charité et monopsychisme[8] ; ensuite 2), seront rappelés certains aspects fondamentaux de la théorie thomiste de la charité ; pour finir, 3) on montrera quels échos trouvent ces thèmes dans la *Monarchie* de Dante.

---

7. Je souligne. Dans le latin de la Vulgate : « Si qua ergo consolatio in Christo, si quod solacium caritatis, si qua societas spiritus, si quid viscera et miserationes, implete gaudium meum ut idem sapiatis, eandem caritatem habentes, unanimes, id ipsum sentientes » (*Biblia Sacra iuxta Vulgatam Versionem*, adiuvantibus B. Fischer OSB, I. Gribomont OSB, H. F. D. Sparks, W. Thiele, recensuit et brevi apparatu instruxit R. Weber OSB, Stuttgart, Württembergische Bibelanstalt, t. 2, p. 1816). Pour la traduction française : *La Bible de Jérusalem*, nouvelle édition entièrement revue et augmentée, Paris, Éditions du Cerf, 1973.

8. À ma connaissance, cette relation n'a jamais été relevée dans les études de philosophie et de théologie médiévale ; je présente ici les résultats d'une première enquête, qui pourra sans doute être élargie à d'autres auteurs.

1. Charité et monopsychisme

Si l'on étudie les théories de la charité entre la fin du XIIe siècle et le début du XIVe, on voit apparaître une figure étonnante, qu'on pourrait appeler « averroïsme affectif ». Le caractère principal de cet « averroïsme » est d'être un produit entièrement latin et entièrement catholique. L'insoupçonnable Pierre Lombard est celui qui, inconsciemment, a codifié et transmis cette forme particulière d'« averroïsme ». Le maître des *Sentences* déclare en effet :

> Le Saint-Esprit est lui-même l'amour ou la charité par laquelle nous aimons Dieu et le prochain ; lorsque la charité est en nous pour nous faire aimer Dieu et le prochain, on dit alors que le Saint-Esprit nous est envoyé ou donné[9].

Le texte de Pierre Lombard est formel : le Saint-Esprit *est* la charité elle-même (c'est-à-dire la *disposition* ou *vertu théologale* qu'est la charité) ; tout en étant une vertu, ou disposition, de l'homme, la charité est donc incréée (*increata*). Selon l'interprétation que nombre de commentateurs des *Sentences* en ont donnée, cela signifie que lorsque le Saint-Esprit est envoyé dans le cœur de l'homme, c'est le Saint-Esprit lui-même qui demeure dans l'homme et qui est la charité ; mais que, en revanche, les actes singuliers de charité appartiennent aux hommes singuliers (c'est-à-dire les actes d'amour envers Dieu et le prochain). Les autres vertus théologales, la foi et l'espérance, seraient, au contraire, créées : l'homme en posséderait à la fois l'*habitus* et les actes.

Ainsi conçue, la charité réalise une disproportion ontologique entre la disposition à l'action et les actions, à savoir

9. Petrus Lombardus, *Sententiae in IV libris distinctae*, editio tertia ad fidem codicum antiquiorum restituta, Grottaferrata, Editiones Collegii S. Bonaventurae ad Claras Aquas, 1971-1981 (« Spicilegium Bonaventurianum », IV-V), I, d. 17, 1.2 (t. 1, p. 142, 9-12) : « ipse idem Spiritus Sanctus est amor sive caritas, qua nos diligimus Deum et proximum ; quae caritas cum ita est in nobis ut nos faciat diligere Deum et proximum, tunc Spiritus Sanctus dicitur mitti vel dari nobis ». Les sources augustiniennes de Pierre Lombard sont analysées dans l'article de Landgraf cité à la note suivante.

une disproportion identique à celle qui existe entre l'incréé et le créé (ou bien entre le Créateur et la créature). Les autres vertus théologales, et à plus forte raison les vertus cardinales qui ne requièrent aucune intervention surnaturelle, seraient en revanche proportionnées, adéquates, aux actes qu'elles produisent puisque, dans leur cas, tant la disposition que l'acte seraient des créatures (des *creata*).

Quel est le problème soulevé par la position de Pierre Lombard ? Aux yeux d'un théologien du XIIIe ou du XIVe siècle, l'Esprit-Saint est en fin de compte une substance séparée ; par conséquent, la position de Pierre Lombard risquait de reproduire, au niveau de l'amour (ou plus précisément de l'*affectus*), la même structure que le monopsychisme, selon laquelle une substance séparée pense dans les hommes : pour Pierre Lombard, une substance séparée *aime* dans les hommes et *agit* dans les hommes. Étant donné que la charité n'est pas une vertu comme les autres, mais qu'elle englobe et enveloppe l'ensemble des vertus humaines, transférer la charité en dehors de l'homme revient à priver l'homme du principe de ses actions libres et méritoires et, ainsi, de sa personne. L'homme singulier cesserait d'agir. Voici matérialisés, dans un contexte inattendu, les dangers auxquels l'averroïsme aurait exposé la morale, selon le *De unitate intellectus* de Thomas d'Aquin.

Aucun des commentateurs des *Sentences* que j'ai analysés n'a eu la hardiesse, sinon l'impudence, de mettre explicitement en relation la position de Pierre Lombard avec le monopsychisme ; cependant j'ai repéré, chez deux théologiens insignes, des arguments contre la thèse de Pierre Lombard analogues à des arguments faisant traditionnellement partie de la batterie anti-monopsychiste ; il s'agit de Thomas d'Aquin et de Jean Duns Scot. Avant de présenter leurs positions à ce propos, il faut introduire l'interprétation que le théologien dominicain anglais Richard Fishacre avait donnée, dans son commentaire des *Sentences*, de la doctrine de Pierre Lombard : c'est en effet aussi contre cette interprétation que sont dirigées les critiques des théologiens que nous allons étudier[10].

Fishacre consacre une longue question à l'identification de la charité avec l'Esprit-Saint[11]. Après une série d'arguments théologiques en faveur de l'identification, le maître anglais se propose d'illustrer la nature de la charité avec des arguments plus philosophiques, et plus précisément au moyen d'une comparaison entre la charité et l'intellect. Cette discussion entend élucider l'origine de la charité en tant que celle-ci est la forme de certains actes. Trois opinions sur l'origine des formes sont mentionnées : les formes soit sont cachées (« *latitantur* ») dans la matière, soit elles viennent entièrement de l'extérieur (probable référence à Platon), soit elles se trouvent en puissance dans la matière mais elles ont besoin d'un agent extérieur pour passer à l'acte (théorie des « raisons séminales », *rationes seminales*, que Fishacre attribue à Aristote et à Augustin). C'est le deuxième modèle qu'il faut appliquer à la charité : celle-ci « n'est pas cachée [dans la matière] ; elle n'est pas non plus portée à l'acte à partir d'une puissance active naturelle, mais elle vient entièrement d'un donateur externe » (« ***neque latitat neque de potentia activa naturali educitur in actum, sed penitus ab extrinseco datore est***[12] »). Pour corroborer cette position, Fishacre a recours à la théorie aristotélicienne de la lumière :

10. Je remercie Maria Burger, de l'Albertus Magnus-Institut (Bonn), pour les renseignements qu'elle m'a aimablement transmis à propos des sources d'Albert, *In Sent.* I, d. 17. La réception scolastique de la théorie de Pierre Lombard et de l'exégèse de Richard Fishacre a fait l'objet de l'étude, encore indispensable, d'A. Landgraf, « Anfänge einer Lehre vom Concursus Simultaneus im XIII. Jahrhundert », *Recherches de théologie ancienne et médiévale*, 1 (1929), p. 202-228, 338-355. Sur Fishacre, voir J. Goering, « Richard Fishacre OP : Towards a Bibliography », *New Blackfriars*, 80, n. 941/942, *Richard Fishacre OP : Commemorative Essays* (juillet-août 1999), p. 376-380, ainsi que R. J. Long, M. O'Carroll SND, *The life and works of Richard Fishacre OP. Prolegomena to the Edition of his Commentary on the Sentences*, Verlag der Bayerischen Akademie der Wissenschaften, Munich, 1999 ; d'après Long et O'Carroll, 1241 et 1245 sont respectivement le *terminus post quem* et *ante quem* du commentaire des *Sentences* de Fishacre (voir *ibid.*, p. 39-48).

11. Je citerai le texte d'après l'édition provisoire procurée par Landgraf, art. cité, p. 348-355 (trois manuscrits utilisés : Paris, BnF lat. 15754, 16389, et Vat. Ottob. lat. 294).

12. Landgraf, art. cité, p. 350-351, lignes 106-123.

> La lumière possède en soi un certain être, selon lequel elle est dite lumière. Elle a aussi un certain être dans l'extrémité du diaphane dans lequel elle s'incarne [*incorporatur*] et avec lequel elle forme en quelque sorte une seule chose, et ainsi la lumière prend le nom de couleur. Comme le dit Aristote, la couleur est la lumière dans l'extrémité du diaphane. Et puisqu'un certain accident accompagne cette union de la lumière avec l'extrémité du diaphane, nous l'appelons avec le même nom que la lumière incorporelle, et nous disons que c'est une couleur ; et par une extension [analogue] du nom nous appelons couleur aussi la lumière, non dans n'importe quelle forme, mais lorsqu'elle est unie et incarnée dans l'extrémité du diaphane, et également l'accident même qui accompagne l'incarnation, et peut-être aussi l'extrémité même du diaphane, bien que, au sens propre, le nom de « couleur » ne convienne qu'à la lumière incarnée. – De la même manière, d'après le Maître [Pierre Lombard], Dieu existe en lui-même, et nous l'appelons ainsi Dieu ou Esprit saint ; il existe aussi dans la volonté créée, à laquelle il s'unit d'une certaine manière par l'intermédiaire de la grâce, et ainsi nous l'appelons notre charité. Et ainsi, d'après le Maître, la charité n'est pas uniquement Dieu, mais Dieu considéré de cette manière-ci. Des accidents, ou des effets, accompagnent cette union dans la volonté à laquelle Il s'unit, c'est-à-dire une affection [*affectio*], et ainsi nous donnons le nom de charité aux affections et à la volonté même ou à son amour, en tant qu'elle s'unit à Dieu, bien que, au sens propre, le nom de « charité » ne convienne qu'à Dieu en tant qu'uni à la volonté. Or cette extension du nom n'est pas étonnante, puisque le même nom ne s'étend pas seulement à l'amour ou à la volonté et à l'affection, mais aussi à leurs signes ; ainsi Jean, xv [13] : *Personne n'a plus de charité*[13]...

Ce texte certes complexe met en place un parallélisme ontologique et linguistique entre, d'une part, la relation entre la lumière et l'extrémité du diaphane et, d'autre part, celle entre Dieu et la volonté. Le parallélisme comporte quatre niveaux :

13. Landgraf, art. cité, p. 350-351, lignes 132-154. La source aristotélicienne principale est évidemment *De an.*, II, 418a26 *sq.*

1. Lumière : Dieu ;
2. Extrémité du diaphane : volonté ;
3. Lumière incarnée dans l'extrémité du diaphane (couleur) : Dieu uni à la volonté (charité) ;
4. Accidents résultants de l'union de la lumière à l'extrémité du diaphane (couleurs) : accidents résultants de l'union de Dieu à la volonté (affections, actes de charité ou d'amour).

De même que la lumière est lumière en soi et couleur en tant qu'elle s'unit à l'extrémité du corps, de même Dieu est Dieu en soi et amour en tant qu'il s'unit, par la grâce, aux volontés des hommes. Fishacre postule ainsi l'existence d'un principe séparé des volitions humaines, principe qui s'unit aux volontés de la même manière que la lumière s'unit aux corps matériels. D'après ce « modèle affectif », l'homme n'est pas le détenteur de ses actes de charité, et en conséquence de ses mérites, puisque ceux-ci ne sont qu'un accident, un reflet, de l'Esprit-Saint s'unissant à la volonté.

Albert le Grand, Bonaventure et Thomas d'Aquin, lorsqu'ils réfutent l'identification de la charité à l'Esprit saint, réfutent justement l'interprétation que Richard Fishacre avait donnée de la position de Pierre Lombard[14].

C'est chez Thomas d'Aquin que la relation entre cette doctrine et le monopsychisme émerge le plus clairement. Nous lisons dans la *Somme de théologie* un argument contre Pierre Lombard qui est parfaitement parallèle à un argument utilisé dans le *De unitate intellectus*, l'argument de la cause instrumentale. Dans le premier de ces deux textes, Thomas écrit :

> on ne peut pas affirmer que le Saint-Esprit meut la volonté à l'acte d'aimer par une motion semblable à celle par laquelle l'instrument est mû ; bien que l'instrument soit le principe de l'acte (*principium actus*), le fait d'agir ou de ne pas agir ne dépend cependant pas de l'instrument. De cette manière, on supprimerait la forme

14. Voir Albertus Magnus, *In I Sent.*, d. 17, [A], art. 1 (éd. Borgnet, t. XXV, p. 464-465) ; Bonaventura, *In I Sent.*, d. 17, pars I, art. un., qu. 1 (éd. Quaracchi, t. I, p. 294) ; Thomas d'Aquin, *In I Sent.*, d. 17, qu. 1, art. 1 (éd. Mandonnet, t. I, p. 394-395).

> du volontaire (*ratio voluntarii*), et on exclurait la forme du mérite (*ratio meriti*), alors que nous avons déterminé que l'amour de charité (*dilectio caritatis*) est la racine du mérite[15].

Dans le *De unitate intellectus*, Thomas emploie, contre l'hypothèse que l'intellect serait uni à l'homme comme le moteur au mû, un argument parallèle à celui que nous venons de lire :

> l'action propre du moteur ne s'attribue pas à l'instrument ou au mû ; au contraire, c'est plutôt l'action de l'instrument qui s'attribue au moteur principal. De fait, on ne peut dire que la scie dispose de l'artisan, mais on peut dire que l'artisan coupe, alors que c'est l'œuvre de la scie. Or l'opération propre de l'intellect est la pensée ; d'où, même si l'on supposait que la pensée fût une action s'exerçant en autre chose, comme l'impulsion motrice, il n'en découlerait pas que la pensée reviendrait à Socrate si l'intellect lui était seulement uni comme moteur[16].

Le principe est clair[17] : l'instrument accomplit bien une action (la scie, par exemple, coupe le bois), mais puisqu'il agit en vertu d'un agent supérieur, l'instrument n'a aucune maîtrise sur l'exercice, ou l'accomplissement, de l'action. Pour Thomas, tant la position d'Averroès que celle de Pierre Lombard réduiraient l'homme au rang de simple cause instrumentale, la première, du point de vue cognitif (cause instrumentale de la connaissance), la seconde, du point de vue affectif (cause instrumentale de l'amour). Les deux cas

---

15. Thomas d'Aquin, *Summa th.*, II, II, 23, 2 resp. (éd. Léon., t. VIII, p. 165a) : « non potest dici quod sic moveat Spiritus Sanctus voluntatem ad actum diligendi sicut movetur instrumentum, quod etsi sit principium actus, non tamen est in ipso agere vel non agere. Sic enim etiam tolleretur ratio voluntarii, et excluderetur ratio meriti : cum tamen supra habitum sit quod dilectio caritatis est radix merendi. »

16. Thomas d'Aquin, *De unitate int.*, iii (éd. Léon., t. XLIII, p. 304-305, 197-207) : « actio mouentis propria non attribuitur instrumento aut moto, sed magis e conuerso actio instrumenti attribuitur principali mouenti : non enim potest dici quod serra disponat de artificio, potest tamen dici quod artifex secat, quod est opus serre. Propria autem operatio ipsius intellectus est intelligere ; unde dato etiam quod intelligere esset actio transiens in alterum sicut mouere, non sequitur quod intelligere conueniret Sorti si intellectus uniatur ei solum ut motor ». Cf. trad. A. de Libera, p. 145.

17. Sur ce point, voir le commentaire d'Alain de Libera, dans *Thomas d'Aquin. Contre Averroès*, Paris, Flammarion, 1994, p. 209-210.

sont analogues, si bien que l'exemple de la scie convient à l'un et à l'autre[18].

Le théologien franciscain Jean Duns Scot nous offre, lui aussi, un exemple intéressant : dans son *Ordinatio*. Il utilise, contre la thèse que le Saint-Esprit serait identique à la charité, un argument qui deviendra par la suite un argument anti-averroïste classique, celui qui est fondé sur la notion de *forma coassistens*[19] :

> En outre, aucune action n'est au pouvoir de l'agent, si l'agent ne possède pas lui-même la forme par laquelle il peut agir : si, en effet, il peut agir par un quelconque [être] co-assistant, extrinsèque par rapport à l'agent, et qui n'est pas en son pouvoir, une telle action n'est pas en son pouvoir, de même que la co-assistance de cet [être] co-assistant n'est pas, elle non plus, en son pouvoir. Or la co-assistance du Saint-Esprit avec la volonté n'est pas au pouvoir de la volonté, puisqu'en général l'action de la cause supérieure n'est pas au pouvoir de la cause inférieure. Par conséquent, si la volonté ne pouvait agir qu'en vertu de cette co-assistance et n'avait pas en elle-même une forme par laquelle elle pouvait produire un acte méritoire, il s'ensuivrait que l'acte méritoire n'était pas en son pouvoir, ce qui paraît incorrect[20].

---

18. Dans la *Question disputée sur la charité*, Thomas applique l'exemple de la scie à la charité : Thomas d'Aquin, *Quaestiones disputatae*, éd. P. Bazzi *et al.*, editio IX revisa, Turin-Rome, Marietti, 1953, t. II, *De caritate*, 1, resp., p. 755b : « Omne enim agens quod non agit secundum formam propriam, sed solum secundum quod est motum ab altero, est agens instrumentaliter tantum, sicut securis agit prout est mota ab artifice. Sic igitur, si anima non agit actum caritatis per aliquam formam propriam, sed solum secundum quod est mota ab exteriori agente, scilicet Spiritu sancto, sequetur quod ad hunc actum se habeat sicut instrumentum tantum » (ponctuation modifiée).

19. Au sujet des formes « assistantes », voir l'article récent d'A. de Libera, « Formes assistantes et formes inhérentes. Sur l'union de l'âme et du corps, du Moyen Âge à l'Âge classique », *Archives d'histoire doctrinale et littéraire du Moyen Âge*, 81 (2014), p. 197-248 ; voir également J.-B. Brenet, *Les Possibilités de jonction. Averroès – Thomas Wylton*, Berlin-Boston, Walter de Gruyter, 2013, p. 76-86.

20. Ioannes Duns Scotus, *Ordinatio*, d. 17, pars 1, q. 1-2 (*Opera Omnia*... studio et cura commissionis Scotisticae, t. V, Civitas Vaticana, Typis Polyglottis Vaticanis, 1969, p. 199, 3-13) : « Preterea, nulla actio est in potestate agentis nisi ipsum habeat formam per quam possit agere : si enim per aliquid coassistens sibi – extrinsecum tantum – quod non est in potestate eius, possit agere, talis actio non est in potestate eius, sicut nec coassistentia illius extrinseci est in potestate eius. Sed Spiritum sanctum coassistere voluntati non est in potestate voluntatis, sicut nec universaliter actio causae superioris est in potestate causae inferioris. Ergo si ex illa sola coassistentia possit agere, et non habeat in se formam qua sufficienter possit exire in actum meritorium, sequitur quod actus meritorius non esset in potestate eius, – quod videtur inconveniens. »

Nous n'avons pas trouvé, chez Duns Scot, des arguments anti-averroïstes parallèles à celui-ci ; cependant, il est intéressant de remarquer que le théologien franciscain assigne à la thèse de Pierre Lombard, interprétée par Fishacre, la même structure que celle de l'une des thèses fondamentales de l'averroïsme, thèse d'après laquelle l'intellect n'est pas forme inhérente du corps, mais forme assistante.

Les textes de Thomas d'Aquin et de Jean Duns Scot montrent clairement qu'un « accident à caractère averroïste » s'est produit au sein de la théologie catholique. Il faut cependant observer que cet « averroïsme de Pierre Lombard » n'a, avec l'averroïsme d'Averroès, qu'une lointaine analogie : aucun lien historique ne subsiste entre les deux auteurs. Cependant, ce que Pierre Lombard affirme à propos de la charité, avec l'interprétation de Fishacre, pouvait facilement, à l'époque d'Albert le Grand et de Thomas d'Aquin (c'est-à-dire à une époque où l'on croyait avoir compris les enjeux de la psychologie averroïste), être mis en relation avec la théorie de l'unité de l'intellect. Cet « averroïsme affectif » apparaît donc davantage comme le produit des opposants de l'averroïsme que d'auteurs aux tendances réellement averroïstes[21].

21. Richard Fishacre aurait-il pu s'inspirer d'Averroès pour élaborer sa théorie de la charité ? Ce n'est pas impossible, mais deux considérations sont nécessaires à ce propos : premièrement, dans le passage que nous avons traduit, nulle mention explicite est faite du Commentateur, alors qu'ailleurs il n'a pas hésité à le nommer : voir le cas étudié par W. H. Principe, C. S. B., « Richard Fishacre's use of Averroes with respect to motion and the human soul of Christ », *Medieval Studies* 40 (1978), p. 349-360. Deuxièmement, pour répondre à cette question, il faudra attendre que son interprétation de la noétique d'Averroès – si celle-ci existe – soit connue ; cela sera peut-être rendu possible par l'édition de son commentaire au deuxième livre des *Sentences*, où des questions noétiques et psychologiques sont traditionnellement abordées.

2. La structure fondamentale de la charité chez Thomas d'Aquin

Thomas d'Aquin a consacré à la charité un grand nombre de textes. La question qu'on retiendra ici est celle du principe de la charité. La charité des chrétiens est en effet régie par deux principes : un principe ontologique, qui est Dieu, et plus particulièrement le Saint-Esprit, troisième personne de la Trinité, et un principe historique, Jésus-Christ, qui par son incarnation et sa mort sur la croix a instauré la loi de l'amour.

Le Christ jour un rôle fondamental dans la détermination du dynamisme de l'histoire humaine. Thomas d'Aquin explique ce point dans son commentaire à la lettre aux Philippiens, où saint Paul affirme : « Le Christ est ma vie et la mort est, pour moi, un gain » (I, 21 : « *Mihi enim vivere Christus est et mori lucrum* »). Plus précisément, il faut étudier l'identification entre le Christ et la vie du chrétien. Thomas conçoit cette identification comme si le Christ était le moteur de l'humanité et, plus particulièrement, de la volonté des hommes. Vivre implique le mouvement (une certaine motion : *quaedam motio*), puisque tout vivant est capable de se mouvoir par lui-même (voir Aristote, *Phys.*, VIII, 255a5-11). La racine de la vie de l'homme est identique au principe du mouvement de l'homme, principe du mouvement vital, et cette racine est ce à quoi l'*affectus* de l'homme adhère comme à sa propre fin[22].

> La vie implique une certaine motion. De ces êtres qui se meuvent par eux-mêmes, nous disons en effet qu'ils vivent. Par conséquent, il semble que le principe de la motion dans l'homme constitue sa vie de manière radicale (*radicaliter*). Ce principe est ce à quoi l'*affectus* adhère comme à sa fin, puisque la fin de l'homme est le moteur de toutes ses actions. Pour cette raison certains disent que

22. Chez Thomas d'Aquin, la métaphore de la racine a un sens précis et complexe (proche de ce que Kant appellera « radical ») : la racine est un principe de l'action, mais, étant un principe libre, il ne peut s'expliquer dans les termes de la causalité aristotélicienne.

> ce qui les meut à agir est leur vie, comme les chasseurs le disent de la chasse et les amis de l'ami. Le Christ est ainsi notre vie puisqu'il est le principe intégral (*totum principium*) de notre vie et de nos actions. Pour cette raison l'Apôtre affirme : *Le Christ est ma vie...*, puisque le Christ seul le mouvait[23].

La *Somme de théologie* précise que le Christ est le principe de la vie et de l'action humaine puisqu'il a instauré la loi de l'amour, c'est-à-dire la nouvelle loi (loi évangélique) :

> La loi nouvelle, qui consiste principalement dans la grâce spirituelle infusée dans les cœurs, est une loi d'amour. Et elle est dite contenir des promesses spirituelles et éternelles, qui sont les objets de la vertu, et notamment de la charité. Et ainsi l'inclination des vertueux vers les objets de la vertu n'est pas une inclination vers ce qui leur est étranger, mais vers ce qui leur appartient[24].

L'union à Dieu que l'homme accomplit grâce à la charité se fait par la volonté (par l'amour), il s'agit ainsi d'un acte libre ; étant volontaire et libre, cette union est également méritoire.

Comment concevoir que la volonté reçoit une forme (la forme de l'amour) lorsque la charité habite l'homme ? Il faut en effet exclure que cette forme opérative lui vienne d'une substance séparée qui agirait dans la volonté comme un *habitus* et à la place d'un *habitus* propre de l'homme singulier ; autrement dit, il convient d'exclure l'erreur de Pierre Lombard. Pour ce faire, Thomas évoque deux genres de causalité, la causalité efficiente et la causalité formelle : par la première (*effective*), Dieu confère à l'homme la charité ; par la seconde

---

23. Thomas d'Aquin, *Super Epistolas S. Pauli Lectura*, éd. R. Cai, o. p., editio VIII revisa, Turin-Rome, Marietti, 1953, t. II, *In epist. ad Phil.*, I, iii, p. 96, n. 32 : « Vita enim importat motionem quamdam. Illa enim vivere dicuntur quae ex se moventur. Et inde est quod illud videtur esse radicaliter vita hominis quod est principium motus in eo. Hoc autem est illud cui affectus unitur sicut fini, quia ex hoc movetur homo ad omnia. Unde aliqui dicunt illud ex quo moventur ad operandum vitam suam, ut venatores venationem et amici amicum. Sic ergo Christus est vita nostra quoniam totum principium vitae nostrae et operationis est Christus. Et ideo dicit Apostolus : *Mihi enim vivere* etc., quia solus Christus movebat eum » (ponctuation modifiée).

24. Thomas d'Aquin, *Summa th.*, I, II, 107, 1, ad 2m (éd. Léon., t. VII, p. 279) : « Et ideo lex nova, cuius principalitas consistit in ipsa spirituali gratia indita cordibus, dicitur *lex amoris*. Et dicitur habere promissa spiritualia et aeterna, quae sunt obiecta virtutis, praecipue caritatis. Et ita per se in ea inclinantur, non quasi in extranea, sed quasi in propria. »

(*formaliter*), la charité confère la vie à l'âme. Dieu donne à l'homme singulier une forme, qui appartient donc à l'homme qui la reçoit, et cette forme permet à l'homme d'agir librement et aimer gratuitement ; telle que l'homme la reçoit de Dieu, cette forme est douée d'une parfaite efficacité formelle. Cette solution permet de sauvegarder la différence entre le créateur et la créature, sans pour autant priver l'homme du principe personnel de ses actes et de leur « qualité morale[25] ».

Toujours dans la *Somme de théologie*, Thomas traite du rapport entre la charité et la vie chrétienne (*vita christiana*), vie qui constitue l'un des « états de perfection » de la vie humaine. La perfection de la vie chrétienne se fonde sur la charité puisque la charité est la vertu qui, par l'amour, nous unit à Dieu : « Qui vit dans la charité vit en Dieu et Dieu vit en lui » (1 Jn 4, 16) ; en tant que telle, elle réalise la fin de l'être humain[26]. Or l'effet de la charité est celui de produire l'union des appétits, et cela tant au niveau de l'individu (union des appétits rationnel et irrationnel dans la même fin) que collectif (union des volontés des fidèles dans l'amour de Dieu). Thomas appelle « paix » (*pax*) le premier type d'union et « concorde » (*concordia*) le second[27]. Le point essentiel, sur lequel Thomas insiste, est que l'union véritable

---

25. Thomas d'Aquin, *Summa th.*, II, II, 23, 2, ad 2m, ad 3m (éd. Léon., t. VIII, p. 165) : « Ad secundum dicendum quod Deus est vita effective et animae per caritatem et corporis per animam : sed formaliter caritas est vita animae, sicut et anima corporis. Unde per hoc potest concludi quod, sicut anima immediate unitur corpori, ita caritas animae. – Ad tertium dicendum quod caritas operatur formaliter. Efficacia autem formae est secundum virtutem agentis qui inducit formam. Et ideo quod caritas non est vanitas, sed facit effectum infinitum dum coniungit animam Deo iustificando ipsam, hoc demonstrat infinitatem virtutis divinae, quae est caritatis auctor. »

26. Thomas d'Aquin, *Summa th.*, II, II, 184, 1, resp. (éd. Léon., t. X, p. 450) : « Respondeo dicendum quod unumquodque dicitur esse perfectum inquantum attingit proprium finem, qui est ultima rei perfectio. Caritas autem est quae unit nos Deo, qui est ultimus finis humanae mentis : quia *qui manet in caritate, in Deo manet et Deus in eo*, ut dicitur I Ioan. iv [16]. Et ideo secundum caritatem specialiter attenditur perfectio vitae Christianae. »

27. Thomas d'Aquin, *Summa th.*, II, II, 29, 3, resp. (éd. Léon., t. VIII, p. 238a) : « Respondeo dicendum quod duplex unio est de ratione pacis [...] quarum una est secundum ordinationem propriorum appetituum in unum ; alia vero est secundum unionem appetitus proprii cum appetitu alterius. Et utramque unionem efficit caritas. Primam quidem unionem, secundum quod Deus diligitur ex toto corde, ut scilicet omnia referamus in ipsum : et sic omnes appetitus nostri in unum feruntur. Aliam vero, prout diligimus proximum sicut nosipsos, ex quo

ne peut se réaliser que dans la grâce ; ce qui signifie qu'elle ne peut concerner l'humanité en tant qu'espèce naturelle, mais uniquement les fidèles[28].

En définitive, la charité engendre, selon la conception de Thomas, une union des volontés des fidèles, union qui se réalise dans l'amour de Dieu. Dieu est à la fois, grâce à l'incarnation de son Fils, la racine de cette unité et sa fin.

3. Liberté et Empire : Dante, *Mn* I

Pour comprendre l'originalité de la pensée de Dante et la richesse de ses enjeux, il faut lire comme un bloc unitaire les chapitres 11, 12 et 15 du Ier livre de la *Monarchie*. Ceux-ci démontrent respectivement que le degré maximal de justice, de liberté et de concorde est assuré par l'Empereur. Cela signifie qu'il n'existe pas d'opposition entre liberté et Empire : au contraire, l'Empire est la condition de l'expression de la liberté humaine. Parce qu'il permet à la liberté de l'espèce humaine de s'exprimer de la manière la plus authentique, l'Empereur est conçu comme un principe de libération de l'espèce humaine.

À ce propos, nous pouvons remarquer une première différence entre le modèle de « volonté commune » de Thomas et celui de Dante : d'après Thomas, l'union des volontés se réalise grâce à la charité et à la grâce, et ne concerne ainsi que les membres de l'Église ; d'après Dante, au contraire, l'union des volontés doit être réalisée par l'humanité en tant qu'espèce naturelle, sans aucune intervention de réalités surnaturelles.

Dante situe l'homme entre deux modèles psychologiques : d'un côté, les *animalia bruta*, qui n'ont ni intellect ni volonté et dont l'appétit est toujours déterminé par la sensibilité ; de l'autre, les anges et les bienheureux qui sont des créatures

---

contingit quod homo vult implere voluntatem proximi sicut et sui ipsius ». Pour la distinction de *pax* et *concordia*, voir II, II, 29, 1.

28. Thomas d'Aquin, *Summa th.*, II, II, 29, 3, ad 1m (éd. Léon., t. VIII, p. 238b) : « sine gratia gratum faciente non potest esse vera pax, sed solum apparens. »

purement intellectuelles, dont la volonté ne peut ainsi jamais être contrariée par l'appétit sensitif. L'homme partage avec les premiers l'appétit sensitif et avec les seconds l'âme intellective : il peut donc se trouver soit dans la condition dans laquelle l'appétit sensitif inhibe la raison, soit dans la condition dans laquelle la volonté libre domine sur les appétits inférieurs[29]. La volonté des créatures intellectuelles, immuable, possède la liberté à un degré plus haut que l'homme : ayant abandonné l'entrave du corps et de l'appétit matériel, leur jugement n'est jamais affecté par les motions de celui-ci[30]. Or la monarchie universelle aurait pour effet de faire ressembler l'espèce humaine aux intelligences séparées, et de la rendre ainsi plus libre qu'elle ne l'est dans une autre situation politique.

La démonstration que Dante fournit de cette thèse consiste à affirmer que l'Empereur peut garantir la libération de l'espèce humaine, puisqu'il fait d'elle-même sa propre fin ; or une espèce qui est sa propre fin est une espèce libre. Cette thèse est démontrée par un syllogisme qui occupe

---

29. *Mn* I, xii, 5. La doctrine d'après laquelle l'homme occupe une position médiane entre les animaux irrationnels et les anges (ou les dieux) est très répandue dès l'époque ancienne, puis dans l'antiquité tardive : voir, par exemple, Sénèque, *Epist.* 76 : « In homine quid est optimum ? ratio : hac antecedit animalia, deos sequitur » ; Némésios, *De natura hominis*, I : « Ideoque velut medius est intellectualis et sensibilis substantiae, copulatus secundum corpus quidem et corporales virtutes irrationalibus animalibus et inanimatis, secundum rationale vero incorporeis substantiis » ; « Quasi igitur medius terminus irrationalis et rationalis naturae homo constitutus » ; voir également Averroès, d'après qui l'âme humaine serait « ultima formarum materialium, prima formarum abstractarum » (in *Phys.*, II, 26, éd. Ven., 1562, t. IV, fol. 59A-D) ; et Avicenne, « tamquam anima nostra habet duas facies, faciem scilicet deorsum ad corpus [...] et aliam facies sursum, versus principia altissima » (*De an.* I, 5, éd. van Riet, p. 94, 5-8).

30. Au début du même chapitre (xii, 1), Dante a rappelé la définition boécienne du libre arbitre : « Veniunt nanque usque ad hoc, ut dicant liberum arbitrium esse liberum de voluntate iudicium ; et verum dicunt... » ; la définition se lit dans *Anicii Manlii Severini Boetii Commentarii in Librum Aristotelis ΠΕΡΙ ΕΡΜΗΝΕΙΑΣ*, rec. C. Meiser, pars posterior, secundam editionem [...] continens, Lipsiae, Teubner, lib. III, c. 9, p. 197, 13-14 : « sed est liberum arbitrium, quod ipsa quoque vocabula produnt, liberum nobis de voluntate iudicium. » Dans cette définition, *de voluntate* est à entendre à la manière d'une cause efficiente ([réalisé] par la volonté), comme du reste le recommandait Thomas, *Scriptum super Libros Sententiarum*..., éd. P. Mandonnet, t. II, Paris, Lethielleux, d. 24, q. 1, a. 3, ad 5m, p. 598 : « unde quod dicitur liberum de uoluntate iudicium, li "de" non denotat causam materialem, quasi voluntas sit id de quo est iudicium, sed originem libertatis ; quia quod electio sit libera, hoc est ex natura voluntatis ».

le chapitre xii : l'espèce humaine se trouve dans la meilleure condition lorsqu'elle est au plus haut point libre (prop. majeure, xii, 1) ; l'espèce humaine est au plus haut point libre lorsqu'elle est régie par un Empereur universel (prop. mineure, xii, 8) ; sous un Empereur universel, l'espèce humaine se trouve dans la meilleure condition (conclusion, xii, 13). Si la démonstration de la majeure se fonde essentiellement sur le fait que la liberté est le don le plus noble que Dieu a octroyé à l'homme et que c'est par ce don que l'homme devient heureux (xii, 6-7)[31], la démonstration de la mineure (xii, 8-12) est plus complexe. Dante fait intervenir le principe aristotélicien d'après lequel « être libre » signifie « être fin en vue de soi-même[32] ». Or on peut affirmer que si, dans les formes de gouvernement imparfaites, ou corrompues, les sujets sont des moyens et ceux qui gouvernent sont la fin, dans la monarchie universelle l'Empereur est le moyen et l'espèce humaine est la fin, puisqu'il agit avec l'intention de porter l'espèce à sa perfection, et non pas de la soumettre à ses propres intérêts. Si donc l'espèce humaine est rendue, par l'Empereur, fin en vue de soi-même, elle est *ipso facto* rendue libre.

On découvre la véritable nature de cette libération au chapitre xv, où Dante précise que le rôle de la volonté de l'Empereur est de régler et soumettre les volontés de ses sujets, d'en être le « principe de coaction » (*principium coactivum*). Les volontés des sujets sont par conséquent à la fois libres et contraintes ou, plus précisément, libres en tant que contraintes. Dante utilise ici la doctrine classique des transcendantaux pour

31. Il ne faut pas voir ici une position volontariste : affirmant que le bonheur dépende de la volonté, Dante fait probablement allusion au fait que l'acte que les théologiens appellent *fruitio* (joie dans le bien acquis) est exercé par la volonté ; mais cela ne veut pas dire que la volonté aurait une quelconque priorité sur l'intellect dans la détermination ni dans la production du bonheur.

32. Cf. *Metaph.*, I, 982b24-28 : « Je conclus que, manifestement, nous n'avons en vue, dans notre recherche, aucun intérêt étranger. Mais, de même que nous appelons libre celui qui est à lui-même sa fin et n'existe pas pour un autre, ainsi cette science est aussi la seule de toutes les sciences qui soit une discipline libérale, puisque seule elle est à elle-même sa propre fin » (trad. Tricot, p. 18).

montrer l'équivalence entre, d'une part, l'unité et le bien et, de l'autre, la multiplicité et le mal :

> dans tous les genres d'étants, le meilleur est ce qui est au plus haut degré un [...]. Et puisque la concorde est en elle-même un certain bien, il est évident qu'elle se fonde sur une certaine unité comme sur sa propre racine. Or l'essence de cette racine sera manifeste, si l'on considère la nature ou l'essence de la concorde. La concorde est la motion uniforme de plusieurs volontés ; et dans cette essence, il apparaît que l'unité des volontés, exprimée comme « motion uniforme », est la racine de la concorde ou la concorde même. En effet, de même que nous dirions que concordent, si elles le faisaient volontairement, plusieurs mottes de terre par le fait qu'elles descendent toutes ensemble vers le centre, et plusieurs flammes par le fait qu'elles montent toutes ensemble vers la sphère du ciel, de même nous disons que concordent plusieurs hommes par le fait qu'ils se meuvent ensemble, par leur vouloir, vers une seule fin [*ad unum*] qui est formellement [*formaliter*] dans leurs volontés, de la même manière qu'une seule qualité se trouve formellement dans les mottes de terre, à savoir le poids, et une seule dans les flammes, à savoir la légèreté[33].

Ce texte pose un problème d'interprétation assez important, dans la mesure ou l'unité formelle des volontés peut être entendue de deux manières différentes. Dans un premier sens, Dante pourrait entendre la tendance naturelle des volontés au bien : il s'agit d'une théorie largement répandue aux XIIIe et XIVe siècles, d'après laquelle le bien est l'objet propre de la volonté : celle-ci ne peut désirer que le bien. Dans ses *Questions disputées sur la vérité*, par exemple, Thomas d'Aquin écrit : « À toute nature créée il appartient d'être ordonnée

33. « [...] in omni genere rerum illud est optimum quod est maxime unum [...]. Et cum concordia, in quantum huiusmodi, sit quoddam bonum, manifestum est ipsam consistere in aliquo uno tanquam in propria radice. Que quidem radix apparebit si natura vel ratio concordie summatur. Est enim concordia uniformis motus plurium voluntatum ; in qua quidem ratione apparet unitatem voluntatum, que per uniformem motum datur intelligi, concordie radicem esse vel ipsam concordiam. Nam sicut plures glebas diceremus concordes propter condescendere omnes ad medium, et plures flammas propter coadscendere omnes ad circumferentiam, si voluntarie hoc facerent, ita homines plures concordes dicimus propter simul moveri secundum velle ad unum quod est formaliter in suis voluntatibus, sicut qualitas una formaliter in glebis, scilicet gravitas, et una in flammis, scilicet levitas » (*Mn* I, xv, éd. Tabarroni-Chiesa, p. 62-64).

par Dieu au bien, désirant celui-ci naturellement, il appartient donc aussi à la volonté un certain appétit naturel du bien qui lui est propre[34] » ; ou encore, dans la *Somme de théologie* : « La volonté est un certain appétit rationnel, or l'appétit n'est que du bien[35] ». Une telle tendance vers le bien ne nécessite nullement la volonté d'objets particuliers. En effet, le bien est un objet extrêmement universel, qui n'implique pas d'identification avec un certain bien ou, moins encore, avec le Bien véritable : chaque homme peut croire bonnes les choses qu'il préfère. Si cette interprétation présente l'avantage de ramener Dante à une position bien connue, elle semble cependant peu pertinente : pourquoi, en effet, cette tendance uniforme des volontés vers le bien aurait-elle besoin, pour se réaliser, de l'Empereur ? Si, en effet, la nature est la source de la tendance de tout appétit vers le bien, cette tendance ne dépendra pas des conditions politiques, mais uniquement de la nature et de son Créateur. Il faudra donc restreindre l'objet formel à un objet moins universel, moins vide et abstrait que ne l'est le bien. Or la « fixation collective » des volontés sur un objet spécifique rappelle les théories de la vision béatifique : adhérant parfaitement à la vision de Dieu, les intellects et les volontés des bienheureux se fixent sur la Vérité et la Bonté souveraines. Albert le Grand décrit ainsi cette configuration psychique :

> la fin ultime de la raison est la vérité première et la fin ultime de la volonté est la bonté première ; par conséquent, quand la vérité première et la bonté première s'unissent à l'intellect et à la volonté des bienheureux, alors la volonté est comblée par la bonté première et la raison par la lumière première ; et alors, la lumière première devient, pour l'intellect, la forme de la connaissance de toute chose dans la mesure où elle illumine toute chose ; l'intel-

34. Thomas d'Aquin, *Qu. disp. de ver.*, 22, 5 resp. (éd. Léon., t. XXIII.1, p. 624, 179-181) : « Hoc autem est cuiuslibet naturae creatae ut a Deo sit ordinata in bonum naturaliter appetens illud, unde et voluntati ipsi inest naturalis quidam appetitus boni sibi convenientis. »

35. Thomas d'Aquin, *Summa th.*, I, II, 8 1, resp. (éd. Léon., t. VI, p. 68a) : « voluntas est appetitus quidam rationalis. Omnis autem appetitus non est nisi boni. »

> lect ne peut donc pas se détourner d'elle [...]. De même, pour ce qui est de la volonté, en la pénétrant, la bonté première devient la forme du vouloir et du désirer tout ce qu'on veut et désire ; il est alors impossible de désirer quelque chose qui soit séparé de cette bonté[36].

Il faut conclure que Dante pense à un modèle analogue, lorsqu'il parle de l'union des volontés dans la volonté de l'Empereur. En effet – il l'a lui-même suggéré plus haut[37] –, l'effet de la monarchie universelle est de rendre l'espèce humaine proche des intelligences séparées. Nous allons voir quels sont les caractères d'une telle union.

L'équivalent psychologique de la condition ontologique qu'est l'unité des volontés porte le nom de concorde (*concordia*), que Dante définit comme « motion uniforme de plusieurs volontés » ou « des volontés de plusieurs » (« *uniformis motus plurium voluntatum* », *Mn* I, xv, 5). L'usage que Dante fait de ce concept en révèle l'origine aristotélicienne : Robert Grosseteste avait utilisé le terme *concordia* pour traduire, au livre IX de l'*Éthique*, le grec ὁμόνοια. Chez Aristote, les principaux caractères de la concorde sont les suivants : tout d'abord, elle se manifeste dans un contexte politique (dans la πόλις, 1167a26) ; ensuite, elle uniformise les choix et les actions des citoyens (περὶ τῶν συμφερόντων ὁμογνωμονῶσι καὶ ταὐτὰ προαιρῶνται καὶ πράττωσι τὰ κοινῇ δόξαντα, 1167a26-27) ; en dernier lieu, elle porte sur une matière pratique (περὶ τὰ πρακτὰ, 1167a28-29), elle a donc une valeur éthique. L'idée, absente d'Aristote, que la concorde serait une disposition de la volonté vient

36. Albertus Magnus, *In II Sent.*, d. 25, [E], art. 4, resp. (éd. Borgnet, t. XXVII, p. 430) : « finis enim ultimus rationis est prima veritas, et finis ultimus voluntatis est prima bonitas ; et ideo quando coniungitur beatis per intellectum et voluntatem prima veritas et prima bonitas, tunc impletur voluntas bonitate prima et ratio luce prima, et ideo lux prima efficitur tunc intellectui ratio cognitionis omnium et illustrans super omnia ; et ideo indeflexibilis est ab ipsa [...]. Ita etiam dico ex parte voluntatis quod prima bonitas penetrando voluntatem, efficitur ratio volendi et appetendi quidquid aliquis vult et appetit ; et ideo impossibile est aliquid appetere non coniunctum illi » (ponctuation modifiée).

37. Voir ci-dessus, p. 346 et suivantes.

probablement d'Albert le Grand, qui écrit, dans son premier commentaire de l'*Éthique à Nicomaque* :

> la concorde n'implique pas l'harmonie des vertus dans un seul individu, mais plutôt l'harmonie des volontés de plusieurs hommes à propos d'un certain objet d'action[38].

Le statut de la concorde évolue chez Thomas d'Aquin : nous avons vu plus haut que Thomas inclut la paix et la concorde parmi les effets de la charité.

Sur la conception de la concorde, la position de Dante à la fois reprend des éléments de la conception de Thomas d'Aquin et se démarque nettement de celle-ci, avec des conséquences étonnantes. La concorde, d'après Dante, se réalise parfaitement dans l'Empire, puisque la volonté de l'Empereur domine et règle toutes les volontés ; la volonté de l'Empereur est « maîtresse, régulatrice » :

> toute concorde dépend de l'unité qui se réalise entre les volontés [...] ; or cela n'est possible que grâce à une volonté une, maîtresse et régulatrice de toutes les autres vertus en une seule fin [...], et cette volonté ne peut être une que grâce à un seul Empereur pour tous, dont la volonté puisse être maîtresse et régulatrice de toutes les autres[39].

Pour apprécier la portée de cette doctrine, il faut ajouter que Dante avait affirmé, au chapitre XI, que le rapport unissant l'Empereur à ses sujets est un rapport de charité, d'amour droit :

> de même que, d'une certaine manière, la cupidité obscurcit, tant soit peu, la vertu de justice, de même la charité ou amour droit [*karitas seu recta dilectio*] la rend plus intense et plus claire. Celui donc qui possède au plus haut point la justice, la justice peut en lui

38. Albertus Magnus, *Super Éth.*, IX, 7 (éd. Colon. t. XIV.2, p. 678, 37-40) : « concordia non dicitur consonantia virtutum in homine uno, sed potius consonantia voluntatum in pluribus hominibus super aliquo operabili. »

39. *Mn* I, xv (éd. Tabarroni-Chiesa, p. 64-66) : « omnis concordia dependet ab unitate que est in voluntatibus [...]. Sed hoc non potest esse nisi sit voluntas una, domina et regulatrix omnium aliarum virtutum in unum [...]. Nec ista una potest esse, nisi sit princeps unus omnium, cuius voluntas domina et regulatrix aliarum omnium esse possit. »

être éminente ; l'Empereur est tel qu'il possède la justice au plus haut point ; par conséquent, grâce à lui, la justice est ou peut être éminente[40].

Cette position nous paraît extrêmement audacieuse, dans la mesure où elle associe à l'Empereur une qualité psychologique, la charité, traditionnellement réservée au domaine surnaturel. Voyons en quoi la position de Dante reprend et réinterprète la théorie de Thomas d'Aquin.

La concorde de Dante présente deux éléments en commun avec la concorde de Thomas. Tout d'abord, dans les deux cas est présupposée une hiérarchie des volontés, dans laquelle les volontés inférieures se conforment à la volonté supérieure pour produire une volition uniforme : selon Thomas, le Saint-Esprit est le principe d'amour qui permet aux créatures rationnelles d'aimer Dieu et le prochain, le Christ contribuant à cette dynamique en tant qu'il instaure la Nouvelle Loi ; de même, selon Dante, la volonté de l'Empereur est le principe qui ordonne les volontés des sujets (xv, 9) et qui est aussi un principe d'amour (xi, 15). Dans les deux cas, nous avons un « sommet » et une « base » dans l'union des volontés. En outre, tant chez Thomas que chez Dante, cette union des volontés est accomplie par le moyen d'actes libres, spontanés : la charité, selon Thomas, est une disposition de la volonté, elle agit donc, comme la volonté, librement ; selon Dante aussi, les hommes sont plus libres sous le monarque universel, leurs volontés se maintiennent donc libres dans l'ordonnancement qu'elles reçoivent de la volonté du monarque.

Il y a cependant un point capital qui éloigne radicalement la position de Dante de celle de Thomas. Chez Dante, le principe d'expression des volontés libres est identifié à la volonté de l'Empereur, c'est-à-dire à une volonté créée, alors que, chez

40. *Mn* I, xi, 13 (éd. Tabarroni-Chiesa, p. 44) : « Preterea quemadmodum cupiditas habitualem iustitiam quodammodo, quantumcumque pauca, obnubilat, sic karitas seu recta dilectio illam acuit atque dilucidat. Cui ergo maxime recta dilectio inesse potest, potissimum locum in illo potest habere iustitia ; huiusmodi est monarcha ; ergo eo existente iustitia potissima est vel esse potest. »

Thomas d'Aquin, ce principe est identifié au Saint-Esprit, qui est un être non créé. Chez Dante, nous découvrons également un renversement de ce que j'ai appelé « averroïsme affectif » : celui-ci supposait qu'un principe non créé de liberté et d'amour agit dans l'homme ; Dante croit, au contraire, qu'un principe créé agit en dehors de l'homme.

Conclusion

Voici, en conclusion, quelques observations autour du thème « Dante et l'averroïsme ». Gregorio Piaia, dans une étude bien connue publiée en 1985, montrait à quel point la catégorie d'« averroïsme politique » était infructueuse pour comprendre la réflexion politique du début du XIVe siècle[41]. Tout aussi infructueuse se révèle la catégorie d'« averroïsme éthique », appliquée à la morale des maîtres ès arts qui ont commenté l'*Éthique à Nicomaque* entre les années 1270 et le début du XIVe siècle : ces auteurs n'ont recours que très rarement aux concepts clefs de l'averroïsme, et leur pensée semble davantage une déformation de la morale de Thomas d'Aquin qu'une reprise de l'anthropologie d'Averroès ; la catégorie d'« aristotélisme radical » se révèle peut-être moins problématique, à condition de préciser que l'aristotélisme de ces auteurs est celui de Thomas d'Aquin, « purifié » des apports théologiques[42].

Mais c'est justement dans les commentateurs artiens de l'*Éthique à Nicomaque* qu'il est possible de retrouver quelque chose d'analogue à la démarche mise en œuvre par Dante au sujet de la relation entre liberté et empire. Ce que nous

41. G. Piaia, « "Averroïsme politique" : anatomie d'un mythe historiographique », *in* A. Zimmermann, I. Craemer-Ruegenberg, G. Vuillemin-Diem (éd.), *Orientalische Kultur und Europäisches Mittelalter*, Berlin-New York, Walter de Gruyter, 1986 (*Miscellanea Mediaevalia* 17), p. 288-300.

42. I. Costa, « L'*Éthique à Nicomaque* à la Faculté des Arts de Paris avant et après 1277 », dans *Archives d'histoire doctrinale et littéraire du Moyen Âge*, 79 (2012), p. 71-114.

observons, c'est que Dante se sert d'une doctrine théologique pour bâtir une théorie philosophique du pouvoir, et ceci se fait par l'élimination de tout élément surnaturel. Il serait peut-être risqué de voir dans la *Monarchie* une œuvre averroïste ; en revanche, il semble clair qu'elle est une œuvre hétérodoxe, d'une hétérodoxie proche de celle que l'historiographie a jadis appelée averroïste.

MULTITUDE ET *BENE ESSE* CHEZ AVERROÈS ET DANTE. RETOURS SUR LA *MONARCHIE* I, 3

Jean-Baptiste Brenet
(Université Paris 1 Panthéon-Sorbonne)

On veut revenir ici sur les premiers chapitres de la *Monarchie* de Dante, et plus exactement sur la référence à Averroès qui figure au chapitre 3 du livre I[1]. Nous proposons deux analyses : l'une, rapide, sur la question de l'actuation collective de la pensée, pour enrichir le dossier de ses sources ou connexions possibles ; l'autre, plus ample, sur la notion de *bene esse* et le principe dit « de plénitude », pour évaluer la cohérence du projet politique de Dante.

Voici d'abord le passage qui nous intéresse :

> Il est donc clair que le plus haut degré de puissance de l'humanité, c'est la puissance ou faculté intellective. Et puisque cette puissance ne peut être entièrement et simultanément actualisée ni à travers un seul homme, ni à travers une des communautés particulières distinguées

1. Sur la question de l'averroïsme chez Dante, voir en particulier, parmi les articles relativement récents, J. Marenbon, « Dante's Averroism », *in* J. Marenbon (éd.), *Poetry and Philosophy in the Middle Ages. A Festschrift for Peter Dronke*, Leyde, Brill, 2001, p. 349-374 ; L. Bianchi, « L'averroismo di Dante : qualche osservazione critica », *Le Tre Corone. Rivista internazionale di studi su Dante, Petrarca, Boccaccio*, 2 (2015), p. 71-110 ; J.-B. Brenet, « Organisation politique et théorie de l'intellect chez Dante et Averroès », *Rivista di filosofia neoscolastica*, 98 (2006), p. 467-487.

> plus haut, il est nécessaire qu'il y ait dans le genre humain une multitude à travers laquelle soit actualisée cette puissance tout entière, tout comme il est nécessaire qu'il y ait une multitude de choses engendrables pour que toute la puissance de la matière première soit toujours soumise à l'actualisation, sans quoi il faudrait admettre une puissance séparée, ce qui est impossible. Et Averroès, dans son commentaire sur les livres *De l'âme*, s'accorde avec cette doctrine[2].

Pour saisir ce texte fameux, il faut rappeler le raisonnement de l'Alighieri :

> a) Dante cherche à déterminer quelle est la fin universelle du genre humain (*quid sit finis totius humane civilitatis ; finis universalis civilitatis humanis generis*), c'est-à-dire pour quelle raison, en vue de quoi, Dieu l'a fait exister (*ad quem [...] genus humanum Deus [...] in esse producit*).
> b) Déterminer cette fin, c'est trouver quelle est l'*opération* propre du genre humain, puisque tout ce qui est créé, l'est en vue d'une certaine opération[3] ; il s'agit donc de définir ce qu'est l'opération propre de toute l'humanité, de l'humanité comme telle (*propria operatio humane universitatis, ad quam ipsa universitas hominum [...] ordinatur*).
> c) Déterminer ce qu'est cette opération propre du genre humain, cela demande de saisir ce qu'est l'*ultimum de potentia* (la puissance ultime, le degré maximal de puissance) de l'humanité entière[4], c'est-à-dire la puissance constitutive de l'espèce humaine elle-même[5].

---

2. Dante, *La monarchie*, trad. M. Gally, Paris, Belin, 1993, p. 84-86 (trad. modifiée). Texte latin : « Patet igitur quod ultimum de potentia ipsius humanitatis est potentia sive virtus intellectiva. Et quia potentia ista per unum hominem seu per aliquam particularium comunitatum superius distinctarum tota simul in actum reduci non potest, necesse est multitudinem esse in humano genere, per quam quidem tota potentia hec actuetur ; sicut necesse est multitudinem rerum generabilium ut potentia tota materie prime semper sub actu sit : aliter esset dare potentiam separatam, quod est inpossibile. Et huic sententie concordat Averrois in comento super hiis que *De anima* », Dante, *Monarchia*, éd. P. Chiesa et A. Tabarroni (avec D. Ellero), Rome, Salerno, 2013, p. 18 *sq*.

3. Toute *essence*, écrit ensuite Dante, existe en vue d'une opération : « non enim essentia ulla creata ultimus finis est in intentione creantis, in quantum creans, sed propria essentie operatio : unde est quod non operatio propria propter essentiam, sed hec propter illam habet ut sit ». Formule complexe, qui revient à reconnaître au genre humain (*genus humanum*), *à l'ensemble des hommes, en tant que tel* (*universitas hominum*), une essence.

4. Cf. Dante, *Monarchia*, I, 3, éd. cit., p. 16 : « Que autem sit illa (l'opération propre), manifestum fiet si ultimum de potentia totius humanitatis appareat. »

5. Sur la notion d'*ultimum de potentia*, voir I. Costa (dont nous ne partageons pas ici – une fois n'est pas coutume – toute l'analyse), « Principio di finalità e fine nella

Pour savoir ce qu'opère exclusivement l'humanité en tant que telle, il faut savoir quelle est la puissance qui la définit exclusivement.

d) Cet *ultimum de potentia*, pour le genre humain, c'est la puissance intellectuelle (*potentia sive virtus intellectiva*), c'est-à-dire, techniquement[6], la potentialité de l'« intellect possible » (*intellectus possibilis*). Ce qui caractérise l'humanité, le genre humain, c'est d'appréhender le monde, la réalité du monde, par le biais d'un intellect possible, c'est-à-dire d'un intellect d'abord en puissance, vide, ouvert à la réception des formes universelles.

C'est là qu'apparaît notre texte, qui dit ceci, en quatre temps :

e) s'il est vrai que la puissance propre du genre humain, de l'humanité, est la puissance de l'intellect possible,

(i) son opération propre (et donc sa fin, justifiant son existence) doit être de l'actuer, et plus exactement

(ii) de l'actuer entièrement, simultanément (*tota simul*), et toujours (*semper*)[7],

(iii) sans quoi – chose impossible – existerait une puissance séparée (de son acte),

(iv) ce qui requiert dans le genre humain une « multitude » (*multitudo*), c'est-à-dire un très grand nombre d'hommes, aux compétences et activités variées, puisqu'aucun individu, ni aucune famille, aucun village, aucune cité, aucun royaume particulier, n'est en

---

Monarchia dantesca », *in* S. Caroti, R. Imbach, Z. Kaluza, G. Stabile, L. Sturlese (éd.), « *Ad ingenii acuitionem* ». *Studies in Honour of Alfonso Maierú*, Louvain-la-Neuve, FIDEM, 2006, p. 39-65. Plusieurs remarques s'imposent, qu'il faudrait développer : a) le fait que Dante applique une formule censée valoir pour la vertu ; b) le fait que cet *ultimum* ne désigne pas un acte – comme chez Aristote –, mais bien une puissance, une *potentia*, ou une *virtus* : l'*ultimum de potentia* n'est pas ici le maximum que peut la *potentia* du genre humain, mais, parmi toutes les puissances dont ce genre humain est doté, la toute dernière, celle qui ne s'applique qu'à lui ; c) le fait que Dante ne tienne pas compte d'une subtilité que certains scolastiques de l'époque proposent en commentant le traité *Du ciel* : d'une part, demandent-ils, la notion d'*ultimum de potentia* est-elle celle qui définit la puissance ? D'autre part, s'il est question d'une puissance *passive* (comme l'est l'intellect, qui « pâtit » des formes, les reçoit), n'est-ce pas le *minimum* de ce qui est susceptible de l'affecter qui la définit ?

6. D'une référence traditionnelle, évidemment, à Aristote, *De l'âme*, III, 4, 429a10 *sq*.

7. Il y a bien trois aspects (la totalité, la simultanéité, la permanence), et non pas seulement deux. Au *tota simul* de l'actuation qui apparaît dans un premier temps, en effet, doit s'ajouter le *semper* qui intervient dans la comparaison avec la matière première : « sicut necesse est multitudinem rerum generabilium ut potentia tota materie prime *semper* sub actu sit » (nous soulignons) ; puis ce qui ouvre le chapitre suivant : « proprium opus humani generis totaliter accepti est actuare *semper* totam potentiam intellectus possibilis » (nous soulignons).

mesure de le faire[8]. Et c'est avec cela (*huic sententie*), conclut notre passage, qu'Averroès s'accorde dans son *Grand Commentaire* du traité *De l'âme*.

Il n'est pas aisé de savoir dans ce qui vient d'être dit à quoi exactement Averroès est censé souscrire et apporter son autorité. Est-ce à l'ensemble du raisonnement, dans tous ses éléments (que l'intellect possible est la puissance propre de l'humanité ; qu'il faut une multitude pour l'actuer *tota, simul*, et *semper* ; que sans cela, il faudrait concevoir l'absurdité d'une puissance séparée de son acte) ? Ou n'est-ce qu'à certaines parties (et notamment[9] – on y reviendra – à cette idée, le principe « de plénitude », qu'il est impossible de trouver une *potentia separata*) ?

Sans doute est-ce pour Dante aux trois éléments qu'Averroès s'accorde, mais, étant donné la référence au *Grand Commentaire* du *De anima*[10], c'est à la conclusion sur la néces-

8. Cf. ce que répète – et précise, en un sens – Dante au livre II, 6 de sa *Monarchia*, éd. cit, p. 112 : « Propter quod bene Phylosophus naturam semper agere propter finem in secundo *De naturali auditu* probat. Et quia ad hunc finem natura pertingere non potest per unum hominem, cum multe sint operationes necessarie ad ipsum, que multitudinem requirunt in operantibus, necesse est naturam producere hominum multitudinem ad diversas operationes ordinatorum » (trad. Gally, légèrement modifiée : « c'est pourquoi le Philosophe montre bien que la nature agit toujours en vue d'une fin dans le deuxième livre de la *Physique*. Et puisque la nature ne peut atteindre cette fin par l'intermédiaire d'un seul homme, les opérations nécessaires à cette fin étant nombreuses et réclamant un très grand nombre d'hommes pour les accomplir, il est nécessaire que la nature produise un grand nombre d'hommes ordonnés en vue de ces diverses opérations »).

9. Compte tenu de la phrase, en effet, on pourrait estimer que la caution d'Averroès ne vaut que pour le dernier élément mentionné, à savoir l'impossibilité d'une puissance séparée.

10. Il est certain que Dante trouve aussi en Averroès la justification du principe de plénitude, selon lequel la puissance ne saurait demeurer séparée de son acte. Mais, comme l'indique sa *Questio de acqua et terra*, c'est dans le *De substantia orbis* (croit-il), et non dans le *Grand Commentaire* du *De anima*, qu'il va en chercher l'idée. Voir Dante, *Questio de aqua et terra*, éd. F. Mazzoni, in Dante Alighieri, *Opere minori*, éd. de P. V. Mengaldo, B. Nardi, A. Frugoni, G. Brugnoli, E. Cecchini, F. Mazzoni, t. II, Milan-Naples, Riccardo Ricciardi, 1979, XVIII, p. 758 : « Propter quod sciendum est quod Natura universalis non frustratur suo fine ; unde, licet natura particularis aliquando propter inobedientiam materie ab intento fine frustretur, Natura tamen universalis nullo modo potest a sua intentione deficere, cum Nature universali equaliter actus et potentia rerum, que possunt esse et non esse, subiaceant. Sed intentio Nature universalis est ut omnes forme, que sunt in potentia materie prime, reducantur in actum, et secundum rationem speciei sint in actu ; ut materia prima secundum suam totalitatem sit sub omni forma materiali, licet secundum partem sit sub omni privatione opposita, preter unam. Nam cum omnes forme, que sunt in potentia materie, ydealiter sint in actu in Motore celi, ut dicit Comentator in *De Substantia Orbis*, si omnes iste forme non essent semper in actu,

sité de la multitude qu'il songe ici plus particulièrement. Et c'est de cela que nous voulons parler dans un premier temps.

Répétons cette conclusion bien connue. Si la nature n'est pas vaine, il faut[11] que la puissance propre de l'humanité soit actualisée entièrement (*tota*), simultanément (*simul*) et en permanence (*semper*), et c'est pour cette raison que la multitude est nécessaire dans le genre humain. La multitude humaine, la multitude au sein de l'humanité, apparaît comme le réquisit de l'actualisation pleine et continue de l'intellect possible, c'est-à-dire comme le réquisit de l'opération propre du genre humain. Réinvestissant la notion de *multitudo*[12], Dante dit ceci : c'est *par* la multitude que l'intellectualité de l'humanité passe complètement à l'acte ; la multitude est le biais, l'agent, le moteur nécessaire de la fin du genre humain.

S'agissant d'Averroès, deux choses nous paraissent établies. Premièrement, que Dante se réfère implicitement ici à deux passages du livre III (commentaires 5 et 20) du *Grand Commentaire* au *De anima* d'Averroès, dans lesquels le Commentateur soutient que l'intellect matériel éternel est toujours en acte *quand on le rapporte à l'espèce humaine elle-même éternelle*, c'est-à-dire, plus exactement, aux images d'individus quelconques au sein de l'espèce. Deuxièmement, que cette justification de l'actualité permanente de l'intelligence dans l'espèce humaine n'est pas la seule qu'Averroès fournit, puisqu'il défend aussi, et peut-être surtout, qu'existe toujours dans le monde au moins un « philosophe »,

---

Motor celi deficeret ab integritate diffusionis sue bonitatis, quod non est dicendum. » Nous reviendrons ailleurs sur cette référence fautive au *De substantia orbis*, et sur l'idée « averroïste » qu'elle défend.

11. Il y a une difficulté théorique, ici, que trahit notre formulation. Faut-il écrire, en effet : si la nature n'est pas vaine, *il faut que*… (comme s'il s'agissait d'un horizon, d'un objectif) ? ou bien : si la nature n'est pas vaine, cela veut dire que… (comme si l'on en déduisait *ce qu'est*, ce qu'est *déjà*, nécessairement le réel) ?

12. En prendre la mesure exacte demanderait un travail entier. Disons seulement qu'on pourrait comparer la justification que Dante donne de la *multitudo* des hommes à celle que Thomas d'Aquin, par exemple, donne de celle des choses, quand il parle – entre autres dans la *Somme de théologie*, Ia, q. 47 – *de distinctione rerum in communi* (l'article 1 demande : *utrum rerum multitudo et distinctio sit a Deo*, si la multitude et la distinction des choses provient de Dieu).

c'est-à-dire un individu parfait en qui tout le savoir s'unifie, par qui tout l'universel passe à l'acte (si bien que ce ne serait pas immédiatement par la multitude, mais *in fine* par un seul homme, parfaitement accompli, que l'intellect possible trouverait son achèvement)[13]. Négligeons ici ce dernier point, et concentrons-nous sur l'idée plus courante d'une actuation de l'intellect *par référence à l'espèce*[14], en rappelant un texte. Averroès écrit :

> il est impossible que l'intellect qu'on appelle « matériel » tantôt pense et tantôt non, si ce n'est en relation avec les formes de l'imagination existant dans chaque individu. Mais pas en relation avec l'espèce [humaine]. Par exemple, il est impossible qu'il conçoive tantôt l'intelligible du cheval et tantôt non, sinon en relation avec Socrate ou avec Platon, car, dans l'absolu et en relation avec l'espèce [humaine], il conçoit toujours cet universel – à moins d'admettre que l'espèce humaine ne fasse entièrement défaut, ce qui est impossible[15].

L'idée est claire. *In respectu speciei*, l'intellect matériel est toujours actualisé, et cela, du reste, à tous les niveaux : à la fois au niveau des principes premiers de la pensée (les premiers intelligibles, les premiers principes), et au niveau des intelligibles

13. Sur cela, voir J.-B. Brenet, *Transferts du sujet. La noétique d'Averroès selon Jean de Jandun*, Paris, Vrin, 2003, p. 406 *sq.* ; puis *Id.*, « Organisation politique et théorie de l'intellect chez Dante et Averroès », art. cit. ; *Id.*, « Perfection de la philosophie ou philosophe parfait ? Jean de Jandun, lecteur d'Averroès », *Recherches de théologie et philosophie médiévales*, 38/2 (2001), p. 310-348. Voir en outre l'article pionnier de Sh. Pinès, « La philosophie dans l'économie du genre humain selon Averroès : une réponse à al-Farabi ? », *in* J. Jolivet (éd.), *Multiple Averroès. Actes du colloque international organisé à l'occasion du 850e anniversaire de la naissance d'Averroès. Paris 20-23 septembre 1976*, Paris, Les Belles Lettres, 1978, p. 189-207, ainsi que G. Agamben, *L'Usage des corps. Homo Sacer, IV, 2*, Paris, Seuil, 2014, p. 292-295.

14. Sur l'idée « averroïste » – à l'époque de Dante – que l'espèce puisse être considérée comme le perfectible premier de l'intellect, voir, avec les notes, J.-B. Brenet, *Les Possibilités de jonction. Averroès-Thomas Wylton*, Berlin, Walter de Gruyter, 2013, p. 160-163.

15. Averroès, *L'Intelligence et la pensée. Grand Commentaire du* De anima, *Livre III (429a10-435b25)*, trad., introd. et notes par A. de Libera, Paris, GF-Flammarion, 1998, p. 117 ; cf. *Averrois Cordubensis Commentarium Magnum in Aristotelis De Anima Libros* (ci-dessous : *GCDA*), éd. F. St. Crawford, Cambridge (Mass.), The Medieval Academy of America, 1953, III, c. 20, p. 448 : « intellectus enim qui dicitur materialis [...] non accidit ei ut quandoque intelligat et quandoque non nisi in respectu formarum ymaginationis existentium in unoquoque individuo, non in respectu speciei ; v. g. quod non accidit ei ut quandoque intelligat intellectum equi et quandoque non nisi in respectu Socratis et Platonis ; simpliciter autem et respectu speciei semper intelligit hoc universale, nisi species humana deficiat omnino, quod est impossibile. »

postérieurs, c'est-à-dire de la pensée proprement dite, qu'on appelle l'intellect théorétique. Autrement dit, l'universel n'existe que par l'image, son sujet-moteur. Relativement à tel individu, qui est né, qui périra, qui tantôt fantasme, tantôt pas, il est clair que cet universel est instable, paraît puis disparaît, au gré de cette imagination limitée. Mais, quant à l'espèce humaine, au flux des individus quelconques renouvelés sans interruption, l'universel, en tant que tel, perdure. À l'évacuation d'un « sujet », à son retrait, supplée l'intervention d'un autre[16], si bien que, rapporté à cette population d'images continue, inscrit dans une économie générale du fantasme, l'intellect possible reste en acte, et le réel n'est pas vain[17]. L'universel revêt ainsi un statut ambigu. Chez l'homme, écrit Averroès, son être « est intermédiaire entre l'absence d'être (*amissum*) et l'être permanent (*remanens*)[18] », entre la perte et la constance, selon qu'on considère l'individu banal et sa vie passagère ou l'espèce et l'inévitable profusion de ses cogitations.

---

16. Cf., pour l'emploi du terme « évacuation », Averroès, *L'Intelligence et la pensée*, c. 5, p. 77 : « de même en effet que l'intellect agent jamais ne se repose d'engendrer et de créer absolument parlant, même si quelque sujet particulier est absent (*evacuatur*) de ce [processus], c'est-à-dire de cette génération, il en va de même de l'intellect distinctif » ; cf. Id., *GCDA*, III, c. 5, p. 408, 626 *sq*. Cela étant, comme on sait, Averroès ne défend pas seulement l'idée que tout l'universel s'actualise relativement à l'espèce, sans précision, mais aussi, si l'on resserre le point de vue, grâce à l'entraide de certains groupes d'hommes (sans préciser si cette entraide sert la perfection *du philosophe* ou celle, globale, *du savoir*) : voir le passage que tous les scolastiques pouvaient lire en *GCDA*, III, c. 36, p. 501, 640 *sq*. : « et ex hoc apparet quod sua intellectio [celle, terminale, de l'intellect agent par l'intellect matériel en nous] non est aliquid scientiarum speculativarum, sed est aliquid currens cursu rei generate naturaliter a disciplina scientiarum speculativarum. Et ideo non est remotum ut homines adiuvent se in hac intentione, sicut iuvant se in scientiis speculativis » ; cf. *L'Intelligence et la pensée*..., p. 168, et cf. Averroès, *La Béatitude de l'âme*, éd., trad. et études par M. Geoffroy et C. Steel, Paris, Vrin, 2001, p. 220 : « l'accession à cette perfection a lieu de manière naturelle, et la plupart du temps grâce au concours de communautés d'hommes qui s'entraident mutuellement pour parvenir à cette perfection ».

17. Ce qui serait le cas si des formes en puissance n'étaient pas abstraites. Notons que cette thèse de l'éternité de l'intellect en acte fut condamnée par l'Église en 1277 : « L'intellect spéculatif, pris absolument, est éternel et incorruptible, mais par rapport à un homme donné, il se corrompt lorsque les images sensibles se corrompent en cet homme » (*La Condamnation parisienne de 1277*, texte latin, traduction, introduction et commentaire par D. Piché, Paris, Vrin, 1999, p. 117) ; cf. R. Hissette, *Enquête sur les 219 articles condamnés à Paris le 7 mars 1277*, Louvain, Publications universitaires / Paris, Vander-Oyez, 1977, p. 209-210.

18. Averroès, *L'Intelligence et la pensée*, c. 5, p. 76 ; cf. *GCDA*, III, c. 5, p. 407, 600-601.

Ce texte constitue assurément la source principale de Dante. Il en est d'autres toutefois chez Aristote lui-même qu'il est précieux d'examiner pour mieux approcher cette idée d'une actualisation collective du savoir par l'agrégation de tous les savoirs particuliers[19].

Nous en suggérons deux, par ailleurs célèbres. Premièrement, le début de *Métaphysique* II (993a30 *sq.*), où Aristote soutient que la vérité jamais n'échappe complètement. Même si personne ne devait la trouver dans son entier, chacun, pour ainsi dire, apporte son lot et contribue à la science dans son ensemble. Chacun, autrement dit, sans posséder le tout, possède une partie du savoir, si bien que « de tous ensemble naît une œuvre d'importance », puisque c'est par l'addition des savoirs des individus qu'on gagnera la totalité de la vérité. Voici le texte, traduit du grec :

> l'étude de la vérité est d'un côté difficile, de l'autre facile. Preuve en est que nul ne peut l'atteindre comme il convient ni tous la manquer, mais que chacun dit quelque chose sur la nature et, seul, n'ajoute rien ou peu à la vérité, tandis que de tous ensemble naît une œuvre d'importance. Par conséquent, s'il en va, semble-t-il, comme quand précisément nous citons le proverbe : « qui manquerait la porte ? », de cette manière l'étude serait facile ; mais posséder le tout sans pouvoir en posséder une partie montre la difficulté de cette étude[20].

19. On ne revient pas ici sur ce que Dante pourrait devoir à Jean de Jandun, ou, du moins, sur les correspondances repérables entre leurs deux positions : sur l'actualisation collective du savoir chez Jean de Jandun, voir les textes cités *supra*, n. 13. Voir aussi, dont nous reprenons ici quelques formules, J.-B. Brenet, *Je fantasme. Averroès et l'espace potentiel*, Lagrasse, Verdier, 2017, chap. 13 (« La voix, le globe ») ; R. Imbach, *Dante, la philosophie et les laïcs*, Paris, Cerf, 1996, chap. 6 ; A. de Libera, *Métaphysique et noétique. Albert le Grand*, Paris, Vrin, 2005, p. 329 *sq*.

20. Aristote, *Métaphysique*, trad. M.-P. Duminil et A. Jaulin, Paris, GF-Flammarion, 2008, p. 113. Pour la version latine médiévale, cf. Aristoteles Latinus, *Metaphysica*, lib. I-XIV. Recensio et Translatio Guillelmi de Moerbeka, éd. G. Vuillemin-Diem, Leyde-New York-Cologne, Brill, 1995, 2 vol., II, 993a30, p. 43 : « De ueritate theoria sic quidem difficilis est, sic uero facilis. Signum autem est *neque* digne nullum *adipisci ipsam* posse nec omnes *exsortes esse*, sed unumquemque aliquid de natura dicere, et secundum unum quidem nichil aut parum ei immittere, ex omnibus autem coarticulatis fieri *magnitudinem* aliquam. Quare *si* uidetur habere ut *prouerbialiter* dicimus "in foribus quis *delinquet* ?", *sic* quidem *utique erit* facilis ; habere *autem* totum et partem non posse difficultatem eius ostendit. »

Sans doute Aristote défend-il ici une conception plutôt diachronique de cet enrichissement, qui fait de tout savant un fils, héritier de ses prédécesseurs[21]. La caractéristique de Dante serait d'en faire une lecture synchronique (où le savant est un frère, plutôt) : la science ne serait pas, *au fil du temps*, l'héritage cumulé des savoirs partiels du passé[22], mais, s'il faut penser l'actuation de l'intellect possible *tota* (totale), *simul* (dans le même temps) et *semper* (de façon permanente)[23], le parfait résultat de leur agrégation *à chaque instant*.

---

21. Cf. d'ailleurs Averroès, *In II Metaph.*, c. 2, éd. Venise, 1562, vol. 8, f. 29vG : « nullus enim potest per se inuenire artes operatiuas, aut consyderativuas in maiori parte : quia non complentur nisi per iuuamentum prioris ad sequentem et nisi prior fuisset, non esset sequens » ; pour l'arabe, cf. *Id.*, *Tafsīr mā ba'd aṭ-ṭabī'at (« Grand commentaire » de la Métaphysique)*, éd. Bouyges, Beyrouth, Dar el-Marchreq, 1986[4], vol. I, p. 10, 17 *sq.* : « une seule personne, le plus souvent, ne peut découvrir [à elle seule] les sciences pratiques et théoriques, et celles-ci n'atteignent leur perfection que par l'aide que le prédécesseur fournit en cela au successeur. Sans le prédécesseur, le successeur n'existerait pas ». Dans sa traduction annotée du *Discours décisif* d'Averroès, L. Gauthier remarquait que Galien, dans son commentaire à l'aphorisme I d'Hippocrate, écrivait : « il n'est personne qui puisse tout seul inventer en quelque sorte un art et le mener à sa perfection » (*Traité décisif*, Paris, Vrin, 1983[3], p. 40, n. 16). Dans la tradition du péripatétisme arabe, l'idée est courante : cf. notamment al-Kindī, *Sur la philosophie première*, in *Œuvres philosophiques et scientifiques d'al-Kindī*, traduit par R. Rashed et J. Jolivet, vol. 2, Leyde-Boston-Cologne, Brill, 1998, p. 10 *sq.* ; al-Fārābī, *De l'obtention du bonheur (Taḥṣīl al-sa'āda)*, trad. (faite sur l'anglais, à l'évidence) O. Sedeyn et Nassim Lévy, Paris, Allia, 2010, p. 38 (cf. éd. J. al Yasin, in *al-Fārābī, The Philosophical Works*, Beyrouth, Dar al-Manahel, 1987, § 16, p. 139) ; *Id.*, *Le Livre de la religion*, in *Id.*, *Philosopher à Bagdad au Xe siècle*, trad. S. Diebler, Paris, Seuil, 2007, § 13, p. 65 ; *Id.*, *Idées des habitants de la cité vertueuse*, Beyrouth-Le Caire, Commission libanaise pour la traduction des chefs-d'œuvre – Institut français d'archéologie orientale, 1986, chap. 26, p. 85 ; Averroès, *Grand Commentaire de la* Métaphysique *d'Aristote (Tafsīr mā ba'd aṭ-ṭabī'at)*, Livre Lam-Lambda traduit de l'arabe et annoté par A. Martin, Paris, Les Belles Lettres, 1984, proem., p. 32 *sq.* (cf. *Tafsīr mā ba'd aṭ-ṭabī'at*, éd. Bouyges, p. 1397) ; *Id.*, *Averroes on Plato's* Republic, transl. with an introduction and notes by R. Lerner, Ithaca-Londres, Cornell University Press, 1974, p. 6 ; p. 76 ; p. 86 ; *Id.*, *Le Livre du discours décisif*, trad. M. Geoffroy, Paris, GF-Flammarion, 1996, § 12, p. 113, etc.

22. Sur cette question, dans le champ arabe, voir notamment A. Hasnawi, « L'âge de la démonstration. Logique, science et histoire. Al-Fārābī, Avicenne, Avempace, Averroès », *in* G. Federici Vescovini, A. Hasnawi (éd.), *Circolazione dei saperi nel mediterraneo. Filosofia e scienze (secoli IX-XVII). Circulation des savoirs autour de la méditerranée. Philosophie et sciences (IXe-XVIIe siècle)*, Florence, Cadmo, p. 257-281.

23. La question est de savoir si cette actuation, selon Dante, a toujours déjà eu lieu depuis que le monde est monde, ce qui serait vider de tout contenu l'histoire et la politique. Cela semble peu envisageable, en vérité, mais par cohérence théorique (c'est-à-dire si l'on prend au sérieux les principes philosophiques que Dante prétend faire jouer), le problème ne peut être esquivé, et c'est ce qui alimente notre seconde analyse *infra*.

C'est en ce sens, du reste, qu'on pouvait entendre une partie du commentaire de Thomas d'Aquin insistant sur la co-articulation des connaissances :

> même si ce qu'un seul homme peut apporter ou ajouter à la connaissance de la vérité, par son travail et son talent, soit peu de chose comparé à la considération totale de la vérité, l'agrégat de tous [les apports individuels] articulés les uns aux autres [...] devient quelque chose de grand, comme en témoignent les arts qui, par les travaux et le talent des différents [artistes], sont parvenus à un progrès admirable[24].

Mais une autre source paraît capitale. Il s'agit d'un passage des *Politiques* d'Aristote, que Dante, qui cite souvent les *Politiques*[25], pourrait bien avoir lu : livre III, chapitre 11 (1281b4 sq.)[26].

Que dit ce texte fameux ? Aristote y défend la souveraineté populaire pour expliquer que la masse prise en corps peut être supérieure aux individus, fussent-ils les meilleurs. L'idée centrale est que la multitude (du moins une certaine sorte de multitude) est dotée d'un meilleur pouvoir de délibération et de jugement en ce qu'elle intègre et unifie simultanément les compétences éparses de chacun. Voici ce qu'on lit, traduit du grec :

---

24. « Licet id quod unus homo potest immittere vel apponere ad cognitionem veritatis suo studio et ingenio, sit aliquid parvum per comparationem ad totam considerationem veritatis, tamen illud quod aggregatur ex omnibus "coarticulatis" [...] fit aliquid magnum, ut potest apparere in singulis artibus, quae per diversorum studia et ingenia ad mirabile incrementum pervenerunt », Thomas d'Aquin, *In metaphysicam Aristotelis Commentaria*, éd. R.-R. Cathala, R. M. Spiazzi, Turin-Rome, Marietti, 1964, lib. II, lectio I, n. 276. Qu'on *pouvait* entendre, écrivons-nous, parce qu'il est clair, en fait, que Thomas pense lui aussi à l'agrégation ou à l'articulation des savoirs des prédécesseurs plutôt qu'au regroupement collectif simultané de toutes les connaissances (voir, d'ailleurs, *ibid.*, n. 287, p. 99 : « dum unusquisque praecedentium aliquid de veritate invenit, simul in unum collectum, posteriores introducit ad magnam veritatis cognitionem »). Dans le même sens, cf. la belle formulation d'Albert le Grand, *Metaphysica*, II, cap. 1, éd. B. Geyer, in *Alberti Magni Opera Omnia*, t. XVI, 1, Münster, Aschendorff, 1960, p. 91, 47 *sq.* : « signum vero ulterius facilitatis est, quod *ex omnium* considerantium in veritate dictis simul *coarticulatis fit aliqua* notabilis sapientiae *mensura* quantitatis. Dico autem "ex dictis simul coarticulatis", quia, sicut in antehabito libro diximus, antiqui dicta sua non articulauerunt. Nos autem et articulabimus, quae balbutientes dixerunt, et coadminiculabimus in unum, quae sparsa et non congregata dixerunt. »

25. Voir *Monarchie*, I, 3 ; I, 5 ; I, 12 ; II, 3 ; II, 6 ; II, 7.

26. Sur ce passage, voir entre autres P. Pellegrin, *L'Excellence menacée. Sur la philosophie politique d'Aristote*, Paris, Classiques Garnier, 2017, p. 223 *sq*.

ce qui concerne les autres [prétendants au pouvoir souverain], sera l'objet d'une autre discussion. Mais qu'il faille que la masse soit souveraine plutôt que ceux qui sont les meilleurs mais qui sont peu nombreux, cela semblerait apporter une solution qui [certes] fait aussi difficulté, mais [comporte] aussi sans doute du vrai. Car il est possible que de nombreux [individus], dont aucun n'est un homme vertueux, quand ils s'assemblent soient meilleurs que les gens dont il a été question, non pas individuellement, mais collectivement, comme les repas collectifs sont meilleurs que ceux qui sont organisés aux frais d'une seule personne. Au sein d'un grand nombre, en effet, chacun possède une part d'excellence et de prudence, et quand [les gens] se sont mis ensemble de même que cela donne une sorte d'homme unique aux multiples pieds, aux multiples mains et avec beaucoup d'organes des sens, de même en est-il aussi pour les qualités éthiques et intellectuelles. C'est aussi pourquoi la multitude est meilleur juge en ce qui concerne les arts et les artistes : en effet, les uns [jugent] une partie, les autres une autre, et tous [jugent] le tout[27].

et dans sa version latine médiévale :

de aliis quidem igitur sit aliqua altera ratio : quod autem oportet dominans esse magis multitudinem quam optimos quidem, paucos autem, videbitur utique solvi et alicuius habere dubitationem, forte autem [et utique] veritatem. Multos enim, quorum unusquisque est non studiosus vir, tamen contingit, cum convenerint, esse meliores illis, non ut singulum, sed ut simul omnes, veluti comportatae coenae hiis, quae ex una expensa elargitae sunt : multis enim existentibus unumquemque partem habere virtutis et prudentiae, et fieri congregatorum quasi unum hominem multitudinem multorum pedum et multarum manuum et multos sensus habentem[28], sic et quae circa

27. Aristote, *Les Politiques*, III, 11, 1281a39 *sq.*, trad. P. Pellegrin, Paris, GF-Flammarion, 1990, p. 240-241 ; cf. *ibid.*, III, 16, 1287b26 *sq.* ; trad. Pellegrin, p. 269 : « car tout magistrat formé par la loi décide bien, et il semblerait sans doute curieux qu'une [personne] vît mieux avec deux yeux, distinguât mieux avec deux oreilles et agît mieux avec deux pieds et deux mains, que beaucoup [de gens] avec beaucoup [de ces organes], puisqu'en fait les monarques eux aussi se pourvoient eux-mêmes de beaucoup d'yeux, d'oreilles, de mains, de pieds, en associant à leur pouvoir ceux qui sont amis et de ce pouvoir et de leur personne ».

28. On pense ici, bien sûr, à la caractérisation de la *lex* chez Marsile de Padoue comme « un œil composé d'yeux multiples » (*oculus ex multis oculis*, dans le *Defensor Pacis*, I, 11, § 3 ; éd. R. Scholz, Hannover, Hahnsche Buchhandlung, 1932, p. 57 ; cf. *Id.*, *Le défenseur de la paix*, trad. J. Quillet, Paris, Vrin, 1968, p. 104). B. Nardi avait suggéré jadis une connexion possible sur ce

> mores et circa intellectum. Propter quod et kries melius qui multi et quae musicae opera et quae poetarum : alii enim aliam aliquam particulam, omnia autem omnes[29].

Deux choses au moins sont remarquables dans ce texte d'Aristote dont l'exemple du repas commun rappelle assurément le *Convivio* : premièrement, le fait qu'il concerne *la délibération et le jugement* (c'est cette dimension *pratique* que vise Aristote quand il parle ici des qualités *intellectuelles*, c'est-à-dire, en latin, de l'*intellectum*, qui traduit le grec *dianoia*) ; deuxièmement, qu'il entend défendre la souveraineté *de la masse*. Car, si Dante l'a lu et s'il s'en est inspiré, c'est au prix d'un double infléchissement : d'une part, l'idée

---

point entre Jean de Jandun, Marsile de Padoue et Dante (*Dal* Convivio *alla* Commedia. *Sei saggi danteschi*, Rome, 1960, p. 87). Quoi qu'il en soit, le texte de Marsile s'inscrit parfaitement dans le cadre de cette discussion sur l'entraide et l'actualisation collective de la pensée, et le texte qui précède la caractérisation de la *lex* comme *oculus ex multis oculis* mérite, pour l'entrecroisement de ses références, d'être intégralement cité : « L'observation des hommes d'une seule époque comparée à celle de plusieurs époques est chose bien imparfaite. C'est pourquoi Aristote dit, traitant de la découverte de la vérité en tout art et discipline, au livre II de la *Métaphysique*, chapitre 1 : *chaque* (inventeur de toute discipline ou art) *ne contribue à la vérité en rien ou presque rien* (c'est-à-dire n'en découvre par lui-même rien ou très peu de chose) ; *mais les contributions de tous mises ensemble en font quelque chose de grand*. Cependant le passage est plus clair dans la traduction de l'arabe ; on y lit en effet : *Chacun d'eux* (c'est-à-dire des inventeurs de tout art ou science) *ne saisit rien de la vérité, ou très peu. Lorsqu'on aura réuni ce que tous en auront saisi, alors la somme aura une certaine extension* ; c'est visible surtout en astrologie. Ainsi donc, par l'aide mutuelle des hommes, et en ajoutant aux inventions plus anciennes les inventions plus récentes, tous les arts et les sciences sont parvenues à la perfection. Cela, Aristote le montre aussi dans le même livre de manière figurée, à propos de l'invention de la musique [...]. En commentant ces paroles, Averroès dit, dans son deuxième *Commentaire* : *Et ce qu'il* (Aristote) *veut dire dans ce chapitre est clair. Nul en effet ne peut inventer par lui-même la majeure partie des arts pratiques et théoriques* (c'est-à-dire spéculatifs), *car ils ne deviennent parfaits qu'avec l'aide d'un précurseur à celui qui le suit*. Aristote dit la même chose au livre II des *Réfutations sophistiques*, dernier chapitre, à propos de l'invention de la rhétorique et de toutes les autres sciences, quoi qu'il en soit de l'invention de la Logique, dont il s'est attribué à lui seul la perfection, sans l'invention ou l'aide d'un précurseur ; en quoi il a été, semble-t-il, un cas unique parmi les autres. Et il dit encore la même chose dans l'*Éthique*, VIII, chapitre 1 : *Quand deux hommes marchent* (ensemble), *ils sont plus capables de penser et d'agir* (ajoutez : qu'un seul). S'il en est ainsi pour deux, il en sera ainsi davantage pour plus de deux, ensemble ou successivement, que pour un seul. Voici encore [...] ce qu'il dit au livre III de la *Politique*, chapitre 16 : *Peut-être semblera-t-il au moins peu convenable que quelqu'un jugeant avec deux yeux et deux oreilles, et agissant avec deux mains et deux pieds perçoive mieux que bien des hommes avec bien des organes* » (trad. Quillet, p. 103-104 ; cf. *ibid.*, I, 4, § 3, p. 67, où il est question des « arts » qui ne peuvent être acquis que par le « concours mutuel » des hommes (*nisi per ipsorum invicem communicationem*), ce qui pousse les hommes à s'associer (*simul congregari*)).

29. Aristoteles Latinus, *Politica* (1281a39), in *Aristotelis Politicorum Libri octo, cum vetusta translatione Guilelmi de Moerbeka*, éd. F. Susemihl, Lipsiae, G. G. Teubner, 1872, p. 191 *sq.*

d'une agrégation bénéfique des compétences partielles serait étendue à l'ordre proprement *théorétique* ; d'autre part, ce principe visant à défendre la masse et une forme de régime populaire serait paradoxalement détourné – puisque Dante n'en restera pas à la *multitudo* – en faveur de... la *monarchie*.

Quoi qu'il en soit, outre le texte d'Aristote disponible, l'Alighieri a pu là encore bénéficier des commentateurs latins (Averroès, comme on sait, n'ayant pu commenter les *Politiques* faute de traduction arabe). Qu'on songe à Albert le Grand et Pierre d'Auvergne – puisque Thomas d'Aquin n'est pas allé jusque là dans son commentaire. Albert parle de la « puissance de la multitude » (*potentia multitudinis*)[30] et insiste sur cette idée que la *multitudo* des hommes, pris *ut simul omnes* (en un tout, tous ensemble), permet une *collectio* plus complète de la pensée[31]. Quant à Pierre d'Auvergne, il insiste lui aussi sur l'idée que les hommes, *simul iuncti*, et non pas *divisim*, peuvent produire, quant à l'intellect, quelque chose d'un, d'unifié, supérieur aux productions individuelles disséminées[32].

30. Albert le Grand, *In Polit.*, III, cap. 8, in *Alberti Magni Opera Omnia*, éd. Borgnet, Paris, Vivès, 1891, p. 278.

31. Il explique ainsi le passage d'Aristote : « Et hoc probat per simile, ibi, *Multos enim quorum unusquisque est non studiosus uir, tamen* secundum quod vir dicitur a vi mentis vel a virore virtutis, *contingit cum conuenerint esse meliores illis*, scilicet paucis virtuosis, vel uno, *non ut singulum*, [...] *sed ut simul omnes*. Et dat simile, ibi, *Veluti comportare coenam* (alia littera « comportare censum ») *iis quae ex una expensa elargitae sunt. Multis enim existentibus* qui sic largiuntur et dant symbola, *unumquodque partem habere uirtutis et prudentiae*, supple, contingit, *et fieri congregatorum quasi unum hominem multitudinem*, id est, tota multitudo fit quasi unus homo, *multorum pedum, et multarum manuum, et multos sensus habentem*. Et intelligit quod multitudo semper proficit ad sapientiam quasi multis pedibus, et multa adjutoria confert civitati quasi multis manibus, et multa concipit utilia quasi multis sensibus. [...] Dicit ergo primo adaptando similitudinem : *Sic et quae circa mores*, in moralibus scilicet scientiis, *et circa intellectum*, in physicis, sic habet, sicut habet in expensa a multis comportata, ubi (sicut dicit in *Elenchis*) multi multas adinvenerunt partes : et in primo *Metaphysicae* dicit quod non tenemur tantum reddere gratias illis qui boni aliquid et veri adinvenerunt, sed etiam illis qui erraverunt, quia etiam errantes excitaverunt ingenia nostra ad inquisitionem veritatis, errorisque destructionem. Ex hoc concludit, ibi, *Propter quod et melius*, supple, judicant *qui multi*, quam pauci, vel unus solus » (*ibid.*, cap. 7, p. 257 *sq.*). La même idée se retrouve plus bas, *ibid.*, cap. 8, p. 276 *sq.* ; cf. *ibid.*, p. 278 : « sicut dictum est saepius, potentia multitudinis semper praevalet uni vel paucis : et ideo videbitur principatus dandus multitudini. Et quod dixit, explanat, ibi, *Eam quae illius solum*, id est, virtus politica et potentia unius solum, non potest comparari virtuti et politicae potentiae totius multitudinis. »

32. Pierre d'Auvergne, *In Pol. III*, in Thomas d'Aquin, *In Libros Politicorum Aristotelis Expositio*, éd. Spiazzi, Rome-Turin, Marietti, 1951, lib. III, lectio 8, n. 424 : « In prima dicit,

Voilà deux passages qu'il convient d'ajouter à la référence averroïste pour éclaircir la compréhension qu'a Dante d'une actuation collective du savoir et déblayer le terrain latin de son élaboration.

Notre second point, qui nous semble négligé par les spécialistes de l'Alighieri, concerne la notion cruciale de *bene esse*, et donc l'angle sous lequel s'évalue chez Dante la nécessité de la monarchie[33].

Partons d'un problème. Il est facile de repérer une sorte de contradiction ou d'incohérence possible *dans le projet même* de la *Monarchie* de Dante. Comme semble le vouloir la référence à Averroès (en I, 3), en effet, si la puissance intellectuelle de l'humanité est toujours (*semper*) entièrement et simultanément (*tota simul*) actualisée (« sans quoi il y aurait une puissance séparée [de son acte], ce qui est impossible »), et que cela constitue la fin propre du genre humain, *à quoi sert la monarchie*, et à quoi sert d'écrire un livre politique censé la promouvoir ? Quel sens y a-t-il à parler « en réformateur politique et social, en héraut d'une société *à construire* » (Gilson)[34], si le réel est déjà ce qu'il doit être, si le genre humain est à chaque instant en possession de sa fin ? À quoi sert, autrement dit, de défendre

quod si sint multi non virtuosi simpliciter, cum convenient in aliquod unum, facient unum aliquod studiosum, non sic quidem, ut quilibet faciat aliquid studiosum per se, et aliquid melius, *sed omnes simul faciant unum aliquid studiosum, et sunt aliquid melius quam quilibet divisim acceptus*. Et hoc declaravit per simile ; et dicit, quod sicut illi qui faciunt coenam ad communes expensas et quilibet modicum apportat, quod autem collectum est ex omnibus apportatis magnae quantitatis est, sic est in proposito, si sint multi et quilibet aliquid habeat virtutis et prudentiae, *cum convenerint in unum facient unum aliquid magnum et virtuosum* [...]. Et sic cum convenerit, facient quasi unum hominem virtuosum et perfectum : hominem dico habentem multitudinem sensuum, per quos discernere possit, et multitudine manuum et pedum per quae possit moveri ad operationem et operari. *Similiter etiam quantum ad mores et quantum ad intellectum se habet*. Ex omnibus enim, cum convenerint, *efficietur quasi unus homo perfectus secundum intellectum*, quantum ad virtutes intellectuales, et secundum appetitum quantum ad morales. Et adducit aliud simile : dicens, quod propter hoc quod multi sunt aliquid melius *simul iuncti*, quam quilibet illorum, contingit quod opera musicalia, et opera poetarum melius facta sunt et ducta ad perfectionem per plures quam per unum. » Pour le commentaire de Thomas lui-même : *Sententia Libri Politicorum*, éd. Léonine, cura et studio fratrum praedicatorum, *Opera omnia*, t. 43, Rome, Ad sanctae sabinae, 1971.

33. La première chose que cherche Dante, en effet, est la suivante : « an ad bene esse mundi [Monarchia] necessaria sit. »

34. É. Gilson, *Dante et la philosophie*, Paris, Vrin, 1986[4], p. 171. Nous soulignons.

une institution politique, de la justifier, *de l'espérer*, si ce qu'elle est censée produire, la pensée complète et permanente, a toujours déjà lieu (depuis qu'il y a des hommes), et toujours déjà lieu sans elle (par la seule multitude), en vertu d'un principe métaphysico-théologique de plénitude ? On le répète : si la fin du genre humain, c'est-à-dire son opération exclusive, à savoir l'actualisation de sa puissance propre, n'est pas un horizon, un espoir, un projet, mais un état de fait permanent, requis par la nature elle-même (qui ne saurait être vaine, en tant qu'œuvre intelligente de Dieu), pourquoi ne pas se contenter d'un texte seulement *descriptif*, sans prétention politique, qui s'intitulerait *De multitudine* ?

Dans leur édition de la *Monarchie*, A. Tabarroni et P. Chiesa formulent clairement la difficulté. En introduction, ils parlent d'une « question délicate » :

> si la fin de l'homme coïncide avec celle du genre humain, et si cela, comme le dit Averroès, explique la raison pour laquelle il y a toujours une multitude d'êtres humains qui fait toujours passer à l'acte l'entière puissance de l'(unique) intellect possible, alors cette fin est toujours déjà réalisée et il n'est aucunement besoin de promouvoir une organisation politique particulière de l'humanité entière pour pouvoir l'atteindre[35].

Ils le répètent en note dans leur traduction :

> si l'humanité fait toujours déjà passer à l'acte l'intellect possible, et cela sans reste, à quoi sert de se donner comme objectif d'atteindre la paix universelle[36] ?

Gilson avait jadis perçu le problème[37], mais il paraît le régler aisément. Certes, explique-t-il, Dante se réfère à Averroès,

---

35. Dante, *Monarchia*, éd. Chiesa and Tabarroni, introduzione, p. LII (nous traduisons). Ils renvoient à G. Sasso, *Dante. L'Imperatore e Aristotele*, Rome, Ist. Storico Italiano per il Medioevo, 2002 ; voir sur ce point G. Vinay, *Interpretazione della 'Monarchia' di Dante*, Florence, Le Monnier, 1962. B. Nardi, sauf erreur, n'en dit rien dans son édition de la *Monarchie* (in Dante Alighieri, *Opere minori*, éd. cit.) ; en revanche, voir Dante Alighieri, *Monarchia*, testo, introduzione, traduzione e commento a cura di G. Vinay, Florence, Sansoni, 1950, p. 23-25, n. 16.

36. Dante, *Monarchia*, éd. Chiesa and Tabarroni, p. 19, n. 8 (nous traduisons).

37. Il écrit, *op. cit.*, p. 170 : « Si Dante avait accepté l'averroïsme sur ce point [c'est-à-dire l'idée d'un intellect possible conçu comme être métaphysique toujours en possession de sa fin],

qui, avec l'être métaphysique qu'est son intellect possible, lui offre l'idée d'« une sorte de genre humain individuel, dont l'unité serait toujours concrètement réalisée *et qui actualiserait à chaque moment de sa durée la totalité de la connaissance accessible à l'homme*[38] » ; certes, donc, il trouve chez Averroès l'idée d'un intellect possible où « le genre humain serait, *éternellement et en permanence, en possession de sa fin*[39] » ; mais la thèse, transposée chez Dante, se transforme. Ce qui, chez Averroès, était acquis, donné d'emblée, toujours déjà fait en vertu de la structure même de l'univers, devient chez l'Alighieri une perspective. Car, selon Gilson, la *multitudo* qui apparaît avec l'humanité n'est pas dotée immédiatement de l'unité qu'elle requiert pour atteindre sa fin – cette unité que l'intellect possible séparé d'Averroès, en tant que substance intellectuelle unique séparée de tout corps, possédait *essentiellement*. Chez Dante, autrement dit, on doit distinguer entre *ce qui est* et ce qui n'est *pas encore* (et dont on peut rêver, qu'il faut viser, qu'il faut bâtir).

Ce qui est, ce sont les hommes, la diversité des hommes, par nature, mais ce qu'il faut construire, c'est leur unité, leur unité comme société humaine universelle : l'humanité de Dante, écrit Gilson, « ne possède *pas encore* » cette unité, et elle n'en « jouira [...] qu'en acceptant l'hégémonie unificatrice de l'Empereur[40] ». Aussi faut-il selon le médiéviste français regarder ce que chez Dante la référence au Commentateur *annonce*, et non pas répète : « une société à créer, pour obtenir une paix qui n'existe *pas encore*, en vue d'atteindre une fin que l'humanité n'a *pas encore* obtenue, parce qu'avant de l'obtenir il lui faut d'abord exister[41] ». Bref, il n'y a dans cette perspective ni contradiction, ni incohérence dans le projet politique

sa propre doctrine n'aurait pas eu de raison d'être puisque, avec ou sans société universelle, la fin de l'humanité serait éternellement acquise dans la permanence de l'intellect possible séparé. »

38. *Ibid.*, p. 170.

39. *Ibid.*

40. *Ibid.*, p. 171.

41. *Ibid.*, p. 172.

de Dante. La raison d'être de la monarchie, c'est, sur la base de la multitude naturelle des individus, l'unification d'une société humaine universelle permettant à « l'homme de développer au maximum son aptitude à connaître le vrai [et] par conséquent d'atteindre sa fin[42] ».

A. Tabarroni et P. Chiesa, de leur côté, proposent une solution élégante et profonde qui, elle aussi, « sauve » Dante de l'inconsistance théorique, et revient en fait à celle de Gilson[43]. Il s'agirait de distinguer deux plans. En premier lieu, le plan métaphysique de la multitude, c'est-à-dire l'existence nécessaire d'une très grande diversité d'individus *susceptibles* d'activer, de mettre en œuvre la puissance intellective constitutive de l'humanité (ce premier niveau serait celui, techniquement, de l'acte « premier[44] », encore en puissance de son plein accomplissement). En second lieu, le plan de la monarchie comme meilleure organisation politique devant permettre à l'humanité d'accomplir sa puissance *au maximum*, d'en atteindre l'*ultimum* (ce qui serait cette fois le niveau de l'acte second, compris comme plein exercice de l'acte premier)[45]. Quand bien même, donc, serait donnée par « nature » la multitude des hommes, la monarchie serait requise comme cadre politique optimal de réalisation complète de leur puissance de penser. C'est ce que dit, sauf erreur, ce paragraphe :

> Dante affirme que la réalisation en acte complète et simultanée de toute la potentialité cognitive de l'homme n'est à la portée ni d'un individu ni de quelque communauté partielle, mais qu'elle ne peut être accomplie que par l'humanité dans son intégralité.

42. *Ibid.*, p. 171.

43. Ils utilisent pour cela l'article d'I. Costa cité *supra*, « Principio di finalità e fine nella *Monarchia* dantesca ».

44. Cf. Aristote, *De anima*, II, 1, 421a 22 *sq.* ; II, 5, 417b 16 *sq.*

45. Quoi qu'on pense de la solution proposée, répétons que selon nous une telle lecture de l'*ultimum de potentia* est fautive. L'*ultimum de potentia* n'est pas l'actuation maximale possible de la puissance, mais le degré maximal de la puissance (en l'occurrence, chez Dante, celui de l'intellect matériel). Que Dante ait mal compris ou transformé Aristote sur ce point est une autre affaire.

> [...] La première condition, donc, est qu'il y ait toujours une multiplicité d'hommes et de groupes politiquement organisés pour garantir la nécessaire variété des actes intellectifs propres à la faculté intellective de l'humanité. De cette façon, cette faculté trouve sa première actualisation, pour ainsi dire, extensive, de la même façon – comme Dante le dira juste après – que la matière première trouve son actualisation dans la variété des espèces d'êtres. Jusqu'ici, par conséquent, nous nous tenons sur le plan de l'acte premier [...]. Mais le raisonnement de Dante ne peut s'arrêter là, sans quoi il n'aurait obtenu qu'une fondation métaphysique de la nécessité (ontologique) de l'existence de la multiplicité des hommes et de leur communauté politique à chaque moment de l'histoire. Dante fait donc jouer le concept d'*ultimum de potentia* – qui dans son contexte d'origine se réfère à la limite maximale qu'on peut atteindre dans l'exercice d'une faculté opérative – pour continuer à chercher les conditions requises afin que l'humanité tout entière puisse atteindre la limite maximale de ses capacités intellectuelles (qu'elle puisse effectivement connaître tout ce qu'elle est en mesure de connaître), et ainsi réaliser sa propre fin, comme réalisation sans reste de l'acte second de sa puissance cognitive. Et par là, Dante entend fonder la nécessité (déontologique) de l'empire comme meilleure organisation politique de tous les hommes[46].

Peut-être est-ce là ce que Dante veut dire, en effet – on y reviendra. Mais nous proposons d'aborder les choses autrement,

---

46. Dante, *Monarchia*, éd. Chiesa and Tabarroni, p. 19-20, n. 8 : « Dante afferma che la completa e simultanea realizzazione in atto di tutta la potenzialità conoscitiva dell'uomo non è alla portata né di un singolo né di alcuna comunità parziale, ma essa può essere compiuta soltanto dall'umanità nella sua interezza. [...] La prima condizione, dunque, è che vi sia sempre una molteplicità di uomini e di aggregazioni politicamente organizzate, che garantisca la necessaria varietà degli atti intellettivi propri della facoltà intellettiva dell'umanità. In questo modo tale facoltà trova una sua prima attualizzazione, per cosí dire, estensiva, cosí come – si dirà subito dopo – la materia prima trova la sua attualizzazione nella varietà delle specie degli enti. Ci si muove quindi, fino a questo punto, sul piano dell'atto primo [...]. Ma il ragionamento di Dante non può fermarsi qui, altrimenti egli avrebbe ottenuto in questo modo soltanto una fondazione metafisica della necessità (ontologica) dell'esistenza di molti uomini e delle loro comunità politiche in ogni momento della storia. Egli dunque fa leva sul concetto stesso di *ultimum de potentia* – che nel suo contesto originale si riferisce al limite massimo che può essere raggiunto dall'esercizio di una data facoltà operativa – per continuare a cercare le condizioni che si richiedono, affinché l'umanità tutta intera possa raggiungere il limite massimo delle sue capacità intellettuali (possa conoscere tutto ciò che essa può conoscere), e in questo modo realizzare il proprio fine, come realizzazione senza residui dell'atto secondo della sua potenza conoscitiva. Per questa via Dante intende fondare la necessità (deontologica) dell'impero come migliore organizzazione politica di tutti gli uomini. »

en partant de la notion de *bene esse* pour préciser la première question que pose Dante.

Cette première question, comme on sait, est de savoir si la monarchie est nécessaire au *bene esse* du monde (*queritur an ad bene esse mundi necessaria sit*), et le livre I dans son entier est consacré à sa résolution[47]. Mais que signifie-t-elle exactement ? Car demander si une chose en nécessite une autre enveloppe toujours une autre question : celle de savoir *sous quel rapport*, ou *de quel point de vue*, on envisage cette nécessité. Et pour un médiéval (comme Thomas d'Aquin, par exemple, pour parler de ce que Dante pouvait bien connaître) deux points de vue, au moins, sont possibles : une nécessité *quant à l'esse*, d'abord ; une nécessité *quant au bene esse*, ensuite[48].

---

47. S'agissant d'Aristote, cf. D. Lefebvre, « Vivre et bien vivre. L'"animal politique par nature" en *Politiques* I, 2 et III, 6 », *in* A. Jaulin et R. Güremen (éd.), *Aristote, l'animal politique*, Paris, Publications de la Sorbonne, 2017, p. 59-88.

48. Voici un exemple de cette distinction tiré de Thomas d'Aquin, *Super Sent.*, lib. 4, d. 7, q. 1 a. 1, qc. 2, co. : « uno modo dicitur necessarium *sine quo aliquis non potest conservari in esse*, sicut nutrimentum animali. Alio modo *sine quo non potest haberi quod pertinet ad bene esse*, sicut equus dicitur necessarius ambulare volenti, et medicina ad hoc quod homo sane vivat. » Ou encore, *Summa Theologiae*, Ia, q. 41, a. 2, ad. 5 : « dicitur aliquid esse necessarium in his quae sunt ad finem, inquantum sine hoc *non potest esse finis, vel bene esse* ». Sur le nécessaire chez Aristote, voir au moins – pour ce qui nous intéresse ici – *Métaphysique*, V, 5, 1015 a 20 *sq.* : « on appelle nécessaire ce sans quoi, comme cause auxiliaire, il n'est pas possible de vivre (par exemple, la respiration et la nourriture sont nécessaires à l'animal, car, sans elles, il lui est impossible d'être) et les choses sans lesquelles le bien ne peut être ni venir à être » ; XII, 7, 1072 b 13 *sq.* : « "nécessaire" a tous les sens que voici : soit le nécessaire par contrainte parce que contraire à l'impulsion, soit ce sans quoi il n'y a pas de bien, soit ce qui ne peut être autrement, mais est simplement nécessaire » (trad. Duminil et Jaulin, Paris, GF-Flammarion, 2008, p. 187 et 393). Sur le principe du « meilleur », voir *Parties des animaux*, III, 2, 663 b22-24 ; *Génération des animaux*, II, 4, 738a 33 *sq.* ; III, 4, 755a24 *sq.* ; IV, 8, 7866b31 *sq.* ; V, 8, 798a8b5 ; sur l'explication par le meilleur chez Aristote, voir D. Balme, « Teleology and Necessity », *in* A. Gotthelf et J. G. Lennox (éd.), *Philosophical Issues in Aristotle's Biology*, Cambridge-New York, Cambridge University Press, 1987, p. 275-286 ; A. Gotthelf, « Aristotle's Conception of Final Causality », *in* A. Gotthelf et J. G. Lennox (éd.), *op. cit.*, p. 226-254 ; *Id.* « The Place of the Good in Aristotle's Teleology », *in* J. J. Cleary et D. C. Shartin (éd.), *Proceedings of the Boston Area Colloquium in Ancient Philosophy, 4, 1988*, Lanham and London, University Press of America, 1989, p. 113-139 ; J. G. Lennox, « Nature Does Nothing in Vain... », *in* H.-C. Günther et A. Rengakos (éd.), *Beiträge zur antiken Philosophie : Festschrift für Wolfgang Kullman*, Stuttgart, Steiner, 1997, p. 199-214 ; P. Pellegrin, « De l'explication causale dans la biologie d'Aristote », *Revue de métaphysique et de morale*, 95/2 (1990), p. 197-219 ; « Les ruses de la nature et l'éternité du mouvement : encore quelques remarques sur la finalité chez Aristote », *in* M. Canto-Sperber et P. Pellegrin (éd.), *Le Style de la pensée : recueil de textes en hommage à Jacques Brunschwig*, Paris, Belles Lettres, 2002, p. 296-323 ; M. Rashed, « La préservation *(soteria)*, objet des *Parva naturalia* et ruse de la nature », *Revue de philosophie ancienne*, 20/1 (2002), p. 35-59.

Posons que X est nécessaire à Y. La proposition, comme telle, est insuffisante, puisqu'il convient de préciser si X est nécessaire *quant à l'être de Y*, ou s'il ne l'est que quant à son *bene esse*, ce qui n'est évidemment pas la même chose. Dans le premier cas, X est nécessaire à l'être même de Y, c'est-à-dire qu'il est requis *pour que Y existe*[49] ; il est inclus, comme l'une de ses composantes essentielles, dans l'existence de Y. Dans le second cas, X n'est plus requis pour cette existence, pour son advenir, mais simplement pour son *bene esse*[50].

Lorsque Dante, donc, demande si la monarchie est nécessaire au *bene esse* du monde, cela veut dire qu'il cherche à déterminer si la monarchie est nécessaire au monde *quant à son* bene esse, ou *sous le rapport de son* bene esse, et non, par conséquent, sous le rapport de son *esse*.

Mais que désigne cette notion de *bene esse* ? Il n'est pas si facile de répondre. Le *bene esse*, qui traduit le *eu zen* grec fréquent chez Aristote, paraît en effet ambigu. Au sens fort (a), la notion pourrait désigner l'état parfait d'un être, d'une réalité, son plein accomplissement, son épanouissement, ou encore – d'un mot conceptuellement lourd : sa perfection[51]. Le *bene esse* serait en ce sens la réalisation complète de l'*esse* – la vie vertueuse, ou heureuse, par exemple, comparée à la vie dans son cours normal (qui ne serait, en vérité, qu'une demi-vie)[52]. En un sens plus faible (b), le *bene esse* ne correspondrait plus à l'actualité parfaite d'un être, mais simplement à un état favorable, à l'état dans lequel un être se trouve qui améliore, facilite (mais non pas conditionne) le déploiement

---

49. Il n'est pas besoin, ici, de distinguer entre l'être et l'existence.

50. Cela étant, comme on le dit plus bas, il existe une compréhension « forte » du *bene esse*, qui concerne le plein déploiement de l'*esse*, et non pas seulement un état favorable totalement accessoire, sans effet sur l'*esse*. En ce cas, les deux questions n'en font plus qu'une.

51. Sur cette notion de perfection, *téléiotês*, voir R. Wisnovsky, *Avicenna's Metaphysics in Context*, Ithaca, New York, Cornell University Press, 2003, et M. Rashed, *Alexandre d'Aphrodise, Commentaire perdu à la* Physique *d'Aristote (livres IV-VIII). Les scholies byzantines*, Berlin, Walter de Gruyter, 2011. Voir aussi les remarques de D. Wirmer sur le « nécessaire » et le « bien-être » chez Averroès, in Averroes, *Über den Intellekt. Auszüge aus seinen drei Kommentaren zu Aristoteles'* De anima, Fribourg-Bâle-Vienne, Herder, 2008, p. 308-311.

52. Ici, le *bene esse* s'oppose à l'*inaccompli*.

de son existence, l'exécution de ses actes, la réalisation de sa vertu[53].

Quel sens, donc, vaut pour le raisonnement de Dante quand il demande si la monarchie est nécessaire au *bene esse* du monde (c'est-à-dire d'abord de l'humanité, du genre humain) ? Cela consiste-t-il à demander si la monarchie est nécessaire (a) à la perfection du genre humain, à son *bene esse* au sens fort, c'est-à-dire au plein déploiement de son être, ou bien si elle est nécessaire « seulement » (b) à son *bene esse* au sens faible, c'est-à-dire en instaurant des conditions favorables à son *esse*, totalement réalisé, accompli, par ailleurs. Les deux réponses ne sont pas équivalentes, et les deux, peut-être, ont quelque probabilité, *selon la lecture que l'on donne du principe de plénitude chez Dante.*

Ici, on ne mènera pas pleinement cette étude du principe de plénitude, qui demanderait trois choses au moins : (i) d'établir comment Averroès lui-même l'entendait[54] ; (ii) de déterminer ce que la scolastique, compte tenu du corpus accessible, pouvait en comprendre, et ce qui en fut effectivement dit ; enfin (iii), de saisir comment Dante, au prix d'éventuels écarts[55], le restitue et se l'approprie, tandis qu'il se réfère à

53. Ici, le *bene esse* se distinguerait plutôt du *nécessaire.*

54. Sur le principe de plénitude, voir le livre classique d'A. O. Lovejoy, *The Great Chain of Being*, Cambridge, Harvard University Press, 1936 ; puis J. Hintikka, *Time and Necessity : Studies in Aristotle's Theory of Modality*, Oxford, Clarendon Press, 1973 ; pour la tradition latine, notamment, voir S. Knuuttila (éd.), *Reforging the Great Chain of Being*, Dordrecht-Londres, D. Reidel, 1981 ; Id., *Modalities in Medieval Philosophy*, Londres, Routledge, 1993 ; pour la compréhension de ce principe chez Averroès, voir T. Kukkonen, « Possible Worlds in the *Tahâfut al-tahâfut* : Averroes on Plenitude and Possibility », *Journal of the History of Philosophy*, 38/3 (2000), p. 329-347 ; *Id.* « Infinite Power and Plenitude. Two Traditions on the Necessity of the Eternal », *in* J. Inglis (éd.), *Medieval Philosophy and the Classical Tradition*, Londres, Curzon, 2002, p. 154-169 ; *Id.* « Plenitude, Possibility, and the Limits of Reason : A Medieval Arabic Debate on the Metaphysics of Nature », *Journal of the History of Ideas*, 61/4 (2000), p. 539-560. Dans son *Épître 1*, Averroès parle d'« une proposition dont tout le monde confirme le caractère certain, savoir que tout ce qui possède quelque chose en puissance et en possède la disposition passera indubitablement à l'acte, et deviendra nécessairement, à un moment ou à un autre, la chose même en acte dont il était puissance, c'est-à-dire la chose qui est en acte dans le même genre » (Averroès, *La Béatitude de l'âme*, p. 214 – cf. Aristote, *Métaph.*, 8, 1047b 3-5).

55. Et les écarts sont inévitables (et peut-être pas totalement maîtrisés). Le sens de ce principe de plénitude change en effet radicalement quand on passe d'un système éternaliste

Averroès et prend comme modèle l'actualisation intégrale et permanente de la matière première[56]. Toutefois, il nous semble que deux lectures, là aussi, sont possibles : a) une lecture forte (insistant sur le *semper*), selon laquelle, s'il est vrai que le monde n'est pas vain, toute puissance (au niveau spécifique) non seulement doit passer à l'acte, mais l'a toujours déjà fait, et pleinement fait ; b) une lecture faible, soutenant seulement que toute puissance (au niveau spécifique) doit s'actualiser ou s'actualiser pleinement à un moment donné du temps.

Distinguons à présent les différents cas de figure, en croisant les différents sens du *bene esse* et du principe de plénitude. Il y en a deux.

1) Premièrement, admettons que Dante fasse une lecture forte du principe de plénitude, et qu'il pose, donc, que par la multitude des hommes, depuis qu'il y a des hommes dans le monde créé, la puissance de l'intellect possible constitutif de l'humanité (en tant qu'il est son *ultimum de potentia*) est actualisée *tota simul*. Depuis qu'il y a des hommes, par conséquent, quel qu'en soit le mode, quels qu'en soient les moyens, tout le pensable par l'homme serait pensé : toujours pensé, intégralement pensé, et simultanément pensé, et cela parce que le genre humain est destiné à penser, conçu pour penser, et qu'il ne peut *être*, c'est-à-dire exister *comme genre humain*, qu'en le faisant, qu'en réalisant constamment (et non pas seulement à un moment donné, dans le futur) toute sa puissance mentale.

---

comme est celui d'Averroès (qui ne souscrit pas, donc, à la thèse d'une création du monde) à une pensée créationniste comme celle de Dante (où le monde a bel et bien un commencement). Chez Averroès, c'est l'*éternité* du monde (le cours *infini* des choses) qui garantit que les possibles soient toujours tous actualisés (ce qui, en vérité, doit être examiné de plus près) ; chez Dante, cette garantie ne peut plus se trouver qu'en Dieu, et signifie, peut-être, non pas que tous les possibles sont depuis toujours, *i. e.* depuis la création, actualisés, mais qu'on peut être certain qu'ils le seront à un moment du temps (cela dit, là encore, si ces possibles doivent advenir, parce que Dieu n'a pas pu créer de potentialités irréalisables, à quoi bon le projet politique ?).

56. On rappelle que Dante fait référence à ce principe dit de plénitude quand il écrit qu'il est impossible qu'une puissance soit « séparée », c'est-à-dire, comprend-on, séparée de son acte, en ce sens qu'elle resterait toujours en puissance, sans se réaliser jamais totalement et simultanément. Et sa thèse est la suivante : la multitude est nécessaire dans le genre humain pour que sa puissance propre, celle de l'intellect possible (ou celle *qu'est* l'intellect possible), soit actualisée *tota simul* et *semper*.

N'est-ce pas retomber, alors, sur le problème dont nous étions partis ? Comment soutenir en effet que la monarchie, en tant qu'institution humaine, est nécessaire à l'actuation toujours complète de l'intellect si cette actuation, qui tient *à l'être même* de l'humanité, a toujours déjà lieu depuis que les hommes existent ? Mais, le problème, en vérité, ne se pose plus si l'on considère que la monarchie s'impose, non pour l'*esse* de l'humanité (et, par là, du monde), mais pour son *bene esse*, et que ce *bene esse*, en un sens *faible*, désigne l'état favorable, voire le plus favorable, le meilleur, pour l'existence humaine, comme une optimisation de sa manifestation.

Dans cette lecture, c'est bien cela qu'apporterait la paix universelle. Celle-ci ne serait pas la condition de possibilité d'une obtention et d'une effectuation permanente, par l'humanité, de son œuvre propre. Cette œuvre, en vertu du principe de plénitude (entendu au sens fort, pour déboucher sur l'actuation *tota simul* et *semper* de l'intellect possible), le genre humain l'accomplirait de façon permanente et complète *malgré tout* ; il l'accomplirait quoi qu'il arrive ; mais dans la paix, le genre humain trouverait le *propinquissimum medium* de l'atteindre ; dans la paix, il trouverait un meilleur moyen (*melius*) de l'accomplir, ou plutôt (*ymo*), il trouverait *optime*, de la meilleure façon, le moyen de l'accomplir.

C'est ainsi qu'il faudrait comprendre ce que Dante martèle. La paix, dans cette lecture, *n'est pas la condition de possibilité* de l'œuvre humaine ; c'est le moyen de son optimisation, la condition d'optimisation de sa réalisation. La paix serait l'état permettant à l'humanité de se rapporter à sa fin *optime*, d'y aller, si l'on peut dire, *liberrime atque facillime*[57].

57. Tout le livre I repose sur des comparatifs et des superlatifs, et sur cette formule : *optime se habere*, qui paraît n'avoir pas toujours le même sens chez Dante. Un exemple : en I, 4, la paix apparaît comme ce par quoi *melius*, et même ce par quoi *optime* le genre humain parvient à son œuvre propre (*pertingit ad opus proprium*). Mais est-ce à dire que l'humanité atteindrait cette œuvre propre de toute façon, quoi qu'il arrive, et que la paix est – et n'est *que*, d'une certaine manière – le meilleur moyen d'y parvenir (le *propinquissimum medium*, écrit d'ailleurs Dante) ? C'est ce qu'on suggère ici. Ou bien cela signifie-t-il que cet *optime*, ce meilleur moyen, est en vérité *l'unique* moyen pour que l'œuvre propre soit *véritablement*

Ce qui ici change avec la monarchie, en tant qu'elle assure la paix, ce n'est donc pas l'accès à l'œuvre propre (le succès, la réussite), mais c'est sa modalité. Les commentateurs, en ce cas, manqueraient de vigilance. « Pas de paix, disait Gilson, pas de philosophie. » Ce serait inexact[58]. Comme l'affirme Averroès lui-même, d'ailleurs – dans le texte que Dante cite –, la philosophie est toujours parfaite, quels que soient les systèmes politiques menant les hommes, elle est consubstantielle à l'humanité[59]. La paix n'est pas dans cette optique la condition *sine qua non* de l'accomplissement de la perfection du genre humain, de son advenir, de son venir à l'être. L'œuvre humaine, devrait-on dire, s'accomplit, s'accomplit bel et bien sans la paix, sans le monarque, même si, sans la paix, et sans le monarque, cet accomplissement *n'est pas optimal* : voilà la thèse. Le *bene esse* de l'humanité serait, non pas la pleine réalisation de son opération (qui fait que la nature n'est pas vaine), mais la pleine réalisation de cette opération *sur le meilleur mode qui soit*, dans la meilleure des dispositions – en étant par exemple le moins entravée possible[60].

Car le bonheur humain, comme nous l'enseigne l'*Éthique à Nicomaque*, a deux composantes : l'une est essentielle, c'est la vertu, en l'occurrence, la pleine activité de l'intellect ; l'autre est constituée par les biens extérieurs, qui sont comme les instruments dont cette vertu se sert pour s'exercer, et dont l'aide, l'efficacité est variable. Donnons un exemple tiré de Thomas d'Aquin, à nouveau, qui commente cette idée[61] :

atteinte, comme le suggère cette fois une formule de I, 5 : *aliter ad felicitatem pervenire non potest* ; *aliter [...] finem non assecuntur* ? Il n'est pas impossible de considérer que cette tension travaille toute l'argumentation de Dante.

58. Le reproche vaudrait d'abord pour nous, dans « Théorie de l'intellect et organisation politique », p. 471 : « Pas de paix, en effet, pas de société humaine universelle, pas de "multitude" à même d'accomplir ce pour quoi l'homme est fait. C'est par la juste organisation *politique* du monde qu'il peut revenir à l'homme d'atteindre à chaque instant sa fin propre. » Ce serait inexact, ou insuffisamment clair. Et cela, nous semble-t-il, se retrouve chez à peu près tous les commentateurs.

59. Averroès, *GCDA*, III, c. 5, p. 408, 610 *sq.* ; cf. *L'Intelligence et la pensée...*, p. 77.

60. Cf. Aristote, *Éthique à Nicomaque*, VII, 14, 1153b17.

61. Cf. par exemple Aristote, *Éthique à Nicomaque*, I, 1, 1099b1 *sq.*, etc.

> Comme le dit le Philosophe [Aristote] au livre I de l'*Éthique [à Nicomaque]*, on trouve dans la félicité *quelque chose qui lui est essentiel*, comme les vertus qui rendent l'opération parfaite, et *quelque chose qui contribue au bien-être (bene esse) de la félicité*, comme les richesses, les amis, et les choses de ce genre[62].

La monarchie serait nécessaire au *bene esse mundi*, oui, mais parce qu'elle est nécessaire à la réalisation des conditions optimales d'existence de la multitude pensante. Avec la monarchie, par conséquent, Dante n'essaierait pas de penser les conditions politiques de *constitution* d'une telle multitude (ou de son unification), mais celle, répétons-le, de son *optimalisation*.

Le genre humain existe, et il est un, assurément ; mais dans la monarchie il sera *maxime unum* (I, 8). Dans la monarchie, le monde *optime dispositus est* (I, 11), ce qui signifie qu'elle produit l'ordre *le plus* – et non pas le seul – efficace (sauf à dire, bien sûr, que l'optimale disposition est la seule à même de permettre l'œuvre propre, ce qui rejoint le sens fort du *bene esse*). S'il faut de la justice pour que l'humanité vive bien, on dira ainsi que, dans la monarchie, cette justice est *potissima* (I, 11). S'il faut de la liberté, on dira à nouveau que, dans la monarchie, le genre humain est *potissime liberum* (I, 12), etc.

Et l'on comprend ainsi pourquoi disparaît le problème d'une incohérence ou d'une contradiction entre le principe de plénitude que convoque Dante et le projet même de la *Monarchia*. Pourquoi écrire la *Monarchia*, demandions-nous, si la nature menée par Dieu fait que le genre humain accomplit toujours complètement son œuvre propre ? La question serait pertinente si le but de la monarchie que Dante promeut consistait – inutilement – à rendre cet accomplissement *possible* ; mais tel n'est pas le cas : la monarchie n'est pas nécessaire à l'être de l'homme et du monde, ni même à son *bene esse*, si cela devait désigner la réalisation complète et permanente de

62. Thomas d'Aquin, *Super Sent.*, lib. 3, d. 18, q. 1, a. 4, qc. 3, co. : « dicendum, quod, sicut dicit philosophus in 1 Ethic. in felicitate *aliquid invenitur essentiale ipsius*, sicut virtutes quae faciunt operationem perfectam ; *aliquid autem quod facit ad bene esse felicitatis*, sicut divitiae, et amici, et hujusmodi ».

sa puissance ; elle est nécessaire, en revanche, à leur *bene esse* si l'on désigne par là l'état optimal de cette réalisation. Et par là, du reste, nous pourrions revenir à Averroès. Pour ce dernier, en effet, il y a toujours, quoi qu'il arrive, de la philosophie dans le monde, et même toujours un philosophe au moins. Mais il reste sensé d'écrire un commentaire à la *République* de Platon ; il reste sensé de défendre le pouvoir almohade et d'espérer l'advenir et l'expansion d'une cité véritablement vertueuse, parce que l'homme a le pouvoir non pas d'achever la nature, mais de fructifier son œuvre parfaite[63].

2) Mais il est une autre lecture du texte, si l'on retient cette fois une lecture *faible* du principe de plénitude chez Dante. Il s'agirait de dire que la puissance, certes, doit se réaliser (au moins au niveau spécifique), sans quoi la nature serait vaine, mais qu'elle ne l'est pas encore, soit parce qu'elle n'est aucunement actualisée (telle une pure puissance), soit parce qu'elle l'est, mais dans un état seulement d'actualité première (et en attente donc de son plein accomplissement). Le *bene esse* du genre humain (puis du monde) prend alors lui-même un autre sens. Cela ne désigne plus un état simplement favorable, un simple moyen d'optimiser un résultat déjà là, déjà obtenu, *mais la perfection de ce genre humain*, l'état achevé, pleinement accompli de son *esse*, où ne manque plus rien de ce à quoi cet être le destinait. C'est le *bene esse* au sens fort. Et cela veut dire que la monarchie, cette fois, s'impose non pas pour fournir seulement des conditions favorables ou optimales pour atteindre et exercer l'*opus proprium* de l'homme (lequel pourrait se faire par ailleurs, quoique plus difficilement et de façon

63. Dans son commentaire de la *République* de Platon, en vérité, Averroès insiste surtout sur la difficulté de trouver la perfection incarnée en un seul homme, et, de ce point de vue, la politique permet à l'humanité d'atteindre véritablement son but ; cf. ce passage crucial (où apparaît le principe de plénitude), qui mériterait un long commentaire : *Averroes on Plato's* Republic, p. 75 : « it is possible for individuals to grow up with these natural qualities that we have attributed to them – developing, moreover, so as to choose the general common nomos that not a single nation can help choosing ; and besides, their particular Law would not be far from the human Laws ; [if these conditions are fulfilled] wisdom would have been completed in their time. This is as matters are in this time of ours and in our Law. If it should happen that the likes of these come to rule for an infinite time, it is possible for this city to come into being. »

moins satisfaisante), mais qu'elle constitue *l'unique* moyen de parachever (sur terre) le genre humain en lui donnant d'actualiser complètement toute sa puissance (qu'elle soit pure, lointaine, ou bien prochaine). L'*optime*, dès lors, se comprend autrement que précédemment. Il ne s'agit plus de dire que la monarchie permet au genre humain de faire de la meilleure façon ce que, par ailleurs, il ferait sans elle, mais bien qu'elle donne à l'homme de développer au maximum son aptitude à connaître et, ce faisant, qu'elle le met véritablement en possession de sa fin. C'est à cette lecture, nous semble-t-il, que Gilson ou Tabarroni et Chiesa souscrivent. Et, comme il fut noté plus haut, elle supprime elle aussi l'incohérence dans le projet politique de Dante puisque la monarchie ne redouble pas inutilement le réel mais en constitue proprement la nécessaire perfection.

Or, Averroès, là non plus, n'est pas loin. Car cette lecture forte du *bene esse* s'inscrit dans le lointain sillage d'une doctrine grecque de la perfection (*téléiotês*) comme plénitude de la forme qui vient d'Alexandre d'Aphrodise[64], et Averroès en est un héritier lorsqu'il fait de l'intellect agent la forme que doit devenir l'intellect matériel au terme du cursus théorétique[65]. La pleine actualisation de cet intellect en puissance, c'est son *bene esse*, et c'est cela qu'un cadre politique parfait pourrait venir optimiser ou proprement conditionner et constituer.

Quoi qu'il en soit, sous chacun des angles qu'on a présenté, l'influence théorique d'Averroès sur Dante pourrait être plus profonde encore que ce qu'on envisage généralement.

64. M. Rashed, *Alexandre d'Aphrodise, Commentaire perdu à la* Physique *d'Aristote (Livres IV-VIII). Les scholies byzantines*, Berlin/Boston, Walter de Gruyter, 2011, chap. V, p. 115 *sq*.

65. J.-B. Brenet, *Les Possibilités de jonction*, spéc. p. 124-126.

DANTE ET MARSILE : DEUX VOIES À LA NATURALISATION DE LA POLITIQUE[1]

Andrea Tabarroni
(Università di Udine)

> « L'action serait un luxe superflu, une intervention capricieuse dans les lois générales du comportement, si les hommes étaient les répétitions reproduisibles à l'infini d'un seul et unique modèle, si leur nature ou essence était toujours la même, aussi prévisible que l'essence ou la nature d'un objet quelconque. La pluralité est la condition de l'action humaine, parce que nous sommes tous pareils, c'est-à-dire humains, sans que jamais personne soit identique à aucun autre homme ayant vécu, vivant ou encore à naître. »
>
> (H. Arendt, *Condition de l'homme moderne*, Calmann-Lévy, 1983, p. 42-43)

D'après Hannah Arendt, la politique proprement humaine correspond au domaine de l'action, qui est le résultat de la pluralité individuelle ; un tel domaine est distinct aussi bien de celui du travail, visant à la conservation de l'espèce, que

1. Contribution traduite de l'italien par Andrea Bruschi.

de celui de l'œuvre, par laquelle l'homme tente de modifier artificiellement son environnement. Dante et Marsile sont du même avis. Ils divisent le premier en *speculabilia* et *operabilia*, et ces derniers en *factibilia* et *agibilia* ; le second en « actions transitives » (*acciones transeuntes*) et « immanentes » (*immanentes*)[2]. Une telle distinction, tirée du VIe livre de l'*Éthique à Nicomaque* (4, 1040a 1 *sq.*), est ultérieurement articulée et magistralement détaillée dans les prémisses de la solution de Jean de Jandun à la *quaestio* qui demande *Si les philosophes purement spéculatifs doivent être admis dans la cité* (*Utrum philosophi pure speculativi sint permittendi in politica* ; QM I, 18, éd. fol. 14v) : parmi les « habitus pratiques » (*habitus practici*), les *factivi* sont ceux dont les opérations se répercutent sur la matière extrinsèque au sujet, tandis que les *activi* sont ceux « dont les opérations demeurent [dans l'opérateur] et ne passent pas dans la chose extérieure » (*quorum operationes immanent et non transeunt in rem extra*) ; et ils s'identifient avec les actes de la prudence, se divisant à leur tour en économiques, moraux et politiques[3]. La sphère politique, selon Jandun, est celle des actions pratiques, actives, appartenant aux trois domaines du discours *exclamatorius, disceptatorius*

---

2. Voir Dante Alighieri, *Monarchia*, I, 2, 5-7 et I, 3, 9-10, et Marsile de Padoue, *Defensor Pacis* I, 5, 4 ; sur la distinction – fondatrice – entre actes transitifs et actes immanents chez Marsile, voir C. Vasoli, *Introduzione a Marsilio da Padova, Il Difensore della pace*, éd. C. Vasoli, Turin, Utet, 1960, p. 33-34 ; *Id.*, « La *Politica* di Aristotele e la sua utilizzazione da parte di Marsilio da Padova », *Medioevo*, 5 (1979), p. 237-257, p. 251 ; M. Merlo, *Marsilio da Padova. Il pensiero della politica come grammatica del mutamento*, Milan, Franco Angeli, 2003, p. 24-25 et 28-29.

3. *Questiones Perspicacissimi Peripatetici* Ioannis de Gandavo *vulgo cognominati de* Ianduno *in duodecim libros Metaphysice iuxta Aristotelis et magni Commentatoris intentionem ab eodem exactissime disputat*e, Venetiis apud heredes Octaviani Scoti 1525, fol. 14v K (QM I, q. 18) : « Nota secundo quod quidam sunt habitus practici factivi et quidam activi. Factivi habitus sunt quorum operationes recipiuntur in materia extrinseca, ut effectus artis domificative qui recipiuntur in lignis et lapidibus. Sed habitus activi sunt quorum operationes immanent et non transeunt in rem extra, sicut sunt actus prudentie, qui sunt tres : et unus est actus prudentie monastice, alius est actus prudentie economice, tertius est actus prudentie politice. Unde prudentia politica extenditur se ad tria negotia, scilicet exclamationem, concionationem et disceptationem. » Un ouvrage encore utile sur la philosophie pratique de Jandun est L. Schmugge, *Johannes von Jandun (1285/89-1328). Untersuchungen zur Biographie und Sozialtheorie eines lateinischen Averroisten*, Stuttgart, Hiersemann, 1966.

et concionatorius, par lesquels on établit l'ordre de la *civitas* compte tenu des hommes qui l'habitent. Suivant une telle conception, la politique est donc une activité éminemment discursive, le discours s'établissant entre les hommes dans le but d'entretenir des relations sociales qui permettent d'atteindre une fin commune. La fin de la politique, comme on le sait, est indiquée par Aristote dans la définition même de la *civitas* en tant que communauté parfaitement autosuffisante et constituée dans le but de bien vivre, « *cioè a vita felice* », comme l'affirme Dante[4].

Concernant le but de la politique – dans la conception aristotélicienne dont héritent aussi Dante et Marsile –, Marco Toste a efficacement décrit le jeu dialectique qui se produit entre être et devoir-être, entre l'aspect descriptif et l'aspect normatif. D'un côté l'homme, tout comme d'autres animaux, est poussé vers la vie politique par le besoin et par la nécessité d'atteindre la vie suffisante que, seul, il n'est pas en mesure de s'assurer ; mais, de l'autre côté, en tant que seul animal rationnel, il ne peut atteindre la vie heureuse que par l'exercice d'une activité, la spéculation, qui, en soi, ne dépend pas de la participation à la vie politique, mais, à elle seule, est parfaitement autosuffisante et fin en soi[5]. C'est précisément d'une telle tension dialectique que naît le problème posé par Jandun dans ses questions sur la *Métaphysique* au sujet de la participation des « contemplateurs » (*viri speculativi*) à la politique. Le philosophe français propose de le résoudre – anticipant pour ainsi dire la définition husserlienne de « fonctionnaires de l'humanité » – par l'indication d'une mission éducative pour les philosophes purs : ils peuvent être admis dans la *civitas* pourvu qu'ils apprennent aux autres, et au prince en premier lieu, l'objet le plus noble de

4. Aristote, *Politiques*, I, 2, 1252b 28-31, repris en *Defensor Pacis* I, iv, 1, à comparer avec le *Convivio*, IV, 4, 1.

5. M. Toste, « The Naturalness of Human Association in Medieval Political Thought Revisited », *in* M. Van der Lugt, (éd.) *La Nature comme source de la morale au Moyen Âge*, Florence, Sismel, 2014, p. 113-188, part. p. 122-123.

la spéculation, qui consiste dans la connaissance de Dieu et des substances séparées[6].

Dans son traité politique, Dante, qui n'admet pas la possibilité d'une connaissance complète de Dieu sur cette terre, résout la tension dialectique concernant la fin de la politique du point de vue de l'aristotélisme par le recours à un geste théorique très original et important : il aspire, je le cite directement, à « être utile au monde par [s]es veilles », c'est-à-dire en révélant « parmi les autres vérités utiles et cachées, la plus utile et la plus cachée [...], la connaissance exacte de la monarchie temporelle[7] ». En posant en effet la monarchie universelle comme « source et principe des constitutions droites » (*fons atque principium rectarum politiarum*) (*Mn*, I, ii, 6), Dante entend proposer un ordre mondial dans lequel toute l'espèce humaine serait considérée comme un corps politique. À celui-ci il faut attribuer une fin propre et exclusive, synthèse

6. Jandun, *Questiones in Metaphysicam*, fol. 15r A (QM, I, q. 18) : « Illi debent permitti in civitate ex precepto et ordinatione deliberata sine quibus non potest haberi complementum felicitatis politice... sed sine viris speculativis secundo modo dictis non potest haberi complementum felicitatis sufficienter. Et hoc declaratur primo per exclusionem aliarum operum... Similiter declaratur ex tristitia et delectatione [...]. Notandum quod aliquis posset dicere quod viri pure perspectivi [*pro* speculativi] bene proficiunt ad speculationem et ad felicitatem speculativam, quia speculantur naturalia, ut plantas et animalia, et ipsum Deum, sed hoc non videtur facere ad felicitatem practicam. Solutio huius patet ex dictis, quia felicitas politica consistit in nobilissimo actu practico – scilicet in principe –, et etiam preceptum est cognoscere et diligere Deum ; et hoc preceptum princeps facere non potest nisi per cognitionem Dei per se vel quod recipiat cognitionem Dei ab alio qui hoc sciat : et hoc est per speculatores philosophos, qui docent cognitionem Dei ». Voir E. Husserl, *La Crise des sciences européennes et la phénoménologie transcendantale*, Paris, Gallimard, 1976, § 7, p. 23.

7. Dante Alighieri, *Monarchia*, I, 1, 5. Sur la question cruciale et complexe de la possibilité pour l'homme de connaître Dieu dans cette vie, possibilité qui pour Dante est limitée (mais suffisante), voir au moins les contributions récentes et précieuses de P. Falzone, *Desiderio della scienza e desiderio di Dio nel 'Convivio' di Dante*, Naples-Bologne, Istituto Italiano di Studi Storici – Il Mulino, 2010, P. Porro, « Tra il *Convivio* e la *Commedia* : Dante e il "forte dubitare" intorno al desiderio naturale di conoscere le sostanze separate », *in* A. Speer, D. Wirmer, (éd.) *1308 : ein Topographie historischer Gleichzeitigkeit*, Berlin-New York, Walter de Gruyter, 2010, p. 631-659, *Id.*, « "Avegna che pochi, per male camminare, compiano la giornata". L'ideale della felicita filosofica e i suoi limiti nel *Convivio* dantesco », *Freiburger Zeitschrift für Philosophie und Theologie*, 59 (2012), p. 389-406, G. Fioravanti, « A Natural Desire Can Be Fulfilled in a Purely Natural Manner. The Heresy of Dante », *in* M. L. Ardizzone, (éd.) *Dante and Heterodoxy : The Temptations of Thirteenth Century Radical Thought*, Newcastle-upon-Tyne, Cambridge Scholars Publishing, 2014, p. 35-46, et L. Bianchi, « L'averroismo di Dante : qualche osservazione critica », *Le Tre Corone*, 2 (2015), p. 71-109.

et perfection des fins partielles des communautés politiques particulières : celle de parvenir à l'actualisation parfaite de l'intellect potentiel, c'est-à-dire de parvenir à la possession pleine et simultanée de la totalité des connaissances possibles pour l'homme[8]. Ainsi, le bonheur politique ultime devient une tâche collective, et historique, qu'il ne faudra plus confier à l'acte d'un seul individu, d'un seul prince ou d'un seul philosophe, mais dont tous, collectivement, devront s'acquitter. Cela pourra se produire précisément dans les conditions rendues possibles par un fonctionnement correct des différents régimes politiques, justifiés et fondés, justement, par leur soumission au jugement directif du monarque universel. Ainsi, le devoir-être des hommes en politique exige, lui aussi, le bon ordre politique et ne le transcende pas, au moins dans sa dimension humaine[9].

Néanmoins, dans cette conception dantesque, comme on le sait, le dualisme entre être et devoir-être revient, cette fois sur le plan ontologique : l'existence des différents intellects individuels des hommes (et des différentes communautés politiques) est nécessaire pour que la puissance de l'intellect possible puisse s'actualiser parfaitement toute en même temps (*tota simul*), tout comme, explique Dante, la multiplicité des êtres engendrables se succédant dans l'existence est nécessaire pour que toute la puissance de la matière première s'actualise en même temps. Il semblerait donc que la fin ultime de l'humanité soit atteinte dès le début, grâce à la seule pluralité des individus et

8. Dante Alighieri, *Monarchia*, I, 2, 6. Sur l'humanité en tant que corps politique, je renvoie, naturellement, à E. H. Kantorowicz, *Les Deux Corps du roi. Essai sur la théologie politique au Moyen Âge*, Paris, Gallimard, 1989 ; voir aussi O. Capitani, « La questione della datazione della *Monarchia* », *Studi medievali*, 51 (2010), p. 921-953. Sur les enjeux et les contextes philosophiques de la téléologie politique de Dante, voir en particulier I. Costa, « Principio di finalita e fine nella *Monarchia* dantesca », *in* S. Caroti, R. Imbach, Z. Kaluza, G. Stabile, L. Sturlese, (éd.) *Ad ingenii acuitionem. Studies in Honour of Alfonso Maieru*, Louvain-la-Neuve, FIDEM, 2006, p. 39-65, et J.-B. Brenet, « Théorie de l'intellect et organisation politique chez Dante et Averroès », *Rivista di filosofia neoscolastica*, 98 (2006), p. 467-483.

9. Ruedi Imbach parle, à ce sujet, d'une véritable *translatio philosophiae*, à entendre dans le sens du concept cosmique kantien, se fondant chez Dante sur l'association de la « définition de l'homme comme animal doué de raison à sa définition comme animal social » : cf. C. König-Pralong, R. Imbach, *Le Défi laïque*, Paris, Vrin, 2013, p. 166.

de leurs formes d'organisation politique[10]. La connexion entre la pluralité des individus et la sphère de la politique – elle aussi chère à Hannah Arendt – est d'ailleurs soulignée également dans le VIIIe chant du *Paradis*. Charles Martel explique à ce propos que la condition du « *cive* » – qui fait que « l'on vit de diverses façons, par divers offices » (*si vive diversamente per diversi offici*) et qui est, en soi, une perfection de l'homme ne demandant aucune explication (« et je n'en demande pas de raison », *e qui ragion non chieggio*) – repose sur la diversité des individus humains et sur leurs inclinations (« il faut qu'en vous les racines de vos œuvres soient diverses », *esser diverse convien di vostri effetti le radici*). Si ce n'était pas le cas, « la nature engendrée ferait son chemin toujours semblable aux engendreurs » *(natura generata il suo cammino simil farebbe sempre a' generanti)*, et il n'y aurait pas besoin de la politique pour ramener la pluralité à une unité supérieure[11]. Sur la même *reductio ad unum*, comme l'a bien démontré Irène Rosier-Catach, repose aussi la spécificité du langage humain, outil fondamental de la *communicatio* politique : l'homme, comme on l'affirme dans le *De vulgari eloquentia*, est le seul être, au-dessus des autres animaux et au-dessous des autres êtres intelligents (les anges), chez qui la fin de l'individu ne correspond pas à la fin de l'espèce, et c'est la raison pour laquelle il est doté de langage et de vie politique[12]. L'homme vit *in*

---

10. Dante Alighieri, *Monarchia*, I, 3, 8. On n'a pas encore remarqué (à ma connaissance) que l'expression *tota simul*, se référant, dans ce texte, à l'actualisation de l'intellect possible, ne peut pas ne pas rappeler la définition de la condition divine formulée par Boèce : « Aeternitas igitur est interminabilis vitae tota simul et perfecta possessio » (Boèce, *La Consolation de philosophie*, V, 6, 4, Paris, Librairie générale française, 2008, p. 311) : une façon de suggérer que l'humanité, en accomplissant sa fin, atteindrait en même temps la dimension divine de la simultanéité de la connaissance.

11. Cf. J. Bartuschat, « "Sarebbe il peggio / per l'uomo in terra, se non fosse cive ?". Una nota su Dante e il pensiero politico del suo tempo », *in* C. Giordano C. Cattermole, C. de Adalma (éd.), *Ortodossia ed eterodossia in Dante Alighieri. Atti del convegno di Madrid (5-7 novembre 2012)*, Madrid, Éd. de La Discreta, 2013, p. 15-33. Pour les citations du chant VIII (v. 117-119 ; 122-123 et 132-133), on utilise Dante, *La Divine Comédie. Le Paradis*, trad. J. Risset, Paris, GF-Flammarion, 1992, p. 87 (N. d. T.).

12. Cf. I. Rosier-Catach, R. Imbach, « De l'un au multiple, du multiple à l'un. Une clef d'interprétation pour le "De vulgari eloquentia" », *in La Résistible ascension des vulgaires.*

horizonte aeternitatis, c'est un être matériel soumis à la temporalité, mais son intelligence, bien que matérielle elle aussi et par conséquent successive, *cum interpolatione*, l'ouvre sur l'éternité, à travers et grâce à cette dimension communicative et politique[13]. La fin de l'espèce n'est pas, tout simplement, déjà donnée par la seule existence de la pluralité, comme pour les autres animaux, mais elle doit ultérieurement être atteinte par le biais de la pluralité politique. Son opération spécifique, qui, comme pour toutes les créatures, est le fondement même de son essence, consiste dans une tâche intellectuelle qui, étant donnée sa nature potentielle, interpolée, ne peut être accomplie que de façon collective, dans une dimension politique[14]. Son être consiste dans un devoir-être. La voie de Dante à la naturalisation de la politique est une voie ontologique. Elle s'exprime par la métaphore des particules de terre ou de feu, qui concordent dans leur mouvement vers leur lieu naturel en vertu de leur forme élémentaire, tandis que l'homme doit atteindre la concorde à travers la coordination politique de la monarchie universelle, afin d'obtenir la forme qui unifie le libre arbitre de chaque individu et de parvenir ainsi à son propre lieu naturel – celui de toute l'humanité et non pas seulement de l'individu singulier –, à savoir le paradis terrestre[15].

Marsile de Padoue, qui écrit à Paris son *Défenseur de la paix* (*Defensor Pacis*) quelques années après la rédaction de la *Monarchia*, propose une voie différente. En vérité, il existe une remarquable convergence entre ces deux ouvrages quant aux buts visés et aux méthodes envisagées. Les deux auteurs

---

Contacts entre latin et langues vulgaires au bas Moyen Âge : problèmes pour l'historien, Mélanges de l'École Française de Rome, 117, (2005/2), p. 509-529.

13. Dante Alighieri, *Monarchia*, III, 16, 3 (sur la comparaison entre l'homme et l'horizon, qui rappelle implicitement la prop. 2 du *Liber de causis*) et I, 3, 7 (sur la nature interpolée de la pensée humaine ; cf. maintenant, à ce sujet, Bianchi, *L'averroismo di Dante, op. cit.*, p. 87-93).

14. Dante Alighieri, *Monarchia*, I, 3, 6.

15. Dante Alighieri, *Monarchia*, I, 15, 6 (sur la concorde en tant que forme du libre arbitre de l'humanité) et III, 16, 7 (pour le paradis terrestre en tant que figure du bonheur de cette vie).

entendent apporter une contribution décisive à la connaissance de la politique, solidement fondée sur les théories d'Aristote : du côté de Dante, la définition – comme on l'a expliqué – de la « connaissance exacte de la monarchie temporelle » ; du côté de Marsile, la révélation d'une menace mortelle, qu'Aristote n'avait pas pu connaître ou prévoir, pour la communauté politique, à savoir la prétention de suprématie de la partie sacerdotale de la *civitas*. Les deux auteurs entendent éviter la répétition inutile de ce qu'Aristote a déjà démontré (*Mn*, I, i, x ; DP, I, 7) et considèrent leurs ouvrages respectifs comme des présupposés scientifiques indispensables pour que la fin de la politique puisse être atteinte[16]. Concernant la méthode, l'un et l'autre se réfèrent au domaine scientifique de la *demonstratio*. Chez Dante cela apparaît assez clairement, et avec Paolo Chiesa nous avons tâché de l'illustrer dans notre commentaire de ce traité politique ; Marsile, déjà, dans son prologue, déclare vouloir procéder suivant la certitude rationnelle dans la Ire Dictio, pour en confirmer les assertions par l'autorité de la foi dans la IIe Dictio, qui devra contenir également les réponses aux oppositions de ses adversaires, et, enfin, récapituler les conclusions du traité, avec des finalités pratiques, dans la IIIe Dictio, particulièrement concise[17]. D'ailleurs, il n'est pas difficile de saisir, au-delà des différences de style et de ton, un parallélisme certain aussi bien entre la Ire Dictio et le Ier livre de la *Monarchia* qu'entre la IIe Dictio et le IIIe livre ; ce qui n'a pas de pendant chez Marsile, c'est l'effort réalisé dans le IIe livre de la *Monarchia* d'inscrire l'Empire dans l'histoire providentielle de l'humanité.

Mais, si la voie de Dante vers la politique est une voie ontologique, celle de Marsile est une voie biologique. Dès le deuxième chapitre, la communauté politique est présentée comme un grand animal et sa meilleure constitution est

---

16. Je me borne ici à renvoyer, sans plus de précisions, aux prologues des deux ouvrages et en particulier, concernant le *propositum* commun aux deux écrits et l'inutilité de la répétition, à Dante Alighieri, *Monarchia*, I, 1, 4-5 et Marsile de Padoue, *Defensor pacis*, I, 1, 7.

17. Marsile de Padoue, *Defensor pacis*, I, 1, 8.

celle qui, tout comme la santé pour un corps vivant, assure à chacun de ses membres son opérativité, qui contribue d'ailleurs à la conservation et à la prospérité de tout le corps. Ce qui pousse à la constitution d'une communauté politique, c'est, chez l'homme tout comme chez les autres animaux, l'impulsion vers la satisfaction de ses besoins, afin de se procurer en premier lieu ce qu'il faut pour assurer sa survie, puis tout ce qui peut améliorer sa vie. De la science médicale de tradition hippocratique, Marsile reprend l'idée que la vie de l'homme, dont la nature est composée des quatre éléments, dépend de l'interaction positive de trois types de facteurs : ceux qui sont relatifs à l'équilibre interne des éléments composant le corps humain (*res naturales*), ceux qui concernent l'action des éléments externes (tels que le régime alimentaire, le climat, etc.) pouvant influencer l'équilibre interne (*res preternaturales*), et enfin ceux qui dérivent de l'action des éléments externes potentiellement nocifs (*res contranaturales*)[18]. Si l'on applique un tel schéma à la communauté politique, on peut en distinguer les parties fondamentales, dont les fonctions (*officia*) sont déterminées, justement, par la nécessité de l'autoconservation moyennant le maintien et l'amélioration de l'équilibre entre les fonctions des membres internes et les opportunités et les menaces de l'environnement externe[19]. L'influence de la science médicale sur Marsile a été depuis longtemps soulignée par les commentateurs, jusqu'à en faire, parfois, l'élément fondamental de son naturalisme[20] ; et récemment, dans sa recherche ambitieuse et suggestive sur

18. Cf. L. J. Rather, « The "Six Things Non-natural" : A Note on the Origin and Fate of a Doctrine and a Fate », *Clio Medica*, 3 (1968), p. 337-347 et L. García Ballester, « On the origin of the 'six non-natural things' in Galen », *in* J. Kollesch et D. Nickel (éd.), *Galen und das hellenistische Erbe*, Stuttgart, Steiner, 1993, p. 105-115.

19. Sur le lien entre la « constitution physiologique » de la communauté politique et son interaction avec l'environnement externe, voir en particulier Marsile de Padoue, *Defensor pacis*, I, 5 et I, 7, ainsi que les observations de G. Briguglia, *Marsilio da Padova*, Rome, Carocci, 2013, p. 77-84.

20. Voir, à ce sujet, parmi les contributions les plus récentes et en ce qui concerne notamment *Defensor pacis* I, 15, Briguglia, *Marsilio da Padova*, p. 107-113 et la bibliographie de la note 111, p. 111.

l'histoire du concept d'équilibre, Joel Kaye a beaucoup insisté sur l'importance et sur la nouveauté de ce schéma conceptuel dans le *Defensor Pacis*[21]. Cependant, dans la perspective d'une comparaison avec Dante, il est plus important d'observer que selon Marsile l'homme ne bénéficie pas d'un statut particulier dans le monde des vivants. Il ne se situe pas « sur l'horizon de l'éternité ». Comme tous les autres animaux, il tend plutôt à perpétuer son espèce en étant poussé à la conservation et au développement. Pour remédier à son manque d'armes naturelles face à l'environnement, il a recours à la pluralité de ses inclinations et, surtout, à ses capacités rationnelles, qui lui permettent, sur le plan pratique, de développer les techniques et de cultiver les vertus morales. Par l'art et la raison, les hommes peuvent suppléer à ce sur quoi la nature a lésiné, mais ils ont besoin, pour ce faire, de se réunir en communauté et de conférer une dimension collective à leurs efforts de survie et de progrès[22]. Se déclenche ainsi un processus sur la base duquel, si la communauté prospère, les générations se multiplient, le nombre des individus augmente et, à leur tour, les formes de vie en communauté se développent. Celles-ci donnent lieu à une typologie de plus en plus complexe, qui part de l'union originaire de l'homme et de la femme, passe

21. Cf. J. Kaye, « Equalization in the Body and the Body Politic : From Galen to Marsilius of Padua », *Mélanges de l'École française de Rome – Moyen Âge*, 125/2 (2013), p. 1-16 et maintenant aussi J. Kaye, *A History of Balance, 1250-1375. The Emergence of a New Model of Equilibrium and its Impact on Thought*, Cambridge, Cambridge University Press, 2014, p. 299-344.

22. Une telle conception, que l'on peut lire notamment dans le *De animalibus* d'Albert le Grand, le *De regno* de Thomas d'Aquin, ou le *De regimine principum* de Gilles de Rome, et dont on trouve aussi des échos dans le *De vulgari eloquentia* de Dante (I, ii-iii), a pour origine Avicenne, *Liber de Anima sive Sextus de Naturalibus*, éd. S. Van Riet, Louvain, 1972, V 6, 1, p. 69-75 ; cf. I. Rosier-Catach, « CIVILITAS. De la famille à l'empire universel », *in* I. Atucha, D. Calma, C. König-Pralong, I. Zavattero (éd.), *Mots médiévaux offerts à Ruedi Imbach*, Turnhout, Brepols (Textes et Études du Moyen Âge 57), p. 163-174 ; Ead. « Man as a Speaking and Political Animal: A Political Reading of Dante's *De vulgari eloquentia* », *in* S. Fortuna, M. Gragnolati & J. Trabant (éd.), *Dante's Plurilingualism: Authority, Vulgarization, Subjectivity*, Oxford, Legenda, 2010, p. 34-53 ; Ead. « Comunauté politique et communauté linguistique », *in* J.-F. Genet (éd.) *La légitimité implicite*, vol. I, Paris, Presses de la Sorbonne, 2015, p. 225-243. C'est dans ce contexte que s'inscrit le débat, fréquent dans la critique sur Marsile, autour du sens – coextensif ou non-coextensif – des expressions « vita sufficiens » ou « bene vivere » en tant que fin naturelle de la communauté politique : cf. à ce sujet Briguglia, *Marsilio da Padova*, p. 76-77, et les références bibliographiques indiquées.

par le *domus* et le *vicus* et parvient à la perfection de la véritable communauté politique, la *civitas* ou le *regnum*[23]. La politique, selon Marsile, est donc la réponse humaine à une carence biologique et présuppose la pluralité des individus, du point de vue quantitatif – la dimension politique n'étant atteinte qu'en dépassant un nombre donné d'individus – et qualitatif – car l'autosuffisance de la communauté requiert le développement de toutes les fonctions civiles nécessaires et des catégories de citoyens qui les exercent. Cependant, la pluralité peut aussi représenter une menace pour la communauté : si elle est incontrôlée, elle engendre des conflits potentiellement destructeurs. Elle doit par conséquent être coordonnée et harmonisée, réglée par la définition de la loi ; et si celle-ci est spécifiquement humaine, c'est parce qu'elle doit préserver et, en même temps, contrôler la dimension plurielle de la communauté civile[24].

C'est précisément lorsque le raisonnement se tourne vers le corrélat intrinsèque de la pluralité qu'on remarque une plus grande distance entre Marsile et Dante. En effet, ils s'accordent sur le principe que la pluralité politique doit être correctement ramenée à l'unité de gouvernement, sous peine de désagrégation, voire de dissolution de la communauté. Chez Dante, cette idée constitue l'un des domaines privilégiés d'application d'un principe qui lui est cher, celui de la *reductio ad unum* ; Marsile, de son côté, a recours à l'énumération ponctuelle des conséquences négatives qu'une communauté peut subir en l'absence d'une action de gouvernement univoque[25]. La logique du discours est, en définitive, la même : s'il manque au sommet de la communauté une instance décisionnelle

23. Marsile de Padoue, *Defensor pacis*, I, 3.

24. Marsile de Padoue, *Defensor pacis*, I, 15, 6. Le gouvernement (*principatus*), qui fait la loi, est considéré ici comme le cœur du corps politique, car, s'il n'était pas là, son absence causerait « la guerre et la division parmi les hommes et, par conséquent, la dissolution de la communauté politique et la privation d'une vie digne d'être vécue ». Le gouvernement remplit une fonction katéchontique, privée de la dimension eschatologique de la tradition chrétienne (voir M. Cacciari, *Il potere che frena*, Milan, Adelphi, 2013).

25. Sur les effets délétères produits dans la *civitas* par le manque d'unité du gouvernement, voir Marsile de Padoue, *Defensor pacis*, I, 17, 3-7.

unique, les activités des membres ne peuvent être coordonnées et les conflits ne sont pas résolus. Chez Dante, le problème se situe au niveau du sommet, en tant qu'il est nécessaire de résoudre les conflits opposant les princes de rang égal, tandis que Marsile aborde cette question du point de vue du sujet, en tant que conflit de juridiction qui entrave l'administration de la loi. Une telle variation ne relève toutefois que de la différence entre les objets du discours des deux auteurs : la monarchie universelle pour l'un, la communauté politique bien ordonnée pour l'autre.

Ce qui, en revanche, révèle une distance bien plus considérable, c'est le doute émis incidemment par Marsile sur l'utilité d'une principauté mondiale unique : il s'agit d'une question intéressante, mais à traiter à part – répond-il rapidement –, même si l'on peut estimer qu'une telle communauté politique mondiale unique n'est pas utile, car la nature, par la dispersion géographique, ethnique et linguistique de l'espèce humaine, a peut-être voulu en empêcher la formation, afin d'écarter le risque d'une propagation excessive de l'humanité, pour laquelle les ressources naturelles pourraient s'avérer insuffisantes. C'est la thèse que pourraient défendre, conclut Marsile, surtout ceux qui soutiennent la théorie de la génération éternelle, en affirmant que les guerres et les épidémies sont l'outil auquel la nature a recours pour contrôler la prolifération illimitée des êtres vivants[26]. Un tel argument nous rappelle indubitablement Malthus, comme Richard Scholz l'a remarqué dans son édition de Marsile, mais en réalité il renvoie directement à la conclusion du *Commentaire moyen* d'Averroès au *De generatione et corruptione*. Dans la vision d'Averroès, le monde corruptible assure la permanence des espèces par le cycle éternel des générations, en imitant l'éternité parfaite du mouvement circulaire des corps célestes individuels[27]. Sans

26. Marsile de Padoue, *Defensor pacis*, I 17 10.

27. Cf. *Averrois Cordubensis Commentarium Medium in Aristotelis 'De Generatione et Corruptione' libros*, II, c. 70, éd. F.H. Forbes e S. Kurland, Cambridge Mass., Medieval Academy Books, 1956, p. 162 (Corpus Commentariorum Averrois in Aristotelem series – versio Latina

aller jusqu'à penser à une forme explicite d'« anti-dantisme » averroïste – comme on le sait, rien n'atteste que Marsile ait lu la *Monarchia* et il serait hasardeux d'affirmer qu'il ait pu le faire[28] –, on peut tout de même considérer ce court passage de Marsile comme le symptôme d'une conception profondément différente, chez les deux auteurs, de l'unité politique : selon Dante, ce n'est que par la coordination du gouvernement unique que l'espèce humaine peut atteindre l'accomplissement de son opération spécifique et ramener ainsi la pluralité à l'unité, alors que, chez Marsile, l'unicité du gouvernement est finalisée à la survie et au développement de la pluralité intraspécifique, qui en tant que telle doit respecter ses limites naturelles, même quantitatives.

Chez Dante, en revanche, c'est l'importance accordée au thème de l'unité politique du monde qui peut expliquer le rappel intertextuel d'un autre passage d'Averroès, tiré cette fois du *Grand Commentaire* au XIIe livre de la *Métaphysique*. Dans le neuvième chapitre de la *Monarchia* – qui est le plus bref de tout le traité et conclut la série initiale de cinq argumentations métaphysiques –, la monarchie universelle est présentée comme l'accomplissement par le gouvernement terrestre de l'imitation parfaite de l'organisation céleste[29] :

> Et comme le ciel tout entier est réglé par un mouvement unique, à savoir celui du premier mobile, et par un moteur unique qui est Dieu, et cela dans toutes ses parties, tous ses mouvements et moteurs,

---

vol. IV, 1). Le rapprochement entre ce passage de Marsile et les théories malthusiennes se trouve dans Marsilius von Padua, *Defensor pacis*, I, éd. R. Scholz, Hanovre-Leipzig, Hahnsche Buchandlung, 1932-33, p. 118 (MGH Fontes Iuris Germanici Antiqui).

28. Cette question est abordée dans C. Dolcini, « Nuove ipotesi e scoperte su Dante, Marsilio e Michele da Cesena. Il nodo degli anni 1324 e 1330 », in *Etica e politica : le teorie dei frati mendicanti nel Due e Trecento, Atti del XXVI Convegno internazionale (Assisi, 15-17 ottobre 1998)*, Spolète, CISAM-SISF, 1999, p. 279-97, part. p. 284-93.

29. Dante Alighieri, *Monarchia*, I, 9, 2 : « Et cum celum totum unico motu, scilicet primi mobilis, et ab unico motore, qui Deus est, reguletur in omnibus suis partibus, motibus et motoribus, ut phylosophando evidentissime humana ratio deprehendit si vere sillogizatum est, humanum genus tunc optime se habet quando ab unico principe, tanquam ab unico motore, et unica lege, tanquam unico motu, in suis motoribus et motibus reguletur » (trad. fr. par M. Gally, in Dante, *La Monarchie*, Belin, 1993, p. 97) ; Dolcini, *Nuove ipotesi*, *op. cit.*, p. 290-1, a déjà attiré l'attention sur ce passage, mis en parallèle avec Marsile.

ainsi que l'a très bien compris la raison humaine grâce à la philosophie, si notre syllogisme est vrai, le genre humain est bien et au mieux quand il est dirigé par un prince unique comme par un moteur unique, et par une loi unique, comme par un mouvement unique, dans ses moteurs et dans ses mouvements.

Ce passage rappelle Averroès : celui-ci, contre Avicenne qui établit une distinction entre la substance première et le premier moteur, explique de quelle façon toute l'organisation des cieux dépend uniquement de l'action du premier moteur qui cause le mouvement diurne[30].

Il en va pour les corps célestes qui s'aident mutuellement pour créer et préserver les étants dans le monde comme pour les bons dirigeants qui s'aident mutuellement pour diriger une bonne cité, puisque toutes leurs actions se conforment aux actions du premier chef. Ils font en sorte, en effet, que leurs actions soient au service de l'action du premier chef et en découlent. De même donc que le premier chef, dans les cités, a nécessairement une action propre, qui est la plus noble des actions (sans quoi il serait vain), action que visent [...] tous ceux qui sont subordonnés au premier chef, de même, donc, il est nécessaire qu'il y ait dans ces commandements un commandement premier, tout comme il est nécessaire qu'il y ait, s'agissant de l'action des chefs, une action première...

Averroès utilise cette analogie en un sens opposé à celui de Dante : l'organisation politique humaine lui sert à expliquer l'ordre céleste. Dante, au contraire, a recours à cette analogie pour affirmer que l'action très noble du prince, c'est-à-dire la loi, ressemble à l'action du premier moteur qui gouverne tous les mouvements célestes et que donc l'unité politique parfaite

---

30. *Aristotelis Opera cum Averrois Commentariis*, vol. VIII, *Metaphysica*, XII, c. 44, Venetiis, apud Junctas 1562, fol. 328 : « Dispositio enim in iuvamento corporum celestium ad invicem in creando entia que sunt hic et conservando ea est sicut dispositio regentium bonorum qui iuvant se invicem in regendo bonam civitatem, quoniam omnes actionem eorum sunt erga actiones primi principis. Ponunt enim actiones suas servientes et consequentes actionem primi principis. Quemadmodum igitur primus princeps in civitatibus necesse est ut habeat actionem propriam, que est nobilissimam actionum (et si non, esset ociosus) quam actionem intendunt per suam actionem omnes qui sunt sub primo principe, quemadmodum igitur necesse est in istis principatibus ut primus principatus sit, sicut est necesse in actionibus principum ut prima actio sit [...]. »

est celle qu'on atteint quand l'humanité entière se dispose selon le modèle du ciel. Marsile utilise, lui aussi, la comparaison entre l'unité de la *civitas* et celle du ciel, mais seulement pour ramener à son *locus classicus* (Aristote, *Métaphysique*, XII, 1074 b 23) le concept d'unité d'ordre auquel, selon lui, tout comme selon Thomas et Dante, se rapporte toute communauté politique. Ce ne sont ni l'unité conférée par la forme, ni l'unité dérivée de la contiguïté spatiale qui définissent la *civitas*, mais celle qui se fonde sur la référence commune à un principe régulateur unique, à un ordre unique[31]. Le Padouan s'empresse d'expliquer, cependant, que le gouvernement unique n'est pas nécessairement le gouvernement d'un seul, mais il peut être aussi aristocratique ou populaire, pourvu que son action s'exerce de façon univoque. Dans ce contexte, le but de Marsile est donc typologique et descriptif, celui de Dante est fondateur. D'après Marsile, la politique n'exprime pas un devoir-être, mais seulement l'être du corps politique, dont il faut protéger la constitution des agents possibles de corruption aussi bien interne qu'externe.

On pourrait – et on devrait – approfondir la comparaison entre Dante et Marsile et prendre en compte aussi d'autres aspects, en particulier l'attitude des deux auteurs à l'égard de l'histoire, que Dante examine dans tout le IIe livre pour illustrer la mission providentielle de l'Empire, tandis que Marsile y a recours surtout pour présenter et définir le rôle du vrai sacerdoce, c'est-à-dire de l'Église, dans la communauté politique et pour neutraliser les prétentions de la *plenitudo potestatis* du pontife[32]. Au-delà des particularités et des buts propres à chacun des deux ouvrages, ce que je tenais néanmoins à souligner, c'est la différence qu'ils manifestent quant à leur conception profonde de la politique, à son tour enracinée dans deux visions divergentes de l'homme et de la nature. Chez l'un comme chez l'autre, la politique est un art humain, mais chez Dante cela signifie surtout que, tout comme la nature qu'il imite, cet art

31. Marsile de Padoue, *Defensor pacis*, I, 17, 10.
32. Voir Marsile de Padoue, *Defensor pacis*, I, 6 et I, 19.

ne peut pas se passer de ce qui lui est nécessaire, « puisque Dieu et la nature ne font pas défaut dans les choses nécessaires » (*cum Deus et natura in necessariis non deficiat*), et donc de la monarchie universelle[33]. Marsile, au contraire, souligne la fonction de complément de la nature que la politique remplit en assurant à l'homme sa survie et son bien-être : « tout art et discipline tend à compléter ce qui manque à la nature » (*Omnis ars et disciplina quod deficit natura vult supplere*)[34].

Au cours d'une période de recherches sans aucun doute fructueuse, celle qu'on a consacrée à la reconstitution de l'averroïsme politique, on a cherché longtemps à comprendre quel était le noyau profond d'une telle intuition historiographique, qui ne pouvait (et ne peut) se fonder sur un lien direct de descendance intellectuelle, étant donné que le Moyen Âge latin n'a pas connu les ouvrages politiques d'Averroès[35]. Les commentaires à la *Politica* d'Aristote écrits par les maîtres ès arts qui ont le plus contribué à la compréhension de la pensée du philosophe cordouan, tels que Siger de Brabant et Jean de Jandun, ne nous sont pas parvenus non plus. Notre attention s'est donc portée surtout sur les deux grands ouvrages politiques du début du XIVe siècle dans lesquels on pouvait reconnaître, pour citer Étienne Gilson, l'« application du séparatisme théorique de la raison et de la foi au domaine de la politique, où il se transpose en séparation stricte du spirituel et du temporel, de l'Église et des États[36] ». Dans le cas de

33. Cf. Dante Alighieri, *Monarchia*, I, 10, 1, mais également II, 6, 1-2, où l'analogie est utilisée en sens opposé ; pour la traduction, voir Dante, *La Monarchie*, trad. M. Gally, Belin, 1993 (*NdT*).

34. Marsile de Padoue, *Defensor pacis*, I, 7, 2, avec la citation tirée d'Aristote, *Politica*, IV, 17, 1337a 1-2. Pour la traduction de Marsile, voir Marsile de Padoue, *Le Défenseur de la paix*, trad. J. Quillet, Paris, Vrin, 1968, p. 84 (*NdT*).

35. Pour une reconstitution critique de l'histoire de ce concept, voir G. Piaia, « "Averroismo politico" : anatomia di un mito storiografico », *in Id.*, *Marsilio e dintorni. Contributi alla storia delle idee*, Padoue, Antenore, 1999, p. 79-103 (précédemment paru sous le titre « "Averroïsme politique". Anatomie d'un mythe historiographique », *in* A. Zimmermann (éd.), *Orientalische Kultur und Europäisches Mittelalter*, Berlin-New York, Walter de Gruyter, 1985, p. 288-300).

36. É. Gilson, *La philosophie au Moyen Âge. Des origines patristiques à la fin du XIVe siècle*, Paris, Payot, 1986, p. 691.

Marsile, sans aucun doute le plus prometteur, de prime abord, son amitié avec Jean de Jandun aurait pu apporter la vérification la plus solide, mais les sources, maigres, n'ont permis jusqu'à présent de confirmer ni la participation de ce dernier au *Defensor Pacis* de Marsile, ni celle de Marsile aux *Questions sur la Métaphysique de* Jandun[37]. Quant à Dante, son rapport avec Averroès est sans aucun doute complexe, tout comme ses rapports avec d'autres averroïstes vrais ou présumés, tels que Siger et Guido Cavalcanti ; de plus, si on évoque l'averroïsme politique à propos de la *Monarchia*, on est inévitablement confronté à la question de la palinodie de la *Commedia* et obligé de s'enfoncer dans la « forêt obscure » (*selva oscura*) des tournants et des revirements dramatiques ayant marqué la biographie intellectuelle du poète. À la fin du siècle dernier, l'averroïsme politique fut réduit au rang de « mythe historiographique », et ceux qui, aujourd'hui, continuent de se servir utilement d'une telle catégorie (Francisco Bertelloni, par exemple) le font au sens faible du rationalisme et de l'autonomie du temporel par rapport au spirituel[38]. Mais il est clair que la force herméneutique de l'averroïsme politique devrait se fonder plutôt sur l'existence d'un lien précis entre métaphysique, gnoséologie et politique. Comme il arrive souvent, voire presque constamment, les relations de conséquence entre des théories, c'est-à-dire des idées abstraites, se laissent difficilement reconstituer de façon univoque dans les esprits et les ouvrages des hommes concrets qui les ont pensées.

De ce point de vue, ma tentative d'élucider, en les mettant rapidement en relief, les différences entre Dante et Marsile entend montrer que, même s'il était possible de considérer l'averroïsme politique comme une notion historiquement fondée, il ne peut s'agir d'un lien univoque, car il mène à

37. Voir, sur cette question, C. Dolcini, *Introduzione a Marsilio da Padova*, Rome-Bari, Laterza, 1995, p. 13-20.

38. F. Bertelloni, « La filosofía explica la revelación. Sobre el "averroismo politico" en el "Defensor pacis" de Marsilio de Padua », *Educação e Filosofia Uberlândia*, 50 (2011), p. 475-500.

des résultats sensiblement différents : chez Dante la pluralité de la politique doit converger vers l'unité ; chez Marsile, au contraire, c'est l'unité qui représente une condition et une garantie de la pluralité politique. Cependant, Averroès lui-même nous rappelle que les mythes peuvent remplir une fonction pédagogique importante, pourvu qu'ils ne deviennent pas une habitude mentale – un préjugé historiographique, en l'occurrence –, mais qu'ils fournissent à ceux qui recherchent la vérité une nouvelle occasion d'enquêter. Et sur cela aussi, Dante et Marsile pouvaient assurément s'accorder.

DANTE ET L'HISTORIOGRAPHIE DE L'AVERROÏSME

Gianfranco Fioravanti
(Università di Pisa)

En 1977, dans son rapport final du colloque sur l'averroïsme en Italie organisé par l'Accademia italiana dei Lincei, Marino Gentile formulait un doute : les résultats des enquêtes historiques particulières ne détruisaient-ils pas leur propre objet, l'objet du colloque, c'est-à-dire l'averroïsme comme phénomène unitaire à interpréter dans un cadre général d'histoire de la philosophie ? À la même occasion, Eugenio Garin avait été bien plus radical et avait invité les chercheurs à se libérer du fantôme de l'Averroïsme[1]. Et c'est justement un « spectre » en voie de disparition qu'évoquera dix ans plus tard Ruedi Imbach dans sa communication consacrée à l'*Averroïsme latin du XIIIe siècle* lors du colloque romain consacré aux études d'histoire de la philosophie médiévale entre les XIXe et XXe siècles :

> La multiplication des sources et une lecture plus exacte des textes ont eu pour conséquence la mort lente du spectre engendré par Ernest Renan[2].

1. M. Gentile, « L'averroismo nella storia del pensiero », *in L'Averroismo in Italia*, Rome, Accademia Nazionale dei Lincei, 1979, p. 279-288, ici p. 279.

2. R. Imbach, « L'averroisme latin du XIIIe siècle », in Ruedi Imbach et Alfonso Maierù (éd), *Gli Studi di Filosofia Medievale fra Otto e Novecento. Contributo a un bilancio*

Un quart de siècle plus tard, ce spectre continue toutefois à rôder parmi les historiens de la philosophie médiévale : en témoignent les conférences collectives et les colloques qui lui ont été consacrés. Mais il y a plus encore : ces dernières années, des chercheurs de formation différente semblent vouloir lui redonner vie. C'est le cas d'Emanuele Coccia qui, dans son article *Intellectus sive Intelligentia. Alberto Magno, Averroè e la noetica degli arabi*, a formulé un jugement très critique sur une recherche érudite qui à son avis revenait à dissoudre son propre objet. Je cite :

> Dans un étrange exercice de révisionnisme, nous sommes allés jusqu'à douter de l'existence même d'un courant que l'on peut appeler *averroïsme*, transformant ainsi l'image de l'un des embarras politiques et théoriques les plus profonds de la philosophie médiévale en un faux historique retentissant[3].

Il en va de même pour l'intervention de John Marenbon dans deux articles : le premier, *Dante's Averroism*, a été publié en 2001 dans l'ouvrage *Poetry and Philosophy in the Middle Ages. A Festschrift for Peter Dronke* ; le second, postérieur et publié lui aussi dans un ouvrage collectif (*Islamic Crosspollination*), reprend largement le premier article, mais son titre, *Latin Averroism*, cherche clairement à souligner la portée générale de son discours. Marenbon attaque la tradition historiographique qui va de Pierre Mandonnet à Fernand Van Steenberghen jusqu'à René-Antoine Gauthier en refusant l'abandon de la catégorie historiographique d'averroïsme en faveur de celle d'aristotélisme radical. Voici sa conclusion : Je veux défendre, à l'inverse, qu'il y a une compréhension de l'averroïsme latin selon laquelle il commence bien avec Siger et Boèce et continue tout au long du XVIe siècle, et qui est proche de ce que les médiévaux eux-mêmes avaient dans l'esprit,

---

storiografico. Atti del Convegno Internazionale, Rome, 21-23 sept. 1989, Rome, Edizioni di Storia e Letteratura, 1991, p. 191-208, ici p. 207.

3. Dans le *Freiburger Zeitschrift für Philosophie und Theologie*, 53 (2006), p. 134-187, ici p. 134.

quand ils parlaient d'*averroistae*, ou, dans certains contextes, se référaient (ou se distanciaient) du Commentateur[4].

Comment peut-on donc utiliser de nouveau correctement l'étiquette d'averroïsme ? Je cite encore Marenbon :

> Je suggère qu'il y a une manière commode d'utiliser l'étiquette « averroïste latin » – qui a l'avantage de cibler en grande partie les auteurs qui, au Moyen Âge, était appelés *averroïstes* ou étaient décrits comme les disciples d'Averroès (souvent par leurs critiques) – à savoir celle qui s'applique aux auteurs qui
> (a) acceptaient l'opinion d'Averroès qu'il y a un seul intellect en puissance
> (b) concentraient leurs efforts à atteindre et examiner une description correcte des idées d'Aristote – en général fondée sur celles proposées par Averroès – même si ces positions étaient incompatibles avec l'enseignement chrétien (en particulier la position que le monde n'a pas de commencement) et
> (c) adoptaient une stratégie pour expliquer pourquoi, même chrétiens, ils pouvaient réaliser (a) et (b)[5].

Avant ce retour polémique à une définition « forte » de l'averroïsme, il y a eu pourtant bon nombre de tentatives pour ne pas abandonner complètement cette catégorie historiographique, mais plutôt pour revoir son champ d'application. Vers la fin du siècle dernier, Alain de Libera et Carlos Steel ont cherché à identifier l'élément distinctif de l'averroïsme non plus dans la doctrine de l'unité de l'intellect possible, mais plutôt dans la manière dont on envisageait le rapport entre l'homme et le monde des Intelligences séparées. Dans ce modèle interprétatif, l'espoir confiant de pouvoir s'élever jusqu'à ce monde grâce à l'activité spéculative propre au philosophe (la fameuse *fiducia philosophantis*) et d'atteindre ainsi un bonheur total et une pleine humanité identifiait un groupe de maîtres parisiens, distingués par ce

4. J. Marenbon, « Latin Averroism », dans *Islamic Crosspollinations. Interactions in the Medieval Middle East*, éd. A. Akasoy, J. E. Montgomery and P. P. Pormann, Gibb Memorial Trust, 2007, p. 135-147, ici p. 135.

5. *Latin Averroism..., op. cit.*, p. 138.

critère des autres intellectuels médiévaux. Pour sa part, dans « Averroica secta : Note on the Formation of Averroist Movements in Fourteenth-Century Bologna and Renaissance Italy », contribution parue en 2007, encore une fois dans un volume collectif consacré à l'histoire de l'averroïsme, Dag Nikolaus Hasse soutient que l'on peut parler d'averroïstes et d'averroïsme (tout comme on peut probablement parler de tout autre mouvement philosophique) lorsqu'on identifie un groupe de philosophes, voire de professeurs de philosophie, chronologiquement et géographiquement assez resserré, dont les membres, souvent liés par des rapports reconnus de maître et de disciple, partagent des doctrines fondamentales, en l'occurrence : a) l'unité de l'intellect possible ; b) une façon de faire de la philosophie qui prend Averroès pour point de repère principal. Par conséquent, les maîtres bolonais de la première moitié du XIVe siècle, à savoir Gentile da Cingoli, Antonio da Parma, Taddeo da Parma, Angelo d'Arezzo, Matteo da Gubbio, Giacomo da Piacenza (dont certains sont des contemporains de Dante), peuvent être qualifiés d'*averroïstes*, bien que personne ne les ait définis comme tels à l'époque[6]. En opposition à Hasse, Dragos Calma a quant à lui élargi le champ d'application du terme, dans son livre *Études sur le premier siècle de l'averroïsme latin*, de 2011, et même avant, dans son compte rendu des Actes du colloque *Averroès et les averroïsmes juif et latin*[7]. En se fondant sur le fait que, du XIIIe au XVe siècle, le terme d'*averroïsme* était utilisé pour désigner des doctrines et des personnes relativement différentes, il en souligne la polysémie. En découle donc la nécessité de parler d'*averroïsmes* au pluriel plutôt que d'*averroïsme* au singulier, avec toutefois le risque de passer, à mon avis, de la polysémie à la pure ambiguïté. Il se révèle en effet très difficile de comprendre ce qu'ont en commun

6. Dans J.-B. Brenet (éd.), *Averroès et les Averroïsmes juif et latin. Actes du Colloque international (Paris, 16-18 juin 2005)*, Turnhout, Brepols, 2007, p. 307-332.

7. « La polysémie du terme "Averroïsme" », *Freiburger Zeitschrift für Philosophie und Theologie*, 57 (2010), p. 188-196.

des doctrines relatives aux proportions des composants d'un médicament, qualifiées d'averroïstes par un médecin aragonais du début du XVe siècle et l'unité de l'intellect possible. Enfin, tout récemment, Luca Bianchi a constaté une irrémédiable imprécision qui continue à rendre difficilement utilisable la catégorie d'« averroïsme » et il a ainsi proposé de la remplacer par celle de « tradition averroïste » qu'il considère capable d'éviter à la fois des exclusions retentissantes et des élargissements abusifs :

> Nous pouvons parler d'« averroïstes » pour nous référer à des individus ou des groupes d'individus – n'étant qu'occasionnellement liés par des relations personnelles – qui avaient en commun d'adopter des pratiques d'analyse philosophique et textuelle fondées sur le corpus des écrits de l'*Averroes latinus*, qui cherchaient à résoudre des problèmes philosophiques *ad mentem Averrois*, qui considéraient qu'Ibn Rushd était [...] un grand penseur, qui commentaient donc tant ses œuvres indépendantes que ses commentaires aristotéliciens[8].

Dans ces conditions, nous ne pouvons que nous demander quand et comment la figure de Dante est entrée dans le champ d'une catégorie historiographique si flottante et sujette à des révisions perpétuelles. Les prémices de ce rapport sont presque exclusivement italiennes : le trait d'union entre Dante et l'averroïsme a été la présence de Siger de Brabant dans le dixième chant du *Paradis*. L'étude fondamentale de Pierre Mandonnet, publiée d'abord à Fribourg en 1899 puis sous une forme enrichie à Louvain en 1908-1911, avait identifié le maître de Brabant comme un véritable représentant de cet averroïsme étudié par Renan mais resté sans fondement réel pour ce qui concerne le XIIIe siècle. Naissait ainsi un problème : pourquoi Dante a-t-il placé parmi les esprits bénis des savants un personnage à l'orthodoxie douteuse, et pourquoi son éloge est-il prononcé justement par son adversaire sur la terre, Thomas d'Aquin ? Il s'agit là

8. Cf. « L'averroismo di Dante. Qualche osservazione critica », *Le tre Corone. Rivista internazionale di studi su Dante, Petrarca e Boccaccio*, 2 (2015), p. 71-110, ici p. 77.

d'un problème qui continue aujourd'hui encore à faire l'objet de nombreuses études sans que l'on en ait donné une solution acceptée par tous. Au moment de la seconde édition du travail de Mandonnet, Bruno Nardi travaillait à Louvain à une thèse dont le titre est déjà significatif en lui-même : *Siger de Brabant et les sources de la philosophie de Dante*. Nardi considérait aussi Dante comme un philosophe et, pour le comprendre comme tel, il fallait à son avis connaître le panorama des mouvements philosophiques avec lesquels Dante avait été en contact et ne pas tout ramener aux doctrines de Thomas d'Aquin. C'est précisément en élargissant l'horizon d'enquête que Nardi avait trouvé des points où, selon lui, Dante soutenait des positions très proches de celles de Siger et très éloignées de celles de l'Aquinate, se rapprochant ainsi de l'averroïsme. Tout au long de son activité de chercheur, et au fur et à mesure que ses connaissances de la pensée médiévale s'amplifiaient, Nardi a toujours répété et redéfini cette conviction : l'averroïsme de Dante est un chapitre particulier de son adhésion à une série de thèses différentes de celles de Thomas d'Aquin, souvent à la limite de l'hétérodoxie et réellement frappées par les condamnations ecclésiastiques. En 1960, au terme de sa carrière, Nardi dressait une liste de ces doctrines : création médiate de la matière première, mise en évidence de la séparation de l'intellect qui s'unit à la substance humaine du dehors, identification de l'être et de la pensée dans les substances séparées, idée d'une mise en œuvre de l'intellect possible par l'humanité dans son ensemble[9]. On continue aujourd'hui encore à discuter de l'ampleur exacte de certaines de ces positions identifiées par Nardi. À mon avis, parler d'un averroïsme dantesque en l'identifiant aux thèses philosophiques précises d'un auteur précis peut toutefois s'avérer trompeur. Dans le livre consacré par Étienne Gilson à Dante et la philosophie (un livre qui reste encore aujourd'hui une référence pour

9. *Dal Convivio alla Commedia (sei saggi danteschi)*, Rome, Edizioni di Storia e Letteratura, 1960 – je cite la réimpression avec l'avant-propos d'Ovidio Capitani, Rome, Istituto storico italiano per il Medioevo, 1992, p. 37-116.

tous), on trouve justement des observations de méthode à ce propos, qui n'ont peut-être pas été considérées avec l'attention qu'elles méritaient et méritent encore. Je cite :

> Il faut toujours avoir soin d'interpréter les blocs doctrinaux qu'il utilise non selon ce qu'ils contiennent ou ce qu'ils impliquent dans les philosophies dont Dante les emprunte, mais selon la justification qu'ils apportent à la thèse personnelle que Dante veut soutenir. En d'autres termes, si l'on veut comprendre Dante dans le *Convivio*, il ne faut pas s'installer successivement dans chacune des positions qu'il traverse ni creuser chacune d'elles en profondeur ou rayonner de chacune d'elles en toutes les directions que prises en elle-même elle suggère. Il faut les traverser avec lui, du même mouvement dont il les traverse, comme des étapes où l'on peut s'attarder un instant pour jouir du paysage, mais dont aucune n'est le but[10].

En effet, si nous resituons les affirmations « averroïstes » de Dante dans l'ensemble de son discours, nous nous rendons souvent compte qu'elles ont une valeur non pas en soi, mais par rapport à ce qui intéresse réellement Dante, ce qui les place dans un contexte bien différent de celui dans lequel elles ont été formulées. Prenons-en pour preuve la célèbre controverse Nardi-Busnelli sur l'origine de l'âme humaine. Le processus par lequel le sang menstruel de la femme est structuré par la capacité de la semence de l'homme à agir téléologiquement, comme s'il était presque conscient de l'objectif à atteindre, faisait déjà l'objet de descriptions articulées et complexes de la part des médecins, des philosophes et des théologiens. Dante l'a simplifié et résumé en quelques lignes qui, dans ce cas précis, sont vraiment inspirées par un souci de vulgarisation. L'affirmation finale, selon laquelle l'âme entendue comme principe de vie, produite par l'action conjointe de la semence et des cieux, reçoit en vertu du Moteur du ciel l'intellect possible, n'a absolument rien de technique et peut difficilement souffrir une interprétation générale en lien avec le thomisme ou l'albertisme de Dante. De la même manière,

10. É. Gilson, *Dante et la philosophie*, Paris, Vrin, 1939, p. 87.

lorsque nous lisons que l'intellect possible contient en lui-même toutes les formes universelles présentes en Dieu qui le produit, et que ces formes sont d'autant moins universelles que cet intellect s'éloigne de la première Intelligence, nous entendons très clairement l'écho du langage d'Albert dans le *De intellectu et intelligibili*, mais Dante applique ce principe de gradualité non pas à l'échelle des intelligences qui émanent du Premier, mais plutôt aux intellects possibles des individus. Cela lui permet en effet de revenir au problème qui l'intéresse réellement, à savoir celui de la noblesse et, dans ce cas-là, au problème de la base physiologique de cette origine de la vertu.

À la fin du XXe siècle, le thème de l'averroïsme de Dante a suivi pourtant des voies neuves et différentes, à partir encore une fois de l'Italie. En 1981, Maria Corti publiait un petit livre, *Dante ad a un nuovo crocevia*, qui reliait Dante et sa philosophie à l'univers de l'averroïsme bolonais du début du XIVe siècle, déjà étudié par Nardi, par Anneliese Maier et par Charles Ermatinger. Selon Maria Corti, les averroïstes bolonais avaient fait figure d'intermédiaires grâce auxquels Dante avait connu et assimilé certaines des théories philosophiques les plus récentes élaborées à Paris[11]. Le thème central de ce travail de Maria Corti concernait l'usage de la grammaire spéculative des modistes dans le *De vulgari eloquentia*, un thème « averroïstiquement » plutôt neutre. Cependant, deux ans après, dans son ouvrage *La felicità mentale. Nuove prospettive per Cavalcanti e Dante*, Maria Corti reprenait le thème déjà traité par Nardi de l'averroïsme du premier ami de Dante. L'aristocratisme de Guido Cavalcanti était lié à l'exaltation de la vie philosophique caractéristique de certains maîtres parisiens (dont Boèce de Dacie). Dante lui-même aurait été conquis par cet idéal, qu'il aurait ouvertement soutenu dans les trois premiers traités du *Convivio*. En réalité, le livre était en grande partie consacré à une enquête intertextuelle qui faisait interagir le *Convivio* avec Albert le Grand, avec la *Summa Alexandrinorum*, avec

11. *Dante a un nuovo crocevia*, Florence, Sansoni, 1981.

les opuscules de Boèce de Dacie[12]. À ce niveau, les affirmations de Maria Corti n'ont pas tenu face aux analyses successives plus approfondies et moins enthousiastes. Mais l'idée que, dans le *Convivio*, Dante proposait, en tant que laïc, et pour un public non universitaire, le modèle de vie philosophique autonome propre au groupe de *magistri artium* parisiens, une vie dans laquelle réside la véritable réalisation de l'homme et de son bonheur, a eu un réel succès : en effet, quelques années plus tard, Alain de Libera la partageait pleinement.

> Il est inutile de souligner ici que l'Alighieri partage l'idéal de vie philosophique des « averroïstes » parisiens : il est même le premier à en donner une théorie systématique d'une ampleur inégalée au Moyen Âge[13].

L'expression « *felicità mentale* », « félicité intellectuelle », a eu, elle aussi, une fortune extraordinaire, si bien qu'elle est couramment utilisée aussi bien par les spécialistes de Dante au sens strict que par les historiens de la philosophie médiévale. Parmi ces derniers, l'intérêt pour Dante a connu une croissance exponentielle : les recherches visant à mieux préciser le rapport entre l'intellectuel florentin et le monde de la culture universitaire de l'époque se sont ainsi multipliées. Ce monde continuait lui aussi de se révéler de plus en plus complexe précisément en ce qui concerne les sujets que Dante a abordés. Un travail de distinctions, de précisions, de corrections a alors commencé et se poursuit aujourd'hui encore, avec des résultats considérables. Néanmoins, si nous voulons élargir le débat, il semble que la philologie soit de nouveau en train de détruire l'objet même sur lequel elle se penche. Par exemple, il serait aujourd'hui difficile de parler d'un aristocratisme intellectuel de Dante. Conclusion inévitable ? Je ne le crois pas.

12. *La felicità mentale. Nuove prospettive per Cavalcanti e Dante*, Turin, Einaudi, 1983.

13. Je cite ici *Averroès et l'Averroïsme*, écrit en collaboration avec Maurice-Ruben Hayoun, p. 111. La même année dans son ouvrage *Penser au Moyen Âge*, Alain de Libera exprimait la même idée, parfois avec les mêmes mots, parlant ainsi d'« aristocratisme intellectuel » (*Penser au Moyen Âge*, Paris, Seuil, 1991, p. 268-291).

Permettez-moi donc de revenir en Italie et de faire un bond en arrière d'un siècle environ.

Au début du XXe siècle, un intellectuel qui eut un rôle important dans la vie culturelle et politique italienne, Giovanni Gentile, rédigeait les premiers chapitres d'une *Storia della filosofia italiana*. Après avoir entamé, au côté de Benedetto Croce, une bataille contre l'école philosophique alors dominante en Italie, le positivisme, Gentile était entré en conflit avec un autre courant de pensée, plus récent : la néoscolastique. À la différence de Croce, Gentile prêtait attention aux racines historiques de son adversaire : l'histoire de la philosophie italienne commence donc par le Moyen Âge, et Gentile analyse largement la pensée de Thomas et de Bonaventure. Ce qui est intéressant, c'est que le premier chapitre est consacré justement à l'averroïsme. En réalité, quoique Gentile suivît attentivement ce qui se passait à Louvain (ses discussions avec Maurice De Wulf remontent à 1905 et 1911)[14], il semble qu'il n'ait pas lu, au moment de la rédaction du texte, le travail de Mandonnet : du point de vue informatif, le chapitre dépend presque totalement de Renan. Le seul nom d'un « averroïste » est celui de Frédéric II : Siger de Brabant n'était même pas nommé. L'interprétation est toutefois tout à fait différente : la doctrine d'Averroès relative à la séparation de l'intellect possible n'était plus considérée comme un égarement de l'esprit humain. Au contraire, pour Gentile, elle exprimait une idée fondamentale, la séparation de la pensée pure de la psychologie contingente de l'individu :

> Une vérité ne naît pas quand nous, hommes, nous la pensons, et si elle n'est autre chose qu'une détermination de l'esprit, comment donc ne pas penser à un esprit libre des vicissitudes naturelles de la vie individuelle, à un esprit impersonnel, éternel, déterminé dans toutes les vérités possibles ?

14. Cf. *La Critica*, 3 (1905), p. 203-221 (compte rendu par Gentile de l'ouvrage de Maurice de Wulf, *Introduction à la philosophie néoscolastique*) ; 9 (1911), p. 213-222 (réponse de De Wulf) ; p. 306-308 (réponse ultérieure de Gentile).

Cela expliquait, selon Gentile, pourquoi l'averroïsme fut « l'une des philosophies les plus craintes, les plus abhorrées, les plus combattues mais aussi les plus diffusées, les plus suivies, les plus séduisantes qu'il y ait eu dans l'histoire de la pensée[15] ».

Parallèlement à cette caractérisation générale, Gentile en présentait une autre, certainement plus intéressante pour nous :

> L'averroïsme fut la philosophie des rebelles [...], la philosophie des libres penseurs, de l'*Aufklärung*, ou tout au moins de ceux qui n'arrivaient pas à penser ce qu'ils s'efforçaient de croire, écartelant ainsi leur unique pensée en une douloureuse duplicité de la foi et de la raison à laquelle ils crurent devoir et pouvoir s'arrêter ; en tout cas, ce fut la philosophie d'une *Aufklärung* médiévale[16].

Nardi en tirera la conviction que la séparation entre raison et foi, comprise comme un contraste insurmontable, comme le refus de tout concordisme (« *Unum scio, aliud credo* »), constituait la caractéristique générale de l'averroïsme, indépendamment de la variété des doctrines de chaque penseur. À l'instar de Gentile, Nardi critiquera cette dichotomie au nom d'une vérité de l'Esprit qui n'admet pas de distinctions artificielles et que l'homme façonne en unifiant son expérience en une vision de la vie et du monde qui ne peut justement pas être « écartelée ». La distinction médiévale entre philosophie et théologie soulignée par l'averroïsme de façon extrême est pour lui le simple constat de l'incompatibilité entre la pensée d'Aristote et la nouvelle intuition de la vie et du monde fondée sur l'Évangile. Simplement un *fait* qui (Nardi utilisait sciemment la terminologie de Gentile) ne se transforme pas en *acte*, en élaboration intellectuelle et spirituelle. Ainsi le jugement de Nardi sur la valeur et la signification des averroïstes finissait-il

15. Je cite l'édition de 1969, Florence, Sansoni, vol. I, p. 23, mais les premiers chapitres de la *Storia della filosofia italiana*, consacrés au Moyen Âge, avaient été publiés par l'éditeur Vallardi au commencement du XIXe siècle comme tirés à part.

16. *Ibid.*, p. 24.

par coïncider avec celui de Gilson : exégètes de plus en plus fatigués de la philosophie péripatéticienne, ils restèrent totalement stériles du point de vue philosophique. Ce jugement négatif touchera Dante au moins une fois, dans l'article « Tre pretese fasi del pensiero politico di Dante » :

> Comme la thèse averroïste de la double vérité, l'affirmation dantesque de l'autonomie de la fin naturelle et de la raison, face à la fin surnaturelle et à la foi, constitue en elle-même un absurde logique qui ne put et ne pourra jamais être réalisé dans l'histoire de la pensée humaine [...]. La conscience humaine ne supporte pas les dédoublements ou les dualismes irréductibles, si ce n'est dans les moments de doute et de recherche. La vérité ne peut être qu'une seule, égale à elle-même[17].

Mais, dans d'autres publications de Nardi, ce jugement devient bien moins négatif : par exemple, dans le compte rendu de l'ouvrage de Gilson *Dante et la philosophie* on ne parle plus de séparation, mais de revendication d'autonomie de la pensée rationnelle. Je cite :

> En séparant le domaine de la Philosophie et celui de la Théologie, l'averroïsme latin affirmait en premier lieu l'autonomie, c'est-à-dire la non-subordination, de la raison humaine à la révélation. Il me paraît dès lors que cette autarcie et l'indépendance de la raison par rapport à la foi, de la Philosophie par rapport à la Théologie, même sans s'opposer l'une à l'autre, constituent une thèse averroïste. L'idée que la philosophie humaine, en d'autres termes la philosophie aristotélicienne, suffise à satisfaire le désir naturel de l'homme représente pour moi une doctrine étroitement averroïste, et certainement antithomiste.

Ainsi l'inspiration foncière du *De Monarchia* dérive pour Nardi de l'acceptation de cette doctrine averroïste. Je cite le même article :

> La séparation entre la fin naturelle et la fin surnaturelle est la conséquence logique d'avoir reconnu avec les averroïstes l'existence d'une

---

17. *In Saggi di filosofia dantesca*, Società anonima editrice Dante Alighieri, Milan-Gênes-Rome-Naples, 1930, p. 307–345, ici p. 343.

> fin propre à l'humanité en tant que telle, qui consiste en la réalisation de toute la puissance de l'intellect possible[18].

Nardi soutient donc qu'il existe chez Dante une forme particulière d'averroïsme, un averroïsme décliné politiquement :

> Dante revendiquait implicitement l'autonomie de la raison et de la philosophie face à la foi et à la théologie, et il parvenait alors, à travers une affirmation très hardie, à une espèce d'averroïsme politique qui sera le point de départ, quelques années plus tard, des doctrines politiques de Marsile de Padoue[19].

Dans son ouvrage *Dante, la philosophie et les laïcs* (un texte très important qui a d'ailleurs ouvert la voie à un nouveau champ de recherche, celui de la philosophie en langue vulgaire au Moyen Âge), Ruedi Imbach parle lui aussi d'une déclinaison politique de l'intellect par Dante. Par un mouvement de pensée extrêmement original, Dante aurait mis en relation deux éléments fondamentaux de l'anthropologie aristotélicienne qu'Aristote lui-même avait maintenus séparés : l'homme *animal rationale* et l'homme *animal politicum*. Cependant, Imbach ne fait aucune référence à Averroès. Comme nous l'avons déjà dit, c'est plutôt John Marenbon qui a proposé à nouveau l'idée d'un Dante pleinement averroïste en ce qui concerne le *De Monarchia*. Les objections à cette position ont été nombreuses et souvent bien fondées. Par exemple, une chronologie postérieure du *De Monarchia* par rapport à la *Comédie* (fondée il y a quelques années encore sur la célèbre phrase « *sicut in Paradiso Comedie jam dixi* ») est aujourd'hui bien difficile à défendre. En outre, Jean-Baptiste Brenet a souligné avec une grande justesse la différence profonde entre Dante et Averroès au sujet de la réalisation complète de l'intellect possible. Il reste toutefois un fait indéniable : lier l'intellect possible et l'humanité dans son ensemble, une théorie qui

---

18. « Dante e la filosofia », *Studi danteschi*, 25 (1940), p. 5-42, ici p. 33-31.

19. « Il concetto dell'Impero nello svolgimento del pensiero dantesco », *Giornale Storico della Letteratura Italiana*, 87 (21), p. 1-52 (repris dans *Saggi di Filosofia Dantesca*, art. cit., p. 239-305, ici p. 284).

distingue Dante de tous les auteurs politiques de l'époque, nous renvoie inévitablement à Averroès, et peu importe que l'Averroès de Dante ne soit pas réellement identique au véritable Ibn Rushd.

Mais il y a plus encore : cette humanité, qui pourra arriver à sa propre fin en une collaboration pacifique sous la direction à la fois de l'empereur et des *philosophica documenta*, est composée aussi de nations qui ne reconnaissent ni n'acceptent la juridiction papale. En effet, dans *De Monarchia*, pour prouver que le pouvoir présumé du pape *in temporalibus* ne dérive pas d'un consensus universel des peuples, Dante avance l'exemple des Africains et des Asiatiques qui, cela va sans dire, ne sont pas chrétiens[20]. Il s'agit d'une brève allusion qui ne sera pas développée, mais qui implique quelque chose que je qualifierais de révolutionnaire : l'*humana civilitas* et la *christianitas* ne coïncident plus nécessairement. Il n'y a certainement rien de tout cela chez Averroès, mais de la même manière, il y a sans doute quelque chose d'Averroès derrière tout cela. Tout comme il y a quelque chose d'Averroès dans l'insistance de Dante sur la simplicité et sur l'identité de l'être avec la pensée qui caractérisent les substances séparées, même si ces dernières sont aussi pour Dante des Anges dotés de propriétés bien différentes de celles des Intelligences des Péripatéticiens. Nous pourrions alors conclure en reprenant à notre compte une expression utilisée par Wittgenstein dans un autre contexte, et déjà employée par Jean-Baptiste Brenet à propos de l'averroïsme[21], pour affirmer que Dante n'est pas averroïste au sens strict du terme, s'il y a bien un sens strict, mais que dans certains cas nous percevons entre lui et Averroès une sorte d'air de famille. Il serait intéressant de voir si cette catégorie peut également être appliquée à d'autres auteurs et à d'autres

20. « Quod etiam ab assensu omnium vel praevalentium (Ecclesia auctoritatem temporalem) non habuerit quis dubitat, cum non modo Asiani et Africani omnes, quinetiam maior pars Europae colentium hoc abhorreat ? », *Monarchia*, III, 14, 5.

21. Cf. J.-B. Brenet, *Les Possibilités de jonction. Averroès-Thomas Wylton*, Berlin-Boston, Walter de Gruyter, 2013, p. 198.

courants et écoles philosophiques des XIVe et XVe siècles. Peut-être l'impossibilité de définir avec une précision analytique ce qu'est l'averroïsme n'amène-t-elle pas nécessairement à devoir l'exorciser, tel un fantôme à éliminer.

INDEX DES PASSAGES DE DANTE

INDEX DES AUTEURS

TABLE DES MATIÈRES

Composition et mise en pages
Nord Compo à Villeneuve-d'Ascq

Ce volume,
le cinquième
de la collection Docet omnia
publié aux éditions Les Belles Lettres
a été achevé d'imprimer
en juillet 2019
par l'imprimerie SEPEC
01960 Péronnas, France

N° d'éditeur : 9354
N° d'imprimeur : 05425190702
Dépôt légal : août 2019

IMPRIM'VERT®